甘肃省文化资源名录

（第四十六卷）

文化人才Ⅲ

图书情报人才、档案人才、文博人才、
新闻人才、出版人才、文艺人才

总 主 编：陈　青　王福生
副总主编：马廷旭
总 校 对：刘玉顺
本卷主编：马东平

图书在版编目（CIP）数据

甘肃省文化资源名录. 第四十六卷 / 陈青, 王福生总主编; 甘肃省社会科学院编. — 北京 : 中国书籍出版社, 2018.1

ISBN 978-7-5068-6708-5

Ⅰ. ①甘… Ⅱ. ①陈… ②王… ③甘… Ⅲ. ①文化遗产—甘肃—名录 Ⅳ. ①K294.2-62

中国版本图书馆CIP数据核字（2018）第027849号

甘肃省文化资源名录　第四十六卷

陈　青　王福生　　总主编

甘肃省社会科学院　编

责任编辑　李　新
责任印制　孙马飞　马　芝
封面设计　东方美迪
出版发行　中国书籍出版社
地　　址　北京市丰台区三路居路 97 号（邮编：100073）
电　　话　（010）52257143（总编室）　　（010）52257140（发行部）
电子邮箱　eo@chinabp.com.cn
经　　销　全国新华书店
印　　刷　三河市顺兴印务有限公司
开　　本　787毫米×1092毫米　1/16
字　　数　767千字
印　　张　33
版　　次　2018 年 1 月第 1 版　2018 年 1 月第 1 次印刷
书　　号　ISBN 978-7-5068-6708-5
定　　价　383.00元

甘肃省文化资源普查
和分类分级评估工作领导小组

组　长　连　辑

副组长　张广智

成　员　俞建宁　张建昌　范　鹏　武来银　伏晓春　赵海林
王智平　周继尧　史志明　李宗锋　阿　布　李　堋
曹玉龙　陈　汉　梁文钊　陈德兴　妥建福　樊　辉
肖立群　王兰玲　肖学智　宋金圣　拜真忠　卢旺存
石生泰　柳　民　吴国生　火玉龙　车安宁　马少青
王福生　张智若

甘肃省文化资源普查
和分类分级评估工作领导小组办公室及下设机构

主　　任　范　鹏

常务副主任　王福生

副 主 任　李　堋　王兰玲　柳　民

执行副主任　侯拓野　马廷旭　陈月芳　廖士俊

成　　员　杨文福　丁　禄　田锡如　李含荣　路晓峰　刘效明
张建胜　徐麟辉　马志强　张春锋　梁朝阳　方剑平
黄国明　王银军　刘志忠　李拾良　王登渤　赵艳超
席浩林　王　钢　刘　晋　李军林　王景辉　邵　斌
杨彦斌　李素芬　李才仁加　王　旭　王治纲

综合协调组

组　长　王灵凤

成　员　庞　巍　马争朝　吴绍珍　巨　虹　王彦翔　唐莉萍
段翠清

普查业务组

组　长　谢增虎

成　员　马东平　侯宗辉　马亚萍　戚晓萍　魏学宏　李　骅
买小英　梁仲靖　王　屹　海　敬

技术保障组

组　长　刘玉顺

成　员　胡圣方　王　荟　谢宏斌　张博文　宋晓琴

专家联络组

组　长　郝树声　马步升

成　员　金　蓉　赵　敏

甘肃省文化资源名录
编纂委员会

前 言

丝绸之路三千里，华夏文明八千年。甘肃是华夏文明的重要发祥地之一，是中华民族重要的文化资源宝库，是国务院认定的“华夏文明传承创新区”。为了保护和传承甘肃恢宏的历史与当代文化资源，使之能够汇总展示给世界，并永久流传，甘肃省从2013年4月启动了全省文化资源普查工作。在甘肃省文化资源普查和分类分级评估工作领导小组组织下，动员全省各市（州）县（区）、31个厅局及省直单位的专业人员，数十位专家学者，历时两年，完成了普查和数据录入工作。对于全省文化资源普查成果，甘肃省社会科学院又经过两年时间整理完善、分类编辑、拾遗补阙、校对编排，现在终于有了《甘肃省文化资源名录》的付梓出版。

《甘肃省文化资源名录》集中展现了甘肃历史悠久、丰富多样的文化资源。甘肃历史文化遗存位列全国前茅，民族民俗文化特色鲜明，现代文化颇具实力。伏羲文化、大地湾文化、马家窑文化、齐家文化、寺洼文化、彩陶文化、周秦早期文化、长城文化、汉简文化、三国文化、五凉文化、敦煌文化、石窟文化、黄河文化等历史文化资源积淀深厚；道教文化、西夏文化、伊斯兰文化、藏传佛教文化等民族宗教文化资源星罗棋布；大革命文化、根据地文化、长征文化、抗日文化、解放区文化等红色文化资源耀眼夺目；工业文化、科技文化、歌舞文化、大众文化等现代文化资源特色鲜明。可以说，文化资源是历代生活在甘肃的华夏儿女留给这块大地的永不磨灭的最辉煌印记。

就甘肃省文化资源的精华而言，截至2017年初，全省馆藏可移动文物为195.84万件，各类不可移动文物16895处。有世界文化遗产7处，全国重点文物保护单位131处，省级文物保护单位556处，国家级非物质文化遗产代表性项目68项。有国家级历史文化名城4座，国家级历史文化名镇7座，中国历史文化名村 2 座，中国传统村落 36 个。莫高窟、嘉峪关、伏羲庙、麦积山、炳灵寺、阳关、玉门关、锁阳城、崆峒山、拉卜楞寺、中山桥……，都是甘肃文化的历史见证；敦煌汉简、悬泉汉简、铜奔马、牛肉面、剪纸、花儿、皮影、羊皮筏子、黄河水车……，都是甘肃永恒的文化名片；腊子口、哈达铺、会师楼、南梁……，都是甘肃代表性红色文化遗产；酒泉卫星发射中心、刘家峡水电站、玉门油田、《读者》《丝路花雨》《大梦敦煌》……，都是甘肃之所以为甘肃的鲜明标志；祁连山、雪山冰川、河西走廊，大漠戈壁、高原草原、天池梅园……，都是如意甘肃的生动写照。众多的历史、自然和现代文化资源犹如满天繁星，镶嵌在广袤的甘肃大地上熠熠生辉。

《甘肃省文化资源名录》汇总甘肃省文化资源的精华，完成了打造华夏文明传承创新区的基础工作。《名录》将文化资源分为二十大类，分别是：文物；红色文化；重要历史事件与人物；重要历史文献；民族语言文字；非物质文化遗产；自然景观文化；宗教文化；文学艺术；饮食文化；建筑文化；节庆、赛事文化；文化之乡；地名文化；文化传媒；社科研究；文化类高等教育；文化艺术机构团体；文化产业；文化人才。每类文化资源按属性又分若干子分类，每个子分类都有严格的界定。同时，将文化资源级别分为省级和市州级。省级文化资源是指国务院、国家有关部委、甘肃省政府和省直部门已经明确命名、认定、管理（或委托管理）的国家级和省级文化资源，以及甘肃省文化资源普查办公室评估认定并核定公布、报送备案的文化资源。市州级文化资源是指甘肃省各市州、县级政府及其管理部门已经明确命名、认定、管理的市县文化资源，以及甘肃省文化资源普查办公室评估认定并核定公布、报送备案的市县文化资源。甘肃省内世界级文化资源（遗产）纳入省级文化资源管理范围，暂未认定级别和不需认定级别的文化资源统一纳入市州级文化资源范围。

推出《甘肃省文化资源名录》，对于推进华夏文明传承创新区建设、甘肃文化大省建设、丝绸之路黄金段建设意义深远。《名录》不仅仅记录了甘肃文化资源的种类和数量，也使甘肃文化资源的资源类别、品相级别、蕴藏情况、流布地域、传承范围和衍变情况得以准确和清晰化。通过编辑出版《甘肃省文化资源名录》，形成一个科学完整的文化资源数据库、文化资源研究的学术平台、文化资源传承保护和开发利用的指南，有助于更好地挖掘那些具有世界影响、国家价值、显著特点、唯一仅存、开发潜力巨大的代表性文化资源，为文化资源的有效保护提供科学依据，为重点文化资源找到开发的机遇并重塑生长的价值，为文化产业项目的开发利用提供可靠的参考。所以，《名录》的推出，是甘肃省文化资源普查成果面向世界迈出的第一步，是文化实力助推甘肃转型发展的坚实步伐，它为甘肃省今后对文化资源进行保护传承、专题研究、数字展示、市场开发奠定了基础。

甘肃省社会科学院

2017 年 7 月

目 录

前　言 001

图书情报人才 001
档案人才 025
文博人才 041
新闻人才 069
出版人才 179
文艺人才 197

后　记 513

甘肃省文化资源名录

第四十六卷 文化人才Ⅲ

图书情报人才

0001 陈晓金

性　　别：女
出生年月：1965-06-22
民　　族：汉族
政治面貌：民主党派
职　　称：正高
学　　历：大学本科
所在单位：兰州交通大学
通讯地址：兰州交通大学图书馆
成　　就：参加工作以后，一直从事图书情报及信息化管理方面的工作，为图书馆的自动化、信息化、网络化、智能化建设作出了积极的贡献。主持完成了甘肃省自然科学基金、甘肃省软科学项目、兰州交通大学科研基金等科研项目 5 项，主持的“图书馆开放式信息服务集成平台研究”获甘肃省高校社科成果一等奖，主持的“网络环境下科技期刊编发利用机制研究”和“基于信息服务集成平台的智能检索系统研究与开发”分别获甘肃省科技情报学会科技进步二等奖。在《图书情报知识》《情报资料工作》《图书情报工作》《情报学报》等学术刊物上发表学术论文 20 余篇，其中 CSSCI 期刊论文 4 篇，CSCD 期刊论文 5 篇，主编《管理信息系统》著作一部。多次参加兰州大学、武汉大学等单位组织的学习培训。现任甘肃省科技情报学会理事，中国图书馆学会和甘肃省图书馆学会会员。
简　　介：九三学社社员，现在兰州交通大学图书馆工作，任采编部主任，研究馆员。

0002 樊怡

性　　别：女
出生年月：1972-12-22
民　　族：汉族
政治面貌：党员
职　　称：正高
学　　历：硕士研究生
所在单位：兰州交通大学
通讯地址：兰州交通大学图书馆
成　　就：工作期间共发表论文 6 篇，2004.12-2007.09 参与《甘肃省民营科技企业发展中的法律》项目，省级鉴定评价为国际先进水平（甘科软评字 [2008] 第 005 号）。
简　　介：1991.09—1995.07 就读兰州铁道学院电信学院通信工程专业学制 4 年本科工学学士；2004.09—2007.06 就读兰州大学管理学院工商管理（MBA）专业学制 3 年研究生硕士；1995.10—2008.05 就职于兰州交通大学后勤集团公司助工、工程师、通信中心主任；2008.05—2012.6 就职于兰州交通大学后勤集团办公室主任；2012.06—至今就职于兰州交通大学图书馆副馆长。并任兰州市安宁区政协委员。

0003 申秀荣

性　　别：女
出生年月：1957-12-23
民　　族：汉族
政治面貌：党员
职　　称：正高
学　　历：大学专科
所在单位：兰州外语职业学院
通讯地址：兰州外语职业学院
成　　就：1999年被评为甘肃省科技信息先进工作者；获授“世界文化名人成就奖”并被《世界文化名人辞海》华人卷（5）收录。
简　　介：1986年毕业于中国科学院管理干部学院图书情报系，专科；2000年毕业于中央党校函授学院经济管理专业，本科，副研究馆员；1974年8月至1976年6月，在甘肃省安西县（现为瓜州县）南岔公社南岔十队插队；1976年6月至2012年4月在中国地震局兰州地震研究所工作；1976年至1981年，在兰州地震研究所党委办公室秘书科任机要秘书并管理文书档案；1981年至2012年在兰州地震研究所图书馆工作，先后从事书刊的采购、阅览室、借阅流通、中日俄西文的分类编目工作，以及图书馆数据库建设工作；1984年至1986年考入中国科学院管理干部学院图书情报系，专科毕业；1998年至2000年考入中央党校函授学院经济管理专业，本科毕业；1993年晋升为馆员中级职称；2001年晋升为副研究馆员高级职称。先后担任情报室团支部书记，党支部、工会、妇委会委员，图书馆负责人（馆长）。其中，2009年5月入职兰州外语职业学院至现在，先后在经济管理系任副主任、党总支部书记，图书馆任副馆长、机关第三工会分会主席。

0004 田德海

性　　别：男
出生年月：1958-08-03
民　　族：汉族
政治面貌：党员
职　　称：正高
学　　历：大学本科
所在单位：麦积区图书馆
通讯地址：天水市麦积区文化馆
成　　就：中国图书馆学会会员、省图书馆学会副会长、市管拔尖人才，区领导联系专家。撰写论文28篇，省级以上入选、发表21篇。
简　　介：1978年9月参加工作。曾任天水市麦积区文化体育局党委书记、副局长，麦积区图书馆馆长等职务，研究馆员，连续3届任天水市党代表。

0005 杨晓雯

性　　别：女
出生年月：1967-05-17
民　　族：汉族
政治面貌：党员
职　　称：副高
学　　历：大学本科
所在单位：兰州文理学院图书馆
通讯地址：兰州市城关区北面滩400号
成　　就：发表论文9篇。
简　　介：研究方向图书馆学。

0006 宋戈

性　　别：女
出生年月：1967-12-10
民　　族：汉族
政治面貌：民主党派
职　　称：副高
学　　历：大学本科

所在单位：兰州大学图书馆
通讯地址：兰州市天水南路 222 号
成　　就：长期从事文献资源建设、图书馆管理、区域文献资源共建共享等工作。发表专业论著论文近 40 篇（部）。兼任省级核心专业期刊责任编辑，甘肃省图书馆学会七届理事会常务理事、高校分会秘书长、甘肃省高校图工委副秘书长，甘肃省情报学会第八届理事会理事，政协甘肃省第十一届委员会委员。编撰修订完成《兰州大学图书馆规章制度汇编》，完成国家古籍普查工作中兰州大学甘肃省古籍普查项目。
简　　介：1989 年 2 月—2003 年 6 月，就职于中科院资源环境科学信息中心，馆员；2003 年 7 月—2004 年 12 月，就职于兰州医学院图书馆；2004 年 11 月至今，就职于兰州大学图书馆，曾任采编部副主任、办公室主任等职，现任副馆长，副研究馆员。现任甘肃省图书馆学会常务理事，甘肃省情报学会理事、全国高校图工委期刊工作委员会委员、《图书与情报》责任编辑。曾任九三学社中科院兰州分院委员会副主委，九三学社甘肃省第五、七次代表大会代表，现任甘肃省政协十一届委员，甘肃省九三学社七届委员会委员，九三学社兰州大学委员会副主委。

0007 吴冬梅

性　　别：女
出生年月：1964-07-14
民　　族：汉族
政治面貌：党员
职　　称：副高
学　　历：大学本科
所在单位：兰州文理学院图书馆
通讯地址：兰州市城关区北面滩 400 号
成　　就：科研项目：《祁连山林草植被恢复生态工程试验研究》获得武威市科技进步二等奖。发表学术论文 9 篇。
简　　介：兰州文理学院图书馆副研究馆员。研究方向为“图书馆情报学”。

0008 刘勐

性　　别：男
出生年月：1972-08-12
民　　族：汉族
政治面貌：党员
职　　称：副高
学　　历：大学本科
所在单位：兰州大学图书馆
通讯地址：兰州市天水南路 222 号
成　　就：主持完成甘肃省社科基金项目、甘肃省软科学项目各 1 项，出版著作 2 部，发表论文 20 余篇，其中 CSSCI 论文 6 篇，实用新型专利 1 项，获甘肃省科技情报学会奖（三等、二等奖各 1 项）、甘肃省高校社科奖（三等奖 1 项）。
简　　介：副研究馆员。研究方向为图书馆文化、甘肃非物质文化遗产研究。

0009 王怀诗

性　　别：男
出生年月：1965-09-23
民　　族：汉族
政治面貌：民主党派
职　　称：副高
学　　历：大学本科
所在单位：兰州大学管理学院
通讯地址：兰州大学管理学院
成　　就：在专业刊物上发表论文 50 余篇。

0010 孟锦

性　　别：男
出生年月：1960-10-07
民　　族：汉族

政治面貌：党员
职　　称：副高
学　　历：大学本科
所在单位：兰州文理学院图书馆
通讯地址：兰州市城关区北面滩 400 号
成　　就：发表专业论文 10 余篇，其中核心期刊 2 篇，并在《甘肃日报》及省级电视媒体发表经济类新闻多篇。
简　　介：兰州文理学院图书馆副研究馆员。研究方向为“图书馆情报学”。

0011 杨秀平

性　　别：女
出生年月：1967-03-03
民　　族：汉族
政治面貌：党员
职　　称：副高
学　　历：大学本科
所在单位：兰州文理学院图书馆
通讯地址：兰州市城关区北面滩 400 号
成　　就：主持国家社科基金西部项目 1 项、参与国家社科基金西部项目 1 项（第二主持人），参与省、部级项目 3 项，出版著作 2 部，发表论文 20 余篇，其中 CSSCI 论文 1 篇，获甘肃省哲学社会科学优秀学术成果三等奖 1 项。
简　　介：副研究馆员。研究方向为图书馆学、情报学。

0012 牛勇

性　　别：男
出生年月：1978-12-31
民　　族：汉族
政治面貌：党员
职　　称：副高
学　　历：硕士研究生
所在单位：兰州大学图书馆
通讯地址：兰州市天水南路 222 号
成　　就：主持 2014 年度教育部人文社会科学研究一般项目 1 项，兰州大学“中央高校基本科研业务费专项资金”项目 1 项，兰州大学党委组织部项目 1 项，兰州大学图书馆科研项目 1 项。参与甘肃省哲学社会科学规划项目、甘肃省软科学研究计划项目、CALIS 三期“专题特色数据库”指导性项目及学校、图书馆各类科研项目 10 余项。发表学术论文 20 余篇，其中 CSSCI 期刊论文 7 篇。2009 年甘肃省图书馆学会年会征文一等奖，2011 年甘肃省图书馆学会年会征文三等奖，2012 年、2013 年中国图书馆学会年会征文三等奖，中国社会科学情报学会 2013 年学术年会优秀论文三等奖，2013 年中国高校图书馆发展论坛征文三等奖。主要研究方向为图书馆文献信息资源管理与服务。
简　　介：副研究馆员。获兰州大学新闻与传播学院传播学硕士学位。现任兰州大学图书馆办公室主任，甘肃省图书馆学会第七届理事会理事，甘肃图书情报界讲座展览联盟办公室副主任。

0013 王红芳

性　　别：女
出生年月：1968-04-16
民　　族：汉族
政治面貌：党员
职　　称：副高
学　　历：大学本科
所在单位：兰州市图书馆
通讯地址：兰州市图书馆
成　　就：策划组织实施兰州读书节、金城大讲堂名家讲座等大型系列读书活动；较好地完成了数字图书馆推广工程、共享工程全覆盖、兰图网站建设和管理等业务工作。分管业务部门和个人获甘肃省文化厅表彰。完成了《兰州市图书馆开展公益性文化服务和免费开放情况汇报》专题调研报告和《兰州市文化信息资源共享工程“十二五”发展规划（草案）（2011—2015）》的撰写工作；主持完成《兰州数字图书馆项目建设方案》的制定上报工作。在国家和省市级刊物多次发表论文，其中《兰州市文化共享工程建设回顾与思考》获省图书馆学会征文二等奖，《兰州地区公共图书馆向社会免费开放服务初探》获2010年第十九届西部地区公共图书馆协作网年会征文二等奖。

简　　介：1986.07—1991.07就读甘肃工业大学机械系铸造专业；1991.07—2001.01兰州市文化出版局人事处、办公室、文化市场管理处、计财处工作；2001.01至今兰州市图书馆工作。

0014 赵菊花

性　　别：女

出生年月：1966-03-09

民　　族：汉族

政治面貌：群众

职　　称：副高

学　　历：大学本科

所在单位：兰州市图书馆

通讯地址：兰州市图书馆城关区雁宁路415号

成　　就：《浅谈公共图书馆的盲人读者服务——以兰州市图书馆为例》一文在2012年中图学会征文活动中获一等奖；《和谐社会与少儿读者创新服务工作》在2007年中图学会征文活动中获三等奖；《浅谈如何构建和谐图书馆环境》发表于2011年《甘肃科技纵横》杂志；《公共图书馆少儿阅览室工作实践与探索》获2007年中图学会征文活动中获三等；《网络环境下图书馆采访工作探析》2006年发表于《甘肃学刊》；《谈如何做好公共图书馆老年群体的创新和延伸服务》在西北五省图书馆第十次科学讨论会征文活动中获三等奖；《浅谈公共图书馆阅览室的文化休闲服务》在中国西部地区公共协作网征文活动中获三等奖。

简　　介：1988年参加工作；1988年至1990年在兰州市五金公司工作；1990年至今在兰州市图书馆工作。

0015 张亚莉

性　　别：女

出生年月：1970-10-04

民　　族：汉族

政治面貌：党员

职　　称：副高

学　　历：大学本科

所在单位：兰州市图书馆

通讯地址：兰州市城关区雁宁路415号

成　　就：负责全馆书目数据自动化管理工作。负责本馆近40万册图书、期刊、地方文献等的数据审校和录入工作。负责地方文献与古籍的征订与普查上报工作。负责兰州市图书馆及兰州乡村图书馆的文献采购与招标工作。为读者精心挑选了近10万册图书分编借阅，并制定了文献采选方针、图书分编工作细则、特藏文献室规章制度、图书文献政府招标文件等。自2002年起担任甘肃省和兰州市技术工人图书发行员培训教师，担任图书分类、文献编目等课程的授课工作。2013年被抽调参加了第五次全国公共图书馆评估定级工作，参加了甘肃省图书馆学会志愿者培训授课工作。

简　　介：1988年从兰州大学图书馆学系毕业分配到兰州市图书馆工作以来，一直从事图书馆工作。2000年参加了北京大学信息管理系图书馆学专业的本科教育；2002年参加了武汉大学信息管理系图书馆学专业的研究生班学习。

0016 王保玉

性　　别：男
出生年月：1965-04-21
民　　族：汉族
政治面貌：党员
职　　称：副高
学　　历：大学本科
所在单位：兰州市图书馆
通讯地址：兰州市城关区雁宁路 415 号
成　　就：全面主持图书馆的行政与业务工作，擅长古籍研究、数字图书馆建设、书法创作等业务工作。兰州大型春节灯谜活动、兰州金城大讲堂、兰州读书节总策划。并在国家级和省级刊物上发表论文《兰州市图书馆跨世纪发展之我见》《关于信息资源开发与利用的几个问题》《新形势下市（地）级图书馆发展思路》《公共图书馆是公民终身学习的最佳场所》等多篇，获国家、省级相关奖项。
简　　介：副研究馆员。社会团体主要兼职有：甘肃省图书馆学会副会长、兰州市图书馆学会会长。1986 年兰州大学图书馆系毕业后分配到兰州市图书馆工作至今。

0017 张海

性　　别：女
出生年月：1973-11-18
民　　族：汉族
政治面貌：群众
职　　称：副高
学　　历：大学本科
所在单位：兰州大剧院
通讯地址：兰州市大众市场 26 号
成　　就：在《甘肃艺苑》发表论文《“百姓看戏政府埋单”之我见》；在《甘肃科技》上发表论文《浅议计算机在档案管理中的重要性》《谈现代化人力资源管理的方法——绩效考核》。在大型剧目《山月》《茸宝记》《秦女将军》《葫芦峪》《辕门斩子》《出五关》《白玉楼》《游西湖》《下河东》《梁宫秘史》《九江口》《闯宫抱斗》《黎秀芳》《金钗记》及各种文艺演出和历届新年音乐会中担任资料管理员，为集体和个人提供了资料保障。多次荣获“单位先进工作者”称号。
简　　介：1993 年 9 月至 1996 年 7 月兰州师专上学；1996 年至 2005 年 12 月在兰州市秦剧团工作，主要从事业务资料收集、整理、人事档案管理（期间 2001 年 9 月至 2004 年 7 月在兰州大学成人教育学院上大学）；2006 年兰州歌舞剧院、兰州市秦剧团、兰州市豫剧团、兰州剧院四院团资源整合成立兰州大剧院、兰州戏曲剧院，2006 年元月至 2007 年 3 月在兰州戏曲剧院从事人事档案、艺术资料管理、搜集与整理；2007 年 4 月至今为兰州大剧院人事教育中心从事人事档案、艺术档案的整理以及报刊杂志的分类、编目、验收，数据库建设。

0018 王雪峰

性　　别：女
出生年月：1971-01-21
民　　族：汉族
政治面貌：党员
职　　称：副高
学　　历：大学本科
所在单位：兰州市图书馆
通讯地址：兰州市城关区雁宁路 415 号
成　　就：2013 年 4 月在《科技资讯》发表论文《公共图书馆管理思考》；2013 年 8 月在《科技风》杂志发表论文《浅析以人为本的新型图书馆管理理念》；2013 年 10 月在《电子技术与软件工程》发表《信息时代下

公共图书馆在满足全民阅读服务的思考》；2013 年 10 月在《科技风》发表《发放图书馆部门设置与管理研究》。

简　　介：1990 年 10 月在银光实业公司参加工作；1993 年 9 月脱产两年在甘肃经济管理干部学院上学；1995 年 8 月在工大电子工作；1997 年 6 月调入兰州市文化用品批发公司工作；2001 年 5 月调入华龙证券有限公司工作；2003 年 1 月至今在兰州市图书馆工作，从事图书资料；2004 年 7 月在职毕业于中央广播电视大学会计学专业，获取本科学历；2008 年 12 月获馆员任职资格。在图书馆先后分管财务、图书资料工作，2011 年 4 月被聘为综合部副主任；2013 年被选为驻马家山村干部。

0019 张一平

性　　别：女

出生年月：1966-04-08

民　　族：汉族

政治面貌：党员

职　　称：副高

学　　历：大学本科

所在单位：兰州市图书馆

通讯地址：兰州市城关区雁宁路 415 号

成　　就：1991 年—2006 年期间编导兰州太平鼓荣获文化部首届群星艺术节广场舞比赛金奖第一名；策划组织多场群文活动并担任主持人。

简　　介：1987 年 7 月参加工作，2007 年 12 月至今，担任兰州市图书馆书记一职。

0020 周欣欣

性　　别：女

出生年月：1966-05-22

民　　族：汉族

政治面貌：群众

职　　称：副高

学　　历：大学本科

所在单位：兰州交通大学

通讯地址：兰州交通大学

成　　就：课题方面：2011 年与其他老师合作完成了《中国特色社会主义理论体系教育发展研究》，并通过甘肃省哲学社会科学规划办公室的验收。在省级刊物公开发表论文 6 篇。

简　　介：1986 年 7 月毕业于陇西师范学校，同年分配到菜子农中任教；1990 年 9 月调于渭河学校任教；1994 年 10 月调入兰州交通大学图书馆工作至今。在这期间 1990 年通过自考取得兰州大学汉语言专业专科学历；1994 年通过函授学习，取得了西北师大同专业的本科学历。1996 年 12 月晋升为图书馆馆员，2013 年 12 月晋升为图书馆副研究馆员。

0021 张金科

性　　别：男

出生年月：1963-07-22

民　　族：汉族

政治面貌：党员

职　　称：副高

学　　历：大学本科

所在单位：兰州交通大学

通讯地址：兰州交通大学图书馆

成　　就：在相关学术刊物上发表专业论文 18 篇，参编图书 2 本；1 项成果获得甘肃省优秀成果省级二等奖，1 项成果获得文化厅颁发的甘肃省首届图书馆学情报学学术成果二等奖，获得校级学术及成果奖多项；曾获得甘肃省科技情报系统先进工作者。

简　　介：1986 年毕业于兰州铁道学院，获工学学士；1997 年 10 月取得副研究馆员资格。主要工作：1.《信息检索》《计算机信息检索》课教学工作；2. 信息咨询、科技查新服务和国际联机检索服务工作；3. 文献信息资源特别是网络信息资源的组织、收集、整理、重组、开发、利用等工作；4. 信息研究工作，现担任兰州交通大学信息研究所所长。

0022 阳红

性　　别：男

出生年月：1966-08-22

民　　族：汉族

政治面貌：党员

职　　称：副高

学　　历：大学本科

所在单位：兰州交通大学

通讯地址：兰州交通大学图书馆

成　　就：在《甘肃科技》发表论文 2 篇，2003 年《高速铁路隧道压力波数值计算方法与应用》获省科技进步奖三等奖(排名第四)。2005 年获校共产党员先进性教育活动优秀共产党员和校本科教育评估先进个人。

简　　介：1987 年 1 月毕业于湖南株洲铁路机械学校计算机应用专业；1987 年 1 月在兰州铁道学院参加工作，在计算中心从事小型计算机维护和管理工作；1991 年 1 月调入兰州铁道学院教务处教行科从事编排课表工作。1990 年 9 月—1993 年 7 月在兰州大学函授学习微机与电子技术应用专业，大专毕业；1998 年 1 月调入兰州交通大学土木工程学院，聘为院办公室主任。2000 年 12 月被聘为助理研究员职称；2004 年 3 月—2007 年 1 月在兰州交通大学函授学习工程管理专业，本科毕业；2006 年 6 月调任校图书馆副馆长工作至今，分管图书馆自动化部和采编部。2009 年 12 月具备高教管理副研究员任职资格。

0023 赵文慧

性　　别：女

出生年月：1968-08-22

民　　族：汉族

政治面貌：群众

职　　称：副高

学　　历：硕士研究生

所在单位：兰州交通大学

通讯地址：兰州交通大学图书馆

成　　就：主要发表了《研究生信息检索课双语教学的探索与实践》《网络环境下图书馆参考咨询的信息源与服务》《网络环境下图书馆信息资源共建共享新思路》等专业论文 10 余篇。其中，《网络环境下图书馆信息资源共建共享新思路》获得 2012 年甘肃省图书馆学会优秀论文二等奖。

简　　介：1992 年毕业于西南交通大学英语专业，2004 年获得武汉大学图书馆学专业硕士研究生学位。1992 年 7 月参加工作，就职于兰州交通大学图书馆信息咨询部。主要从事《科技文献检索》课教学、科技成果查新及信息咨询工作，并负责图书馆《图苑》的编辑与出版。曾协助采编部进行了部分英文图书的编目工作及完成馆内相关文献的英文翻译工作。

0024 李丽

性　　别：女

出生年月：1973-06-22

民　　族：汉族

政治面貌：党员

职　　称：副高

学　　历：大学本科

所在单位：兰州交通大学

通讯地址：兰州交通大学图书馆

成　　就：1996 年获得甘肃省科技情报研究所“优秀共青团员”称号，1997 年获得甘肃省科技情报研究所“优秀共青团员”“先进工作者”称号。2009 年获得 2007—2009 年度校优秀党务工作者。

简　　介：1996 年毕业于电子科技大学检测技术及仪器仪表专业，工学学士。1996.07—2000.04 在甘肃省科学技术情报研究所网络管理中心工作，主要工作内容为维护互联网的正常运行、制作主页。2000 年 4 月至今在兰州交通大学图书馆自动化部工作，主要工作内容为维护图书馆局域网、图书馆管理软件、图书馆内计算机及其他设备的正常运行。2005 年 12 月设计了校图书馆馆徽并被确定为最终方案，2006 年 7 月担任图书馆自动化部副主任，2008 年 1 月获得副研究馆员职称。2009 年 10 月至今在兰州交通大学图书馆流通部工作，任流通部主任，正科级编制。主要工作内容为管理本部门各项事务。

0025 江葆红

性　　别：女
出生年月：1967-08-22
民　　族：汉族
政治面貌：党员
职　　称：副高
学　　历：大学本科
所在单位：兰州交通大学
通讯地址：兰州交通大学图书馆
成　　就：1989 年毕业于兰州铁道学院电信与自动控制系工业电气自动化专业，1989—1992 年于苏州金塔公司研究所任助理工程师从事新产品研发，1992 年至今工作于兰州交通大学图书馆。1992—1996 在微机室，从事图书馆 Novell 网络的管理以及情报服务中心数据库的开发应用，参加图书馆的自动化建设以及人员培训等工作，并负责全馆计算机软硬件的维护。1996—1998 年负责完成了本馆馆藏书目数据电子化回溯建库任务，进行新购管理软件的开发应用和全馆计算机网络配置，实现图书馆业务工作的计算机网络化管理。1998 年至今在信息咨询部负责“科技文献检索与利用”课程的教学工作，进一步开展《科技查新》项目，日常信息咨询电子资源检索工作。

0026 周厚玲

性　　别：女
出生年月：1965-10-02
民　　族：汉族
政治面貌：党员
职　　称：副高
学　　历：大学本科
所在单位：兰州城市学院
通讯地址：兰州城市学院
成　　就：2003.10—2007.5 参与完成《中国古典戏曲小说多媒体 WEB 数据库》（甘肃省教育厅科研项目一项编号：0310—06）；2006.7 参与完成的科研成果《文化视角下的中国足球发展研究》获甘肃省高校社会科学成果奖二等奖（2006 年度）；2009—2012 参与完成甘肃省社科规划项目《以人为本及其在科学发展观中的核心地位》；论文《中小型图书馆自动化建设探讨》发表于《甘肃科技》（2007）；论文《论高校图书馆的人本管理》发表于《甘肃高师学报》（2007）；论文《中国古典戏曲小说文献专题多媒体 WEB 数据库建设》发表于《四川图书馆学报》2006.1 等。

0027 魏锦萍

性　　别：女
出生年月：1962-11-09
民　　族：汉族
政治面貌：党员
职　　称：副高

学　　历：大学专科
所在单位：敦煌市图书馆
通讯地址：敦煌市青少年活动中心一楼
成　　就：2010年获文化体育局优秀党务工作者称号；2011年年获文化体育局优秀党务工作者称号；2012年获甘肃省图书馆学会全民阅读活动“先进个人”称号；2013年荣获甘肃省优秀文化志愿者称号；获全省文化信息资源共享工程建设先进个人称号；获酒泉市农家书屋工程建设先进个人荣誉、农家书屋建设工程先进个人称号；获敦煌2013年度“十大巾帼榜样人物”。《公共图书馆体制改革除探》《充分发挥公共图书馆在社会主义精神文明建设中的重要作用》获首届、第二届甘肃省公共图书馆系统优秀论文一等奖。
简　　介：1979年12月至今在敦煌市图书馆工作；1983年7月至1986年在中央电大敦煌分校学习语文类专业；1995年7月至1998年在甘肃省图书馆学习图书馆专业；1994年2月被任命为图书馆副馆长；1998年9月至今被任命为图书馆馆长兼图书馆党支部书记；1992年11月获图书资料专业馆员任职资格；2001年2月获图书资料专业副研究馆员资格。

0028 吴健

性　　别：女
出生年月：1967-05-17
民　　族：汉族
政治面貌：民主党派
职　　称：副高
学　　历：大学本科
所在单位：嘉峪关市图书馆
通讯地址：嘉峪关市社保局
成　　就：《欧联图模式对网络时代图书馆发展的启发》2011.9发表于《图书馆学刊》；《浅谈嘉峪关市社区图书馆的建设和发展》2011.1发表于《河北图书情报通讯》；2013年《文化大发展背景下图书馆社会职能的拓展与创新》获甘图学会论文二等奖。
简　　介：1987年9月—1994年9月嘉峪关市文殊镇文殊中学，英语教师，中教二级；1994年10月至今工作于嘉峪关市图书馆采编部，副研究馆员。

0029 周小宝

性　　别：男
出生年月：1972-06-20
民　　族：汉族
政治面貌：群众
职　　称：副高
学　　历：大学本科
所在单位：甘肃机电职业技术学院
通讯地址：天水市秦州区赤峪路107号
成　　就：多年来一直从事计算机的教学与管理工作，现致力于图书馆的管理与信息化建设工作。
简　　介：甘肃秦安人，毕业于西北师范大学计算机应用专业，1998年7月参加工作，副教授。1994.09—1998.07西北师范大学计算机应用专业学习；1998.07—2006.07甘肃省机械技工学校教师；2006.09—2010.08甘肃省机械技工学校信息中心主任；2010.09—2012.02甘肃机电职业技术学院信息中心主任；2012.03至今任甘肃机电职业技术学院图书馆主任。

0030 周改珠

性　　别：女
出生年月：1969-09-29
民　　族：汉族
政治面貌：党员
职　　称：副高

学　　历：大学本科
所在单位：麦积区图书馆
通讯地址：天水市麦积区图书馆
成　　就：撰写论文22篇，在省级以上刊物发表8篇，获国家级奖10篇。
简　　介：1988年9月参加工作，2004年任麦积区图书馆副馆长，2012年11月任麦积区图书馆馆长。系中国图书馆学会会员、甘肃省图书馆学会理事。2006年被天水市文化文物出版局评为文化工作先进个人；2007年被中国图书馆学会评为优秀会员；2009年被麦积区委、区政府评为巾帼建功先进标兵。

0031 王如君

性　　别：女
出生年月：1981-09-10
民　　族：汉族
政治面貌：群众
职　　称：副高
学　　历：大学本科
所在单位：麦积区图书馆
通讯地址：天水市麦积区图书馆
成　　就：2008年撰写论文《浅谈公共图书馆阅读指导在少年儿童成长中的重要性》荣获2008中国图书馆学会年会征文二等奖。
简　　介：2000年12月参加工作，现从事于图书馆儿童阅览室借阅工作。

0032 高丽珍

性　　别：女
出生年月：1964-04-13
民　　族：汉族
政治面貌：群众
职　　称：副高
学　　历：大学专科
所在单位：秦安县图书馆
通讯地址：甘肃省秦安县明珠苑B区2号楼
成　　就：先后在《社科纵横》发表了论文《区县图书馆地方文献工作探讨》《天水地区农村公共图书馆调查与思考》。
简　　介：2010年7月毕业于中央广播电视大学汉语言文学专业；1985年—1989年在王湾中学任教；1989年至今在秦安县图书馆工作，现为图书资料副研究馆员。

0033 朱兆臻

性　　别：男
出生年月：1960-10-06
民　　族：汉族
政治面貌：党员
职　　称：副高
学　　历：大学专科
所在单位：武威市古浪县图书馆
通讯地址：武威市古浪县昌松路文体局大楼
成　　就：从事《古浪县志》文化部分编辑工作，收集古浪民歌100多首，并结集出版。
简　　介：1979.08—1981.06在甘肃省武威师范学校上学；1981.07—1984.07在古浪县城关二小任教；1984.08—1986.08在古浪县教育局工作；1986.08—1988.07在西北师范大学学习；1988.07—1989.09在黄羊川农中任副校长；1989.09—1994.12在古浪县文化馆、图书馆工作；1994.12—2001.03在古浪县古丰乡任副乡长、副书记；2001.03—2006.07在古浪县定宁镇任人大主席；2006.08—2013.09在古浪县文化馆任副馆长；2013.10至今在古浪县图书馆任馆长。

0034 李建英

性　　别：女
出生年月：1962-03-07
民　　族：汉族
政治面貌：群众
职　　称：副高

学　　历：大学本科
所在单位：河西学院图书馆
通讯地址：甘肃省张掖市环城北路 846 号
成　　就：论文《图书馆应成立儿童阅览室》《丛书的 CNMARC 编目探讨》《CALIS 联合编目数据 2XX 字段及 690 字段的正确使用》《CALIS 联合编目 410 字段及其相关字段的正确著录》在相关公开刊物发表，论著《图书分编工作的发展趋势》已出版。
简　　介：1981 年 7 月 1 日参加工作。1969 年 3 月—1979 年 7 月，在新疆农二师二十九团中学上学；1979 年 9 月—1981 年 7 月，在新疆巴州第二师范上学；1981 年 7 月—1990 年 1 月，在新疆巴州第二造纸厂子弟学校任中学教师；1990 年 1 月至今，在甘肃河西学院图书馆工作。

0035 丁铃

性　　别：女
出生年月：1968-09-19
民　　族：汉族
政治面貌：群众
职　　称：副高
学　　历：大学本科
所在单位：河西学院图书馆
通讯地址：甘肃省张掖市环城北路 846 号
成　　就：在省级刊物公开发表相关论文多篇。专著方面：《河西教育史》（16.5 万字），甘肃人民出版社 2006 年 8 月；参编教材《新编社会科学文献检索教程》（本人撰写 3.5 万字），兰州大学出版社 2001 年 9 月。《河西教育史》（专著）2009 年 5 月获甘肃省第十一届社会科学优秀成果三等奖；《河西教育史》（专著）2009 年 2 月获张掖市第二届社会科学优秀成果二等奖
简　　介：1981 年 9 月—1986 年 7 月，就读于张掖四中；1986 年 9 月—1988 年 7 月，就读于张掖师专英语系；1988 年 9 月—1990 年 3 月，在张掖地区平砖厂子弟学校任教；1997 年 9 月—2000 年 7 月，在北京大学函授学习；1990 年 3 月至今，在河西学院图书馆工作。

0036 张彩虹

性　　别：女
出生年月：1971-04-11
民　　族：汉族
政治面貌：群众
职　　称：副高
学　　历：大学本科
所在单位：河西学院图书馆
通讯地址：甘肃省张掖市环城北路 846 号
成　　就：省级刊物发表论文若干篇。
简　　历：1994.06 至今河西学院图书馆工作。

0037 王华月

性　　别：女
出生年月：1962-08-01
民　　族：汉族
政治面貌：党员
职　　称：副高
学　　历：大学本科
所在单位：河西学院图书馆
通讯地址：甘肃省张掖市环城北路 846 号
成　　就：1999 年与他人合作《“师专图书馆实施导读工程”的理论与实践》获甘肃省教学成果二等奖，先后发表论文 10 多篇。
简　　介：1980.7—1981.9 在宁夏银川市干校学习英语；1981.9—1985.7 在山丹军马三场中学任教；1985.7—1987.7 在张掖师专中文系学习；1987.7—1989.5 在山丹军马三场中学任教；1989.5—1993.7 在张掖师专图书馆工作；1993.7—1994.9 在大连理工大学图书馆进修。

0038 李超峰

性　　别：男
出生年月：1965-07-17
民　　族：汉族
政治面貌：党员
职　　称：副高
学　　历：大学本科
所在单位：河西学院图书馆
通讯地址：甘肃省张掖市环城北路 846 号
成　　就：发表论文 7 篇，校级科研项目一项，张掖市社科成果三等奖。
简　　介：1981 年 9 至 1984 年 6 月就读于甘肃张掖师范；1984 年 8 月至 1986 年 2 月原张掖师专总务处工作；1986 年 3 月起在河西学院图书馆工作；1992 年 7 月受聘为图书馆助理馆员；1992 年 9 月至 1993 年 7 月南开大学图书情报学系进修；1997 年 8 月至 1999 年 12 月甘肃省委党校经济管理本科班学习；2000 年 11 月受聘为图书馆馆员；2000 年 11 月至 2003 年 10 月任图书馆流通阅览部副主任；2003 年 11 月至 2010 年 3 月任图书馆图书借阅部主任；2007 年 4 月受聘为图书馆副研究馆员；2005 年 9 月至 2008 年 6 月河西学院历史系历史教育本科班学习；2010 年 4 月至 2014 年 5 月任图书馆文献资源建设部主任；2014 年 6 月任图书馆副馆长。

0039 曹文兰

性　　别：女
出生年月：1969-03-08
民　　族：汉族
政治面貌：群众
职　　称：副高
学　　历：大学本科
所在单位：河西学院图书馆
通讯地址：甘肃省张掖市环城北路 846 号
成　　就：1999 年《“师专图书馆实施导读工程”的理论与实践》获甘肃省教学成果二等奖。并先后在《图书馆建设》《大学图书情报学刊》《图书馆学刊》等核心和省级刊物发表论文 20 篇。2010 年被甘肃省图书馆学会授予“优秀会员”称号。2012 年“智慧人生　书香校园”读书月活动获校级文化品牌项目。
简　　介：1988.09—1990.07 武威教育学院英语专业学习；1991.02—1995.07 武威第五中学任教；1995.09 至今河西学院图书馆工作其中：2004.03—2009.07 图书馆建设部主任；2009.03 至今读者服务部主任；1997.09—2000.07 北京大学图书馆学专业学习，获文学学士学位；2002.09-2004.07 西北师范大学文学院研修班学习。

0040 高毅

性　　别：女
出生年月：1962-12-21
民　　族：汉族
政治面貌：群众
职　　称：副高
学　　历：大学本科
所在单位：河西学院图书馆
通讯地址：甘肃省张掖市环城北路 846 号
成　　就：在公开刊物发表论文 5 篇。
简　　介：1988.3—1992.7 在河西学院图书馆任助理馆员，分编过刊；1992.9—1993.7 在武汉大学图书情报学院助教进修班进修；1993.9—2000.11 在河西学院图书馆任馆员，主要分编图书；2002.12 至今在河西学院图书馆任副研究馆员；2000.11—2006.6 在河西学院图书馆任采编部主任、馆长助理；2006.7—2011.10 在河西学院图书馆任副馆长；2011.11 至今任河西学院图书馆副调研员。

0041 周义鞶

性　　别：女

出生年月：1963-03-17

民　　族：汉族

政治面貌：群众

职　　称：副高

学　　历：大学专科

所在单位：河西学院图书馆

通讯地址：甘肃省张掖市环城北路 846 号

成　　就：发表论文 10 余篇，完成校改项目一项，完成校长基金项目一项。

简　　介：1980.07—1982.07 张掖师范高等专科学校英语专业学习；1982.07—1985.10 兰州第三十八中学任英语教师；1985.10 至今河西学院英语系资料室及图书馆任资料员和馆员。

0042 薛栋

性　　别：男

出生年月：1963-11-19

民　　族：汉族

政治面貌：党员

职　　称：副高

学　　历：大学本科

所在单位：河西学院图书馆

通讯地址：甘肃省张掖市环城北路 846 号

成　　就：甘肃省 555 人才，主持项目获甘肃省优秀教学成果二等奖，发表论文 20 余篇。

简　　介：1982 年 7 月张掖师专毕业留校工作；1998 年 12 月任张掖师专图书馆副馆长；2000 年 1 月受聘任副研究馆员；2003 年 9 月任河西学院图书馆馆长；2014 月任河西学院图书馆党支部书记。社会兼职：中国图书馆学会会员、甘肃省图书馆学会常务理事、甘肃科技情报学会理事、清华同方中国知识资源总库编委。

0043 张维真

性　　别：女

出生年月：1967-08-05

民　　族：汉族

政治面貌：群众

职　　称：副高

学　　历：大学本科

所在单位：河西学院图书馆

通讯地址：甘肃省张掖市环城北路 846 号

成　　就：在省级刊物公开发表论文多篇。张维真负责，周义鞶、苏凯、喻志鸿、王春玲合作，完成 2011 年 1 月—2013 年 3 月，2014 年 4 月结题的项目编号为 XZ2026 的校长基金项目。

简　　介：1986 年 6 月—1988 年 6 月，在张掖师专学习；1988 年 7 月—1997 年 12 月，在张掖市甘州区新敦乡流泉学校任教；1998 年 1 月至今在河西学院图书馆从事图书管理工作；2009 年 3 月经甘肃省人事厅评审被聘为副研究馆员。

0044 张丽琴

性　　别：女

出生年月：1966-06-24

民　　族：汉族

政治面貌：党员

职　　称：副高

学　　历：大学本科

所在单位：临泽县图书馆

通讯地址：临泽县图书馆

成　　就：8 篇论文先后获得中国国家图书馆学会、甘肃省图书馆学会二、三等奖。

简　　介：现任临泽县图书馆副馆长、副研究馆员，是甘肃省图书馆学会会员，主要从事图书的采编、分类、业务辅导培训，各类读者读书活动组织、协调、阅读推广，图书馆学研究，3 篇论文在有关刊物上刊登。

0045 李春莲

性　　别：女
出生年月：1966-06-01
民　　族：汉族
政治面貌：党员
职　　称：副高
学　　历：大学本科
所在单位：白银市图书馆
通讯地址：白银市白银区兰州路156号
成　　就：多篇论文在省级刊物公开发表，并获甘肃省图书馆学会一、二、三等奖。
简　　介：1986.09—1990.07西北师范大学计划统计专业学习；1990.07—1995.06白银市群众艺术馆干部；1995.06—2003.12白银市图书馆馆员；2003.07—2004.11白银市图书馆阅览部副主任；2004.11至今白银市图书馆阅览部主任。

0046 李雪琴

性　　别：女
出生年月：1963-05-22
民　　族：汉族
政治面貌：党员
职　　称：副高
学　　历：大学本科
所在单位：白银市图书馆
通讯地址：白银市白银区兰州路156号
成　　就：学术论文《公共图书馆阅读推广工作探究与实践——以白银市图书馆为例》发表于《融合发展创新——中国西部公共图书馆联合会首届年会暨学术讨论会论集》，获二等奖。
简　　介：1983.09—1987.07西北师范大学地理系地理专业学习；1987.07—1995.10白银市银光中学教师；1995.11—1999.08白银市图书馆采编部；1999.08—2003.12白银市图书馆采编部副主任；2003.12至今白银市图书馆采编部主任。

0047 张立红

性　　别：男
出生年月：1968-05-10
民　　族：汉族
政治面貌：党员
职　　称：副高
学　　历：大学本科
所在单位：白银市图书馆
通讯地址：白银市白银区兰州路156号
成　　就：1997年5月获得“甘肃省宣传团、青工作优秀青年记者”荣誉称号；2000年5月被评为第三届白银市十大杰出青年；2013年6月撰写的《学习十八大报告心得体会》文章，在市直机关“贯彻党的十八大精神、推进全面建成小康社会”征文比赛中荣获三等奖。
简　　介：1988.09—1990.07兰州大学中文系汉语言文学专业学习；1990.08—1993.09白银市粮食局干部；1993.10—1999.06白银电视台干部；1999.06—2000.11白银市广播电视局干部；2000.11—2002.11白银市广播电视局办公室副主任；2002.11—2007.07白银市广播电影电视局局办公室主任（其间：2004.09—2006.12甘肃省委党校本科班行政管理专业学习；）2007.07—2013.07白银人民广播电台台长（副县级）；2013.07至今白银市图书馆馆长。

0048 黄晓霞

性　　别：女
出生年月：1966-01-11
民　　族：汉族
政治面貌：党员
职　　称：副高
学　　历：大学本科

所在单位：白银市图书馆

通讯地址：甘肃省白银市白银区兰州路 156 号

成　　就：多篇论文在省、地级刊物公开发表，并获甘肃图书馆学会二、三等奖。

简　　介：1984.09—1989.06 庆阳师范高等专科学校体育专业学习；1986.06—1989.06 甘肃省宁县师范学校教师；1989.06—1992.07 白银区强湾中学教师；1992.07—1995.11 白银市农技中心培训站职员；1995.11—1999.08 白银市图书馆（其间：1995.08—1997.12 中央党校函授学院经济管理专业学习）；1999.08—2003.08 白银市图书馆借阅部副主任；2003.08—2004.11 白银市图书馆借阅部主任；2004.11 至今，白银市图书馆外界流通部主任。

0049 倪天元

性　　别：男

出生年月：1966-06-30

民　　族：汉族

政治面貌：党员

职　　称：副高

学　　历：大学本科

所在单位：白银市图书馆

通讯地址：白银区兰州路 156 号

简　　介：1984.09—1986.07 甘肃省商业学校家用电器维修专业学习；1986.07—1993.07 白银市文化广播电影电视局干部；1993.07—1995.06 西北师范大学文物博物专业学习；1995.06—1995.08 白银市群众艺术馆；1995.08—1999.08 白银市图书馆办公室；1999.08—2003.08 白银市图书馆办公室副主任（其间：参加西北师范大学政治学专业自学考试 2002.12 毕业）；2003.08—2004.10 白银市图书馆市图书馆信息部主任；2004.10—2008.01 白银市图书馆高岗，馆员；2008.01—2012.01 白银市图书馆业务辅导部主任；2012.01 至今，白银市图书馆副馆长。

0050 王建菊

性　　别：女

出生年月：1969-09-06

民　　族：汉族

政治面貌：党员

职　　称：副高

学　　历：大学本科

所在单位：平川区文化局

通讯地址：平川区会展中心一楼图书馆

成　　就：《浅谈新时期县（区）图书馆员的继续教育》《论图书馆在建设和谐社会中的作用》《浅谈新时期图书馆员素质的培养》《基层图书馆在公共文化服务体系中的作用和发展措施》在相关刊物公开发表。《浅谈新时期图书馆员素质的培养》获 2012 年年会征文活动三等奖；《浅谈图书馆的馆际合作与资源共享》在甘肃省图书馆学会 2013 年年会征文活动中获三等奖；《基层图书馆在公共文化服务体系中的作用和发展措施》在甘肃省图书馆学会 2014 年年会征文活动中获二等奖。

0051 梁瑞霞

性　　别：女

出生年月：1969-08-09

民　　族：汉族

政治面貌：群众

职　　称：副高

学　　历：大学本科

所在单位：甘肃省会宁县图书馆

通讯地址：甘肃省会宁县图书馆

成　　就：独立完成会宁县图书馆馆藏 242 部古籍的普查工作，申报古籍 3 部 26 册入选国家珍贵古籍名录，14 部 158 册入选甘肃省珍贵古籍名录。2012 年被评为甘肃省古籍普查工作先进个人。启动运行文化信息资源共享工程会宁县支中心系统，独立完成馆藏图书自动化编目工作。撰写图书馆专业论文获得中国图书馆学会年会论文奖 2 次，在专业省级以上刊物发表 3 篇论文，有论文在全省图书馆界交流，并入选《图书馆创新管理》论文集。

简　　介：兰州大学汉语言文学专业毕业，1988 年 7 月始从事中学语文教学工作；1997 年 3 月开始从事图书管理工作；2007 年始从事古籍管理普查工作。2012 年，经甘肃省图书资料系列高级职称评审委员会评审，获得副研究馆员职务任职资格，聘任至今。

0052 马荣胜

性　　别：男
出生年月：1956-04-24
民　　族：汉族
政治面貌：党员
职　　称：副高
学　　历：大学本科
所在单位：平凉市崆峒区图书馆
通讯地址：平凉市崆峒区东大街 60 号
成　　就：马荣胜书画及篆刻作品多次参加中国书协、西泠印社等举办的全国、国际性大展，在省级以上及《书法报》等媒体举办的展赛中荣获一、二、三等奖共计 26 次，在各级专业报刊刊登作品 300 余次。《书法报》《中国书画报》《美术报》等多次对其做过专题介绍，传略作品收录于《中国书法家协会会员名鉴》、西泠印社《印学年鉴》等多部大型辞书。

0053 栾松英

性　　别：女
出生年月：1960-07-25
民　　族：汉族
政治面貌：群众
职　　称：副高
学　　历：大学专科
所在单位：平凉市崆峒区图书馆
通讯地址：崆峒区东大街 60 号
成　　就：于 1980 年参加工作以来，将 1949 年至 2010 年馆藏的 610 余种报刊整理装订、登录、排架共计 14828 册（本），并利用业余时间征集各类珍贵文献资料 1329 册。其著作《平凉市图书馆征集珍贵文献工作喜人》于 2001 年 12 月发表于《甘肃省图书馆工作报》，《崆峒区图书馆全方位服务读者》于 2002 年 12 月发表于《平凉日报》。2000 年、2001 年、2003 年先后三次获得市级先进工作者荣誉称号。

0054 马莲芝

性　　别：女
出生年月：1962-04
民　　族：回族
政治面貌：党员
职　　称：副高
学　　历：大学专科
所在单位：庆阳市图书馆
通讯地址：西峰区长庆大道 68 号
成　　就：所写的宣传报道分别被《陇东报》、“庆阳政府网”“庆阳市委网”“每日甘肃网”“省图学会网”登载。积极参与中图、省图学会征文活动，撰写论文 2 篇。其中一篇获中图学会有奖征文三等奖，另一篇获西北五省图书馆年会及省图学会有奖征文二等奖。

0055 许丽芳

性　　别：女
出生年月：1966-02

民　　族：汉族
政治面貌：党员
职　　称：副高
学　　历：大学本科
所在单位：庆阳市图书馆
通讯地址：西峰区长庆大道 68 号
成　　就：1985 年 12 月参加工作，长期在采编部负责全馆图书采购、图书分类及文献编目工作。并兼任县级以下基层馆的业务培训辅导工作负责人，平均每年培训人员 70 多人，主要培训《地、县馆图书馆文献编目》《连续出版物管理》及《图书分类》等课程，编写讲义近 3 万多字。在省级和国家级刊物上发表论文 3 篇，参与编写《基层图书馆工作指南》一书，主编第三章文献编目部分，总计 3 万余字。中国图书馆学会征文、甘肃省图书馆学会年会征文获奖论文 6 篇。

0056 宋廷旺

性　　别：男
出生年月：1962-07-12
民　　族：汉族
政治面貌：党员
职　　称：副高
学　　历：大学本科
所在单位：庆阳市图书馆
通讯地址：庆阳市长庆大道 68 号
成　　就：现任庆阳市图书馆馆长，为中国图书馆学会会员、甘肃省图书馆学会理事；通过鼓励、指导、培养全馆 10 多人获本科文凭，培养并指导 6 人获图书资料馆员中级资格，指导 5 人获图书资料副研究馆员资格；曾负责自 1996 年至 2013 年共 5 次全国公共图书馆评估定级工作；每年组织全市进行图书馆业务培训，并主讲《读者工作》《农家书屋管理》等课程；先后有 15 篇论文获甘肃省图书馆学会年会、中国图书馆学会年会、中小型图书馆学会、西北五省区联合会论文征文一、二、三等奖；在国家级权威学术刊物上发表论文 1 篇，在国家级专业学术核心刊物上发表论文 4 篇；在省级核心刊物上发表论文 2 篇，在省级专业刊物上发表论文 1 篇；2013 年 3 月，结合庆阳市基层图书馆的实际和现状主编《基层图书馆工作指南》，由兰大出版社正式出版；2005 年被省文化厅授予“甘肃省图书馆先进工作者”称号。任现职以来年终考核连续 4 次优秀。2007 年 8 月、2009 年 3 月被市文化局评为市直文化系统“优秀党员”；2006 年 6 月、2010 年 6 月先后两次被省图学会评为年度“优秀会员”；2007 年 7 月被中国图书馆学会评为“优秀会员”。

0057 马斐然

性　　别：女
出生年月：1968-01
民　　族：汉族
政治面貌：群众
职　　称：副高
学　　历：大学本科
所在单位：庆阳市图书馆
通讯地址：西峰区长庆大道 68 号
成　　就：1988 年 9 月参加工作，供职于甘肃省庆阳市图书馆。先后在庆阳市图书馆流通部、阅览室、资料室、采编部等岗位上工作。在流通部、阅览室、资料室工作期间，每年接待读者 3 万多人，期间能热情周到服务，为读者耐心解答所需。在采编部工作时，每年采编图书 25 万元左右，主要担任图书分编工作，都能完成当年的目标责任书。先后有 13 篇论文获甘肃省图书馆学会年会、中国图书馆学会年会、全国中小型图书馆年会、西北五省区图书馆联合会征文一、二、三等奖。

0058 关宁

性　　别：男
出生年月：1968-11
民　　族：汉族
政治面貌：党员
职　　称：副高
学　　历：大学专科
所在单位：庆阳市图书馆
通讯地址：西峰区长庆大道 40 号
成　　就：任现职以来，在省级刊物上发表专业论文 3 篇；任职期内 4 次年度考核优秀、1 次良好；主持完成庆阳市图书馆计算机编目工作、市级文化信息资源共享工程建设（文化部项目）、图书馆自动化管理建设等，效益显著；参加《庆阳市志文化志》的编纂工作，搜集整理资料 50 余万字；2009 年至 2010 月培训基层业务骨干 75 人次。参与《甘肃省文化系统汶川大地震抗震救灾志·庆阳卷》，完成编辑 3 万余字。甘肃省图书馆学会第 7 届理事、常务理事。2010 年 8 月任文化馆副馆长（正科）以来，主要从事毛笔书法的学习和研究。
简　　介：1989 年 10 月参加工作，庆阳市图书馆副馆长，2004 年 12 月获图书资料馆员任职资格，2005 年 4 月聘任至今。2011 年 2 月获图书馆图书资料副研究员任职资格。

0059 张玲凤

性　　别：女
出生年月：1963-03
民　　族：汉族
政治面貌：党员
职　　称：副高
学　　历：大学本科
所在单位：庆阳市图书馆
通讯地址：西峰区长庆大道 68 号
成　　就：1983.02—2005.3 在图书馆阅览室工作，平均年接待读者 2 万多人次。2005.4—2006.7 负责图书借阅工作，年接待读者 1 万多人，年借阅图书 1 万多册。2005.7—2009.9 荣获中国庆阳香包节组委会第四届、第五届、第六届先进工作者，中国庆阳周祖农耕文化节先进工作者。并多次获得图书馆先进工作者。参与了图书馆评估定级工作。2006 年承担图书馆专业培训任务，受训人员 50 多人，编写《地县馆文献编目》。2006.8—2009.10 负责图书采编、分类、编目工作，年平均采购、编目图书 1 万多册。2009 年 11 月至今任副馆长后分管图书馆业务工作，参与地方文献征集千余册和送图书下乡工作，组织职工参与文化系统“爱岗敬业，创先争优”演讲赛。2011 年负责并参与了图书馆搬迁工作，共整理、打包图书 4 万余册。

0060 苟灵飞

性　　别：女
出生年月：1965-06-10
民　　族：汉族
政治面貌：群众
职　　称：副高
学　　历：大学专科
所在单位：通渭县图书馆
通讯地址：通渭县平襄镇西街 2 号
成　　就：2000 年，论文《谈地县公共图书馆地方文献的收集工作》在“甘肃省图书馆学会西部开发研讨笔会”征文评选活动中获优秀奖。2002 年，《以人为本——谈图书馆员的服务观念与管理》在甘肃省图书馆学会“知识经济时代图书馆的发展趋势”研讨会上荣获优秀奖。2003 年，论文《图书馆人力资源的管理》在甘肃省图书馆学会“新世纪图书馆员”学术研讨会上获三等奖，并发表在《图书与情报》2003年学术年刊上。2008年，论文《贫困地区农村图书馆服务体系建设的构想》收录在《甘肃图书馆事业发展与创新研究》一书中。2009年，论文《校际联合，共建新农村图书馆事业——中国青树乡村图书馆通渭分部纪实》在全国中小型公共图书馆联合会征文中获一等奖，并收录在《中小型公共图书馆科学发展与创新》一书中。

简　　介：1987年6月毕业于兰州大学图书馆学系，分配到定西县图书馆工作；1990年6月调入通渭县图书馆工作至今；1995年12月取得图书资料专业馆员任职资格；1996年5月被县文化局聘任至2010年12月；2010年6月取得图书资料专业副研究馆员任职资格；2010年12月被县文化局聘任至今。

0061 王维平

性　　别：男

出生年月：1966-08-17

民　　族：汉族

政治面貌：党员

职　　称：副高

学　　历：大学本科

所在单位：通渭县图书馆

通讯地址：通渭县平襄镇西街2号

成　　就：学术论文获中图学会、甘图学会省文化厅等次奖16次，在省级以上刊物上发表12篇。1994年被甘肃省文化厅授予甘肃省先进图书馆工作荣誉称号。2010年被定西市委、市政府评为全市科普工作先进个人。2009年被中国图书馆学会授予优秀会员称号。2010年被通渭县政协聘为文史研究员。

简　　介：1985年6月毕业于陇西师范学院，1985年7月在平襄镇中林学校参加工作至1989年8月；1989年9月调至通渭县图书馆工作至今；2000年7月取得北京大学图书馆学本科学历；2007年1月取得图书资料副研究馆员任职资格；2007年5月被聘为图书资料副研究馆员至今。

0062 王月萍

性　　别：女

出生年月：1968-09-12

民　　族：汉族

政治面貌：党员

职　　称：副高

学　　历：大学本科

所在单位：陇西县图书馆

通讯地址：陇西县巩昌镇文化广场11号

成　　就：负责本馆书刊采访、分编、文献研究、编制书目索引等工作。支持业务工作，解决比较重大的业务问题。改善基础设施建设，建成2214平方米的图书馆综合楼。改善现代化建设，完成图书自动化管理。实施共享工程建设项目，建成陇西支中心。加强读者服务工作，以文献传递为中心工作，拓展公益讲座、展览、电子阅览、培训、农家书屋管理等各类读者活动。

简　　介：1990年毕业于西安体育学院；2004年任陇西县图书馆副馆长；2009年评聘副研究馆员；多年来一直从事图书馆工作，分管全馆业务工作。

0063 周文

性　　别：女

出生年月：1967-08-16

民　　族：汉族

政治面貌：党员

职　　称：副高

学　　历：大学本科

所在单位：陇西县图书馆

通讯地址：陇西县文化广场11号

成　　就：2004—2006年度被评为甘肃省图书馆学会优秀会员；2006年被中共陇西县委

评为优秀共产党员；2007—2009年度被评为中国图书馆学会优秀会员；2006—2010年度被评为甘肃省图书馆学会优秀会员；2010年被中共陇西县委评为优秀党务工作者；2002年在全区《牢固树立正确的权力观有奖答题活动》中获得二等奖。

简　　介：1998年调入陇西县图书馆任副馆长，2000年任馆长；2013年评聘副研究馆员；甘肃省图书馆学会常务理事、理事、会员，中国图书馆学会会员，陇西县政协委员。

0064 王志华

性　　别：女

出生年月：1965-02-01

民　　族：汉族

政治面貌：党员

职　　称：副高

学　　历：大学本科

所在单位：陇南师专继续教育中心

通讯地址：甘肃省陇南市武都区城关镇盘旋西路

成　　就：发表论文多篇。

简　　介：1986年7月至1998年3月在陇南农校工作；1998年3月至今在陇南师专继续教育中心工作。

0065 李晓岩

性　　别：男

出生年月：1963-11-04

民　　族：汉族

政治面貌：党员

职　　称：副高

学　　历：大学本科

所在单位：陇南市武都区图书馆

通讯地址：武都区文广新局

成　　就：自1985年到图书馆工作现已30年。在馆期间，参与并完成了图书馆志的编写，参与了对馆藏图书、期刊、报纸等资料的整理，并按照我国中图法的标准著录，将原有的中小型分类法图书进行了重新分类和编目，参与并完成了4000余册古籍文献的清理登记工作、地方文献资料的收集和馆藏机读目录数据库的建设。在担任文化共享工程支中心主任、业务副馆长、馆长期间，完成了武都683个基层服务站点和693家“农家书屋”的建设任务。撰写的学术论文，分别获得了中图、省图书馆学会征文比赛一、二、三等奖，有数篇学术论文刊登发表在《图书与情报》《甘肃科技》等学术期刊上；主持参与了对单位中初级业务骨干和城区等大中院校以及36个乡镇的文化专干、共享工程服务站、农家书屋管理员的培训。中国图书馆学会会员，甘肃省图书馆学会理事，陇南市集邮协会副秘书长，陇南市文化系统专业技术职称评审委员会评委，图书资料副研究馆员。

简　　介：1980年8月—1982年7月，就读武都一中高中；1982年10月—1985年10月在甘肃武警部队定西支队陇西县中队服役（期间2001年9月至2003年12月在北京语言文学自修大学中文专业自学大专学历）；1985年11月至今在武都区图书馆工作（期间2000年9月—2003年7月在甘肃省委党校行政管理专业学习大学本科学历）；曾担任过报刊资料库、少儿阅览室、文化信息资源共享工程中心负责人、业务副馆长；2013年12月任武都区图书馆馆长至今。

0066 张莉

性　　别：女

出生年月：1971-08-27

民　　族：汉族

政治面貌：党员

职　　称：副高

学　　历：大学本科
所在单位：陇南市武都区图书馆
通讯地址：武都区文广新局
成　　就：在图书馆工作的22年期间，在图书分类，馆藏目录的建设，组织管理，各种文献检索工具的编制，文献的收集、整理中做了大量工作，使文献达到了国家标准化著录；尤其是在图书馆自动化系统启动开始，主持带领本室工作人员，通过培训学习，掌握了操作系统，建立了我馆藏书数据库，使图书馆工作实现了自动化，迈向了新的台阶；在基层业务辅导方面，带领采编部工作人员，对毗邻县图书馆、各学校图书馆、农家书屋的业务辅导、人员培训方面做了大量工作，取得了很好成绩；在个人学术研究方面，撰写了多篇论文，发表在不同专业杂志和学术论文集中，分别获得一，二，三等奖。
简　　介：1990年10月参加工作；2004年取得中级职称图书资料馆员资格并被聘任；2013年12月取得图书资料副研究馆员资格；2014年8月被聘任。

0067 高燕

性　　别：女
出生年月：1960-06-12
民　　族：汉族
政治面貌：群众
职　　称：副高
学　　历：大学本科
所在单位：陇南师专
通讯地址：成县城关镇陇南路34号
成　　就：多次获学校先进工作者，发表相关论文6篇
简　　介：1981年7月成县师范毕业留校图书室工作；2000年10月至2003年6月在西北师范大学进修，获本科学历；2003年6月在陇南师范高等专业学校图书馆工作至今；2010年被聘为副研究馆员。

0068 鱼小红

性　　别：女
出生年月：1966-06-04
民　　族：汉族
政治面貌：群众
职　　称：副高
学　　历：大学专科
所在单位：西和县文化馆
通讯地址：西和县文化馆
成　　就：长期从事图示资料管理工作，在省级以上刊物上发表专业论文数篇，2001年1月，《传播知识、迎接未来》获甘肃省《读书有感》大型有奖征文活动三等奖；2002年9月，《浅议贫困地区图书馆事业的适从与发展》获第三届中国社区乡镇图书馆发展战略研讨会三等奖；2006年5月，《和谐社会建设中的公共图书馆事业》获中国图书馆2006年年会论文二等奖。
简　　介：甘肃省西和县人，长期从事图书资料管理工作。

0069 宋天云

性　　别：男
出生年月：1957-02-02
民　　族：汉族
政治面貌：党员
职　　称：副高
学　　历：大学专科
所在单位：临夏州图书馆
通讯地址：临夏市新华街统办楼七楼
成　　就：《贫困民族地区公共图书馆发展浅见》发表于中国图书馆学会编《图书馆发展与和谐社会构建》，获中国图书馆学会2006年年会二等奖；《从临夏州图书馆发展状况谈图书馆立法》发表于《中国图书馆学

会年会论文集》2007 年卷，获中国图书馆学会 2007 年年会一等奖；《中西部贫困落后民族地区地市级共享工程建设思考》发表在《甘肃图书馆事业科学发展研究》，获中国图书馆学会 2009 年年会三等奖；2014 年公开出版《临夏地方文献目录提要》（主编）；获“中国图书馆学会 2009 年—2011 年度优秀会员”（获奖时间：2011 年 10 月）；获“甘肃省文化厅甘肃省文化信息资源共享工程工程先进个人”（获奖时间：2013 年 1 月）；获“临州委临夏州人民政府《关于表彰临夏州第六批专业技术拔尖人才的决定》州委发〔2013〕48 号”；获全州联村联户为民富民行动“连心奖”，《中共临夏州委临夏州人民政府关于表彰全州联村联户为民富民行动“民心奖”、“连心奖”和“先进村”的决定》州委发〔2014〕10 号。

简　　介：1974.04—1976.12 东乡县东塬乡插队；1976.12—1980.10 临夏州乡企局工作；1980.10—1993.04 临夏州群众艺术馆工作（期间：1984.02—1985.11 在东乡县琐南镇任秘书；1986.07—1988.09 在省委党校行政管理在职大专班学习）；1993.04—1996.10 临夏州群众艺术馆副馆长；1996.10—2001.02 临夏州图书馆副馆长；2001.02—临夏州图书馆馆长。

甘肃省文化资源名录

第四十六卷 文化人才Ⅲ

档案人才

0001 陈乐道

性　　别：男
出生年月：1961 12 18
民　　族：汉族
政治面貌：群众
职　　称：正高
学　　历：大学本科
所在单位：甘肃省档案局（馆）
通讯地址：甘肃省兰州市城关区雁滩路 3680 号
成　　就：主编或参与编纂出版了《天下黄河第一桥》《国民党军追堵红军长征和西路军西进档案史料汇编》《晚清以来甘肃印象》等多部书籍，在《敦煌研究》《中国档案》《档案》等刊物发表了数十篇专业论文和文章，并撰写了大量的诗词、楹联和灯谜作品，部分发表在《中华诗词》《甘肃诗词》《甘肃日报》等报刊，收入《中国当代五言律髓》《当代佳联品鉴》等专著，部分选刻于山西鹳雀楼、杭州西溪、兰州悦宾楼等名胜景点。

0002 焦多来

性　　别：男
出生年月：1967-11-15
民　　族：汉族
政治面貌：党员
职　　称：正高
学　　历：大学本科
所在单位：民勤县档案局
通讯地址：甘肃省民勤县三雷镇东大街 9 号
成　　就：档案学研究，档案鉴定、整理、管护。撰写了《论档案利用工作的拓展》，入选 2010 年全国档案工作者年会目录。2009 年 2 月被省档案局确定为档案工作规范化管理省级测评委员。2012 年被甘肃省档案局树为全省档案工作先进个人。
简　　介：1989 年毕业于西北师范大学历史系文档专业，1997 年至今从事档案工作，现任民勤县档案馆馆长。

0003 韩爱萍

性　　别：女
出生年月：1972-10-25
民　　族：汉族
政治面貌：党员
职　　称：正高
学　　历：大学专科
所在单位：渭源县档案局
通讯地址：渭源县人社局
成　　就：从事全县档案业务指导工作。
简　　介：1996 年 9 月分配县档案馆工作，从事全县档案业务指导工作。

0004 冯志萍

性　　别：女

出生年月：1962-04-10

民　　族：汉族

政治面貌：党员

职　　称：副高

学　　历：大学本科

所在单位：甘肃省档案局

通讯地址：甘肃省兰州市雁滩路 3680 号

成　　就：撰写的《谈历史档案的修裱与整理》被中国档案学会评为优秀论文二等奖，撰写的《档案整理五忌》《民国档案数字化的前提条件》《民国档案整理中的几个难点问题》《档案整理和档案人员素质》《档案鉴定工作对档案资源建设的影响》等多篇文章在刊物上发表并多次获省档案学会二、三等奖。撰写的《宋平在甘肃》《张作谋与兰州一中》《拓展馆藏资源挖掘馆藏内容》《苏联专家在甘肃工业建设中的作用》《抗美援朝在甘肃》等 10 多篇文章刊登在各类报刊和杂志上，很好地宣传了档案和档案工作。撰写的《一扇水簿》《红西中军宣传提纲解读》刊登在《中国档案报》和《档案》上引起社会的关注。2008 年被省人社厅、省档案局评选为“全省档案工作先进个人”，2011 年根据《公务员奖励规定》记三等功一次。多次被省档案局评选为“优秀党员”“先进工作者”。

简　　介：从事档案工作 30 年。先后做过文书、档案业务指导、档案资料编研、档案管理、档案整理、抢救等业务工作。

0005 宛志亮

性　　别：男

出生年月：1963-02-26

民　　族：回族

政治面貌：党员

职　　称：副高

学　　历：大学本科

所在单位：甘肃省档案局法宣处

通讯地址：甘肃省兰州市雁滩路 3680 号

成　　就：1996 年第 13 届国际档案大会期间，参与翻译甘肃代表团会议文件及《敦煌遗书档案展览解说词》等会议材料。1997 年以来，翻译《档案》杂志英文要目共 114 期以及国外档案学术文章等 8 篇。1994 年以来，先后在《中国人民大学复印报刊资料·档案学》《中国档案》《中国档案报》和《档案》等报刊发表各类档案业务文章和学术论文等 40 余篇。1996 年至今，主持《档案》杂志《学术研究》《业务纵横》《译文选登》《域外瞭望》《争鸣与探索》《现代化管理》等主要栏目。其间，1996—2008 年，《档案》杂志连续 4 次入选“全国中文核心期刊”（4 年评选一次），并于 1999 年 6 月获“甘肃省第二届社科类期刊评级一级期刊”称号。2013 年，《档案》杂志有 8 篇学术论文被《中国人民大学复印报刊资料·档案学》全文转摘，论文转载率在全国档案期刊中排第 3 名。2014 年，在大幅度压缩学术论文刊稿量的情况下，《档案》杂志仍有 8 篇论文被《中国人民大学复印报刊资料·档案学》全文转摘。

0006 李永新

性　　别：男

出生年月：1964-06-19

民　　族：汉族

政治面貌：党员

职　　称：副高

学　　历：大学本科

所在单位：甘肃省档案局

通讯地址：甘肃省兰州市雁滩路 3680 号

成　　就：多年来，参与整理了省馆所存各

类民国档案；独自整理过民国兰州海关英文档案、省馆接收张掖所存民国甘肃省政府西逃时携走的部分档案；建立了省馆250多个全宗卷；负责了白银市档案馆馆藏民国档案的整理移交工作；参与了省馆晋升国家一级档案馆活动；领导完成一次全面的清库任务。发表交流文章主要有《抢救历史档案断想》《还是保持原样好》《兰州海关税务司公署及其档案》《不忘历史捐献档案》《谁开了天窗？》《日军轰炸陇西城概略》《民国档案整理随笔》《对甘肃省档案馆信息化建设的思考》《清代、民国档案中“天窗”问题分析》《浅议重大活动声像档案的收集》等。参与了《中共甘肃省党史大事记》《甘肃档案史话》《陇档丛编》的编写工作。任《甘肃省档案馆指南》编委，《甘肃省档案馆馆藏清末新疆财政档案史料丛编（20卷本）》副主编。

0007 权庆文

性　　别：男

出生年月：1967-10-01

民　　族：汉族

政治面貌：党员

职　　称：副高

学　　历：大学专科

所在单位：兰州市七里河区档案局

通讯地址：兰州市七里河区西津东路498号

成　　就：2004年1月开始在区档案局工作，全区有32个单位机关档案室达到省一级标准，22个社区档案室达到省级合格标准，建成省级机关示范档案室1个。2008年，七里河档案局分别获得省、市两级档案工作先进集体荣誉称号。

简　　介：1989年7月参加工作；1989年7月至1992年4月在魏岭乡政府工作；1992年5月至1996年3月在区乡镇局工作；1996年3月至2003年10月在区纪委工作（期间：1997年任副科级纪检监察员，1999年任区纪委审理室主任，2002年11月任纪委常委）；2003年4月至2003年12月在建兰路街道办事处任副书记、主任；2003年12月至今在七里河区档案局工作。

0008 周顺莉

性　　别：女

出生年月：1961-12-19

民　　族：汉族

政治面貌：党员

职　　称：副高

学　　历：大学本科

所在单位：兰州七里河区档案局

通讯地址：兰州市七里河区西津东路498号

成　　就：1988年5月至今在七里河区档案局工作，2010年被评为全市档案工作先进个人。撰写的《基层婚姻登记档案工作存在的问题与对策》被甘肃省档案局《档案》刊登在2007第3期上，并录入全国地县档案局馆长论坛文集中。曾先后编写《七里河区档案馆简介》《七里河区概况》等内部参考资料。2008年，七里河档案局分别获得省、市两级档案工作先进集体荣誉称号。

简　　介：1980年10月至1981年5月在市经济干部学校学习；1981年5月至1988年5月在七里河区魏岭乡工作；1988年5月至今在七里河区档案局工作。

0009 张晓玲

性　　别：女

出生年月：1971-05-25

民　　族：汉族

政治面貌：党员

职　　称：副高

学　　历：大学本科

所在单位：兰州市七里河区档案局
通讯地址：兰州市七里河区西津东路498号
成　　就：2002年10月至今在七里河区档案局工作，负责指导全区各单位业务指导。
简　　介：1990年2月至2002年10月在魏岭乡政府工作；1993年9月至1996年6月在兰州农校脱产学习；2002年11月至今在七里河区档案局工作。

0010 王瑞峰

性　　别：女
出生年月：1975-07-27
民　　族：汉族
政治面貌：党员
职　　称：副高
学　　历：大学本科
所在单位：阿克塞哈萨克自治县档案局
通讯地址：阿克塞哈萨克自治县档案局
成　　就：自1996年7月在县档案局工作至今，2008年7月被省档案局聘任为甘肃省档案工作规范化管理水平省级测评员。论文《苦练内功强化服务大力推进新农村建设档案工作》被市档案局评为2008—2009年档案学术论文三等奖。2008年3月被市人事局、市档案局评为全市档案工作先进个人。论文《在建设“陆上三峡”中档案部门如何发挥作用》被省档案学会评为三等奖。

0011 库丽巴黑

性　　别：女
出生年月：1978-03-01
民　　族：哈萨克族
政治面貌：党员
职　　称：副高
学　　历：大学本科
所在单位：阿克塞哈萨克自治县档案局
通讯地址：阿克塞哈萨克自治县档案局
成　　就：自2007年在县档案局工作至今。论文《浅谈档案安全体系建设》2011年被省档案学会评为三等奖，2012年被市档案学会评为二等奖；论文《做好民生档案的几点思考》获2012年全省档案工作者年会优秀论文三等奖；2012年被市人社局、市档案局评为档案工作先进个人。
简　　介：2007年，从县中学调到县档案局，成为档案工作上的一名新兵。

0012 胡雁

性　　别：女
出生年月：1942-12-29
民　　族：汉族
政治面貌：党员
职　　称：副高
学　　历：大学本科
所在单位：嘉峪关市档案局（退休）
通讯地址：嘉峪关市政府综合办公大楼档案局办公室
成　　就：1996年被评为全省档案工作先进个人。

0013 吕凤云

性　　别：女
出生年月：1956-03-01
民　　族：汉族
政治面貌：党员
职　　称：副高
学　　历：中专
所在单位：嘉峪关市人大（退休）
通讯地址：嘉峪关市政府综合办公大楼档案局办公室
成　　就：2004年被评为“全省先进档案工作者”荣誉称号。

0014 刘艳华

性　　别：女
出生年月：1963-11-01
民　　族：汉族
政治面貌：党员
职　　称：副高
学　　历：大学专科
所在单位：酒钢档案馆
通讯地址：嘉峪关市政府综合办公大楼档案局办公室
成　　就：2008年被评为“全省先进档案工作者”荣誉称号。

0015 王恒

性　　别：女
出生年月：1973-04-02
民　　族：汉族
政治面貌：党员
职　　称：副高
学　　历：大学本科
所在单位：嘉峪关市水务局
通讯地址：嘉峪关市政府综合办公大楼档案局办公室
成　　就：2009年至2012年，编制了城市建设、管理、领导视察等内容照片档案共27册；撰写了《城建档案馆注重档案文化建设》和城建档案馆积极申报“甘肃省建设项目档案样板”通讯，分别在城建档案杂志（2012年第7期）和嘉峪关新闻网上刊登；撰写了《全市城建档案从业人员岗位培训班开班典礼》通讯，在2012年3月15日19点30分嘉峪关晚间新闻播出；2012年8月，论文《浅谈城建档案的利用与服务工作》被选登在2012年全省档案工作者年会论文集上；2013年4月22日，嘉峪关日报2版一句话新闻：“城建档案馆对2012年度参加了全市城建档案岗位培训的人员进行了审核”；2013年6月19日，嘉峪关日报2版稿件：“城建档案馆开展宣传活动，庆祝6月9日国际档案日”；2013年3月29日，撰写嘉峪关新闻网稿件：《城建档案馆大力丰富馆藏》；2013年4月18日，撰写嘉峪关新闻网稿件《城建档案馆加强培训后续管理工作》。

0016 董桂祥

性　　别：男
出生年月：1954-07-01
民　　族：汉族
政治面貌：党员
职　　称：副高
学　　历：大学专科
所在单位：酒钢档案馆
通讯地址：嘉峪关市政府综合办公大楼档案局办公室
成　　就：《浅谈科技档案管理在企业发挥经济效益问题》（《档案》杂志1993年10月独著、二等奖）；《甘肃三线建设》执笔编写（1994.7.1出版发行、享有著作成果权）；《浅谈企业档案综合管理》（冶金档案学术研讨会交流、1995年10月、独著、二等奖）；《酒泉钢铁公司大事记》（1998年10月出版发行、主编、档案编研成果二等奖）；《优化档案管理模式创新档案服务机制》（冶金档案学术研讨会交流、2003年8月、独著、一等奖）；《对企业档案信息化工作的思考》（冶金档案学术研讨会交流、2004年8月、独著、二等奖）；《酒钢图史》（2008年3月出版发行、主编）；《企业基建工程档案归档工作的研究与探索》（《兰台世界》杂志、2007年第11期、独著）；《酒钢志》（2008年3月出版发行、编委）；《嘉峪关年鉴》（2008）（2009年3月出版发行、编委）；《酒钢年鉴》首册（2009年3月出版发行、主编）。

0017 闫虹

性　　别：女

出生年月：1969-01-01

民　　族：汉族

政治面貌：党员

职　　称：副高

学　　历：大学专科

所在单位：嘉峪关市邮政局

通讯地址：嘉峪关市政府综合办公大楼档案局办公室

成　　就：2008年被评为“全省先进档案工作者”荣誉称号。

0018 段斌

性　　别：男

出生年月：1981-07-01

民　　族：汉族

政治面貌：群众

职　　称：副高

学　　历：大学本科

所在单位：酒钢档案馆

通讯地址：嘉峪关市政府综合办公大楼档案局办公室

成　　就：协助编纂《酒钢年鉴》《嘉峪关大辞典》。

0019 周隆群

性　　别：女

出生年月：1968-05-21

民　　族：汉族

政治面貌：党员

职　　称：副高

学　　历：大学本科

所在单位：嘉峪关市档案局

通讯地址：嘉峪关市政府综合办公大楼档案局办公室

成　　就：在2012年度“档案利用体系建设年”活动中，被评为甘肃省档案系统“十大文明标兵”。

0020 陈静兰

性　　别：女

出生年月：1956-09-01

民　　族：汉族

政治面貌：党员

职　　称：副高

学　　历：中专

所在单位：嘉峪关市财政局

通讯地址：嘉峪关市政府综合办公大楼档案局办公室

成　　就：2000年被评为“全省先进档案工作者”荣誉称号。

0021 吕建成

性　　别：男

出生年月：1969-10-24

民　　族：汉族

政治面貌：党员

职　　称：副高

学　　历：大学本科

所在单位：嘉峪关市档案局

通讯地址：嘉峪关市政府综合办公大楼档案局办公室

成　　就：参与完成了国家档案局批准的《嘉峪关市档案库房温湿度调控科研课题》项目；完成馆藏文书档案文件级目录著录27万余条，案卷级目录1.56万余条，全文扫描40万幅；建成了嘉峪关市档案馆局域网，设计制作了《嘉峪关档案信息网站》；鉴定划控到期开放档案目录65个全宗共计5万条；完成重要档案数据异地异质备份工作。制作刻录光盘87张，各类数据60万条（幅）；完成开放档案目录和现行文件目录网上查询；完成《嘉峪关年鉴》（档案工作），《嘉峪关市志》《嘉峪关大辞典》《嘉峪关市档案局(馆)基本情况》，第二轮《甘肃省志·档案志（1991—2010）》的编纂和照片的拍摄任务；协助完成《嘉峪关市档案馆全宗指南》《嘉峪关市大事记》（1372—1999），《关下人家》等刊物；制作了《嘉峪关市档案馆馆藏文书档案存放一览表》《嘉峪关市档案馆全文扫描光盘索引目录》《嘉峪关市档案馆文件级目录索引一览表》《重点档案文号与卷张号对照表》等多种检索工具。

0022 焦多宏

性　　别：男

出生年月：1968-09-01

民　　族：汉族

政治面貌：党员

职　　称：副高

学　　历：大学本科

所在单位：嘉峪关市政法委

通讯地址：嘉峪关市政府综合办公大楼档案局办公室

成　　就：2000 年被评为“全省先进档案工作者”荣誉称号。

0023 张兴

性　　别：男

出生年月：1970-06-22

民　　族：汉族

政治面貌：党员

职　　称：副高

学　　历：大学本科

所在单位：嘉峪关市档案局

通讯地址：嘉峪关市政府综合办公大楼档案局办公室

成　　就：2009 年撰写论文《对实现两个转变、建立两个体系理论与实践的思考》，参加全国档案工作者青年论坛会，该论文被收编在国家档案局学术交流《论文集》；2010 年撰写论文《实现“两个转变”建立“两个体系”在我市档案工作中的初探》参加全省档案学术论坛，获优秀奖，该论文被省档案局收编在甘肃省学术交流《论文集》；2011 年撰写史话稿《岩画——远古先民的生活记录》被甘肃省档案局《甘肃档案史话》一书收编；2012 年撰写论文《加大档案文化建设，推进社会主义文化繁荣》参加全省档案学术论坛，获三等奖，该论文被省档案局收编在甘肃省学术交流《论文集》。

0024 李秀萍

性　　别：女

出生年月：1953-03-02

民　　族：汉族

政治面貌：党员

职　　称：副高

学　　历：大学专科

所在单位：嘉峪关市政协（退休）

通讯地址：嘉峪关市政府综合办公大楼档案局办公室

成　　就：2008 年被评为“全省先进档案工作者”荣誉称号。

0025 韩炳琴

性　　别：女

出生年月：1955-09-02

民　　族：汉族

政治面貌：党员

职　　称：副高

学　　历：大学本科

所在单位：嘉峪关市农林局（退休）

通讯地址：嘉峪关市政府综合办公大楼档案局办公室

成　　就：1991 年被评为“全省先进档案工作者”荣誉称号。

0026 董桂祥

性　　别：男

出生年月：1954-07-01

民　　族：汉族

政治面貌：党员

职　　称：副高

学　　历：大学专科

所在单位：酒钢档案馆

通讯地址：嘉峪关市政府综合办公大楼档案局办公室

成　　就：1992 年、2008 年被评为“全省先进档案工作者”荣誉称号。

0027 殷燕

性　　别：女

出生年月：1977-11-01

民　　族：汉族

政治面貌：党员

职　　称：副高

学　　历：大学本科

所在单位：嘉峪关市总工会

通讯地址：嘉峪关市政府综合办公大楼档案局办公室

成　　就：2012 年被评为全省档案工作先进个人。

0028 赵亚琴

性　　别：女

出生年月：1954-02-19

民　　族：汉族

政治面貌：党员

职　　称：副高

学　　历：大学本科

所在单位：嘉峪关市档案局（退休）

通讯地址：嘉峪关市政府综合办公大楼档案局办公室

成　　就：2008 年被评为全省档案工作先进个人。

0029 沈华明

性　　别：男

出生年月：1956-04-02

民　　族：汉族

政治面貌：党员

职　　称：副高

学　　历：大学专科

所在单位：嘉峪关市城建档案馆

通讯地址：嘉峪关市政府综合大楼档案局办公室

成　　就：2010 年首届中国建设监理摄影大赛中，作品《和谐的旋律》荣获一等奖；中国摄影报举办摄影比赛，作品《雄关夕照》等荣获二、三等奖；作品《戎马倥偬》荣获甘肃省青年摄影大赛银杯奖；作品《采冰》荣获嘉酒地区金牌奖；分别于 1998 年、2000 年荣获全国城建先进个人荣誉称号。

0030 王莉

性　　别：女

出生年月：1966-12-01

民　　族：汉族

政治面貌：党员

职　　称：副高

学　　历：大学本科

所在单位：酒钢档案馆

通讯地址：嘉峪关市政府综合大楼档案局办公室

成　　就：2008 年 1 月在《档案》杂志上发表《档案管理要适应项目建设发展的需要》；2008 年 4 月在《档案》杂志上发表《浅谈科技档案的保密工作》；参与编纂《酒钢年鉴》《嘉峪关大辞典》。

0031 尚丽萍

性　　别：女
出生年月：1969-09-01
民　　族：汉族
政治面貌：群众
职　　称：副高
学　　历：大学本科
所在单位：嘉峪关市烟草公司
通讯地址：嘉峪关市政府综合办公大楼档案局办公室
成　　就：2008年被评为“全省先进档案工作者”荣誉称号。

0032 蒋立红

性　　别：女
出生年月：1954-08-02
民　　族：汉族
政治面貌：党员
职　　称：副高
学　　历：中专
所在单位：嘉峪关市档案局
通讯地址：嘉峪关市政府综合办公大楼档案局办公室
成　　就：2000年被评为“全省先进档案工作者”荣誉称号。

0033 张秋霞

性　　别：女
出生年月：1968-09-20
民　　族：汉族
政治面貌：党员
职　　称：副高
学　　历：大学本科
所在单位：嘉峪关市镜铁区
通讯地址：嘉峪关市政府综合办公大楼档案局办公室
成　　就：2010年撰写论文《浅谈社区档案工作》参加全省档案学术论坛，获三等奖，被甘肃省档案局学术论文集收集；2011年撰写论文《我市三农档案工作的思考》参加全国档案学术论坛，获三等奖，被国家档案局学术论文集收集；2012年撰写论文《浅谈档案利用和服务工作》参加全省档案学术论坛，获二等奖，被甘肃省档案学术论文集收集。

0034 薛宏英

性　　别：女
出生年月：1963-10-10
民　　族：汉族
政治面貌：群众
职　　称：副高
学　　历：大学本科
所在单位：嘉峪关市档案局
通讯地址：嘉峪关市政府综合办公大楼档案局办公室
成　　就：负责《档案法》及有关法律法规的宣传教育和行政执法检查、监督工作；在做好机关事业单位档案工作的同时，深入全市48个社区、17个村委会和非公有制经济企业开展档案法律法规的宣传培训和档案业务指导工作。仅2009年至2012年近四年期间，举办各类档案业务培训班70余期，培训基层文档人员3000余人；国家档案局8号令颁布以后，参与编印了《嘉峪关市8号令实施细则》，制作了《机关文件材料归档范围和文书档案保管期限表》范本，制定了贯彻实施第8号令详细的工作方案。

0035 高月莲

性　　别：女
出生年月：1961-07-12
民　　族：汉族
政治面貌：党员
职　　称：副高

学　　历：大学本科
所在单位：嘉峪关市档案局
通讯地址：嘉峪关市政府综合办公大楼档案局办公室
成　　就：作为编委，主持并参与编纂了《嘉峪关志》《嘉峪关年鉴》《嘉峪关大辞典》《嘉峪关市档案馆指南》等资料；组织和参与了编辑了《嘉峪关市妇联组织表彰先进集体和个人名录》《共青团嘉峪关市委组织表彰先进集体和个人名录》《嘉峪关市历届人代会政府工作报告汇编》《中国共产党甘肃省嘉峪关市组织史》《辉煌 60 年·嘉峪关巨变》等历史资料；撰写论文《档案工作如何为社会主义新农村建设服务》参加甘肃省档案学术论坛；撰写信息《嘉峪关市档案局扎实开展》在中国档案网和嘉峪关新闻网上广泛宣传。

0036 刘春发

性　　别：男
出生年月：1936-12-20
民　　族：汉族
政治面貌：党员
职　　称：副高
学　　历：高中
所在单位：天水市秦州区档案局
通讯地址：秦州区南明路梧林苑 4 号楼
成　　就：1996 年退休。在职期间在省《档案》杂志和档案学术交流会上发表过 5 篇论文。1983 年获甘肃省委、省政府授予的档案先进工作者称号。
简　　介：1951 年 5 月响应祖国“抗美援朝，保家卫国”号召参加人民解放军，1956 年 4 月复原后，安排在原中共市委秘书室做收发文处理工作；1958 年 9 月负责筹备成立天水市档案馆工作；1959 年 4 月抽调在天水市县合并后的吕二沟人民公社驻队，后在该队任党支部书记；1961 年 8 月被调回到市委甄别办公室，1962 年回档案馆，1963 年 4 月至 6 月在省委党校参加省档案局举办的业务培训；1968 年“文革”期间至 1970 年在天水市食品厂劳动改造及做临时落实政策工作；1970 年后回市革委办公室，1983 年至 1984 年任市委办公室党支部副书记，1983 年在市委党史办成立后兼任了一段主任，1975 年恢复档案馆后任馆长；后在秦城区档案馆一直至 1996 年 8 月退休。

0037 王兰生

性　　别：男
出生年月：1960-12-30
民　　族：汉族
政治面貌：党员
职　　称：副高
学　　历：大学专科
所在单位：秦安县档案局
通讯地址：秦安县档案局
成　　就：主编档案编研资料《李白故里在秦安》《印信荟萃》等。

0038 胡玉华

性　　别：女
出生年月：1965-12-06
民　　族：汉族
政治面貌：党员
职　　称：副高
学　　历：中专
所在单位：民勤县档案局
通讯地址：甘肃省民勤县三雷镇东大街 9 号
成　　就：档案鉴定、整理、管护。
简　　历：1985 年参加工作，1998 年至今从事档案工作。熟悉文书、会计等档案工作的整理。对文书档案的期限认定和分类有一定的研究。

0039 冉松文

性　　别：男
出生年月：1955-02-05
民　　族：汉族
政治面貌：党员
职　　称：副高
学　　历：高中
所在单位：民勤县档案局
通讯地址：甘肃省民勤县三雷镇东大街 9 号
成　　就：档案鉴定、整理、管护。

0040 杨述金

性　　别：男
出生年月：1970-11-09
民　　族：汉族
政治面貌：党员
职　　称：副高
学　　历：大学本科
所在单位：民勤县档案局
通讯地址：甘肃省民勤县三雷镇东大街 9 号
成　　就：档案鉴定、整理、管护。
简　　介：1995 年参加工作，2011 年至今从事档案工作。熟悉文书、会计等档案工作的整理。对文书档案的期限认定和分类有一定的研究。

0041 高彩云

性　　别：女
出生年月：1982-04-05
民　　族：汉族
政治面貌：党员
职　　称：副高
学　　历：大学本科
所在单位：民勤县档案局
通讯地址：甘肃省民勤县三雷镇东大街 9 号
成　　就：档案鉴定、整理、管护、数字化处理。
简　　介：1999 年参加工作，2005 年至今从事档案工作。熟悉文书档案的鉴定、整理和档案信息的数字化处理工作，对档案信息的数字化处理有一定的研究。

0042 张雁霞

性　　别：女
出生年月：1975-03-01
民　　族：汉族
政治面貌：党员
职　　称：副高
学　　历：大学专科
所在单位：民勤县档案局
通讯地址：甘肃省民勤县三雷镇东大街 9 号
成　　就：档案鉴定、整理、管护。
简　　介：1995 年 7 月参加工作，1996 年从事档案工作，熟悉文书、会计等档案的整理，对档案的开发利用有一定的研究。2009 年被甘肃省档案局确定为档案规范化管理省级评测员。

0043 高培玉

性　　别：男
出生年月：1956-01-10
民　　族：汉族
政治面貌：党员
职　　称：副高
学　　历：中专
所在单位：民勤县档案局
通讯地址：甘肃省民勤县三雷镇东大街 9 号
成　　就：档案鉴定、整理、管护。

0044 陆登华

性　　别：女
出生年月：1966-09-19
民　　族：汉族
政治面貌：党员

职　　称：副高
学　　历：大学专科
所在单位：张掖医学高等专科学校
通讯地址：张掖市教育局
成　　就：1999年2月由省、市档案局检查、验收，学校档案室达到“科技事业单位档案管理国家二级”标准，本人因工作突出，受到国家档案局表彰；2004年负责的学校档案室被评为甘肃省“十馆百室”示范单位，同年荣获“全省档案工作先进个人”荣誉称号；2000年、2008年学校档案室获“全市档案工作先进集体”荣誉称号；2009年被评为“市直机关先进档案工作者”。在省级以上期刊上公开发表论文3篇。
简　　介：1988年7月毕业于甘肃省电大档案专业，1989年12月参加工作；1999年12月晋升为档案专业馆员，2004年被推选为张掖市档案学会理事；2009年12月晋升为档案专业副研究馆员；2010年被推选为张掖市档案学会常务理事。

0045 梁淑君

性　　别：女
出生年月：1967-08-06
民　　族：汉族
政治面貌：党员
职　　称：副高
学　　历：大学本科
所在单位：白银市档案局
通讯地址：甘肃省白银市白银区北京路436号
成　　就：编写《白银市志》中“档案管理”一节，该书1999年9月正式出版发行。为《甘肃省档案志》中提供1.2万字“白银市档案志”资料。编写白银市档案局（馆）十余年档案工作大事记，其中1986年至1992年度合订本荣获省档案学会第四次档案学优秀成果纪念奖。参加编写《中国共产党甘肃省白银市组织史资料》（第二卷），该书2000年6月正式出版发行。参加编写内部资料《白银市档案利用实例选编》（第一集），该资料荣获甘肃省档案学会档案学优秀成果三等奖。参加编写《民国时期靖远县情录》（1—4集），该书获市出版局刊发的刊号出版发行，并荣获省档案学会第六次档案优秀成果二等奖。参加编写《白银市大事图典》，该书获市出版局刊发的刊号出版发行。在省《档案》杂志发表《民国时期的靖远县民居》《心系民情的范振绪老先生》两篇文章。在《白银日报》及相关档案网站发表多篇档案宣传简讯。1995年，被白银市委、市政府评为档案工作先进个人。
简　　介：1988年6月毕业于兰州大学图书馆学专业（专科），2003年12月通过自学考试取得西北师范大学档案学专业本科学历，1988年6月参加工作。1989年12月取得档案专业档案管理员任职资格，1992年10月取得档案专业初级专业技术职务任职资格（助理馆员），1995年9月取得档案专业馆员职务任职资格，2006年12月取得档案专业副研究馆员职务任职资格。1994年8月，加入甘肃省档案学会。1995年12月，加入中国档案学会。

0046 滕焕君

性　　别：男
出生年月：1960-02-23
民　　族：汉族
政治面貌：党员
职　　称：副高
学　　历：大学专科
所在单位：白银市白银区档案局
通讯地址：白银区中心街67号
成　　就：在档案局工作期间先后获省市区

等部门各类奖项共16项。在征集、编研、管理、指导等工作中成绩较为突出；主要征集了全国著名的建筑大师任震英开发白银时的手迹、李树祥革命历史资料、大川渡解放初期土地房产档案、曾氏家谱等68件（卷）珍贵、名人档案资料；在《中国档案》发表论文2篇、甘肃省《档案》杂志发表论文3篇、史料3篇，独著了《地质六四一队在白银》等23篇史料，部分收录于《铜城白银》等书；为社会各界提供利用各类档案16545卷册，接待利用者5813人次；对馆藏30年以上的55个全宗8584卷已到期的档案逐卷逐页进行鉴定，向社会开放；鉴定销毁财务档案7184卷；在档案信息化建设中他率先研究著录标引并建立文件级、案卷级、专业档案数据库等56000多条；制定了《白银区股份制企业档案管理暂行办法》等3个办法，为白银区档案工作走上科学化、规范化、标准化的轨道做了积极的工作。

0047 张炳

性　　别：男
出生年月：1958-06-20
民　　族：汉族
政治面貌：党员
职　　称：副高
学　　历：中专
所在单位：崇信县档案局
通讯地址：西南路2号
成　　就：参与验收崇信县晋升达标验收通过了2个“省特级”档案室、8个“省一级”档案室、11个村级示范档案室；参与汇编了《崇信县党代会、人代会简介》《崇信县历史沿革》《崇信县农业生产情况一览表》《崇信县山区建设资料辑录》《崇信县经济地理概况》等文件汇编资料；多次被市、县授予“档案先进工作者”光荣称号，受到表彰奖励。

0048 王晓灵

性　　别：女
出生年月：1964-09-22
民　　族：汉族
政治面貌：党员
职　　称：副高
学　　历：大学本科
所在单位：庆阳市档案局
通讯地址：庆阳市西峰区庆州西路1号
成　　就：曾被评为1999—2003年全市档案工作先进个人，2010年全省档案工作先进个人。主要成果及论文：编辑有2001—2009年《庆阳市大事记》，分年在《庆阳年鉴》2001—2010年刊登。《建市十年大事记》获甘肃省十大档案文化优秀成果奖。编辑有《庆阳市档案馆指南》《庆阳地区档案处（馆）基础资料》（1963—2000），《庆阳市档案馆全宗介绍汇集》和《庆阳市档案工作先进集体和先进个人事迹材料汇编（1999—2003》等资料，总计大约140多万字。论文《档案服务功能的拓展与延伸》在《档案》杂志2000年第6期刊登，并荣获甘肃省第六次档案学会优秀论文三等奖。《档案部门应努力为民营企业发展搞好服务》在《发展》2005年第5期刊登；《关于加强庆阳市非物质文化遗产档案管理工作的思考》入选2007年中国档案学会举办的“地（市）、县（市）级档案局（馆）长论坛”论文集《实践、创新、发展》，并在《档案》2008年第1期刊登。参加甘肃省档案学术研讨会，撰写学术论文4篇，分别获得一、二、三等奖，并入编《甘肃省档案学会学术论文集》。
简　　介：1984年7月在正宁县一中参加工作；1994年11月至今，在庆阳市档案局工作；2003年5月，任编辑研究科科长；2005年12月，晋升为副研究馆员；2006年为公务员。

0049 高海山

性　　别：男

出生年月：1957-07-14

民　　族：汉族

政治面貌：党员

职　　称：副高

学　　历：高中

所在单位：华池县档案局

通讯地址：华池县档案局

成　　就：2001年被庆阳地委、行署评为全区“九五”档案先进工作者；2013年被评为全省最美基层档案工作者。

0050 马晓玲

性　　别：女

出生年月：1967-08-08

民　　族：汉族

政治面貌：党员

职　　称：副高

学　　历：大学本科

所在单位：档案局档案局

通讯地址：华池县档案局

成　　就：2012年撰写论文《华池县档案工作服务“三农”的举措与成效》在甘肃《档案》杂志上发表。

0051 兰芳

性　　别：女

出生年月：1966-11-03

民　　族：汉族

政治面貌：党员

职　　称：副高

学　　历：大学专科

所在单位：陇西县住房和城乡建设局

通讯地址：甘肃省陇西县城建局家属楼

成　　就：在《档案》杂志和《新一代》杂志上发表论文各1篇，指导和审查了建设工程项目档案，获得了省级建设项目“飞天奖”和市级建设项目“金衡奖”，参与了陇西县建设志的编辑等工作。

简　　介：1999年毕业于甘肃省委党校，2013年评聘副研究馆员。多年来，一直从事档案管理工作，主要负责文书档案、会计档案、城市建设档案的收集、审查及管理工作。

0052 鲁庆莲

性　　别：女

出生年月：1966-11-04

民　　族：汉族

政治面貌：党员

职　　称：副高

学　　历：大学本科

所在单位：永靖县档案局

通讯地址：刘家峡镇古城新区县政府统办楼

成　　就：2005年8月被聘为副研究馆员，先后在《甘肃宣传》《档案》发表论文《做好新形势下档案利用和服务工作》《浅谈乡镇档案室建设》《县级档案馆建设之我见》。在平时的业务指导工作中，完成了2个省特级，64个省一级，36省二级，5个省三级档案室的规范化建设工作，7个社区，5个大型民营企业，60个村委会建档工作，抓好全县档案员的培训工作，累计培训1200人次。2014年3月被国家档案局评为全国基层最美档案人。

简　　介：1985年6月毕业于临夏州民族学校文档专业；1996年至2000年在职就读中央党校刘家峡直属辅导站，取得党政管理专业大专和行政管理专业本科文凭；1987年至2008年先后被聘为管理员、助理馆员、馆员、副研究馆员专业技术职务；1985年至今从事档案工作，在多个媒体发表论文，先后多次评为先进工作者。

0053 陶霞

性　　别：女
出生年月：1961-06-20
民　　族：土族
政治面貌：党员
职　　称：副高
学　　历：大学专科
所在单位：永靖县档案局
通讯地址：刘家峡镇古城新区县政府统办楼
成　　就：从事档案管理工作30余年，参与编写《永靖县三十年行政区域划分沿革简介》《永靖县土地征用文件汇编》《永靖县国民经济统计资料汇编》《永靖县档案馆指南》等资料。论文《试述档案工作与市场经济和矛盾及解决的对策》入选为甘肃省档案学会学术交流会论文，独著《机关档案管理组织形式的一项变革》《发展完善中的永靖县文件中心》，合撰《永靖县文件中心建立与改革实践》《永靖县建立文件中心成效显著》等在《中国档案报》《档案学通讯》《档案工作》等国家级及《档案》《广东档案》省级刊物上发表。1985年被临夏州档案局评为“全州先进档案工作者”，1996年被临夏州委秘书处、州政府秘书处授予“全州先进档案工作者”，1997年被中共永靖县委评为“优秀共产党员”，2000年被甘肃省委办公厅、省政府办公厅授予“全省先进档案工作者”，2004年被临夏州科协评为“临夏州科技应用带头人”，2003年、2007年当选为中共临夏州第九次、第十次代表会代表，2009年国家档案局、中央档案馆颁发了“从事档案工作三十年”荣誉证书，2013年被中共临夏州委、州政府授予全州“三八红旗手”荣誉称号。
简　　介：1977年4月在永靖县盐锅峡镇黄茨村插队；1978年4月以来一直在永靖县档案局（馆）工作；1984年2月任永靖县档案馆副馆长；1987年9月—1989年6月在西北师范大学历史系档案管理专业学习；1992年9月任永靖县档案局（馆）副局长，同年被聘为助理馆员，1996年5月被聘任为馆员，2003年4月被聘任为副研究馆员，2009年被聘任为甘肃省档案工作规范化管理测评员。

0054 马孝忠

性　　别：男
出生年月：1987-11-15
民　　族：回族
政治面貌：党员
职　　称：副高
学　　历：大学本科
所在单位：和政县档案局
通讯地址：和政县一号统办楼301
成　　就：全国信息化工程师（二级）。

甘肃省文化资源名录

第四十六卷

文化人才Ⅲ

文博人才

0001 薛文章

性　　别：男
出生年月：1948-03-17
民　　族：汉族
政治面貌：党员
职　　称：正高
学　　历：大学本科
所在单位：永登二中退休老师
通讯地址：永登县三馆一中心文化馆
成　　就：长期从事中学历史教学，主持编辑《红城志》《红城史话》，参与《永登文史资料》编辑工作，发表大量地方史研究文章。

0002 纪永元

性　　别：男
出生年月：1956-11-04
民　　族：汉族
政治面貌：群众
职　　称：正高
学　　历：大学本科
所在单位：敦煌市阳关博物馆
通讯地址：甘肃省敦煌市沙州镇鸣山路36号
成　　就：征集民间留落的文物，保护、抢救民间文物。创办的阳关博物馆和开发的阳关景区，先后被评为甘肃省文化产业示范基地、甘肃省文博工作先进单位，景区被认证为国家AAAA级旅游景区。先后编辑出版《飞天百印》《敦煌图形印》《敦煌阳关玉门关论文选萃》《敦煌诗选》《敦煌文选》《阳关博物馆文物图录》等图书。策划《阳关》《大河西流》等电视纪录片；组织举办敦煌文化、敦煌艺术讲座、展览及文物考察等大型文化艺术活动20余次。
简　　介：1978年至1979年，在敦煌研究院研修美术；1979年至1983年，在敦煌市文化馆从事美术工作；1983年7月，创办鸣沙书画社（1993年改名敦煌书画院），并任院长；1984年7月，联合敦煌市科协创办敦煌市书画工艺美术学会，并任学会副理事长；1989年9月，投资联办中国书画函授大学敦煌分校，被中国书画函授大学总校聘任为校长、副教授；1999年12月，投资创办阳关博物馆，并任阳关博物馆馆长。2001年创办敦煌市文化产业有限公司，并任公司执行董事。现为甘肃敦煌学学会常务理事，中国美术家协会甘肃分会会员，中国书画研究会会员，甘肃省第十二届人大代表，酒泉市第二届、第三届人大常委会委员，敦煌市美术家协会主席。

0003 汪万福

性　　别：男

出生年月：1966-09-09
民　　族：汉族
政治面貌：党员
职　　称：正高
学　　历：博士研究生
所在单位：敦煌研究院
通讯地址：甘肃省敦煌市莫高窟敦煌研究院
成　　就：曾多次赴美国、日本做访问学者，开展敦煌石窟保护方面的国际交流与合作，参加国际学术研讨会。赴意大利、西班牙、韩国及中国香港、台湾等地开展技术交流与合作。代表性成果有：《甘肃石窟寺及古代壁画生物病害机理与防治技术研究》获甘肃省科技进步一等奖，排名第一；《西藏空鼓病害壁画灌浆加固研究》获国家文物局文物保护科学与技术创新二等奖，排名第二；并出版《西藏布达拉宫壁画保护修复工程报告》。《敦煌莫高窟风沙危害与防治研究》通过专家鉴定，项目的实施使进入窟区的积沙减少 85% 以上，不仅减缓了风沙（尘）对珍贵壁画的损害，而且改善了窟区旅游生态环境，对同类文物的保护具有重要的借鉴价值。业务技术专长：干旱区环境与文物保护，主要针对我国西北地区文物赋存环境演变开展研究，包括石窟寺、土建筑遗址等，并在敦煌莫高窟风沙危害机理与防治等方面取得重要成果；文物的生物侵蚀与防护研究，主要针对动物、植物、微生物对古代壁画与土建筑遗址的损害机理与防治技术开展研究，并在昆虫对石窟壁画的损害机理与防治、敦煌莫高窟微生物损害机理、植物及其根系对西北地区土建筑遗址损害机理等方面取得重要进展；古代壁画保护修复技术及其成果转化，在石窟壁画、殿堂壁画、墓葬壁画的保护修复技术方面取得重要成果。
简　　介：1989.7—1992.1 在敦煌市林业技术推广中心、敦煌市林业局从事敦煌林业资源调查、生态环境保护修复等项工作；自 1992.2 至今，在敦煌研究院保护研究所、文物保护技术服务中心从事干旱区环境、文物病害机理、壁画保护修复及文物科技成果推广转化等方面的科研、教学培训及项目管理工作。

0004 王旭东

性　　别：男
出生年月：1967-02-18
民　　族：汉族
政治面貌：党员
职　　称：正高
学　　历：博士研究生
所在单位：敦煌研究院
通讯地址：甘肃省敦煌市莫高窟
成　　就：1996 年“敦煌莫高窟地震防灾文物保护研究”获国家文物局科技进步二等奖；1997 年“敦煌莫高窟崖体及附加构筑物抗震稳定性研究”获国家文物局科技进步四等奖；1997 年“秒砾岩石窟岩体裂隙灌浆研究”获国家发明奖四等奖；2000 年“古代土建筑遗址的加固研究”获国家文物局科技进步二等奖；2001 年获“全国优秀科技工作者”荣誉称号；2004 年获“甘肃省优秀专家”荣誉称号；2005 年获“甘肃省宣传文化系统拔尖创新人才”荣誉称号；2005 年“西藏空鼓病害壁画灌浆加固研究”获国家文物局科技创新二等奖；2005 年入选“甘肃省 555 创新人才工程”第二批人选；2006 年“交河故城抢险加固工程设计方案”获“2005 年度全国十佳文物保护工程勘察设计及文物保护规划”，排名第二；2009 年获“2008 年度文化部优秀专家”荣誉称号；2009 年入选“甘肃省领军人才”第一层次名单；2010 年“土遗址保护关键技术研究”获得甘肃省科技进步二等奖，排名第一；2010 年“文物出土现场保护移动试验室研发”获2009年度国家文物局科技进步与创新奖一等奖，排名第八；2011年“十一五”国家科技支撑计划执行优秀团队奖，主要负责人。

简　　介：1990.07—1991.06，张掖地区水电处，从事水利工程勘察设计；1991.06—1998.06，敦煌研究院从事石窟及土遗址保护；1998.06—2002.03，任敦煌研究院保护研究所副所长；2002.03—2005.01，任敦煌研究院院长助理兼保护研究所所长；2005.01—2005.06，美国盖蒂保护研究所访问学者；2005.01—2011.05，敦煌研究院副院长，国家古代壁画保护工程技术研究中心常务副主任，古代壁画保护国家文物局重点科研基地主任，兰州大学兼职教授、博士生导师。2011.05—现在，敦煌研究院常务副院长，党委副书记，国家古代壁画保护工程技术研究中心常务副主任，古代壁画保护国家文物局重点科研基地主任，兰州大学、西北大学兼职教授、博士生导师。目前主要社会兼职：（1）国际岩石力学学会古遗址保护专业委员会主席，2011—2015；（2）国际古迹遗址理事会土建筑保护科学委员会委员（2011—2015）；（3）中国文物保护技术协会副理事长（2012—2017）；（4）中国岩石力学与工程学会古遗址保护与加固工程专业委员会主任委员（2011—2016）；（5）中国文物保护技术协会石窟与土遗址保护专业委员会主任委员（2011—2016）；（6）中国敦煌石窟保护研究基金会副理事长（2011—2016）；（7）中国古迹遗址保护协会常务理事（2012—2014）。从事文物保护工作以来，发表学术论文60余篇，合作出版专著3部，获国家及省部级奖10余项，主持全国重点文物保护单位保护勘察设计或现场施工项目30余项，承担国家及省部级课题20余项，主持或参加国际合作4项。

0005 苏伯民

性　　别：男
出生年月：1964-12-09
民　　族：汉族
政治面貌：群众
职　　称：正高
学　　历：博士研究生
所在单位：敦煌研究院
通讯地址：甘肃省敦煌市莫高窟敦煌研究院
成　　就：长期从事壁画保护和壁画制作材料分析工作及人才培养、保护国际合作工作。主持完成了国家支撑计划课题2项，国家自然科学基金课题1项，国家文物局课题4项和10多项文物保护工程设计任务。从事文物保护工作至今，发表论文40余篇，合作出版专著2部，技术专利8项，主持或参与完成国家及行业技术标准10余项。获国家文物局文物保护科学和技术创新一等奖1项，二等奖3项；2006年获第九届中国青年科技奖；入选甘肃省领军人才二层次人选、甘肃省“四个一批”文化专门技术人才。
简　　介：1985年毕业于兰州大学化学系后分配至甘肃省地矿局中心实验室工作。1983年调敦煌研究院工作至今，主要从事壁画保护和壁画制作材料分析工作。多次赴美国、日本做访问学者，开展国际交流与合作，并在多国及国内参加国际学术研讨与交流。

0006 李宁民

性　　别：男
出生年月：1963-08-12
民　　族：汉族
政治面貌：党员
职　　称：正高
学　　历：硕士研究生
所在单位：天水市博物馆
通讯地址：天水市秦州区伏羲路110号

成　　就：主持申报“太昊伏羲祭典”礼仪为国家级非遗项目，并作为每年甘肃省政府主持的公祭伏羲大典主要策划者和组织实施者，保护了文化遗产，扩大了甘肃及天水的知名度；组织实施全国重点文物保护单位伏羲庙、胡氏古民居保护维修工程，筹建了天水民俗博物馆；创建了天水市博物馆文物保护修复中心，为甘肃省第二家。新馆陈展工程被评为全省首届陈列展览精品奖，“大哉羲皇”项目获得甘肃省敦煌文艺三等奖；挖掘弘扬伏羲文化，为甘肃申报华夏文明传承新区起到了重要作用。发起成立了伏羲学院。出版专著 4 部。2011 年被评为全省文化遗产保护先进工作者，2012 年被中共甘肃省委授予“全省优秀共产党员”称号。2012 年被人力资源和社会保障部、国家文物局授予“全国文物系统先进工作者”，2013 年被国务院批准“享受政府特殊津贴”。

简　　介：文博研究员，国务院特殊津贴专家，甘肃省领军人才，现任天水市博物馆馆长、书记。

0007 王德泰

性　　别：男

出生年月：1954-10-24

民　　族：汉族

政治面貌：党员

职　　称：正高

学　　历：大学本科

所在单位：天水师范学院

通讯地址：天水师范学院历史文化学院

成　　就：主要从事清代经济史研究，在《中国经济史研究》等权威刊物发表论文 30 余篇。主持完成国家社科基金 1 项。出版学术专著 1 部。成果获天水市第二、三次哲学社会科学优秀成果一、三等奖。

简　　介：现任天水师范学院历史文化学院教授。

0008 杨志刚

性　　别：男

出生年月：1956-01-09

民　　族：回族

政治面貌：党员

职　　称：副高

学　　历：大学本科

所在单位：八路军兰州办事处纪念馆

通讯地址：兰州市城关区五泉西路 29 号兰州市文物局

成　　就：主要研究方向为保护和合理利用、红西路军史、甘肃抗日救亡史等，业务专长文物摄影等。2013 年被甘肃省文物局评为文物保护先进个人。在省、地级刊物发表相关研究论文多篇。

简　　介：1971—1991 在兰州市歌舞团工作；1991—1997 年借调兰州市文化局艺术处工作；1997—2001 年调入八路军兰州办事处纪念馆任馆长助理，2001 年任副馆长，2005 年评为副研究馆员；2006 年借调兰州市文物局，任副科长，从事文物保护研究，文物安全与行政执法，博物馆管理等工作。

0009 叶削坚

性　　别：男

出生年月：1964-01-16

民　　族：汉族

政治面貌：党员

职　　称：副高

学　　历：大学本科

所在单位：兰州市博物馆

通讯地址：兰州市城关区庆阳路 240 号

成　　就：注重博物馆学的研究，通过学习与实践，积极思考博物馆陈列理念与手段。人才培养机制库房管理信息化建设等问题。

先后在国家、省级刊物公开发表论文多篇。
简　　介：1988.7—1995.11 兰州市博物馆助理馆员；1995.12—1998.6 兰州市博物馆（借调兰州市文化局）；1998.7—2002.8 兰州市博物馆副研究馆员（2004 年 12 月获得）。

0010 杨忠勇

性　　别：男
出生年月：1955-05-21
民　　族：汉族
政治面貌：党员
职　　称：副高
学　　历：大学本科
所在单位：兰州市博物馆
通讯地址：兰州市城关区庆阳路 240 号
成　　就：2001 年主持策划推出《兰州历史文物陈列》，2005 年通过省文物局验收与认定；2003 年主持策划推出《百年见证——黄河铁桥史料展》，2005 年通过省文物局验收认定；2004 年主持《兰州市志·文物志》编纂工作，2006 年出版，获兰州市社科类二等奖；2006 年发表《市场经济体制条件下博物馆工作的思考》，刊登在《丝绸之路文论》；2007 年主编《翰墨遗珍——兰州市博物馆馆藏书画集》，2009 年正式出版发行；2009 年主持策划推出《方寸见乾坤——庆祝建国 60 周年兰州民间收藏展》，通过市文物局验收认定；2010 年策划推出《刘尔炘书法艺术展》通过市文物局验收认定；2010 年主持策划推出《至尊国礼——丝绸之路沿线国家国务礼品展》，获省文物局好评。2010 年主编《陇右翰墨选粹》——兰州市博物馆馆藏书画集出版。
简　　介：1974.12—1979.0784542 部队汽车连服役；1979.07—1986.06 兰州市七里河区武装部服役；1986.06—1990.12 兰州市七里河区武装部政工科任干事；1990.12—1992.09 兰州市文化局政治处任干事、组织员、副主任；1997.09 至今兰州市博物馆任党支部书记。

0011 李晓林

性　　别：男
出生年月：1964-12-30
民　　族：汉族
政治面貌：党员
职　　称：副高
学　　历：大学本科
所在单位：兰州市博物馆
通讯地址：兰州市城关区庆阳路 240 号
成　　就：《陇右翰墨选粹》——兰州市博物馆馆藏书画集副主编、第一执笔；《兰州市志·文物志》第一主编；2004 年 2 月甘肃省馆藏文物调查及数据采集工作先进个人。
简　　介：1985 年 10 月至 1992 年 4 月兰州市博物馆文物保管员；1992 年 4 月至今文物保管部主任、收藏研究部主任。

0012 马德璞

性　　别：男
出生年月：1934-07-01
民　　族：回族
政治面貌：党员
职　　称：副高
学　　历：大学本科
所在单位：兰州市博物馆
通讯地址：兰州市城关区庆阳路 240 号
成　　就：1988 年评为副研究馆员任职资格，兼任兰州民族书画学会秘书长。著有并先后发表《清朝平定大小和卓的战争与香妃事迹》《兰州地区史前文化概述》《中国丝绸之路历史梗概》等。
简　　介：1958 年毕业于兰州大学，曾任兰州市博物馆文物考古队队长。

0013 朱亦梅

性　　别：女

出生年月：1967-03-01

民　　族：汉族

政治面貌：党员

职　　称：副高

学　　历：硕士研究生

所在单位：兰州市博物馆

通讯地址：兰州市城关区庆阳路 240 号

成　　就：2013 年《一枚兰州出土的元至正型青花大碗残片》获得中共兰州市委兰州市人民政府授予的兰州市第七次社会科学优秀成果三等奖；在省级刊物发表相关专业文章多篇。

简　　介：1989 年—1991 年兰州市安宁区区委安宁广播电视局曾从事闻记者工作。1991 年至今在兰州市博物馆从事文物收藏保管研究工作。

0014 李晓林

性　　别：男

出生年月：1964-12-30

民　　族：汉族

政治面貌：党员

职　　称：副高

学　　历：大学本科

所在单位：兰州市博物馆

通讯地址：兰州市城关区庆阳路 240 号

成　　就：2004 年 2 月获全省馆藏文物调查及数据采集工作先进个人；副主编、执笔《陇右翰墨选粹》（兰州市博物馆馆藏书画集）；兰州市志《文物志》第一编第七章馆藏文物；甘肃博物馆巡礼丛书（兰州市博物馆）；马家窑彩陶艺术的地域特征及其在创意设计中的应用探索》；《万里金汤》兰州市博物馆文物陈列内容设计大纲。

简　　介：1985 年 10 月至 1992 年 4 月文物保管员。

0015 马真福

性　　别：男

出生年月：1958-10-08

民　　族：汉族

政治面貌：党员

职　　称：副高

学　　历：大学专科

所在单位：兰州市博物馆

通讯地址：兰州市城关区庆阳路 240 号

成　　就：《略论宗教文化的崇拜信仰对藏族佛教信仰和习俗的影响》《兰州古建置初探》《简论马家窑彩陶艺术之美》《简论夏、商、周青铜器艺术的美学特征》等论文在省级刊物公开发表。

简　　介：1978.03—1981.03 武警迭部县中队服役；1981.05—1987.05 甘南迭部县民族歌舞团任创作员；1987.06—1994.01 甘南迭部县文化馆工作（期间：1989 年 9 月至 1991 年 7 月在甘肃联合大学文博专业学习毕业）；1994.01—2008.03 兰州市博物馆工作；2008.04—2011.03 兰州市博物馆观众接待部副主任；2011.04 至今兰州市博物馆观众接待部主任。

0016 李铁雁

性　　别：男

出生年月：1957-12-21

民　　族：汉族

政治面貌：民主党派

职　　称：副高

学　　历：大学本科

所在单位：兰州市博物馆

通讯地址：兰州市城关区庆阳路 240 号

成　　就：自 1992 年调入兰州市博物馆主要从事文物陈列策划设计、制作及推介工作，主要成就有：历代钱币展；丝路重镇——兰州历史文物陈列；兰州历史文物（银川）交流展；兰州历史文物陈列展；笔墨无声——兰州地区清代及民国少数民族书画展；武威水陆画展；历史见证——兰州黄河铁桥史料展；至尊国礼——丝绸之路沿线国家国务礼品展；翰墨遗珍——兰州市博物馆馆藏书画展；陇上名士——刘尔炘书画艺术展。

简　　介：1974年—1979年在永登县文化馆从事美术辅导及创作和文物管理工作；1992年至今在兰州市博物馆，主要从事文物陈列策划设计、制作及推介工作。

0017 武卫国

性　　别：女

出生年月：1971-10-02

民　　族：汉族

政治面貌：党员

职　　称：副高

学　　历：大学本科

所在单位：八路军兰州办事处纪念馆

通讯地址：兰州市城关区五泉西路29号兰州市文物局

成　　就：先后被中共兰州市委、市政府授予“兰州市百佳服务明星”称号；被兰州市委办公厅、兰州市人民政府办公厅评为“全市关心下一代工作先进个人”；被甘肃省人力资源和社会保障厅、甘肃省文物局评为“全省文博系统文化遗产工作先进工作者”。论文《试论邓小平理论历史地位》和《论馆藏文物重大价值》获中共兰州市委、市政府颁发的兰州市社会科学最高成果奖二、三等奖；2009年任第一主编编写《甘肃乡镇地名来历》（27万字）一书由兰州大学出版社出版发行；先后撰写论文《发展博展文化推动文博事业》《西路军骑兵师的组建与发展》《谢觉哉的皮箱》《八路军驻甘办事处第一任处长彭嘉伦》等；参与了《中国工农红军西路军·文献卷》《回忆录卷》《调查研究卷》的编撰工作。

简　　介：1995年6月毕业于西北师范大学文博专业（大专）；2004年6月毕业于西北师范大学公共管理专业（本科）；1990年7月到八路军兰州办事处纪念馆工作至今；2003年7月加入中国共产党。2003年任纪念馆宣教部主任；2004年任兰州红西路军研究会秘书长；2008年任八路军兰州办事处纪念馆副馆长；2013年12月被评为副研究馆员；2014年3月任甘肃省博物馆协会副秘书长。

0018 朱永光

性　　别：男

出生年月：1957-04-03

民　　族：汉族

政治面貌：党员

职　　称：副高

学　　历：大学专科

所在单位：八路军兰州办事处纪念馆

通讯地址：兰州市酒泉路314号

成　　就：先后出版了300余万字的《中国工农红军西路军·文献卷》《回忆录卷》《调查研究卷》，编撰成书200余万字《论文卷》《诗词卷》，发表各类文章20篇。完成了《八路军驻甘办事处与甘肃抗战展览》《八路军驻甘办事处原状陈列展览》《中国工农红军西路军事迹展》《营救西路军原状陈列展览》等多个陈展大纲的撰写。同时还承担了甘肃省博物馆《红色甘肃展览》，高台西路军纪念馆《中国工农红军西路军展览》等多个展览大纲的撰写工作，被甘肃省图书馆聘请撰写近百万字的《红色甘肃资源库》。曾荣获“甘肃省优秀思想政治工作者”荣誉称号，2012年获得兰州市第七次社会科学优秀成果一等奖。

简　　介：1974年4月参加工作；1991年任兰州市委讲师团培训部主任（正科）；1986年11月至1997年在兰州市社会科学院从事理论研究工作；1997年至2000年在兰州市文化出版局工作（市场处处长）；2001年至今任八路军兰州办事处纪念馆馆长（正县）。

0019 王伟

性　　别：男

出生年月：1970-10-18

民　　族：汉族

政治面貌：党员

职　　称：副高

学　　历：大学本科

所在单位：兰州市博物馆

通讯地址：兰州市城关区庆阳路240

成　　就：2000—2003年，参加馆藏文物信息采集和录入工作；2005—2006年，参加《兰州市志·文物志》《兰州文化资源概览》编辑工作；2006年4月，借调至兰州市文物局文物科，负责指导全市文物普查和工业遗产调查工作。主持制定了《兰州市文物普查方案》《兰州市工业遗产专项调查方案》，做好指导全市三普工作的规范性指导工作；2008年3月，借调至兰州市文物局博物馆科，负责筹建兰州图书馆，具体执笔完成了30余万字国学人物简介及兰州市已消失文化遗存（70处）碑文的撰写工作；先后在《文物》《兰州学刊》《丝绸之路文论》《中国文物报》等报刊发表专业文章20余篇10余万字，其中《浅议民俗文物的集和利用》一文获得由文化部社图司主办的全国图书、博物馆征文优秀奖；2003年入选兰州市人民政府主创的“121人才工程库”。

简　　介：1982—1986临泽县第一中学；1986—1990临泽县第一中学；1990—1994四川大学历史系；1999.10—1999.12国家文物局扬州培训中心。

0020 崔建文

性　　别：男

出生年月：1963-07-20

民　　族：汉族

政治面貌：群众

职　　称：副高

学　　历：大学专科

所在单位：兰州市博物馆

通讯地址：兰州市城关区庆阳路240号

成　　就：2006年与人合作《榆中金墓》发掘资料，由省博物馆出版。

简　　介：1988.07—1988.10中央财政金融学院进修，学习古钱币鉴定。

0021 赵敏瑜

性　　别：女

出生年月：1978-05-07

民　　族：汉族

政治面貌：群众

职　　称：副高

学　　历：大学本科

所在单位：兰州市博物馆

通讯地址：兰州市城关区庆阳路240号

简　　介：1998—2003.12西北师范大学就读；2004—2008.03新敦煌书画院；2008—2012.09镇原县博物馆；2012年至今兰州市博物馆。

0022 娄方

性　　别：男

出生年月：1958-08-27

民　　族：汉族

政治面貌：群众

职　　称：副高

学　　历：大学专科
所在单位：兰州市博物馆
通讯地址：兰州市城关区庆阳路 240 号
成　　就：所著《金太和铁钟简介》入选《兰州文史资料选集》第六辑。所著《兰州市城关区几处史前遗存简介》载于城关区政协《城关区文史资料》第四辑。
简　　介：1993 年 7 月被聘任为文博助理馆员，初级（市博物馆聘）；2000 年 4 月被聘任为文博馆员，中级（市博物馆聘）。

0023 陈虹

性　　别：女
出生年月：1967-06-14
民　　族：汉族
政治面貌：党员
职　　称：副高
学　　历：大学本科
所在单位：兰州市博物馆
通讯地址：兰州市城关区庆阳路 240 号
成　　就：主持完成了图书资料的采编整理工作：将馆藏图书以及线装本图书资料登记分类编目，编制《兰州市博物馆馆藏图书目录》。完成了科研工作的组织协调工作：组织了《兰州史志·文物志》参加兰州市第六届社科优秀成果评奖的申报工作，并写了申报成果的内容提要，此书评为社科（文物）类专著一等奖。独立编制完成了核心期刊《考古》《文物》总目索引。索引收录了《考古》1997 年—2008 年全部篇目，《文物》1998 年—2005 年全部篇目，所有篇目按年发表先后为序，专题篇目以类相从，共计 5844 条目。参加由兰州市博物馆主编，叶削坚著的《兰州民居》一书的出版工作，担任副主编，并负责报送此书参加兰州市社科优秀成果评奖，获三等奖；《繁荣与发展文化市场的探索与思考》《论博物馆的图书资料管理工作》《论博物馆古书画文物的保管与利用》《蓝田水陆庵壁塑艺术》《秦汉中央监察制度研究综述》《兰州市博物馆所藏东汉纸》等论文先后发表于省级以上刊物。
简　　介：1989 年 12 月—1992 年 12 月在张掖地区临泽县图书馆，负责图书资料采编分类工作；1992 年 12 月—1996 年 12 月在张掖地区群众艺术馆，负责资料采编及档案管理工作；1996 年 12 月—2011 年 4 月在兰州市博物馆，负责信息资料、古籍图书管理工作；2011 年 4 月至今在兰州市博物馆，负责信息资料与古籍图书管理工作。

0024 曾爱

性　　别：男
出生年月：1932-12-02
民　　族：汉族
政治面貌：党员
职　　称：副高
学　　历：大学专科
所在单位：兰州市博物馆
通讯地址：兰州市城关区庆阳路 240 号
成　　就：主持举办兰州市博物馆《中国历史货币展览》《兰州彩陶展》《甘肃历史货币展览》。
简　　介：1958—1962 甘肃师大毕业；1962—1969 甘肃独立师八〇五八中队；1969—1979 兰州市委办公室；1979—1983 兰州市歌舞团；1983—2000 兰州市博物馆。

0025 温新旭

性　　别：男
出生年月：1972-01-02
民　　族：汉族
政治面貌：党员
职　　称：副高
学　　历：大学专科

所在单位：兰州玉文化研究院

通讯地址：城关区张掖路大众市场 52 号

成　　就：2006 年 1 月被国家卫生部授予“精神健康传播使者”称号。取得国家职业玉器鉴定师资格。

简　　介：1990 年至 1994 年在甘肃联合大学学习；1995 年至 2005 年在甘肃经济日报社工作；2005 年至今任兰州玉文化研究院院长。

0026 马真福

性　　别：男

出生年月：1958-10-03

民　　族：汉族

政治面貌：群众

职　　称：副高

学　　历：大学专科

所在单位：兰州市博物馆

通讯地址：兰州市城关区庆阳路 240 号兰州市博物馆

成　　就：在省级刊物公开发表论文《略论宗教文化的崇拜信仰对藏族佛教信仰和习俗的影响》《兰州古建置初探》《简论马家窑彩陶艺术之美》《简论夏、商、周青铜器艺术的美学特征》；“万里金汤——兰州历史文明展”陈列内容设计大纲；论文《马家窑彩陶艺术的地域特征及其在创意设计中的应用探索》一文发表于《中国包装》（国家级）2012 年 10 月；《兰州市志·文物志》（第五十一卷）撰文；副主编、执笔：《陇右翰墨选粹——兰州市博物馆馆藏书画集》；主编《甘肃博物馆巡礼——兰州市博物馆》。

0027 杨永发

性　　别：男

出生年月：1965-10-24

民　　族：汉族

政治面貌：党员

职　　称：副高

学　　历：博士研究生

所在单位：兰州城市学院文学院

通讯地址：兰州市安宁区万新路 336 号

成　　就：在国家级、省级刊物公开发表学术论文多篇。2010 年获甘肃省高校社科成果三等奖；2010 年被评为兰州城市学院优秀实习指导教师；2011 年获陕西师范大学“元白语言学奖”；2011 年获兰州城市学院“毕业论文优秀指导教师”称号；2011 年获陕西师范大学“优秀学位论文”奖；2011 年书法作品入选市书协“庆祝中国共产党成立九十周年兰州市首届书法篆刻展”；2012 年获甘肃省高校社科成果三等奖；2012 年获甘肃省社科成果三等奖；2013 年获得学科带头人称号。主持过甘肃榆中师范“传统教材与现代语文教学之相容性研究”；参加中国社会科学院语言所 A 类项目子课题“甘肃濒危语言研究”；参加中国社会科学院语言所 A 类项目子课题“《兰州方言词典》调查整理编纂”；参加郭芹纳国家社科项目“清人之唐诗注释研究”；参加国家社科项目“西北方言文献研究”；参加教育部社科项目“西部方言文献整理研究”；主持国家社科项目“民族融合地区（兰州）地名训诂”。甘肃省普通话水平测试员。中国训诂学会会员，甘肃诗词学会会员，甘肃楹联学会会员，兰州市书协会员，中国书画院兰州分院研究员，甘肃旭东书画院会员，甘肃省青年书法家协会理事。

简　　介：1987 年兰州师专中文系毕业；1989 年至 1991 年于甘肃教育学院进修汉语言文学教育本科；1998 年至 2001 年于西北师范大学文学院攻读硕士学位；2007 年至 2011 年在陕师大文学院攻读博士学位；1987 年参加工作，先后从事过小学、中学、中师、电大的教学工作；2004 年 9 月调入兰州城市学院至今。

0028 火泽东

性　　别：男
出生年月：1965-01-27
民　　族：汉族
政治面貌：党员
职　　称：副高
学　　历：大学专科
所在单位：永登县史志办
通讯地址：永登县三馆一中心文化馆
成　　就：长期从事书法、地方史研究工作，主持编辑多部地方文献。

0029 翟翔

性　　别：男
出生年月：1949-03-24
民　　族：汉族
政治面貌：中共党员
职　　称：副高
学　　历：大学本科
所在单位：永登县文化体育局退休干部
通讯地址：永登县三馆一中心文化馆
成　　就：毕业于兰州大学历史系，曾长期从事地方史研究，主持编辑了多部地方文献，发表了大量论文。

0030 魏学惠

性　　别：女
出生年月：1968-11-07
民　　族：汉族
政治面貌：民主党派（民进党）
职　　称：副高
学　　历：大学专科
所在单位：永登县博物馆
通讯地址：永登县三馆一中心文化馆
成　　就：从事博物馆工作20多年，主要担任库房保管部主任，对3000多件馆藏文物做日常管理。对永登文物展进行设计，撰写了陈展大纲，组织了第一次可移动文物普查，对3000多件文物特别是300多件等级文物古迹做了完善的档案。发表了许多研究永登文物的论文。近年来参与了为《兰州珍宝》拍摄，《永登县志》《永登军事志》《兰州文物志》《永登文化大观》等相关文物的资料提供和图片拍摄。
简　　介：西北师范大学完成历史学本科学历，对永登3000多件文物精心管理，建立了完善的档案资料，做好了日常管理，确保了馆藏文物古迹的绝对安全和科学保管。被选举为甘肃省第十二届人大代表。

0031 范鹏程

性　　别：男
出生年月：1970-01-15
民　　族：汉族
政治面貌：党员
职　　称：副高
学　　历：大学本科
所在单位：永登县博物馆
通讯地址：永登县三馆一中心文化馆
成　　就：从事文物工作二十多年，重点完成了全国第三次文物普查，获评为全国先进工作者。完成了全县长城调查及各项文物工作。摄影艺术水平高，为省摄影家协会会员，作品多次获奖。

0032 祁重泰

性　　别：男
出生年月：1969-11-19
民　　族：汉族
政治面貌：党员
职　　称：副高
学　　历：大学本科

所在单位：永登县文化馆
通讯地址：永登县三馆一中心文化馆
成　　就：组织开展了全县历史文化名镇名村的调查、全县第三次文物普查、全县第一次可移动文物普查、长城调查等，撰写了大量论文和专业文章在省市刊物发表。2011 年获全省博物馆系统先进个人。
简　　介：兰州大学新闻专业毕业，在永登县博物馆担任副馆长、党支部书记，从事文物古迹工作 15 年。

0033 杨建军

性　　别：男
出生年月：1976-02-26
民　　族：汉族
政治面貌：党员
职　　称：副高
学　　历：大学本科
所在单位：永登县博物馆
通讯地址：永登县三馆一中心文化馆
成　　就：长期从事博物馆工作，主持完成了永登县全国第三次文物普查工作；主持完成了国保单位档案编制及各项工作；获评为兰州市先进工作者。

0034 苏裕民

性　　别：男
出生年月：1952-01-30
民　　族：汉族
政治面貌：党员
职　　称：副高
学　　历：中专
所在单位：永登县地方志办（退休）
通讯地址：永登县三馆一中心文化馆
成　　就：曾长期从事文物工作和地方史研究，成果突出，发表大量地方文献资料，并有书籍出版。主持编辑《永登县志》及多个志书。

0035 赵建平

性　　别：男
出生年月：1959-09-26
民　　族：汉族
政治面貌：党员
职　　称：副高
学　　历：大学本科
所在单位：酒泉市肃州区博物馆（文物局）
通讯地址：酒泉市雄关路 17 号
成　　就：发掘肃州区历史文化遗迹，研究酒泉先民们社会生活的许多方面，具有一定的学术研究价值，为我们了解古代酒泉社会经济、政治制度、阶级关系、民族关系和文化思想等各个方面，提供了重要和珍贵的史料。
简　　介：在区博物馆从事地方史志、馆藏文物的研究，田野文物考古与征集文物鉴定工作。

0036 高文佳

性　　别：男
出生年月：1955-01-03
民　　族：汉族
政治面貌：党员
职　　称：副高
学　　历：大学本科
所在单位：酒泉市肃州区博物馆
通讯地址：酒泉市雄关路 177 号
成　　就：退休前在区博物馆从事地方史志、馆藏文物的研究和田野文物考古工作与征集文物鉴定、文物考古、文史研究、陈列设计工作。

0037 苏惠萍

性　　别：女

出生年月：1966-05-10
民　　族：汉族
政治面貌：党员
职　　称：副高
学　　历：大学本科
所在单位：敦煌市文物管理局
通讯地址：敦煌市鸣山北路 1390 号
成　　就：主要从事历史研究工作，撰写了大量的文物展览讲解词，从原始社会到宋、元、明、清，目前都在采纳利用中。撰写 14 篇论文先后在省级刊物上发表。其中《敦煌唐墓出土的模制伏龙砖》《历经沧桑玉门关》在酒泉市文博系统论文评比中分别获得二、三等奖。独立执笔编写《丝绸之路：起始段和天山廊道》。申报世界文化遗产备选点玉门关遗址申遗文本，并通过评审。还编写了《敦煌市玉门关烽燧遗址保护工程实施方案》《玉门关、河仓城申遗保护工程实施方案》等相关学术报告。多次应邀参加学术讨论会。并多次被评为敦煌市文化系统先进工作者、优秀共产党员。2008—2011 年连续 4 年年终考核为“优秀”。
简　　介：1987 年参加工作，先后在电影公司、文物局（博物馆）工作，现任敦煌市文物局副局长。1989—2007 年主要从事接待讲解工作，任接待部主任。曾多次承担国内外国家领导人的接待讲解工作。

0038 李岩云

性　　别：男
出生年月：1967-09-05
民　　族：汉族
政治面貌：党员
职　　称：副高
学　　历：大学本科
所在单位：敦煌市博物馆
通讯地址：敦煌市鸣山北路 1390 号
成　　就：发表论文数十篇；专著《敦煌历史与出土文物》在内蒙古人民出版社出版（ISBN7-204-07587-0/I.1612）；2006 年 5 月《华戎交汇的都市——丝绸之路与敦煌历史文物陈列大纲》（2007 年已经省文物局组织专家评审通过）。《论敦煌西湖汉长城沿线烽燧的设置原则》获得酒泉市第二届社会科学奖。
简　　介：毕业于浙江师范大学人文学院汉语言文学专业。长期从事敦煌史地研究。

0039 张晓东

性　　别：男
出生年月：1971-12-03
民　　族：汉族
政治面貌：党员
职　　称：副高
学　　历：硕士研究生
所在单位：嘉峪关长城博物馆
通讯地址：嘉峪关市社保局
成　　就：参与国家古委会项目《西北史籍提要》和甘肃省文物局项目《丝绸之路价值评估体系研究》；主持甘肃省文化遗产保护领域省级科学技术与学术研究课题《嘉峪关城防设施研究》和嘉峪关市科技项目《嘉峪关新城魏晋墓砖壁画病害调查与保护研究》；参编论著有侯丕勋、刘再聪主编的《西北边疆历史地理概述》，田澍、陈尚敏主编的《西北史籍要目题解》；专著有《嘉峪关魏晋民俗研究》《嘉峪关城防研究》；参加了甘肃省长城资源调查工作，参与完成了“万里长城——嘉峪关”国保档案建档工作，参加了嘉峪关市第三次全国文物普查工作，完成《嘉峪关大辞典》文物部分近 8 万字的编写任务；完成了黑山岩画申报第七批国保单位材料，编制完成《魏晋砖壁画博物馆陈展大纲》和主持编写了《长城第一墩“嘉峪关史诗”

陈展大纲》；配合规划单位完成了《万里长城——嘉峪关文物保护规划》《果园—新城墓群保护总体规划》《嘉峪关果园—新城墓群（新城部分）第六、七号砖壁画墓保护设计方案》《新城墓群日常监测方案》《嘉峪关关城日常监测方案》等的编制工作。

简　　介：1993 年 6 月毕业于河南大学历史系，2007 年 6 月毕业于西北师范大学研究生院，获历史学硕士学位；先后任职于嘉峪关市酒钢四中、嘉峪关长城研究所、嘉峪关新城魏晋墓文物管理所、嘉峪关世界文化遗产监测中心、嘉峪关长城博物馆；2010 年起先后任嘉峪关新城魏晋墓文物管理所副所长、嘉峪关世界文化遗产监测中心研究部副主任、嘉峪关长城博物馆馆长；为甘肃省历史学会常务理事、甘肃省博物馆学会会员、嘉峪关市魏晋文化研究会常务理事、嘉峪关市长城文化研究会常务理事。

0040 马国帮

性　　别：男

出生年月：1969-04-01

民　　族：汉族

政治面貌：党员

职　　称：副高

学　　历：大学本科

所在单位：嘉峪关文物景区管理委员会

通讯地址：嘉峪关市社保局

成　　就：2011 年 9 月，主持编写了《嘉峪关文化遗产保护工程项目计划》，获得了甘肃省委、省政府、国家文物的批准，2012 年国家文物局拨付了 1.38 亿元的文物保护专项经费；2011 年至 2012 年 9 月，主持参加文化遗产保护工程的 13 项前期工作。其中文物本体保护工程的 8 项设计方案得到国家文物局的批准。包括：嘉峪关文化遗产保护工程核心区详细规划、嘉峪关世界文化遗产监测中心遗产监测方案、嘉峪关长城墙体（夯土）保护维修设计方案、嘉峪关关城（不含罗城）墙体防护及防渗排水系统设计、嘉峪关长城第一墩崖壁锚固二期工程设计、嘉峪关关城安防系统设计方案设计、嘉峪关关城防雷设计方案、嘉峪关关城消防系统设计方案；自 2012 年 5 月开始，主持嘉峪关关城木结构保护维修、古建筑油饰彩画、西罗城墙体加固、长城第一墩防洪 4 个工程项目的实施工作；2002 年至 2011 年连续 10 年被嘉峪关市文化广播电视局评为先进工作者、优秀科级干部；2006 年被嘉峪关市委授予优秀共产党员称号；2011 年被嘉峪关市直机关工委授予优秀共产党员称号；2010 年、2011 被甘肃省文物局评为“全省文化遗产保护先进个人”。

简　　介：2007 年 1 月毕业于西北师范大学历史学专业。现任嘉峪关文物景区管理委员会副主任。

0041 俞春荣

性　　别：男

出生年月：1971-01-01

民　　族：藏族

政治面貌：党员

职　　称：副高

学　　历：大学本科

所在单位：嘉峪关文物景区管理委员会

通讯地址：嘉峪关市社保局

成　　就：编辑出版了《嘉峪关文博》（第 4 期至第 13 期）《嘉峪关长城博物馆画册》《世界文化遗产嘉峪关画册》；负责完成了《长城建筑丛书》《中国长城志·大事记》《中国博物馆手册》《嘉峪关大辞典》《嘉峪关志》等图书中文物资料的编写工作；组织完成了万里长城——嘉峪关、果园——新城墓群两处全国重点文物保护单位的航拍、测绘、关城古建筑勘测及记录档案编制工作；参与完成了嘉峪关市第三次全国文物普查及《普查报告》《万里长城——嘉峪关文物保护规划》《果园—新城墓群第六、七号砖壁画墓保护初步设计方案》《果园—新城墓群砖壁画墓日常监测方案》《万里长城—嘉峪关日常监测方案》《嘉峪关市野麻湾堡抢险加固设计方案》《嘉峪关长城博物馆陈列文本》的编写工作；2006年，被甘肃省文物局评为全省博物馆工作先进个人；2010年，被甘肃省文物局评为全省文化遗产保护工作先进个人；2011年被甘肃省文物局评为全省第三次全国文物普查先进个人。

简　　介：1993年6月毕业于西北民族学院历史学专业。现任嘉峪关文物景区管理委员会副主任。加入中国近现代史史料学会、中国长城学会、中国文物学会、中国岩画学会、甘肃省博物馆学会、甘肃省历史学会（第21届理事会常务理事）、嘉峪关市长城文化研究会（副秘书长）、嘉峪关市丝路文化研究会（理事、文物管理和文化遗产保护委员会副主任）。

0042 晏波

性　　别：男

出生年月：1980-07-01

民　　族：汉族

政治面貌：党员

职　　称：副高

学　　历：博士研究生

所在单位：天水师范学院

通讯地址：天水师范学院历史文化学院

成　　就：主要从事历史人文地理研究，先后参与“湟水河流域方言与地域文化研究”等国家社科基金，教育部、省级项目多项；主持教育厅项目《近代陇东地域政治地理研究》1项；在《中国历史地理论丛》《史林》《兰州学刊》《文物世界》及高校学报发表论文数十篇，论文集收录多篇，合著、参编著作数部；2008年被评为天水师范学院优秀实习指导教师，年度考核优秀；2010年，参编《人地关系与生态文明研究》获甘肃省第十二届社会科学优秀成果三等奖；2014年作为参与人获甘肃省高校社科成果二等奖；2013、2014年分别获得天水师范学院第七届青年教师教学技能大赛三等奖、第一届青年教师教学大赛二等奖。

简　　介：2012年，复旦大学博士毕业，现为历史文化学院副教授。2006年至今，先后为博物馆、人文教育等专业开设《中国古代史》《中国历史地理》《中国文化史》等多门课程，其中《中国历史地理》被评为省级精品课程，《中国文化史》为校级精品课程。

0043 安梅梅

性　　别：女

出生年月：1978-10-01

民　　族：汉族

政治面貌：群众

职　　称：副高

学　　历：博士研究生

所在单位：天水师范学院

通讯地址：甘肃省天水市天水师范学院历史文化学院

成　　就：主要从事中国民族史方面的教学与科研工作，先后在《民族研究》《敦煌研究》《中国史研究动态》等期刊发表学术论文10余篇，主持国家社科基金项目1项、甘肃省教育厅项目1项。

简　　介：现任历史文化学院副教授。

0044 苏海洋

性　　别：男

出生年月：1970-12-11

民　　族：汉族
政治面貌：群众
职　　称：副高
学　　历：硕士研究生
所在单位：天水师范学院
通讯地址：天水师范学院历史文化学院
成　　就：在《地理信息世界》《农业考古》《西北农业科技大学学报》（社科版）《亚洲农业研究》《西北工业大学学报》（社科版）《丝绸之路》《青海民族研究》等刊物上发表学术论文 30 余篇；参撰、参编论著 6 部；出版专著 1 部（《陇右史地论稿》，中国社会科学出版社 2014 年 4 月版）。主持 2008 年甘肃社科规划项目“甘肃历史地震与气象异常相关性研究”；主持 2010 年教育部青年社科基金项目“丝绸之路陇右南道历史地理考察”；主持 2013 年国家社科基金项目“甘青地区新石器时期社会复杂化进程与文明起源研究”。部分成果被新疆社科网、巴蜀网、四川社会科学在线等媒体和《中国经济史研究》《中国史研究动态》《地理学报》等学术期刊转载、引用或介绍。
简　　介：西北师范大学历史地理研究所硕士，天水师范学院历史文化学院副教授。主要从事中国农史、西北历史地理研究。

0045 南宝生

性　　别：男
出生年月：1956-08-08
民　　族：汉族
政治面貌：党员
职　　称：副高
学　　历：大学专科
所在单位：清水县文物局
通讯地址：天水市清水县永清路 97 号
成　　就：曾三次参与全国文物普查工作，征集一批流散文物；2001 年获郑振铎、王治秋文物保护奖；被授予“全国文物系统先进工作者”称号；编著有《绚丽的地下艺术宝库》《清水文物》等专业书籍。

0046 王多庆

性　　别：男
出生年月：1968-02-15
民　　族：汉族
政治面貌：党员
职　　称：副高
学　　历：大学本科
所在单位：秦安县博物馆
通讯地址：秦安县新华街 42 号
成　　就：《秦安县博物馆免费开放》发表于《发展》杂志 2010 年第 4 期；《对秦安县文物保护工作的几点建议》发表于《丝绸之路》2012 年第 14 期；《甘肃秦安安湾托氏原互棱齿象化石及剖面》发表于《地球科学前沿》2012 年第 2 期；《甘肃博物馆巡礼——秦安县博物馆》甘肃人民美术出版社出版；《对秦安县文物保护工作的几点建议》一文荣获“2011—2012 年度中国社会经济发展”优秀成果特等奖。
简　　介：现任秦安县博物馆馆长，为副研究馆员。1986.9—1988.7 天水农校学习；2000.9—2002.12 甘肃省委党校学习专业行政管理；2003.3—2005.1 西北师范大学函授学习文博专业；1988.7—1991.5 秦安县郭嘉乡政府工作；1991.5—1997.9 秦安县志办公室工作；1997.9—1999.5 秦安县委宣传部工作；1999.5—2014.7 秦安博物馆工作。

0047 杜建伟

性　　别：男
出生年月：1983-08-14
民　　族：汉族
政治面貌：群众

职　　称：副高
学　　历：大学本科
所在单位：武山县木梯寺文物保护管理所
通讯地址：武山县马力镇杨坪村
成　　就：自2010年1月进入本单位以来，主要从事木梯寺的日常管理及文物保护工作，对石窟佛像做了一定的研究。
简　　介：2003.09—2006.07甘肃联合大学计算机专业；2006.09—2009.09西南大学计算机科学与技术专业；2010年1月入武山县木梯寺文管所工作。

0048 蒋旺明

性　　别：男
出生年月：1975-03-11
民　　族：汉族
政治面貌：群众
职　　称：副高
学　　历：大学专科
所在单位：武山县水帘洞石窟保护研究所
通讯地址：武山县榆盘乡钟楼村
成　　就：2007年参加了水帘洞拉梢寺世界文化遗产申报工作。2010年参加全国第三次文物普查工作。参加了水帘洞创建国家4A级旅游景区的所有工作。2011年配合国家文物局帮扶水帘洞文物维修工作。
简　　介：1991年分配至鸳鸯粮站工作。2004年5月调入水帘洞文物管理所工作。2009年函授取得甘肃省党校大专文凭。2007年参加丝绸之路联合申报世界文化遗产培训班。

0049 刘向东

性　　别：男
出生年月：1961-06-11
民　　族：汉族
政治面貌：群众
职　　称：副高
学　　历：大学本科
所在单位：武山县文物稽查大队
通讯地址：甘肃省天水市武山县城关镇宁远大道21号
成　　就：自2007年10月从事第三次全国文物普查工作以来，在普查中负责照相、绘图、采集数据。2008年制作水帘洞申遗文本的照片处理及地图的校对，编制丝路明珠拉梢寺宣传书，受到各界的好评；参与博物馆上级文物档案的照相及绘图工作，完成上级文物的档案；制作水帘洞广告牌及各类挂件；2011年3月制作木梯寺管理用房的效果图；10月制作滩歌明清一条街维修效果图；5月洛门发掘古墓，负责绘图、照相等工作，保护了元代古墓出土文物；12月修改中川机场廊桥的宣传广告；2012年3月制作水帘洞工程宣传版面6面；2012年7月制作水帘洞AAAA级PPT宣传片，编辑水帘洞旅游推介宣传片；7月设计《龙川文化》封面；2013年制作水帘洞、木梯寺在广州动车宣传广告；2014年制作水帘洞祈福游请柬、狼叫屲遗址的折页、武山地域文化概览书籍的插图；论文《浅析武山元代墓葬的装饰》发表于《黑龙江史志》。
简　　介：2002.09—2006.07西北民族大学美术学院艺术设计专业；2006.07—2007.08毕业待分配；2007.09入武山县文物稽查大队。

0050 党荣华

性　　别：女
出生年月：1976-05-10
民　　族：汉族
政治面貌：群众
职　　称：副高
学　　历：大学专科
所在单位：武山县水帘洞景区管理局

通讯地址：武山县榆盘乡钟楼村

成　　就：2012 年被评为“2012 年中国天水·武山蔬菜博览会筹办工作先进个人”。参加了武山县水帘洞创建国家 4A 级旅游景区的工作。参加了武山县 4 届祈福游的筹办工作。

简　　介：1996.09-1998.07 西北师范大学旅游管理专业学习，2000 年分配至县旅游局工作；2010 年任旅游开发办公室副主任；2010 年 10 月任武山县文物局副局长；2013 年 4 月任武山县水帘洞景区管理局局长。

0051 陈健平

性　　别：男

出生年月：1966-11-08

民　　族：汉族

政治面貌：党员

职　　称：副高

学　　历：大学专科

所在单位：武山县文物局

通讯地址：武山县行政审批综合大楼

成　　就：1987 年在文化馆期间，在第二次全国文物大普查中，其成绩突出被天水市文化局评为先进工作者。近 6 年来，在他的主持和参与下，征集、收藏到一、二、三级和一般各类文物 1600 多件；组织申报成功省级文物保护单位 2 处，县级文物保护单位 8 处；建成了我县的县、乡、村三级文物保护网络；2004 年水帘洞研究所被省人事厅、省文物局评为全省文博系统先进单位；2005 年被省公安厅、省文物局推荐为全省文物安全单位，并在全省文物安全工作会议上代表全省先进单位作了典型代表发言。在文物旅游局任职期间，较好地带领参与完成了全县重大旅游节庆活动任务和其他相关工作。

简　　介：1984.12—1991.09 武山县文化馆文物干事；1991.09—1996.05 武山县博物馆馆长；1996.05—2012.07 武山县水帘洞文物管理所所长；2012.07—2013.04 武山县水帘洞石窟保护所研究所所长；2013.04—2013.04 武山县文物局副局长。

0052 樊生弟

性　　别：男

出生年月：1967-07-02

民　　族：汉族

政治面貌：群众

职　　称：副高

学　　历：大学专科

所在单位：武山县博物馆

通讯地址：武山县宁远大道 21 号

成　　就：在博物馆工作以来，能够完成单位交给的任务，参加了第三次全国不可移动文物普查工作，在博物馆文物存放、展示工作中，加强对文物知识的学习，加大对馆藏文物的年代等基础信息的了解，认真研究文物病害及处理办法。

简　　介：1992.01—2001.02 武山县水帘洞文管所；2001.02—2006.08 武山县文化馆；2006.08 至武山县博物馆。

0053 李俊德

性　　别：男

出生年月：1977-09-18

民　　族：汉族

政治面貌：群众

职　　称：副高

学　　历：大学专科

所在单位：武山县博物馆

通讯地址：武山县宁远大道 21 号

成　　就：2010 年参与了《丝路明珠——拉梢寺》申遗宣传文本的编写及订正工作，当年被县文物局评选为“先进个人”。2011 年又配合甘肃省文物局完成了《甘肃省博物馆巡礼——武山县博物馆》一书的编辑工作，该书已出版发行。

简　　介：1998年7月毕业于天水市第一师范学校，分配到滩歌初中任教；2000年9月至2003年7月在西北师范大学中文系学习；2002年9月调武山职校任教；2003年9月调城关学区任教；2009年3月调入武山县博物馆。

0054 令陆胤

性　　别：男
出生年月：1970-10-06
民　　族：汉族
政治面貌：党员
职　　称：副高
学　　历：大学本科
所在单位：武山县文物局
通讯地址：武山县宁远大道21号
成　　就：自2008年到文物局工作以来，先后完成了《丝路明珠拉梢寺》《拉梢寺环境整治方案》《魁星阁保护修缮方案》《武山县文物系统地震受灾恢复重建规划》《武山县文物博物馆项目十二五规划》等编制工作，水帘洞文物保护工程实施中有关协调、督促、宣传等工作；第三次全国文物普查工作；编制上报了5个第七批国保单位和5个第七批省保单位推荐申报材料、9个拟公布第三批县级文物保护单位的详细资料，编撰了《武山县博物馆陈展大纲》《武山县革命斗争纪念馆陈展大纲》。在干好业务工作的同时，积极撰写宣传文章和简报信息。截至目前，在《天水晚报》《天水日报》《兰州晚报》《中国文物报》《天水文学》《渭河文化》《武山文艺》《陇右文博》《文化遗产保护与研究》等报刊杂志发表宣传武山文物及文物工作的文章近百篇，在《甘肃省文物工作动态》和天水市《文化动态》刊发信息近200条，宣传工作多次获得省、市业务部门的表扬。

简　　介：1990.09—1992.07中南林学院机械工程系土建专业；1992.08—2002.05武山县农业资源区划办公室科员；2002.06—2005.12武山县交通局科员；2006.01—2007.12武山县综合执法大队；2008.01—武山县文物局科员。

0055 兰永平

性　　别：男
出生年月：1964-08-08
民　　族：汉族
政治面貌：党员
职　　称：副高
学　　历：大学本科
所在单位：武山县文物局
通讯地址：武山县宁远大道21号
成　　就：2010年10月调入文物局任局长，先后协调各个部门，完成了水帘洞石窟文物保护工程，启动实施了水帘洞石窟基础设施建设项目、木梯寺石窟文物保护工程和狼叫屲文管所建设。完成了武山县博物馆新馆布展方案，博物馆免费开放工作也进一步提升。水帘洞拉梢寺世界第一摩崖大佛祈福游圆满完成4届。2013年，水帘洞石窟被评为4A级旅游景区。

简　　介：1986.09—1989.06天水师范教育管理专业学生；1989.06—1995.09武山县县委组织部组织员；1995.09—1998.09武山县县委办副主任（其间：1996.09—1999.06天水市中央党校函授行政管理专业大专班学习）；1998.09—2002.01武山县县委宣传部副部长（其间：2000.09—2003.06天水市中央党校函授行政管理专业本科班学习毕业）；2002.01—2010.10武山县旅游开发办公室主任；2010.10至今为武山县文物局局长。

0056 梁继红

性　　别：女
出生年月：1967-10-09
民　　族：汉族
政治面貌：党员
职　　称：副高
学　　历：大学本科
所在单位：武威市博物馆
通讯地址：武威市凉州区建国街发展巷 43 号
成　　就：专著有《武威金石录》《武威通志》；论文《论西夏对凉州的经营》《西夏时期藏传佛教在凉州的传播及影响》《武威藏西夏文〈志公大师十二时歌注解〉考释》《武威藏西夏文〈五更转〉考释》《景泰西夏文〈金光明最胜王经〉考释》《武威亥母洞遗址调查报告》《武威西夏文〈同音〉考释》在公开刊物发表。
简　　介：现任武威市博物馆副馆长。

0057 杨福

性　　别：男
出生年月：1954-03-16
民　　族：汉族
政治面貌：党员
职　　称：副高
学　　历：大学本科
所在单位：武威市博物馆
通讯地址：武威市凉州区建国街发展巷 43 号
成　　就：主编《甘肃武威西夏二号墓——木板画》《武威名胜古迹》；参编《中国藏西夏文献》。论文《古浪老城新石器时代遗址试掘简报》《永昌乱墩子汉墓》《臧家庄魏晋墓清理简报》《甘酒石》《凉造新泉为前凉张祚所铸》《试论凉造新泉》《出文五铢之研究》《前凉是割据政权吗》《武威雷台墓年代新探》在公开学术刊物发表。
简　　介：曾任武威市博物馆馆长、武威市文物考古研究所副所长，正科级干部。已退休。

0058 黎大祥

性　　别：男
出生年月：1958-08-13
民　　族：汉族
政治面貌：党员
职　　称：副高
学　　历：中专
所在单位：武威市博物馆
通讯地址：武威市凉州区建国街发展巷 43 号
成　　就：出版专著《武威文物研究文集（一）》《武威文物研究文集（二）》《武威文物精粹》；参编《今日武威》《历史文化名城旅游大全》；发表论文《甘肃武威发现一批西夏流通银锭》《武威发现的隋唐墓志》《十六国墓葬清理记》《武威发现北京“临松令印”》等；承担主持国家社会科学基金特别委托项目《西夏文献文物研究》子课题 2 个，分别为《武威境内西夏遗址调查研究》和《武威出土西夏文献研究》；1994 年获甘肃省钱币研究优秀成果一等奖；中国东亚、中亚经济研究社科论文一等奖；“庆祝建国 60 周年”文博工作 30 年荣誉奖。甘肃省钱币学会理事、学术委员，甘肃省历史学会常务理事，甘肃省博物馆协会常务理事，政协武威市第一、二届委员。
简　　介：文博副研究员。现任甘肃省武威市博物馆馆长。1974 年 1 月至 1976 年 8 月在武威市洪祥乡天泉小学任民办教师；1976 年 9 月 1978 年 7 月在武威师范上学；1978 年 8 月至 1992 年 7 月在武威市博物馆工作；1992 年 8 月至 2002 年 10 月在原武威市文物管理委员会办公室工作，任办公室主任；2002 年 11 月至 2008 年 11 在武威市博物馆工作，任副馆长；2008 年 11 月至今，任武威市博物馆馆长。

0059 王奎

性　　别：男
出生年月：1957-12-09
民　　族：汉族
政治面貌：党员
职　　称：副高
学　　历：中专
所在单位：天梯山石窟管理处
通讯地址：凉州区文化体育局
成　　就：2009 年 6 月被聘任为文博副研究馆员。2006 年在《陇右文博》上发表了《武威出土大型青铜釜》；2007 年在《陇右文博》上发表了《天梯山石窟壁画病害分析及其保护对策》；2007 年主编、发行了《天梯山石窟壁画》画册，并与管理处的赵旭峰同志搜集、整理、编撰了《凉州宝卷》。
简　　介：1977 年参加工作，于 1993 年调入天梯山石窟管理处工作，现为天梯山石窟管理处文博副研究馆员。

0060 姚桂兰

性　　别：女
出生年月：1962-09-01
民　　族：汉族
政治面貌：党员
职　　称：副高
学　　历：大学本科
所在单位：张掖市文物保护研究所
通讯地址：张掖市甘州区南环路 679 号
成　　就：《张掖石窟研究文集》主编、省级刊物发表专业论文 10 多篇、张掖市专业技术拔尖人才、擅长石窟考古和佛教艺术研究。

0061 杜生贵

性　　别：男
出生年月：1955-05-27
民　　族：裕固族
政治面貌：党员
职　　称：副高
学　　历：大学专科
所在单位：肃南县文化馆
通讯地址：肃南县红湾寺镇县文化馆
成　　就：辅导城乡文学爱好者开展文学创作，创作文学作品，搜集、整理、研究民族民间文学，现为文化馆馆员。
简　　介：1975 年 1 月参加工作。

0062 张启芮

性　　别：女
出生年月：1975-09-19
民　　族：汉族
政治面貌：党员
职　　称：副高
学　　历：大学本科
所在单位：靖远县博物馆
通讯地址：靖远县南大街
成　　就：1998 年至 2002 年参加市第二次文物普查工作，完成普查工作总结报告；2002 年—2003 年，完成《文物藏品数据库建设》录入工作；2006 年编写《白银市文物志·靖远片》馆藏文物、文物管理两篇，计 6 章 20 节 2 万多字。校对该志共四篇 13 章 62 节 127000 多字；2006 年完成《中国文物地图集·甘肃卷·靖远片》工作；于 2009 年 10 月，完成了“靖远县历史文物展”，并向社会免费开放，实现了任职以来近 7 年博物馆工作的安全、有序、良好运行；2009 年，全力配合，完成我县明长城资源调查任务，计墙体 27 段，壕堑 1 段，单体建筑 62 处，关堡 5 处；2008 年至 2011 年，主持并顺利完成了第三次全国文物普查工作，计普查文物点411处（其中新发现301处）；2013年5月，县博物馆被国家文物局评为“国家三级博物馆”；2009年3月，县博物馆被评为“2008年度白银市文化出版工作先进集体”；2010年被评为“靖远县文体系统2009年度做出突出成绩的先进单位”；2010年被评为“甘肃省文化遗产保护工作先进集体”，她本人被甘肃省文物局评为“甘肃省文化遗产保护工作先进个人”；2011年7月，她被中共靖远县委县政府授予“优秀共产党员”荣誉称号。2011年12月，被甘肃省文物局评为“甘肃省第三次全国文物普查工作先进个人”，被甘肃省人力资源和社会保障厅、甘肃省文物局评为“全省文博系统文化遗产工作先进工作者”。

简　　介：文博副研究员，靖远县博物馆馆长；白银市第六次党代会代表；靖远县第十四次党代会代表。

0063 张海宏

性　　别：女

出生年月：1975-06-28

民　　族：汉族

政治面貌：民主党派

职　　称：副高

学　　历：大学专科

所在单位：平凉市博物馆

通讯地址：平凉市博物馆

成　　就：2010年12月，被平凉市文化出版局评为文化系统先进工作者；2011年12月，被甘肃省文物局评为甘肃省第三次全国文物普查先进个人；2011年12月，被甘肃省文化厅授予2010年度全省文化、文物统计年报先进个人二等奖；在平凉市第三次文物普查办公室主要从事平凉市全市第三次文物普查资料编辑、汇总、上报工作；发表《浅论平凉寺洼文化》《浅谈平凉市博物馆馆藏古籍的保护》等论文。

简　　介：1995.7—2008.3在平凉市博物馆主要从事文物保管及鉴定工作；2008.4—2011.3在平凉市第三次文物普查办公室主要从事平凉市全市第三次文物普查资料编辑、汇总、上报工作；2011.4至今在平凉市博物馆主要从事文物保管及鉴定工作。

0064 马荣胜

性　　别：男

出生年月：1956-04-24

民　　族：汉族

政治面貌：党员

职　　称：副高

学　　历：大学本科

所在单位：平凉市崆峒区图书馆

通讯地址：平凉市崆峒区图书馆

成　　就：书画篆刻作品多次参加中国书协、西泠印社等举办的全国、国际性大展，在省级以上及《书法报》等媒体举办的展赛中多次获一、二、三等奖。在各级专业报刊刊登作品300余次。其中《书法报》《中国书画报》《美术报》等多次做过专题介绍。传略作品收录于《中国书法家协会会员名鉴》、西泠印社《印学年鉴》等多部大型辞书。

简　　介：1982年毕业于西北师范大学美术系，获文学学士学位。1992年加入中国书法家协会。现任甘肃省美协会员、甘肃省书协会员、甘肃省金石篆刻研究院副院长、平凉市书协副主席、平凉市政协委员、平凉市崆峒区图书馆副馆长、副研究馆员。

0065 王刚

性　　别：男

出生年月：1963-03-01

民　　族：汉族

政治面貌：党员
职　　称：副高
学　　历：大学专科
所在单位：静宁县文化馆
通讯地址：静宁县农机公司家属楼
成就:1991年开始在《书法》《中国书法》《美术大观》《书法世界》《书法赏评》等专业型书法报刊发表作品100多幅并专题介绍。1991年参加中国书法家协会主办全国第一届书坛新人作品展；1995年参加全国第六届中青年书法篆刻家作品展；2004年参加全国书法名家作品邀请展；其书法创作上的成就收入甘肃省委宣传部编《甘肃当代文艺五十年》。
简　　介：现为静宁县文化馆馆长、副研究馆员。中国书法家协会会员。常年从事群众文化书法专业的辅导工作。从上个世纪八九十年代，曾多次参加全国书展。

0066 邵宏中

性　　别：男
出生年月：1952-10-01
民　　族：汉族
政治面貌：党员
职　　称：副高
学　　历：大学专科
所在单位：静宁县文化馆
通讯地址：静宁县影剧团家属楼
成　　就：创编的戏剧《山魂》《好人米仁祥》《当家》《广场舞》《伏羲画卦》等由静宁县秦剧团排练演出。由该同志创编的现代秦腔《山魂》1999年获甘肃省庆祝新中国成立50周年新创剧目调演二等奖。2000年获平凉市崆峒文艺奖；大型广场舞《伏羲画卦》1996年获得四届中国艺术节优秀表演奖。
简　　介：甘肃省戏剧创作协会会员，原文化馆干部，1970年12月参加工作，2012年10月退休。

0067 张驰

性　　别：男
出生年月：1976-02-16
民　　族：汉族
政治面貌：党员
职　　称：副高
学　　历：大学本科
所在单位：庆阳市博物馆
通讯地址：西峰区弘化西路4号
成　　就：在多年的工作中，先后在省、市刊物上发表专业论文20余篇，1999年与张有学合著《宁县姓氏源流考》一书，由甘肃教育出版社出版发行。并先后参与《庆阳历史文化揽胜·探古觅珍》《庆阳古寺名山(上)双塔寺》《庆阳古寺名山（下）·兴隆山》《庆阳红色革命遗址选辑》《庆阳博物馆文物精品图集》等书的编写工作，均已出版。2008年荣获了庆阳市文化出版局颁发的“全市馆藏文物信息化建设先进工作者”称号。2008年7月荣获了甘肃省文物局颁发的“甘肃省第三次全国文物普查先进个人”荣誉称号。2009年5月，参与庆阳市市级文物保护单位——原峰山古建筑群的调查、测绘工作，维修完成，通过省文物局验收。2011年4月，主持参加《庆阳博物馆馆藏文物精品图录》编辑出版工作，于2014年9月出版。2011年10月，主持参加庆阳市博物馆搬迁新馆工作，将馆藏的万余件文物、标本安全无误地搬入新馆。2012年3月主持参加庆阳市博物馆新馆历史、佛教、革命、古生物、十大名人5个展厅的布展工作。2013年5月参加北石窟寺周边文物普查工作，撰写《北石窟区域文物普查报告》。2014年5月主持参加可移动文物普查工作。

0068 倪树隆

性　　别：男

出生年月：1965-06-02

民　　族：汉族

政治面貌：党员

职　　称：副高

学　　历：大学专科

所在单位：华池县文化局

通讯地址：华池县文化局

成　　就：编辑出版《华池文物》。

0069 于祖培

性　　别：男

出生年月：1952-04-07

民　　族：汉族

政治面貌：党员

职　　称：副高

学　　历：大学专科

所在单位：宁县博物馆

通讯地址：甘肃省庆阳市宁县新宁镇

成　　就：承担甘肃省社科项目《先周历史文化考释》研究课题，结项后，与于俊德合作出书《先周历史文化新探》，破解了一千多年来史学难题，该成果是目前全国唯一一部先周历史文化专著，此研究处于学科的前沿；主持国家“七五”期间文化十大工程宁县部分编辑工作；主编《中国民间故事集成甘肃卷》《中国民间歌谣集成·甘肃卷》《中国民间谚语集成·甘肃卷》宁县资料本；主持全国文物大普查宁县普查工作；配合庆阳地区调查《中国民间舞蹈集成·甘肃卷》庆阳资料本宁县民间资料；筹建宁县博物馆，使之走上规范化道路；主持测绘并维修国家级文物单位政平塔；主编宁县文艺小报《金钟》，组织成立宁县书画、摄影协会，培养文学艺术人才；为县剧团、电影公司等单位创作戏剧、幻灯片文学脚本，为宁县编导第一步社会经济发展专题片，为庆阳文化节、香包节、农耕文化节宁县文化活动编导文化节目；撰写论文《人首蛇身说女娲》《庆阳先周文化资源》《庆阳历史文化定位》《庆阳文物考古中的黄帝文化》《庆阳历史文化遗产的定位和基地建设》《中国农耕文化的起源研究》《伏羲八卦坐标中的地理气候特征》《宁县出土的北朝石造像》《神农氏与仰韶文化》《京字初义的文化内涵及其影迹》和《“京”不是大窑洞》；《伏羲八卦坐标中的地理气候特征》，把伏羲八卦由文化变成了我国八千年前的科学著作，对周文王做《周易》的动机做出新的解释；撰写《宁县史话》和《千古宁州》书稿；创作文学作品戏剧《王孝锡》《天子梦》《陇上骄子》（合编），舞剧《七月流火》，创作长篇小说《飘逝的琴声》；完成文化专著《京文化——一部炎黄文化发展史》。

0070 王兰元

性　　别：男

出生年月：1966-04-20

民　　族：汉族

政治面貌：群众

职　　称：副高

学　　历：大学本科

所在单位：宁县五中

通讯地址：宁县平子镇平子街 12 号

成　　就：先后发表教育教学与地方史研究性论文 20 多篇。其中《略论日本近代侵华的特点》一文收入《甘肃省中小学教育教学文集》（中学卷），于 2004 年由甘肃教育出版社出版发行；《洋务运动是否阻碍了民族资本主义发展》一文发表在 2008 年 6 月《中学历史教学参考》上；《庆阳民众拥军支前活动述评》一文，收入《陕甘边根据地研究》一书，于 2011 年 6 月由中共党史出版社出版发行。

0071 张克仁

性　　别：男
出生年月：1965-10-08
民　　族：汉族
政治面貌：党员
职　　称：副高
学　　历：大学本科
所在单位：定西市安定区博物馆
通讯地址：定西市安定区解放路 63 号
成　　就：为安定区文博事业发展做出了巨大的贡献，曾先后主持清理了市政府锅炉房元墓、教育学院金墓。
简　　介：毕业于西北大学考古系，1988 年 8 月参加工作。

0072 芦建华

性　　别：男
出生年月：1962-05-24
民　　族：汉族
政治面貌：群众
职　　称：副高
学　　历：大学本科
所在单位：甘肃省定西市安定区文化馆
通讯地址：甘肃省定西市安定区解放路 63 号
简　　介：中国艺术研究院中国书法院首届访问学者，中国人民大学中国画硕士课程研修班访问学者。现为甘肃省书法、美术家协会会员，甘肃省定西市安定区文化馆副研究馆员，定西市画院画师。

0073 张四民

性　　别：男
出生年月：1960-09-05
民　　族：汉族
政治面貌：群众
职　　称：副高
学　　历：大学本科
所在单位：甘肃省定西市安定区文化馆
通讯地址：甘肃省定西市安定区解放路 63 号
成　　就：《收获的季节》获全国第十七次新人新作展优秀作品奖；《雪塬》获第六届中国西部大地情——中国画、油画作品展优秀奖；《塬上人家》入选第二届中国大地情——中国画、油画作品展；《陇上人家》入选第五届中国西部大地情——中国画、油画作品展；《瑞雪迎春》获第 16 届亚洲运动会亚运当代艺术展优秀奖；《雪塬》获高原——中国西部美术展油画年展三等奖，并被国家收藏。
简　　介：毕业于西南大学，北京画院白羽平油画工作室研究生。中国美术家协会会员。

0074 刘小龙

性　　别：男
出生年月：1969-04-04
民　　族：汉族
政治面貌：群众
职　　称：副高
学　　历：大学本科
所在单位：通渭县博物馆
通讯地址：通渭县平襄镇西街 2 号
成　　就：任第三次全国不可移动文物普查工作通渭工作队队长。
简　　介：1990 年 7 月参加工作，1991 年 9 月从小学调入通渭县博物馆工作至今。

0075 常霞

性　　别：女
出生年月：1966-04-05
民　　族：汉族
政治面貌：党员
职　　称：副高

学　　历：大学本科
所在单位：陇西县博物馆
通讯地址：陇西县巩昌镇龙宫广场
成　　就：2012年5月所作《陇西郡历史文化考辨》获第三届中国民族文化创新成果一等奖；2011年8月所作《试论非物质文化遗产的民族瑰宝》获《文化大视野》优秀论文奖；2011年1月3日被中国校园文化艺术研究中心、中国校园文化报编辑部、中国文坛之星代表作精选编委会、北京神州贤达文化艺术交流中心、全国文学艺术作品大赛组委会、大方杂志社评为“2010神州贤达·中国文学年度人物”；2010年10月《浅议县级博物馆的讲解工作》获中国作家金秋笔会全国征文一等奖。
简　　介：1985年12月至1996年7月在县文化馆工作；1996年8月至1998年7月在县图书馆工作；1998年8月至今在县博物馆工作。

0076 汪楷

性　　别：男
出生年月：1962-07-31
民　　族：汉族
政治面貌：党员
职　　称：副高
学　　历：大学本科
所在单位：陇西县博物馆
通讯地址：陇西县巩昌镇文化广场11号
成　　就：2008—2011年作为陇西县全国第三次文物普查领导小组副组长及普查组组长，主持完成陇西县“全国第三次文物普查”工作任务；2010年9月在《丝绸之路》发表《从永昌王府白话令旨看巩昌帅府与永昌王府之关系》；2011年8月，主编文博专著《陇西金石录》，由甘肃人民出版社出版发行，该著共上下两卷，约60万字，历经24年搜集整理。
简　　介：1982年7月至1994年12月在陇西一中任教；1995年1月至2010年2月在陇西县博物馆工作（2001年至2010年任博物馆馆长）；2010年3月至2012年9月在县图书馆工作；2012年10月至今在县博物馆工作。

0077 杨斌

性　　别：男
出生年月：1963-12-09
民　　族：汉族
政治面貌：群众
职　　称：副高
学　　历：大学专科
所在单位：渭源县博物馆
通讯地址：渭源县宣传部
成　　就：完成渭源县第二次全国不可移动文物普查工作，完成渭源县第三次全国不可移动文物普查工作；渭源县第一次全国可移动文物普查正在进行；2009年在《管理观察》发表论文《新时期基层文物的实践与思考》2010年在《丝绸之路》发表论文《会川伯赵安铁券考略》。
简　　介：1979年9月—1982年8月，锹峪乡新丰学校任民办教师；1982年9月—1984年6月，甘肃省临洮师范学习；1984年9月—1986年8月，五竹农中任教；1986年9月—1988年6月，定西教育学院政治科学习；1988年6月—1997年5月，县文化馆工作；1997年6月至今，县博物馆工作。

0078 陈旭光

性　　别：男
出生年月：1963-04-22
民　　族：藏族
政治面貌：党员

职　　称：副高

学　　历：大学专科

所在单位：临潭县文化馆

通讯地址：甘肃省临潭县城关镇南大街 3 号

成　　就：2011 年完成了本县第三次全国性文物普查工作，并获国家级奖励证书。

简　　介：临潭县新城镇人，现任临潭县文化馆文博馆员，临潭县文联美术学会会长。

甘肃省文化资源名录

第四十六卷 文化人才Ⅲ

新闻人才

0001 彭洁

性　　别：男
出生年月：1957-02-15
民　　族：汉族
政治面貌：党员
职　　称：正高
学　　历：大学本科
所在单位：兰州日报社
通讯地址：兰州市高新区雁南路 299 号
成　　就：1991 年 7 月被中共兰州市委评为"1990 年度兰州市干部理论学习先进个人"；1995 年 2 月，在中共甘肃省委宣传部、甘肃新闻工作者协会、甘肃新闻学会组织的全省"十佳"新闻集体、"十佳"新闻工作者评选中，获全省"十佳"新闻工作者提名奖；1998 年 6 月被中共甘肃省委宣传部、甘肃新闻工作者协会评为"甘肃优秀新闻工作者"；2011 年 4 月被评为"兰州市领军人才"。
简　　介：现任兰州晚报副总编辑。1982 年西北师范大学中文系毕业后分配至兰州晚报做记者，曾任兰州晚报文教体卫部主任、兰州日报经济部主任。曾兼任兰州市青年联合会第五届委员，第六届、第七届副主席；中华全国青年联合会第七届委员；兰州市文学艺术家联合会第三届副主席。

0002 李健吾

性　　别：男
出生年月：1956-06-08
民　　族：汉族
政治面貌：党员
职　　称：正高
学　　历：大学本科
所在单位：兰州日报社
通讯地址：兰州市高新区雁南路 299 号
成　　就：1991 年 7 月被中共兰州市委评为"1990 年度兰州市干部理论学习先进个人"；1995 年 2 月，在中共甘肃省委宣传部、甘肃新闻工作者协会、甘肃新闻学会组织的全省"十佳"新闻集体、"十佳"新闻工作者评选中，获全省"十佳"新闻工作者提名奖；1998 年 6 月被中共甘肃省委宣传部、甘肃新闻工作者协会评为"甘肃优秀新闻工作者"；2011 年 4 月被评为"兰州市领军人才"。

0003 侯平

性　　别：女
出生年月：1975-09-21
民　　族：汉族
政治面貌：群众
职　　称：正高
学　　历：大学本科
所在单位：兰州市广播电视总台

通讯地址：兰州市庆阳路 92 号

成　　就：2010 年《重离子致癌中心正式落户兰州》获得省级电视新闻二等奖；2009 年《东乡诗画人》获得省级社交专题三等奖。

简　　介：2011 年取得主任编辑任职资格；现任兰州市广播电视总台发展研究部副主任。

0004 何由

性　　别：女

出生年月：1968-12-21

民　　族：汉族

政治面貌：群众

职　　称：正高

学　　历：大学本科

所在单位：兰州市广播电视总台

通讯地址：兰州市庆阳路 92 号

成　　就：2009 年《宋平与高学兰养鸡》获得省级记录片二等奖；2005 年《十八般兵器在兰州》获得市金城文艺三等奖。

简　　介：2013 年取得主任编辑任职资格。

0005 孙凡

性　　别：女

出生年月：1974-02-21

民　　族：汉族

政治面貌：党员

职　　称：正高

学　　历：硕士研究生

所在单位：兰州市广播电视总台

通讯地址：兰州市庆阳路 92 号

成　　就：2006 年《解开百万存款失踪之谜》获得省级电视新闻一等奖；2006 年《暴利行业谁来破冰》获得省级电视新闻二等奖。

简　　介：2009 年取得主任记者任职资格，现任兰州市广播电视总台公共频道总监。

0006 徐伟

性　　别：男

出生年月：1972-08-21

民　　族：汉族

政治面貌：党员

职　　称：正高

学　　历：大学本科

所在单位：兰州市广播电视总台

通讯地址：兰州市庆阳路 92 号

成　　就：2007 年《“知荣明耻”大家谈》获省级电视社教特别奖；2002 年《朱镕基总理肯定兰州绿化成果》获中广协新闻节目二等奖。

简　　介：2010 年取得主任编辑任职资格；现任兰州市广播电视总台生活经济频道副总监。

0007 马有清

性　　别：女

出生年月：1967-12-21

民　　族：汉族

政治面貌：群众

职　　称：正高

学　　历：大学本科

所在单位：兰州市广播电视总台

通讯地址：兰州市庆阳路 92 号

成　　就：2013 年《走转改：新闻文化的创新实践》获得征文评选二等奖；2009 年《生活新主张和大自然约会》获中广协生活服务一等奖。

简　　介：2013 年取得主任编辑任职资格；现任兰州市广播电视总台新闻协调中心副主任。

0008 王韧

性　　别：男

出生年月：1968-06-21

民　　族：汉族
政治面貌：党员
职　　称：正高
学　　历：大学本科
所在单位：兰州市广播电视总台
通讯地址：兰州市庆阳路 92 号
成　　就：2009 年《土地反租倒包，农民鼓了腰包》获中广协长消息二等奖；2007 年《兰州向西》获省级广播新闻二等奖。
简　　介：1991.09—1998.05 兰州市广播电视局宣传处干部；1998.05—1998.11 兰州市广播电视局办公室秘书；1998.11—2004.11 兰州市广播电视局办公室副主任；2004.11—2006.03 兰州市广播电视局办公室主任、兰州电视台台长助理、公共频道总监；2006.03—2007.09 兰州人民广播电台副台长；2007.09—2013.04 兰州市广播电视总台副总台长（2007.09—2010.01 上海交通大学传播学专业学习）；2013.04 至今，任兰州市广播电视总台总台长。

0009 赵玲

性　　别：男
出生年月：1974-11-21
民　　族：汉族
政治面貌：群众
职　　称：正高
学　　历：大学本科
所在单位：兰州市广播电视总台
通讯地址：兰州市庆阳路 92 号
成　　就：2010 年度《一剪深情》在全国电视记录类获金牌节目；2011 年度《心系大漠情满绿洲》获中广协电视节目评析一等奖。
简　　介：2010 年取得高级工程师任职资格。

0010 李雅芳

性　　别：女
出生年月：1971-03-21
民　　族：汉族
政治面貌：党员
职　　称：正高
学　　历：大学本科
所在单位：兰州市广播电视总台
通讯地址：兰州市庆阳路 92 号
成　　就：2007 年《“小媒体”也能做大文章》获得省级新闻奖三等奖；2012 年《激情马拉松　活力新兰州》获省级广播新闻一等奖。
简　　介：2012 年取得高级编辑任职资格，现任兰州市广播电视总台副总编辑。

0011 王辉

性　　别：男
出生年月：1966-02-21
民　　族：汉族
政治面貌：党员
职　　称：正高
学　　历：大学本科
所在单位：兰州市广播电视总台
通讯地址：兰州市庆阳路 92 号
成　　就：2011 年《惊心动魄 48 小时，“3.09”持枪袭警案成功告破》获省级广播新闻一等奖；2011 年《生命速递》获省级广播新闻一等奖。
简　　介：2008 年取得主任编辑任职资格，现任兰州市广播电视总台新闻综合广播副总监。

0012 张艳萍

性　　别：女
出生年月：1972-10-06
民　　族：汉族
政治面貌：民主党派
职　　称：正高
学　　历：博士研究生

所在单位：兰州文理学院新闻传播学院
通讯地址：兰州市城关区北面滩 400 号
成　　就：发表论文 24 篇，出版专著 1 部，获得甘肃省哲学社会科学优秀成果三等奖 1 项，获得甘肃省教育厅高校社科成果三等奖 1 项。
简　　介：兰州文理学院教授。毕业于武汉大学文学院，研究方向为比较文学、美国文学、先秦文学、中国传统文化研究。

0013 谢鹏

性　　别：男
出生年月：1962-07-01
民　　族：藏族
政治面貌：党员
职　　称：正高
学　　历：硕士研究生
所在单位：甘肃省广播电视网络股份有限公司
通讯地址：兰州市东岗西路 226 号网络大厦 802 室
成　　就：撰写、主编了《马克思主义经济理论的十年发展》《高峰体验》《新版兰州》《站在新闻起跑线上》《兰州系列丛书》《百年甘肃》《蓝豹新闻系列丛书——西天灿烂》等研讨文章、书籍 100 多篇（部）。作品曾获全国第八届中国地方报新闻一等奖，2005 年度甘肃新闻奖一等奖，甘肃省报纸好新闻二、三等奖，全省“我看改革开放二十年”征文二等奖，全国晚报红塔杯短新闻大赛二等奖等多项国家级、省级奖项。1994 年 11 月入选“甘肃省优秀专家”；2010 年 10 月被评选为全省精神文明建设先进工作者；2011 年三月被评为兰州市领军人才。
简　　介：1982 年毕业于西北民族大学政治系；2001 年 9 月至 2006 年 4 月在兰州日报社工作，任市委宣传部副部长、兰州日报社社长、兰州日报社总编辑、兰州晚报总编辑；2009 年 8 月至 2010 年 1 月任中共兰州市委宣传部副部长，兰州市广播电视局党组书记、局长，兰州市广播电视总台党委书记、总台长，市记协主席；2012.7 至今，在甘肃省广播电视网络股份有限公司任党委副书记、纪委书记、监事会主席。

0014 韩亮

性　　别：男
出生年月：1963-12-17
民　　族：汉族
政治面貌：党员
职　　称：正高
学　　历：硕士研究生
所在单位：兰州大学新闻与传播学院
通讯地址：兰州大学新闻与传播学院
成　　就：《试论新形势下电视媒体的舆论引导》（《新闻世界》）等多篇论文发表，并有多部作品获奖。

0015 臧海群

性　　别：女
出生年月：1968-06-18
民　　族：汉族
政治面貌：民主党派
职　　称：正高
学　　历：博士研究生
所在单位：兰州大学新闻与传播学院
通讯地址：兰州大学新闻与传播学院
成　　就：多篇论文发表。

0016 毛咏春

性　　别：女
出生年月：1971-03-21
民　　族：汉族
政治面貌：群众

职　　称：正高
学　　历：大学本科
所在单位：兰州市广播电视总台
通讯地址：兰州市庆阳路 92 号
成　　就：2010 年《新思路新发展新兰州——“1355”总体发展思路一周年评述》获得市级优秀电视节目特别奖。
简　　介：2010 年获得主任编辑任职资格，现任兰州市广播电视总台新闻综合频道《兰州新闻》制片人。

0017 张洁

性　　别：女
出生年月：1970-07-21
民　　族：汉族
政治面貌：群众
职　　称：正高
学　　历：大学本科
所在单位：兰州市广播电视总台
通讯地址：兰州市庆阳路 92 号
成　　就：2013 年《家乡是一碗面》获得“中国镇江西津渡国际纪录片盛典”提名奖；2010 年《“春满金城”——2009 年度元宵晚会》获省级电视新闻一等奖。
简　　介：2013 年取得主任编辑任职资格。

0018 杨小瑾

性　　别：女
出生年月：1964-03-21
民　　族：汉族
政治面貌：党员
职　　称：正高
学　　历：大学本科
所在单位：兰州市广播电视总台
通讯地址：兰州市庆阳路 92 号
成　　就：2000 年《背石头的人》获得省级社交类二等奖。
简　　介：2010 年取得高级编辑任职资格，现任兰州市广播电视总台发展研究部副主任。

0019 高冲

性　　别：男
出生年月：1962-07-28
民　　族：汉族
政治面貌：党员
职　　称：正高
学　　历：大学本科
所在单位：兰州日报社
通讯地址：兰州市高新区雁南路 299 号
成　　就：2003 年被市委市政府评为“精神文明建设先进工作者”。主编、参编著作 4 种。在国家级权威刊物发表论文 1 篇。一篇论文在中国报协党报分会获一等奖。担任兰州晚报总编辑以来，高冲同志围绕市委市政府中心工作，策划了一批有较大影响力的稿件，如 2009 年的“再造兰州”报道，2011 年的“兰州地铁”特刊，受到各方肯定。努力提高报道质量，兰州晚报每年获甘肃新闻奖、赵超构新闻奖的篇目都在 20 篇（幅）以上。2014 年 1 月 1 日，主持了兰州晚报改版，报纸内容得到提升、形象得到了改善，受到业内好评、市民称赞。

0020 李正强

性　　别：男
出生年月：1954-12-21
民　　族：汉族
政治面貌：党员
职　　称：正高
学　　历：大学本科
所在单位：兰州市广播电视总台
通讯地址：兰州市城关区庆阳路 92 号
成　　就：2004 年被市政府评为兰州市地方史志工作先进工作者；2006 年被兰州市委评

为全市优秀思想政治工作者。

简　　介：1976.10—1982.03 榆中县广播站工人（其间：1980.06 转干）1982.03—1983.10 中共榆中县委办公室秘书；1983.10—1985.06 榆中县广电局副局长；1985.06—1986.03 兰州市广播电视局办公室干部；1986.03—1987.08 兰州市广播电视局广播电视科副科长（其间：1987.06 省高等教育自学考试新闻专业毕业）；1987.08—1994.07 兰州市广播电视局信息宣传科科长；1994.07—1997.01 兰州电视剧制作中心副主任；1997.01—2002.07 兰州广播电视台广播总监（其间：2000.08—2002.12 中央党校函授学院行政管理专业学习）；2002.07—2007.09 兰州人民广播电台台长；2007.09 至今兰州市广播电视总台副总台长（正县级）。

0021 贾挺明

性　　别：男

出生年月：1966-09-21

民　　族：汉族

政治面貌：党员

职　　称：正高

学　　历：硕士研究生

所在单位：兰州市广播电视总台

通讯地址：兰州市庆阳路 92 号

成　　就：2010 年获得中广协“十佳百优论文人才”称号；2009 年《广播对农业节目弱化的分析与对策》获得省级社会科学优秀三等奖。

简　　介：2010 年取得高级编辑任职资格，现任兰州市广播电视总台党政办主任。

0022 李萍

性　　别：女

出生年月：1973-03-21

民　　族：汉族

政治面貌：群众

职　　称：正高

学　　历：大学专科

所在单位：兰州市广播电视总台

通讯地址：兰州市庆阳路 92 号

成　　就：2011 年《城市台的生存发展途径探析》获得省级学术论文三等奖；2012 年《广电媒体生存发展探析》获得中广协论文二等奖。

简　　介：2009 年取得主任编辑任职资格，现任兰州市广播电视总台生活经济频道综合部主任。

0023 徐苓

性　　别：女

出生年月：1963-12-21

民　　族：汉族

政治面貌：群众

职　　称：正高

学　　历：大学本科

所在单位：兰州市广播电视总台

通讯地址：兰州市庆阳路 92 号

成　　就：2012 年《追梦》获得省人口委文化艺术节文艺类一等奖；2010 年《想唱就唱》获省级电视文艺类三等奖。

简　　介：2010 年取得主任编辑任职资格。

0024 苏剑青

性　　别：男

出生年月：1971-09-21

民　　族：汉族

政治面貌：党员

职　　称：正高

学　　历：大学本科

所在单位：兰州市广播电视总台

通讯地址：兰州市庆阳路 92 号

成　　就：2012 年《视法制节目对民生节目

的挑战》获中广协法制论文二等奖；2007 年《“知荣明耻”大家谈》获省级广播电视特等奖。

简　　介：2012 年取得主任播音员任职资格，现任兰州市广播电视总台公共频道副总。

0025 李光辉

性　　别：男

出生年月：1960-07-21

民　　族：汉族

政治面貌：党员

职　　称：正高

学　　历：大学本科

所在单位：兰州市广播电视总台

通讯地址：兰州市庆阳路 92 号

成　　就：2013 年获得“百优理论人才”称号；2012 年《“三网融合”背景下电视媒体内容平台的构建》获省级论文二等奖。

简　　介：2011 年取得高级编辑任职资格。

0026 徐洁

性　　别：男

出生年月：1967-05-21

民　　族：汉族

政治面貌：群众

职　　称：正高

学　　历：大学本科

所在单位：兰州市广播电视总台

通讯地址：兰州市庆阳路 92 号

成　　就：2004 年《舆情民情直通车》获得省级人民代表大会好新闻一等奖；2003 年《职工冷暖挂心头》获得全国五一新闻奖。

简　　介：2010 年取得主任编辑任职资格。

0027 任栓春

性　　别：男

出生年月：1964-06-21

民　　族：汉族

政治面貌：群众

职　　称：正高

学　　历：大学本科

所在单位：兰州市广播电视总台

通讯地址：兰州市庆阳路 92 号

成　　就：2012 年《兰州新区——日均引进超亿元》获得市级优秀电视节目一等奖。

简　　介：2009 年取得主任编辑任职资格，现任兰州市广播电视总台新闻综合频道副总监。

0028 工崇斌

性　　别：男

出生年月：1968-08-01

民　　族：汉族

政治面貌：群众

职　　称：正高

学　　历：大学本科

所在单位：兰州市广播电视总台

通讯地址：兰州市庆阳路 92 号

成　　就：1994 年《打工妹的遭遇》获中广协电视节目一等奖；1998 年《解困：从这里起步》获得省代表大会好新闻一等奖。

简　　介：1991 年 7 月—1994 年 5 月兰州电视台总编室编辑；1994 年 5 月—1997 年 5 月兰州电视台新闻部记者、责任编辑；1997 年 6 月—2001 年 8 月兰州电视台新闻评论部栏目副主编、制片人（期间 1997 年 5 月—1999 年 5 月兰州广播电视局团委书记）；2001 年 8 月—2002 年 11 月兰州电视台新闻部副主任；2002 年 11 月—2006 年 7 月兰州电视台公共频道副总监；2006 年 8 月—2007 年 11 月兰州电视台公共频道总监；2007 年 12 月—2013 年 8 月兰州市广播电视总台总台长助理、新闻综合频道总监；2013 年 8 月至今，兰州市广播电视总台副总台长。

0029 庄晓霁

性　　别：男

出生年月：1978-03-21

民　　族：汉族

政治面貌：群众

职　　称：正高

学　　历：大学本科

所在单位：兰州市广播电视总台

通讯地址：兰州市庆阳路 92 号

成　　就：2011 年《“我是处长”（3 集）》获市级优秀节目二等奖；2010 年被省文明办评为公益广告先进个人。

简　　介：2012 年取得主任编辑任职资格，现任兰州市广播电视总台生活经济频道《兰州新区新闻》制片人。

0030 赵晓霞

性　　别：女

出生年月：1965-05-24

民　　族：汉族

政治面貌：党员

职　　称：正高

学　　历：大学本科

所在单位：天水日报社

通讯地址：天水市民主东路 86 号

成　　就：各类新闻作品获省级以上好新闻一、二、三等奖；出版新闻专著《文明的节拍》；策划编辑出版《天水历史名人百传》；主持《天水日报·陇右周末》《天水日报·教育周刊》的创办、改版工作；策划大量宣传地方经济、历史文化、教育发展等方面的新闻专题报道，提升了报纸知名度与影响力；创作的文艺作品小说获全国大赛一等奖，音乐歌舞剧获市文艺汇演创作一等奖；电视剧本获甘肃省重点文艺项目资助。成功策划并组织实施多个社会公益活动。

0031 王若冰

性　　别：男

出生年月：1962-06-05

民　　族：汉族

政治面貌：群众

职　　称：正高

学　　历：大学专科

所在单位：天水日报社

通讯地址：甘肃省天水市秦州区民主东路 86 号

成　　就：新闻编辑方面：王若冰是《天水日报》专副刊创建者。从 1985 年《天水日报》创刊初参与该报副刊编辑到现在，创建并不断完善建构了《天水日报》专副刊结构。其创办并主持的《陇右周刊》已成为该报最具影响力的文化性专刊。其主持编辑的《秦地风采》1990 年获全省好专栏奖、《每周时评》2010 年获甘肃新闻好专栏奖，撰写、编辑的新闻、通讯及文艺作品曾先后获省级以上新闻奖 20 余次。文学创作方面：出版作品有诗集《巨大的冬天》（新华出版社，1995）、文学评论集《倾听与呈现》（中国文联出版社，2001）、地方历史文化散文集《天籁水影》（新疆人民出版社，2001，与人合著）、长篇文化散文《走进大秦岭》（花城出版社，2007）、长篇历史文化散文《寻找大秦帝国》（陕西人民出版社，2010）、长篇文化散文《走进大秦岭》修订本（长春出版社，2012）并编著有电视连续剧文学剧本《飞将军李广》（1994，与人合著）；参与主编有《甘肃的诗》（敦煌文艺出版社，2010）、《天水文学作品选》（太白文艺出版社，2012）、《诗歌中的天水》（2012，太白文艺出版社）等。

0032 姬建中

性　　别：男

出生年月：1956-09-11

民　　族：汉族
政治面貌：党员
职　　称：正高
学　　历：大学本科
所在单位：天水日报社
通讯地址：天水市秦州区民主东路 86 号
成　　就：采写的《阳光与公权》2007 年 5 月获中国城市党报好新闻一等奖；《你对这片土地爱得深沉》2007 年 6 月获甘肃好新闻一等奖；论文《过度竞争——媒体的虚有其表和戕害》2008 年 8 月获中国报协党报优秀论文一等奖；2006 年《鼓动的双翼》在作家出版社出版；2007 年《天水星火机床有限责任公司系列报道》获中国党报分会编辑二等奖；2008 年《秦安农民领取补贴有了直通车》获中国地市报好新闻二等奖；《从乡镇瘦身谈降低行政成本》获甘肃好新闻二等奖；《神舟之父结缘天水航天育种》获中国地市报二等奖；《宁在苦中干，不在苦中熬》获中国地市报新闻奖编辑二等奖；《高科技带来高回报》获中国地市报新闻奖编辑二等奖；2009 年《创业，从转变观念开始》获中国地市报二等奖；《天水日报一版》获中国地市报优秀版面奖；《天水驻军红军师赴陇南抗震救灾》获中国地市报新闻奖编辑二等奖；2011 年《公开是大趋势》获甘肃好新闻二等奖。

0033 宋耀杰

性　　别：男
出生年月：1961-05-01
民　　族：汉族
政治面貌：党员
职　　称：正高
学　　历：硕士研究生
所在单位：天水日报社
通讯地址：天水市民主东路 86 号
成　　就：《阳山村的致富路》获 1995 年度中国电视奖社教类二等奖；《只留清气满乾坤》获 1998 年全国优秀公益广告铜奖；1996 年获天水市委市政府“开拓创业标兵”称号；2006 年被评为甘肃省宣传文化系统拔尖创新（经营管理）人才。2006 年被评为全省宣传文化系统“四个一批”。
简　　介：1978.10—1980.10 天水标准件厂工作；1980.10—1983.10 武警武威支队服役；1984.04—1988.04 解放军 5722 工厂工作；1988.05—2010.10 天水广播电视台工作；2010.10 至今，天水日报社工作。社会兼职：甘肃省青联七届委员、甘肃省广播电影电视界摄影家协会理事、甘肃省广告协会常务理事、天水市新闻摄影学会会长、天水市规划学会理事。宋耀杰先后在天水广播电视台和天水日报社工作。

0034 苏进才

性　　别：男
出生年月：1962-01-14
民　　族：汉族
政治面貌：党员
职　　称：正高
学　　历：大学专科
所在单位：清水县文化局
通讯地址：清水县泰山路 10 号
成　　就：本人长期从事新闻编辑工作，理论水平高，文字功底过硬，曾发表过论文，作品如《山里人的新生活》《真情传递希望》有些作品多次获得省、市一等奖。

0035 王玉明

性　　别：男
出生年月：1962-12-18
民　　族：汉族
政治面貌：党员

职　　称：正高
学　　历：大学本科
所在单位：河西学院信息技术与传媒学院
通讯地址：甘肃省张掖市环城北路 846 号河西学院
成　　就：先后在省级以上刊物发表教研及学术研究论文 40 余篇，出版教材和专著 2 部，主持或参与各种教研科研课题 7 项，其中获省级社科成果奖 1 项、省级教学成果奖 1 项、省高校社科奖 1 项、校级教学成果奖 2 项。目前以影视传媒与影视文化为主要研究方向。
简　　介：毕业于中国传媒大学电视与新闻学院。现任河西学院信息技术与传媒学院院长、甘肃省摄影家协会会员、河西学院学术带头人。主讲《电视节目编导与制作》《影视艺术概论》《广播电视新闻》《新闻学概论》等课程，多次获得校级教学优秀奖。

0036 王红

性　　别：女
出生年月：1970-07-08
民　　族：汉族
政治面貌：群众
职　　称：正高
学　　历：大学专科
所在单位：泾川县广播电视台
通讯地址：泾川县农林路电视台家属楼
成　　就：主持制作播出的少儿节目、电视专题片、新闻获得省市县一等奖、二等奖、三等奖。
简　　介：1994 年参加工作，从事电视广播播音工作 20 年。

0037 缪中发

性　　别：男
出生年月：1965-01-11
民　　族：汉族
政治面貌：党员
职　　称：正高
学　　历：大学本科
所在单位：庆阳广播电视台
通讯地址：甘肃省庆阳市西峰区解放西路 35 号
成　　就：1982 年至 1998 年在部队任新闻干事时，先后在中央电视台播出专题片 5 部，在《新闻联播》播出新闻 60 多条，在《解放军报》《人民日报》等报刊发表稿件 200 多篇。电视专题片《为了那辉煌的一瞬》获首届中国新闻奖三等奖，全国广播电视好新闻一等奖。从 1999 年开始，连续 11 年执笔全国“两会”的策划方案以及新闻报道任务，“十七大”的宣传策划方案及报道任务，参与了省“两会”、党代会及各项重大活动的新闻报道任务。在省广播电视新闻评选中每年都有好作品获奖，共有 200 多条新闻分别在全国、省内各类好新闻评比中获得一、二、三等奖，《矿工许有平的没想到》获全国“五一新闻奖”优秀奖。《天津青年冯淑刚西部创业祁连山下显身手》获第十届五四新闻奖三等奖。在从事新闻宣传报道的工作中，两次荣获新闻界的最高奖项中国新闻奖。
简　　介：1981.10—1984.10 某部队战士；1984.10—1990.06 某部队工作；1990.06—1992.06 国防科工委指挥技术学院学员；1992.06—1998.03 某部队政治部宣传处干事；1998.10—2005.10 甘肃电视台新闻部记者、外宣组长；2005.10—2010.04 甘肃广电总台电视新闻中心主任助理；2010.04—2013.08 甘肃广电总台电视新闻中心副主任；2013.08 至今，庆阳广播电视台台长。

0038 郝利平

性　　别：女

出生年月：1954-05-01
民　　族：汉族
政治面貌：党员
职　　称：副高
学　　历：大学本科
所在单位：甘肃日报社
通讯地址：甘肃省城关区白银路 123 号甘肃日报社
成　　就：从事新闻采编工作 40 年，采写和编辑的 80 多篇新闻作品获国家及省的各类奖项。其中，自己采写的 10 件新闻作品 1 件获中国新闻奖三等奖，5 件获甘肃新闻奖一等奖，3 件获甘肃新闻奖二等奖，2 件获甘肃新闻奖三等奖；负责策划并编辑的 30 件新闻作品 2 件获中国新闻奖三等奖，16 件获甘肃新闻奖一等奖，5 件获甘肃新闻奖二等奖，7 件获甘肃新闻奖三等奖。本人被收录《中国新闻年鉴人物》一书。
简　　介：1975 年 8 月进甘肃日报社从事新闻采编工作；1991 年 7 月至 1993 年 12 月任甘肃人大报编辑部主任（副处）；1995 年 10 月任甘肃日报政理部副主任；1998 年获评甘肃省“333”科技人才（享受人才津贴）；1998 年获“甘肃省优秀新闻工作者”称号；2000 年 6 月任甘肃日报政理部主任；2002 年获高级编辑职称；2005 年获评甘肃省宣传文化系统拔尖创新人才；2007 年 3 月任甘肃日报社副总编辑、社委会委员；2007 年 4 月当选省第十一次党代会代表；2008 年被甘肃政法学院文学院聘为兼职教授；2009 年入选甘肃省领军人才第一层次人才（享受人才津贴）；2014 年 3 月兼任甘肃报业协会常务副会长兼秘书长；2015 年 1 月由省委批准退休。

0039 李昊

性　　别：男
出生年月：1967-07-01
民　　族：汉族
政治面貌：党员
职　　称：副高
学　　历：大学本科
所在单位：兰州广播电视传播中心
通讯地址：兰州市庆阳路 92 号
成　　就：正二级导演

0040 安希荣

性　　别：男
出生年月：1962-02-15
民　　族：回族
政治面貌：党员
职　　称：副高
学　　历：大学本科
所在单位：兰州日报社
通讯地址：兰州市高新区雁南路 299 号
成　　就：参与《都市天地报》的报纸总体定位和设计，并具体负责主持报纸专刊、周刊的编辑出版工作，期间主编的大型特刊《世纪报告》成为甘肃历史上版面最多、内容最丰富的纪念专刊，在省内产生很大的影响；担任《城市周刊》（即《都市天地报》）总编辑工作后，创新报纸采编工作，尤其在报纸精确定位、报纸特色形成和内容个性化方面进行了大量的尝试，使报纸迅速占领市场并扭转了连续六年的亏损；主持兰州日报社编辑出版委员会工作后，制定一系列报纸新闻宣传和报纸业务推进方面的制度和措施，并通过每周评审报纸、每月专题研究报纸等工作，有效推动了报社的新闻研究工作。

0041 贾佳

性　　别：女
出生年月：1971-11-01
民　　族：汉族
政治面貌：群众

职　　称：副高
学　　历：大学本科
所在单位：兰州市广播电视总台
通讯地址：兰州市庆阳路 92 号
成　　就：2010 年取得主任编辑职业资格。

0042 魏莉

性　　别：女
出生年月：1975-02-15
民　　族：汉族
政治面貌：党员
职　　称：副高
学　　历：大学本科
所在单位：兰州日报社
通讯地址：兰州市高新区雁南路 299 号
成　　就：2004 年编辑的系列报道《七里河民情流水线系列报道》获得 2005 年度甘肃新闻奖一等奖；2004 年采写的消息《怪！听证会逢听必涨》，获得 2005 年度甘肃新闻奖二等奖；1999 年采写的消息《惊人的相似，不同的美丽》获得2000年甘肃新闻奖二等奖，及同年度的中国晚报新闻奖三等奖；1998 年采写的《一个兰州小孩眼中的贝尔格莱德》获得 1999 年度甘肃新闻奖二等奖。
简　　介：1998 年从兰州商学院贸易经济专业毕业，取得经济学学士学位。同年 7 月分配至兰州晚报经济部工作，从事商贸、物价、金融等领域和行业的新闻采写工作。2001 年至 2005 年，在兰州大学新闻学院进行传播专业的研究生学习，先后通过了英语和专业课的国家统考，取得了文学硕士学位。2007 年，通过报社中层竞聘，在兰州日报经济部任副主任一职。2011 年至今，在兰州日报文体部任副主任一职。

0043 傅晓州

性　　别：男
出生年月：1962-07-01
民　　族：汉族
政治面貌：党员
职　　称：副高
学　　历：大学本科
所在单位：兰州市广播电视总台
通讯地址：兰州市庆阳路 92 号
成　　就：2003 年取得主任记者职业资格。

0044 艾琳

性　　别：女
出生年月：1970-01-08
民　　族：藏族
政治面貌：群众
职　　称：副高
学　　历：大学本科
所在单位：兰州日报社
通讯地址：兰州市高新区雁南路 299 号
成　　就：1995 年荣获首届甘肃省“五四新闻奖”十佳记者、“甘肃省新长征突击手标兵”称号；《200 吨瓜果皮坏了城市味道》获甘肃好新闻二等奖；《找准卖点精细加工不断提升经济报道质量》获中国报业协会党报分会新闻论文二等奖；《道德之光映线中堡》获甘肃省好新闻二等奖。在国家级刊物上发表了《经济新闻有个性才有新意》《传统媒体如何应对山乡媒体的挑战》。
简　　介：1993 年从兰州大学新闻系毕业后，进入兰州日报社工作至今。2004 年通过竞聘担任了兰州日报财经新闻中心副主任一职。2009 年，获得主任记者（副高）职称。2010 年，根据编辑部的安排，又进入兰州日报区县工作发行部，担任副主任一职至今。

0045 程雪枫

性　　别：女
出生年月：1963-02-19

民　　族：汉族
政治面貌：党员
职　　称：副高
学　　历：大学本科
所在单位：兰州日报社
通讯地址：兰州市高新区雁南路 299 号
成　　就：编辑作品《无会的日子干部更忙了》获 2007 年度甘肃新闻奖一等奖；编辑的通讯作品《春播之际农民遭遇贷款难》获 2007 年度甘肃新闻奖二等奖；采写的作品《千亩菜花“变脸”农民损失惨重》获 2002 年度中国地市报群工研究会二等奖。
简　　介：1989 年 12 月—1993 年 6 月任《兰州晚报》《国际新闻》版编辑；1993 年 7 月—2002 年 9 月任《兰州日报》《时政新闻》《综合新闻》《社会新闻》《经济新闻》版编辑；2002 年 10 月至今在《兰州日报》担任行政职务，主要负责采编人员的工作量评级打分，差错处罚等。

0046 张东

性　　别：男
出生年月：1957-03-15
民　　族：汉族
政治面貌：群众
职　　称：副高
学　　历：大学本科
所在单位：兰州日报社
通讯地址：兰州市高新区雁南路 299 号
成　　就：通讯《这是一本难念的经》1986 年获甘肃好新闻三等奖；论文《地方报业如何实现规模效益》《都市类报纸可持续性发展的必然选择》分别获第四届、第五届中国地市报论文二等奖；编辑作品《无会的日子干部更忙了》获 2007 年度甘肃新闻奖一等奖。
简　　介：1985 年 2 月—1995 年 11 月，先后担任《兰州晚报》政法记者、编辑、经济口记者；《兰州晚报》专版《文萃》《广闻博录》编辑。2003 年至今在《兰州日报》编辑部任广告发行专干，负责新闻督导等。

0047 贾静波

性　　别：女
出生年月：1970-07-13
民　　族：汉族
政治面貌：群众
职　　称：副高
学　　历：大学本科
所在单位：兰州日报社
通讯地址：兰州市高新区雁南路 299 号
成　　就：编辑晚报头版曾获得 1997 年中国晚报新闻奖好版面奖及西北地区晚报好版面奖；2005 制作的标题获中国晚报协会一等奖；2003 年国内新闻版获中国新闻奖一等奖；2001 年、2002 年制作的标题连续荣获中国晚报国内新闻好标题二等奖；1998 至 2003 年编辑的新闻版面和制作的标题多次获得本报新闻奖；2000 年、2002 年连续被评为兰州日报社先进个人称号；2000 年获得兰州市“作秀新闻工作者”称号；2012 年获评十佳编辑记者称号；在省内多家刊物上发表过新闻理论作品。
简　　介：1992 年毕业于南开大学中文系编辑学专业，1992 年至今在兰州晚报编辑部从事版面编辑工作。在漫长的编辑生涯中，有过国内新闻、国际新闻、头版、甘肃新闻版面的工作经历，积累了丰富的经验，业务能力日臻成熟。

0048 张梅

性　　别：女
出生年月：1966-03-09
民　　族：汉族
政治面貌：党员

职　　称：副高
学　　历：大学本科
所在单位：兰州日报社
通讯地址：兰州市高新区雁南路 299 号
成　　就：能够独当一面地策划、组织大型报道。采编作品获得各类专业评奖三次以上。
简　　介：1989 年进入兰州晚报从事编辑工作至今。先后负责编辑兰州晚报《体育新闻》《文化新闻》《娱乐新闻》《周边新闻》《甘肃新闻》版至今。在历年工作中多次获全省及晚协、赵超构新闻奖励，并通过评聘初级、中级及副高职称。

0049 汪文学

性　　别：男
出生年月：1964-11-20
民　　族：汉族
政治面貌：党员
职　　称：副高
学　　历：大学本科
所在单位：兰州日报社
通讯地址：兰州市高新区雁南路 299 号
成　　就：从事新闻出版研究工作
简　　介：1986 年毕业于兰州大学中文系汉语言文学专业，当年 8 月进入兰州晚报从事采编工作。1993 年参与创办兰州日报，担任兰州日报编辑出版中心主任职务。2007 年 12 月，调入兰州日报社编辑委员办公室担任主任至今。

0050 王新华

性　　别：男
出生年月：1958-05-14
民　　族：汉族
政治面貌：党员
职　　称：副高
学　　历：大学本科
所在单位：兰州日报社
通讯地址：兰州市高新区雁南路 299 号
成　　就：自 1988 年至今，先后在上海、北京及本省文学作品评奖中获奖。小说《炊烟袅袅》、散文《在隍庙的旧时光里穿梭》《黄山行吟》《夏河的诱惑》等分获二、三等奖和鼓励奖；文艺特写《闯荡欧洲的兰州拳师》《“猫妈”阎红》获三等奖。报告文学《西部“化学清洗王国”的冲击波》等获二、三等奖；在 2012 年度中国地级市报纸副刊作品评奖中分获二、三等奖及鼓励奖和创作奖。在甘肃好新闻、中国地市报和中国报业协会评奖中，先后有 5 篇新闻作品分获一、二、三等奖。1989 年被兰州市委宣传部、金城文艺奖评委会授予“兰州市青年文艺新秀”；1992 年被兰州市委、兰州市政府联合授予“兰州市新闻宣传工作先进个人”；2007 年被兰州日报社评为“十佳记者编辑”；2007 年被全国城市党报群众工作协会授予“全国城市党报优秀群工干部”荣誉称号。
简　　介：1986 年 6 月至 2000 年 9 月，在兰州团市委机关报《兰州青年报》社先后任记者、编辑、副总编辑和总编辑；2000 年 10 月至 2004 年 5 月在《都市天地报》先后任记者、编辑；2004 年 6 月至今在《兰州日报》任主任记者、审读员。

0051 丁晶

性　　别：女
出生年月：1967-03-18
民　　族：汉族
政治面貌：党员
职　　称：副高
学　　历：大学本科
所在单位：兰州日报社
通讯地址：兰州市高新区雁南路 299 号
成　　就：1991 年，被团省委、省新闻工作者协会授予“最佳优秀青年记者”称号，同时被授予“甘肃省新长征突击手”称号。1999年，被团省委、省经贸委、省劳动厅、省总工会授予1998年度“甘肃省青年岗位能手”称号。2002年，被省青联授予“甘肃省青联委员突出贡献奖”。2005年，被兰州市委、市政府授予“兰州市劳动模范”光荣称号。2005年3月，被甘肃省新闻出版局、甘肃省报业协会评为“甘肃省报业先进经营管理工作者”。2009年5月，被省报业协会评为“甘肃报业创新发展先进工作者”。2013年9月，被中国广告推介会、中国广告金鼎奖评选组委会评为“广告功勋人物奖”。作品获奖情况：系列报道《关注兰州商战》荣获2000年甘肃新闻奖一等奖；系列报道《关于“牛肉面”的话题》荣获2000年甘肃新闻奖二等奖，荣获中国地市报新闻通讯奖三等奖，荣获中国报业协会城市党报好新闻三等奖；通讯《兰州，你向世界展示什么》获1999年度好新闻二等奖。

简　　介：自1989年从兰州大学新闻系毕业后，分配到兰州日报社工作，先后从事新闻采访、编辑和广告经营工作。采写了大量有影响的党政、经济新闻报道，许多稿件受到了市委、政府的好评和广大读者的关注。2010年7月被市委任命为报社副社长，分管广告和行政工作。

0052 刘蓉

性　　别：女
出生年月：1968-02-13
民　　族：汉族
政治面貌：党员
职　　称：副高
学　　历：大学本科
所在单位：兰州互联网新闻中心
通讯地址：兰州市中山路46号
成　　就：2004年全国产业（企业）文艺展演银奖；2005年度兰州电视台“十大模范职工”称号；2005年度“全市广播电影电视系统先进工作者”称号，2008年度“兰州市广播电视总台先进工作者”称号；2010年中国广播电视协会创优节目长消息二等奖；2010年中国广播电视协会创优节目新闻专题类三等奖。

简　　介：自1989年7月至2007年12月在兰州电视台技术中心制作部工作，担任制作机房设备维护、节目编辑、实况录制与现场直播；2007年12月至2011年12月，在公共频道担任节目编辑工作；2011年至今，在兰州互联网新闻中心担任办公室副主任工作；曾发表《数字电视技术探析》《数字电视中间件应用简述》等论文。

0053 柴钦秀

性　　别：男
出生年月：1967-11-01
民　　族：汉族
政治面貌：群众
职　　称：副高
学　　历：大学本科
所在单位：兰州市广播电视总台
通讯地址：兰州市庆阳路92号
成　　就：2012年取得主任编辑任职资格。

0054 李玮

性　　别：女
出生年月：1966-02-04
民　　族：汉族
政治面貌：党员
职　　称：副高
学　　历：大学本科
所在单位：兰州日报社
通讯地址：兰州市高新区雁南路299号

成　　就：参加工作以来，多次获得各种表彰和奖励。

简　　介：1988 年 6 月从兰州大学毕业后，来兰州晚报当记者。2000 年至 2008 年任晚报党政部副主任，期间还曾担任驻市委首席记者；2008 年至 2011 年任通联部主任；2011 年至 2014 年任时政新闻部主任。

0055 王巧玲

性　　别：女

出生年月：1965-11-02

民　　族：汉族

政治面貌：党员

职　　称：副高

学　　历：大学本科

所在单位：兰州日报社

通讯地址：兰州市高新区雁南路 299 号

成　　就：撰写的《浅谈舆论监督》获兰州市第五次社会科学最高奖三等奖。采写的《炳灵寺礼佛》获 2001 年度全国晚报文化记者年会好新闻一等奖。编辑的通讯《黄帝陵其实在甘肃正宁》获 2003 年度甘肃好新闻一等奖。

简　　介：1988 年自兰州大学本科毕业，在七里河公安分局工作五年后于 1993 年进入兰州晚报。在兰州晚报通联部主要编辑通讯员来稿，采写社会新闻，后来以编辑晚报一版的拳头栏目《金城拾零》为主。五年后到党政部，以采写政法新闻为主。2000 年到晚报出版部从事编辑工作。2003 年经竞聘上岗，任通联部副主任一职至今。

0056 李旺

性　　别：男

出生年月：1963-02-19

民　　族：汉族

政治面貌：党员

职　　称：副高

学　　历：大学本科

所在单位：兰州日报社

通讯地址：兰州市高新区雁南路 299 号

成　　就：甘肃首新闻系统“十佳新闻工作者”（2005 年）。

简　　介：2011 年 4 月由兰州日报社聘任为兰州晚报总编辑助理。之前曾在兰州晚报通联部做记者，1999 年起在兰州晚报出版部及后来的编辑出版中心做编辑、副主任、主任，主要负责兰州晚报的编辑工作，2011 年担任兰州晚报总编辑助理。

0057 华永和

性　　别：男

出生年月：1962-12-28

民　　族：汉族

政治面貌：党员

职　　称：副高

学　　历：大学本科

所在单位：兰州日报社

通讯地址：兰州市高新区雁南路 299 号

成　　就：采写的反映红古区全貌的新闻系列稿件被甘肃人民出版社出版的《新县志便览》刊发，采写的《短暂的生命，光辉的轨迹》通讯被甘肃人民出版社出版的《履痕集》收录，采写的《寻访路上看兰州》被兰州大学出版社出版的《西天灿烂》一书收录。参与采写的《七山地震系列报道》荣获甘肃省报纸类好新闻一等奖，同时获中国晚报好新闻一等奖，论文《浅谈地方报纸的创新意识》荣获中国地市报论文三等奖，论文《浅谈中西部地区都市类报纸营销战略的几点思考》《浅谈晚报的竞争优势及其策略》被甘肃省科技情报所出版的《科技纵横》刊发。多次被报社评为先进工作者。共发表各类题材的新闻类作品近千件，100 余万字，一些作品荣获甘肃省报纸类好新闻一等奖、二等奖，同时获得中国晚报好新闻奖项。

简　　介：1981 年 8 月参加工作，1988 年 8 月起担任兰州晚报驻红古记者站记者，1993 年 6 月调入兰州晚报社总编办公室工作。历经 20 多年新闻生涯。现供职于兰州日报社组织人事处，担任处长职务。

0058 王建军

性　　别：男

出生年月：1956-01-18

民　　族：汉族

政治面貌：党员

职　　称：副高

学　　历：大学本科

所在单位：兰州互联网新闻中心

通讯地址：兰州市中山路 46 号

成　　就：曾获得全国电视新闻奖二等奖；全省电视新闻一等奖等全国、省市奖项 30 多项。

简　　介：1972 年 2 月至 1976 年 6 月在白银汽车运输公司第一车队工人；1976 年 6 月至 1980 年 8 月在甘肃省交通厅政治部、运输处、运输总公司任办公室干部；1980 年 8 月至 1986 年 3 月在兰州汽车运输公司第三车队、教育科任干事；1986 年 3 月至 1987 年 9 月在中共兰州市委工交部干部处任干部；1987 年 9 月至 1992 年 2 月在兰州电视台新闻部任记者；1992 年 2 月至 1992 年 7 月在中共兰州市委办公厅秘书处任干部；1992 年 7 月至 1994 年 7 月在中共兰州市委办公厅秘书处任主任科员；1994 年 7 月至 1998 年 11 月在兰州有线广播电视台任副台长；1998 年 11 月至 2002 年 7 月在兰州有线广播电视台任台长；2002 年 7 月至 2007 年 12 月在兰州广播电视信息网络（中心）公司任经理；2007 年 12 月至 2011 年 3 月在兰州广播电视信息网络中心任主任；2011 年 3 月至今在兰州互联网新闻中心任主任。

0059 王小明

性　　别：男

出生年月：1965-04-29

民　　族：汉族

政治面貌：党员

职　　称：副高

学　　历：大学本科

所在单位：兰州日报社

通讯地址：兰州市高新区雁南路 299 号

成　　就：《浪子的新生之路》获全国社会治安综合治理好新闻三等奖。《模特猪被宰记》获 1997 年中国万宝新闻奖一等奖。《一片热土盼望开发　四海商企聚会一堂》1997 年获甘肃·兰州交易会三等奖。

简　　介：1988 年毕业于西北师范大学教育系，1993 年从兰州教育系统调入兰州晚报编辑部工作。1993 年至 1998 年在编辑部党群政法部门从事政法新闻采访；1998 年底负责筹备兰州晚报“昨夜今晨”采访组，任组长；2000 年“昨夜今晨”采访组和社会新闻组合并成立兰州晚报社会新闻部，任副主任、主任。2009 年受晚报编辑部委派，在中共甘肃省委宣传部工作两年，从事全省新闻协调工作，积累了比较丰富的新闻传播和报道经验。2011 年，担任编辑部通联活动部主任至今。

0060 柴希中

性　　别：男

出生年月：1967-02-28

民　　族：汉族

政治面貌：党员

职　　称：副高

学　　历：大学本科

所在单位：兰州日报社

通讯地址：兰州市高新区雁南路 299 号
成　　就：创办《兰州晚报》“家事”版。参与创刊《兰州日报》。参与创办《兰州日报》“周末”版。致力《兰州日报》的发行工作，使日报的发行量逐年稳步增长。多篇新闻作品获奖。还组织策划“党报进社区”“新春走基层”“双联这三年”等采访活动。
简　　介：1989 年 6 月，兰州大学新闻系毕业分配至《兰州晚报》副刊部工作。1993 年 7 月《兰州日报》创刊后，先后在兰州日报科教部、夜班部、周末部、文体部工作。1994 年 12 月获评新闻专业中级职称，2001 年 12 月获评新闻专业主任编辑任职资格。1999 年任兰州日报文体部副主任，2001 年至 2003 年任兰州日报广告发行部副主任，2004 年至 2010 年任兰州日报社发行中心副主任，2011 年至今任兰州日报区县工作部主任。25 年的新闻从业经历中，多篇新闻作品获奖，兰州日报的发行量也有大幅提高。

0061 陈慧明

性　　别：男
出生年月：1964-12-25
民　　族：汉族
政治面貌：群众
职　　称：副高
学　　历：大学本科
所在单位：兰州日报社
通讯地址：兰州市高新区雁南路 299 号
成　　就：先后获得国家级、省级、市级新闻奖作品 20 余件，发表有影响力的论文 8 篇，其中 2004 年 12 月 8 日在《甘肃日报》理论版发表论文《读图时代的报纸呼唤图文并茂两翼齐飞》；通讯《大乙烯为兰州提供大机遇》获 2004 年度中国报业协会新闻奖通讯类编辑一等奖；新闻作品《276 名准村官考取农大》获 2005 年度中国城市党报新闻奖编辑一等奖；新闻作品《四点半工程乐了孩子》获 2007 年度全国城市党报舆论监督好新闻一等奖；论文《试论现代报纸可视性与可读性的辨证》（2006 年第 5 期《甘肃科技纵横》发表）获 2006 年度甘肃新闻奖二等奖；论文《浅谈增强党报读者意识的途径》获第 5 届中国地市报新闻论文奖一等奖；在采编工作中严格要求自己，认真踏实，敬业爱岗，忠诚于新闻事业，长时间在兰州日报编辑出版中心从事编辑工作，先后任《兰州日报》一版、综合新闻版、财经新闻版、国内国际新闻版责任编辑。
简　　介：1984 年 6 月参加工作任职国营中兴电子仪器厂子弟学校教师，至 1993 年 6 月执教近 10 年；1993 年 6 月至今在《兰州日报》工作 20 余载。1999 年 12 月获评聘为新闻专业中级职称，2007 年 12 月获评聘为主任编辑职称，是一名资深报人。

0062 杨勇

性　　别：男
出生年月：1962-11-01
民　　族：汉族
政治面貌：党员
职　　称：副高
学　　历：大学本科
所在单位：兰州市广播电视总台
通讯地址：兰州市庆阳路 92 号
成　　就：2011 年取得主任记者职业资格。

0063 杨亚新

性　　别：男
出生年月：1961-02-01
民　　族：汉族
政治面貌：党员
职　　称：副高
学　　历：大学本科

所在单位：兰州广播电视传播中心
通讯地址：兰州市庆阳路 92 号
成　　就：主任编辑

0064 路建青

性　　别：男
出生年月：1964-10-28
民　　族：汉族
政治面貌：党员
职　　称：副高
学　　历：大学本科
所在单位：兰州日报社
通讯地址：兰州市高新区雁南路 299 号
成　　就：先后在甘肃新闻奖、中国地市报新闻奖评选中获奖 20 多次。其中，获得甘肃新闻奖一等奖 4 次，二等奖 7 次，三等奖 1 次；获得中国地市报新闻奖一等奖 2 次，二等奖 3 次，三等奖 6 次。2012 年，被省委宣传部评为“2011 年度甘肃省优秀新闻工作者”。
简　　介：1988 年 6 月，毕业于兰州大学新闻系新闻专业。1988 年 7 月至 1993 年 6 月，在兰州晚报任记者，期间从事党政、城建、环保、教育等行业的新闻采编工作。1993 年 6 月至 2004 年 11 月，在兰州日报社工作，先后任兰州日报社经济部记者、副主任、主任，2004 年 11 月任《兰州晚报》副总编。2012 年，本人被省委宣传部评为“2011 年度甘肃省优秀新闻工作者”。

0065 段玉强

性　　别：男
出生年月：1970-09-01
民　　族：汉族
政治面貌：群众
职　　称：副高
学　　历：大学本科
所在单位：兰州市广播电视总台
通讯地址：兰州市庆阳路 92 号
成　　就：2008 年取得主任编辑任职资格。

0066 白茂万

性　　别：男
出生年月：1962-01-19
民　　族：汉族
政治面貌：党员
职　　称：副高
学　　历：大学本科
所在单位：兰州日报社
通讯地址：兰州市高新区雁南路 299 号
成　　就：先后采写《大通河奏起悲壮志凌的歌》一稿获全省好新闻三等奖、《餐桌浪费惊人，近郊万头猪儿肥了》获全省好新闻一等奖等 20 多项奖项。2007 年 12 月 27 日，被甘肃省新闻专业高评会评为主任记者。现行政职务为经管办主任，任职时间为 2007 年 10 月 26 日至今。
简　　介：1993 年 5 月从永登县委宣传部调到兰州日报社工作，从事新闻采访工作，担任日报广告部副主任；2008 年至今担任经营管理办公室主任一职。

0067 肖朝利

性　　别：男
出生年月：1965-07-06
民　　族：汉族
政治面貌：党员
职　　称：副高
学　　历：大学本科
所在单位：兰州日报社
通讯地址：兰州市高新区雁南路 299 号
成　　就：参与出版的《风雨沧桑 50 年》一书，获 2006 年兰州市 5 个 1 工程奖，参与出版了《站在新的起跑线上》一书。

简　　介：1986年在《生活环境报》任编辑、记者。其间多有获奖。1989至1992年在中央党校函授学院本科班学习。1997年调入《兰州晚报》任记者，2000年任《都市天地报》新闻中心主任。2002年至2004年任兰州日报社研究室副主任。2004年至今任《兰州晚报》新闻调查部主任。

0068 顾世荣

性　　别：女
出生年月：1967-08-01
民　　族：汉族
政治面貌：群众
职　　称：副高
学　　历：大学本科
所在单位：兰州市广播电视总台
通讯地址：兰州市庆阳路92号
成　　就：2010年取得主任编辑任职资格。

0069 陈贺

性　　别：男
出生年月：1964-01-01
民　　族：汉族
政治面貌：群众
职　　称：副高
学　　历：大学本科
所在单位：兰州市广播电视总台
通讯地址：兰州市庆阳路92号
成　　就：2004年取得主任记者任职资格。

0070 郑军

性　　别：男
出生年月：1964-03-01
民　　族：汉族
政治面貌：党员
职　　称：副高
学　　历：硕士研究生
所在单位：甘肃省广电总台
通讯地址：兰州市张苏滩561号
成　　就：《12316“三农热线”》获2009—2010年度中国广播影视大奖广播电视节目奖“广播栏目”提名奖；《〈小麦条锈病防治〉专题》获得广播主持作品“金话筒奖”提名；广播剧《跟着哥哥上南梁》获得第十三届中国广播剧研究会广播剧专家奖连续剧银奖；《焉支山下牧马人》获中国新闻奖二等奖；2013年度中央人民广播电台新闻报道突出贡献奖；2014年度中央人民广播电台新闻报道突出贡献奖；《我省率先在全国实施农村重特大疾病患者先看病后交费》获2011—2012年度中国广播影视大奖；《今日观察》获评2014年度全国十大品牌民生栏目；2013年农村广播被评为全国文明号；2012年度甘肃省“四个一批”人才。
简　　介：1984年甘肃农业大学毕业到甘肃人民广播电台从事新闻采编工作；先后在电台农村部、驻张掖记者站任编辑记者；1996—2004年任交通广播副总监；2004—2009年任甘肃广电总台少儿广播总监；2009—2013年任经济（农村）广播总监；2013年11月起任广播新闻中心主任。

0071 詹雯

性　　别：女
出生年月：1965-08-01
民　　族：汉族
政治面貌：党员
职　　称：副高
学　　历：大学本科
所在单位：甘肃广电总台
通讯地址：兰州市张苏滩561号
成　　就：共获得中国新闻奖3项，中国广播奖6项，省级一等奖（或比照同等级奖项）14项。2010年、2014年连续两届入选甘肃省领军人才。2014 年被评为全省“十佳”编辑。1996 年被评为全省宣传文化系统创新拔尖人才。2003 年被评为甘肃省优秀青年。

简　　介：热爱新闻事业，秉持着新闻在现场的工作理念，从业 27 年。在入行的前 10 年，作为一线记者，参与大量的新闻采访活动，了解了省情，练就了广播记者过硬的基本功。第二个 10 年，从事广播专题节目的采编制作，养成了深入调查思考的习惯，赋予广播作品以深度、高度和广度。在职业生涯第三个 10 年，从一线记者成长为节目监制、首席记者、频率节目部主任，更多地思考探索广播新闻的本质属性及未来走向。

0072 侯煜

性　　别：男

出生年月：1962-08-01

民　　族：汉族

政治面貌：党员

职　　称：副高

学　　历：大学本科

所在单位：甘肃日报社

通讯地址：兰州市白银路 123 号

成　　就：从事新闻工作 31 年，获得省部级以上奖励 20 多次，并有多篇作品得到中宣部、省委宣传部好评。2005 年以来，采写了《古韵新律唱大风》等一批获得广泛好评的稿件，撰写的通讯、评论、论文 5 次获省部级新闻奖。2007 年，担任第一执笔人的节能减排系列评论见报后，中宣部新闻局《新闻阅评》给予高度评价，并获 2007 年度甘肃新闻奖一等奖。近些年来，编辑的新闻稿件和负责的专栏 13 次获省部级以上新闻奖。2007 年，编辑的评论《始终想到“最低”处》获第十八届中国新闻奖报纸评论二等奖。撰写的多篇新闻学术论文在国家级刊物发表。2010 年主持完成省社科项目《新闻评论与舆论引导研究》，其成果之一《新闻评论与舆论引导能力分析》获 2010 年度甘肃新闻奖一等奖。2013 年入选甘肃省宣传文化系统“四个一批”人才。

简　　介：1984 年 7 月大学毕业分配至甘肃日报社工作，先后在甘肃农民报、甘肃日报社记者部、要闻部、编报室、文教部、农村部、评论部工作，曾任编报室、文教部副主任，农村部、评论部主任，现任甘肃日报社总编室主任。

0073 尚德琪

性　　别：男

出生年月：1963-11-01

民　　族：汉族

政治面貌：党员

职　　称：副高

学　　历：大学本科

所在单位：甘肃日报社

通讯地址：兰州市白银路 123 号

成　　就：新闻评论《微笑，并保持微笑》获第十四届（2003 年度）中国新闻奖一等奖；新闻评论《始终想到“最低”处》获第十八届（2007 年度）中国新闻奖二等奖；新闻评论《养活自己是就业第一义》获第二十届（2009 年）中国新闻奖二等奖；消息《环县山羊不上山》获中国新闻奖三等奖。从事新闻工作以来，先后在《人民日报》《中国青年报》等报刊发表新闻评论数百篇，新闻作品先后 10 多次获甘肃省新闻奖，四次获中国新闻奖。在《中国记者》《新闻战线》等国级专业刊物发表新闻论文 20 多篇；出版《影响力》《表达》两部专著。2005 年，获甘肃省十佳新闻工作者称号；2007 年，获全国优秀新闻工作者称号；2014 年，获甘肃双十佳称号。

简　　介：1982 年 7 月至 1994 年 4 月，在

环县一中当老师；1994年5月至1996年6月，在陇东报社当记者；1996年7月，调入甘肃日报社当记者，现任甘肃日报社文教部主任。甘肃省领军人才（第一层次），全国新闻出版行业领军人才，享受国务院特殊津贴。

0074 白瑞新

性　　别：男
出生年月：1970-04-08
民　　族：汉族
政治面貌：党员
职　　称：副高
学　　历：大学本科
所在单位：甘肃省广电总台
通讯地址：兰州市城关区张苏滩561号
成　　就：从业以来，先后在电视新闻中心、卫视频道、总编室、党政办公室担任主要负责人。采写了大量新闻报道及评论，《黄土地的希望》等20多篇作品获得国家及省级奖励。担纲起草了《总台进一步深化改革总体方案》等大量纲领性文件。
简　　介：1995年毕业于中国传媒大学。先后在原甘肃电视台新闻部担任记者、副制片人、制片人。总台成立后先后担任卫视频道副总监、总监、总编室主任、党政办公室主任。

0075 王龙军

性　　别：男
出生年月：1955-12-01
民　　族：汉族
政治面貌：党员
职　　称：副高
学　　历：大学专科
所在单位：甘肃省广电总台
通讯地址：兰州市城关区张苏滩561号
成　　就：1977年从事电视新闻工作以来，采访报道新闻近万篇，专题30多部，荣获“中国新闻奖”在内的全国、全省新闻奖项50多项，其中全国一等奖8项。1995年被评为“全省十佳新闻工作者”，其后又陆续荣获“全国广电系统先进个人”“全国百佳新闻工作者”“全省宣传文化系统拔尖创新人才”“全省优秀专家”“甘肃省领军人才第一层次人选”“全省宣传系统抗震救灾先进个人”等荣誉称号。
简　　介：1977年到甘肃电视台从事新闻工作；1999年担任甘肃电视台新闻部副主任；2005年—2010年担任甘肃广电总台电视新闻中心主任。

0076 张建伟

性　　别：男
出生年月：1957-04-01
民　　族：汉族
政治面貌：党员
职　　称：副高
学　　历：大学本科
所在单位：甘肃日报社
通讯地址：兰州市白银路123号
成　　就：2007年调任甘肃日报社副总编辑期间，主要分管摄影部、出版部、每日甘肃网站、技术处等部门工作，在社委会的正确领导下，自觉服务全省工作大局，不断加强和改进新闻宣传工作，努力提高办报质量，充分发挥报纸宣传工作在全省工作大局中的舆论引导作用。目前在全国省级党报中，《甘肃日报》扩至16版后，已经进入全国省级党报前15名，加上全彩印刷和瘦报报型，以及内容质量等综合指标，已进入全国前10名。2011年，提出并起草了《甘肃日报前60年报纸数字化项目整体方案》，已上报省委待批准落实。2012年被省委省政府评为甘肃省优秀专家，2013年获甘肃省“四个一批”人才，获2014年度甘肃省宣传文化系统高层次人才项目资助。从事新闻研究管理工作30年，在中央媒体及国家级、省级媒体和刊物播出发表作品论文百篇，获奖30多项，出版专著4部，在中国传媒大学及一所省级高校担任客座教授，担任中国新闻摄影学会常务理事。

简　　介：现任甘肃日报社社委会成员、副总编辑。曾任兰州电视台、兰州人民广播电台副台长，甘肃电视台专题部主任，甘肃电视台都市频道、文化影视频道总监、总编辑；甘肃有线电视台台长、总编辑，甘肃广播电影电视总台副总编辑。

0077 周玉兰

性　　别：女
出生年月：1966-04-20
民　　族：汉族
政治面貌：党员
职　　称：副高
学　　历：大学本科
所在单位：甘肃日报
通讯地址：兰州市白银路123号
成　　就：从业20多年来，热爱新闻工作，获得业内好评，大量作品获全省好新闻和全国都市类报刊好新闻奖。多次被评为甘肃日报先进个人和优秀共产党员、甘肃日报舟曲抢险救灾新闻宣传报道先进个人，先后荣获甘肃省妇联授予的“甘肃省三八红旗手”荣誉称号，省委宣传部等六部门授予的“甘肃省新闻站线走、转、改活动先进个人”荣誉称号。
简　　介：1988年毕业于复旦大学，同年进入甘肃日报社，先后任甘肃日报社记者、编辑，兰州晨报副总编，甘肃日报机动部主任，西部商报社总编。作为管理者，参与了《兰州晨报》的创办，制定并完善了《兰州晨报》《西部商报》各项编采管理办法，组建了甘肃日报社突发新闻应急小组，使《甘肃日报》在重大突发事件中的应急报道能力得到了提升。

0078 薛业鸣

性　　别：男
出生年月：1961-06-01
民　　族：汉族
政治面貌：党员
职　　称：副高
学　　历：大学本科
所在单位：甘肃日报社
通讯地址：甘肃省兰州市白银路123号
成　　就：创建每日甘肃网站，并一直担任负责人。先后在省级以上媒体和会议上发表和宣读了有关网络及新媒体方面的10多篇论文。2005年5月，在甘肃省第三届宣传部长论坛上作了《网络媒体构建和谐社会道德基础的责任与义务》的演讲，受到评委和各级领导的好评。2006年10月，在甘肃省互联网协会举行的“通信和互联网为新农村建设服务”论坛上，论文《发挥新闻网站优势积极服务新农村建设》获奖，并进行了交流发言。2007年，论文《手机报：趋势与实践》被收入全国新闻系统非常权威的《中国新闻年鉴》一书中。论文《手机报内容编辑的实践与探索》被收入《中国网络文化发展研究》一书。
简　　介：1977年2月至1978年2月，在甘肃省夏河县插队；1978年3月至1980年1月，考入地矿部张家口地质学校并如期毕业；1982年至1989年1月，《甘南日报》记者、编辑；1989年2月至1992年6月，在甘南州政府研究室工作；1992年6月至1996年2月，在《甘肃日报》甘南记者站任记者；1996年2月至1999年5月，在甘肃日报记者部、政理部、总编室工作；1998年

3 月任总编室副主任；1999 年 5 月至 2014 年 8 月，创办每日甘肃网，并任负责人；曾任甘肃省青年联合会第五届、第六届委员，现为甘肃省互联网协会常务理事和甘肃省电信委员会委员。

0079 邱暄美

性　　别：男

出生年月：1969-11-08

民　　族：汉族

政治面貌：党员

职　　称：副高

学　　历：大学本科

所在单位：甘肃日报社

通讯地址：兰州市白银路 123 号人事处

成　　就：邱暄美同志一直工作在新闻采编一线，长期负责甘肃日报理论评论和时政新闻报道，较好地完成了历年党的全国代表大会、省党代会、全国和省“两会”及省委、省人大常委会、省政府、省政协等重要会议，党和国家领导人来甘及省领导调研考察活动的报道及部队政法、民族宗教等方面的报道任务。评论文章和新闻作品获中国新闻奖 2 次，甘肃新闻奖等 20 余次。所负责新闻评论专栏《兰山论语》，获评第一届“中国新闻名专栏”；所负责时政部获“全国新闻工作先进集体”称号；个人首批入选“甘肃省领军人才”、甘肃省“555 创新人才”、“全省宣传文化系统创新拔尖人才”（全省宣传文化系统“四个一批”人才）、甘肃省“十佳新闻工作者”，并入选全国新闻出版行业领军人才。

简　　介：1992 年兰州大学新闻系毕业后，长期在甘肃日报社从事新闻采编工作，历任甘肃日报言论组组长、政治理论部副主任、社会新闻部主任、时政部主任，现任甘肃日报时政部主任、人事处处长。其间，2006 年 7 月—2007 年 7 月，任省委宣传部新闻协调小组组长；2008 年 7 月—2010 年 12 月挂职任碌曲县委常委、副县长。

0080 张国华

性　　别：男

出生年月：1965-12-01

民　　族：汉族

政治面貌：党员

职　　称：副高

学　　历：大学本科

所在单位：甘肃日报社评论部

通讯地址：兰州市白银路 123 号

成　　就：采写了大量反映甘肃经济社会建设的报道，多次获得甘肃好新闻一等奖和中国新闻奖，被评为全省“十佳”新闻工作者和“全国百佳新闻工作者”，并入选甘肃省“555 创新人才工程”第二层次人选和甘肃省宣传系统“四个一批”人才。现负责甘肃日报理论版和评论版的编辑，并参与编辑出版《甘肃日报评论集》。

简　　介：1989 年于兰州大学新闻系毕业后，到甘肃日报社工作。曾担任甘肃日报社农村部副主任、甘肃日报社总编助理、兰州晨报总编辑、甘肃日报社总编办主任。现任甘肃日报社评论部主任。

0081 久喜佳

性　　别：男

出生年月：1959-03-01

民　　族：藏族

政治面貌：党员

职　　称：副高

学　　历：大学专科

所在单位：甘肃省广电总台

通讯地址：兰州市城关区张苏滩 561 号

成　　就：从事广播电视新闻工作近 30 年

来，先后主创、主持、策划、参与的节目栏目有6件获中国新闻奖，20多件新闻作品获省部级以上一等奖奖项；2006年获范长江新闻奖；2008年被国家人事部、广电总局授予全国广电系统先进工作者，被省委授予全省领导干部作风建设先进个人；获得甘肃省宣传文化系统“四个一批”人才荣誉；2010年9月被省上任命为总台副台长以来，主持参与完成了玉树地震、舟曲8.8泥石流、7.22岷县漳县地震直播报道，分管的广播电视新闻节目的影响力不断增强，收视率大大提高，受到省上领导和受众的好评。

简　　介：1985年11月至1994年8月，甘肃人民广播电台记者；1994年9月至2005年2月，任甘肃人民广播电台新闻部副主任、主任；2005年3月至2009年12月，任省广电总台广播新闻中心主任；2010年1月至9月，任总编室主任；2010年9月至今，任总台副台长。

0082 李胜利

性　　别：男

出生年月：1969-04-28

民　　族：汉族

政治面貌：党员

职　　称：副高

学　　历：博士研究生

所在单位：兰州文理学院新闻传播学院

通讯地址：兰州市城关区北面滩400号

成　　就：主持甘肃省社科基金、甘肃省高校社科基金、兰州市社科基金、西北大学科研基金各1项。发表论文10余篇，其中CSSCI论文5篇，权威刊物论文1篇。参编著作3部。获得甘肃省高校社科奖三等奖1项。

简　　介：兰州文理学院副教授，中国审美文化专业博士，文艺学硕士。西北民族大学马家窑文化研究院特聘教授。中国社会科学院文学研究所高级访问学者。甘肃省美学研究会常务理事，甘肃省中学语文研究会常务理事。主要研究方为文化审美、文化产业与文艺理论。

0083 杨德灵

性　　别：男

出生年月：1966-07-01

民　　族：汉族

政治面貌：党员

职　　称：副高

学　　历：大学本科

所在单位：甘肃广电总台

通讯地址：兰州市城关区张苏滩561号

成　　就：主创的节目、项目和论文获中国新闻奖5次、省级和全国奖70多次；首创《今日聚焦》《资讯大联播》《百姓有话说》《大话西北菜》等10多个电视栏目，策划实施《新春走河西》《中华情——绚丽甘肃》《凤凰卫视——走遍甘肃》等多项重大电视活动或重要节目；研发推出《全时段电视新闻资讯游动字幕系统》等多项科技成果。获“中国十大民生影响力电视媒体策划人”“甘肃省十佳新闻工作者”等称号，并获甘肃省五四青年奖章。

简　　介：毕业于北京广播学院（现中国传媒大学）电视新闻专业。高级记者，甘肃广电总台电视新闻中心主任，甘肃省“四个一批”专家，兼任中国广播电视协会学术委员会委员、省青联常委副秘书长。

0084 常晓丹

性　　别：女

出生年月：1970-10-01

民　　族：汉族

政治面貌：党员

职　　称：副高

学　　历：大学本科
所在单位：甘肃广电总台
通讯地址：兰州市城关区张苏滩 561 号
成　　就：2006 年 11 月，荣获中国播音主持界最高荣誉——“金话筒”奖十佳播音主持作品奖，成为甘肃省历史上第一位荣获“金话筒”奖的播音员主持人，实现了甘肃省广电系统“金话筒”大奖零的突破。2011 年晋升播音主持系列正高职称“播音指导”，实现甘肃省播音主持序列正高职称零的突破，也是迄今为止全省唯一的播音指导。
简　　介：1993 年 6 月毕业于西北师范大学中文系。曾荣获甘肃人民广播电台先进工作者、甘肃省广播电影电视局先进工作者、甘肃省广播电影电视局“优秀共产党员”荣誉称号，1999 年被甘肃省委、省政府授予“甘肃省劳动模范”光荣称号。1995 年、1997 年、2003 年三次获得“全国百优主持人”称号。2005 年入选甘肃省宣传文化系统拔尖创新人才，2006 年入选甘肃省 555 创新人才工程。2009 年荣获“甘肃省优秀青年”“甘肃省三八红旗手”荣誉称号；2010 年入选甘肃省第一层次领军人才；2011 年荣获“全国三八红旗手”荣誉称号；2012 年入选甘肃省宣传文化系统“四个一批”人才；2013 年入选甘肃广电总台十大播音员主持人；2014 年荣获“甘肃省德艺双馨文艺工作者”荣誉称号。

0085 韩凤彪

性　　别：男
出生年月：1966-01-01
民　　族：汉族
政治面貌：党员
职　　称：副高
学　　历：大学本科
所在单位：甘肃日报
通讯地址：甘肃省兰州市白银路 123 号
成　　就：1992 年，当选“全省十佳优秀青年记者”，并获得“新长征突击手”称号。2001 年 10 月，当选甘肃省优秀青年。2011 年荣获“甘肃省优秀新闻工作者”称号。2012 年入选甘肃省宣传文化系统“四个一批”人才。
简　　介：1989 年兰州大学新闻系毕业进入甘肃日报社，先后在印刷厂、记者部、临夏记者站、政治理论部工作；1995 年，任工交财贸部副主任；2000 年，任甘肃日报总编辑助理；2006 年至 2009 年，担任甘肃日报总编辑助理兼子报刊管理办公室主任；2009 年至 2013 年担任甘肃经济日报总编辑。

0086 马克利

性　　别：男
出生年月：1958-07-01
民　　族：回族
政治面貌：党员
职　　称：副高
学　　历：大学本科
所在单位：甘肃日报社
通讯地址：兰州市城关区白银路 123 号
成　　就：获中国新闻奖三等奖，甘肃新闻奖一等奖，全国党报好新闻一等奖。1998 年获韬奋新闻提名奖，2010 年被评为全国新闻出版系统“三个一百”优秀人物。著作有：《5·12 地震在陇南》《克利风景》《荒漠清流：石羊河的咏叹》，参编《江河为证》。
简　　介：毕业于宁夏大学中文系，现为甘肃日报社总编辑；1995 任甘肃日报专刊部副主任；1996 年负责创办兰州晨报，1999 年任兰州晨报社总编辑；2001 年任甘肃日报社副总编辑；2009 年任甘肃日报社总编辑。

0087 王崇斌

性　　别：男

出生年月：1968-07-01
民　　族：汉族
政治面貌：党员
职　　称：副高
学　　历：大学本科
所在单位：兰州市广播电视总台
通讯地址：兰州市庆阳路92号
成　　就：在长期的新闻采编和管理实践中，取得了优异的工作业绩，主创的作品获得省级一等奖以上的有10多件，涵盖了电视新闻宣传的各个门类，其中连续报道《宝石骗局梦断金城》获中国广播电视奖二等奖，《科技生活》节目获全国优秀电视科技节目三等奖。撰写多篇论文在专业刊物发表，担任《城市电视新闻现状与走向》一书副主编。参与组建兰州公共频道并搭建完成频道节目架构，在新闻综合频道担任总监期间不断丰富完善节目类型，《兰州零距离》栏目获全国广播影视系统先进集体和全国"民生影响力"60强栏目，频道分别被授予全国广播电视民生影响力调查30强和10强媒体。
简　　介：1991年7月毕业于北京广播学院，先后在兰州电视台总编室、新闻部、新闻评论部、公共频道、新闻综合频道工作，历任编辑、记者、责任编辑、节目主编、制片人、部门主任、频道总监、总台长助理等职，现为兰州市广播电视总台党委委员、副总台长。

0088 张丽洁

性　　别：女
出生年月：1968-09-21
民　　族：汉族
政治面貌：党员
职　　称：副高
学　　历：博士研究生
所在单位：兰州大学新闻与传播学院
通讯地址：兰州大学新闻与传播学院
成　　就：《试论民间跨文化传播对少数民族文化保护的启示》等多篇论文发表，参与多个社科项目。

0089 张硕勋

性　　别：男
出生年月：1972-06-15
民　　族：汉族
政治面貌：党员
职　　称：副高
学　　历：博士研究生
所在单位：兰州大学新闻与传播学院
通讯地址：兰州大学新闻与传播学院
成　　就：《多媒体传播视阈下甘南藏区大众媒介传播格局的嬗变》等多篇论文发表，参与多个社科项目。

0090 周尚业

性　　别：男
出生年月：1966-04-01
民　　族：汉族
政治面貌：党员
职　　称：副高
学　　历：大学本科
所在单位：甘肃省广电总台
通讯地址：兰州市高新区张苏滩561号
成　　就：作品《21张火车票，敦煌全城找主人》获第二十四届中国新闻奖二等奖。作品《"舟曲一周年"直播》获得2010年中国新闻奖二等奖。作品《特别的牵挂深情的嘱托——温家宝总理视察甘肃纪行》获得2011年中国广播电视大奖提名奖。作品《兰州一小区遭遇山体滑坡发现遇难者遗体》获得2011年中国广播电视大奖提名奖。作品《而今迈步从头越》获得中国广播影视奖二等奖。作品《甘肃民勤：青土湖重现生机石羊河治理见成效》《舟曲：亮出党员身份打出先锋旗帜》获宣传甘肃好新闻奖。《温家宝参加甘肃代表团审议》等近20件作品获得甘肃省新闻奖、甘肃广播影视奖一等奖。2009年荣获“全国优秀新闻工作者”称号。2010年被国家广电总局评为“全国广播影视系统2006—2010年法制宣传教育先进个人”。被甘肃省人民政府评为“2008年北京奥运会火炬接力甘肃省传递先进个人”。
简　　介：长期在省级电视新闻宣传岗位上从事新闻采编工作，为高级记者。长期担任甘肃省广播电影电视台新闻部主任，现任甘肃省广播电影电视总台总编室主任。

0091 王芳

性　　别：女
出生年月：1972-08-14
民　　族：汉族
政治面貌：群众
职　　称：副高
学　　历：博士研究生
所在单位：兰州大学新闻与传播学院
通讯地址：兰州大学新闻与传播学院
成　　就：《危机传播经典案例透析》多部专著出版，参与多个社科项目。

0092 李惠民

性　　别：男
出生年月：1961-09-04
民　　族：汉族
政治面貌：党员
职　　称：副高
学　　历：硕士研究生
所在单位：兰州大学新闻与传播学院
通讯地址：兰州大学新闻与传播学院
成　　就：参与策划多项社会服务课题，多篇论文发表。

0093 柳廷信

性　　别：男
出生年月：1953-12-01
民　　族：汉族
政治面貌：党员
职　　称：副高
学　　历：大学本科
所在单位：甘肃广电总台
通讯地址：兰州市东岗西路276号
成　　就：多件原创音乐作品被新华出版社、中国唱片社、中国国际音像出版社、上海文艺出版社，以及中央电台、中央电视台、中国国际台等出版发行（播出），并在全国获得佳作奖、铜奖、创作奖，在省内获得敦煌文艺奖一等奖、五个一工程奖、文化产业博览会金奖等。多件采编录制类节目，在全国获得政府一等奖、三等奖、金奖、铜奖等。在省内获得一等奖、二等奖、三等奖等。国务院特殊津贴享受者。国家广电部、人事部表彰的“全国广播电影电视系统先进工作者”；甘肃省委、省政府授予“首届甘肃省宣传文化系统拔尖创新人才”称号。
简　　介：现任甘肃广电总台艺术总监、高级编辑、中国音乐家协会会员，全国影视频道委员会副主任。1970年10月从事专业音乐工作，1982年元月（77届）毕业于西北师大音乐系理论作曲专业。1987年5月受组织选派，入中央人民广播电台进修音响导演5个月，师从我国首批留德专家何善昭、曾昭玢等。1992年结业于德国专家米勒（Muller）音响导演培训班。

0094 王君玲

性　　别：女
出生年月：1976-08-22
民　　族：汉族
政治面貌：党员

职　　称：副高
学　　历：博士研究生
所在单位：兰州大学新闻与传播学院
通讯地址：兰州大学新闻与传播学院
成　　就：发表多篇论文，参与多个社科项目。

0095 李晓灵

性　　别：男
出生年月：1971-11-20
民　　族：汉族
政治面貌：党员
职　　称：副高
学　　历：博士研究生
所在单位：兰州大学新闻与传播学院
通讯地址：兰州大学新闻与传播学院
成　　就：发表《延安〈解放日报〉的传播特色及其现代意义》等多篇论文，参与多个社科项目。

0096 陈新民

性　　别：男
出生年月：1967-07-01
民　　族：汉族
政治面貌：党员
职　　称：副高
学　　历：硕士研究生
所在单位：兰州大学新闻与传播学院
通讯地址：兰州大学新闻与传播学院
成　　就：获省级教学成果奖，发表《奥运冠军“平民英雄”形象的叙事学分析》等多篇论文。

0097 李曦珍

性　　别：男
出生年月：1965-05-05
民　　族：汉族
政治面貌：党员
职　　称：副高
学　　历：博士研究生
所在单位：兰州大学新闻与传播学院
通讯地址：兰州大学新闻与传播学院
成　　就：获得多次省部级奖励，发表《传播之“路”上的媒介技术进化与媒介形态演变》等多篇论文，参与多个社科项目。

0098 马添翼

性　　别：男
出生年月：1970-10-02
民　　族：满族
政治面貌：党员
职　　称：副高
学　　历：大学本科
所在单位：兰州日报社
通讯地址：兰州市高新区雁南路 299 号
成　　就：能够独当一面地策划、组织大型报道。采编作品获得各类专业评奖 3 次以上。
简　　介：从事新闻工作已有 20 个年头，在这 20 年中一直工作在采编一线，从一名普通记者到部门负责人，本人一直能坚持党的新闻工作纪律，在政治思想和业务能力上严格要求自己。在 20 年的从业经历中未发生重大政治性差错，所采写的新闻作品和编辑的版面多次在甘肃省及国家各类新闻评奖中获得奖项，为省市重大中心工作和重要决策配发过近百篇评论员文章及社论。

0099 郑鸥

性　　别：男
出生年月：1954-12-01
民　　族：汉族
政治面貌：党员
职　　称：副高
学　　历：大学本科

所在单位：兰州广播电视传播中心
通讯地址：兰州市庆阳路 92 号
成　　就：正二级摄像师

0100 肖兴吉

性　　别：男
出生年月：1963-06-21
民　　族：汉族
政治面貌：党员
职　　称：副高
学　　历：大学本科
所在单位：兰州日报社
通讯地址：兰州市高新区雁南路 299 号
成　　就：2005、2006 年连续两次获甘肃新闻一等奖；著有《带着感恩的心工作》《名人笔下的兰州》《兰州通》等。
简　　介：1985 年毕业于兰州大学历史系，任市委宣传部干事、甘肃日报驻兰记者；1995 年任兰州日报群工部副主任；1996 年任周末编辑室副主任；2002 年任党政部主任；2005 年任评论部主任；2011 年任总编助理；2013 年任兰州日报副总编辑。

0101 杨玲

性　　别：女
出生年月：1970-12-15
民　　族：回族
政治面貌：党员
职　　称：副高
学　　历：大学本科
所在单位：兰州日报社
通讯地址：兰州市高新区雁南路 299 号
成　　就：1998 年至 2007 年，承担兰州日报时政新闻采写工作，并担任兰州日报驻市委首席记者，作品《总理喜看两山绿》等获甘肃新闻奖、中国地市报好新闻奖等奖项；2008 年至今，担任兰州日报时政新闻部主任，主持时政新闻部各项工作，所编辑稿件《带走悲伤的十只蝴蝶》《一个双联干部的一天》等分别获甘肃新闻奖、中国地市报好新闻奖等奖项。具有较为扎实的语言文字功底和文字处理能力，谙熟时政新闻的采写，擅长各类新闻和评论的写作。曾荣获兰州市优秀新闻工作者、兰州市创建全国文明城市先进个人，兰州市保护妇女儿童权益先进个人等荣誉。当选兰州市第十二届党代表。
简　　介：1989 年 9 月—1993 年 6 月就读西北师范大学中文系汉语言文学专业；1993 年 8 月至今，在兰州日报从事新闻采编工作；2000 年—2007 年担任兰州日报时政新闻部副主任兼驻市委首席记者；2008 年至今担任兰州日报时政新闻部主任。

0102 郭艳春

性　　别：女
出生年月：1965-05-18
民　　族：满族
政治面貌：群众
职　　称：副高
学　　历：大学本科
所在单位：兰州日报社
通讯地址：兰州市高新区雁南路 299 号
成　　就：采编作品获得各类专业评奖 3 次以上。
简　　介：1989 年毕业于四川大学新闻系新闻专业；2000 年获得主任记者任职资格；先后在兰州日报、兰州晚报做过记者、编辑；之后在都市天地报任采访中心副主任、出版中心副主任；后到兰州新闻网任副总编辑。

0103 齐蓉晖

性　　别：女
出生年月：1969-08-04
民　　族：汉族

政治面貌：群众
职　　称：副高
学　　历：大学本科
所在单位：兰州日报社
通讯地址：兰州市高新区雁南路 299 号
成　　就：《张掖路步行街纸上谈兵》获 2004 年甘肃新闻二等奖；《道不尽的养育恩》获 2000 年中国地市报女记者一等奖；获 2013 年度非公有制经济跨越发展先进个人。
简　　介：2004 年 12 月获得副高职称，2005 年被单位聘任。近几年，担任部门负责人后，工作的重心由台前转到幕后。

0104 窦泽中

性　　别：男
出生年月：1958-09-06
民　　族：汉族
政治面貌：党员
职　　称：副高
学　　历：大学本科
所在单位：兰州日报社
通讯地址：兰州市高新区雁南路 299 号
成　　就：获全国金银铜及省级奖 60 余项。“中国新闻摄影金鼎奖”“全国百佳新闻摄影记者”“中国优秀摄影家”。《走钢丝》《泽普姑娘》《大地》《温馨的小屋》《归来》等分别获得银奖、铜奖和二等奖、优秀奖、提名奖及媒体编辑银奖。由甘肃文化出版社和敦煌文化出版社出版发行有《中国向日葵》《太阳花的季节》等画册及诗图集。“全国抗震救灾优秀摄影家”和“全国抗灾救灾优秀摄影家”“甘肃省抗震救灾优秀共产党员”，省委宣传部、省委外宣办、省新闻出版局、省广播电影电视局和省新闻工作者协会等联合表彰为“先进个人”等。
简　　介：中国摄影家协会会员、中国城市报新闻摄影学会副秘书长、甘肃省摄影艺术家协会主席、兰州晚报图片总监、青少年摄影报社长等。

0105 周晓菲

性　　别：女
出生年月：1967-06-12
民　　族：汉族
政治面貌：党员
职　　称：副高
学　　历：大学本科
所在单位：兰州日报社
通讯地址：兰州市高新区雁南路 299 号
成　　就：从事新闻工作 10 余年来，采访、编辑、策划许多有影响的新闻稿件及活动，取得了较强的社会效应。所采访的稿件《爱心路上新婚夫妇受重伤（系列）》获 2012 年度赵超构新闻奖特等奖；《松软白馒头暗藏黑问题（系列报道）》获 2009 年度赵超构新闻奖一等奖；编辑稿件《大震之后，大熊猫可安好？》获 2008 年度赵超构新闻奖二等奖；此外还有不少稿件获甘肃省新闻奖三等奖。
简　　介：1989 年毕业于兰州大学历史系；1989 年至 1997 年工作于甘肃省飞天工贸总公司工作；1997 年调入兰州日报社；在兰州晚报编辑部多个部门从事记者、编辑工作。

0106 朱瑞平

性　　别：男
出生年月：1973-03-27
民　　族：汉族
政治面貌：群众
职　　称：副高
学　　历：研究生
所在单位：兰州日报社
通讯地址：兰州市高新区雁南路 299 号
成　　就：2002 年编辑的《兰州日报》一版

获甘肃新闻奖优秀奖；2003 年作品《74 岁老奶奶撑起一个家》获中国报业协会二等奖；2005 年编辑的《三十功名尘与土》获中国地市新闻奖二等奖；《洋葱土豆坐着专列去赶集》获中国地市新闻奖优秀标题奖；2009 年作品《珍惜湿地，呵护兰州绿肺》获中国地市新闻奖二等奖。

简　　介：1990 年以前在甘肃省镇原县上学；1994 年毕业于西北师范大学体育教育专业，本科学历；1994 年被分配到兰州日报社工作至今；2004 年毕业于兰州大学新闻与传播学院，研究生学历；2000 年被聘为兰州日报都市新闻部副主任至今。

0107 雷震

性　　别：男
出生年月：1971-09-17
民　　族：汉族
政治面貌：党员
职　　称：副高
学　　历：大学本科
所在单位：兰州日报社
通讯地址：兰州市高新区雁南路 299 号
成　　就：能够独当一面地策划、组织大型报道。采编作品获得各类专业评奖 3 次以上。
简　　介：1994—2000 年：兰州晚报经济部、党政部记者；2000—2003 年：兰州晚报经济部副主任；2003—2004 年：全省首批陇沪交流挂职活动，在新民晚报挂职经济部副主任。2004—2010 年：兰州晚报时政财经部主任。2011 年至今：兰州晚报总编辑助理。

0108 桑志华

性　　别：女
出生年月：1967-10-09
民　　族：汉族
政治面貌：党员
职　　称：副高
学　　历：大学本科
所在单位：兰州日报社
通讯地址：兰州市高新区雁南路 299 号
成　　就：2009 年在国家级刊物《报业之窗》第 25 期发表论文 1 篇；《怎样做好突发性灾难事件的新闻报道》在 2010 年省级刊物《甘肃报业》第 2 期发表；论文《浅谈新闻业态之浮躁症》2011 年在省级刊物《甘肃科技纵横》第 11 期发表。曾获中国城市党报编辑二等奖，在第八届中国地市报论文评选中获二等奖，在 2010 年度中国城市党报论文评选中获二等奖。
简　　介：1984 年 9 月参加工作，2002 年取得编辑任职资格，2011 年取得主任编辑任职资格。

0109 穆珺

性　　别：女
出生年月：1964-03-20
民　　族：汉族
政治面貌：党员
职　　称：副高
学　　历：大学本科
所在单位：兰州日报社
通讯地址：兰州市高新区雁南路 299 号
成　　就：专著《一株菩提》（民族出版社出版）；2009 年获甘肃新闻出版模范人物；通讯作品《本报牵线 800 年同根今朝连》荣获“2013 年中国新闻奖三等奖”、甘肃新闻奖一等奖、赵超构新闻奖三等奖。
简　　介：现任兰州日报社兰州晚报财经新闻部主任。1997 年晚报第一次公开招考时考入晚报，之前在兰州女子职业学校从事英语教学 12 年。2002 年，报社安排其至晚报发行部负责发行，创晚报零售总量历史新高；2004 年参与创建晚报新闻调查部。

0110 鄢冰

性　　别：男
出生年月：1969-06-01
民　　族：汉族
政治面貌：党员
职　　称：副高
学　　历：大学本科
所在单位：兰州市广播电视总台
通讯地址：兰州市庆阳路 92 号
成　　就：2012 年取得主任编辑任职资格。

0111 李小维

性　　别：男
出生年月：1967-01-01
民　　族：汉族
政治面貌：党员
职　　称：副高
学　　历：研究生
所在单位：兰州日报社
通讯地址：兰州市高新区雁南路 299 号
成　　就：《代表建议：对见义勇为立法》获第七届宣传人民代表大会制度好新闻一等奖；《甘洒热血铸金盾》获 1994 年度甘肃省报纸好新闻一等奖；《防盗门，真的防盗？》1998 年获第十二届中国地市报新闻奖二等奖；《谱写生命之歌》获中国报业协会城市党报分会 2002 年度通讯类二等奖；《文科女当家，理科男主宰》获 2003 年度第十八届中国地市报新闻奖消息类三等奖。
简　　介：1989 年 6 月毕业于兰州大学新闻系；1998 年至 2001 年，在兰州大学中文系现当代文学专业读研究生；1998 年在中国人民大学新闻学院“新闻高级研修班”进修；1989 年至 1993 年在《兰州晚报》任记者、编辑；1993 年至今，在《兰州日报》工作，历任党政评论部副主任、机动采访组组长，后在编委办从事审读工作。2001 年获评新闻副高级职称（主任记者）。

0112 蔡丹平

性　　别：男
出生年月：1971-02-16
民　　族：汉族
政治面貌：党员
职　　称：副高
学　　历：大学本科
所在单位：兰州日报社
通讯地址：兰州市高新区雁南路 299 号
成　　就：多次参与报社重大题材的策划、组织及报道工作，如连续四届的兰州国际马拉松赛特刊报道、2014 年第 23 届中国金鸡百花电影节特刊报道、2008 年北京奥运会火炬接力兰州传递特刊报道，以及第九届全国运动会和第四、五届全国城市运动会大型采访报道等；曾负责推出了《兰州日报》品牌栏目“党报热线进社区”；多次获评报社先进个人及优秀共产党员，2000 年获得“兰州市优秀新闻工作者”称号，2008 年被评为“北京奥运会火炬接力兰州传递工作先进个人”，2009 年被评为“市直机关优秀共产党员”及“兰州市未成年人思想道德建设工作先进工作者”；新闻作品曾多次获中国地市报、全国城市党报及甘肃省好新闻奖。在《城市党报研究》等刊物发表过多篇专业论文。
简　　介：1994 年毕业于吉林大学历史系，同年进入兰州日报社工作至今。在兰州日报编辑部一直从事采访及编辑等工作，先后在文教体卫部、都市新闻部、读者联络部、经济新闻部等部门就职，目前为文体专刊部主任。

0113 金延

性　　别：男
出生年月：1972-05-25

民　　族：汉族
政治面貌：党员
职　　称：副高
学　　历：大学本科
所在单位：兰州日报社
通讯地址：兰州市高新区雁南路 299 号
成　　就：在兰州日报文体部工作期间，多次获得省市新闻奖励，参与兰州日报持续 2 年的大型策划报道“文化名人访谈”，在社会上和新闻界引起强烈反响；在都市天地报任职主任和副总编期间，多次获得省市新闻奖励，并于 2003 年非典报道《我们在用自己的方式抗非》获得了中宣部和中华全国新闻工作者协会的新闻宣传优秀作品奖；在 2006—2007 年参与甘肃省委宣传部新闻协调小组（首次）工作，为以后的新闻协调工作打下了良好的基础。
简　　介：1994 年 7 月毕业于西北师范大学中文系，进入兰州日报社工作，在兰州日报时事文体部任编辑；2000 年 6 月进入都市天地报工作，先后任文体部主任，出版中心副主任、主任，总编助理，副总编；2006 年 7 月，受兰州日报社委派，参加甘肃省委宣传部首届新闻协调小组的工作，为期一年，工作结束后得到了省委领导和宣传部领导的高度评价；2007 年 12 月，在兰州日报社编辑委员会办公室任审读员至今。

0114 陈晓虹

性　　别：女
出生年月：1969-11-01
民　　族：回族
政治面貌：群众
职　　称：副高
学　　历：大学本科
所在单位：兰州市广播电视总台
通讯地址：兰州市庆阳路 92 号
成　　就：2009 年取得主任编辑职业资格。

0115 华维君

性　　别：男
出生年月：1957-06-08
民　　族：汉族
政治面貌：党员
职　　称：副高
学　　历：大学本科
所在单位：兰州日报社
通讯地址：兰州市高新区雁南路 299 号
成　　就：2004 年 11 月被兰州市人民政府聘请为兰州市语言文字专家组成员。2005 年，兰州日报社接受了国家语言文字委员会的验收，并被省语委指定为全省新闻行业的示范单位，综合考核全省第一。
简　　介：1976 年 9 月至 1978 年 8 月毕业于西北师范大学中文系；1978 年 9 月至 1980 年 1 月在兰州市第十五中学任高中语文教师；1980 年 2 月至 1982 年元月在兰州教师进修学院中文系进修；1982 年 2 月至 1984 年 11 月在安宁区政府城建办公室任秘书、主任。1984 年 12 月至 1993 年 5 月在兰州晚报任副刊与新闻评论编辑（1991 年 5 月至 1993 年 5 月挂任七里河崔家崖乡副乡长）；1993 年 6 月至 2004 年 12 月任兰州日报总编办主任、群工部主任、审督专员，2005 年元月至今任报社编委办副主任。期间曾任第八支部书记。

0116 赵亚兰

性　　别：女
出生年月：1973-03-20
民　　族：汉族
政治面貌：党员
职　　称：副高，
学　　历：大学本科

所在单位：兰州日报社
通讯地址：兰州市高新区雁南路 299 号
成　　就：参加工作以来，多次荣获甘肃好新闻、赵超构新闻奖等；荣获“兰州市青年岗位能手”“甘肃省青年岗位能手”称号。
简　　介：1995 年 6 月毕业于甘肃政法学院，10 月进入兰州晚报工作，在副刊部任编辑；1999 年 10 月年至 2001 年 7 月在文体部从事采编工作；2001 年 8 月至 2005 年 2 月在财经部任记者；2005 年 3 至 2011 年 5 月在时财中心任记者、副主任；2011 年 6 月至今在时政部任副主任。2004 年 4 月至 2012 年 5 月任兰州日报社团委书记。此外，2007 年 4 月至今任市直机关青联常委。

0117 白爱鸿

性　　别：女
出生年月：1966-10-08
民　　族：汉族
政治面貌：党员
职　　称：副高
学　　历：大学本科
所在单位：兰州日报社
通讯地址：兰州市高新区雁南路 299 号
成　　就：能够独当一面地策划、组织大型报道。采编作品获得各类专业评奖 3 次以上。

0118 马凤莲

性　　别：女
出生年月：1968-08-01
民　　族：回族
政治面貌：党员
职　　称：副高
学　　历：大学本科
所在单位：兰州日报社
通讯地址：兰州市高新区雁南路 299 号
成　　就：2003 年，全市先进工作者称号；2011 年，全市党史先进个人称号；2009 年，兰州日报先进工作者称号；论文《落地新闻与纸质媒体的生命力》获中国报业协会党报分会新闻论文一等奖；采写编辑的《金城古树名木处境不妙》获中国地市报新闻一等奖；采写的《兰州农民工“问政”道路越来越宽》获全市宣传政协工作好新闻一等奖；编辑作品《守住我们最后的田园》《住户未搬就拆楼》获甘肃新闻奖二、三等奖；所做新闻标题《行人“无畏”闯红灯　红绿信号干“瞪眼”》获中国报业协会党报分会新闻奖评选好标题奖。
简　　介：1989 年 9 月—1993 年 6 月就读于西北民族大学汉语言文学专业，毕业并获得文学学士学位；1993 年底，进入兰州日报编辑部工作至今（其中，1994—2004 年 12 月，在日报出版部从事编辑工作，长时间做一版编辑）；1999—2001 年就读于兰州大学中文系古典文学研究生班；2005 年元月—2008 年底，任日报都市新闻部副主任；2008 年初至今，任日报时政新闻部副主任。

0119 姚强

性　　别：男
出生年月：1971-03-01
民　　族：汉族
政治面貌：党员
职　　称：副高
学　　历：大学本科
所在单位：兰州市广播电视总台
通讯地址：兰州市庆阳路 92 号
成　　就：2009 年取得主任记者任职资格。

0120 雷力

性　　别：男
出生年月：1961-06-16
民　　族：汉族

政治面貌：党员
职　　称：副高
学　　历：大学本科
所在单位：兰州日报社
通讯地址：兰州市高新区雁南路 299 号
成　　就：1989 年在《兰州晚报》所发通讯《黄河少年》一稿，被评为甘肃省 1989 年度好新闻一等奖；1999 年在《兰州日报》所发通讯《甘露滋润乡亲心》一稿被评为 1999 年度甘肃新闻奖二等奖，2001 年在《兰州日报》所发通讯《大蛋糕与委屈奖》一稿被评为 2001 年度新闻奖二等奖。
简　　介：1988 年 6 月至 1993 年 6 月在《兰州晚报》驻兰州市城关区记者站任记者；1993 年 6 月至 1999 年 10 月在《兰州日报》党群政法部任记者；1999 年 10 月至 2005 年 2 月兰州日报社办公室副主任；2005 年 2 月至今任《兰州晚报》行政督导室审读员。

0121 严志武

性　　别：男
出生年月：1970-01-05
民　　族：汉族
政治面貌：党员
职　　称：副高
学　　历：大学本科
所在单位：兰州互联网新闻中心
通讯地址：兰州市中山路 46 号
成　　就：2010 年甘肃省新闻工作者协会颁发的甘肃新闻二等奖；2011 年中国晚报工作者协会荣获 2010 年度赵超构新闻二等奖；2014 年获第 23 届中国金鸡百花电影节微电影作品大赛优秀奖。
简　　介：自 1991 年 9 月至 1993 年 7 月在甘肃政法学院法律专业学习；1993 年 7 月至 1998 年 7 月在《兰州日报》党政部任记者；1998 年 7 月至 2002 年 9 月在《兰州日报》夜班部任编辑（其间：1999 年 9 月—2002 年 7 月在兰州大学法学专业学习）；2002 年 9 月至 2004 年 12 月在《兰州日报》社会新闻部任副主任；2004 年 12 月至 2007 年 12 月在《兰州晚报》社会新闻部任副主任；2007 年 12 月至 2011 年 4 月在《兰州晚报》任社会新闻中心主任；2011 年 4 月至 2011 年 9 月在《兰州晚报》任都市新闻部主任；2011 年 9 月至 2012 年 3 月在兰州互联网新闻中心任舆情部、评论部临时负责人；2012 年 3 月至今在兰州互联网新闻中心任副主任。

0122 朱智莉

性　　别：女
出生年月：1966-01-03
民　　族：汉族
政治面貌：党员
职　　称：副高
学　　历：大学本科
所在单位：兰州日报社
通讯地址：兰州市高新区雁南路 299 号
成　　就：从业 26 年来，采写了数千篇新闻报道；1998 年 12 月，大型报道《很多事没人干很多人没事干》荣获甘肃省再就业宣传战役优秀作品一等奖；1999 年 5 月，通讯《千里追鱼记》荣获 1998 年甘肃新闻奖报纸作品文字三等奖；1999 年 7 月，通讯《千里追鱼记》荣获中国晚协西北地区好新闻二等奖；2012 年 6 月，编辑的《晚报西部》荣获中国晚报优秀专栏奖二等奖；论文《提高新闻策划水平　增强报纸竞争能力》发表于 2001 年第 11 期《甘肃宣传》；论文《浅论报纸专刊》发表于 2001 年第 10 期《报业之窗》。
简　　介：1988 年 6 月开始从事新闻工作，在 26 年的新闻从业经历中，先后获得中国晚报工作者协会、甘肃新闻工作者协会、甘肃省委宣传部的奖励。

0123 黎晓春

性　　别：女
出生年月：1966-04-29
民　　族：汉族
政治面貌：党员
职　　称：副高
学　　历：大学本科
所在单位：兰州日报社
通讯地址：兰州市高新区雁南路 299 号
成　　就：从事新闻采编 20 多年，采写数十万字的稿件，编辑的《晚报西部》获中国晚报优秀专栏奖二等奖。参与主编《视觉》一书。多篇文章被选入不同专辑。
简　　介：主要从事文化新闻的采访与编辑。采访过国内外文学艺术等方面的许多名人名家，挖掘本地文化方面的多个深入的选题。编辑过的《晚报西部》2012 年 6 月获中国晚报工作者协会颁发的中国晚报专栏奖二等奖。参与主编了由甘肃敦煌文艺出版社出版的《视觉》一书。

0124 丁嵘

性　　别：男
出生年月：1970-01-01
民　　族：汉族
政治面貌：群众
职　　称：副高
学　　历：大学本科
所在单位：兰州市广播电视总台
通讯地址：兰州市庆阳路 92 号
成　　就：2010 年取得主任编辑任职资格。

0125 杨晓峰

性　　别：男
出生年月：1973-04-02
民　　族：汉族
政治面貌：党员
职　　称：副高
学　　历：大学本科
所在单位：兰州日报社
通讯地址：兰州市高新区雁南路 299 号
成　　就：从事新闻采编工作 19 年，其中在夜班岗位上工作 12 年。在《兰州晚报》等国内报刊发表新闻作品 200 篇（条）以上。在编辑岗位上，制作、签发的版面多次获全国新闻奖、甘肃省新闻奖、赵超构新闻奖。多次被市直机关工委、报社评为优秀党员和优秀党务工作者。2008 年 7 月被兰州市直机关工委评为“抗震救灾优秀共产党员”。
简　　介：现任兰州日报社兰州晚报行政督导中心主任。1995 年 6 月从兰州大学新闻与传播学系新闻学专业毕业，获“优秀毕业生”称号。被确定为甘肃省委组织部选调生。1995 年 8 月进入兰州晚报工作，历任兰州晚报专刊部编辑记者、新闻资源处理中心编辑、新闻资源处理中心副主任、编辑出版中心副主任等职。现担任兰州晚报党支部组织委员。2002 年 9 月至 2004 年 6 月，在兰州大学传播学专业研究生课程进修班学习，并于 2005 年 12 月以同等学力申请获得文学硕士学位。

0126 宁永馨

性　　别：男
出生年月：1969-06-07
民　　族：汉族
政治面貌：党员
职　　称：副高
学　　历：大学本科
所在单位：兰州日报社
通讯地址：兰州市高新区雁南路 299 号
成　　就：采写大量新闻稿，多次获奖。

简　　介：1989年毕业于兰州大学新闻系新闻专业，同年分配至兰州晚报编辑部任记者工作；1993年调至兰州日报夜班部工作，后任夜班部副主任；2006年调兰州晚报广告中心任副主任；2010年任主任；在其任职期间，兰州晚报广告创收连年创新高，为报社取得了良好的经济效益。

0127 郑波

性　　别：男
出生年月：1957-03-11
民　　族：汉族
政治面貌：党员
职　　称：副高
学　　历：大学本科
所在单位：兰州日报社
通讯地址：兰州市高新区雁南路299号
成　　就：新闻从业30余年，先后获中国地州市党报、甘肃省年度好新闻奖一、二、三等奖20余次。编著《新闻写作》《陇上红色之旅》等。
简　　介：1973.12于华池县一中高中部毕业后上山下乡；1974年参加工作，任职华池县广播站编辑；1984年调庆阳地区文化广播处工作任秘书；1985年调庆阳陇东报社工作任记者；1992年至1994年就读兰州大学新闻系，毕业获文学学士学位；1994年调兰州日报社工作至今。

0128 白爱鸿

性　　别：女
出生年月：1966-10-08
民　　族：汉族
政治面貌：党员
职　　称：副高
学　　历：大学本科
所在单位：兰州日报社
通讯地址：兰州市高新区雁南路299号
成　　就：获得省级以上奖项30多个。其中2007年9月16日《兰州日报》4版，获中国地方报新闻奖一等奖，2011年7月13日3版获中国地方报新闻奖二等奖，2010年4月5日4版、2012年8月16日13版获中国地方报新闻奖优秀奖。所编辑的稿件获中国地方报新闻奖一等奖2个、二等奖7个；中国城市党报新闻奖一等奖2个、二等奖4个；中国地方报群工作品二奖1个；甘肃省新闻奖二等奖3个以及数十个三等奖和优秀奖等。2000年、2003年、2013年被报社评为年度先进工作者。
简　　介：1988年进入兰州晚报从事新闻工作；1993年在兰州日报副刊部从事副刊编辑工作；1995年在日报周末部先后承担“都市生活”“社会纪实”“收藏”等专版编辑工作；2000年到日报夜班部从事“健康新闻”“旅游”“生活时代”“娱乐新闻”等5个专版的编辑工作，后因版面调整，成为社会新闻版编辑。2006年，在日报文体专刊中心，编辑“双休日阅读”版面；2012年6月因版面调整，编辑“政务”“悦读”周刊。

0129 余星远

性　　别：男
出生年月：1965-09-04
民　　族：汉族
政治面貌：党员
职　　称：副高
学　　历：大学本科
所在单位：兰州日报社
通讯地址：兰州市高新区雁南路299号
成　　就：能够独当一面地策划、组织大型报道。采编作品获得各类专业评奖3次以上。
简　　介：1984年毕业于兰州一中，同年考入兰州大学新闻学系；1988年7月本科毕业分配至兰州晚报通联部工作；1993 年在兰州晚报文体部担任记者；2000 年 8 月担任兰州日报社中学生导报广告发行部主任；2001 年担任中学生导报副总编。

0130 陈静

性　　别：女
出生年月：1962-10-19
民　　族：汉族
政治面貌：群众
职　　称：副高
学　　历：大学本科
所在单位：兰州日报社
通讯地址：兰州市高新区雁南路 299 号
成　　就：1995 年编辑的《黄河源头有三热》获当年全国期刊（报纸类）标题三等奖；2009 年编辑的《冬季赛瓜会》获甘肃好新闻三等奖；2007 年《广武门派出所“冬眠”引发群众非议》获赵超构新闻一等奖。
简　　介：1984 年至 1989 年在团省委《青年晚报》《甘肃团讯》任编辑记者；1990 年至 1996 年在兰州房地产管理局房地产经营公司任秘书并编辑《经管与探索》；1997 年至今在兰州晚报任记者编辑。

0131 韩燕琪

性　　别：女
出生年月：1963-10-20
民　　族：汉族
政治面貌：党员
职　　称：副高
学　　历：大学本科
所在单位：兰州日报社
通讯地址：兰州市高新区雁南路 299 号
成　　就：曾从事 15 年一线新闻记者工作，写过大量反映社会发展与变革的文章。后带领兰州日报社子报“中学生导报”走过了 14 年改革发展的道路。
简　　介：1985 年—2000 年任兰州晚报新闻部记者、副主任；2000 年—至今，任“中学生导报“总编辑。

0132 丁力

性　　别：男
出生年月：1958-06-06
民　　族：汉族
政治面貌：党员
职　　称：副高
学　　历：大学本科
所在单位：兰州日报社
通讯地址：兰州市高新区雁南路 299 号
成　　就：采写的《危险化学品离我们有多远》获 2005 年度全国城市报纸舆论监督好新闻三等奖；《白色垃圾“悄悄”进村》获二十届中国地市报新闻一等奖；《上桥不容易，下桥更难心》获二十届中国地市报新闻三等奖。
简　　介：1976 年 3 月参加工作。曾经插过队、作过老师，后任市委宣传部干部、兰州日报副总编辑、兰州日报社副社长。

0133 朱艳君

性　　别：女
出生年月：1977-11-06
民　　族：汉族
政治面貌：党员
职　　称：副高
学　　历：大学本科
所在单位：兰州职业技术学院
通讯地址：兰州市安宁区刘沙公路 37 号
成　　就：国家级普通话水平测试员，全国青少儿播音主持专业等级考试测评师，全国青少儿播音主持专业等级考试基础阶培训师。普通话水平一级乙等，并取得广播电视播音员主持人资格考试合格证。多次参加社会各界朗诵主持比赛，曾在全省“雅言经典·中华诗文诵读比赛”中荣获大中专学校教师组优秀奖，荣获“未来星主播”甘肃省首届青少年电视主持人大赛优秀评委奖等。

简　　介：2001 年 6 月毕业于西北师范大学汉语言文学专业，取得学士学位；2003 年 9 月至 2005 年 7 月在兰州大学中国现当代文学专业研究生课程进修班学习；2012 年 9 月至 2013 年 6 月在中国传媒大学 2012 级播音与主持一年制课程班学习。工作期间，积极参加社会各界活动，努力学习，提升自身专业素养。

0134 张俐

性　　别：女

出生年月：1960-07-10

民　　族：汉族

政治面貌：党员

职　　称：副高

学　　历：大学本科

所在单位：甘肃政法学院

通讯地址：甘肃省兰州市安宁西路 6 号

成　　就：在新闻工作岗位上，写下了百万余字的新闻作品，其中数十篇新闻作品获得“中国晚报协会好新闻”一、二等奖，“甘肃省好新闻”一、二等奖。曾历任《兰州晚报》新闻资源处理中心主任、经济部主任，《兰州日报》财经新闻中心主任等职务。在新闻采访、写作、编辑、报纸飞腾排版、活动策划等方面有着丰富的新闻实践经验。现为兰州市作家协会会员。出版过诗歌《放飞心灵》等作品集，报告文学《热能》被收编于新华出版社系列丛书《经纬风流》中。曾是兰州市政协第十届、第十一届、第十二届委员。2007 年 7 月正式调入甘肃政法学院工作，主讲《新闻采访学》《基础新闻写作》《深度报道》《新闻报道策划》《专题新闻报道》《媒校联合实践》《演讲与口才》等多门主干课程和通识课程；主持修定了新闻教学计划及相应的教学大纲。

简　　介：西北师范大学毕业，文学学士学位；从事新闻工作 23 年，曾获得“甘肃省优秀青年记者”称号，主任记者职称；2007 年 7 月正式调入甘肃政法学院工作；现为甘肃政法学院新闻系主任、新闻教研室主任。

0135 石蓉蓉

性　　别：女

出生年月：1980-04-23

民　　族：汉族

政治面貌：党员

职　　称：副高

学　　历：博士研究生

所在单位：兰州商学院商务传媒学院

通讯地址：兰州市和平镇薇乐大道 4 号

成　　就：主要研究方向为政治传播、文化传播，2008 年起至今在核心期刊上发表论文 5 篇。代表性论文：2008 年在 CSSCI 核心期刊《新闻界》第 4 期发表文章《从长尾理论看网络广告》；2009 年在 CSSCI 核心期刊《新闻界》第 5 期发表文章《植入式广告与拟态环境的营造》；2011 年 4 月在 CSSCI 来源核心期刊《理论学刊》第 4 期上发表文章《李斯政治思想之解读》；2011 年在 CSSCI 来源核心期刊《国家行政学院学报》第 2 期上发表文章《政治文化视野中的基层政权运作探析》；2012 年 7 月在 CSSCI 来源核心期刊《甘肃社会科学》第 4 期上发表文章《明太祖教化思想的民间实践》。主要讲授课程传播学概论、市场调查、编辑理论与实务等。

简　　介：1998 年 9 月—2003 年 6 月就读于兰州大学新闻与传播学系新闻学专业；2003 年 9 月—2006 年 6 月就读于兰州大学

新闻与传播学院传播学专业；2006 年 7 月—2010 年 6 月就职于兰州商学院商务传媒学院讲师；2010 年 9 月—2013 年 6 月就读于南开大学周恩来政府管理学院政治学专业；2013 年 7 月至今，就职于兰州商学院商务传媒学院副教授。

0136 陈方英

性　　别：女
出生年月：1966-11-10
民　　族：汉族
政治面貌：群众
职　　称：副高
学　　历：大学本科
所在单位：兰州商学院
通讯地址：甘肃省兰州市薇乐大道 4 号
成　　就：担任兰州商学院商务传媒学院实验中心副主任，主要从事广播电视制作等方面的工作和研究，所指导的学生多次获得“科讯杯”全国大学生影视作品大赛奖项。主讲课程：《广播电视概论》《广播电视专题研究》《新闻报道策划》《广播电视制作》《广播电视制作实验》。主要研究方向：新闻传播理论、广播电视制作实践、媒介文化、传媒产业。
简　　介：1989—1992 年，先后在《兰州电机报》《经济消息报》任记者及要闻版责任编辑，兰州有线电视台《兰州有线新闻》记者、责编和制片人；2001—2008 年任兰州电视台公共频道采编部主任，新闻类电视栏目《公共资讯》《公共气象》总策划、监制，娱乐类栏目《娱乐新体验》监制；2002 年创办省内第一档大型电视纪实节目《公共日记》并任该栏目总制片人及监制；2004—2008 年任兰州电视台生活经济频道节目部主任、执行总制片，《兰州第 1 百姓》栏目总制片人；2008 年至今兰州商学院教师。

0137 黄建军

性　　别：男
出生年月：1974-07-21
民　　族：汉族
政治面貌：党员
职　　称：副高
学　　历：博士研究生
所在单位：兰州商学院商务传媒学院
通讯地址：兰州市和平镇薇乐大道 4 号
成　　就：参编著作 3 本。自 2009 年起，在国家核心期刊上发表论文 10 余篇，代表论文有《论微课程的设计与开发》《信息化教育及其环境建设研究》《西部高校网上教育教学资源建设策略研究》《高校艺术教育网站的设计与开发》《远程教育中实现教与学信息交互的研究》《读图时代的视觉文化传播与媒介素养教育》等。
简　　介：现任兰州商学院商务传媒学院新闻系系主任、网络与新媒体专业负责人，主要研究方向为网络与新媒体、信息技术与教育。2007 年起在兰州商学院商务传媒学院开始教学与科研工作，并担任学院新闻系系主任、网络与新媒体专业负责人。

0138 杜建华

性　　别：男
出生年月：1973-11-06
民　　族：汉族
政治面貌：党员
职　　称：副高
学　　历：博士研究生
所在单位：兰州商学院商务传媒学院
通讯地址：兰州市和平镇薇乐大道 4 号
成　　就：2010 年至今，主持甘肃省社科基金项目 1 项（已结项），主持甘肃省高校基本科研业务费项目 1 项，以第一参加人身份参与甘肃省社科基金项目 2 项；主持校级重点项目 2 项（已结项）；在中文核心期刊共发表文章 26 篇：其中发表在 CSSCI 来源期刊文章 17 篇，发表在 CSSCI 扩展版期刊上 9 篇；代表论文有《略论福布斯杂志编辑思想》《试论风险传播悖论与传媒角色担当》。中国人民大学书报资料中心全文转载《风险社会中舆论安全边界及治理——对媒体建构安全的考察》一文，获得甘肃省思想政治工作课题研究优秀成果优秀奖。

简　　介：兼任甘肃陕西商会《秦商》杂志副主编。主要研究方向为新闻理论、新闻业务，主讲课程为《新闻理论教程》《舆论学》《纪录片鉴赏》。

0139 白宗忠

性　　别：男

出生年月：1946-07-12

民　　族：汉族

政治面貌：党员

职　　称：副高

学　　历：大学专科

所在单位：榆中县广播电视台

通讯地址：榆中县大成路 101 号

成　　就：先后给《甘肃日报》《兰州日报》等省市新闻媒体采写新闻稿件 200 多篇，其中《马衔山林场办起供煤点》《百灵鸟的歌声》等 20 多篇新闻稿获得省市新闻优秀奖；先后创作出 40 多篇长中短篇小说、10 多部电影文学剧本、200 多集电视剧；据电影文学剧本《向我看齐》拍摄的电影多次在央视电影频道播出；电视剧《换头亲》，被确定为“2006 年度重点文艺创作项目”；近些年，又创作出电视剧《四库全书的故事》《高原菜花香》等影视剧。2014 年，与张富奎共同完成《闯王悲歌》电影文学剧本。

简　　介：榆中县上花岔乡人，1972 年参加新闻工作，现已退休；曾任榆中县广播电视台编辑、主任编辑；2003 年，成为中国电影文学学会会员；2005 年 12 月被甘肃省委宣传部、省广播电影电视局、省文联授予“甘肃省有突出贡献电影艺术家”称号。

0140 金巨成

性　　别：男

出生年月：1964-04-05

民　　族：汉族

政治面貌：党员

职　　称：副高

学　　历：大学本科

所在单位：榆中县广播电视台

通讯地址：榆中县大成路 101 号

成　　就：荣获 2004 年度全省广播电影电视科技创新三等奖；甘肃省广播电影电视局合理化建议和技术改进三等奖；2006—2007 年获甘肃省广播电影电视局优秀科技论文三等奖；甘肃省广播电影电视局合理化建议和技术改进三等奖；2011 年甘肃省广播电影电视局科技创新二等奖和 2011 年甘肃省广播电视局科技创新三等奖；2008—2009 年度甘肃省广播电影电视局优秀科技论文三等奖。

简　　介：从 1983 年参加工作以来，主要从事广播电视专业技术工作，在广播电视专业岗位上，先后完成了各类技术革新、改造、培训、建设项目、设备的安装调试、监测和规划设计等项目，并解决了设备维修维护中和安全播出方面存在的种种问题。

0141 白春堂

性　　别：男

出生年月：1958-02-03

民　　族：汉族

政治面貌：党员

职　　称：副高

学　　历：大学专科

所在单位：榆中县电视台
通讯地址：榆中县大成路 101 号
成　　就：1992 年 2 月被兰州市委市政府表彰为全市新闻宣传先进个人；先后给《甘肃日报》《甘肃经济报》《甘肃农民报》《兰州日报》和《成功之路》等省市新闻媒体采写稿件 1900 多篇。从 1979 年开始新闻采写编审，先后撰写的《浅谈民生新闻报道》《广播电视宣传要深入实际》等论文发表在《甘肃日报》等报刊上。撰写的《兴隆山麓廉风劲》专题片由中国甘肃纪律检查委员会、中国兰州纪律检查委员会联合摄制，作为甘肃省榆中县党风廉政建设和反腐工作纪实送中央电视台播出。
简　　介：榆中县马坡乡人，1979 年参加新闻工作，曾任榆中县广播电视台编辑、主任编辑。

0142 李玉春

性　　别：男
出生年月：1961-11-01
民　　族：汉族
政治面貌：群众
职　　称：副高
学　　历：大学专科
所在单位：榆中县广播电视台
通讯地址：榆中县大成路 101 号
成　　就：在省级刊物上发表 30 篇论文；采写的新人新事和信息动态等稿件，在报刊上发表 30 篇；多篇论文获甘肃省广电局优秀科技论文奖、《中国有线电视》杂志社优秀稿件、“中国新时期人文科学优秀成果”二等奖、中国管理科学研究院学术委员会和《发现》杂志社优秀论文二等奖和甘肃省广电局技术改进和科技创新奖 7 项；个人被评为“甘肃省‘村村通’广播电视工程建设先进工作者”“甘肃省广播电视技术能手”“兰州市农村科普工作先进个人”“兰州市广播影视系统先进工作者”“兰州市广播影视系统信息工作先进个人”；2007 年获第三届全国“十佳百优”广播电视理论人才推荐提名。

0143 杨善素

性　　别：男
出生年月：1958-02-13
民　　族：汉族
政治面貌：群众
职　　称：副高
学　　历：大学专科
所在单位：榆中广播电视台
通讯地址：榆中县大成路 101 号
成　　就：2000 年获兰州市委市政府优秀新闻工作者；2003 年《全省最大钢铁项目榆中钢厂全面投产》获兰州市优秀电视节目二等奖；2008 年《老龚的放映之路》获兰州市广播电视节目评选文员会优秀电视节目二等；2009 获中国电视艺术家协会二等奖。
简　　介：参加新闻工作 30 多年来，先后在中央、省市报刊、电视台上送各类新闻专题达 700 余篇。2000 年获兰州市委市政府优秀新闻工作者。

0144 王治中

性　　别：男
出生年月：1955-02-05
民　　族：汉族
政治面貌：党员
职　　称：副高
学　　历：大学本科
所在单位：永登县广播电视台
通讯地址：永登县和平街 17 号
成　　就：获甘肃省委宣传部颁发艾滋病宣传先进个人奖。
简　　介：1979 年参加工作，至今在永登县广播电视台工作，担任新闻部编辑主任。多年来，一直从事新闻宣传工作，多年被评为先进工作者。

0145 何书春

性　　别：男

出生年月：1966-05-18

民　　族：汉族

政治面貌：党员

职　　称：副高

学　　历：中专

所在单位：肃州区广电局

通讯地址：肃州区广电局

成　　就：对新闻采编及制作提供强有力的技术保障，在工作中积累了不可多得的宝贵经验。

0146 秦川

性　　别：男

出生年月：1964-12-01

民　　族：汉族

政治面貌：党员

职　　称：副高

学　　历：大学专科

所在单位：酒泉市文化广播影视新闻出版局

通讯地址：甘肃省酒泉市盘旋东路6号

成　　就：带领酒泉电视台的纪录片团队，拍摄创作敦煌历史文化系列纪录片。在中央电视台科教频道、纪录频道连续播出了大型纪录片《大河西流》《祁连夜光》《黑戈壁·黑喇嘛》《敦煌书法》《玄奘瓜州历险记》《传世象牙佛》《敦煌伎乐天》等，累计央视播出达40集以上，创造了全国市级电视台精品纪录片在央视播出的新纪录。纪录片先后获得80多项省级以上电视节目奖，包括2005—2006年度中国广播影视大奖提名奖，第九届共青团五个一工程奖，国家广电总局2010年度国产纪录片及创作人才扶持项目优秀中篇奖，甘肃省委、省政府第四、五、六、七届敦煌文艺奖一、二、三等奖，甘肃省广播影视奖8届一等奖、甘肃省电视金鹰奖连续3届一等奖，入选半岛国际纪录片节、巴黎中国电影节等国际节会。2008年被国家人事部、新闻出版广电总局授予“全国广播影视系统先进工作者”称号，2009年被中国视协授予“第六届全国德艺双馨电视艺术工作者”称号，2012年被甘肃省委、省政府授予“甘肃省优秀专家”称号。

简　　介：2002.12酒泉电视台专题部主任编辑；2007.07酒泉电视台副台长；2009.06中国广播电视协会纪录片工作委员会副秘书长；2010.12酒泉市广播电影电视局副局长兼酒泉电视台副台长高级编辑；2010.12甘肃省电视艺术家协会副主席；2012.03甘肃省书法家协会主席团委员理事；2012.06酒泉市文化广播影视新闻出版局副局长；2013.06西北师范大学传媒学院硕士研究生兼职导师，河西学院客座教授。

0147 卢永曦

性　　别：男

出生年月：1968-11-01

民　　族：汉族

政治面貌：党员

职　　称：副高

学　　历：大学本科

所在单位：酒泉广播电视台

通讯地址：酒泉市盘旋东路6号

成　　就：先后完成了电视纪录片《大河西流》《祁连夜光》《敦煌书法》《玄奘瓜州历险记》《解放酒泉》《敦煌驼客》等精品节目的拍摄任务；中央电视台新闻频道、科教频道、农业频道的主力摄像，先后完成了“全国首个千万千瓦级风电基地建设”“乡村大世界走进金塔”“东风烈士陵园祭扫”等重大事件的直播或录播任务；2009年荣获全省广播影视系统首届现场采访电视拍摄技能大赛一等奖；2010年创作拍摄的纪录片《解放酒泉》荣获中国广播电视协会全国广播电视行业《解放中国》及同名百集系列节目创作“十佳摄像”奖；2011年摄制的纪录片《动力之源》荣获中国西安国际民间影像节红色经典竞赛单元“全国最佳摄像奖”；2012年创作的纪录片《中国最早的公园》获甘肃广播影视奖二等奖；2013年创作的宣传片《地理肃北》系列获甘肃广播影视奖一等奖；2014年创作的电视艺术片《水韵锋尖》获第三届中国西部国际电影节一等奖。

简　　介：1990年从事广播电视工作至今。系中国电视艺术家协会会员，中国摄影家协会甘肃分会会员。现任酒泉广播电视台专题部主任、主任记者。

0148 刘建华

性　　别：男
出生年月：1962-05-28
民　　族：汉族
政治面貌：党员
职　　称：副高
学　　历：大学本科
所在单位：敦煌市广播电台
通讯地址：敦煌市阳关中路4号
成　　就：从事新闻工作近20多年来，有50多篇新闻稿件分别获省、地政府奖、广播影视奖一、二、三等奖；2007年策划组织的《小飞天广播时间》节目荣获国家广电总局优秀少儿节目三等奖、鼓励奖；2012年邀请原酒泉师范校长、敦煌学专家窦侠父在电台直播间连续讲述敦煌历史文化知识25天，并编辑出版了48集《窦侠父讲敦煌历史文化》音频光盘，在全市发行量达5000张；在五年一次的评奖中，敦煌广播电台2012年被人社部和国家广电总局评为全国广播电视先进集体；2013年成功举办第十五届新亚欧大陆桥沿线城市广电联盟年会，参会代表和会议规模突破往届，受到与会者好评。

简　　介：1977年9月至1979年7月在敦煌中学就读；1981年1月参加工作；1982年9月至1985年8月，在甘肃广播电视大学进行在职学习；1996年9月至1999年6月，中央党校函授学院政法本科班学习；1981年1月至2000年10月在敦煌人民广播电台担任记者、编辑、副台长职务；2000年11月至2007年6月在敦煌电视台担任副台长职务；2007年7月至今任敦煌人民广播电台台长。

0149 边振虎

性　　别：男
出生年月：1969-09-10
民　　族：汉族
政治面貌：党员
职　　称：副高
学　　历：大学本科
所在单位：敦煌市广播电视台
通讯地址：敦煌市阳关北路付7号
成　　就：主创的电视专题及记录片获国家级奖项4次，省级奖项2次，酒泉市级奖项一等奖7次。其中，主创的电视专题《阳关夫妇》获国家新闻出版广电总局2011—2012年度“中国广播影视大奖”，是当年甘肃省唯一获得大奖的作品。学术论文《提高舆论监督水平方法浅析》等3篇论文获“全国优秀论文评选”三等奖，有2篇论文分别被评为“甘肃广播电视学术论文评选”二等奖、三等奖。出版23万字的文学专著《爱在敦煌》。1篇小说获国家奖，2篇文学作品获省级文学奖。散文《母亲的舞蹈》获“甘肃新闻奖”电视风光片《雅丹国家地质公园》

《鸣沙山月牙泉》面向全社会发行，并作为“首届甘肃文化旅游节”和敦煌葡萄节的礼品馈赠佳宾。

简　　介：1993.4—1994.4 在敦煌电视台从事宣传工作；1994.5—2003.12 在敦煌报社从事记者、编辑工作（2003 年获得新闻中级职称）；2004.1—2005.2 在敦煌市委宣传部从事宣传工作；2005.3—2011.8 在敦煌电视台从事新闻宣传工作（2007.8 参加全市干部公开选拔，以所报职位第一名的成绩被任命为敦煌电视台副台长（2010 年 7 月获新闻副高职称），后被推选为敦煌市新闻摄影家协会常务副主席；2006.9—2010.9 参加甘肃省成人自学考试，获兰州大学新闻专业本科学历；2013.3 至今任敦煌市广播电视台台长。并被推选为敦煌市新闻工作者协会主席。

0150 陆生玉

性　　别：男

出生年月：1955-10-16

民　　族：汉族

政治面貌：党员

职　　称：副高

学　　历：大学专科

所在单位：甘肃省广播电视网络股份有限公司敦煌分公司

通讯地址：敦煌市阳关北路 7 号

成　　就：《敦煌数字电视关键技术》和《电视新闻采编播数字化网络化建设项目》两项科研项目分别被省广电局评为科技创新成果二、三等奖；撰写的《县级多媒体制播一体化的发展》《数字电视平移经验》等科研论文在国家级、省级权威刊物上发表。

简　　介：无线电高级工程师，省五一劳动奖章获得者。1980 年 7 月，在原敦煌市五交化公司参加工作；1981 年，被选调参与敦煌电视台筹建工作；历任敦煌电视台机务组长、副台长、台长、广电局局长、文广局副局长、市委宣传部副部长、甘肃省广播电视网络股份有限公司敦煌分公司经理。

0151 闫振兰

性　　别：女

出生年月：1960-07-06

民　　族：汉族

政治面貌：党员

职　　称：副高

学　　历：大学本科

所在单位：嘉峪关市广播电视台

通讯地址：嘉峪关市五一南路 1819 号

成　　就：2002 年，《艺苑芬芳唱晚情》获甘肃广播电视新闻奖二等奖；2008 年，专题片《红军长征第三集》获甘肃广播电视新闻社教二等奖；2013 年，获得省广电局雄关故事三等奖。2009 年，在国家级刊物《艺术教育》上发表了《试论现场采访和直播对主持人的基本要求》，本论文获得全省电视艺术理论与研究评论三等奖。

简　　介：1978 年 12 月—1985 年 5 月，嘉峪关市广播电台编辑部播音；1985 年 5 月—1999 年 12 月，嘉峪关市电视台总编室三级播音员；1999 年 12 月—2012 年 7 月，嘉峪关市电视台总编室一级播音员、主任播音员；2012 年 7 月—2013 年 7 月，嘉峪关市广播电台编辑部主任播音员；2013 年 7 月至今，嘉峪关市电视台广告部主任播音员。

0152 褚建玲

性　　别：女

出生年月：1967-04-06

民　　族：汉族

政治面貌：群众

职　　称：副高

学　　历：大学本科

所在单位：嘉峪关日报社
通讯地址：嘉峪关市五一南路 1819 号
成　　就：《嘉峪关日报》二版编辑，所编版面多次获奖。

0153 刘雁

性　　别：女
出生年月：1974-04-20
民　　族：汉族
政治面貌：党员
职　　称：副高
学　　历：大学本科
所在单位：嘉峪关日报社
通讯地址：嘉峪关市五一南路 1819 号
成　　就：多年来，她主要负责《嘉峪关日报》编辑部和嘉峪关新闻网站工作。使《嘉峪关日报》内容更加丰富，版式更加新颖。新闻网站点击量连年增加，得到了读者的好评。

0154 杨小红

性　　别：女
出生年月：1970-12-05
民　　族：汉族
政治面貌：群众
职　　称：副高
学　　历：大学本科
所在单位：嘉峪关日报社
通讯地址：嘉峪关市五一南路 1819 号
成　　就：《嘉峪关日报》一版编辑，认真负责，从未有过重大差错，版面每年获甘肃新闻奖。

0155 康文萍

性　　别：女
出生年月：1967-11-06
民　　族：汉族
政治面貌：群众
职　　称：副高
学　　历：大学本科
所在单位：嘉峪关市广播电视台
通讯地址：嘉峪关市五一南路 1819 号
成　　就：播音主持作品先后获得过中国广播电视新闻奖社教类三等奖；全省优秀电视节目一等奖以及其他奖项等；《科技视野》栏目获甘肃广播电影电视总局、甘肃省广播电视学会播音主持作品二等奖（2010 年）；电视新闻《丝绸之路写新篇》获甘肃文联、甘肃省协主持人类评选三等奖（2009 年）；电视作品《腾跃在戈壁上的“海豚”》获甘肃省文联、甘肃电视协会播音主持作品二等奖（2008 年）。
简　　介：1987 年 12 月至今，嘉峪关市广播电视台总编室、广告经营中心、广播新闻主任播音员、公共频道副主任。

0156 吴卉

性　　别：女
出生年月：1969-03-06
民　　族：汉族
政治面貌：群众
职　　称：副高
学　　历：大学专科
所在单位：嘉峪关市广播电视台
通讯地址：嘉峪关市五一南路 1819 号
成　　就：2009 年甘肃广播影视奖广播新闻二等奖、三等奖，广播社教三等奖。
简　　介：1987 年 12 月至今，嘉峪关市广播电视台交通广播主任记者。

0157 张丽萍

性　　别：女
出生年月：1967-05-06
民　　族：汉族
政治面貌：群众

职　　称：副高
学　　历：大学本科
所在单位：嘉峪关市广播电视台
通讯地址：嘉峪关市五一南路 1819 号
成　　就：专著《丝绸之路与天下雄关——雄关旅游》（2002 年，甘肃文化出版社出版）；论文《试论电视诗歌散文中的“情景交融”》在 2003 年度全省广播电视新闻社教节目研讨会上宣读；论文《简析电视新闻节目本土化故事化娱乐化趋势》发表于《甘肃视听》2006 年第 2 期（独著）；论文《浅析新闻标题的制作》发表于《丝绸之路》2010 年第 4 期（独著）；论文《提升新闻报道中的人文关怀品质》发表于《丝绸之路》2010 年第 6 期（独著）。
简　　介：1987 年 7 月—2006 年 10 月嘉峪关市广播电视台专题部、广播电台记者编导；2006 年 10 月—2011 年 10 月嘉峪关市广播电视台电视报社总编（内聘）；2006 年 10 月至今，嘉峪关市广播电视台公共频道制片人。

0158 马丰友

性　　别：男
出生年月：1974-02-09
民　　族：汉族
政治面貌：党员
职　　称：副高
学　　历：大学本科
所在单位：金昌日报社
通讯地址：甘肃省金昌市长春路 29 号金昌日报社记者部
成　　就：自参加工作以来先后获全国地市报新闻奖、甘肃新闻奖、金昌新闻奖和“五个一”工程奖等 33 项，被评为金昌市第五批拔尖人才，两次被市委宣传部和市新闻工作者协会命名为“十佳新闻工作者”和“优秀编辑”。
简　　介：1992 年毕业于金昌师范学校；1996 年毕业于西北师范大学应用心理学专业，教育学学士，此后从事新闻工作至今；2007 年晋升为主任记者（副高级）；系甘肃省“四个一批”人才，甘肃省作家协会会员，金昌市拔尖人才，金昌市青联常委，现任金昌日报社记者部主任。

0159 王凌

性　　别：男
出生年月：1963-09-17
民　　族：汉族
政治面貌：党员
职　　称：副高
学　　历：大学本科
所在单位：天水日报社
通讯地址：天水市秦州区民主东路 86 号
成　　就：通讯《山坳上的希望之光》获 1995 年度天水市好新闻二等奖；通讯《种粮，也能致富》获 2005 年度天水市好新闻一等奖、中国地市报好新闻三等奖；编辑的《天水日报》1998 年 12 月 15 日第四版获 1999 年中国地市报好新闻三等奖；论文《浅谈地市级党报政治属性和商品属性的和谐统一》获中国报业协会党报分会 2005 年度二等奖；论文《新闻资源的利用与报纸质量的关系》获中国报业协会党报分会 2007 年度二等奖。

0160 桐欣

性　　别：女
出生年月：1966-03-01
民　　族：汉族
政治面貌：党员
职　　称：副高
学　　历：硕士研究生
所在单位：天水广播电视台

通讯地址：天水市秦州区南河路 118 号

成　　就：2012 年 2 月，电视消息《万斤苹果滞家中　记者穿针引客商》被甘肃省广播电影电视局评为全省优秀节目一等奖；2009 年 9 月，长消息《天水星火燎原到欧洲》被省广播电影电视局、省广电协会评为 2008 年度甘肃广播影视奖广播新闻一等奖。

0161 姚祎

性　　别：男

出生年月：1966-10-01

民　　族：汉族

政治面貌：党员

职　　称：副高

学　　历：大学本科

所在单位：天水广播电视台

通讯地址：天水市秦州区南河路 118 号

成　　就：2010 年度“甘肃广播影视奖”广播新闻三等奖；2009 年度“甘肃广播影视奖”电视新闻二等奖；2008 年度“甘肃广播影视奖”电视新闻一等奖；消息《从“星火燎原”到聚焦天水》获 2011 年度全市优秀广播电视节目一等奖；广播节目《新闻直播间》获 2011 年度全市优秀广播电视节目一等奖；电视节目《直播天水》两期获 2011 年度全市优秀广播电视节目奖一等奖；2011 年 3 月 18 日电视节目《直播天水》获 2011 年度全市优秀广播电视节目奖二等奖；系列报道《文化发展已先行》获 2011 年度全市优秀广播电视节目奖二等奖；广播节目《新闻直播间》专栏获 2011 年度全市优秀广播电视节目奖二等奖；栏目《直播天水》被评为第十五届天水市新闻奖特别奖；栏目《新闻直播间》被评为第十五届天水市新闻奖二等奖；广播节目《新闻直播间》一期获 2010 年度全市优秀广播节目奖一等奖。

0162 李丹

性　　别：女

出生年月：1974-04-17

民　　族：汉族

政治面貌：党员

职　　称：副高

学　　历：大学本科

所在单位：白银市广播电视台

通讯地址：白银市白银区兰州路 156 号

成　　就：社教专题作品《小村官大舞台》获得 2009 年度“甘肃广播影视奖”广播社教作品一等奖。新闻专题作品《公交来了，农民笑了》获得 2008 年度“甘肃广播影视奖”广播新闻奖二等奖，还有很多作品获得市级多种奖项。个人也因为工作成绩突出，多次获得先进工作者和优秀新闻工作者奖励。

简　　介：1994 年 9 月至 1996 年 6 月甘肃联合大学电子技术专业学习；2002 年 9 月至 2005 年 6 月兰州大学新闻学专业学习；1997 年 6 月至 2001 年 12 月任白银电视台总编室播音员；2002 年 1 月至 2013 年 12 月任白银人民广播电台编辑部编辑；2014 年 1 月至今任白银市广播电视台编辑部主任编辑

0163 赵晓霞

性　　别：女

出生年月：1995-05-01

民　　族：汉族

政治面貌：党员

职　　称：副高

学　　历：大学本科

所在单位：天水日报社

通讯地址：天水市秦州区泰山东路嘉秀花苑

成　　就：主持《天水日报·陇右周末》《天水日报·教育周刊》的多次成功改版；主持策划组织“与祖国同行理想与光荣”天水市建国 60 年 60 位荣誉教师评选、情暖

2011·关爱留守儿童、天水市美德少年评选等社会公益活动，扩大提升了《天水日报》报纸知名度与影响力；采编的新闻作品与负责的栏目多次获甘肃省好新闻及中国地市报好新闻评选一等奖等；新闻论文在《新闻战线》《中国记者》等刊物发表获省以上论文评选一等奖；创作的短篇小说获全国大赛一等奖；音乐歌舞剧获天水市建市 20 周年文艺汇演创作、表演一等奖；30 集电视剧本《诗锦奇情》获甘肃省重点文艺创作项目资助；出版专著《文明的节拍》；编辑出版《天水名人百传》。荣誉称号：1989 年，甘肃省首届优秀青年记者；2004 年，天水市优秀记者；2008 年，天水市十佳新闻工作者；2009 年，天水市优秀共产党员；2011 年，天水市首批领军人才；2012 年，甘肃省宣传文化系统“四个一批”人才。

简　　介：1983 年 7 月天水师专中文系毕业，任西和县委宣传部宣传干事；1986 年至 1992 年，陇南报社新闻编辑；1992 年至今，天水日报社新闻编辑、《天水日报·陇右周末》副主编、主编；现任《天水日报·教育周刊》主编。2008 年 12 月，获新闻高级编辑职称。

0164 姬旺芳

性　　别：女
出生年月：1977-11-28
民　　族：汉族
政治面貌：群众
职　　称：副高
学　　历：大学本科
所在单位：天水日报社
通讯地址：天水市秦州区民主东路 86 号
成　　就：本人在 10 多年的新闻采编中，采写稿件近 2000 篇，编辑版面 1500 多个，获省市新闻奖 10 多个，其中 2012 年采写的通讯《海归蓝领胡成奎》获中国地市报一等奖。

0165 张永革

性　　别：男
出生年月：1967-02-27
民　　族：汉族
政治面貌：党员
职　　称：副高
学　　历：大学本科
所在单位：天水日报社
通讯地址：天水市秦州区民主东路 86 号
成　　就：从事新闻采编、广告发行等工作。

0166 杨炜

性　　别：男
出生年月：1968-06-08
民　　族：汉族
政治面貌：党员
职　　称：副高
学　　历：大学本科
所在单位：天水日报社
通讯地址：天水市秦州区民主东路 86 号
成　　就：2009 获得第一届“甘肃报业创新发展先进工作者”；2010 年获得“全国报业经营管理先进个人”；2012 年获得“全国报业经营管理先进个人”；2012 年获得第二届“甘肃报业创新发展先进工作者”；2013 年获得“中国报业十佳广告人”提名奖；2013 年度全市文化产业发展工作先进个人；2014 年获得第三届“甘肃报业创新发展先进工作者”；2005 年专著《前沿观察》在当代中国出版社公开出版发行；2009 年专著《时代记忆》获中国文史出版社地市报优秀论著二等奖；2013 年编著的《天水力量》由大众文艺出版社出版发行；2014 年编著的《最美乡村》由大众文艺出版社出版发行。
简　　介：1989.09—1992.08 甘肃广播电视

大学外贸英语专业学习；1992.03—1995.02天水市乡镇企业局碳化硅厂工作；1995.03—1996.12通过招聘入天水日报社周末特刊部工作；1997.01—2000.10在《天水日报》经济生活编辑部工作，期间（2000.09—2002.12）在中央党校函授学院学习；2000.10—2014.06天水日报社广告部工作；2005.09—2014.09任天水日报社广告中心副主任（期间一直兼任天水日报广告部主任），2014.09至今任天水日报社广告经营部主任。

0167 张天元

性　　别：男
出生年月：1956-09-01
民　　族：汉族
政治面貌：党员
职　　称：副高
学　　历：大学本科
所在单位：天水广播电视台
通讯地址：天水市秦州区南河路118号
成　　就：2006年12月，纪实文学《生死大穿越》被省委省政府评为“甘肃省第五届敦煌文艺奖三等奖”；2005年5月独著《生死大穿越》一书由甘肃人民出版社出版；参与编写电视文学剧本《邓宝珊将军》，该剧2011年9月获第三届甘肃戏剧“红梅奖”剧目一等奖。

0168 苏爱国

性　　别：男
出生年月：1970-03-24
民　　族：汉族
政治面貌：党员
职　　称：副高
学　　历：大学本科
所在单位：天水日报社
通讯地址：天水市秦州区民主东路86号
成　　就：自工作以来一直在新闻一线工作。

0169 赵艳君

性　　别：女
出生年月：1975-05-05
民　　族：汉族
政治面貌：党员
职　　称：副高
学　　历：大学本科
所在单位：天水日报社
通讯地址：天水市秦州区民主东路86号
成　　就：采写的通讯多次获奖。2009年被评为天水日报社先进工作者。

0170 王军祥

性　　别：男
出生年月：1977-01-04
民　　族：汉族
政治面貌：党员
职　　称：副高
学　　历：大学本科
所在单位：天水日报社
通讯地址：天水市秦州区民主东路86号
成　　就：供职天水日报社期间，采写和编辑的10多篇新闻稿件和版面获得全国和省市新闻一等奖，先后获得天水市“十大杰出青年”、天水市“十佳新闻工作者”、天水市“优秀记者”等荣誉称号。

0171 周文涛

性　　别：男
出生年月：1978-02-26
民　　族：汉族
政治面貌：党员
职　　称：副高
学　　历：大学本科
所在单位：天水日报社

通讯地址：甘肃省天水市秦州区民主东路86号

成　　就：《大山沟里的"电影放映队"》荣获2011年甘肃省新闻奖新闻摄影一等奖；《即将消失的村庄》荣获2013年甘肃省新闻奖新闻摄影二等奖；《华天今年新招收120名员工上岗》获2009年甘肃新闻奖新闻摄影三等奖。

简　　介：1996年参加工作至今一直在天水日报社从事新闻摄影采访，多幅作品被人民日报、新华社等国家省市媒体采用，多次荣获国家、省、市新闻奖。

0172 刘晋

性　　别：男

出生年月：1969-10-21

民　　族：汉族

政治面貌：党员

职　　称：副高

学　　历：大学本科

所在单位：天水广播电视台

通讯地址：天水市秦州区南河路118号

成　　就：《风雪南郭寺》在第三届中国旅游电视艺术周优秀旅游电视节目推选中荣获旅游电视专题类最佳奖一等奖；2003年7月，任制片人的天水广播电视台第一档文化类栏目《人文天水》开播。2006年，栏目荣获由省委宣传部评选的"全省新闻媒体十大精品栏目"。2004年《风雪南郭寺》荣获第二届甘肃文艺奖一等奖；2005年《松竹梅，岁寒三友；廉正清，为官三要》荣获全国首届反腐倡廉公益广告大赛电视类铜奖；2005年，荣获共青团天水市委首届"天水市优秀青年"称号；《放马滩的故事》荣获2004年度甘肃影视奖·电视专题片一等奖；2008年荣获天水市委宣传部、市新闻工作者协会授予的天水市第五届"十佳新闻工作者"称号；2011年荣获天水市委、市政府授予的"2010年市直机关效能管理年活动先进个人"称号；2012年荣获天水市委授予的"全市优秀共产党员"称号。

0173 周集成

性　　别：男

出生年月：1958-08-01

民　　族：汉族

政治面貌：党员

职　　称：副高

学　　历：大学本科

所在单位：天水日报社

通讯地址：甘肃省天水市秦州区民主东路86号

成　　就：紧紧围绕市委、市政府中心工作。认真组织实施了天水日报的年度新闻宣传工作，圆满完成了年度新闻宣传和舆论引导工作任务，保持媒体导向正确，为全市改革发展营造了良好的舆论氛围。策划、组织并指导实施了天水晚报改（扩）版工作。

简　　介：自1986年7月调入报社，曾任记者、编辑，1993年8月获编辑职称，2002年12月获主任编辑职称，先后任新闻部、广告部副主任、主任，现任副总编辑。

0174 何林

性　　别：男

出生年月：1972-05-10

民　　族：汉族

政治面貌：党员

职　　称：副高

学　　历：大学专科

所在单位：天水日报社

通讯地址：天水市秦州区民主东路86号

成　　就：2008—2011年连续4年被中共天水市委办公室评为全市党委系统优秀信息

员；2010年公祭伏羲大典暨第21届天水伏羲文化旅游节先进个人。

0175 邓斐

性　　别：女
出生年月：1980-07-01
民　　族：汉族
政治面貌：群众
职　　称：副高
学　　历：大学本科
所在单位：天水日报社
通讯地址：甘肃省天水市秦州区民主东路86号
成　　就：先后在记者部和日报总编室工作。十年来，工作兢兢业业，认真负责，严谨细致。在参加工作之初在采编一线工作锻炼了自己从基层做起、从小事做起的耐心与坚持的工作态度，逐渐成长为一名能独当一面的新闻记者。关注社会民生问题，了解时事焦点，用媒体这个平台为弱势群体发声，在工作的过程中，在很多事件和别人的故事里让我有了对人生更深层次的感悟。如果说一线工作历练了我的思想和内心，那么从2006年调入总编室这个部门后，认真对待每个环节的工作，保证绩效考核的计算准确无误，公开公平，做到与各部门之间的及时沟通和衔接，遵守制度规定每月按时报送考核，对于各类问题及时上传下达。

0176 郭德峰

性　　别：男
出生年月：1971-11-23
民　　族：汉族
政治面貌：党员
职　　称：副高
学　　历：大学本科
所在单位：天水日报社
通讯地址：天水市秦州区民主东路86号
成　　就：摄影作品《六农民情注桑梓助扫盲回族女冲破旧俗学文化》本报1999度照片类一等奖；《无声的学堂》2000年度天水市残疾人事业好新闻报刊类二等奖；《天水苹果拿到奥运会“通行证”》十一届（2006年度）天水市新闻一等奖；《不屈女孩，亲情相伴笑对人生》第21届中国地市报新闻作品三等奖；《山乡拍卖第一槌》2000年度甘肃新闻奖二等奖；《书记解读“百姓话”》中国报业协会2003年度新闻作品奖通讯类二等奖；《走出机关当起牛倌》中国报业协会党报分会2004年度新闻作品消息类二等奖；《城里归来的“羊倌”》中国报业协会党报分会2004年度新闻作品通迅类三等奖；《苹果生病愁煞果农》2006年度中国地市报群工优秀作品来信类二等奖《谁来管管这些扰民的狗》2006年度中国地市报群工优秀作品内参类三等奖；《患难夫妻不离弃带夫出嫁传佳话》第二十届中国地市报新闻奖三等奖；《市民热线》专栏（合作）第21届（2006年度）中国地市报新闻奖三等奖；《社棠路：大坑小坑坑坑是陷阱出门进门进出有险情》第21届（2006年度）中国地市报新闻奖优秀标题奖。

0177 杨立新

性　　别：男
出生年月：1969-05-16
民　　族：汉族
政治面貌：群众
职　　称：副高
学　　历：大学专科
所在单位：天水日报社
通讯地址：天水市秦州区民主东路86号
成　　就：工作以来一直在记者部从事采访。

0178 郭锋

性　　别：男

出生年月：1966-08-01

民　　族：汉族

政治面貌：党员

职　　称：副高

学　　历：大学本科

所在单位：天水广播电视台

通讯地址：天水市秦州区南河路 118 号

成　　就：2011 年 12 月，《天水红色记忆》被中国广播电视协会评为“2011 年度全国优秀科教节目爱国主义教育类”三等奖。

0179 阎小鹏

性　　别：男

出生年月：1975-12-01

民　　族：汉族

政治面貌：党员

职　　称：副高

学　　历：大学本科

所在单位：天水日报社

通讯地址：甘肃省天水市秦州区民主东路 86 号

成　　就：自 2013 年 1 月担任天水日报社副总编辑以来，严格按照党纪国法来规范自己的言行，自觉做到严守思想道德防线、廉洁自律、克己奉公，在实践中锤炼思想，取得了新的成效。紧紧围绕市委、市政府中心工作，认真组织实施了天水日报的年度新闻宣传工作，圆满完成了年度新闻宣传和舆论引导工作任务，保持媒体导向正确，为全市改革发展营造了良好的舆论氛围。

0180 马啸

性　　别：男

出生年月：1959-11-05

民　　族：汉族

政治面貌：党员

职　　称：副高

学　　历：大学本科

所在单位：天水日报社

通讯地址：天水市秦州区民主东路 86 号

成　　就：1988 年获甘肃省园丁奖；2002 年获全省报业先进经营管理工作者。

0181 年葆东

性　　别：男

出生年月：1967-11-13

民　　族：汉族

政治面貌：党员

职　　称：副高

学　　历：大学专科

所在单位：天水日报社

通讯地址：天水市秦州区民主东路 86 号

成　　就：采写的《天山下的天水采棉人》获 2012 年甘肃省新闻奖二等奖；编辑的 2012 年 4 月 9 日《天水日报》第一版获 2012 年甘肃省新闻奖版面二等奖；编辑的通讯《汪大爷的幸福存折》获 2012 年甘肃省新闻奖三等奖。

0182 杨焕周

性　　别：男

出生年月：1972-04-21

民　　族：汉族

政治面貌：党员

职　　称：副高

学　　历：大学本科

所在单位：天水日报社

通讯地址：天水市秦州区民主东路 86 号

成　　就：20 多年来，每年都有新闻作品在省级和全国地市报好新闻评奖中获奖。采写的《徒步行程八千里救助失学儿童》获得第十四届中国地市报新闻奖二等奖，《甘谷农民赴蒙古创办砖厂》获第十六届中国地市报新闻奖三等奖，《农民出资奖励好师生》获第十八届中国地市报新闻奖三等奖，多篇作品获省、市新闻奖。编辑的《农民出资奖励好师生》、《走出机关当起牛倌》分获中国报业协会党报分会编辑二等奖，编辑创作的2004年1月1日天水日报一版获得中国报业协会党报分会好版面奖。1998年、1999年连续两年被评为报社“先进工作者”，2001年被评为“先进部室主任”；自2005年起，连续被评为天水日报社优秀共产党员，其所在部室被评为先进部室；2008年，他还获得天水市“十佳新闻工作者”称号。

简　　介：1993年从西北师大历史系毕业后，一直在天水日报社从事新闻工作。现任天水日报社办公室主任，2010取得主任编辑职称。

0183 漆应得

性　　别：男

出生年月：1964-06-01

民　　族：汉族

政治面貌：党员

职　　称：副高

学　　历：大学本科

所在单位：天水日报社

通讯地址：甘肃省天水市秦州区民主东路86号

成　　就：自2012年7月担任天水日报社党委书记、社长以来，严格按照党纪国法来规范自己的言行，自觉做到严守思想道德防线、廉洁自律、克己奉公，在实践中锤炼思想，取得了新的成效。紧紧围绕市委、市政府中心工作，认真组织实施了《天水日报》的年度新闻宣传工作，圆满完成了年度新闻宣传和舆论引导工作任务，保持媒体导向正确，为全市改革发展营造了良好的舆论氛围。策划、组织并指导实施了《天水日报》改版、《天水晚报》改(扩)版工作，《天水日报》由原来的对开大报改为瘦长型对开大报；《天水晚报》从2013年起扩至24版，走向厚报时代。

0184 王尚荣

性　　别：男

出生年月：1968-12-05

民　　族：汉族

政治面貌：党员

职　　称：副高

学　　历：大学本科

所在单位：天水广播电视台

通讯地址：天水市秦州区南河路118号

成　　就：2006年市委宣传部、市新闻工作者协会评为天水市十佳新闻工作者；2009年被国家工商行政管理总局、中央文明办评为全国公益广告先进工作者；2009年09月《燃放烟花爆竹安全首当其冲》获2008年度甘肃广播影视奖电视社教三等奖；1995年独立设计、主持完成《天水市城区模拟有线电网络升级改造》；2005年独立设计、主持完成《天水广播电视台三频道硬盘播出系统扩容改造》；2006年独立设计、主持完成《天水广播电视台音乐文艺广播播出系统设计安装调试》；2007年独立设计、主持完成《天水广播电视台硬盘播出系统软件、数据库版本升级》；2005年12月获天水市职业道德建设十佳标兵称号；2006年11月被评为“天水十佳新闻工作者”。

0185 肖勇

性　　别：男

出生年月：1969-06-19

民　　族：汉族

政治面貌：党员

职　　称：副高

学　　历：硕士研究生
所在单位：天水日报社
通讯地址：天水市秦州区民主东路 86 号
成　　就：2004 年获“天水市十佳新闻工作者”称号；2009 年获“天水市十大杰出青年”称号；2012 年被评为天水市优秀共产党员；2013 年被评为“首届全国地市报优秀编辑”“甘肃省公祭中华人文始祖伏羲大典活动先进个人”；连续多年获天水市新闻奖好栏目策划人。部分获奖新闻作品：策划采写编辑的作品《大爱关中感动天水》被评为 2010 年度中国地市报新闻奖一等奖；策划实施的专栏《大妈说事》，在第二十四届（2009 年度）中国地市报新闻奖评选中荣获一等奖；在全国《扬正气、促和谐》廉政公益广告比赛中，作品《天・人》代表报社获全国一等奖、全省特等奖；《天水晚报》“奥运”号外，在第四次全国传媒创新大会上，包揽了全国奥运号外特刊评选“最具收藏价值”和“最佳版面”双奖，成为西北五省唯一获此殊荣的媒体；策划采写的《走进渭水生命线》荣获第八届“中华大地之光”征文（调研）特等奖。
简　　介：1990 年从天水师院美术系毕业后，进入天水日报社工作至今。2002 年 1 月—2004 年 6 月，参加高等教育自学考试，天水师范学院美术教育本科毕业；2002 年 9 月—2004 年 7 月，兰州大学中文系中国现当代文学专业研究生结业；现为天水日报社天水晚报编委、晚报新闻周刊中心主任。

0186 徐叶芊

性　　别：男
出生年月：1960-09-01
民　　族：汉族
政治面貌：党员
职　　称：副高
学　　历：大学本科
所在单位：天水广播电视台
通讯地址：天水市秦州区南河路 118 号
成　　就：1998 年元月获天水市广播电视局“优秀编辑”称号；1999 年 2 月被天水市委宣传部、天水新闻工作者协会评为“十佳新闻工作者”；1995 年撰稿、摄像、编辑的专题片《阳凸村的致富路》获 1995 年“中国电视奖”社会政治类二等奖、甘肃省优秀电视节目一等奖。

0187 童强

性　　别：男
出生年月：1979-07-01
民　　族：汉族
政治面貌：党员
职　　称：副高
学　　历：大学本科
所在单位：天水日报社
通讯地址：甘肃省天水市秦州区民主东路 86 号
成　　就：自 2011 年 12 月调入报社后，在记者部担任记者，关注社会民生问题，了解时事焦点，多副作品曾获奖。

0188 孙有生

性　　别：男
出生年月：1969-09-25
民　　族：汉族
政治面貌：群众
职　　称：副高
学　　历：大学本科
所在单位：天水日报社
通讯地址：天水市秦州区民主东路 86 号
成　　就：多次被评为省、市、单位优秀新闻工作者。其中，连续 15 年被评为天水日报社先进个人。2002 年，被评为甘肃省报业管理先进个人；2006年，被评为天水市优秀新闻工作者（优秀技术人员）；2008年，被评为天水市优秀新闻工作者（优秀编辑）；所写所编所创的稿件、版面、栏目等，多次获全国、省、市奖。其中，编辑的系列报道《观念决定一切》被评为2007年度天水市新闻奖特别奖；编辑的系列报道《华章共谱聚焦关中——天水经济区》被评为2008年度天水市新闻奖特别奖；编辑的《化肥市场价高量少农户商家两头犯难》获2008年度“赵超构新闻奖”一等奖；编辑的《天水日报》《天水晚报》奥运号外《龙城天水与北京一起舞动》，获2008年全国奥运号外·特刊评选“最佳版面号外奖”和“最具收藏价值号外奖”；参与设计的专栏《大妈说事》，获2009年度中国地市报新闻奖一等奖；编辑的系列报道《大爱关中》获2010年度中国地市报新闻奖一等奖；编辑的2013年2月6日13版版面，获2013年度中国晚报优秀版面奖一等奖。

0189 胡丽霞

性　　别：女
出生年月：1980-05-25
民　　族：汉族
政治面貌：党员
职　　称：副高
学　　历：硕士研究生
所在单位：天水日报社
通讯地址：天水市秦州区民主东路86号
成　　就：2005年，南方周末，《卖淫女生前日记怆平生》获中国好新闻一等奖。2006年，兰州晨报，《苦舞花季》获甘肃省好新闻二等奖。2007年，天水日报，《农家乐乐了后川人》获地市党报二等奖。2008年，《放低姿态亲近民生——地市党报突围之路》获中国地市党报论文一等奖。2011年，天水日报，《为了那一山绿色》获甘肃省好通讯二等奖。2012年，天水日报，《果乡来了“洋经纪”》获甘肃省好新闻一等奖。2012年，农民日报，《留守的日子》获中国副刊好作品一等奖。2012年，天水日报，《山尖尖上的幼儿园》获中国地市党报二等奖。2012年，天水日报系列策划《天山下的天水采棉人》获甘肃省好策划二等奖。2012年获天水市“十佳新闻工作者”。2013年，天水日报《汪大爷的“幸福存折”》获甘肃省通讯二等奖。

0190 李海峰

性　　别：男
出生年月：1972-12-10
民　　族：汉族
政治面貌：党员
职　　称：副高
学　　历：大学本科
所在单位：天水日报社
通讯地址：天水市秦州区民主东路86号
成　　就：采写了2000多篇（幅）新闻稿件、编发了600多个版面。在担任天天天水网编辑部副主任以来，以较强的创新精神，带领网站全体人员，研究、学习、借鉴成功网站特点，加班加点，完成了网站更名改版升级工作，先后开办了网络问政平台“政风行风在线”、生活服务平台“旅游百事通”和“医疗卫视”等特色栏目，主持建设完成了网络视频、天水微博等新兴项目，实现了天水首家网络新闻直播，不仅使网站点击率、国内排名快速飙升，社会影响力和公信力也进一步增强。网站先后荣膺“全国地方优秀网络媒体”“全国地方网站十大最具潜力品牌奖”，为天水日报社由多媒体向全媒体迈进做出了贡献。2013年，主持创办了《天水日报社通讯》，把社务动态、经验交流信息传递给各级领导和基层通讯员。

0191 陈少娟

性　　别：女
出生年月：1978-06-05
民　　族：汉族
政治面貌：群众
职　　称：副高
学　　历：大学本科
所在单位：天水日报社
通讯地址：天水市秦州区民主东路 86 号
成　　就：2008 年 10 月，新闻论文《地市党报在新农村建设中应发挥主流媒体作用》获中国报业协会党报分会 2007 年度论文评选三等奖；2012 年 7 月，采写的通讯《菜农的希望》获第 26 届中国地市报新闻奖评选三等奖；2013 年编辑的《状告美企铁姆肯公司海林中科主动出击打反倾销战》获甘肃省新闻奖二等奖，《拆了我的房子，给铲车让路》获甘肃省新闻奖三等奖。2011 年获"天水市优秀编辑"称号。

0192 张文都

性　　别：男
出生年月：1973-04-20
民　　族：汉族
政治面貌：群众
职　　称：副高
学　　历：大学本科
所在单位：天水日报社
通讯地址：天水市秦州区民主东路 86 号
成　　就：自 2005 年开始从事记者采访业务以来，采写了许多贴近民生、贴近生活的新闻作品，部分新闻作品（图片）多次获得了中国地市报新闻奖项。

0193 张凯

性　　别：男
出生年月：1978-09-27
民　　族：汉族
政治面貌：党员
职　　称：副高
学　　历：大学本科
所在单位：天水日报社
通讯地址：天水市秦州区民主东路 86 号
成　　就：2006 年采写的新闻《水源地洗矿车存隐患》获天水市好新闻三等奖；获 2007 年度天水市优秀记者；2008 年撰写的论文《浅谈图片时代的数字危机》获中国地市党报论文一等奖；2008 年采写的内参《征地补偿款为何差了这么多？》获中国地市报群工优秀作品三等奖；2009 年采写的新闻《兴国镇四老人高龄补贴打了水漂》获甘肃省新闻三等奖；获 2010 天水市伏羲文化旅游节先进个人；获 2012、2013 年天水市党委系统优秀信息员。

0194 倪元存

性　　别：男
出生年月：1955-03-01
民　　族：汉族
政治面貌：党员
职　　称：副高
学　　历：大学本科
所在单位：天水日报社
通讯地址：天水市秦州区民主东路 86 号
成　　就：自 1985 年 4 月进入报社以来，曾担任记者、编辑，1993 年 8 月获编辑职称，2002 年 12 月获主任编辑职称，1997 年 8 月任副总编辑，2008 年 7 月任总编辑、副社长。严格按照党纪国法来规范自己的言行，自觉做到严守思想道德防线、廉洁自律、克己奉公，在实践中锤炼思想，取得了新的成效。紧紧围绕市委、市政府中心工作，认真组织实施了天水日报的年度新闻宣传工作，圆满完成了年度新闻宣传和舆论引导工作任务，保持媒体导向正确，为全市改革发展营造了良好的舆论氛围。

0195 张荣忍

性　　别：男
出生年月：1954-02-01
民　　族：汉族
政治面貌：党员
职　　称：副高
学　　历：大学本科
所在单位：天水日报社
通讯地址：天水市秦州区民主东路 86 号
成　　就：自 1998 年 9 月调入天水日报社担任党委副书记、副社长以来，严格按照党纪国法来规范自己的言行，自觉做到严守思想道德防线、廉洁自律、克己奉公，在实践中锤炼思想，取得了新的成效。紧紧围绕市委、市政府中心工作，认真组织实施了天水日报的年度新闻宣传工作，圆满完成了年度新闻宣传和舆论引导工作任务，保持媒体导向正确，为全市改革发展营造了良好的舆论氛围。

0196 辛磊

性　　别：男
出生年月：1988-04-01
民　　族：汉族
政治面貌：群众
职　　称：副高
学　　历：大学本科
所在单位：天水日报社
通讯地址：天水市秦州区民主东路 86 号
成　　就：自工作后时刻把报纸“安全”作为头等大事，通过部室内部的理论学习，大力提升自身的鉴别力、敏锐性、艺术性、责任感。

0197 何郁

性　　别：女
出生年月：1972-05-31
民　　族：汉族
政治面貌：群众
职　　称：副高
学　　历：大学专科
所在单位：天水日报社
通讯地址：天水市秦州区民主东路 86 号
成　　就：采写的《张家川县基层派出所现状调查》获 2005 年地市报群工作品三等奖；采写的《创新使长开厂走上持续发展道路》被评为 2007 年度甘肃“科技好新闻”三等奖；采写编辑的《出租车司机拾金不昧，30 万现金送还失主》被评为 2012 年度中国地市党报新闻奖三等奖等；2006 年被评为天水市优秀新闻工作者。

0198 惠富强

性　　别：男
出生年月：1965-02-01
民　　族：汉族
政治面貌：群众
职　　称：副高
学　　历：大学本科
所在单位：天水日报
通讯地址：天水市秦州区民主东路 86 号
成　　就：获得过天水市十佳新闻编辑，有 20 多篇新闻作品分别获得过省市新闻奖。

0199 李乾

性　　别：男
出生年月：1967-05-01
民　　族：汉族
政治面貌：党员
职　　称：副高
学　　历：硕士研究生

所在单位：天水广播电视台
通讯地址：天水市秦州区南河路 118 号
成　　就：从事广播电视工作 20 多年，先后从事广告经营、行政管理及财务管理工作，2004 年成功举办了天水广播电视台广告时段竞拍工作，为以后天水广播电视台的经营创收上台阶打下了坚实的基础。行政、财务管理水平逐渐提升。

0200 项顶

性　　别：男
出生年月：1966-08-13
民　　族：汉族
政治面貌：党员
职　　称：副高
学　　历：大学本科
所在单位：天水日报社
通讯地址：天水市秦州区民主东路 86 号
成　　就：负责天水日报业务工作的总体策划和日常管理，在一年的新闻宣传工作中，能够从大局出发，围绕市委市政府中心工作，主动搞好各项宣传策划，使新闻宣传工作有重点、有亮点、有看点，也使天水日报的新闻宣传质量有了进一步的提升。

0201 周文涛

性　　别：男
出生年月：1977-02-02
民　　族：汉族
政治面貌：党员
学　　历：大学本科
所在单位：天水日报社
通讯地址：天水市秦州区民主东路 86 号
成　　就：《大山沟里的“电影放映队”》荣获 2011 年甘肃省新闻奖新闻摄影一等奖；《即将消失的村庄》荣获 2013 年甘肃省新闻奖新闻摄影二等奖；《华天今年新招收 120 名员工上岗》获 2009 年甘肃新闻奖新闻摄影三等奖。
简　　介：1996 年参加工作至今一直在天水日报社从事新闻摄影采访，多幅作品被人民日报、新华社等国家省市媒体采用，多次荣获国家、省、市新闻奖。

0202 马文静

性　　别：女
出生年月：1971-11-14
民　　族：回族
政治面貌：群众
职　　称：副高
学　　历：大学本科
所在单位：天水日报社
通讯地址：天水市秦州区民主东路 86 号
成　　就：自 1992 年进入报社，一直从事校对和校审工作。

0203 申士嘉

性　　别：男
出生年月：1965-10-01
民　　族：汉族
政治面貌：群众
职　　称：副高
学　　历：大学本科
所在单位：天水日报社
通讯地址：天水市秦州区民主东路 86 号
成　　就：自 1994 年 11 月进入报社以来，曾任记者、编辑，经济部副主任，多副作品获奖。

0204 胡晓宜

性　　别：女
出生年月：1978-05-22
民　　族：汉族
政治面貌：群众

职　　称：副高
学　　历：大学本科
所在单位：天水日报社
通讯地址：天水市秦州区民主东路 86 号
成　　就：曾获中国地市报通讯二等奖，甘肃省新闻奖副刊编辑一等奖、三等奖，天水市优秀新闻工作者“最佳策划奖”、天水市新闻奖通讯一等奖，天水市新闻奖副刊作品奖。

0205 许连贵

性　　别：男
出生年月：1975-06-25
民　　族：汉族
政治面貌：党员
职　　称：副高
学　　历：大学本科
所在单位：天水日报社
通讯地址：天水市秦州区民主东路 86 号
成　　就：2008 年获评甘肃省广告协会先进工作者。

0206 杨志斌

性　　别：男
出生年月：1960-08-01
民　　族：汉族
政治面貌：党员
职　　称：副高
学　　历：大学本科
所在单位：天水日报社
通讯地址：天水市秦州区民主东路 86 号
成　　就：自 1992 年 12 月进入天水日报社以来，曾任副刊编辑部记者、编辑、副主任，多副作品曾获奖。

0207 王军祥

性　　别：男
出生年月：1977-01-04
民　　族：汉族
政治面貌：党员
职　　称：副高
学　　历：大学本科
所在单位：天水日报社
通讯地址：天水市秦州区民主东路 86 号
成　　就：在天水日报社供职期间，联系创办了天水手机报，主持创办了《天水日报·卫生与健康》周刊，为报社的多媒体发展和报业经营有着突出贡献。采写和编辑的 10 多篇稿件和版面荣获全国和省市一等奖，并获得天水市“优秀记者”“十佳新闻工作者”“十大杰出青年”等荣誉称号。

0208 霍立红

性　　别：女
出生年月：1968-04-14
民　　族：汉族
政治面貌：群众
职　　称：副高
学　　历：大学本科
所在单位：天水日报社
通讯地址：天水市秦州区民主东路 86 号
成　　就：编辑的通讯作品《你对这片土地爱的深沉》荣获 2006 年度甘肃新闻奖一等奖。

0209 郭艳秋

性　　别：女
出生年月：1976-10-09
民　　族：汉族
政治面貌：民主党派
职　　称：副高
学　　历：大学本科
所在单位：天水日报社
通讯地址：天水市秦州区民主东路 86 号
成　　就：编辑消息作品《天水三大劳务品

牌注册商标》获2005年度甘肃新闻奖一等奖，同时获2005年度中国地市报新闻奖一等奖；编辑消息作品《甘谷麻鞋走俏欧美市场》获2005年度甘肃新闻奖二等奖，同时获2005年度中国地市报新闻奖二等奖和天水市新闻奖二等奖；采写消息作品《武山韭菜注册商标“周庄盘龙”》获中国城市党报2006年度新闻奖三等奖；编辑消息作品《李维谦获省科技功臣殊荣》获2006年度天水市新闻奖二等奖；编辑系列报道《天水星火机床有限公司自主创新实录》获2006年度中国地市报新闻奖二等奖；编辑通讯作品《农民买基金》获2007年度中国地市报新闻奖一等奖；编辑消息作品《高科技带来高回报》获2007年度中国地市报新闻奖二等奖；设计的2007年1月8日《天水日报》一版获2007年度中国地市报新闻奖二等奖；编辑消息《华天科技我市第一家上市公司诞生》获2007年度天水市新闻奖二等奖。

0210 徐强

性　　别：男
出生年月：1967-11-04
民　　族：汉族
政治面貌：党员
职　　称：副高
学　　历：大学专科
所在单位：天水日报社
通讯地址：天水市秦州区民主东路86号
成　　就：多篇作品获地市报、省、市、新闻奖。编辑《天水百位名人传》。获评天水市新闻工作者优秀技术人员、天水市新闻好策划、天水市关心下一代先进个人。

0211 杨璟

性　　别：男
出生年月：1982-04-17
民　　族：汉族
政治面貌：党员
职　　称：副高
学　　历：大学本科
所在单位：天水日报社
通讯地址：天水市秦州区民主东路86号
成　　就：采写的通讯《农民买基金》获2007年度中国地市报新闻一等奖；图片《春运回家》被评为第十二届天水市新闻奖单项奖；消息《宝天高速公路（甘肃段）正式通车》被评为天水市新闻奖二等奖。2011年2月，被市委、市政府评为麦积山景区创建国家5A级旅游景区工作先进个人；2011年6月，被市委评为全市优秀共产党员；2012年12月，被市委宣传部、市新闻工作者协会评为全市优秀记者。

0212 刘欣

性　　别：男
出生年月：1974-07-11
民　　族：汉族
政治面貌：党员
职　　称：副高
学　　历：大学本科
所在单位：天水日报社
通讯地址：天水市秦州区民主东路86号
成　　就：身处新闻一线，采访创作了大量优秀的新闻报道，并刊发了大量文学作品。本人多次获得省市、国家级新闻奖项，包括赵超构新闻一等奖、地市报新闻一等奖、甘肃省新闻一等奖及副刊作品优秀奖等。

0213 何喜田

性　　别：男
出生年月：1966-07-01
民　　族：汉族
政治面貌：党员

职　　称：副高
学　　历：大学本科
所在单位：天水广播电视台
通讯地址：天水市秦州区南河路 118 号
成　　就：《关中—天水经济区》荣获 2009 年甘肃新闻奖二等奖；《2011 年公祭伏羲大典》专题节目荣获“2011 年度甘肃新闻奖”三等奖。

0214 熊奇录

性　　别：男
出生年月：1965-09-08
民　　族：汉族
政治面貌：党员
职　　称：副高
学　　历：大学本科
所在单位：天水广播电视台
通讯地址：天水市秦州区南河路 118 号
成　　就：2009 年 9 月，《天水伏羲庙》被省文学艺术界联合会、省电视艺术家协会评为省电视金鹰奖电视纪录片类二等奖；2011 年 10 月专题片《盐关盐井》被省广播电影电视局、省广电协会评为 2010 年度甘肃广播影视奖电视社教一等奖。

0215 刘芹

性　　别：女
出生年月：1971-12-04
民　　族：汉族
政治面貌：群众
职　　称：副高
学　　历：大学专科
所在单位：天水日报社
通讯地址：天水市秦州区民主东路 86 号
成　　就：采写的《煤炭市场的冷热》第 24 届（2009 年度）赵超构新闻二等奖；采写的《绿茵法官黑起来也很可怕哨一响黄金万两》在第 26 届（2011 年度）中国地方报新闻奖评选中荣获优秀奖；编辑的《天水体育》在第 27 届（2012 年度）中国地方市报新闻奖评选中荣获优秀奖。

0216 郭大洋

性　　别：男
出生年月：1965-10-01
民　　族：汉族
政治面貌：党员
职　　称：副高
学　　历：大学本科
所在单位：天水广播电视台
通讯地址：天水市秦州区南河路 118 号
成　　就：2010 年 9 月，文艺专题《街子木偶戏》被省广播电影电视局、省广电协会评为 2009 年度甘肃广播影视奖电视文艺一等奖；2011 年 10 月文艺专题《下四川》被省广播电影电视局、省广电协会评为 2010 年度“甘肃广播影视奖”电视文艺一等奖。

0217 李雅春

性　　别：女
出生年月：1968-01-08
民　　族：汉族
政治面貌：党员
职　　称：副高
学　　历：大学本科
所在单位：天水日报社
通讯地址：天水市秦州区民主东路 86 号
成　　就：1994 年获第六届中国西部商品交易会筹办先进个人；2004 年获天水市优秀新闻工作者工作；2006 年获天水市十佳新闻工作者；2008 年获天水市 2007—2008 年度好栏目策划人；2010 年获全省妇女儿童宣传报道优秀记者；2011 年获天水市优秀思想政治工作者；2012 年获甘肃省优秀新闻工作者；

有30余篇新闻作品获中国地市报、中国城市党报、甘肃省及天水市好新闻奖。

0218 周岗

性　　别：男

出生年月：1966-07-01

民　　族：汉族

政治面貌：党员

职　　称：副高

学　　历：大学本科

所在单位：天水广播电视台

通讯地址：天水市秦州区南河路118号

成　　就：2009年12月获2009年度全省广播电视技术维护先进个人奖；2009年12月《天水电视台制作系统改造》项目获2009年度甘肃省广播电影电视科技创新三等奖；2008年11月被天水市委宣传部、天水市新闻工作者协会评为“天水市十佳新闻工作者”；1998年11月至1999年2月，独立设计、主持完成《天水电视台节目制作设备数字化改造》，天水电视台制作设备开始由模拟向数字化迈进，使节目制作质量提高了一个台阶；2003年10月至2004年1月，独立设计、主持完成《天水电视台播出系统全硬盘化改造》大大提高了节目播出质量和准确性及自动化水平；2004年8月至2004年10月参与设计、主持完成（排名第一）《天水广播电台音频工作站系统改造》广播节目的制作、播出、存储实现了自动化、硬盘化，提高了质量，降低了故障率；并获2004年度甘肃省广播电影电视科技创新三等奖。

0219 苏中豹

性　　别：男

出生年月：1968-10-29

民　　族：汉族

政治面貌：党员

职　　称：副高

学　　历：大学本科

所在单位：天水日报社

通讯地址：甘肃省天水市秦州区民主东路86号

成　　就：从业以来，采写的《全真七子名出天水》《百人关注救人英雄》《一册明一目了然　一卡通一站到家》及编辑的稿件《“天路”打开，“神鹰”降落》等50余篇作品分别获得中国地市报、中晚协西北网好新闻奖；2001至2014年，连续10届被报社党委评为优秀共产党员，并连年受到嘉奖；有多次被评为报社先进个人；所领导的部室也多次获得先进荣誉；2004年至2008年，连续三届被天水市委宣传部、天水市新闻工作者协会评为“优秀新闻工作者”“十佳新闻工作者”和“优秀策划人”。

简　　介：1992年7月兰州大学中文系毕业，次月分配至天水日报社参加工作至今；2007年获主任编辑职称（副高）；2002年至2004年在兰州大学在职研究生班学习结业；目前任天水日报社编委、天水晚报时政新闻中心主任。

0220 宋万堃

性　　别：男

出生年月：1966-01-03

民　　族：汉族

政治面貌：党员

职　　称：副高

学　　历：大学本科

所在单位：天水日报社

通讯地址：天水市秦州区民主东路86号

成　　就：2005年，获甘肃省首届双十佳青年记者称号；2010年获全省经营管理奖；2014年获甘肃省经营管理奖。

0221 员武军

性　　别：男
出生年月：1967-03-16
民　　族：汉族
政治面貌：党员
职　　称：副高
学　　历：大学本科
所在单位：天水日报社
通讯地址：天水市秦州区民主东路 86 号
成　　就：2007 年度获天水日报社先进工作者；2006 年被评为天水市优秀记者。

0222 郭爱农

性　　别：男
出生年月：1970-08-21
民　　族：汉族
政治面貌：党员
职　　称：副高
学　　历：大学本科
所在单位：甘肃机电职业技术学院
通讯地址：甘肃省天水市秦州区赤峪路 107 号
成　　就：日常工作中力求通过文字、图片、视（音）频等来书写学院的快速发展、反映学院的巨大变化；时常站在高职院校迅猛发展的前沿高地，以自己的深入思考跟进高职教育的变革；通过多种形式，拓展宣传视域，延伸新闻触角，用小事件反映大问题，以平凡事揭示新变迁，弘扬主旋律，传播正能量。两年来树立了一批默默奉献的典型人物，推出了诸多孜孜创新的先进科室；通过网络、报刊、视频等多种媒介发布学院工作大动态近 400 条（次），在校内外产生了广泛的宣传效应。
简　　介：现任甘肃机电职业技术学院党委宣传部部长。先后从事过学生管理、党团工群、招生就业等工作，2012 年初开始从事宣传工作。

0223 胡喜成

性　　别：男
出生年月：1953-03-10
民　　族：汉族
政治面貌：党员
职　　称：副高
学　　历：大学本科
所在单位：秦安县文化馆
通讯地址：甘肃省秦安县兴国镇先农街旗杆巷 8 号
成　　就：2005 年 8 月 15 日诗词获文化部文化艺术人才中心三等奖；《龙虎山》获龙虎山国际诗词优秀奖；先后发表了《东山》《菩萨顶》《胡喜成诗选》等诗词著作。
简　　介：秦安县新闻出版副编审。1981 年毕业于甘肃农业大学农学专业；1993 年—2006 年在秦安县志办公室工作；2006 年至今在秦安县文化馆工作。

0224 黄尧天

性　　别：男
出生年月：1968-11-15
民　　族：汉族
政治面貌：党员
职　　称：副高
学　　历：大学本科
所在单位：甘谷县广播电视台
通讯地址：甘谷县文广局
成　　就：在甘谷县广播电视台副台长任上，组织全台新闻采编人员多角度、深层次、高质量地办好《甘谷新闻》和其他广播电视主题栏目；在新闻记者岗位上，深入新闻一线采写了大量的新闻和专题，其中电视新闻《投资上亿的西北部农村安全饮水工程通水》获省级二等奖、市级三等奖；广播专题《山花烂漫绿荫浓——记“生态中国十大人物”李勤英》获市级二等奖，电视专题《春潮》《姜维故里话忠魂》《山村新貌》获市级三等奖；电视新闻《我县西北部干旱山区农村安全饮水工程开工》《渭河风情焕异彩》《甘谷祁连山水泥有限公司120吨水泥生产线竣工投产》获市级三等奖。发表了《情节是写好人物通讯的关键》《浅谈散文的特点及构思》《浅议县级电视节目的贴近与创新》等论文。

简　　介：出生于甘谷县六峰镇觉皇寺村，1991年7月参加工作，1996年6月加入中国共产党。兰州大学汉语言文学系毕业。历任甘谷县广播电视台记者、编辑、新闻部主任、局办公室主任，2008年8月至今任甘谷县广播电视台副台长分管新闻宣传工作。2009年12月获主任记者职务任职资格。2010年3月至今被聘任为甘谷县广播电视台主任记者。

0225 韩霞

性　　别：女
出生年月：1974-03-28
民　　族：汉族
政治面貌：群众
职　　称：副高
学　　历：大学本科
所在单位：张家川县广播电视台
通讯地址：张家川县人民路5号
成　　就：2006年参加播音主持作品评选《致富的领头雁　群众的贴心人》获天水市2005年度播音与主持作品三等奖；2008年被张家川县委、县政府评为全县优秀新闻工作者；2010年9月采写并录制的《张家川花儿》在“全国DV影像”新闻类节目评析中获得银牌节目奖，并荣获最佳播音奖；2011年7月播音主持的电视节目《党旗映下庞》在“党的光辉照四方”全国电视节目评析活动中荣获二等奖，并获得最佳播音（主持）奖；2011年9月编辑的《千万资金修农路　农民群众喜心头》获得第十五届（2010年）天水市新闻奖三等奖；2013年11月撰写的稿件《花儿唱入小学堂》获得全省第二届县级（区）台广播新闻节目三等奖；《马路合的“双联”账本》获全省第二届县级（区）台电视新闻节目三等奖；播音作品《大山深处的坚守》获全省县级（区）台广播播音与主持作品二等奖。

简　　介：1980年8月—1986年7月在张家川东关小学读小学；1986年8月—1992年7月在张家川县一中读中学；自1994年参加工作以来，一直在电视台新闻部从事广播电视播音、录制广播新闻节目稿件、专题片配音等工作；2002年12月取得二级播音员职称；2006年考取了播音员主持人证和记者证；2007年12月取得一级播音员职称；2012年12月取得主任播音员职称。

0226 马兰芳

性　　别：女
出生年月：1970-05-26
民　　族：回族
政治面貌：党员
职　　称：副高
学　　历：大学本科
所在单位：张家川县广播电视台
通讯地址：张家川县人民东路5号
成　　就：多次获省、市优秀广播节目一、二、三等奖；2006年获天水市优秀新闻工作者；2008年12月19日经甘肃省新闻专业高级职务任职资格评审委员会评审获主任记者。

简　　介：1989年9月至1993年6月在青海民院数学系读本科，获理学学士学位；1993年7月参加工作，一直在张家川县广播电视局电视台新闻部从事新闻采编工作。1998年12月被评为助理记者职务（初级）；2003年10月18日参加全国新闻采编人员资格培训并取得编辑记者证，2003年12月取得记者职业资格（中级），2007年9月担任张家川县广播电视台副台长职务；2008年12月获得主任记者职业资格（副高级）；2011年11月—12月参加市委党校理论骨干进修班培训。

0227 袁洁

性　　别：女
出生年月：1974-03-20
民　　族：汉族
政治面貌：党员
职　　称：副高
学　　历：大学专科
所在单位：武威市广播电视台
通讯地址：武威市凉州区北关西路78号
成　　就：独立解说的电视记录片《2010·春在民勤》获全国2010抗灾救灾优秀电视作品好作品奖；独立播音主持的《向北，望南》《透视城区热力网》《武威人在深圳》《沙尘飞扬环保当先》等数件作品分获省、市一、二、三等奖；采编、播音的《下山入川》获第五届全国新农村艺术节"小康工程"电视专题节目一等奖，获甘肃"新闻奖"二等奖；《那山那佛那宝卷》《浴血古浪》获2013年度全国旅游周电视节目三等奖；《米粮川上铸丰碑》获省委组织部优秀党员事迹报道三等奖；《我在"两会"》获甘肃省人大"好新闻"二等奖；《郭晓芹和她的决战大学》获甘肃省访谈节目三等奖；被武威市委、市政府评为"武威市新闻宣传先进个人"；获得"甘肃省技术标兵""武威市技术能手"称号。
简　　介：1996年参加工作，主任播音员，中国广播电视协会播音主持委员会理事，甘肃省电视艺术家协会会员，普通话水平测试员，现为武威市广播电视台制片人、主持人。1994年至1996年，西北民族学院外语系上学；1997年至2006年，凉州电视台从事播音主持采编工作；2006年至今，武威市广播电视台从事播音主持采编工作。

0228 崔德祯

性　　别：男
出生年月：1965-10-26
民　　族：汉族
政治面貌：党员
职　　称：副高
学　　历：大学本科
所在单位：武威市广播电视台
通讯地址：武威市凉州区北关西路78号
成　　就：《凉州农村确权颁证让"死资产"变"活资金"》《凉州区实施异地搬迁"下山入川"工程拔穷根》等5件作品获甘肃新闻奖一、二、三等奖；《石羊河的春天》《人参果兴衰录》等4件作品获全国广电节目评选二、三等奖。专著《广播电视管理简论》由中国广播电视出版社出版，参与编著的《武威市广播电视志》等4部著作出版；参与创作的电视专题片《武威，天马的故乡》获第二届全省精神文明"五个一"工程奖；《论新闻写作的角度选择》《把现代化的信息高速公路铺到农家路口》等6篇业务论文在省级刊物发表或获奖；曾获"全省法制宣传先进个人"等5项省市级荣誉。
简　　介：主任记者，先后在凉州区广播电视局（台）、武威市广播电视台从事新闻采编和管理工作，现为武威市广播电视台凉州频道总监。

0229 张玉红

性　　别：女
出生年月：1972-06-10
民　　族：汉族

政治面貌：党员
职　　称：副高
学　　历：大学本科
所在单位：武威市广播电视台
通讯地址：武威市凉州区北关西路 78 号
成　　就：普通话省级测试员。播音主持作品《凉州新闻》获得省级二等奖；《留守妇女组的快乐生活》节目获得全国农业节目三等奖。
简　　介：现为武威电视台凉州频道节目主持人，1992 年参加工作以来，先后在武威人民广播电台、凉州电视台及武威市电视台从事播音主持工作。先后主持过武威人民广播电台《武威新闻》及《金色年华》。

0230 石敬臣

性　　别：男
出生年月：1965-05-07
民　　族：汉族
政治面貌：党员
职　　称：副高
学　　历：大学本科
所在单位：武威市广播电视台
通讯地址：武威市凉州区北关西路 78 号
成　　就：《双美公司全力支持地方建设》获得甘肃省非公经济好新闻三等奖。

0231 杨建武

性　　别：男
出生年月：1963-08-14
民　　族：汉族
政治面貌：群众
职　　称：副高
学　　历：大学本科
所在单位：武威市广播电视台
通讯地址：武威市凉州区北关西路 78 号
成　　就：多篇新闻作品获国家、省、市奖。部分主持或参与采编制作的电视新闻、专题节目、报纸消息、通讯、调查报告、新闻图片等体裁的新闻作品被中央及省级以上新闻媒体播发，采编制作的部分电视新闻和专题节目、报纸新闻分获中国广播电视奖、甘肃广播电视奖，全国城市广播电视报优秀稿件评选一、二、三等奖。2010 年 7 月被评为新华社优秀签约摄影师，现为武威市广播电视台主任记者。
简　　介：1982 年 10 月参加工作，在职本科学历。1986 年 1 月入武威地区广播电视局，曾经在冬青顶电视调频转播台从事技术工作两年。1988 年起开始从事新闻编采工作，先后在武威电视台、甘肃广播电视报武威周刊、武威市广播电视台从事电视新闻、新闻性专栏节目、报纸新闻、网络新闻编采工作。其中专职从事电视新闻及新闻性专栏节目编采工作 18 年，报纸新闻编采工作 6 年，网络新闻编采工作两年。

0232 潘从安

性　　别：男
出生年月：1962-07-25
民　　族：汉族
政治面貌：党员
职　　称：副高
学　　历：大学本科
所在单位：武威市广播电视台
通讯地址：武威市凉州区北关西路 78 号
成　　就：20 多篇作品获省市新闻奖项。
简　　介：1977 年参加工作，主任记者。多年来从事新闻工作，采写新闻稿件 1000 多篇。

0233 王雪军

性　　别：男
出生年月：1970-05-04
民　　族：汉族

政治面貌：党员
职　　称：副高
学　　历：大学本科
所在单位：武威市广播电视台
通讯地址：武威市凉州区北关西路 78 号
成　　就：多年来，主持创作的 100 多件作品获得国家、省级奖项；个人作品《大漠·长河》获中国电视艺术家协会组织的第四届中国旅游电视周优秀电视节目二等奖；《党项余韵》《石羊河·母亲河》《王哥过年》《张先生拜年》等获得“甘肃省广播影视奖”电视社教、电视文艺节目二等奖，其他多部作品获得三等奖；论文《试论电视宣传“典型”》获得武威市宣传思想工作业务论坛优秀奖；《浅议地方电视台之新闻宣传》在《甘肃日报》论文选登；《地方电视台民生新闻之我见》在《发展》杂志刊登。连续五年被武威团市委评为优秀团干部，获得武威市“青年岗位能手”称号；被武威市政府表彰为全市语言文字工作先进个人；两次被武威市委市政府表彰为“天马”节会先进个人；被武威市委市政府表彰为优秀领导干部；被共青团甘肃省委、甘肃省新闻工作者协会评为甘肃省第六届五四新闻奖优秀青年记者；被甘肃省委、省政府表彰为甘肃省普及九年义务教育基本扫除青壮年文盲工作先进个人。现为甘肃省电视艺术家协会理事。

0234 尚光生

性　　别：男
出生年月：1966-06-10
民　　族：汉族
政治面貌：党员
职　　称：副高
学　　历：大学本科
所在单位：武威市广播电视台
通讯地址：武威市凉州区北关西路 78 号
成　　就：采写播发消息、专题、评论、调查报告等新闻稿件 1500 篇约 90 万字，其中有 60 多件作品分别在国家、省、市广播电视优稿评选中获奖；撰写的 6 篇论文在《甘肃日报》《甘肃视听》等刊物发表，并参与了《武威非物质文化遗产概览》（约 50 万字，由新华出版社发行）的编撰工作。本人相继获得全省优秀青年记者、武威地区十大优秀青年知识分子、全市新闻宣传先进个人等荣誉。
简　　介：1984 年 7 月参加工作，在凉州区永昌镇中学任教；1989 年 7 月至 2006 年 11 月，历任凉州区广播电视台记者、编辑、编委办、总编室主任、副台长等（期间，2000 年 7 月至 2012 年 6 月，兰州大学现当代文学研究生班进修学习）；2006 年 12 月至 2014 年 6 月，在武威市广播电视台工作，相继任武威人民广播电台、监察法规安全科、公共频道负责人。

0235 李芬仁

性　　别：男
出生年月：1962-09-15
民　　族：汉族
政治面貌：党员
职　　称：副高
学　　历：硕士研究生
所在单位：民勤县广播电影电视局
通讯地址：民勤县三雷镇西大街 21 号
成　　就：2004 年《从农产品价格波动看畜牧业发展》获甘肃广播影视三等奖；2005 年《共产党的典范》获甘肃广播影视三等奖；2007 年《温总理视察我县》《民勤卖洋葱铁路亮绿灯》获甘肃广播影视三等奖；2008 年《传承民勤小曲保护文化遗产》获甘肃广播影视三等奖；2010 年《酒店门前的鞭炮声》获甘肃广播影视三等奖；2011 年《民勤特色

产品成为空客食品》获甘肃广播影视三等奖；2009 年《民勤关闭机井 3000 眼　建起温棚 8000 座》获甘肃广播影视二等奖；2012 年《石羊河流域重点治理取得重大成果》获甘肃广播影视一等奖。

简　　介：参加工作 30 余年，一直从事广播电视新闻工作，现任民勤广播电台副台长。2007 年、2009 年分别被民勤县委、武威市评为全市新闻工作先进个人。2004 年被民勤县委评为全县十佳道德标兵。

0236 谢能萨

性　　别：男

出生年月：1971-08-11

民　　族：藏族

政治面貌：党员

职　　称：副高

学　　历：大学本科

所在单位：天祝县广播电视台

通讯地址：天祝县广电局

成　　就：工作以来先后获全国、省、市县级各类奖励 30 余次（项），曾获青海电视台“新闻宣传先进个人”、武威市“首届十大青年岗位能手”等荣誉称号。

简　　介：现任天祝广播电视台藏语部主任。1993 年 6 月毕业于西北民族大学藏语系，同年分配至天祝县广播电视局工作至今；2004 年被任命为副主任科员；2009 年获新闻专业主任编辑职称；2010 年被县政府聘任为天祝广播电视局主任编辑；2011 年 9 月至 2013 年 6 月在四川大学新闻传播学院研修班脱产进修。

0237 刘新盛

性　　别：男

出生年月：1970-08-08

民　　族：汉族

政治面貌：党员

职　　称：副高

学　　历：大学本科

所在单位：天祝县广播电影电视局

通讯地址：天祝县广电局

成　　就：在天祝广电局主要从事广播电视工程技术工作，工作扎实，业绩显著。2002 年在全省广播电视技术能手竞赛中，荣获全省第三名；2006 年被武威市授予十佳青年岗位能手；先后 7 次被县委、县政府评为先进工作者；在国家级核心期刊上发表学术论文《县级广播电视台直播数字网络化的实现》；有多篇论文在省级期刊发表。2000—2012 年先后 13 次被省、市、县表彰奖励。

简　　介：1995 年 6 月毕业于原西北第二民族学院（现北方民族大学）应用电子技术专业，1995 年 7 月参加工作，2002 年 2 月加入中国共产党，2006 年 5 月任天祝县广播电视网络中心副主任，2012 年 2 月任高级工程师，2012 年 6 月任天祝县毛毛山微波台副台长。

0238 徐永盛

性　　别：男

出生年月：1972-09-09

民　　族：汉族

政治面貌：党员

职　　称：副高

学　　历：大学本科

所在单位：武威市广播电视台

通讯地址：武威市北关西路 78 号武

成　　就：在负责电台工作期间，首开全省市级电台节目直播的先河。率先建成了全省市级台第一家媒体网站——“天马在线”网站，实现了电台电视台节目网上收听收看。策划开办了一系列大型大民生栏目、文化栏目，完成了《打赢生态保卫战》等 50 多部专题片，创制了《大漠·长河》等30多部纪录片，先后撰写了《小台也有大作为》等60多篇论文。出版发行有纪录片卷《谷水之恋》，专题卷《文化武威》，出版发行有《武威市广播电视志》《武威瑰宝》等专著和《武威天马的故乡》《凉州放歌》《科技兴农》等多部音像制品。《下山入川》《大漠·长河》《千古绝唱西凉乐》等60多部作品、论文荣获全国电视论文一等奖、全国电视作品一等奖、甘肃省“五个一”工程奖和甘肃新闻奖、甘肃省广播影视奖一、二等奖，《那山，那佛，那宝卷》在美国国际卫视播出。

简　　介：自1996年进入广播电视宣传行业以来，先后担任局办公室主任、电台总编室主任、天马在线网站管委会主任、新闻综合频道总监。中国电视艺术家协会会员、中国广电协会纪录片协会创作中心会员、甘肃省电视艺术家协会会员、甘肃省作家协会会员。先后被评为甘肃省先进宣传个人、甘肃省五四新闻奖优秀青年记者、甘肃省宣传非公经济先进个人、武威市优秀新闻工作者等。

0239 孙海峰

性　　别：男
出生年月：1977-07-01
民　　族：汉族
政治面貌：党员
职　　称：副高
学　　历：大学本科
所在单位：张掖市广播电视台
通讯地址：张掖市甘州区南环路679号
成　　就：获全省广播影视科技创新奖、技术维护先进个人，多篇电视作品获国家或省级奖。

0240 魏莲

性　　别：女
出生年月：1970-10-01
民　　族：汉族
政治面貌：党员
职　　称：副高
学　　历：大学本科
所在单位：张掖市广播电视台
通讯地址：张掖市甘州区南环路679号
成　　就：多次荣获国家、省、市新闻奖项。

0241 刘红梅

性　　别：女
出生年月：1968-12-01
民　　族：汉族
政治面貌：民主党派
职　　称：副高
学　　历：大学本科
所在单位：张掖市广播电视台
通讯地址：张掖市甘州区南环路679号
成　　就：在国家级、省级刊物上发表论文、广播电视作品20多篇，多次获奖。

0242 郑威

性　　别：男
出生年月：1963-06-01
民　　族：汉族
政治面貌：党员
职　　称：副高
学　　历：大学本科
所在单位：张掖市广播电视台，
通讯地址：张掖市甘州区南环路679号
成　　就：电视专题片《草原，祁连山之魂》荣获2009年中国第二届旅游电视专题类节目一等奖、第六届敦煌文艺奖二等奖，同时该片获得2010年世界山地纪录片（自然类短片）“玉昆仑”奖。有多件电视新闻作品获“甘肃广播影视奖”一等奖。

0243 常菊

性　　别：女
出生年月：1961-01-01
民　　族：汉族
政治面貌：群众
职　　称：副高
学　　历：大学本科
所在单位：张掖市广播电视台
通讯地址：张掖市甘州区南环路 679 号
成　　就：在省级以上刊物上发表 10 多篇论文；7 个项目获省广电科技创新二三等奖；三篇论文获省广电优秀科技论文二三等奖；获得过全省及全市台等技术维护先进个人荣誉称号。

0244 张三奎

性　　别：男
出生年月：1964-11-01
民　　族：汉族
政治面貌：党员
职　　称：副高
学　　历：大学本科
所在单位：张掖市广播电视台
通讯地址：张掖市甘州区南环路 679 号
成　　就：《裕固族风情》获第四届敦煌文艺二等奖；《张掖地区沙产业系列报道》获甘肃电视台一等奖；电视专题片《沙漠·太阳·人》获甘肃电视台二等奖；1999 年被评为张掖地区“十佳青年新闻文化工作者”。

0245 刘伟

性　　别：男
出生年月：1966-07-01
民　　族：汉族
政治面貌：党员
职　　称：副高
学　　历：大学本科
所在单位：张掖市广播电视台
通讯地址：张掖市甘州区南环路 679 号
成　　就：获得甘肃省广告行业先进个人；张掖市文化产业先进个人；第一届“湿地之夏·金张掖旅游文化艺术节”先进个人；张掖市文化系统先进个人等荣誉称号。

0246 吴兴帅

性　　别：男
出生年月：1975-11-01
民　　族：汉族
政治面貌：党员
职　　称：副高
学　　历：大学本科
所在单位：张掖市广播电视台
通讯地址：张掖市甘州区南环路 679 号
成　　就：15 篇稿件曾获国家级、省级一、二等奖。

0247 陈文宝

性　　别：男
出生年月：1965-07-01
民　　族：汉族
政治面貌：党员
职　　称：副高
学　　历：大学本科
所在单位：张掖日报社
通讯地址：张掖市甘州区县府南街 109 号（新闻大厦）
成　　就：在新闻采编方面成绩突出，在业内和社会上有较高的知名度和较大影响力，是全市本行业学术带头人。有 2 件新闻作品获甘肃新闻奖一等奖，是《张掖日报》创刊以来至今获得的 2 个一等奖，也是全市新闻行业唯一获得且两次获得报纸类省级以上新闻奖一等奖的作者。有 7 件新闻作品获甘肃新闻奖二等奖，13 件作品获甘肃新闻奖三等奖、优秀奖等省级以上新闻奖，均在全市新闻行业排名第一，有20多篇各类稿件在市级好新闻评选中获奖。特别是在经济领域的报道和重要社论、评论文章的撰写上有一定的权威性和相当的知名度，每年撰写刊发的社论、评论至少在40篇以上。两次受到市委的表彰奖励，10多次被评为先进工作者。

简　　介：主任记者，市管专业技术拔尖人才，全市首届"十杰百佳"青年新闻文化工作者，全省宣传文化系统"四个一批"人才。现为张掖日报社副社长、副总编辑。

0248 公维余

性　　别：男
出生年月：1976-05-13
民　　族：汉族
政治面貌：党员
职　　称：副高
学　　历：大学本科
所在单位：河西学院信息技术与传媒学院
通讯地址：甘肃省张掖市环城北路846号
成　　就：发表论文12篇，出版专著1部。
简　　介：甘肃高台人，河西学院信息技术与传媒学院教学科研办公室主任副教授。

0249 谢志春

性　　别：男
出生年月：1972-03-16
民　　族：汉族
政治面貌：党员
职　　称：副高
学　　历：大学本科
所在单位：河西学院党委宣传部新闻中心
通讯地址：甘肃省张掖市环城北路846号
成　　就：在省级以上刊物发表论文8篇。先后在《每日甘肃》《甘肃电视台》《张掖日报》《张掖电视台》等媒体发表刊播新闻作品500余篇。电视新闻作品《双拐走出人生路》获得教育部主办的2006—2007年度教育部优秀教育新闻评比三等奖；电视新闻《河西学院赴肃南边远牧区救助失学女童奉献爱心》获得2006年甘肃省五四新闻奖一等奖；《走进康乐》DV作品获得2005年甘肃省大学生艺术展演一等奖；摄影作品《丹霞》获得2005年甘肃省大学生艺术展演二等奖；电视专题片《情系河西育桃李》《淡泊名利写人生》获得张掖市第三届、第五届党员教育电视片观摩评比一等奖；先后获得甘肃省教育宣传先进个人、全省健康教育先进工作者、优秀通讯员、甘肃省第一届大学生艺术展演活动优秀指导教师等荣誉称号。

简　　介：1995年毕业于西北师大教育技术专业，现任河西学院党委宣传部新闻中心主任，高级工程师。2012年获得电子科技大学软件工程在职硕士学位。

0250 白天敬

性　　别：男
出生年月：1955-12-23
民　　族：汉族
政治面貌：党员
职　　称：副高
学　　历：中专
所在单位：临泽广播电视台
通讯地址：临泽县电视台
成　　就：《我县30名下岗职工赴温州取经》获2003年度全省优秀广播节目二等奖；《农民宋汉昌开着私家车去旅游》获2005年度全省广播电视节目二等奖、全市一等奖；《移民村的NBA》获2006年度全市广播电视节目二等奖；《不容忘却的历史》获2009年度第二届甘肃省电视金鹰奖一等奖。

简　　介：现任广播电视台副台长。2003年8月，被张掖市广播电影电视局、市委宣传部评为“2002年度电视新闻宣传通联工作先进个人”；2004年11月，被市新闻工作者协会评为“全市优秀新闻工作者”；2007年1月，被临泽县政协评为“宣传政协工作先进个人”；2007年4月，被中共临泽县委评为“全县统一战线先进个人”；2011年12月，被市广电局评为“全市优秀新闻工作者”。

0251 赵建军

性　　别：男
出生年月：1966-09-02
民　　族：汉族
政治面貌：党员
职　　称：副高
学　　历：大学本科
所在单位：临泽县广播电视台
通讯地址：临泽县广播局家属楼
成　　就：1981年10月参加工作至今，撰写的《绿色家园希望——临泽县建设生态文明新村纪实》荣获2005年度“宣传张掖好新闻奖”二等奖；《临泽新闻》荣获2012年度“全市广播影视奖电视播音主持三等奖”；《枣乡春韵》荣获2012年度“全市广播影视奖电视文艺二等奖”。

0252 王晓峰

性　　别：女
出生年月：1970-01-23
民　　族：汉族
政治面貌：党员
职　　称：副高
学　　历：大学本科
所在单位：白银市广播电视台
通讯地址：白银市白银区兰州路156号
成　　就：2008年《红蜻蜓·青草地》获国家广电总局少儿精品栏目三等奖；2009年《红蜻蜓·青草地》再获全省十大优秀品牌广播栏目；在2009年度优秀作品评选活动中，2件作品获一等奖，有12件作品分获奖项；在2011年，带领部门人员大胆尝试、实现第一次真正意义上的现场直播，开广播电台户外直播先河，由她参与的电视节目《蜗居在棚户区的日子》《魅力白银》获省级一等奖；由她编辑、主持、制作的广播节目《黄色诱惑》《艾滋病离我们有多远》《红丝带的召唤》《秸秆开出致富花》等获甘肃省广播电视新闻二等奖、三等奖。2007年、2011年被评为全市优秀新闻工作者，受到市委市政府的表彰。
简　　介：1989年9月至1993年7月，西北师范大学学前教育专业学习；1993年7月至1998年12月，天水市第二师范学校教育组助教；1998年12月至今，白银人民广播电台（现为白银市广播电视台）编辑制作部主任编辑。

0253 刘宗仪

性　　别：男
出生年月：1964-04-20
民　　族：汉族
政治面貌：党员
职　　称：副高
学　　历：硕士研究生
所在单位：白银市广播电视台
通讯地址：白银市白银区兰州路156号
成　　就：2007年被省委宣传部、省教育厅授予“全省教育宣传工作先进个人”称号，被白银市委、市政府授予“全市民族团结进步模范个人”称号。8次被评为“白银市广电局对外宣传先进个人”“白银市广电局先进工作者”。1986年6月创作的歌曲《我是草原一朵花》（词作者）被省文化厅、教育厅、妇联、团省委、省民委、省音协、甘肃人民广播电台授予“全省优秀少儿歌曲评奖”

鼓励奖。1996年创办《今日白银》《每周特写》栏目，任编导、摄像、撰稿，曾连续五年成为白银电视台名牌栏目，2002年担任主摄像成功完成白银电视台建台以来首次大型航拍，留下了珍贵的影像资料。2002年至今，《走进黄河石林》等多部新闻和专题节目获全市优秀电视新闻（专题）二、三等奖。

简　　介：1981年9月至1983年7月，甘肃省庆阳师范专科学校中文（汉语言文学）专业学习；2010年9月至2013年7月，中共甘肃省委党校哲学专业研究生；1983年7月至1991年9月，甘肃省甘南藏族自治州临潭县二中语文教研组二级教师；1991年9月至2005年1月，白银电视台专题文艺部助理记者、记者；2005年1月至今，白银广播电视台新闻部记者、主任记者。

0254 刘玮

性　　别：男
出生年月：1966-11-30
民　　族：汉族
政治面貌：党员
职　　称：副高
学　　历：大学本科
所在单位：白银市广播电视台
通讯地址：白银市白银区兰州路156号
成　　就：1998年获得全国城市电视报西南西北地区优稿评选通讯类一等奖、评论类三等奖；1999年获得全国城市广播电视报刊优稿评选评论类一等奖；2000年获得甘肃广播电视新闻奖报刊专稿三等奖；2001年获得全国城市广播电视报刊优稿评选消息类二等奖、评论类二等奖；2006年获得2005年度甘肃广播影视奖电视社交类二等奖；2010年第十届新世纪之声和谐中国征文评选一等奖。

简　　介：1987年9月至1991年6月，西南科技大学（原四川建筑材料工业学院）采矿专业学习；1991年7月至今，白银市广播电视台新闻中心主任编辑。

0255 苏治军

性　　别：男
出生年月：1972-02-19
民　　族：汉族
政治面貌：党员
职　　称：副高
学　　历：大学本科
所在单位：白银市广播电视台
通讯地址：白银市白银区兰州路156号
成　　就：策划摄制的新闻、专题作品多次获得行业学会、政府部门授予的奖项。近年来，制作完成的《突围》《蓝天碧水会有时》《魅力白银》《引来凤凰落枝头》《众志成城力争旱魔》《白银转型跨越扬帆劲》等电视专题节目，对加快白银经济转型、促进白银的对外交流起到了良好的宣传效果，受到社会各界的一致好评。所创作的作品多次获得中国广电协会、省、市的奖项。连续两届被白银市委、市政府评为优秀新闻工作者。

简　　介：1990年7月至1994年7月，西北师范大学电化教育专业学习；1994年7月至2000年1月，白银电视台广告部助理记者；2000年1月至今，白银市广播电视台社教专题部主任记者。

0256 张效仁

性　　别：男
出生年月：1957-06-07
民　　族：汉族
政治面貌：党员
职　　称：副高
学　　历：大学专科
所在单位：白银市广播电视台

通讯地址：白银市白银区兰州路 156 号
成　　就：《白银市环境污染治理得民心》获 2006 年度甘肃广播电视新闻奖二等奖；2007 年《真正让白银的天更蓝水更清》获 2006 年度全国城市广播电视报优稿一等奖；《质量是报纸生存的源泉》获 2006 年度全国城市广播电视报优稿一等奖；2008 年《白银市以流域限批为契机，全力改善市区环境》获第二十一届”甘肃环境好新闻“二等奖。
简　　介：1991 年 9 月至 1995 年 4 月，兰州大学汉语言文学专业（自学）；1972 年 3 月至 1979 年 9 月，会宁县红堡子中学教师；1979 年 9 月至 1981 年 9 月，靖远师范中二（2）班学生；1981 年 9 月至 1985 年 3 月，会宁县黑虎中学教师；1985 年 3 月至 1992 年 3 月，甘肃省水利水电工程局甘肃水电报社记者编辑；1992 年 3 月至今，白银市广播电视台总编室主任记者。

0257 冉红卫

性　　别：女
出生年月：1966-06-11
民　　族：汉族
政治面貌：群众
职　　称：副高
学　　历：大学本科
所在单位：白银市文化广播新闻出版局
通讯地址：白银市白银区兰州路 156 号
成　　就：2009 年《一个戏迷的戏剧情缘》荣获甘肃省广电局、广电协会二等奖；2009 年撰写的《城市广播电视报如何走出困境》获得中国广播电影电视报刊协会、全国城市广播电影电视协会三等奖；2009 年被评为白银市广播电视台优秀新闻工作者；2010 年《秦韵》荣获甘肃省文广局、广电协会一等奖。
简　　介：1986 年 9 月至 1992 年 10 月白银公司技校冶炼专业学习；1997 年 7 月 1999 年中共甘肃省委党校行政管理专业学习；1986 年 9 月至 1993 年 5 月白银公司铅锌厂宣传科宣传员；1993 年 6 月至今白银市文化广播新闻出版局广告部主任编辑。

0258 陈岩燕

性　　别：女
出生年月：1968-09-30
民　　族：汉族
政治面貌：党员
职　　称：副高
学　　历：大学本科
所在单位：白银市广播电视台
通讯地址：白银市白银区兰州路 156 号
成　　就：2011 年获得“甘肃广播影视奖·甘肃广播电视节目奖”二等奖，2005 年获得“甘肃广播影视奖·甘肃广播电视节目奖”二等奖，2012 年获得全省广电“走基层转作风改文风”优稿评选二等奖，2011 年获得“甘肃广播影视奖·甘肃广播电视节目奖”三等奖，2012 年和 2013 年分别获得“甘肃新闻奖”三等奖，2004 年获得“我最喜爱的西部名城”节目评选活动最佳采访奖，2005 年获得“五个一工程”奖，获 1998 年度“宣传团青工作优秀青年记者”称号，1999 年首届甘肃省残疾人事业好新闻、好记者评选中，被评为好记者。
简　　介：1990 年 9 月至今在白银市广播电视台工作，现任白银市广播电视台新闻部副主任。

0259 李元红

性　　别：女
出生年月：1972-10-04
民　　族：汉族
政治面貌：党员
职　　称：副高

学　　历：大学本科
所在单位：白银市广播电视台
通讯地址：白银市白银区兰州路 156 号
成　　就：2007 年成为一级播音员。2012 年评为副高级主任播音员；20 多年中，共获个人及同事配合作品省级奖项 20 余件，市级作品 10 余件，是白银电视台唯一一名主持过所有栏目的主持人。
简　　介：2007 年 9 月至 2009 年 12 月中共甘肃省委党校经济管理专业学习；1991 年 10 月至 2001 年 10 月西北铁合金厂党委宣传部播音员主持人；2001 年 10 月至今白银电视台播音员主持人、总编室副主任。

0260 李玉成

性　　别：男
出生年月：1965-02-01
民　　族：汉族
政治面貌：党员
职　　称：副高
学　　历：大学本科
所在单位：平凉日报社
通讯地址：平凉市红旗街 93 号
成　　就：从事新闻编采工作 20 多年来，编辑采写的新闻作品共计 100 多篇获中国地市报、甘肃省和平凉市新闻奖。采写的通讯《震惊：泾河候鸟在哭泣》获“陇原环保世纪行好新闻”文字类特等奖。通讯《平凡中的坚守——走进华亭夫妻变电站》获 2011 年甘肃新闻奖一等奖。通讯《刘厂长的烦心事》获 2011 年甘肃新闻奖二等奖。通讯《与希望同在——隆冬时节灾区行》获第 26 届（2011 年度）中国地市报新闻奖一等奖。2013 年入选甘肃省“四个一批”人才。
简　　介：1982 年毕业于平凉师范，先后在灵台县小学、中学任教，1985 年考入甘肃电大灵台教学班（脱产）学习，1988 年毕业，1989 年调灵台县文化馆从事文学创作，主编《灵台文艺》。1993 年调平凉日报社从事新闻编采工作，先后任平凉日报副刊部副主任、专刊部主任，现任平凉日报社社委，采访中心主任，副高职称（主任记者）。

0261 李敬瑞

性　　别：男
出生年月：1967-09-08
民　　族：汉族
政治面貌：群众
职　　称：副高
学　　历：大学专科
所在单位：崆峒区广播电视台
通讯地址：崆峒区红旗街 45 号
成　　就：从事新闻采访工作 28 年，积累了丰富的工作实践经验，先后有《我们的便衣警察》《泾水岸边虎鸟人》等新闻作品获省级一等奖，《崆峒区 500 户居民喜迁新居》《崆峒查获首例新型毒品》等 30 件作品获市级新闻奖，并连续 15 年被评为全市优秀记者、优秀新闻工作者和全市“十佳新闻工作者”。

0262 张建平

性　　别：男
出生年月：1971-08-22
民　　族：汉族
政治面貌：党员
职　　称：副高
学　　历：大学专科
所在单位：崆峒区广播电视台
通讯地址：崆峒区红旗街 45 号
成　　就：从 1994 年至今在广播电视台从事新闻记者工作以来，先后有新闻作品《崆峒区出土全国罕见青铜器》《驻平武警某部官兵与红军遗孀徐桂花的不解之缘》《泾水引到咱农家》《铺就健康之路》《二十年如一日瘦弱妇女挑起三代两家生活重担》《呵护生命、创十佳》等30多件获省市一二等奖。多次被评为全市优秀记者、优秀新闻工作者和全市“十佳新闻工作者”。在政协提出的《加大科技投入，丰富群众菜篮子》《关于加大区广播电视系统发展和设备更新投入力度》的提案受到有关部门关注。

0263 马小惠

性　　别：女

出生年月：1961-01-01

民　　族：汉族

政治面貌：党员

职　　称：副高

学　　历：大学专科

所在单位：崆峒区广播电视台

通讯地址：崆峒区红旗街45号

成　　就：从事新闻编辑以来积累了丰富的工作经验，编辑的新闻作品先后多次获市区表彰奖励，被评为全市“十佳新闻工作者”，2007年被崆峒区委、区政府评为旅游工作先进个人，2012年被平凉市委、市政府评为“两基”迎国检先进个人，2012年被崆峒区妇联评为2011年度“巾帼建功标兵”，制作的《和谐崆峒》《崆峒崆峒》MTV受到各界好评。

0264 郭万生

性　　别：男

出生年月：1959-09-04

民　　族：汉族

政治面貌：群众

职　　称：副高

学　　历：大学本科

所在单位：崆峒区广播电视台

通讯地址：崆峒区红旗街45号

成　　就：30年的新闻工作中先后有20余篇作品获得省、市、区级奖励，曾被省、市、区多次评为“优秀共产党员”“优秀新闻工作者”“优秀通讯员”“先进工作者”等。

0265 王红

性　　别：女

出生年月：1970-10-29

民　　族：汉族

政治面貌：党员

职　　称：副高

学　　历：大学专科

所在单位：泾川县广播电视台

通讯地址：泾川县广播电视台

成　　就：先后获各种专业创作奖30多项，其中：1999年7月，采写播出的新闻《泾川县查出一处土法炼油加工点》获“1998年度平凉市新闻奖”三等奖；2000年3月，采写播出的新闻《泾川生态环境建设走出四条效益显著的路子》获“1999年度平凉市优秀电视新闻奖”三等奖；2003年8月，在“全省播音与主持作品奖”评选中，长篇通讯《泾川人的自豪》获广播播音三等奖；2004年8月，在“全市播音与主持作品奖”评选中，广播节目《生活》获二等奖；2011年3月，播音主持的《“经典诵读”：感动是一种养分》获“2010年度平凉市播音与主持作品类”节目一等奖。

简　　介：1989年12月参加工作，1993年底在泾川县广播电视台从事播音主持工作至今。曾在中国电视艺术家协会主持人专业委员会主办的第九期播音主持技艺提高班学习结业，在县广播电视台解说电视专题片200多部，主持电视栏目300多期，编辑播出广播节目500多期。

0266 冯晓芳

性　　别：女

出生年月：2014-10-28
民　　族：汉族
政治面貌：党员
职　　称：副高
学　　历：大学本科
所在单位：泾川县广播电视台
通讯地址：泾川县广播电视台
成　　就：从事新闻工作 18 年来，采制的广播电视新闻稿件 89 篇（条）获得省市新闻单位奖励，其中《王村乡背包办公室背出好作风》获得“甘肃省广播电视新闻社教奖”广播新闻三等奖，《泾川人晚期智人头盖骨化石引起专家关注》获得“甘肃省广播影视奖”电视新闻三等奖，“平凉市广播电视新闻社教奖”电视新闻二等奖，新闻专题《真情》获甘肃广播影视奖电视新闻三等奖。在多篇作品获奖的同时她本人也被评选为平凉市电视新闻宣传通联工作先进个人，先后被市、县妇联授予“三八红旗手”“巾帼建功标兵”等荣誉称号，2012 年度被省妇联授予“三八红旗手”荣誉称号。
简　　介：西北师范大学中文系现代文秘与公共关系专业毕业，1996 年至今在泾川县电视台工作。

0267 杨树

性　　别：男
出生年月：1972-10-30
民　　族：汉族
政治面貌：党员
职　　称：副高
学　　历：大学专科
所在单位：泾川县广播电视台
通讯地址：泾川县广播电视台
成　　就：2005 年 10 月份被共青团甘肃省委、甘肃新闻工作者协会授予“优秀青年记者”称号。2008 年 11 月被市委宣传部、市新闻工作者协会评为“十佳新闻工作者”。连续 15 年被平凉市广电局、市电视台评为“通联工作先进个人”。《泾川大云寺遗址发现千年佛教文物》获全市新闻一等奖，《西王母信俗》获全市报纸类通讯三等奖。先后在国家、省、市报刊发表民俗、史料、新闻作品 1560 多篇（件），每年拍摄播出本台新闻 360 多条，制作栏目 14 期，拍摄制作电视专题片 10 部以上，向省电台送稿 40 多条，向市电视台送稿 110 多条，向《平凉日报》《甘肃科技报新农村报道》分别送稿 50 多篇。2014 年 7 月被县直机关工委评为“五星级优秀共产党员”。被聘请为“消防监督员”“环保监督员”“高速公路行风评议员”“计生行风评议员”等。
简　　介：现为泾川县广播电视台党支部委员、业务副台长。系中国民俗学会会员，甘肃省民俗学会会员，平凉市作协理事，市记者协会理事，泾川西王母民俗学会理事，泾川楹联学会常务理事，《平凉日报》、平凉电视台驻站记者。

0268 周剑锋

性　　别：男
出生年月：1981-01-28
民　　族：汉族
政治面貌：党员
职　　称：副高
学　　历：大学本科
所在单位：泾川县广播电视台
通讯地址：泾川县广播电视台
成　　就：2010 年，新闻稿件上稿率排名全市第一，广播稿件上稿率排名全市第五，获得全市电视新闻宣传优秀通讯员一等奖，广播三等奖。2012 年，新闻稿件上稿率排名全市第一，广播稿件上稿率排名全市第五，获得全市广播电视新闻宣传优秀通讯员。2013

年，新闻稿件上稿率排名全市第一，获得全市广播电视新闻宣传优秀通讯员。2009年，《真情》电视栏目荣获全省新闻奖三等奖，全市新闻奖一等奖。《从星星点点到万家灯火》新闻稿件获得全市电视新闻宣传优秀通联稿件三等奖。2010年，《泾川县五名群众被洪水围困，党政军民成功营救》新闻稿件，获得全省、全市电视新闻宣传优秀通联稿件一等奖。《城关镇：农民安置楼破解城郊村人居矛盾》获得全市广播电视新闻社教类三等奖。

简　　介：现在泾川县广播电视台工作。1999年至2001年在山东济南民政学校学习（中专），2000年至2007年通过参加国家自学考试学习，取得兰州大学法律专业毕业证书（大专），2011年至2013年通过参加电大学习，取得电大汉语言文学专业毕业证书（本科）。2012年考取记者证。2008年通过参加泾川县播音员统一招考，进入泾川县广播电视台工作，从事播音员工作近一年后，转为记者岗位工作至今。

0269 王永峰

性　　别：男

出生年月：1967-11-28

民　　族：汉族

政治面貌：党员

职　　称：副高

学　　历：大学专科

所在单位：泾川县电视台

通讯地址：泾川县电视台

成　　就：在《人民政协报》《中国中医药报》《黄河报》《西北农工商报》《甘肃税务》等全国60多家报刊杂志发表新闻作品1600多篇。获新闻、文学、摄影等奖项40多次，其中报纸及电视新闻类：1998年4月，通讯《汭河岸边萝卜红》获“1997年度平凉市新闻奖”三等奖；1999年1月，通讯《汭河边一颗闪亮的星》获全市“珍珠林杯”头条社会新闻大赛三等奖；1999年7月，通讯《非洲鸵鸟落户泾川》获“1998年度平凉市新闻奖”三等奖；2001年5月，通讯《爱心撑起生命的支柱》获“2000年度平凉市新闻奖”三等奖；2007年5月，拍摄的消息《泾川延风村农民种菜走上致富路》获“2006年度全市电视好新闻”一等奖。2003年，被泾川县国税局表彰为“为国税系统新闻宣传做出显著成绩”工作者。

简　　介：曾从事过企业文秘、县委报社编辑、县电视台记者等工作。现为泾川县广播电视台编辑，中国民俗摄影家协会会员，甘肃省民间文艺家协会会员、省摄影家协会会员、省民俗学会会员，平凉市作家协会理事、摄影家协会理事、音乐家协会会员、小说创作委员会委员，泾川县音乐家协会副主席、戏剧家协会副主席、摄影家协会副主席。

0270 高子奇

性　　别：男

出生年月：1962-08-02

民　　族：汉族

政治面貌：党员

职　　称：副高

学　　历：大学专科

所在单位：泾川县电视台

通讯地址：泾川县广播电视台

成　　就：1987年至1998年曾多次被泾川县广播电影电视局评为先进工作者。1997年9月被县委、县政府评为广播电视先进工作者，2000年11月被县委宣传部评为优秀新闻工作者。在担任广播电视新闻记者期间，有4篇新闻稿件在平凉地区优秀稿件评选中分获一、二、三等奖。有3篇新闻稿件在全省优秀稿件评选中分别获得三等奖。

简　　介：1983年7月至1986年9月在泾川县农业中学（现职教中心）任教；1986年10月至今在泾川县广播电视台、广播电视局办公室从事编辑、记者、文秘、事业建设、机关管理等工作；1980年10月至1983年6月在庆阳地区农业学校《农学》专业学习，获得中专学历；1987年9月获得采编员任职资格；1993年12月获得助理记者职称；1994年5月任泾川县广播电视局有线电视服务中心主任；1998年7月24日（98-11号文）至今任泾川县广播电视台副台长；2002年7月（2000年9月—2002年7月）毕业于中央农业广播电视大学农村经济管理专业，获得大专学历。

0271 王红权

性　　别：男
出生年月：1972-08-28
民　　族：汉族
政治面貌：党员
职　　称：副高
学　　历：大学本科
所在单位：泾川县广播电视台
通讯地址：泾川县农林路6号
成　　就：2012年被评为全省户户通建设先进个人。2013年3月至今分管广播电视宣传工作，做好电视主题宣传和栏目开办。开播了《10分关注》《民生视角》《三农服务台》《文艺生活》《国医养生讲坛》等栏目。精心编排节目内容，策划《泾川新闻》《每周一歌》《经典诵读》《广阔田野》《法制园地》《生活》等栏目15档，每天节目播出5小时55分钟。
简　　介：1993年9月至1995年7月在甘肃省广播电视学校音像专业学习；1995年7月在泾川县广播电视局参加工作，任广播电视局机修员、文书、办公室主任；2001年9月至2004年12月在甘肃省委党校经济管理专业学习，获本科学历；2005年9月至2006年1月在西北农林科技大学经济管理干部学院学习；2006年2月任广播电视台副台长，先后分管广播电视台宣传工作和有线电视工作；2010年3月至2010年5月在平凉市委党校学习。

0272 王宝琛

性　　别：男
出生年月：1961-11-11
民　　族：汉族
政治面貌：党员
职　　称：副高
学　　历：大学专科
所在单位：华亭县广播电视台
通讯地址：华亭县四馆两中心
成　　就：电视专题《打造文明靓丽新煤都》获2010年“全省精神文明建设典型宣传优秀节目”一等奖，排名第三；长消息《甘肃首条煤矸石制砖线在华亭投产》获2010年度全省县级台广播节目评选一等奖，排名第一；短消息《煤都喜添新“明珠”引进巨资三十亿》获2003年度“甘肃广播电视新闻社教奖”广播新闻奖二等奖，排名第一；节目创新类《以科学发展观为指导提高新闻宣传能力》获2009年度甘肃广播电视学术论文评选二等奖，排名第一。论著：发表在省部级刊物《抓主题显特色》《以科学发展观为指导提高新闻宣传能力》《试论新闻工作者守法意识的培养》《办好县级电视台专题节目的体会——以华亭电视台为例》等5篇论文，都排名第一；被中国广播电视协会授予“全国县级广播电视系统优秀管理工作者”，3次被评为“全市电视新闻通联工作先进个人”，2次被县委、县政府授予“全县优秀新闻工作者”，2011年1月被县委、县政府授予“全县十佳文化体育工作者”。

简　　介：1986年9月参加工作以来一直在华亭县广播电视台从事新闻工作，先后担任记者、编辑、编辑室副主任、新闻部主任、总编室主任，2008年7月担任副台长，主管新闻宣传、专题宣传、广播宣传。

0273 慕彬

性　　别：男

出生年月：1964-08-01

民　　族：汉族

政治面貌：党员

职　　称：副高

学　　历：大学本科

所在单位：庆阳广播电视台

通讯地址：甘肃省庆阳市西峰区解放西路35号

成　　就：从事新闻宣传工作以来，先后有60件作品在地（市）级评选中获奖，30多件作品在省级评选中获奖，1篇作品在中央评选中获奖。《王治武自发组织农民减员协会》被甘肃省广播电视局、甘肃广播电视学会评为甘肃广播电视新闻奖电视类一等奖；主创的公益广告《诚信经营》被甘肃省文学艺术界联合会、甘肃省电视艺术家协会评为甘肃省首届电视金鹰奖电视广告片一等奖；主创的公益广告《行贿＝犯罪》被市纪委评为2004年度廉政建设公益广告一等奖；参与拍摄制作的四集电视纪录片《传奇陇剧》被评为2011全省优秀电视节目一等奖，2012年在中央电视台纪录频道播出；《福源之地》被评为庆阳市好新闻特等奖；参与策划的西北四省八市联合举办的春节晚会《龙腾西北风》获中广协评选的全国春节电视晚会二等奖；2013年导演的电视春节晚会《福到庆阳》获中广协评选的全国春节电视晚会三等奖。

简　　介：1984.6—1984.10在庆阳县教育局参加工作，任人秘股干事；1984.11—1986.2在庆阳县委宣传部报道组工作；1986.3—1991.12在西峰市委宣传部报道组工作，先后任干事、组长；1992.1至今在庆阳广播电视台工作，先后任新闻部记者、副主任、广告部主任和新闻部主任、副台长等职。

0274 何步清

性　　别：男

出生年月：1962-05-11

民　　族：汉族

政治面貌：党员

职　　称：副高

学　　历：大学专科

所在单位：庆阳广播电视台

通讯地址：甘肃省庆阳市西峰区解放西路35号

成　　就：从事新闻工作岗位以来，先后有400多篇稿件被省内外新闻媒体采用，其中有8篇获奖；采拍新闻2000多条，编辑新闻节目500多期，有26条新闻被中央电视台采用、400多条新闻被甘肃电视台采用，10多件作品获得省级奖；亲自策划、拍摄、撰写电视专题片70多部和100多期专题社教节目，并带领部室人员下功夫创优，每年都有专题片子在省上或全国获奖。曾被评为甘肃省“五四新闻奖”优秀青年记者、庆阳地区优秀新闻工作者、庆阳地区广电处先进工作者、庆阳市首届十佳新闻工作者、庆阳市宣传省十二运优秀记者、庆阳市优秀共产党员、5次全省电视新闻宣传通联先进个人。

简　　介：1978.10—1982.10在华池县列宁学校教书；1982.11—1993.4在华池县委报道组工作；1993.5—2007.1在庆阳电视台新闻部工作；2007.2至今在庆阳电视台专题部工作。

0275 方文琳

性　　别：男
出生年月：1957-11-18
民　　族：汉族
政治面貌：党员
职　　称：副高
学　　历：大学本科
所在单位：陇东报社
通讯地址：甘肃省庆阳市西峰区解放西路 8 号
成　　就：自 1981 年从事新闻工作以来，共有 1500 多篇（幅）新闻、摄影作品和杂文、随笔、报告文学、业务论文等在《人民日报》《新闻出版报》《甘肃日报》《陇东报》《甘肃视听》《新闻采编》等报刊发表。共有 30（篇）幅作品获市、省（部）、国家级奖励。其中获省（部）级一等奖 3 篇（次）、二等奖 8 篇（次）、国家级 1 篇。30 多年来，先后被评为庆阳地区首届十大杰出青年、甘肃省第二届十佳新闻工作者、庆阳市宣传文化系统拔尖创新人才、庆阳市“185”人才、甘肃省宣传文化系统“四个一批”人才。
简　　介：自 1975 年参加工作以来，曾任社请教师、新闻干事、公安民警。1988 年调陇东报社工作至今，历任编辑、记者、编辑部主任、副总编等职务。现任陇东报社副社长、总编辑，庆阳市记协副主席，甘肃省杂文学会理事。

0276 张培健

性　　别：男
出生年月：1960-04
民　　族：汉族
政治面貌：党员
职　　称：副高
学　　历：大学本科
所在单位：庆阳广播电视台
通讯地址：甘肃省庆阳市西峰区解放西路 35 号
成　　就：1991 年到庆阳电视台以来，共采写各类新闻 8000 多条，编辑电视新闻节目 2000 多期，在中央电视台播出新闻 28 条，在甘肃电视台播出新闻 380 多条，有 60 多条新闻在省、市以上各类评选中获奖，其中《正宁县 200 名“打工妹”返乡办厂开店》获全省优秀电视节目评选二等奖和全区第四届好新闻消息类一等奖；《宁县和盛粮管所开办“粮食银行”》获全省优秀电视节目评选二等奖；2006 年担任副台长后，负责每天《庆阳新闻》节目的策划、组稿、审看和对外宣传及大型活动的现场录制。在他的策划、组织下，《庆阳新闻》开设了 50 多个主题鲜明、内容丰富的栏目和一系列重大宣传报道战役，使《庆阳新闻》更具活力、宣传力度更具强势，节目质量不断提高。每年都有 5 件以上新闻获全省奖，2011 年参与策划录制的《潮涌环江——甘肃环县第三届中国道情皮影民俗文化节开幕式大型广场文艺表演》获 2011 年度甘肃广播影视奖电视文艺类一等奖。在甘肃电视台采用新闻 200 多条，名列市州台前位，连续 19 次被评为全省电视新闻宣传通联工作先进集体。
简　　介：1981.3—1987.3 在正宁县广播站任记者、编辑；1987.4—1990.1 在正宁县委报道组任新闻干事；1990.2—1991.4 在庆阳地区档案处编研科任科员；1991.5 至今在庆阳电视台工作；1992 年 4 月任新闻部副主任；1994 年 11 月任新闻部主任，2006 年 12 月任庆阳广播电视台副台长，2013 年 12 月任庆阳广播电视台正县级编委。

0277 李阳

性　　别：男
出生年月：1966-10
民　　族：汉族

政治面貌：党员
职　　称：副高
学　　历：大学本科
所在单位：庆阳广播电视台
通讯地址：甘肃省庆阳市西峰区解放西路35号
成　　就：参加工作以来共采写和拍摄新闻稿件1000多篇（条），参与撰写拍摄电视专题片20多部，拍摄电视文艺晚会30多台、电视剧一部。中央电视台采用新闻稿件11篇，甘肃电视台采用新闻稿件210篇，有36篇在省地获奖，1994、1995年度连续被评为全省电视宣传报道先进个人，1995年评为甘肃省首届"五四新闻奖"优秀青年记者。担任副摄像拍摄的8集电视剧《岁月不流逝》在中央2套、西部频道、甘肃电视台先后播出，并被省委、省政府评为第二届敦煌文艺一等奖，获全省首届精神文明建设"五个一工程"获奖作品，西北五省电视剧《天马奖》二等奖，全国第六届精神文明建设"五个一工程"奖。2006年，参与策划的大型纪录片《心碑》获得首届甘肃省电视金鹰奖纪录类三等奖。策划了无线市话小灵通等精品广告50多件，撰写广告文案70多篇，增加广告经营创收400多万元。2004年，撰写广告论文《广告创意》获庆阳市第三届精神文明建设"五个一工程"二等奖。2009年，策划制作的10集电视专题片《30年：故事庆阳》获全市好新闻特等奖、甘肃广播影视奖一等奖、甘肃敦煌文艺奖二等奖、中国广播电视协会西北五省市州纪录片唯一银牌奖。

0278 刘锋

性　　别：男
出生年月：1966-10
民　　族：汉族
政治面貌：党员
职　　称：副高
学　　历：大学本科
所在单位：庆阳广播电视台
通讯地址：甘肃省庆阳市西峰区解放西路35号
成　　就：1994年以来，每年的写稿量在200条以上，多次被评为通联先进个人，先后有50多条新闻在省、市获奖。《国道309线行道树被盗严重》1997年7月获全省优秀电视新闻三等奖；《环县农民许志兴17年打坝治水辟良田》1998年3月获全省电视新闻二等奖；《宁县花农安中自费请外国专家给花"看病"》2001年8月获全省电视新闻二等奖；《西峰发生一起暴力抗法事件》2002年6月获全省电视新闻三等奖；《陇东旱塬长出了荷花》2002年8月获全省电视新闻三等奖；电视新闻系列报道《穿越子午岭》2004年获全省优秀电视新闻三等奖；《宁县：跨乡整村移民异地搬迁扶贫》2006年获"甘肃广播影视奖"电视新闻三等奖；《我国最大的黄土塬——董志塬萎缩加剧亟待抢救性保护》获2007年全省电视新闻节目二等奖；《新闻特写：温总理的三次指示》获2008年度"甘肃广播影视奖"电视新闻三等奖；《黄河水润泽环县　干旱史从此改写》2012年2月获全省广电系统"走基层、转作风、改文风"优秀节目一等奖。
简　　介：1983.10—1986.10在武警陕西总队第四支队服役，任文书兼业余报道员；1987.03—1994.09在原西峰市检察院、西峰市政法委工作，兼业余报道员；1994.10至今在庆阳电视台新闻部任记者、副主任、主任；2004.4至今兼庆阳广电学会会员。

0279 窦洁

性　　别：女
出生年月：1966-03-01

民　　族：汉族
政治面貌：党员
职　　称：副高
学　　历：大学本科
所在单位：陇东报社
通讯地址：庆阳市西峰区解放西路 8 号
成　　就：曾被甘肃团省委授予“全省优秀青年记者”称号，并成为全省青年记者协会会员，先后 6 次获地市级荣誉称号。近年来，她先后在省内外各种报刊杂志上发表各类体裁的新闻稿件、文艺作品、摄影图片 1800 多篇（幅），共计 50 多万字。先后有 60 多篇新闻稿件、摄影作品获中国地市报好新闻、甘肃省新闻奖及新闻类专项奖。作品多次获中国地市报好新闻奖、中国地市报女记者好新闻奖。摄影作品《私家“铁牛”进农家》获中国地市报第三产业 17 届银奖，第 16 届中国新闻奖摄影作品铜奖，并获得庆阳市“五个一工程”一等奖。她先后在《甘肃日报》《中国地市报人》等报刊杂志上发表新闻业务论文 30 多篇，有 10 多篇论文获奖。
简　　介：1984 年参加工作，现任甘肃省庆阳市陇东报社副县级编委。

0280 刘慰

性　　别：女
出生年月：1971-02-18
民　　族：汉族
政治面貌：党员
职　　称：副高
学　　历：大学专科
所在单位：陇东报社
通讯地址：庆阳市西峰区解放西路 8 号
成　　就：1997 年，论文《真实性是新闻的生命》在全省第四届新闻理论学术研讨会上参加交流并获二等奖；1999 年，论文《关于加强舆论监督慎防新闻侵权问题的思考》获第一届中国地市报新闻论文奖三等奖；2000 年，论文《发挥媒体作用促进农业开发》在 2000 年 7 月 14 日《甘肃经济日报》上发表；2000 年论文《浅谈农村科技报道通俗化》在 2000 年第 6 期《甘肃农村科技》上发表；2002 年论文《试论报纸时事编辑的修养》获第二届中国地市报新闻论文二等奖；2008 年论文《地区党报引导舆论突破口》获中国报业协会党报分会 2007 年度新闻论文三等奖；2008 年论文《话题性版面：地区党报引导舆论的突破口》获第六届（2007 年度）中国地市报论文二等奖，并刊发在《甘肃日报》2008 年 3 月 12 日的论丛版；2002 年通讯《德高和众》获第十六届中国地市报新闻类通讯二等奖；2005 年通讯《“实在”与“善良”结出爱的蜜果》获 2005 年度甘肃新闻奖三等奖。
简　　介：1987 年至 1990 年在陇东学院美术系就学；1990 年 7 月至 1992 年 11 月在庆城县驿马中学任教；1992 年 12 月至今在陇东报社工作；1996 年 5 月至 1998 年 12 月在庆阳市委党校取得大学学历；2008 年获得主任编辑资格。

0281 李钊

性　　别：男
出生年月：1967-02-28
民　　族：汉族
政治面貌：党员
职　　称：副高
学　　历：大学本科
所在单位：陇东报社
通讯地址：庆阳市西峰区解放西路 8 号
成　　就：2011 年 4 月，荣获甘肃省五一劳动奖章。编辑的稿件、版面，制作的标题，采写的消息有 50 篇（幅）荣获全国、全省新闻奖一、二、三等奖。制作的标题《烧火做饭有沼气哪用上山砍树梢耕地种田用肥料何须花钱满街找——华池县生态能源建设农民受益》等7个标题荣获中国地市报新闻奖优秀标题奖。编辑《陇东报·要闻》（2006年11月14日一版）等6个版面获甘肃省新闻奖和地市报新闻奖。采写的消息《环县积极探索培养文明守信农户新路子》荣获中国地市报新闻奖一等奖，通讯《民间纠纷无小事》《“我是一名共产党员”》荣获中国地市报新闻奖一、二等奖、甘肃省新闻奖三等奖、庆阳市好新闻二等奖。

简　　介：1989年7月毕业于庆阳师专，1989年8月在西峰二中从事语文教学工作；1995年12月调入陇东报社；2003年1月被报社聘为编辑；2012年12月破格获得主任编辑任职资格；2013年7月经市人社局批准报社破格聘用；2014年2月任陇东报社副县级编委。

0282 张述锋

性　　别：男

出生年月：1967-10-12

民　　族：汉族

政治面貌：党员

职　　称：副高

学　　历：大学本科

所在单位：陇东报社

通讯地址：庆阳市西峰区解放西路8号

成　　就：2001年编辑的消息《地直青年志愿者为困难职工送温暖》获甘肃省第三届“五四新闻奖”；2000年编辑的通讯《与命运抗争的人》获全省首届残疾人事业好新闻奖；2010年采写的通讯《“民情日记”暖民心》获第25届（2010年度）中国地市报新闻奖三等奖；2008年拍摄的新闻作品《陇东油田开发创新高》获第23届（2008年度）中国地市报新闻奖二等奖；2009年摄影作品《大会战》获庆阳市第六届精神文明建设“五个一工程”三等奖；2006年编辑的调查《“145”工程整合资源破难题》获甘肃新闻奖二等奖；消息《正宁烟农的“四大发明”》获甘肃新闻奖二等奖；消息《西关村迁坟腾地建新村》获第21届（2006年度）中国地市报新闻一等奖。

简　　介：1991年8月参加工作，现任职陇东报社夜班部副主任。

0283 彭娜娜

性　　别：女

出生年月：1979-07-07

民　　族：汉族

政治面貌：党员

职　　称：副高

学　　历：大学本科

所在单位：正宁县广播电影电视局

通讯地址：正宁县广播电影电视局

成　　就：先后有60多篇作品荣获省、市级奖励，《山河镇出了个环保书记》荣获甘肃广播影视作品奖二等奖，《菜农的贴心人——张建锋》荣获全省“走转改”优秀节目评选二等奖，《农民姚牛和他的农家书屋》获全省首届县级台优秀广播电视节目评选二等奖，《从保姆到作家》获全市好新闻三等奖，《我县创新生产方式解决农民就业和土地流转问题》《农民专业合作社领跑农村经济》《正宁矮爸爸为救脑瘫儿情动陕甘两省》《农民工话就业》等新闻、专题节目分别获全市优秀广播电视节目评选二等奖、三等奖。曾荣获全县优秀新闻工作者、优秀记者、优秀政协委员等荣誉。

0284 赵军平

性　　别：男

出生年月：1965-03-15

民　　族：汉族
政治面貌：群众
职　　称：副高
学　　历：大学专科
所在单位：合水一中
通讯地址：合水一中
成　　就：担任总编导摄制了合水县“两基”专题片《千秋基业》、义教工程专题《丰碑》、县档案馆专题《兰台石室树丰碑》、省医疗专家队义诊义治专题片，独立完成各类电视专题 40 多部。负责策划、设计、制作了 2005 年校庆校史展室。策划制作的《开拓进取的合水一中》和《创新的合水二中》等在县电视台播出。2002 年被评为全区电化教育先进工作者，2001 年被评为县电化教育先进个人。2008 年被确定为庆阳市高中课改专家组成员。近几年在国家、省级刊物发表各类论文和稿件 30 多篇，分别于 2007 年在“第三届全国信息技术与课程整合优秀案例大赛”中荣获二等奖，2008 年在中国教育学会主办的“中国教育实践与研究论坛”论文大赛中荣获一等奖。
简　　介：1989.8—2003.7 在县电教馆从事电化教育（信息技术）研究与教学工作，兼职县教育局普教干事，任电教馆馆长、合水教育电视台台长；2003.8 至今在合水一中从事电化教育（信息技术）研究、教学与管理工作。

0285 郑浩生

性　　别：男
出生年月：1969-12-28
民　　族：汉族
政治面貌：群众
职　　称：副高
学　　历：大学本科
所在单位：庆城县广播电视台
通讯地址：庆城县北大街 23 号庆城县广播电视台
成　　就：设计广播电视的制作、传输、发射等各类机房，安装广播电视制作、传输、发射等各类设备，维护广播电视的摄、录、编、播、送等各类设备。
简　　介：1992 年 7 月毕业于西北师范大学电化教育专业；同月被分配到庆城县陇东中学从事电化教育工作；1996 年 10 月调至庆城县广播电视局从事技术工作至今。

0286 秦伊娜

性　　别：女
出生年月：1986-01-03
民　　族：汉族
政治面貌：群众
职　　称：副高
学　　历：大学本科
所在单位：正宁县广播影视局
通讯地址：正宁县城东街 14 号（广电局）
成　　就：先后有多篇新闻获市级以上奖励，有多篇新闻在市级以上媒体播出。

0287 李宏岳

性　　别：男
出生年月：1970-12-24
民　　族：汉族
政治面貌：党员
职　　称：副高
学　　历：大学本科
所在单位：镇原县对外宣传办公室
通讯地址：镇原县对外宣传办公室
成　　就：2012 年获庆阳市“十佳新闻工作者”称号。

0288 包艳妮

性　　别：女

出生年月：1985-12-27
民　　族：汉族
政治面貌：群众
职　　称：副高
学　　历：大学本科
所在单位：镇原县外宣办
通讯地址：镇原县中街 11 号
成　　就：2009 年、2010 年、2013 被评为全县优秀新闻工作者；2011 年，新闻稿件《杨光厚：致富路上“弄潮人”》被评为全县优秀新闻宣传稿件；2013 年，新闻稿件《城市扩容牵引经济转型——镇原以县城开发建设促经济发展纪实》在全市转型跨越化发展网络征文活动中荣获优秀奖。
简　　介：1992 年 9 月至 1998 年 7 月在王寨小学上学；1998 年 9 月至 2001 年 7 月在王寨中学上学；2001 年 9 月至 2005 年 7 月在孟坝中学上学；2005 年 9 月至 2008 年 7 月在定西师专上学；2009 年 4 月至今在镇原县对外宣传办公室工作。

0289 白金亮

性　　别：男
出生年月：1978-03-19
民　　族：汉族
政治面貌：党员
职　　称：副高
学　　历：大学本科
所在单位：镇原广播电视台
通讯地址：镇原广播电视台
成　　就：近年来，带领新闻记者精心策划、精心组织、创新形式，围绕县委、县政府的中心工作开设新的栏目。先后开设了《纪念建党 90 周年》《学习贯彻党的十八大精神》《联村联户为民富民》《效能风暴在行动》《时代先锋》《记者一线行》《政法综治》等 40 多个专栏，对学习贯彻党的十八大精神、联村联户为民富民、效能风暴行动、农业生产、工业发展、项目建设、安全综治、县城拆迁改造、党的群众路线教育活动等重点工作进行了系列地、全面地报道，弘扬正气，推广经验，激发社会正能量。共制作播出《镇原新闻》1900 多条，新闻容量和节目质量逐年都有所提升。

0290 沈雅娜

性　　别：女
出生年月：1983-12-14
民　　族：汉族
政治面貌：群众
职　　称：副高
学　　历：大学本科
所在单位：镇原广播电视台
通讯地址：镇原广播电视台
成　　就：2013 年电视播音《大山深处的好支书》获全省播音主持奖二等奖；2014 年电视新闻播音《亲民警察刘书元》获全市播音主持奖一等奖；广播播音《大山里的亲情守护》获全市广播播音主持奖二等奖并推送至省上评奖。
简　　介：2004 年参加工作，2008 年调到电视台担任播音员主持人工作。

0291 刘霞

性　　别：女
出生年月：1980-03-06
民　　族：汉族
政治面貌：党员
职　　称：副高
学　　历：大学本科
所在单位：镇原县外宣办
通讯地址：镇原县中街 11 号
成　　就：2007 年被市人大评为优秀通讯员。新闻稿件《镇原邮政局为农民增收提供“绿色通道”》获2006年《甘肃农民报》“服务三农”活动一等奖;《爱心撑起一片天——庆阳市巧媳妇工艺编制有限公司总经理李桂玲扶贫济困小记》被评为2011年全县好新闻;摄影作品《丰收》荣获2007年镇原县委摄影书画展第三名;书法作品“上善若水”荣获2007年镇原县委摄影书画展优秀奖。

0292 刘耀

性　　别:男
出生年月:1974-07-12
民　　族:汉族
政治面貌:党员
职　　称:副高
学　　历:大学本科
所在单位:镇原县外宣办
通讯地址:镇原县中街11号
成　　就:2013年荣获全县优秀工作者;连续4年被单位评为“优秀新闻工作者”;有4篇新闻稿件被县委宣传部评为“全县好新闻”;2011年荣获全省建党90周年博文大赛优秀奖;2103年获镇原县第三届精神文明建设“五个一工程”奖曲艺类三等奖。

0293 李京梅

性　　别:女
出生年月:1987-04-25
民　　族:汉族
政治面貌:群众
职　　称:副高
学　　历:大学本科
所在单位:镇原广播电视台
通讯地址:镇原广播电视台
成　　就:创作的广播评论《农村客运黑车令人忧》获2010年度“甘肃省广播影视奖”三等奖和全县年度好新闻荣誉称号;2011年获“庆阳市首届十大名编辑”荣誉称号;2012年创作的广播专题《村儿里的小学被撤了》获本年年度“庆阳市广播影视奖”二等奖和“全省县级台广播影视奖”一等奖;2013年创作的电视专题片《戏苑传奇——刘畅》获本年度“全省县级台广播影视奖”三等奖;由其主创的电视专题片《红色的脚印》获2013年度“全省县级台广播影视奖”一等奖。

0294 慕向军

性　　别:男
出生年月:1980-06-08
民　　族:汉族
政治面貌:党员
职　　称:副高
学　　历:大学本科
所在单位:镇原县外宣办
通讯地址:镇原县中街11号
成　　就:2009—2013年被评为全县优秀新闻工作者。
简　　介:1996.09—2000.06在庆阳师范学习;1998.06—2000.12自学考试兰州大学汉语言文学专业专科;2000.08—2009.09在临泾乡席沟圈初中工作;2009.09—现在在镇原县对外宣传办公室工作;2008.10—2010.12自学考试兰州大学汉语言文学专业本科。

0295 田晓博

性　　别:男
出生年月:1972-01-01
民　　族:汉族
政治面貌:党员
职　　称:副高
学　　历:大学专科
所在单位:镇原广播电视台
通讯地址:镇原广播电视台
成　　就:2004年至今共有两千多件稿件在

省市县台播出，80多件在全国、省市获奖，属全省同行佼佼者。先后多次被市县评为优秀新闻工作者、优秀共产党员。策划40多期系列专题报道并推出赵清龙、白占泽等一批典型人物。广播评论《别怪农民不听话》获2011至2012年度中国影视大奖提名奖。2011、2012两年蝉联甘肃广播影视奖广播评论一等奖。

0296 惠维玺

性　　别：男
出生年月：1976-05-03
民　　族：汉族
政治面貌：党员
职　　称：副高
学　　历：大学本科
所在单位：镇原广播电视台
通讯地址：镇原广播电视台
成　　就：2006年5月，摄制的“中国民歌盛典”《采花》《探妹》在中央电视台音乐频道播出。10多年来，先后在省市县电台、电视台及各类报刊播发新闻稿件2180条，撰写、拍摄、制作各类电视专题片460多部，有48篇稿件荣获省市级以上奖励。长消息《政府给咱农民发钱了》获2005年度甘肃广播电视奖广播新闻二等奖。电视专题片《教坛保尔》《一位普通民警的42年》分获2005、2006年度庆阳市好新闻一、二等奖。广播长消息《我县3000头母猪吃补贴》、广播专题《“农事村办”暖民心》、电视专题片《村里的好当家》分获2007、2008年度庆阳市好新闻一、二等奖。广播短消息《为民服务代办点搭起干群连心桥》《我县农民养猪“零风险”》分获2009年度甘肃广播新闻二、三等奖。电视专题片《拳拳赤子心》《农情小广播搭起惠民“大舞台”》《中原乡“跑腿”干部解民忧》分获2010、2012、2013年度庆阳广播电视新闻社教类电视、广播新闻一、二等奖。2005年8月，被评为全市优秀通讯员。2009年11月，被评为全市优秀新闻工作者。

0297 郭治斌

性　　别：男
出生年月：1969-01-06
民　　族：汉族
政治面貌：党员
职　　称：副高
学　　历：大学本科
所在单位：镇原县外宣办
通讯地址：镇原县中街11号
成　　就：《四亿元是怎样挣回的？》获2009年甘肃省教育好新闻奖。《镇原县矛盾纠纷调处注重实效》获2011年甘肃省第二届法制好新闻二等奖。

0298 常登峰

性　　别：男
出生年月：1980-01-24
民　　族：汉族
政治面貌：党员
职　　称：副高
学　　历：大学专科
所在单位：镇原广播电视台
通讯地址：镇原广播电视台
成　　就：2011年电视系列报道《雷锋乡邮员赵清龙》获2011年度甘肃广播影视奖三等奖；2011年电视系列报道《“下派支书”夏德利》获全市走转改节目评选三等奖；2013年全市优秀广播电视节目电视文学类《蒲公英》获一等奖；2013年度，主持的电视专题栏目《原州人》获全市一等奖；2013年度全市优秀广播电视节目、电视专题《特战英雄安宏伟》获全市三等奖。

0299 王芳

性　　别：女
出生年月：1984-08-11
民　　族：汉族
政治面貌：党员
职　　称：副高
学　　历：大学本科
所在单位：镇原广播电视台
通讯地址：镇原广播电视台
成　　就：制作完成的稿件多次荣获省市殊荣。参与创作的《建好回归之“桥”》荣获2013年“全市广播影视奖”电视新闻三等奖；参与创作的《4亿惠农贷款让贫困户发展生产“不差钱”》获得2013年“全市广播影视奖”电视新闻二等奖；参与创作的《我县为700多名农民工讨薪295万元》获2013年甘肃广播影视奖广播电视节目二等奖；参与创作的《亲民警察刘书元系列报道二——一心忠诚守平安》获得2014年“全市广播影视奖”电视一等奖。

0300 张益平

性　　别：男
出生年月：1978-04-02
民　　族：汉族
政治面貌：党员
职　　称：副高
学　　历：大学专科
所在单位：镇原县广播电视台
通讯地址：镇原县广播电视台
成　　就：电视消息《净口村红白事简办蔚然成风》获2000年全区优秀电视节目评选二等奖；长消息《大型陇剧〈绿叶红花〉晋京汇报演出受好评》，获2006年全市广播影视奖电视节目二等奖；短消息《县委书记的西瓜经》获2006年度“甘肃广播影视奖”电视新闻三等奖，获2006年全市广播影视奖电视节目奖一等奖、庆阳电视台2006年度通讯员优秀电视节目三等奖；拍摄的电视专题片《一位民警的42年》，荣获2006年全市广播影视奖电视专题节目一等奖；广播短消息《我县创新供养方式38名五保老人安享晚年》在2008年度全市广播电视节目评选中获广播节目二等奖；广播长消息《“为民服务代办点”搭起干群“连心桥”》，获2009年度“甘肃广播影视奖”广播新闻二等奖、全市广播影视奖广播节目一等奖；2010年11月电视新闻《八年痴心助残路——记县公安局民警杜汉平》被评为2010年全县好新闻；2010年摄制的电视专题片《拳拳赤子心》获全市广播影视奖电视专题节目三等奖；2011年摄制的专题片《寻找红色的脚印》在全省首届县级台电视优秀节目奖评选活动中荣获电视社教节目专题一等奖。

0301 李红弟

性　　别：男
出生年月：1979-08-17
民　　族：汉族
政治面貌：党员
职　　称：副高
学　　历：大学本科
所在单位：镇原广播电视台
通讯地址：镇原广播电视台
成　　就：自2006年以来，先后在省、市电视台播发稿件160多条，有力的宣传我县农业、工业及社会经济发展状况，极大提升了镇原县的对外形象。主创的《城乡低保“调、减、免”政策的落实使群众心平气顺》获2010年庆阳市广播优秀节目二等奖；《我县为700多名农民工讨薪295万元》获2013年甘肃广播影视奖广播电视节目二等奖；《我县政务大厅拆掉“隔心墙”架起“连心桥”》获2013年庆阳市级广播优秀节目三等奖。

在2008年—2013年连续6年被评为全县优秀宣传工作者，2012年—2013年连续两年被庆阳广播电视台评为优秀通联记者。

0302 赵利军

性　　别：男
出生年月：1979-12-15
民　　族：汉族
政治面貌：党员
职　　称：副高
学　　历：大学专科
所在单位：镇原广播电视台
通讯地址：镇原广播电视台
成　　就：1995—1997年，在《广西文艺》《飞天》等省、市级报刊发表作品20余篇；2006—2008年，4次获“屯字镇先进工作者”“屯字镇优秀任课教师”称号；2008年至今，在《甘肃新闻》《庆阳新闻》《陇东报》等媒体播发报道100余条（篇）；2008年至今，先后获市、县级奖励多次，主要有2009、2010、2011、2012、2013年度全县“优秀新闻工作”者、镇原县“好新闻”奖获得者；2013年度县政协新闻宣传工作先进个人；2011年度全市广电通联工作先进个人一等奖第一名；2013年，电视文学作品《蒲公英·张宏》获全市优秀广播电视节目一等奖；2009年《“辣椒籽儿”官司判结生产商赔菜农4.56万》《循环经济引领我县农村发展》获全市广播电视节目评选广播节目二等奖、三等奖；2011年《爱心老人曹保存》全市广电新闻作品广播专题三等奖；2012年《马洼人的幸福生活》《建设回归之桥》获全市优秀广播电视节目二等奖、三等奖；2013年至2014年3月，主持《原州人》专题栏目48期；2014年至今，深入一线开展“三个十佳”人物采访报道活动26期。

0303 刘思娟

性　　别：女
出生年月：1977-11-15
民　　族：汉族
政治面貌：党员
职　　称：副高
学　　历：大学专科
所在单位：镇原广播电视台
通讯地址：镇原广播电视台
成　　就：广播专题《莫让香菇再苦农》获2002年度全市优秀电视节目评选一等奖；广播专题《农民渴望干部下乡吃派饭》获2004年度全省优秀电视节目评选二等奖；新闻短消息《镇原县新发现一批宋金时期佛教石造像》获2012年度全省县级台评优二等奖；广播专题《让和谐之音充满人间》获2012年度全省县级台广播节目评优三等奖。

0304 慕诚

性　　别：男
出生年月：1983-05-03
民　　族：汉族
政治面貌：党员
职　　称：副高
学　　历：大学本科
所在单位：镇原县对外宣传办公室
通讯地址：镇原县中街11号
成　　就：2013年稿件《“痴心”园丁“翰墨”梦—记镇原县杜寨小学校长孙志春》荣获“全县好新闻”；《“大老板”回乡当羊倌—记镇原县鸿全养殖专业合作社理事长慕鸿全》荣获2013年全市转型跨越话发展网络征文三等奖。

0305 李俊峰

性　　别：男
出生年月：1964-12-22

民　　族：汉族
政治面貌：党员
职　　称：副高
学　　历：中专
所在单位：镇原广播电视台
通讯地址：镇原广播电视台
成　　就：1987年从事新闻工作，先后在中央、省、市、县各级各类新闻媒体刊发播出新闻作品3600多篇，其中《如此扫盲》《桩声引出的忧虑》《食品厂被活活吃掉了》《"冒富大叔"你听我说》《一个小女孩的故事》《宛如平常一段歌》《深山里的唢呐声》《大墙内外写人生》等126篇作品先后在中央及省市组织的各类评选中分获一、二、三等奖。消息《如此扫盲》获得国家级政府奖——"中国广播奖"一等奖第二名，翌年入选中国传媒大学教科书《广播新闻》一书范文，创造了县级电视台连续八年在全国广播电视新闻作品评选中获奖的记录，创造了甘肃省在全国广播新闻作品评选中奖级等次的最高记录。参与策划拍摄制作的电视文艺作品《看妹子》《采花》，专题片《一个农民的奥运情怀》在中央电视台第三和第七频道播出并获得好评。曾先后18次被评为甘肃省、庆阳市优秀通讯员，1995年12月，被甘肃省委宣传部、甘肃省记者协会、甘肃省新闻学会评为首届甘肃省"十佳新闻工作者"。

0306 尤建龙

性　　别：男
出生年月：1978-09-23
民　　族：汉族
政治面貌：党员
职　　称：副高
学　　历：大学本科
所在单位：镇原县外宣办
通讯地址：镇原县中街11号
成　　就：2013年全县优秀新闻工作者；《镇原：四个媳妇争抢一个婆婆》被《陇东报》评为2009年三、四季度好稿件；《赵占礼：焦裕禄式的好支书》在庆阳市机关工委"全市转型跨越谋发展"网络征文活动中荣获三等奖；《秀美新村入画来——镇原县新农村建设工作侧记》《新机制激发新活力——镇原县上肖乡路岭村参与式扶贫开发走笔》《帮扶帮出新生活——镇原县开展"联村联户、为民富民"行动纪实》等稿件被评为全县好新闻奖。

0307 王瑞军

性　　别：男
出生年月：1962-05-01
民　　族：汉族
政治面貌：党员
职　　称：副高
学　　历：硕士研究生
所在单位：定西日报社
通讯地址：定西市北城巷77号
成　　就：论文《谈谈挖掘地方特色新闻资源》在《城市党报研究》2010年第4期发表；《"走、转、改"精神在突发性事件报道中的成功实践》在《中国报业》2012年第11期上发表；《关于欠发达地区地市党报的转型发展的思考》在《中国记者》2012年第11期上刊发。通讯《文化产业的定西"样本"》获甘肃新闻奖特等奖（2012）；《定西一项基层司法创新上升为国家意志》获甘肃新闻奖一等奖、中国地市报新闻奖一等奖（2011）；《"洋芋大王"对总理说心里话》获中国地市报新闻奖一等奖、甘肃新闻奖三等奖（2011）；《通渭弥陀瓜荣获中国科技博览会特别奖》获定西新闻奖一等奖。2011年编辑出版《陇中印象：对话定西百名书画家》（文史出版社）。

简　　介：1983年6月参加工作，历任漳县县委宣传部副部长、报道组组长、宣传部部长。2006年8月调任市委宣传部副部长，定西日报社社长、总编辑，并兼任定西市新闻工作者协会常务副主席。甘肃省宣传文化系统“四个一批”人才、甘肃省十佳记者；中国报业协会理事、甘肃报业协会常务理事、甘肃省新闻序列高评会评委、中国报业协会党报分会新闻奖评委会评委、副刊类评委会主任。定西市第一、二批领军人才，定西市第八批拔尖人才。

0308 牛军义

性　　别：女
出生年月：1971-10-22
民　　族：汉族
政治面貌：党员
职　　称：副高
学　　历：大学专科
所在单位：通渭县广电中心
通讯地址：通渭县平襄镇北街22号
成　　就：从事电视台主持人工作24年，每年播读新闻稿件1000余条，解说专题片20余部，其参与制作的作品多次获得省市及县级奖项。

0309 王卓香

性　　别：女
出生年月：1979-10-26
民　　族：汉族
政治面貌：群众
职　　称：副高
学　　历：大学本科
所在单位：通渭县广电中心
通讯地址：通渭县平襄北街22号
成　　就：在电视台担任编辑工作，每年编辑新闻稿1000余条，编辑专题片20余部，其中制作的新闻节目获得省级奖项1次，市级奖项4次，县级奖项2次。

0310 王鹏

性　　别：男
出生年月：1979-04-29
民　　族：汉族
政治面貌：党员
职　　称：副高
学　　历：大学本科
所在单位：通渭县广电中心
通讯地址：通渭县平襄镇22号
成　　就：在电视台担任编辑工作，每年编辑新闻稿件1500余条，编辑专题片20余部，其中，新闻作品获得省级奖项1次，市级奖项10余次。

0311 李婷

性　　别：女
出生年月：1983-12-18
民　　族：汉族
政治面貌：群众
职　　称：副高
学　　历：大学专科
所在单位：通渭县广电中心
通讯地址：通渭县平襄镇北街22号
成　　就：在电视台担任编辑工作，每年编辑新闻稿件1500余条，编辑专题片20余部，作品获得省级奖项1次，市级奖项4次。

0312 牛宇

性　　别：女
出生年月：1984-07-18
民　　族：汉族
政治面貌：群众
职　　称：副高
学　　历：大学本科

所在单位：通渭县广电中心
通讯地址：通渭县平襄镇北街 22 号
成　　就：电视台担任记者职务，每年发送新闻稿件 1000 余条，拍摄专题片 20 余部，其中广播长消息《我县襄南乡 115 名年满 60 岁老人领到首批养老金》获省影视二等奖。

0313 史潇娟

性　　别：女
出生年月：1982-05-01
民　　族：汉族
政治面貌：群众
职　　称：副高
学　　历：大学专科
所在单位：通渭县广电中心
通讯地址：通渭县平襄阳镇北街 22 号
成　　就：电视台担任记者职务，每年发送新闻稿件 800 余条，参与拍摄专题片 10 余部，参与制作的作品多次获得市县级奖项。

0314 党文博

性　　别：男
出生年月：1978-11-22
民　　族：汉族
政治面貌：群众
职　　称：副高
学　　历：大学本科
所在单位：通渭县广电中心
通讯地址：通渭县平襄镇北街 22 号
成　　就：自参加工作以来一直在电视台从事新闻编辑工作，每年编辑新闻稿件 1000 余条，制作专题片 30 余部。其中作品获省一等奖 1 次，二等获 1 次，三等奖 4 次，市级奖项 20 余次。另外，部分作品还在省市电视台播出。

0315 姚红霞

性　　别：女
出生年月：1968-01-28
民　　族：汉族
政治面貌：群众
职　　称：副高
学　　历：大学专科
所在单位：通渭县广电中心
通讯地址：通渭县平襄镇北街 22 号
成　　就：在电视台担任编辑工作，每年编辑新闻稿件 800 余条，编辑专题片 10 余部，作品得到了广大观众的认可和好评。

0316 赵晓兰

性　　别：女
出生年月：1979-11-18
民　　族：汉族
政治面貌：党员
职　　称：副高
学　　历：大学本科
所在单位：通渭县广电中心
通讯地址：通渭县平襄镇北街 22 号
成　　就：自工作以来一直在电视台担任编辑工作，每年编辑新闻稿件 1000 余条，编辑专题片 20 余部，其中电视专题片《一个老师三个娃》获省影视三等奖。

0317 贾丽萍

性　　别：女
出生年月：1981-10-11
民　　族：汉族
政治面貌：群众
职　　称：副高
学　　历：大学专科
所在单位：通渭县广电中心
通讯地址：通渭县平襄镇北街 22 号
成　　就：在电视台担任编辑工作，每年编

辑新闻稿件1000余条，编辑专题片20余部，其中电视专题片《通渭陶塑》获省影视三等奖。

0318 何亮亮

性　　别：女
出生年月：1982–07–03
民　　族：汉族
政治面貌：群众
职　　称：副高
学　　历：大学专科
所在单位：通渭县广电中心
通讯地址：通渭县平襄镇北街22号
成　　就：电视台担任记者职务，每年发送新闻稿件1000余条，拍摄专题片20余部，作品获得省级奖项1次，市级奖项4次。

0319 南茂林

性　　别：男
出生年月：1984–01–18
民　　族：汉族
政治面貌：群众
职　　称：副高
学　　历：大学专科
所在单位：通渭县广电中心
通讯地址：通渭县平襄镇北街22号
成　　就：在电视台从事主持人工作11年，每年播读新闻稿件1000余条，解说专题片20余部，其参与制作的作品多次获得省市及县级奖项。

0320 李明霞

性　　别：女
出生年月：1980–11–17
民　　族：汉族
政治面貌：党员
职　　称：副高
学　　历：大学本科
所在单位：通渭县广电中心
通讯地址：通渭县平襄镇北街22号
成　　就：电视台担任记者职务，每年发送新闻稿件700余条，参与拍摄专题片10余部，参与制作的作品多次获得市县级奖项。

0321 刘祥龙

性　　别：男
出生年月：1984–10–18
民　　族：汉族
政治面貌：群众
职　　称：副高
学　　历：大学本科
所在单位：通渭县广电中心
通讯地址：通渭县平襄镇北街22号
成　　就：电视台担任记者职务，每年发送新闻稿件1000余条，拍摄专题片20余部。其中，电视消息《农民专业合作社给力我县农村经济发展》获省影视三等奖。

0322 潘旭东

性　　别：男
出生年月：1974–09–19
民　　族：汉族
政治面貌：党员
职　　称：副高
学　　历：硕士研究生
所在单位：通渭县广电中心
通讯地址：通渭县平襄镇北街22号
成　　就：在电视台担任记者20年，每年发送新闻稿件200余条，拍摄专题片20余部，在省市县获奖12件，发表学术论文3篇。

0323 王宏

性　　别：男
出生年月：1979–01–04

民　　族：汉族
政治面貌：党员
职　　称：副高
学　　历：大学本科
所在单位：渭源县广播影视中心
通讯地址：渭源县宣传部
成　　就：连续三年被评为“渭源县优秀新闻工作者”荣誉称号；《渭源76名受灾群众得到妥善安置情绪稳定》等40多部作品获得省市广播电视消息、专题一、二、三等奖，全市通联宣传优秀新闻节目等奖励；成功策划组织了7集大型纪录片《探秘渭河源》的摄制、“‘移动杯’渭源县首届企业文化建设专题论坛”、甘肃卫视《春节大拜年——元古堆村新春特别节目》、渭源县首届电视书画展、“‘家乡最美、群众最亲’渭源县第三届‘信合杯’主持人电视大赛”、《中国名家看渭源电视高峰论坛》等多项大型活动。
简　　介：现为渭源县广播影视中心副主任、广播电视台副台长。

0324 张革秀

性　　别：女
出生年月：1969-01-05
民　　族：汉族
政治面貌：群众
职　　称：副高
学　　历：大学专科
所在单位：渭源县广播影视中心
通讯地址：渭源县广播影视中心
成　　就：重要负责渭源县电视台前端播出系统的运行维护，电视台节目的编排等主要工作。

0325 李军

性　　别：男
出生年月：1979-01-21
民　　族：汉族
政治面貌：党员
职　　称：副高
学　　历：大学本科
所在单位：渭源县广播影视中心
通讯地址：渭源县宣传部
成　　就：完成了全年安排的专题制作任务。

0326 张毅

性　　别：男
出生年月：1983-05-09
民　　族：汉族
政治面貌：群众
职　　称：副高
学　　历：大学专科
所在单位：渭源县广播影视中心
通讯地址：渭源县宣传部
成　　就：完成了户户通的发放安装维护。

0327 尤世国

性　　别：男
出生年月：1972-07-18
民　　族：汉族
政治面貌：群众
职　　称：副高
学　　历：大学专科
所在单位：渭源县广播影视中心
通讯地址：渭源县宣传部
成　　就：2010—2012年实施了全县广播电视村村通、户户通工程。
简　　介：渭源县锹峪乡裕丰村人，1997年8月参加工作。

0328 乔彩凤

性　　别：女
出生年月：1976-01-03

民　　族：汉族
政治面貌：党员
职　　称：副高
学　　历：大学本科
所在单位：渭源县广播影视中心
通讯地址：渭源县宣传部
成　　就：从事广电新闻宣传工作近20年，有20多部影视作品获得省市广播影视优秀节目评选一、二、三等奖；编导的《走进渭河源》栏目获得全省优秀栏目评选一等奖；参与摄制的电视纪录片《探秘渭河源》被列入2013年度全国优秀国产纪录片；有多篇文章发表在省市媒体刊物，在省级刊物发表论文4篇，并编辑出版了《广电季刊》，历史散文集《大渭河》和《无助的孤独》。
简　　介：自1995年11月至今一直在渭源县广播电视局（后改为渭源县广播影视中心）从事广播电视节目的制作、编辑、采访和外宣通联工作。

0329 曹国虎

性　　别：男
出生年月：1968-06-28
民　　族：汉族
政治面貌：群众
职　　称：副高
学　　历：大学专科
所在单位：渭源县广播影视中心
通讯地址：渭源县广播影视中心
成　　就：主要完成渭源县广播电视台前端安全播出。

0330 张念龙

性　　别：男
出生年月：1978-08-24
民　　族：汉族
政治面貌：党员
职　　称：副高
学　　历：大学本科
所在单位：渭源县广播影视中心
通讯地址：渭源县宣传部
成　　就：本中心（台）围绕县委、县政府中心工作和重大主题活动，组织采编人员积极主动参与，深入采访，圆满完成了甘肃卫视《百姓·大拜年》节目录制期间各项活动的宣传报道；组织新闻工作者完成了甘肃第四届“敦煌行·丝绸之路国际旅游节”华夏文明渭河源——甘肃·渭源2014（甲午）年公祭华夏文明先祖大禹大典的专题报道；策划举办了“家乡最美、群众最亲”渭源县第三届主持人电视大奖赛活动；与西安国立影视文化传媒有限公司共同举办了“中国名家看渭源”电视高峰论坛，首次实现了渭源电视台节目直播；全力打造“华夏文明渭河源”战略品牌，各项活动的成功举办受到了省、市广电部门和社会各界的广泛好评。

0331 陈海燕

性　　别：女
出生年月：1959-04-14
民　　族：汉族
政治面貌：群众
职　　称：副高
学　　历：大学专科
所在单位：陇西县广播影视服务中心
通讯地址：陇西县巩昌镇解放路14号
简　　介：1979年6月—1980年5月，陇西县五金公司工作；1980年12月至今，陇西县广播影视服务中心工作。

0332 张益国

性　　别：男
出生年月：1967-10-18
民　　族：汉族

政治面貌：党员
职　　称：副高
学　　历：大学本科
所在单位：陇西县广播影视服务中心
通讯地址：陇西县巩昌镇解放路 14 号
简　　介：1988 年 9 月—19990 年 7 月，兰州电子工业学校上学；1990 年 8 月至今，陇西县广播影视服务中心工作。

0333 王力华

性　　别：女
出生年月：1971-10-20
民　　族：汉族
政治面貌：群众
职　　称：副高
学　　历：大学专科
所在单位：岷县广播电视台
通讯地址：岷县岷州西路
成　　就：由其采、编、播、录合一制作的小星星综合节目参加全省优秀少儿节目评比荣获三等奖，另获全市马家窑文艺三等奖，全省首届广播电视主持人二等奖，全市三等奖；录制的广播新闻节目，评论《人均纯收人究竟有多少》荣获全省优秀广播节目评选评论类二等奖、全国三等奖；历年全省、市广播节目评选中由其播、录、制的各类新闻节目分别荣获一、二、三等奖。
简　　介：1982 年参加工作从事广播电台播音至今。

0334 包小川

性　　别：女
出生年月：1984-08-01
民　　族：汉族
政治面貌：党员
职　　称：副高
学　　历：大学本科
所在单位：岷县广播电视台
通讯地址：岷县岷州西路
成　　就：2010 年 4 月，《五彩岷洲——走进中共中央西北局“岷州会议”纪念馆》荣获全省首届县区播音与主持作品奖电视播音主持作品奖二等奖；2011 年 10 月，《为了“生命大通道”安全畅通——岷县公路管理段抗洪救灾抢险保畅工作纪实》荣获“甘肃广播影视奖”电视新闻三等奖；2012 年 2 月，《蜂农的甜蜜事业——新法养殖铺就岷县蜂农致富路》荣获全省“走转改”优秀节目评选二等奖；2010 年 4 月，《岷县被国务院扶贫办确定为外资扶贫试点县》荣获 2009 年度定西市广播影视奖·广播电视节目奖电视新闻二等奖；2010 年 4 月《岷州故事之奇异之旅》荣获 2009 年度定西市广播影视奖·广播电视节目奖电视新闻三等奖；2011 年 3 月《马勺不拥军爱军传佳话》荣获 2010 年度定西市广播影视奖·广播电视节目奖电视新闻一等奖；2011 年 3 月《岷县巴当舞列为国家级非物质文化遗产名录》荣获 2010 年度定西市广播影视奖·广播电视节目奖电视新闻二等奖；2011 年 3 月《张世荣投资亿元为岷县北大门增绿》荣获 2010 年度定西市广播影视奖·广播电视节目奖电视新闻二等奖；2014 年 6 月，《群众心中的好书记孩子眼中的好爸爸》荣获 2013 年度定西市广播影视奖·广播电视节目奖电视新闻一等奖。
简　　介：陕西师范大学毕业，2004 年 9 月参加工作，2007 年经公开选拔考试，调入岷县广播电视台工作，2009 年 10 月考取记者证，从事新闻工作 7 年，现为广播电视台副台长，助理记者职称，担任播音、主持及新闻采写工作。

0335 马庆霖

性　　别：男

出生年月：1972-09-18
民　　族：汉族
政治面貌：党员
职　　称：副高
学　　历：大学本科
所在单位：岷县广播电视台
通讯地址：岷县岷州西路
成　　就：1999 年 7 月，被县直机关工委授予优秀共产党员荣誉称号；2005 年 8 月，被市委、市政府、定西军分区授予全市国防教育先进个人荣誉称号；2006 年 7 月，被县委授予全县优秀党员荣誉称号；2013 年 9 月，被县委、县政府授予“722 地震抗震救灾先进个人”荣誉称号；2013 年至 2014 年，连续两年被市文广局授予全市广播电视通联工作先进个人，并受到表彰奖励；2009 年、2011 年、2012 年年度考核为优秀公务员，受到嘉奖。
简　　介：1995 年 8 月参加工作，现任岷县县委宣传部副部长、县文广局副局长、县广播电视台台长；1992 年 9 月—1995 年 8 月在庆阳师专生物系生物农学专业学习；1995 年 8 月—2004 年 8 月在县委宣传部工作，先后任秘书、办公室主任、县国防教育办公室副主任职务（期间，1997 年 8 月—1999 年 12 月在中央党校定西党政管理本科班学习毕业）；1996 年 10 月—1997 年 6 月在岷县锁龙乡开展支教工作；2004 年 8 月—2011 年 12 月在县委办公室工作，先后任县委政研室副主任、主任、县委办公室副主任兼党支部书记；2011 年 12 月在县广播电视台工作，任县文广局副局长、广播电视台台长（2012 年 11 月任县委宣传部副部长）。

0336 文华清

性　　别：男
出生年月：1957-02-02
民　　族：汉族
政治面貌：群众
职　　称：副高
学　　历：大学专科
所在单位：岷县广播电视台
通讯地址：岷县新民街 56 号
成　　就：广播新闻《温总理看望我县赴舟曲救灾医务人员》《信息员敲锣报警全村人得救》获“定西市广播影视奖·广播新闻”二等奖；《双联干部：灾区群众的主心骨》获“定西市广播影视奖·广播新闻”三等奖；《同舟共济惠苍生》获定西市精神文明建设一等奖；专稿《美丽狼渡滩》获“定西市广播影视奖·广播社教”二等奖；广播专稿《马勺不：情系灾区的回族汉子》获甘肃省首届广播电视新闻奖三等奖；广播新闻《我县姐妹打工队田间地头巧争春》获甘肃省第二届广播电视新闻奖三等奖；先后在《人民政协报》《甘肃日报》《定西日报》《黄河文学》《飞天》《西部文学》等刊发新闻稿件 3500 多篇；在《党的建设》《甘肃视听》《新闻知识》等发表新闻业务论文 20 多篇。先后荣获各类奖项 60 余次。
简　　介：1976 年参加工作，甘肃岷县人，兰州大学新闻专科毕业，主任记者，现任岷县人民广播电台总编室主任。1985 年从事新闻工作。中国报告文学学会会员、中国散文学会会员、甘肃省作家协会会员。政协岷县第七、八、九届委员会员会。

0337 任小军

性　　别：男
出生年月：1982-08-07
民　　族：汉族
政治面貌：群众
职　　称：副高
学　　历：大学本科

所在单位：岷县广播电视台
通讯地址：岷县岷州西路
成　　就：2012年6月在510特大山洪泥石流灾害抢险救灾工作中表现突出，被评为先进个人；2012年被评为“816抢险救灾”先进个人；2012年，专题作品《更喜岷山千里雪》获得定西市2012年度广播影视奖参评节目二等奖；专题作品《“傻”电工王志孝》获得定西市2012年度广播影视奖参评节目三等奖；2013年，新闻作品《古风今韵谱新曲弘扬中华文化脉——岷州诗词成为文化新名片》获得定西市2013年度广播影视奖参评节目三等奖；2014年，专题作品《洮水悠悠舞巴当——岷县巴当舞概略》获得定西市2014年度广播影视奖参评节目二等奖。

0338 王丽丽

性　　别：女
出生年月：1979-03-01
民　　族：汉族
政治面貌：群众
职　　称：副高
学　　历：大学本科
所在单位：岷县广播电视台
通讯地址：岷县岷州西路
成　　就：2012年9月采制的新闻稿件《岷县三名学生被困16小时后成功解救》荣获2011年度定西市广播影视奖电视新闻类二等奖。2012年9月采制的新闻稿件《岷县交警大队道路交通安全的忠诚卫士系列报道》荣获2011年度定西市广播影视奖电视新闻类三等奖。2013年9月采制的新闻稿件《一声铜锣救了全村人的命》荣获2012年度定西市广播影视奖电视新闻类一等奖。2013年采制的新闻稿件《岷县2.4万群众吃上干净安全放心水》荣获定西市环保世纪行新闻类三等奖。2013、2014年被市广播影视局评为全市通联工作先进个人。2014年12月采制的新闻稿件《好媳妇用孝心延续美德》荣获2014年度定西市广播影视奖电视新闻类三等奖。2012年6月被县委县政府评为“510全县抗洪抢险救灾先进个人”。2013年8月被县委县政府评为“722地震抢险救灾先进个人”。2013年采制的新闻稿件《岷县环保宣传形式多样》荣获县环保世纪行新闻优秀奖。
简　　介：1998年至2000年在西北师大学习电视节目制作；2001年至2003年在中央电大岷县工作站学习汉语言文学；2011年至今在岷县广播电视台工作。

0339 卢娜

性　　别：女
出生年月：1983-05-01
民　　族：汉族
政治面貌：党员
职　　称：副高
学　　历：大学本科
所在单位：岷县广播电视台
通讯地址：岷县岷州西路
成　　就：2008年采制的《岷县进一步挖掘和保护非物质文化遗产》荣获首届“定西新闻奖”电视类二等奖、定西市广播电视新闻二等奖；2009年采制的《你是一个好民兵——记谈卯成先进事迹》荣获定西市广播电视新闻三等奖；2010年采制的《民俗文化的活化石——羊皮鼓舞》荣获甘肃省广播电视新闻奖三等奖、定西市第二届“定西新闻奖”电视类二等奖、定西市广播电视新闻一等奖；2011年采制的《在灾区的每一刻——岷县电视台记者小组舟曲采访见闻》荣获定西市广播电视主持二等奖；2013年被定西市广播影视新闻出版局评为2012—2013年度全市广播电视通联工作“优秀出境记者”；2013年采制长消息《岷县进一步保护非物质文化遗产》《独具特色信仰——岷县十八位湫神祭典》《记者灾区见行》《总理关怀暖民心——李克强总理岷县灾区视察回访》荣获定西市电视新闻二等奖、三等奖、一等奖；2014 年采制的广播长消息《定西市文化科技卫生“三下乡”活动在岷县启动》荣获定西市广播新闻三等奖。

简　　介：甘肃岷县岷阳镇人，现任岷县广播电视台副台长。2003.9—2005.4 岷县梅川镇中心小学教师班主任、音乐招考员；2005.5 至今，岷县广播电视台副台长，负责外宣、技术工作。

0340 邓强

性　　别：男
出生年月：1982-11-01
民　　族：汉族
政治面貌：党员
职　　称：副高
学　　历：大学本科
所在单位：岷县广播电视台
通讯地址：岷县岷州西路
成　　就：2014 年 12 月获岷县 722 灾后重建先进个人；2013 年 8 月获岷县 722 抗争救灾先进个人；2012 年 8 月获全省第三届广播影视系统现场新闻采访电视拍摄技能三等奖；2012 年 12 月作品“民间艺术的奇葩——巴当舞”获第三届马家窑文艺奖二等奖；2012 年 6 月作品“民间艺术的奇葩——巴当舞”获全省广播影视奖电视纪录片类三等奖，获全市广播影视奖电视纪录片类一等奖；2012 年获岷县“510 抢险救灾先进个人”；2011 年作品“群众心中的兹巴力禅”获定西市广播影视奖二等奖；2011 年获全县“月月喜相逢”文艺演出先进个人；2011 年作品“民间艺术的奇葩——巴当舞”获定西市广播影视奖纪录片类一等奖；2011 年作品“法治在线”智擒蒙面劫匪获定西市广播影视奖专题类三等奖；2011 年被评为文广系统优秀共产党员；2010 年获定西市舟曲泥石流抢险救灾宣传报道先进个人；2010 年作品“古老的水神祭祀”获全省电视新闻奖三等奖、定西市第二届马家窑文艺奖、定西市广播影视奖三等奖。

简　　介：2005 年 9 月参加工作，现任县广播电视台副台长。2001 年 9 月至 2005 年 7 月在兰州城市学院学习；2005 年 9 月至 2007 年 12 月在岷县清水中学任教；2007 年 12 月至 2012 年 6 月在岷县广播电视台工作（期间：2009 年 3 月至 2011 年 7 月，中国传媒大学新闻学本科班学习）；2012 年 6 月至今任县广播电视台副台长（期间：2013 年 6 月考入甘肃省委党校研究生班，文化与社会发展专业，在读）。

0341 曲婷婷

性　　别：女
出生年月：1983-06-30
民　　族：汉族
政治面貌：群众
职　　称：副高
学　　历：大学本科
所在单位：岷县广播电视台
通讯地址：岷县岷州西路
成　　就：2012 年在 510 特大山洪泥石流灾害抢险救灾工作中表现突出被评为先进个人。2013 年在 722 地震抢险救灾工作中表现突出被评为先进个人。2013 年《最美教师——樊芳朝》荣获全市广播电视新闻奖三等奖。2014 年荣获全省陇原环保世纪行新闻作品奖三等奖。

0342 尹龙飞

性　　别：男

出生年月：1983-12-16
民　　族：汉族
政治面貌：群众
职　　称：副高
学　　历：大学本科
所在单位：岷县广播电视台
通讯地址：岷县岷州西路
成　　就：2009 年荣获全市广播电视新闻奖三等奖。2012 年 2 月长消息《从民工到老板》荣获 2011 年度定西市广播影视奖广播电视类节目奖电视新闻三等奖。2012 年 6 月在 510 特大山洪泥石流灾害交抢险救灾工作中表现突出，被评为先进个人。2012 年 9 月新闻稿件《岷县鹿峰金矿 11 名被困工人成功获救》荣获 2011 年度全市优秀通联宣传稿件三等奖。2013 年 10 月专题《更喜岷山千里雪》荣获 2012 年度定西市广播影视奖电视社教类二等奖。

0343 刘晓爱

性　　别：女
出生年月：1978-05-01
民　　族：汉族
政治面貌：群众
职　　称：副高
学　　历：大学专科
所在单位：岷县广播电视台
通讯地址：岷县岷州西路
成　　就：岷县广播电视台一级播音员，曾获得定西市广播影视奖广播类二等奖。
简　　介：广播电视大学法律专科毕业，一级播音员职称，现为岷县广播电视台电台播音员。2001 年至今从事电台播音工作，曾获得定西市广播影视奖广播类二等奖。

0344 季芳

性　　别：女
出生年月：1980-09-01
民　　族：汉族
政治面貌：党员
职　　称：副高
学　　历：大学本科
所在单位：岷县广播电视台
通讯地址：岷县岷州西路
成　　就：2010 年，新闻《在舟曲的每一天》获定西市广播影视二等奖，同年被县委、县政府评为先进个人，被县妇联授予巾帼英雄称号，2011 年，被县委县政府评为“支援舟曲抢险救灾先进个人”，县委宣传部评为优秀记者；2012 年，新闻《中华龙砚被评为世界最大洮砚》获定西新闻三等奖，定西市广播影视一等奖，被县委县政府评为“510 灾后重建第一阶段暨 816 抢险救灾先进个人”；2013 年，新闻《群众心中的好书记孩子眼中的好爸爸》获甘肃广播影视三等奖，定西市广播影视一等奖，被市电视台评为优秀出镜记者，被县委、县政府评为“722 地震抗震救灾先进个人”；2014 年，新闻《商贸流通业主推我县经济社会跨越发展》获“甘肃银行杯”非公有制经济跨越发展好新闻优秀奖，《岷县：农村不再“冒烟”绿色新能源使美丽乡村天更蓝》获定西市广播影视二等奖，新闻《一心为民的好支书包供同》被评为定西市优秀通联稿件，个人被市委市政府评为“岷县漳县 66 地震灾后重建先进个人”。

0345 杨磊

性　　别：男
出生年月：1985-03-10
民　　族：汉族
政治面貌：党员
职　　称：副高
学　　历：大学本科
所在单位：岷县广播电视台

通讯地址：岷县岷州西路

成　　就：2012年6月在510特大山洪泥石流灾害交抢险救灾工作中表现突出，被评为先进个人。2013年，长消息《古风今韵谱新篇弘扬中华文化脉——岷县创建中华诗词之乡纪实》专题片获得度定西市广播影视奖广播电视类节目奖电视专题三等奖。2014年作品《商贸流通业助推我县经济社会跨越发展》荣获“甘肃银行杯”非公有制经济跨越发展好新闻优秀奖。2014年作品《定西市文化科技卫生“三下乡”活动在岷县启动》获定西市2014年度广播影视奖三等奖。

0346 鱼瑞萍

性　　别：女

出生年月：1970-04-01

民　　族：汉族

政治面貌：党员

职　　称：副高

学　　历：大学本科

所在单位：岷县广播电视台

通讯地址：岷县岷州西路

成　　就：1994年11月参加工作至今一直在岷县广播电台从事新闻采编，期间有近200多篇稿件被省市各类新闻媒体刊载，有近30篇稿件获历年省市广播电视新闻节目评选一、二、三等奖。

简　　介：1998年取得助理记者职称，1999年加入中国共产党，2004年取得记者职称，岷县新闻工作者协会会员，定西市广播电视协会会员。

0347 孙希明

性　　别：男

出生年月：1960-08-01

民　　族：汉族

政治面貌：群众

职　　称：副高

学　　历：高中

所在单位：岷县广播电视台

通讯地址：岷县岷州西路

成　　就：从事广播站工作30余年，多次受到表彰奖励。

简　　介：1979年12月参加工作。1968.08—1973.07在岷县城关中心小学读书；1974.08—1978.07在岷县一中读书；1979.12至今在岷县广播站工作。在广播站机房负责安全播出和设备维护维修工作。后成立岷县广播电视台，在技术部负责全台采、编、播和无线发射的统一管理维护工作，负责全台设备规划、选型及设备购置计划制订与预算等工作。

0348 张斌

性　　别：男

出生年月：1984-11-01

民　　族：汉族

政治面貌：群众

职　　称：副高

学　　历：大学本科

所在单位：岷县广播电视台

通讯地址：岷县岷州西路

成　　就：2012年2月，《蜂农的甜蜜事业——新法养殖铺就岷县蜂农致富路》，获全省“走转改”优秀节目评选二等奖。2012年6月，获甘肃省第三届广播影视系统现场新闻采访电视拍摄技能大赛三等奖。2013年1月，纪录片《巴当舞》获2012年马家窑文艺奖二等奖。2013年2月，《“5.10”岷县特大冰雹山洪泥石流抢险救灾暨灾后重建纪实》获2013年“定西新闻奖”电视类二等奖。2014年，《巴当舞》《岷县花儿》分别获得市级二、三等奖。2012年被岷县县委、县政府评为“510抗洪救灾先进个人”。2012年被岷县县委、县政府评为“灾后重建第一阶段先进个人”。2013 年被岷县委县政府评为“722 抗震救灾工作先进个人”。2014 年被岷县委县政府评为“722 地震 2014 年度灾后重建暨环境综合整治先进个人”。
简　　介：西北师范大学毕业，2009 年 9 月被分配到县电视台工作至今。2002.7—2005.7 在岷县一中高中部学习；2005.9—2009.6 在西北师范大学广播电视编导专业学习；2009.9 至今在岷县广播电视台从事电视节目设计包装、视音频制作、新闻采编、电视专题栏目编导、广播电视广告节目审查等工作。

0349 周建军

性　　别：男
出生年月：1968-04-12
民　　族：汉族
政治面貌：党员
职　　称：副高
学　　历：大学本科
所在单位：陇南广播电视台
通讯地址：陇南市武都区城关镇城关新村 3 号
成　　就：从事新闻宣传工作 23 年，在中央、省、市新闻媒体和文艺刊物发表各类作品 1300 多篇，作品获甘肃省敦煌文艺奖一次，甘肃新闻奖 6 次，其他奖励 18 次，个人先后被评为陇南市首届劳动模范、全国抗灾救灾优秀摄影家、全省优秀专业新闻工作者、甘肃省十佳编辑。
简　　介：陇南广播电视台副台长。

0350 杨峰

性　　别：男
出生年月：1959-09-01
民　　族：汉族
政治面貌：党员
职　　称：副高
学　　历：大学本科
所在单位：陇南广播电视台
通讯地址：陇南市武都区城关镇城关新村 3 号
成　　就：长期连续从事新闻宣传工作，累计发表作品 3600 多件，在 68 家报刊发表摄影作品 1330 多幅。2000 年 7 月任电视台副台长以来，截至 2013 年年底累计编审监制电视新闻 19310 条和专题 2191 期（部）。获先进个人称号 7 项，获奖作品 29 件次，其中国家、省部级、地厅级奖 6 件（通讯《收残养孤情悠悠》获“中国残疾人事业好新闻奖二等奖”），论文发表 10 件次（其中《如何对待群众来信来访》1995 年全国交流、《基层电视台如何落实“三贴近”》2003 年全省交流）。
简　　介：陇南广播电视台副台长。30 多年来连续从事宣传工作，被列入《陇南市专业人才信息库》，担任陇南广播电视台“重大题材创作”小组副组长，兼任陇南市电视戏剧家协会副主席、省广电协会理事、甘肃省摄影家协会会员。1993 年 10 月获记者职称，2003 年 12 月获主任记者职称。

0351 闫利

性　　别：男
出生年月：1977-02-01
民　　族：汉族
政治面貌：党员
职　　称：副高
学　　历：大学本科
所在单位：徽县文化市场综合执法大队
通讯地址：徽县西街
成　　就：徽县文化市场综合执法大队副队长，市级优秀新闻工作者。

0352 陈颖

性　　别：女
出生年月：1970-10-01
民　　族：汉族
政治面貌：群众
职　　称：副高
学　　历：大学专科
所在单位：徽县电视台
通讯地址：陇南市徽县城关镇和平路 2 号
成　　就：徽县电视台二级播音员

0353 王涛

性　　别：女
出生年月：1981-10-01
民　　族：汉族
政治面貌：党员
职　　称：副高
学　　历：大学本科
所在单位：徽县电视台
通讯地址：徽县西街
成　　就：徽县电视台副台长

0354 成小平

性　　别：男
出生年月：1974-02-01
民　　族：汉族
政治面貌：党员
职　　称：副高
学　　历：大学本科
所在单位：徽县电视台
通讯地址：徽县西街
成　　就：徽县电视台记者

0355 温正平

性　　别：男
出生年月：1962-07-15
民　　族：汉族
政治面貌：党员
职　　称：副高
学　　历：大学本科
所在单位：中共康县委报道组
通讯地址：甘肃康县城关中街 11 号
成　　就：从事新闻工作以来，先后在《光明日报》《人民日报海外版》《甘肃日报》《甘肃经济日报》《陇南日报》等市级以上报刊发表各类新闻作品千余件，其中：报告文学 30 多篇、通讯 130 多篇，有 50 多件作品在市级以上宣传部门、新闻单位组织的评选中获奖。2008 年获得甘肃省抗震救灾宣传报道先进个人。现为甘肃陇南新闻工作者协会和陇南新闻学会会员、理事。县委报道组组长。
简　　介：1979 年 12 月参加工作。1984 年至 1999 年在康县广播局从事广播电视新闻节目采编工作；1999 年至 2009 年任报道组副组长；2009 年至今任县委报道组组长。

0356 焦杨红

性　　别：男
出生年月：1983-12-23
民　　族：汉族
政治面貌：群众
职　　称：副高
学　　历：大学本科
所在单位：康县委报道组
通讯地址：康县委宣传部
成　　就：2009 年获得县级“优秀班主任”称号，新闻作品在《甘肃日报》《甘肃经济日报》《甘肃农民报》《市场信息报》《陇南日报》等报刊刊登。2003 年 9 月分配到康县两河学区任教，2005 年 9 月任康县两河镇廖坝小学校长，2006 年 9 月调到两河九年一贯制学校任教，任文科教研组组长。2014 年 8 月调县委报道组工作。

0357 马廉朴

性　　别：男
出生年月：1964-09-01
民　　族：回族
政治面貌：党员
职　　称：副高
学　　历：大学本科
所在单位：临夏州民族日报社
通讯地址：甘肃省临夏州民族日报社
成　　就：曾在各类报刊、杂志上发表报道和研究性文章300多万字。写作、编辑的30多篇新闻作品获甘肃省新闻奖、中国地市好新闻一、二、三等奖；2009年与他人合著的纪实文学《青山作伴》获2009年甘肃省少数民族文学一等奖；2011年，带领民族日报社3名记者，采访了甘、青、川和西藏四大藏区经商务工的临夏人，采写稿件200多篇、刊发图片300多幅，这一报道引起强烈社会反响，《中国新闻出版报》在《媒体播报》栏目中作为记者走基层的典型进行了大篇幅报道，这一作品获甘肃省新闻奖一等奖；2015年，采写、主编的《临夏红色记忆》一书由甘肃省文化出版社出版；2015年，作为第二作者撰写的《临夏回族史话》正由甘肃省文化出版社印刷中。1995年获甘肃省优秀青年记者；2006年，获甘肃省民族团结进步模范个人；2007年，由中宣部、人事部、国务院新闻办等六部委授予“全国优秀新闻工作者”荣誉称号，受到党和国家前领导人李长春、刘云山的亲切接见；2013年被评为甘肃省新闻宣传系统“四个一批”人才；2014年获甘肃省“十佳记者”称号。从2010年起担任临夏州政协文史资料特约撰稿员。
简　　介：1988年大学毕业于中央民族大学新闻专业，法学学士学位。临夏州民族日报社副县级编委、主任编辑。

0358 张守胜

性　　别：男
出生年月：1964-08-15
民　　族：汉族
政治面貌：党员
职　　称：副高
学　　历：大学专科
所在单位：康乐县广播电视局
通讯地址：康乐县农林局家属楼5单元522室
成　　就：从事广播新闻采编30余年，采写各类新闻稿件2000余件，其中获省州奖励30余次。全国性奖励1件。著《三田集》一书。两次主持编写《康乐县广播电视志》记65000字。新闻评论《如何运用群众语言》和《从采访失败中找新闻》等，分别刊登于《甘肃视听》《全国广播电视论文选》等有关刊物。

0359 罗春华

性　　别：女
出生年月：1972-08-25
民　　族：土族
政治面貌：群众
职　　称：副高
学　　历：大学本科
所在单位：永靖县文广局
通讯地址：刘家峡镇黄河路28号
成　　就：2009年12月，采写的新闻稿件《专业垃圾打捞船向刘家峡水库“亮剑”》一文，在陇原环保世纪行临夏组委会2009年“节能减排与生态文明主题宣传活动中被评为好新闻广播电视类二等奖、临夏好新闻一等奖；2011年10月，采写的《山区群众吃上了自来水》一文被甘肃省广播电视协会评为2010年度全省县级台广播节目评选一等奖；在2012年第二期《甘肃视听》杂志（省级刊物）上发表了撰写的广播影视类论文《电视娱乐节目主持人语言特色分析》；2012年第六期《甘肃视听》杂志上发表了论文《县级电视台自办节目实践与思考——以永靖电视台为例》。

简　　介：从事永靖县文广局记者工作，2007年3月任记者（中级职称），2012年5月晋升为主任记者（副高级职称），自任记者以来先后多次获得了上级党政领导部门授予的荣誉称号。

0360 张学虎

性　　别：男

出生年月：1964-08-01

民　　族：汉族

政治面貌：党员

职　　称：副高

学　　历：大学本科

所在单位：甘南日报社

通讯地址：甘南州合作市甘南州委

成　　就：新闻通讯《有一种力量令人震撼——舟曲特大山洪泥石流抢险救灾启示录》获2010年甘肃新闻奖一等奖；通讯《一切为了人民的利益》获2010年度中国地市报新闻奖二等奖；通讯《为了困境中的藏族同胞》获2012年度中国地市报新闻奖二等奖、甘肃新闻奖三等奖；通讯《舟曲一位老人的牵挂》获2013年度甘肃新闻奖二等奖。2010年被中国报协评为2009—2010年度全国报业经营先进个人；2009年被甘肃报协评为“全省报业发展先进工作者”；2010年被省委宣传部评为“全省优秀新闻工作者”。从事新闻工作近25年来，先后撰写消息、通讯等各类新闻稿件200余万字，作品先后获国家、省、州各类奖励50余次。个人先后受国家、省、州表彰15次。

简　　介：1987年7月毕业于西北师范大学中文系，先后在夏河县藏族中学、夏河县委宣传部、甘肃日报驻甘南记者站任职。2005年7月任甘南日报社副总编辑。2006年1月任甘南日报社总编辑。2009年11月任甘南州委宣传部副部长兼甘南日报社总编辑，并担任甘肃省记协理事、甘肃省报业协会常务理事、中国少数民族报业协会常务理事、中国报业协会理事会理事。主持报社工作后，实现了无纸化办公，创办周末报《羚城周末》《甘南手机报》及甘南日报社新闻门户网站——“香巴拉在线”，使甘南日报从全省排名末位步入全省前列。

甘肃省文化资源名录

第四十六卷

文化人才Ⅲ

出版人才

0001 梁宝毓

性　　别：男
出生年月：1965-12-14
民　　族：汉族
政治面貌：党员
职　　称：正高
学　　历：硕士研究生
所在单位：兰州文理学院新闻传播学院
通讯地址：兰州市城关区北面滩400号
成　　就：入选甘肃省555创新人才工程、甘肃省优秀艺术人才库、甘肃省摄影家协会理事、甘肃省青年摄影家协会副主席。从事新闻出版传媒的实务及教学工作20多年，在省级以上刊物发表专业论文10余篇，出版专著2部，编著书稿获各种奖励30多次。主持创办了由《读者》杂志主办的人文综合类原创性月刊《西部人》杂志。参与了新闻出版总署重要软课题项目《国内动漫出版产业基础状况研究》及国家社科基金项目《动漫出版产业政策研究》的研究。主持策划了《关于建设新闻出版业发展项目库》中“走进藏区寺庙书系”项目、国家藏文出版资助项目、华夏文明传承创新区十三板块之“古籍整理出版”板块中《甘肃民族宗教历史文献丛编（100册）》《中国西北宗教文献丛书（72册修订版）》《中国西北民族文献丛书（72册）》等项目。
简　　介：兰州文理学院新闻传播学院教授，出版与发行教研室主任，全国高等教育出版专业教学指导委员会委员，研究方向为新媒体、数字出版、新闻摄影等。毕业于兰州大学新闻系新闻学专业。

0002 李有堂

性　　别：男
出生年月：1963-05-01
民　　族：汉族
政治面貌：党员
职　　称：正高
学　　历：博士研究生
所在单位：兰州理工大学
通讯地址：兰州理工大学学报编辑部
成　　就：取得省部级以上研究成果10项，获得省级以上科技成果奖励5项，发表论文100多篇，被SCI、EI收录论文60多篇；担任主编的《兰州理工大学学报》获国家期刊奖百种重点科技期刊、甘肃省优秀科技期刊，多次获全国高校优秀科技期刊；《兰州理工大学学报》是中文核心期刊，影响因子、总被引频次排名全国高校前列。出版《裂纹技术理论与应用》《机械系统动力学》和《机械振动理论与应用》等著作。2012年获得教育部“长江学者创新团队”，承担国家自然科学基金和教育部项目等5项。

简　　介：兰州理工大学二级教授、博士生导师。原机械工业部跨世纪学科带头人，甘肃省高校跨世纪学科带头人，甘肃省“333科技人才工程”第一、二层次，甘肃省“555创新人才工程”第一层次，甘肃省领军人才，甘肃省“四个一批”人才，2001年获得甘肃省优秀共产党员。2004年以来担任《兰州理工大学学报》主编，担任全国高校自然科学学报研究会理事，甘肃省高校学报研究会副理事长。

0003 刘炎海

性　　别：男
出生年月：1964-01-20
民　　族：汉族
政治面貌：民主党派
职　　称：正高
学　　历：博士研究生
所在单位：兰州交通大学
通讯地址：兰州交通大学学报编辑部
成　　就：主要承担土木工程类本科学生“结构设计原理（钢筋混凝土桥、钢桥）”“桥梁工程”“城市桥梁”“桥梁工程概论”“毕业设计”等教学工作，研究生“结构稳定理论”课程教学。任现职以来总教学课时约1600学时。承担科研课题：桥梁结构状态评估与加固技术。主持项目：纵向课题2项、横向课题15项；参加项目：纵向课题1项、横向课题2项。
简　　介：教授，工学博士，现为《兰州交通大学学报》主编、编辑部主任。1981.09—1985.07西南交通大学桥梁工程专业（本科）；1985.09—1988.06兰州铁道学院桥梁与隧道工程专业（硕士）；1995.09—2000.05西南交通大学桥梁与隧道工程专业（博士）；1988.06—2000.02兰州铁道学院桥梁教研室任助教、讲师；2000.02—2003.10兰州交通大学结构试验中心任主任、副教授；2003.10—2006.05兰州交通大学土木工程学院任副院长、副教授；2006.05—2012.07兰州交通大学科学技术处任副处长、教授；2012.07—现在《兰州交通大学学报》主编、编辑部主任。

0004 胡政平

性　　别：男
出生年月：1961-09-01
民　　族：汉族
政治面貌：党员
职　　称：正高
学　　历：大学本科
所在单位：甘肃省社会科学院杂志社
通讯地址：甘肃省兰州市安宁区建宁路143号
成　　就：2013年12月个人获国家出版政府最高奖，成果获甘肃省哲学社会科学优秀成果一等奖、三等奖各1次，获第三届、第四届中华优秀出版物奖出版论文奖各1次，获甘肃省地方史志编委会、甘肃省地方史志学会优秀成果一等奖3次，二等奖2次。发表（转摘）论文80多篇。其中在国家级权威报刊发表、转载文章42篇次。著和主编专著8部，主持国家、省、市级课题3项。主编的《甘肃社会科学》获“全国百强社科期刊”，获“中国北方十佳期刊”，获“甘肃省品牌期刊”，连续5次获“CSSCI来源期刊”连续3次获“全国中文核心期刊”，连续2次获“中国人文社会科学核心期刊”，近年来，期刊的社会影响越来越大。
简　　介：1982年6月兰州大学毕业，学士学位。2001年11月破格晋升为编审（正高），2006年6月任《甘肃社会科学》主编，2010年2月任甘肃省社会科学院杂志社总编；2008年晋升为二级编审。现兼任甘肃省社会科学院学术委员会委员，甘肃省出版专业高评会专家组成员、评委，甘肃省出版协会常务理事、副秘书长，甘肃省黄河文化研究会常务理事。兼任甘肃政法学院等高校硕士生导师。主要从事文化、编辑出版研究和学术期刊的编辑和研究。

0005 彭长城

性　　别：男
出生年月：1953-12-01
民　　族：汉族
政治面貌：党员
职　　称：副高
学　　历：硕士研究生
所在单位：读者出版传媒股份有限公司
通讯地址：兰州市读者大道568号
成　　就：《读者》办刊思想的奠定者和《读者》品牌的打造者之一。中国共产党第十七次全国代表大会代表，第十二届全国人大代表，全国新闻出版行业领军人才，享受国务院颁发的政府特殊津贴。曾经获得“全省十佳期刊工作者”“全国先进工作者”“甘肃省新闻出版先进工作者”“新中国成立60周年甘肃新闻出版模范人物”等荣誉称号。还获得“第九届韬奋出版新人奖”“2006中华十大财智人物特别奖”等多个奖项。主要理论成果有《〈读者〉怎样打造中国名牌期刊》（《中国新闻出版报》2003年2月21日）、《以高度的社会责任感从事出版工作》（《人民日报》2004年11月5日）、《读者出版集团发展战略研究》（6万字，2008年1月中宣部“四个一批”研究成果）
简　　介：1969.12—1978.02在甘肃省兰州市工农轴承厂工作；1978.03—1982.01在兰州大学历史系学习；1982.02—1986.06在甘肃人民出版社《读者》杂志社工作；1986.07—2001.02任《读者》杂志社副主编；2001.03—2001.12任《读者》杂志社常务副主编，主持工作；2002.01—2005.03任《读者》杂志社主编；2005.04—2005.12任《读者》杂志社社长；2006.01—2009.11任读者出版集团有限公司（甘肃人民出版社）副总经理（副总编辑）兼《读者》杂志社社长。2009.12—2010.05任读者出版集团有限公司（甘肃人民出版社）副董事长、总经理；2010.05—现在担任读者出版集团有限公司党委委员、副董事长，读者出版传媒股份有限公司总经理（正厅级）、董事。

0006 梁生辉

性　　别：男
出生年月：1967-09-14
民　　族：汉族
政治面貌：党员
职　　称：副高
学　　历：大学本科
所在单位：兰州大学出版社有限责任公司
通讯地址：甘肃省兰州市城关区天水南路222号
成　　就：财务理论和实践经验丰富在出版社转企改制中发挥了突出作用，为出版社带来的直接和间接经济效益约500万元，包括减免税及退税等。为公司制定了一系列财务制度和管理制度。先后在《甘肃审计》独立发表《施工企业内部审计应做好事前监督的几点建议》《财务总监制度在企业内部控制中的体现》《浅谈会计电算化对审计的要求》《内部会计委派制的应用》等论文。
简　　介：毕业于上海财经大学会计系会计专业，取得经济学学士学位，高级会计师技术职称，从事财务管理工作20余年，现在兰州大学出版社任高级策划编辑助理。1986.9—1990.7，在上海财经大学会计系会计专业学习，取得经济学学士学位；1990.7—2003.7，在甘肃第一建工集团公司从事财务管理、审计工作，先后担任成本核算员，集团公司审计员，一〇二处财务股股长，第十、第四分公司财务科科长；2003.7—2011.2，在兰州大学出版社担任财务部主任；2011.2至今，在兰州大学出版社担任高级策划编辑助理。

0007 李永莲

性　　别：女
出生年月：1964-05-01
民　　族：汉族
政治面貌：民主党派
职　　称：副高
学　　历：大学本科
所在单位：兰州大学出版社有限责任公司
通讯地址：甘肃省兰州市城关区天水南路222号
成　　就：论文《现代信息技术与编辑工作》发表于《兰州大学学报》（社会科学版）1999年第27卷专辑；《浅谈编辑选题的必备条件和优化选题结构》发表于《兰州大学学报》（社会科学版）1999年第27卷专辑；获甘肃省2006年出版理论研讨会优秀论文二等奖；《建立专利激励机制是西部高校紧迫而严肃的战略课题》发表于《高等理科教育》2002年专辑。主要获得奖项：《软投入与经济增长》获第三届甘肃省优秀图书奖；《当代日本企业》获第四届甘肃省优秀图书奖；《浅谈中小出版社的竞争压力和竞争战略》《万紫千红总是春》获甘肃省2008优秀论文一等奖。
简　　介：1987年6月—1994年10月，在兰州大学出版社工作任助理编辑；1994年11月—2005年2月，在兰州大学出版社工作任编辑；2005年3月—现在，在兰州大学出版社工作任出版科科长、编辑。

0008 雷鸿昌

性　　别：男
出生年月：1964-04-01
民　　族：汉族
政治面貌：党员
职　　称：副高
学　　历：大学本科
所在单位：兰州大学出版社有限责任公司
通讯地址：甘肃省兰州市天水南路222号
成　　就：创造性地提出了“两抓一促”的战略定位和对项目的矩阵式运营管理模式。对出版社扭亏为盈及快速发展做出了重要贡献。组织策划了《中华传统文化经典文库》《西北通史》《农家书屋文库》等一系列有影响力的书。主编的书有《高中物理专题与创新能力设计》（三册）《小学信息技术》《初中信息技术》《高中信息技术》。
简　　介：1986年7月—1991年12月，在兰州大学出版社工作，任助理编辑；1992年1月—2009年4月，在兰州大学出版社工作，任编辑、编辑室主任、副社长；2009年5月—2012年5月，在兰州大学出版社工作，任副编审、副社长；2012年5月—2014年4月，在兰州大学出版社工作，任副编审、副社长、总编辑；2014年5月—现在，在兰州大学出版社工作，任编审、副社长、总编辑。

0009 车满宝

性　　别：男
出生年月：1964-07-15
民　　族：汉族
政治面貌：党员
职　　称：副高
学　　历：大学本科
所在单位：甘肃文化出版社有限责任公司
通讯地址：兰州市城关区曹家巷1号西北书城16楼

成　　就：多次承担国家级重大图书出版项目的策划组织及编辑工作。主要组织策划及编辑的书目有：《回族典藏全书》（全 235 册）《南木特藏戏剧本精选》《甘肃宕昌家藏古藏文苯教文献》（全 30 册）《甘肃青海四川古藏文苯教文献》（全 60 册），以上系国家民族文字专项出版资金资助项目。组织编辑的图书曾获得的奖项有：《世界市场经济模式丛书》1995 年获全国十佳经济读物奖（经济日报社），1996 年获甘肃省第三届特别优秀图书（中共甘肃省委、甘肃省人民政府），1999 年获甘肃省首届优秀畅销图书（甘肃省新闻出版局）；《成才时间运筹学》1995 年 12 月获第五届全国优秀青年读物二等奖（中国出版工作协会、全国优秀青年读物评选委员会），任责任编辑；《古典民主政体论》《甘肃省志·科学技术志》《西夏学概论》《西夏文化概论》《西夏书事校证》《新河》1996 年获甘肃省第三届优秀图书奖（中共甘肃省委、甘肃省人民政府），任责任编辑；《历代经略西北边疆研究》《当代甘肃社会犯罪问题研究》《1949—1999 甘肃优秀文学作品选萃·诗歌卷》《重刊甘镇志》2001 年 12 月获甘肃省第四届优秀图书优秀奖（中共甘肃省委、甘肃省人民政府），任责任编辑；《中国发展之魂——理论篇政治篇经济篇法制篇文化篇》（全 5 卷）2005 年获甘肃省第六届优秀图书奖二等奖（中共甘肃省委、甘肃省人民政府），任责任编辑；《赤胆播火者——陇上英烈王孝锡》2005 年获甘肃省第六届优秀图书奖三等奖（中共甘肃省委、甘肃省人民政府），任责任编辑；《回族典藏全书》（全 235 册）2009 年 9 月获第八届甘肃优秀图书一等奖（甘肃省人民政府），2010 年 12 月获第三届中华优秀出版物图书奖（中国出版工作者协会），任责任编辑；《为禽兽喝彩》2010 年 12 月获第一届中国科普作家协会优秀科普奖（中国科普作家协会），任责任编辑；《南木特藏戏剧本精选》（上、中、下）、《县乡政权和村民自治》2012 年 2 月获第九届甘肃省优秀图书三等奖（甘肃省人民政府），任责任编辑；《甘肃青海四川民间古藏文苯教文献》2014 年 1 月荣获第十届甘肃省优秀图书二等奖，任责任编辑。

0010 魏春玲

性　　别：女
出生年月：1963-09-23
民　　族：汉族
政治面貌：民主党派
职　　称：副高
学　　历：大学本科
所在单位：兰州大学出版社有限责任公司
通讯地址：甘肃省兰州市城关区天水南路 222 号
成　　就：主要论文：《从内容配置看“农家书屋”的可持续发展》《把握特殊性，因地制宜建设少数民族地区农家书屋》《刍议树立和落实科学发展观，推动高校出版工作的深化与改革》《浅议大学出版社选题策划的制约因素及应对措施》。参与的主要课题：甘肃省社科规划项目（2009 年）——甘肃省农家书屋工程在农村文化建设中的实践与探索，第二参与人；兰州大学中央高校基本业务费项目（860399）——农家书屋工程与三农出版可持续开发的互动问题研究，第二参与人。
简　　介：1986 年至今，在兰州大学出版社，历任助理编辑、编辑、副编审；2000 年至今，在兰州大学出版社，历任理科编辑室主任、总编室主任、副总编辑。社会兼职：2010 年至今，担任甘肃省新闻出版局审读中心审读员。

0011 马青山

性　　别：男
出生年月：1963-06-01
民　　族：汉族
政治面貌：党员
职　　称：副高
学　　历：硕士研究生
所在单位：省文联《飞天》编辑部
通讯地址：兰州市东岗西路668号
成　　就：上世纪80年代中期开始文学创作，诗歌、散文、评论散见于国内诸多报刊，作品被收入多种选本。著有诗集《一朵云的春天》，编撰有《〈飞天〉60年纪事》，主编有九卷十二册的《〈飞天〉60年典藏》等。担任刊物主编以来，《飞天》首次进入北大中文核心期刊（2008版），并被评为中国北方优秀期刊。
简　　介：曾为中学教师，现为《飞天》主编。1993年调入《飞天》编辑部工作至今。曾就读于鲁迅文学院第二届高研班（主编班）。中国作协会员，甘肃省作协副主席。

0012 崔明

性　　别：男
出生年月：1965-08-06
民　　族：汉族
政治面貌：党员
职　　称：副高
学　　历：大学本科
所在单位：兰州大学出版社有限责任公司
通讯地址：甘肃省兰州市城关区天水南路222号
成　　就：发表《基于STP的大学出版物市场创新性研究》（《出版科学》2009.2）、《心智消费时代背景下中小型出版社图书品类战略研究》（《科技与出版》2009.6）、《中小型出版社图书定价方法研究》（《价格理论与实践》2010.7）、《关于高校教材营销渠道建设的思考》（《现代出版》2011.6）、《畅销书营销传播模式探究》（《编辑之友》2011.8）、《基于新形势视角下中小出版企业发展对策研究》（《企业活力》2011.9）、《后改制时代图书出版企业的4R营销策略》（《科技与出版》2012.8）等10余篇论文。
简　　介：1988年6月—1998年9月，在兰州大学马列教研室任助教、讲师；1998年9月—2004年5月，在兰州大学经济管理学院任讲师；2004年5月至今，在兰州大学管理学院任讲师、副教授；2007年12月—2010年10月任兰州大学出版社社长；2010年10月—现在，任兰州大学出版社有限责任公司董事长、总经理（社长）；2009年8月，任中国管理现代化研究会营销管理专业委员会委员；2011年5月，任中国出版协会第六届理事会理事；2013年10月，任中国大学版协第七届理事会常务理事。

0013 王永强

性　　别：男
出生年月：1964-09-28
民　　族：汉族
政治面貌：党员
职　　称：副高
学　　历：大学本科
所在单位：兰州大学出版社有限责任公司
通讯地址：甘肃省兰州市城关区天水南路222号
成　　就：先后在《兰州大学学报》《编辑学刊》等刊物发表论文10多篇，对选题策划、图书质量、创新思维等出版问题以及有关哲学问题进行思考与探讨。主要有：《背景知识：选题决策的价值参照》发表于《编辑学刊》1992年第3期；《略论选题策划中的信息问题》发表于《兰州大学学报》1997 年第 25 卷；《知识经济时代编辑的创新思维》发表于《兰州大学学报》1999 年第 27 卷；《论知识经济对个体价值取向的影响》发表于《兰州大学学报》2000 年第 4 期；《对社会转型期我国道德流变的认知》发表于《甘肃广播电视大学学报》2009 年第 4 期。编著出版《党的知识读本》《中国文化年报》等图书著作 7 部。

简　　介：1986 年 7 月至今，在兰州大学出版社从事图书编辑工作。1987 年 7 月至 1991 年 12 月，在兰州大学出版社担任助理编辑（初级）；1992 年 1 月，聘为编辑（中级）专业技术职务；1995 年 6 月至 2007 年 12 月，先后担任编辑部副主任、主任；1997 年 3 月，被中共甘肃省委宣传部、甘肃省新闻出版局授予“全省十佳优秀出版工作者”荣誉称号；2008 年 1 月至 2009 年 12 月，担任总编辑助理；2010 年 1 月至今，担任公共项目编辑部主任；2010 年 5 月，聘为副编审专业技术职务。

0014 魏秀萍

性　　别：女

出生年月：1967-03-01

民　　族：汉族

政治面貌：党员

职　　称：副高

学　　历：硕士研究生

所在单位：兰州文理学院新闻传播学院

通讯地址：兰州市城关区北面滩 400 号

成　　就：在 CSSCI 核心期刊《图书与情报》及省部级学术期刊发表论文 20 余篇，出版专著教材《现代图书编辑学》（兰大出版社，26.2 万字）一部；主持完成省级、校级教改项目及精品课项目，获得甘肃省教育厅级和校级教学成果“一等奖”二项、甘肃省大学生“挑战杯”赛“二等奖”一项，获得“优秀指导教师”荣誉称号二项。

简　　介：兰州文理学院新闻传播学院副教授，兰大传播学硕研，武汉大学访问学者。研究方向：编辑出版与社会文化传播。

0015 富康年

性　　别：男

出生年月：1964-03-01

民　　族：汉族

政治面貌：党员

职　　称：副高

学　　历：硕士研究生

所在单位：读者出版传媒股份公司

通讯地址：兰州市城关区读者大道 568 号

成　　就：担任《读者》杂志总编辑（主编）7 年，《读者》发行量继续排名全国第一，内容稳定，荣获出版政府奖，主持杂志社工作 5 年，利润翻番；创办、培育《读者（校园版）》，发行量连年增长，成为公司第二大刊；策划出版的《高考作文增刊》出版 7 版，累计发行 650 万册，创造利润 1000 万元；数字出版开始发力，转型升级初见成效，盈利能力逐年上升；《读者》发行走向港台，得到中央表扬；策划的公益活动“读者光明行动”提升了品牌美誉度；团队建设成绩突出。

简　　介：1984—1997，甘肃教育学院教师、学术委员会副秘书长；1997—2000，敦煌文艺出版社编辑、副编审；2000—2008，读者杂志社副编审、编审、综合部主任；2008—2010，读者杂志社副总编辑、《读者》主编，总编辑；2010 年至今，读者杂志社社长、总编辑；2009 年被授予“建国 60 年甘肃出版突出贡献奖”，2010 年被国家新闻出版总署评为全国新闻出版行业领军人才；2012 年入选甘肃全省宣传文化系统“四个一批”人才。

0016 陈红升

性　　别：男

出生年月：1969-10-26

民　　族：汉族

政治面貌：民主党派

职　　称：副高

学　　历：硕士研究生

所在单位：兰州大学出版社有限责任公司

通讯地址：甘肃省兰州市城关区天水南路222号

成　　就：论文《人才租赁》发表于《甘肃社会科学》2004年7月(总第150期)；《中小型大学出版社在体制改革中面临的问题及应对之道》发表于《甘肃科技纵横》2007年6月(第36卷、第3期)；《新形势下大学出版社的选题创新战略》发表于《甘肃科技纵横》2007年8月(第36卷、第4期)；《新时期出版社人力资源管理探析》发表于《甘肃新闻出版》2007年6月(总第79期、第1—2期)；《对新形势下出版行业编辑素质和修养的再认识》发表于《甘肃科技》2010年11月(第26卷、第21期)。

简　　介：1991年7月—2000年8月，兰州大学出版社，从事助理编辑工作；2000年9月—2007年12月，兰州大学出版社、从事编辑、选题策划工作；2008年1月至今，兰州大学出版社，从事编辑、选题策划工作，任第一编辑部主任。

0017 李树军

性　　别：男

出生年月：1968-06-01，

民　　族：汉族

政治面貌：党员

职　　称：副高

学　　历：硕士研究生

所在单位：读者出版传媒股份有限公司

通讯地址：兰州市读者大道568号

成　　就：任职以来责编或策划了较多的精品图书，策划编辑的图书具有重要理论价值、学术价值、文化传承价值，精品图书形成规模，社会效益显著。先后出版了一批有特色、有效益、有市场的精品图书，有20多种图书荣获国家级、省部级奖励。其中，责编的《阔端与萨班凉州会谈》荣获第十一届中国图书奖(1998年)、第四届国家图书奖提名奖(1999年)、第七届中宣部精神文明建设“五个一工程”奖(1999年)、甘肃省优秀图书特别奖。负责研发的《文溯阁四库全书复制保护与数字研发工程项目》列入2012年中央文化产业发展专项资金资助项目，首期获得资助资金1200万元。曾先后荣获甘肃省新闻出版系统先进个人(1999年)、甘肃省宣传文化系统拔尖创新人才(2005年)、甘肃省新闻出版系统优秀党务工作者(2009年)、新中国成立60周年甘肃省新闻出版模范人物(2009年)等荣誉称号。

简　　介：1993年6月至2007年2月，甘肃人民出版社第二编辑室编辑、副编审，第二编辑室副主任；2007年3月至2012年5月，甘肃人民出版社图书出版中心副编审、编审，图书出版中心主任、总经理；2012年6月至今，甘肃人民出版社有限责任公司执行董事、总经理、总编辑。

0018 刘永睿

性　　别：男

出生年月：1971-07-14

民　　族：汉族

政治面貌：党员

职　　称：副高

学　　历：硕士研究生

所在单位：兰州文理学院学报编辑部

通讯地址：兰州市城关区北面滩400号

成　　就：参与编写教材两部、参与社科项目1项、参与省规划项目1项、参与教改并获教育厅教学成果奖2项、发表论文7篇。

简　　介：1996年毕业于西北师范大学中文系；2003年硕士研究生毕业于新加坡国立大学；现为兰州文理学院学报编辑部副主任。

0019 张峻瑜

性　　别：男

出生年月：1979-06-25

民　　族：汉族

政治面貌：党员

职　　称：副高

学　　历：硕士研究生

所在单位：兰州文理学院学报编辑部

通讯地址：兰州市城关区北面滩400号

成　　就：主编教材一部，发表论文10余篇。

简　　介：兰州文理学院学报编辑部副编审。研究方向为半导体物理、现代教育技术、编辑学研究。

0020 张国梁

性　　别：男

出生年月：1966-03-20

民　　族：汉族

政治面貌：党员

职　　称：副高

学　　历：大学本科

所在单位：兰州大学出版社有限责任公司

通讯地址：甘肃省兰州市城关区天水南路222号

成　　就：论文《略论现代行政法的理论基础及其在我国的实践》发表于《新疆社会经》（双月刊）1998年第6期；《关于国有企业党组织参与重大问题决策的思考》发表于《西北师大学报》（社会科学版）1998年第12卷；《论秦代肉刑体系的渊源》发表于《法律与社会》（双月刊）1999年第3期；《编辑素质浅谈》发表于《兰州大学学报》（社会科学版）1999年第27卷；《关于出版社改制及发展的思考》发表于《资治文摘》2010年7月刊；《发达国家和地区著作权集体管理制度对我国的启示》发表于《管理学家》2010年10月；《大学出版社改制后如何创新商业模式》发表于《中国经贸》2010年12月；《转企时代，大学出版社的转型与专业化之路》发表于《甘肃出版传媒》2011年第1期；《浅析电子阅读器时代下的传统出版业》发表于《中国市场》2011年第2期；《从西北地区回族文化的传播看回族文化出版资源的深度开掘》发表于《回顾·探索·研究》（甘肃人民出版社，2011年5月第1版）。

简　　介：1994年3月至1997年12月，兰州大学书店经理；1997年12月至2007年12月，兰州大学出版社，编辑；2007年12月至今，兰州大学出版社，高级策划编辑。

0021 韩惠言

性　　别：男

出生年月：1962-05-01

民　　族：汉族

政治面貌：党员

职　　称：副高

学　　历：硕士研究生

所在单位：读者出版传媒股份有限公司

通讯地址：兰州市读者大道568号

成　　就：主持多项国家和省级重大出版项目，策划、编辑的《甘肃藏敦煌文献》《中国共产党廉政建设史》等获得国家级大奖；《甘肃通史》等几十种图书获省级奖励；发表论文40多篇，2010年被国家新闻出版总署评为“全国新闻出版行业领军人才”，2003年获得新闻出版总署“全国优秀中青年编辑”称号，2005年被甘肃省委组织部等确定为“宣传文化系统拔尖创新人才”，2006年被甘肃省委宣传部等评为“甘肃省十佳优秀出版工作者”。

简　　介：1988—2006年，甘肃人民出版社编辑、编辑室副主任、主任；2006—2009年，读者杂志社总编辑；2009—2010年，读者出版传媒股份有限公司期刊业务管理部部长；2010年至今，读者出版传媒股份有限公司出版业务部部长、总编办主任。任中国语言文化学会理事，甘肃省出版协会常务理事、副秘书长，甘肃敦煌学会常务理事。

0022 刘新田

性　　别：男

出生年月：1965-05-01

民　　族：汉族

政治面貌：党员

职　　称：副高

学　　历：硕士研究生

所在单位：读者出版传媒股份有限公司

通讯地址：兰州市城关区读者大道568号

成　　就：主持2009年度国家社会科学基金一般项目《新中国60年民族出版史研究》（批准号：09BXW012）；发表论文《西部少数民族文化资源分析与产业化开发对策研究》（《中央民族大学学报》哲学社会科学版2012年第4期，第72页）；出版专著《西部文化资源产业可持续发展研究》（国家社会科学基金项目，合著，2010年6月版，兰州：甘肃民族出版社），并获“第十二届甘肃省哲学社会科学优秀成果二等奖（2011年）；策划并责编的图书90多次获得国家和省部级以上奖励；组织策划重大图书出版选题100多种，出版的大部分图书产生了良好的社会效益和经济效益。入选“全国新闻出版行业领军人才”、甘肃省“555创新人才工程”第二层次人选，被评为“甘肃省新闻出版系统创先争优活动优秀共产党员”、“庆祝新中国成立60周年甘肃新闻出版模范人物”、“第五次全省各族青年团结进步模范个人”、甘肃省宣传文化系统“四个一批”人才，多次获得省部级奖励。

简　　介：1984年8月至1988年7月在陕西师范大学政治教育系学习，获哲学学士学位；1988年8月至1991年5月在兰州大学攻读世界近现代史专业硕士研究生，获历史学硕士学位；1991年5月分配至甘肃人民出版社政治经济编辑室工作；1995年3月至2004年6月任第一编辑室主任助理、副主任；2004年6月任甘肃民族出版社社长兼总编辑；2013年9月至今任甘肃民族出版社有限责任公司执行董事、总经理、总编辑；2008年8月至今在兰州大学攻读民族社会学专业博士研究生。

0023 雷鸿昌

性　　别：男

出生年月：1964-04-09

民　　族：汉族

政治面貌：党员

职　　称：副高

学　　历：大学本科

所在单位：兰州大学出版社有限责任公司

通讯地址：甘肃省兰州市城关区天水南路222号

成　　就：先后在《编辑之友》《大学出版》《兰州大学学报》等国内有影响的报刊上发表《基于项目的矩阵式管理模式》《科技编辑语言文字修养漫谈》《教辅图书选题策划感悟》《信息与选题》《校对是编辑工作的继续》等论文30多篇。完成省内课题项目10多项。并编写出版了《汉字故事》《故事里的诗》《新编大学物理》（三册）《小学信息技术》（八册）《初中信息技术》（四册）、《高中信息技术》、（二册）《高中物理专题与创新能力设计》（三册）等著作。

简　　介：1986 年 7 月至今在兰州大学出版社工作；1989 年 3 月任理科编辑室主任；1992 年 1 月评为编辑（中级职称）；1994 年 3 月任社长助理；1996 年 6 月任副社长；2009 年 5 月评为副编审；2012 年 5 月任总编辑。社会兼职：中国大学版协维权委员会委员。

0024 陈泽奎

性　　别：男

出生年月：1959-03-01

民　　族：汉族

政治面貌：党员

职　　称：副高

学　　历：硕士研究生

所在单位：读者出版传媒股份有限公司

通讯地址：兰州市读者大道 568 号

成　　就：获得的荣誉有：1997 年获得甘肃省十佳优秀出版工作者称号；1998 年获得第三届全国优秀中青年编辑称号；2005 年获得甘肃省文化系统创新拔尖人才称号；2006 年获得甘肃省十佳优秀出版工作者称号及甘肃省优秀专家称号；2007 年获得新闻出版总署出版行业领军人才称号；2009 年获得甘肃省新闻出版系统改革开放 30 年来有突出贡献的专家称号；2010 被评为享受国务院政府特殊津贴的专家。编辑的图书及著作成就有：责编图书 42 部 1450 万字，复审书稿 48 部 1334 万字，决审书稿 56 部 1200 万字，校对图书 42 部 1450 万字；编辑期刊 24 期 312 万字，主导编辑期刊 216 期 2810 万字。个人责编的图书中有 14 种获省部级以上奖。其中，个人责编的《西北灾荒史》荣获全国五个一工程奖和中国图书奖。在主持文史编辑室工作期间，策划出版了具有甘肃特色、全国影响的《甘肃藏敦煌文献》，该书在 2001 年、2002 年的国家图书奖、五个一工程奖的评选中连续获奖；组织出版的《阔端与萨班凉州会谈》一书荣获国家图书奖、五个一工程奖、中国图书奖三大奖；2001 年 3 月起，主持读者杂志社编辑工作。在主持读者杂志社编辑工作期间，潜心研究排编排次序，根据杂志社实际运行状态调整编辑流程，找到了提高编辑质量、吸引读者关注的办刊思路。

简　　介：1975—1980 年在甘肃武威任民办教师。1981—1988 年在兰州大学历史系读书，硕士研究生毕业。从 1988 年起，在读者出版集团（甘肃人民出版社）工作至今。曾先后担任甘肃人民出版社文史编辑室副主任、主任，读者杂志社编辑部副主任（正处级）、主任，读者杂志社副主编、编辑部主任，《读者·乡村版》主编（兼），读者杂志社总编辑，读者杂志社常务副社长、甘肃人民出版社总编辑助理、读者出版集团总经理助理等职务。2009 年任读者出版集团有限公司党委委员、董事，甘肃人民出版社副总编辑，读者出版传媒股份有限公司副总经理。2013 年任读者出版集团有限公司党委委员、董事、读者出版传媒股份有限公司常务副总经理。

0025 贾宜

性　　别：男

出生年月：1966-01-26

民　　族：汉族

政治面貌：党员

职　　称：副高

学　　历：硕士研究生

所在单位：兰州大学学报

通讯地址：兰州市城关区东岗西路 199 号

成　　就：发表的主要论文有《〈著作权法〉第 32 条的理解与异议——兼谈学术论文的

一稿多投与一稿多用》《自然保护的文化效益》《论网络传播权的性质》《甘肃产业结构的逆向演变及其调整路径选择》。

简　　介：1987 年毕业于江汉石油学院（现长江大学）。1993 年考入兰州大学，攻读硕士学位，1996 年获得历史学硕士学位。2004 年 5 月起，在兰州大学学报工作。2013 年被学校聘为副编审。

0026 黄培武

性　　别：男

出生年月：1968-03-24

民　　族：汉族

政治面貌：党员

职　　称：副高

学　　历：大学本科

所在单位：读者出版传媒股份有限公司

通讯地址：兰州市城关区读者大道 568 号

成　　就：主持甘肃“三农”出版工程：《农村实用技术丛书》（53 种），1993 年至 2004 年，策划国家“九五”及“十五”规划重点图书，共出版 53 个品种，发行 50 多万册，创收 30 多万元。并获新闻出版总署“全国服务三农图书出版发行先进单位”。主持甘肃农村小康文化建设 111 出版工程：《甘肃农村小康丛书》（100 种），国家“十五”及“十一五”规划重点图书，从 2004 年至 2010 年，内容贯穿了“小康社会”“新农村建设”“农家书屋”三个方面的主题，出版 100 个品种，发行 182 万册，收入 600 多万元，并得到了中宣部、新闻出版总署、农业部“全国服务三农优秀图书”证书表彰。主持“农家书屋”图书出版工程：从 2008 年至 2012 年，策划出版 200 多个品种，覆盖全省 16860 个书屋，发行 300 多万册，有 20 余个省份采购图书品种 70 多种，60 多万册，创收 800 多万元。

简　　介：1991—1997 年在甘肃科学技术出版社助理编辑工作；1997—2002 年在甘肃科学技术出版社编辑工作；2002—2003 年在甘肃张掖市科技局挂职调研工作；2003—2007 年在甘肃科学技术出版社从事副编审工作；2007—2015 年在甘肃科学技术出版社从事编审工作。2010 年 8 月至 12 月参加甘肃省委党校第 52 期县处级干部进修班学习班；2012 年 5 月至 10 月参加上海交大通大学举办的 MBA 高级研修班。

0027 韩陆山

性　　别：男

出生年月：1956-11-29

民　　族：汉族

政治面貌：党员

职　　称：副高

学　　历：大学本科

所在单位：兰州文理学院新闻传播学院

通讯地址：兰州市城关区北面滩 400 号

成　　就：发表论文 10 余篇，获甘肃省教育厅颁发的教学成果奖一项。

简　　介：兰州文理学院新闻传播学院副教授。主要从事文学和传播学教学与研究。

0028 于良红

性　　别：女

出生年月：1967-10-18

民　　族：汉族

政治面貌：党员

职　　称：副高

学　　历：硕士研究生

所在单位：兰州文理学院新闻传播学院

通讯地址：兰州市城关区北面滩 400 号

成　　就：获得教育厅级教学成果 2 项，所承担的外国文学课程被评为省级精品课程，参与完成国家级横向课题 1 项，出版教学丛书 1 部，发表论文 7 篇。主持参与的《跨越与汇通——高职高专〈外国文学〉教学内容和课程体系的研究与实践》《语文教育专业职业技能训练体系的构建与实践》教改立项获教育厅级教学成果奖。

简　　介：兰州文理学院新闻传播学院副教授，硕研，毕业于兰州大学文学专业。近年来，一直从事出版与发行专业的教学研究工作，发表论文多篇。

0029 施援平

性　　别：女

出生年月：1963-07-25

民　　族：汉族

政治面貌：党员

职　　称：副高

学　　历：博士研究生

所在单位：兰州大学出版社有限责任公司

通讯地址：兰州市城关区天水南路 222 号

成　　就：策划并编辑出版的多种图书获得过国家和省部级图书奖励，重要的有：《镍毒性与中医药防治》入选国家第二届“三个一百”原创图书；大型系列丛书《欧亚历史文化文库》（全100种）被确定为国家“十二五”重点图书出版规划并连续获得 2011、2012 年国家出版基金资助；正在出版中的《欧亚历史文化文库・知名专家选集》获得第九届甘肃省优秀图书一等奖，《欧亚历史文化文库・丝绸之路经济史研究》获得第十届甘肃优秀图书一等奖，《欧亚历史文化文库・西域文史论稿》获第三届大学出版社图书奖优秀学术专著一等奖等；策划的图书《中国古代的知识阶层》新近被补入国家“十二五”重点图书出版规划。主要的论文及奖励有：撰写的出版专业论文《一切为了读者》获得甘肃省 2006 出版科研论文一等奖；《编校质量——数字化出版的生命线》获得甘肃省 2006 年出版科研论文二等奖；《我的读书与编辑出版生涯》获得新中国 60 年“我与甘肃出版”征文奖；撰有《怀才不遇是一种失败》《敬天爱人　草根英雄》《君生我已老》《欧亚历史文化文库出版随想》等图书评论。

简　　介：兰州大学细胞生物学学士，兰州大学法学（人类学）博士。主要从事学术专著的策划和编辑出版工作。

0030 徐建亚

性　　别：男

出生年月：1963-04-10

民　　族：汉族

政治面貌：党员

职　　称：副高

学　　历：大学本科

所在单位：兰州大学出版社有限责任公司

通讯地址：兰州市城关区天水南路 222 号

成　　就：在出版社财务部担任主任期间，逐步完善了财务管理制度。参与制定了《国家出版基金资助项目与进度管理办法》等一系列管理制度，使出版社财务管理制度更加合理完善。

简　　介：1982 年 10 月至 1986 年 10 月在陆军第二十一集团军服兵役；1986 年 12 月到兰州大学工作；1987 年 3 月兰州大学出版社工作；先后干过发行员、库房保管、出纳、会计、财务主管工作，1991 年取得兰州大学夜大现代管理专业大专学历；1994 年取得中央党校函授学院经济专业本科学历；1997 年取得兰州大学成人教育学院财会专业大专学历；2002 年取得中级会计师资格。

0031 锁晓梅

性　　别：女

出生年月：1972-11-11

民　　族：回族

政治面貌：群众

职　　称：副高
学　　历：博士研究生
所在单位：兰州大学出版社有限责任公司
通讯地址：兰州市城关区天水南路 222 号
成　　就：论文《试论张承志与石舒清书写之异同》发表于《西北第二民族学院学报》2008 年第 1 期；《试论民间跨文化传播对少数民族文化保护的启示》发表于《甘肃社会科学》2011 年第 4 期；《弘扬人文精神——图书出版发展的核心要素》发表于《甘肃出版科研论文集》甘肃人民出版社 2007 年 8 月；《浅谈新形势下文字编辑队伍整体素质的提升》发表于《回顾·探索·研究——甘肃新闻出版六十周年暨改革开放三十周年出版科学研讨会论文集》甘肃人民出版社 2011 年 5 月；《从西北地区回族文化的传播看回族文化出版资源的深度开掘》发表于《回顾·探索·研究——甘肃新闻出版六十周年暨改革开放三十周年出版科学研讨会论文集》（甘肃人民出版社 2011 年 5 月）；《张承志作品中的张家川》发表于《回族婚姻家庭面面观》兰州大学出版社 2007 年 3 月；《论石舒清对回族女性命运的观照与女性文化心理的剖析》发表于《张家川回族研究》兰州大学出版社 2007 年 3 月。策划了《中国文学史发展纲要》《古代文学教学热点难点疑点丛书》等图书 13 种。
简　　介：1997 年 7 月—2001 年 8 月兰州大学西北文化研究中心从事助理研究工作，讲师；2001 年 7 月至今兰州大学出版社从事编辑与管理工作。

0032 李建海

性　　别：男
出生年月：1964-08-05
民　　族：汉族
政治面貌：群众
职　　称：副高
学　　历：硕士研究生
所在单位：兰州职业技术学院
通讯地址：兰州市城关区雁儿湾路 191 号
成　　就：主持编辑《兰州教育学院学报》10 余年，从事学报编辑工作 15 年，主持编辑《兰州教育学院学报》近 10 年。

0033 何红彬

性　　别：女
出生年月：1970-11-20
民　　族：藏族
政治面貌：党员
职　　称：副高
学　　历：硕士研究生
所在单位：兰州交通大学
通讯地址：兰州交通大学学报编辑部
简　　介：四川丹巴人，现为兰州交通大学学报编辑部副主任、副教授。1988.09—1992.07 西南交通大学社会科学系学习（获法学学士学位）；1992.07—1993.07 兰州铁道学院院长办公室工作（秘书）；1993.07—1996.09 兰州铁道学院社会科学部任教（助教）；1996.09—1999.06 西南交通大学人文社会科学学院学习（获法学硕士学位；1997.10 讲师）；1999.06—2006.06 兰州交通大学经济管理学院任教（2005.06 副教授）；2006.06—2012.06 兰州交通大学学报编辑部任副主任（正科级）；2012.06—现在兰州交通大学学报编辑部任副主任（副处级）。

0034 张哲

性　　别：男
出生年月：1969-06-20
民　　族：汉族
政治面貌：群众
职　　称：副高

学　　历：大学本科
所在单位：兰州交通大学
通讯地址：兰州交通大学学报编辑部
成　　就：现为学报编辑部社科辑编辑。兼任文学院教师，开设大学语文、电影欣赏等课程。迄今在各类文学刊物发表、出版作品约 300 万字。获得多次奖励及立项资助。主要作品有《一个人的城市》《碟乱》《非色》《卖画记》《文学与艺术问题》《文学与诗学问题》等。社会职务和荣誉有：甘肃省文艺界“四个一批”人才，中国作家协会会员，甘肃省文学院荣誉作家，鲁迅文学院第八届高研班，甘肃政法学院、西北师范大学兼职教授，甘肃省影视审查委员会委员等。
简　　介：甘肃通渭人。1989 年毕业于甘肃陇西师范学校；1995 年毕业于西北师范大学中文系；2008 年入鲁迅文学院进修；1995 年至今在兰州交通大学供职。研究方向为明清文学、影视美学和文学创作。

0035 顾桂梅

性　　别：女
出生年月：1970-02-20
民　　族：汉族
政治面貌：党员
职　　称：副高
学　　历：硕士研究生
所在单位：兰州交通大学
通讯地址：兰州交通大学学报编辑部
成　　就：获省教学成果二等奖 1 项，主编教材 1 部，参编教材 1 部，在中文核心期刊发表论文 10 余篇，ISTP 检索 1 篇。在研校级项目 1 项，曾主持并完成学校教改项目和自选课题 3 项。主要研究方向为智能信息处理，风力发电机叶片故障诊断。
简　　介：2002.9—2005.6 就读于兰州交通大学信息与电气工程学院，获工学硕士学位；2005.7—2012.12 在兰州交通大学自动化与电气工程学院从事教学工作；2012.12 至今，在兰州交通大学学报编辑部从事编辑工作。

0036 张勇

性　　别：男
出生年月：1961-10-20
民　　族：汉族
政治面貌：党员
职　　称：副高
学　　历：大学本科
所在单位：武威日报社
通讯地址：武威市凉州区北关中路 184 号
成　　就：1995 年、2002 年、2004 年被武威市直机关工委评为优秀共产党员；1990 年被团省委评为全省优秀青年记者；2006 年 3 月被评为武威市委市政府评为全市优秀新闻工作者；2004 年 10 月，由甘肃人民出版社出版 30.3 万字专著《时代潮》；2004 年撰写的述评《八部沙精神永存》获得甘肃新闻奖一等奖；2008 年，撰写的论文《严守阵地把好编采关，高度警觉责任重泰山》获中国地市报论文三等奖；2008 年采写的消息《马路滩林场治沙有新招》获甘肃新闻奖三等奖。
简　　介：1985 年 7 月参加工作，1992 年 6 月加入中国共产党。现任武威日报社副总编辑、主任记者。

0037 王艳

性　　别：女
出生年月：1975-11-10
民　　族：汉族
政治面貌：党员
职　　称：副高
学　　历：大学本科
所在单位：武威日报社
通讯地址：武威市凉州区北关中路 168 号

成　　就：2001年被共青团甘肃省委、甘肃新闻工作者协会授予甘肃省第四届“五四新闻奖优秀青年记者”荣誉称号。2011年，被甘肃省人力资源和社会保障厅、省政府第六次全国人口普查领导小组办公室授予“甘肃省第六次全国人口普查先进个人”荣誉称号。近年来，采写的《中国葡萄酒故乡再举葡萄产业》《刘丽的三张名片》，编辑的《一心为公的倔老曹》《亲切的关怀巨大的鼓舞——温家宝总理来武考察纪实》《小水票做出“大文章”》，撰写的《谈加快实施石羊河流域重点治理规划》等40多篇新闻稿件及版面先后荣获甘肃省新闻奖、中国地州市好新闻。2004年，撰写的论文《党报要做好党委政府的参谋与助手》获武威市宣传思想工作业务论坛一等奖。2012年，参与撰写“以思想的大解放推动武威跨越崛起”系列评论员文章，受到市上领导及社会各界的广泛好评。
简　　介：1996年11月参加工作，2004年10月加入中国共产党。现任武威日报社副总编辑，主任记者。

0038 曹旭

性　　别：男
出生年月：1957-08-12
民　　族：汉族
政治面貌：党员
职　　称：副高
学　　历：高中
所在单位：成县旅游局
通讯地址：甘肃省陇南市成县抛沙镇
成　　就：曾获中国音乐文学学会、中国少数民族音乐学会、中国唱片总公司、中央人民广播电台、中国音乐家协会《歌曲》编辑部、中国大众音乐协会、北京市音乐家协会、甘肃省音乐家协会等单位颁发的词曲创作比赛奖项50余项；连续五届在《歌海》“风采杯”全国词曲作品比赛中有9首词曲作品分别获一、二、三等奖；为感谢深圳援建者创作的组歌《陇南人唱给深圳援建者的歌》，在国家级大型音乐刊物《中国乐坛》刊发；歌曲《总书记到咱陇南来》荣获中国大众音乐协会颁发的“2008相约北京”大型系列音乐活动歌曲创作金奖；各种作品入选各类选本80余种；已出版词集《相约西部》《樱桃红》。
简　　介：笔名牧夫，甘肃省成县抛沙镇人。现任甘肃省成县“西峡颂”风景区管理处主任。系中国音乐文学学会会员、中国少数民族音乐学会会员、世界华人音乐家协会会员、甘肃省音乐家协会会员、甘肃省现代摄影学会会员、陇南市摄影家协会理事、陇南市音乐舞蹈家协会理事、成县政协委员等。

0039 陈忠仁

性　　别：男
出生年月：1964-03-16
民　　族：藏族
政治面貌：党员
职　　称：副高
学　　历：大学本科
所在单位：玛曲县党校
通讯地址：玛曲县德吉小区
成　　就：1996年12月，散文《野马冰河入梦来》获全国“环境杯”散文诗歌大赛二等奖，同时获得《甘南报》文艺副刊“小草版”200—300期优秀文学奖；2002年11月，《玛曲县志》（第一部）获得甘肃省地方志优秀成果一等奖；2003年12月，散文集《游牧青藏》获得中共甘肃省委、甘肃省人民政府颁发的第四届敦煌文艺三等奖；2004年3月，获得“甘肃省地方史志先进工作者”称号；2006年5月，获得“甘南藏族自治州黄河首曲‘格萨尔文艺奖’优秀奖”；2008年8月，获得“全省党校系统优秀教师”称号；

2009年10月，散文《遨游九曲黄河第一湾》获得第十八届“文化杯”全国孙犁散文三等奖；2009年10月，获得《新中国成立60州年甘南州文学艺术成就奖》；2011年6月，获得甘肃行政学院“2011年案例教学师资培训班优秀学员”称号；2012年9月，获得“全省党校系统优秀教师”称号。

简　　介：出生在甘肃临潭县古战乡。函授本科学历。1984年8月甘南民族学校毕业后分配到玛曲县木西河小学工作；1985年6月调县藏中任教；1986年10月调县委统战部工作；1988年7月1日加入中国共产党；1990年1月提任县志办副主任；1994年5月提任党史县志办主任、同年8月聘任为社科系列编辑（中级）；2000年6月中央党校函授学院经济管理大专毕业；2002年2月调任县委宣传部副部长兼文明办主任；2003年4月调任县委党校常务副校长；2004年12月中央党校函授学院经济管理专业本科毕业；2009年11月由社科编辑转为讲师；2010年11月获得高级讲师任职资格；2012年8月被甘南州政府聘任为高级讲师至今。

甘肃省文化资源名录

第四十六卷

文化人才Ⅲ

文艺人才

0001 丁晓莉

性　　别：女
出生年月：1962-10-15
民　　族：汉族
政治面貌：党员
职　　称：正高
学　　历：大学本科
所在单位：兰州文理学院音乐舞蹈学院
通讯地址：兰州市城关区北面滩 400 号
成　　就：在国家、省部级核心刊物上发表相关学术论文 20 余篇，出版专著《哈萨克族民族音乐研究》。2012 年获得甘肃省教学成果评审委员会三等奖。指导的学生和编导的节目，在国家级、省部级举办的各类大赛中 8 次获得一、二等奖，本人获优秀指导教师奖，同时担任校内外大型文艺演出艺术总监、总导演。2009 年成功举办了“庆祝祖国 60 华诞——我爱你中国”个人演唱会，开辟了音乐系个人演唱会的先河。
简　　介：兰州文理学院音乐舞蹈学院教授，中国美育学会会员，甘肃省音乐家协会会员。研究方向为声乐教学与声乐演唱艺术。

0002 管兰生

性　　别：男
出生年月：1968-02-08
民　　族：汉族
政治面貌：群众
职　　称：正高
学　　历：大学本科
所在单位：兰州交通大学大学艺术设计学院
通讯地址：安宁区安宁西路 88 号兰州交通大学
成　　就：主持 2012 年中央财政支持地方文化产业项目，主持 2013 年国家创新工程重点项目。为中国舞台美术家学会会员、中国工艺美术家学会会员、省美术家协会会员、工艺美术家协会常务理事。2013 年省文化宣传系统“四个一批”人才。获得“敦煌文艺奖”。多次参加国内外展赛并获奖，获得省厅级奖项 6 项。染缬作品入选全国第十一届美展，成为甘肃唯一入选的艺术设计类作品，获得省十一届美展一等奖。获得“北京、首尔、东京第十五届 BESETO 美术节”优秀奖。连续两次获得甘肃省教学成果奖，2009 年获得省教学成果一等奖。2014 年获得省大学生“创新创业杯”优秀指导教师一等奖。获中国教育学会教学成果一等奖等奖项。发表论文 10 余篇，其中在国家重点期刊上发表。出版两部专著。2013 年获得国家实用新型专利 10 项。
简　　介：染缬是中国古代科技的代表，丝路文化的载体。经过十几年的努力，本人领导的团队复活了一些传统技艺并有所创新，成果多次参与国内外学术交流、艺术展演、产品展示等活动，并屡获殊荣。受到国内外新闻媒体、专家学者的高度评价，认为这是“一种颠覆传统视觉习惯的艺术冲击，梦像与玄幻相容，抽象与现实互动”的艺术创新。本人获得第六届“敦煌文艺奖”，入选文化宣传系统“四个一批”人才名录。丝路染缬研究成为我省华夏文明创新区着力打造的“十三板块”重要组成部分。特别是“一带一路”国家战略的提出，再次为我们的研究指明了方向。

0003 马刚

性　　别：男
出生年月：1962-05-12
民　　族：汉族
政治面貌：民主党派
职　　称：正高
学　　历：硕士研究生
所在单位：兰州商学院艺术学院
通讯地址：兰州城关区段家滩 469 号
成　　就：2007 年获文化部举办“第四届全国画院优秀作品展”优秀奖；2007 年获第一届甘肃美术“金驼奖”特等奖；2003 年获甘肃省第四届“敦煌文艺奖”三等奖；2006 年获甘肃省第五届“敦煌文艺奖”三等奖；2009 年获甘肃省第六届“敦煌文艺奖”三等奖；2005 年获“甘肃省建国五十六周年全省美展”特等奖；2009 年获“建国 60 周年甘肃省作品展”一等奖；2011 年获“甘肃省写生画展”一等奖。荣誉称号：2005 年 4 月获甘肃省委组织部、省人事厅授予的“555 创新人才”工程第二层次人选；2008 年 12 月获首届甘肃省中青年“德艺双馨”文艺工作者称号；2008 年获民进中央授予“全国抗震救灾先进个人”称号、民进甘肃省委授予“先讲个人”称号。
简　　介：1986 年 7 月毕业于西北师范大学美术系，分配至兰州旅游职业学校（原兰州十八中）从事工艺美术专业教学。1993 年 6 月调至兰州商学院艺术学院工作至今。历年承担中国画、素描、色彩、插图设计等课程教学工作，现任艺术学院教授、院长。2005 年始受聘中国艺术研究院研究生院贾又福工作室研究生班导师，讲授山水画创作。2009 年 1 月受聘于西北民族大学美术学院兼职教授。现为甘肃省政协委员，民进甘肃省委副主委，兰州商学院艺术学院院长、教授，中国美术家协会会员、中国艺术研究院研究生院客座教授，北京大学贾又福艺术研究会理事、甘肃省美术家协会副主席、兰州市美术家协会副主席、甘肃省青年美术家协会名誉主席。

0004 王辉

性　　别：男
出生年月：1964-11-19
民　　族：汉族
政治面貌：民主党派
职　　称：正高
学　　历：博士研究生
所在单位：甘肃省文物考古研究所
通讯地址：兰州市城关区和平路 165 号
成　　就：2003 年，获“国家西气东输工程建设先进个人”荣誉；礼县大堡子山遗址考古发掘获 2066—2007 年度国家文物局全国十大考古新发现；张家川马家塬战国墓地的考古发掘获 2006—2007 年度国家文物局全国十大考古新发现；礼县大堡子山遗址考古发掘获 2006—2007 年度国家文物局田野考古三等奖：张家川马家塬战国墓地的考古发掘获 2006—2007 年度国家文物局田野考古三等奖；张掖黑水国遗址考古发掘获 2009—2010 年度国家文物局田野考古三等奖。

简　　介：1980年—1984年，在北京大学考古系学习，获学士学位；1984年—1987年，在北京大学考古系学习，获硕士学位；2000年4月—2001年3月，日本神户大学文化学研究科研修；2001年4月—2006年3月，在日本神户大学学习，获博士学位；1987年8月至今在甘肃省文物考古研究所从事考古研究工作；1991年获国家文物局考古发掘队领队资格；2003年被聘为文博研究馆员；2005年被聘为中国社会科学院古代文明研究中心客座研究员；2008年担任中国考古学会第五届理事会理事，同年加入九三学社；2009年3月，被任命为甘肃省文物考古研究所所长；2009年被聘为兰州大学兼职教授和甘肃省博物馆特聘研究员；2010年评为甘肃省第二层次领军人才；2012年被聘为中央民族大学重点学科外聘专家、西北大学兼职硕士生导师。

0005 窦凤霞

性　　别：女

出生年月：1968-03-19

民　　族：汉族

政治面貌：党员

职　　称：正高

学　　历：大学本科

所在单位：甘肃省陇剧院

通讯地址：兰州市城关区柏道路6号

成　　就：2005年9月中剧协主办2005西北五省区秦腔艺术节，荣获“优秀表演奖”。2004年7月省文化厅颁发双优一文明“优秀共产党员”。2004年7月陇剧院颁发双优一文明“优秀共产党员”。2003年9月大型古典陇剧《哑女告状》荣获省文联主办的中国戏曲红梅奖青少年演唱大赛一等奖。2011年9月荣获中国戏曲研究会颁发的“中国戏曲现代戏贡献奖”。2003年12月荣获中国剧协颁发的首届中国戏曲大赛红梅奖“金奖”。2006年6月荣获陇剧院颁发的双优一文明“优秀共产党员”。2000年11月《断桥》选段荣获中国秦腔艺术节组委会颁发的首届中国秦腔艺术节“清唱一等奖”。2008年5月荣获陇剧院颁发的双优一文明“优秀共产党员”。在大型陇剧《死水微澜》中饰演女一号邓巧姑，大型秦腔《百合花开》中饰演女一号百合，大型陇剧《官鹅情歌》中饰演女一号（B组）鹅嫚，大型陇剧《苦乐村官》中主演梅花，大型陇剧《枫洛池》中饰演女一号邬飞霞，大型陇剧《石龙湾》中饰演女一号张彩螺，大型陇剧《哑女告状》中饰女主角掌上珠，大型陇剧《桃李梅》中饰演女一号袁玉梅，大型陇剧《凤冠梦》中饰演女一号李月娥，大型陇剧《状元与乞与》中饰女一号姜氏。

简　　介：1980年9月—1985年7月，甘肃省艺术学校戏曲表演专业学习；1980年1月—1995年1月入甘肃宁县剧团；1995年2月至今，甘肃省陇剧院演员，现任演员团团长，正科级。重要社会兼职：第十届甘肃省政协委员、甘肃省中华文化促进会常务理事、甘肃省青联常委、中国戏剧家协会会员、甘肃省戏剧家协会理事。

0006 杨光祖

性　　别：男

出生年月：1969-11-19

民　　族：汉族

政治面貌：党员

职　　称：正高

学　　历：大学本科

所在单位：甘肃省委党校

通讯地址：甘肃省委党校

成　　就：专著《守候文学之门——当代文学批判》，2009年获甘肃第六届敦煌文艺奖一等奖。2009 年获甘肃省第十一次优秀社科成果三等奖。

简　　介：1993.6 至今，省委党校文史部工作至今，历任助教、讲师、副教授、教授。2000.9—2001.7，北京大学中文系进修。2002 年，甘肃省委党校文史部中文教研室主任。2006 年，甘肃省委党校文化学专业研究生导师组副组长。2005.3—2005.4 鲁迅文学院第五届高级研讨班（全国中青年文学理论评论家高级研讨班）学习。2010 年 8 月，担任第五届鲁迅文学奖评委。2011 年，甘肃省委党校文史部文化学教研部主任。2012.9—2013.7，中组部“西部之光”访问学者。2005 年，中国作家协会会员。2011 年，甘肃作家协会理事。2012 年，甘肃文化发展学会理事。

0007 王为群

性　　别：男

出生年月：1962-08-12

民　　族：汉族

政治面貌：党员

职　　称：正高

学　　历：大学本科

所在单位：兰州交通大学文学与国际汉学院

通讯地址：兰州交通大学文学与国际汉学院

成　　就：著作及个人获奖：2006 年 12 月，《诗学与艺术问题》获省第五届敦煌文艺三等奖，授予单位：中共甘肃省委、甘肃省人民政府；2003 年 12 月获评全省优秀宣传思想政治工作者，授予单位：中共甘肃省委；2006 年 6 月《专学与艺术问题》获省高校社科三等奖，授予单位：甘肃省教育厅；其他类作品获奖：《林海烟云》（摄影）甘肃省绿色陇原摄影艺术展一等奖（1998 年 9 月），授予单位：甘肃摄影家协会；《丰收的玄鼓》（摄影）甘肃省第十五届摄影艺术展二等奖（1995 年 5 月），授予单位：甘肃摄影家协会；其他类入选展览作品：《辉煌》（摄影）入选中国摄影家协会举办的“庆祝中国共产党第十六次全国代表大会胜利召开摄影展”，授予单位：中国摄影家协会；《高原色彩》《静谧的牧场》（摄影）入选中国摄影家协会举办的“2002 年丝绸之路中国摄影艺术节”。

简　　介：1981.7—1985.7 在陕西师范大学中文系学习，获学士学位；1985.7—1987.9 陕师大毕业分配来兰州交通大学工作，担任大学语文、诗词欣赏课程教学工作；1987.9—1989.9 在上海交大人文社科系学习；1989.9—1990.12 在兰州交大宣传部工作，并承担大学语文教学工作；1990.12 任讲师；1990.12—1996.11 任兰州交大校报主任，部长助理；1996.12—2000.2 在兰州交大校办工作。

0008 李合民

性　　别：男

出生年月：1963-10-11

民　　族：汉族

政治面貌：民主党派

职　　称：正高

学　　历：大学本科

所在单位：兰州文理学院美术学院

通讯地址：兰州市城关区北面滩 400 号

成　　就：1985 年开始至今发表 300 余幅书画作品，多次参加国内外美展作品获奖和被收藏。发表学术论文 16 篇，出版《李合民画集》《李合民花鸟画集》。2011 年在甘肃电视台《收藏》栏目主讲水墨画技法讲座 40 余期，其书画艺术受到国内新闻媒体的关注和推介。新华书画网：木樨飘香——李合民花鸟画欣赏；甘肃电视台：中国书画名家系列——枝一叶总关情李合民；新华甘肃书画网：李合民画集；人民甘肃书画网：李合民艺术及书画名家走进人民网视频；大西北书画网：李合民作品欣赏等介绍见于诸多报刊。甘肃首届电视书法大赛评委，甘肃青少年书画摄影大赛评委。

简　　介：兰州文理学院艺术学院教授。研究方向为中国画、美术史论。现为甘肃省八骏文艺人才研究会常务理事。民进甘肃省委会委员、民进甘肃开明画院理事。甘肃省青联常委、甘肃省青年美术家协会副主席。

0009 陈缨

性　　别：女

出生年月：1970－12－27

民　　族：汉族

政治面貌：党员

职　　称：正高

学　　历：大学本科

所在单位：兰州城市学院音乐学院

通讯地址：兰州市安宁区街坊路 11 号

成　　就：受邀参加甘肃省、市电视台大型文艺演出活动，如："光彩之歌""走进新时代""团结颂""春天的交响"等，并担任独唱。多次在声乐大赛中担任评委，在校"国培计划"中小学教师培训、社会声乐专业培训班中担任指导教师。近年来在国家级及省级刊物上发表论文多篇，其中数篇获奖，主持、参与的多个科研项目获奖或结题，完成专著两部，参编一部。从教多年，获得的荣誉称号有：中青年教学科研骨干、优秀辅导教师、优秀园丁奖、优秀教学质量奖、毕业论文优秀指导教师奖等。

简　　介：兰州城市学院音乐学院教授，中国音乐家协会会员，湖南省湘乡市人。1993 年毕业于西北师大音乐系，同年被分配至城市学院音乐学院执教至今；历任讲师、副教授、教授；期间，曾赴西安音乐学院进修，系统学习声乐演唱与教学；作为"国内访问学者"赴华中师范大学音乐学院进行音乐学方面研究与声乐教学研究。

0010 公兰英

性　　别：女

出生年月：1965－09－09

民　　族：汉族

政治面貌：群众

职　　称：正高

学　　历：大学本科

所在单位：河西学院音乐学院

通讯地址：甘肃省张掖市环城北路 846 号

成　　就：获教育厅教学成果奖 1 项；甘肃省大学生艺术展演舞蹈作品获一、二、三等奖；主编教材 1 部、专著 1 部；发表国家权威论文 2 篇。

简　　介：1987 年毕业于西北师范大学体育系；1997—1998 年于北京舞蹈学院进修中国舞；现为河西学院音乐学院教师，主要从事舞蹈等课程的教学与理论研究工作。主讲课程有民族民间舞蹈、形体训练、少儿舞蹈。

0011 张君仁

性　　别：男

出生年月：1962－08－20

民　　族：汉族

政治面貌：党员

职　　称：正高

学　　历：博士研究生

所在单位：西北师范大学音乐学院

通讯地址：兰州市安宁区安宁东路 967 号

成　　就：《花儿王朱仲禄——人类学情境中的民间歌手》，获文化部"金钟奖"首届音乐理论提名奖，中国音乐家协会，2009；《在场感悟与音响体验——中国传统音乐教学方法论》获全国第二届大学生艺术展演活动高校艺术教育科研论文二等奖，教育部，

2009；《借鉴、通融与理性期待——基于音乐文化特性的中国传统教学方法思考》获全国第二届大学生艺术展演活动高校艺术教育科研论文三等奖，教育部，2009；“传统的维护与延伸——非物质文化遗产保护与大学专业音乐教育》获全国第二届大学生艺术展演活动高校艺术教育科研论文三等奖，教育部，2009；《一唱三叹：论中国戏曲音乐的美学意向与审美方法——高等学校传统音乐教育刍议》获全国第二届大学生艺术展演活动高校艺术教育科研论文三等奖，教育部，2009；《西北传统音乐研究》，获甘肃省社会科学第十二届优秀成果三等奖，甘肃省委、甘肃省人民政府，2011。

简　　介：1983 年考入西北师范大学音乐系主修作曲理论，获学士学位；1987 年毕业留校任作曲理论教研室教师；1995 年考取西北师范大学教育科学学院音乐教学论硕士研究生，获教育学硕士学位；1999 年师从王耀华、乔建中先生攻读民族音乐学（音乐人类学）博士学位，获文学博士学位；2004 年起任西北师范大学教授；2007 年起任二级教授，博士生导师；2005 年起任西北师范大学音乐学院副院长；2006 年起任西北师范大学音乐学院院长；2006 年起任中国传统音乐学会副主席。

0012 李岚华

性　　别：女

出生年月：1963-01-13

民　　族：汉族

政治面貌：党员

职　　称：正高

学　　历：大学本科

所在单位：河西学院音乐学院

通讯地址：甘肃省张掖市环城北路 846 号

成　　就：获省委省政府奖励 1 项；获省级教学成果奖 2 项；主持省级精品课程 1 项；主编教材一部，30 万字。发表国家权威期刊 2 篇。

简　　介：甘肃省张掖市人，1986 年毕业于西北师大音乐学院，现为河西学院音乐学院教授。甘肃省音乐家协会会员、张掖市音乐家协会副主席。专业方向：音乐学；研究方向：声乐教学与理论研究。

0013 段新明

性　　别：男

出生年月：1957-12-18

民　　族：汉族

政治面貌：群众

职　　称：正高

学　　历：大学本科

所在单位：兰州市文联兰州市美术家协会

通讯地址：兰州市城关区五泉西路 29 号

成　　就：作品《千秋家园》获中国文联、中国美协主办的首届“金彩奖”书画作品优秀奖（“金彩奖”为当时美术界最高奖）；作品《秋高气爽》获“敦煌文艺奖”一等奖；作品《陇上秋水》获“飞天奖”一等奖；作品《秋气凝晖》获首届甘肃美术最高奖“金陀奖”金奖；作品《清岚山壑图》《秋气满乾坤》《苍林霜影》《云水风度》《气清千嶂》等作品连续 6 次获甘肃省美术作品展一等奖及特等奖；中宣部文艺界优秀专家、甘肃省首批文艺界拔尖人才、甘肃省领军人才（第一层次）。

简　　介：酒泉画院院长，酒泉地区美术家协会主席；兰州市美术家协会常务副主席兼秘书长；兰州市美术家协会主席；中国美术家协会会员、中国画学会创会理事；中国河山画会会员，中国人民大学客座教授；甘肃省国画艺委会副主任，甘肃省美术家协会副主席；甘肃省文创协会艺术专家委员会主任；

中国书画名家研究会副会长；被聘为第四、五届“敦煌文艺奖”评委。参加中国美协、中国画学会组织承办的全国重大文化课题“中华文明历史题材美术创作工程”《万里黄河图》（1.5 米 ×200 米）创作任务。并担任“万里黄河图”文化系列活动艺委会委员。

0014 吴健

性　　别：男
出生年月：1963-06-23
民　　族：汉族
政治面貌：党员
职　　称：正高
学　　历：大学本科
所在单位：敦煌研究院
通讯地址：甘肃省敦煌市莫高窟敦煌研究院
成　　就：2003 年被授予甘肃省文物系统先进个人；2004 年《艺术的敦煌》获第四届“敦煌文艺奖”摄影一等奖；2004 年列入“中央电视台“东方时空—东方之子”；2007 年《张掖大佛及众弟子》获第五届“敦煌文艺奖”摄影三等奖；2008 年，摄影作品《吉祥之音》入选香港首届全国摄影节艺术展览；2009 年《锁阳城遗址》获第六届“敦煌文艺奖”摄影三等奖；2009 年《睡佛》获首届张掖之夏全国摄影大展优秀作品；2012 年《莫高窟第 158 窟卧佛》获首届“丝路—长城”中国嘉峪关国际摄影艺术大展铜质收藏奖；2012 年《莫高窟第 61 窟石窟》和《安西锁阳城塔尔寺》获首届“丝路—长城”中国嘉峪关国际摄影艺术大展优秀作品；2012 年《敦煌玉门关遗址》和《新疆吐鲁番交河古域全景（组照）》获“雪花纯生”中国古建筑摄影大赛全国入围奖，作品《敦煌玉门关遗址》获得甘肃赛区发现奖；2012 年，作品《莫高窟第 158 窟卧佛》在“甘肃省第三届摄影奔马奖暨甘肃省第十八届摄影艺术展览”中获得“奔马奖”创作奖。
简　　介：1981 年 3 月考入甘肃敦煌研究院并参加工作；1981 年 5 月在甘肃敦煌研究院从事石窟文物摄影、摄像工作；1987 年 9 月考入天津工艺美术学院摄影艺术专业；1989 年 7 月毕业于天津工艺美术学院摄影艺术专业，大专学历；1989 年加入甘肃摄影家协会；1990 年加入中国摄影家协会；1990 年 12 月出任敦煌研究院摄影录像部副主任（副处级）；1997 年加入中国文物摄影委员会，任理事；1998 年 12 月加入中国共产党；2000 年 4 月被评聘为副研究员；2003 年 11 月任敦煌研究院摄影录像部主任（正处级）；2004 年 1 月—2006 年 11 月在鲁迅美术学院摄影系函授专升本学习；2006 年 4 月任敦煌研究院数字中心主任（正处级）；2007 年被聘为研究员；2008 年被聘为国家文物局古代壁画重点科研基地数字研究室主任；2009 年被聘为国家古代壁画保护工程技术研究中心副主任。

0015 苏凤丽

性　　别：女
出生年月：1971-12-13
民　　族：汉族
政治面貌：党员
职　　称：正高
学　　历：中专
所在单位：甘肃省秦剧团
通讯地址：兰州市城关区农民巷 85 号
成　　就：1995 年 8 月在甘肃省振兴秦腔群英大赛中荣获主演一等奖；1997 年 12 月，在折子戏《探窑》中担任主演，荣获甘肃省青年演员大奖赛表演一等奖；1998 年 12 月在平凉地区首届秦腔大赛中荣获专业组一等奖；1999 年 10 月被授予平凉地区“德艺双馨文艺家”称号；1999 年 9 月主演《山魂》荣获平凉地区新创剧目调演特等奖；在甘肃省新创剧目调演中荣获表演一等奖；2000 年 11 月主演《飞将军李广》获首届中国秦腔艺术节优秀表演奖；2000 年 11 月主演《探窑》获中国秦腔艺术节优秀表演奖；2001 年 10 月主演《四贤册》获甘肃省第一届戏剧红梅大奖赛红梅大奖；2003 年 9 月主演《三堂会审》获中国戏剧红梅奖甘肃赛区一等奖；2003 年 12 月获首届中国戏剧红梅大奖赛表演金奖；2007 年 9 月主演《断桥》获甘肃省青年演员大奖赛一等奖；2007 年 10 月主演《大河情》获全国少数民族戏剧汇演优秀表演奖。

简　　介：1986 年 7 月毕业于甘肃省平凉市艺术学校；1987 年 10 月至 1999 年 10 月在平凉市秦剧团工作；1999 年 11 月调入甘肃省秦剧团工作至今。现为国家一级演员，甘肃省戏剧家协会理事，甘肃省民族文化促进会理事，甘肃省地方文化交流协会理事。苏凤丽同志为秦腔泰斗李正敏先生（敏派）传人，著名秦腔表演艺术家肖玉玲女士亲传弟子。从艺 20 多年来，通过 50 多本传统戏、新编历史剧和 10 多本现代戏，创造和扮演了各种不同的人物形象，完善了自己的专业技术和艺术功力。特别是在得到著名秦腔表演艺术家肖玉玲女士的悉心教诲与真传后，全面掌握了秦腔肖派的演唱风格和艺术特点，通过演出实践，形成了自己独特的演唱风格。近年来，苏凤丽同志又对敏腔（秦腔泰斗李正敏先生创造的唱腔）悉心研习。

0016 高凯

性　　别：男

出生年月：1963-03-18

民　　族：汉族

政治面貌：党员

职　　称：正高

学　　历：硕士研究生

所在单位：甘肃省文学院

通讯地址：兰州市东岗西路 668 号甘肃省文学院

成　　就：诗作《村小：生字课》2002 年获中国作家协会第五届全国儿童文学奖（国家级）；长诗《红灯传奇》2011 年被中宣部、新闻出版总署评为“庆祝中国共产党成立 90 年优秀图书”；组诗《陇东：遍地乡愁》2009 年获闻一多基金会首届闻一多诗歌大奖；诗作《村小：生字课》2004 年获甘肃省委省政府敦煌文艺奖荣誉奖；诗集《高凯童诗选》2009 年获甘肃省委、省政府第六届敦煌文艺奖一等奖（文学类）；组诗《陇上纪事》2011 年获《大河》诗刊首届中国大河主编诗歌奖；组诗《高楼上某某的独屋》获 2008 年冰心儿童文学新作奖；编著《儿童文学名家新锐精品系列》丛书获 2007 年冰心儿童文学图书奖；论文《坚守诗歌的母土地界》2007 年获中国诗歌太原论坛新诗 90 年纪念优秀论文奖；组诗《高凯的诗》2010 年获《芳草》杂志第二届（2008—2009）汉语诗歌双年十佳；2005 年获“甘肃省优秀专家”称号；2006 年获“甘肃省宣传文化系统创新拔尖人才”称号；2009 年获“甘肃省领军人才”称号。

简　　介：1982 年 10 月至 1985 年 9 月，在合水三中、合水一中任民办教师；1985 年 10 月正式参加工作，至 1986 年 7 月先后在合水县西华池镇人民政府、合水县财政局、合水县政协工作；1986 年 8 月至 1995 年 5 月，在陇东报任编辑、记者；其间，1988 年 9 月至 1991 年 7 月进修，获西北师大汉语言文学大专学历；1995 年 6 月至 1996 年 5 月在甘肃青年报工作；1996 年 6 月至 1999 年 11 月，先后受聘于人民日报驻甘肃记者站、中国青年报甘肃记者站；2000 年 1 月至 2001 年 3 月在《飞天》任编辑；2001 年 4 月至今，在甘肃省文学院工作；其间，2002 年至 2004 年在兰州大学现当代文学研究生班进修；2008 年第七届全国作代会代表，2009 年起至今甘肃省艺术系列高级评委会委员，2010 年任甘肃省当代文学研究会副会长，2011 年第八届全国作代会代表。

0017 祁宝泉

性　　别：男
出生年月：1955-01-17
民　　族：汉族
政治面貌：党员
职　　称：正高
学　　历：大学专科
所在单位：甘肃省话剧院
通讯地址：兰州市城关区酒泉路 75-103 号
成　　就：在中国西北第一届话剧节中获表演一等奖；获中国话研会表演“金狮奖”；获 2003 年特色文化大省宣传周暨全省小戏小品调演，导演一等奖；获第二届甘肃戏剧“红梅奖”表演大奖；获评为甘肃省首届中青年德艺双馨文艺工作者；获 2009 年全省新剧目调演表演一等奖；获 2006 年全省新剧目调演表演一等奖；终身享受国务院特殊津贴。
简　　介：国家一级演员。1970—1982 年在兰州市青年京剧团工作；1982—1986 年在甘肃省话剧团工作；1986—1988 年在中央戏剧学院学习；1988—2012 年在甘肃省话剧院工作。中国戏剧家协会会员，甘肃省戏剧家协会理事。

0018 雷通霞

性　　别：女
出生年月：1967-02-18
民　　族：汉族
政治面貌：党员
职　　称：正高
学　　历：高中
所在单位：甘肃省陇剧院
通讯地址：兰州市城关区柏道路 6 号
成　　就：2003 年获文化部举办“全国地方戏曲精品戏大赛”个人一等奖。2003 年《敦煌魂》获第四届敦煌文艺一等奖。2005 年被评为甘肃省宣传文化系统拔尖创新人才。2005 年入选甘肃省“555 创新人才工程”第二层人才。2006 年《官鹅情歌》在全省创新剧目调演中荣获主演一等奖。2007 年《官鹅情歌》获“五个一工程”优秀戏剧奖。2008 年被中宣传部评为“四个一批”人才。2009 年获国务院政府特殊津贴。2009 年《官鹅情歌》获国家艺术舞台精品工程 10 大精品剧目。2009 年《苦乐村官》在“庆祝六十周年全省新创剧目调演”中获个人表演一等奖。2009 年《苦乐村官》在庆祝六十周年第三届全国地方优秀剧目调演中获二等奖。2010 年《苦乐村官》在文化部第十三届文华奖评奖中荣获文华奖大奖特别奖。2010 年荣获省广播电视台《大戏台》栏目观众最喜爱的陇剧女演员。
简　　介：1981 年 3 月—1984 年 4 月定西地区戏剧学校戏曲表演专业学习；1984 年 5 月—1992 年 12 月定西地区秦剧团工作；1996 年 1 月至今调入甘肃省陇剧院，现任剧院副院长（副县级）。重要社会兼职：中国戏剧家协会会员、甘肃省戏剧家协会副主席、常务理事、中国戏曲研究会会员、白银市剧协副主席。

0019 朱衡

性　　别：男
出生年月：1957-03-17

民　　族：汉族
政治面貌：党员
职　　称：正高
学　　历：大学专科
所在单位：甘肃省话剧院
通讯地址：兰州市城关区酒泉路75-103号
成　　就：2003年领衔主演《兰州老街》《兰州人家》荣获“第二十届中国戏曲梅花奖”。2003年获第八届中国戏剧节表演奖。2005年被授予“甘肃省拔尖创新人才”。2010年被授予“甘肃省领军人才”（第一层次）。2011年被授予“甘肃省第二届中青年德艺双馨文艺工作者”荣誉称号。2004年担任艺术总监，主演的话剧《老柿子树》荣获文化部第十一届“文华新剧目奖”“文华编剧奖”“文华表演奖”。2007年担任艺术总监，并领衔主演的话剧《兰州好家》，荣获2009年甘肃省第六届敦煌文艺奖一等奖。荣获建国六十周年全省新创剧目调演剧目大奖，荣获个人表演一等奖。2010年该剧入选第六届全国话剧优秀剧目展演，荣获文化部优秀剧目奖。2010年个人荣获中国话剧金狮奖表演奖。2010年导演话剧《胆大包天》，该剧荣获第三届甘肃戏剧“红梅奖”大赛剧目一等奖。2011年担任艺术总监、出品人，并主演的话剧《上南梁》荣获第三届甘肃戏剧“红梅奖”大赛剧目大奖，个人荣获“红梅特别奖”。
简　　介：1970年考入兰州市青年京剧团任演员。1982年调入甘肃省话剧院任演员，从事表演艺术及管理工作42年。1985-1988年在甘肃省广播电视大学汉语言文学专业学习，1995年起任演员队长、业务办公室主任，1997年加入中国共产党，1998年任甘肃省话剧团副团长，2003年任甘肃省话剧院副院长、党总支委员，2009年4月任甘肃省话剧院院长、党总支委员，2011年五月任甘肃话剧院有限责任公司董事长兼总经理、党总支委员。社会兼职：中国戏剧家协会会员、甘肃省戏剧家协会副主席、中国话剧艺术研究会常务理事、中国话剧艺术研究会表演艺术委员会常务委员。

0020 柳旭辉

性　　别：女
出生年月：1971-06-13
民　　族：汉族
政治面貌：党员
职　　称：正高
学　　历：大学本科
所在单位：河西学院音乐学院
通讯地址：甘肃省张掖市环城北路846号
成　　就：获甘肃省第六届敦煌文艺奖、甘肃省教学成果奖、甘肃省电视文艺奖等多个奖项，并多次获得省市各级奖励。在《中国音乐学》《音乐创作》《中国青年报》等刊物发表学术论文及文艺作品20余篇。出版专著1部，主持或参与省、校级各类科研项目及课程建设。歌曲作品多次入选各类音像制品，本人也获得学院教学优秀奖等奖励。
简　　介：1992年毕业于西北师范大学音乐系。现为河西学院音乐学院教授，音乐表演教研室主任。甘肃省乐家协会会员，张掖市文联委员。主要从事声乐教学与民族音乐学的研究。

0021 马少敏

性　　别：女
出生年月：1968-04-23
民　　族：回族
政治面貌：党员
职　　称：正高
学　　历：大学专科
所在单位：甘肃省京剧院

通讯地址：兰州市城关区正宁路 267 号
成　　就：第三届中国京剧艺术节“表演奖”。CCTV 全国青年京剧演员大赛“表演奖”。甘肃省首届艺术人才“银飞天奖”。甘肃省新剧目调演“表演一等奖”。甘肃省戏剧表演“红梅大奖”。第 24 届中国戏剧“梅花奖”。2009 年被评为“梅花奖艺术团”团员。甘肃省文艺人才“德艺双馨”称号。获国务院颁发的“全国先进工作者”荣誉称号。全国“三八红旗手”称号。甘肃省政协科教文体委员会戏剧艺术专门委员会委员。中国戏剧家协会会员。甘肃省戏剧家协会会员。甘肃省第十二届妇女代表大会代表。甘肃省检察院人民监督员。第十一届全国人民代表大会代表。甘肃省领军人才。中国·兰州牛肉面制作专项职业能力考核规范鉴定形象大使。
简　　介：1979 年考入省艺校京剧班。1984 年毕业后分配到甘肃省京剧团。1998 年考入中国戏曲学院深造。2000 年毕业后继续回团工作至今。

0022 张爱民

性　　别：女
出生年月：1973-01-21
民　　族：汉族
政治面貌：党员
职　　称：正高
学　　历：大学本科
所在单位：河西学院音乐学院
通讯地址：甘肃省张掖市环城北路 846 号
成　　就：出版专著两部，歌曲作品专辑一部，主持完成多项省地级科研项目并获奖，发表学术论文 20 余篇，歌曲作品 20 余首，参加各类演出数百场；获全国、省市文艺赛事 40 多项奖励；指导的学生多次在全国、省、市各类文艺赛事上荣获一等奖等名次，本人多次获国家级、省级“优秀指导教师”称号。作品多次被省市广播电台、电视台和文艺晚会选播选唱；获第十、十一届全国青歌赛甘肃赛区流行唱法银奖；成功举办个人演唱及作品音乐会；参加中央电视台激情广场栏目演出。
简　　介：张掖市音乐家协会副主席，河西学院青年骨干教师，从事理论作曲、民族音乐、流行唱法的教学、研究与实践。

0023 杨亦兵

性　　别：男
出生年月：1958-02-23
民　　族：汉族
政治面貌：党员
职　　称：正高
学　　历：大学本科
所在单位：甘肃省歌舞剧院
通讯地址：兰州市东岗东路 2634 号
成　　就：1999 年被甘肃省文化厅评为优秀共产党员；2000 年被甘肃省文化厅评为优秀共产党员；2001 年被甘肃省歌舞剧院评为优秀共产党员；2004 年被甘肃省文化厅评为优秀党务工作者；2009 年被甘肃省首届青少年长笛比赛评为优秀教师。1999 年获甘肃省首届器乐大奖赛管乐打击乐组一等奖；2003 年作品《雪山》获甘肃省首届数字音乐作品三等奖；2006 年作品《伏羲颂》获全省创新剧目调演音乐作品三等奖；2009 年作品《丝路花雨》获全省创新剧目调演音乐作品一等奖。
简　　介：1972 年至今甘肃省歌舞剧院演奏员、指挥、作曲；2002 年至今甘萧省歌舞剧院副院长社会兼职；1990—2004 甘肃省音乐家协会会员；2005 至今中国音乐家协会会员；2011 至今甘肃省音乐家协会副主席。

0024 杨波

性　　别：男

出生年月：1963-11-19
民　　族：汉族
政治面貌：党员
职　　称：正高
学　　历：大学本科
所在单位：甘肃省陇剧院
通讯地址：兰州市城关区柏道路6号
成　　就：2006年《官鹅情歌》荣获全省新创剧目调演暨第二届甘肃戏剧红梅奖大奖赛"新创剧目综合一等奖"，《官鹅情歌》个人获全省新创剧目调演"音乐作曲一等奖"。2006年《五女拜寿·别离》个人获省文联第二届甘肃戏剧红梅大奖赛"红梅作曲一等奖"。2007年《官鹅情歌》获中宣部第十届精神文明建设"五个一工程"优秀戏剧奖。2008年个人被评为甘肃省"千台大戏送农村"战役先进个人。2009年《官鹅情歌》获国家舞台艺术精品工程十大资助剧目（任出品人、作曲、音乐统筹）。2009年《苦乐村官》获全国地方戏南北片展演二等奖（任出品人、作曲、音乐统筹）。2009年《苦乐村官》个人获"庆祝新中国成立六十周年全省新创剧目调演"作曲一等奖。2009年省陇剧院被评为全省文化信息工作先进单位。
简　　介：1980年9月—1984年7月在甘肃省艺术学校学习板胡专业；1984年7月参加工作，在甘肃省陇剧院曾任房改办主任、三产办主任、副院长，并至今兼任音乐总监、演出统筹、二胡、板胡演奏、陇剧作曲；2011年12月—8月聘任一级作曲；重要社会兼职：中国音乐家协会会员、中国戏剧家协会会员、中国戏曲学会理事、中国戏曲现代戏研究会会员、中国戏曲音乐学会理事、甘肃省音乐家协会会员、甘肃省戏剧家协会副主席、兰州城市学院客座教授。

0025 王玉芳

性　　别：女
出生年月：1972-05-12
民　　族：汉族
政治面貌：党员
职　　称：正高
学　　历：博士研究生
所在单位：西北师范大学美术学院
通讯地址：西北师范大学美术学院
成　　就：2008年《比较美术与西北美术研究》获甘肃省高校社会科学成果一等奖；2009年油画作品《风景写生》获甘肃省建国六十周年美术作品展二等奖；2009年获西北师范大学教学质量优秀奖；2009年获西北师范大学管理优秀干部；2009年《西部高师美术教育教学改革初探》获"全国第二届高校艺术教育科研论文报告会"甘肃省一等奖，教育部二等奖；2011年《对西部高校公共艺术教育现状的思考》获"全国第二届高校艺术教育科研论文报告会"甘肃省一等奖；2011年《对西部农村美术教育课程资源的思考》获"全国第二届高校艺术教育科研论文报告会"甘肃省二等奖；2012年《对西部高校公共艺术教育现状的思考》获"全国第二届高校艺术教育科研论文报告会"教育部三等奖。
简　　介：1994年毕业于西北师范大学美术系油画专业，获文学学士学位，留校任教；同年考入西安美术学院史论系，1997年获美术学硕士学位；2000—2001年作为国家访问学者赴保加利亚国家美院学习；2002年考取南京艺术学院中外美术比较专业博士研究生，2005年7月毕业，获文学博士学位；现为西北师范大学美术学院教授、副院长。主要从事于中外美术史、比较美术的教学与研究。2010年，甘肃美学学会理事；2010年，甘肃美术家协会理事；2011年，全国艺术专业硕士研究生指导委员会美术专业分委员会委员。

0026 李琪

性　　别：女
出生年月：1975-05-11
民　　族：汉族
政治面貌：党员
职　　称：正高
学　　历：硕士研究生
所在单位：兰州城市学院音乐学院
通讯地址：兰州城市学院
成　　就：从教至今，发表学术论文数十篇。其中《c 音上的舞蹈》《多元文化，兼容并蓄》发表于国家艺术类核心期刊《音乐创作》2012 年第 5 期与 2013 年第 6 期；出版教材《艺术歌曲伴奏与演唱指南》；2010 年申请甘肃省教育厅高校研究生导师项目《多元文化在音乐中的交叉与渗透研究》获得立项，并于 2012 年 4 月结项；2013 年由本人主持的课题《音乐教学评价体系研究》申报甘肃省十二五规划项目获准立项。
简　　介：1997 年毕业于西北师范大学音乐系，同年分配至兰州城市学院工作至今，所带课程为钢琴。

0027 刘夏萍

性　　别：女
出生年月：1964-11-18
民　　族：满族
政治面貌：民主党派
职　　称：正高
学　　历：大学本科
所在单位：甘肃省文联文学院
通讯地址：兰州市东岗西路 668 号
成　　就：2005 年，诗集《娜夜诗选》获中国文学最高奖“第三届鲁迅文学奖诗歌奖”。2005 年被评为“甘肃省文化系统拔尖创新人才”。2006 年，荣获“新世纪十佳青年女诗人”称号。2006《娜夜诗选》获“甘肃省第五届敦煌文艺奖，特别贡献奖。2007 年荣获《人民文学》诗歌大奖。2008 年首届甘肃省中青年德艺双馨文艺工作者。2009 年甘肃省少数民族创作荣誉奖。2009 年被评为甘肃省领军人才。2009 年甘肃省文艺突出贡献奖。2010 年获中国当代杰出民族诗人诗歌奖。2011 年获天问诗人奖。2011 年广西文学年度诗歌奖。2011 年第二届“中国报人散文奖”。近五年来，在《人民日报》《诗刊》《中国诗人》《汉诗》《花城》《读诗》等刊物发表诗歌《再写闪电》《真相》《娜夜的诗》等近 400 多首。有 1000 行优秀诗歌作品入选《中国十佳民族诗人诗选》（中国作家出版社），在诗歌界产生一定影响。诗歌作品被《名作欣赏》《读者》等国内外各类报刊转载，诗歌《生活》《母亲》选入中学课外读本及各类年选本。
简　　介：1983 年—1987 年在兰州第一汽车运输公司工作；1987 年—1996 年在兰州青年报社工作；1998 年—2010 年在兰州晚报社工作；2011 年至今在甘肃省文联甘肃省文学院。重要社会兼职：中国作家协会全委会委员（2011 年），甘肃省作家协会副主席（2010 年）。

0028 张志雁

性　　别：男
出生年月：1964-10-12
民　　族：满族
政治面貌：党员
职　　称：正高
学　　历：大学本科
所在单位：西北民族大学美术学院
通讯地址：西北民族大学美术学院
成　　就：2006 年作品《山高水长》获甘肃

省委、甘肃省人民政府第五届“敦煌文艺奖”一等奖。2008年被评为甘肃省委组织部、甘肃省委宣传部、甘肃省文学艺术界联合会“首届甘肃省中青年德艺双馨文艺工作者”称号。2008年作品《秦岭神韵》获甘肃省文联、甘肃省美协第一届甘肃美术最高奖“金驼奖”金奖。2009年作品《秦岭之晨》获甘肃省委、省政府第六届“敦煌文艺奖”二等奖。2011年6月作品《雪野无垠》参加甘肃省委宣传部省美协主办甘肃省革命重大历史题材画展，获最高奖优秀奖，并被甘肃省博物馆收藏。2011年12月作品《银装素裹》入选第七届中国美协会员全国中国画精品画展。2011年12月13日作品《雪野天地》参加首届陇原风华美术作品展获一等奖。

简　　介：1988.9—1992. 6西北民族学院美术系国画专业学习；1992.6—2001.5兰州教育学院美术系任教；2001.5至今西北民族大学美术学院任教；中国美术家协会会员，甘肃省美术家协会常务理事，甘肃省中国画艺委会委员。

0029 吴晓玲

性　　别：女

出生年月：1971-11-05

民　　族：汉族

政治面貌：党员

职　　称：正高

学　　历：大学本科

所在单位：兰州文理学院美术学院

通讯地址：兰州市城关区北面滩400号

成　　就：主持完成甘肃省教育厅项目1项，出版教材6部，发表论文10余篇。主持省级精品课程1门，教学成果获2011、2013年度省级教学成果奖，获甘肃省第16届青年教师成才奖。

简　　介：兰州文理学院美术学院教授、院长，教育部职业院校艺术设计类专业教学指导委员会视觉传播设计分委会委员、中国工业设计协会会员、甘肃美术家协会会员、兰州视觉艺术设计协会理事。长期从事设计教育教学及艺术设计的“产、学、研”项目研究工作。

0030 项亮

性　　别：男

出生年月：1963-08-07

民　　族：汉族

政治面貌：党员

职　　称：正高

学　　历：大学本科

所在单位：兰州大学艺术学院

通讯地址：兰州市东岗西路199号

成　　就：主要的教育与研究领域为声乐演唱与声乐理论、音乐美学、民族音乐。主讲课程：声乐、中国音乐史、音乐美学、声乐演唱与声乐理论研究。主持及参与课题：甘肃白马藏族音乐文化研究中央高校基金项目、甘肃甘南藏族民间音乐研究中央高校基金项目、中国保安族音乐文化研究国家社科西部项目。

简　　介：兰州大学艺术学院院长，音乐研究所声乐研究室教授。中国高等教育美育专业委员会理事，甘肃音乐家协会理事，甘肃省影视艺术家协会理事，兰州市音乐家协会副主席。1983年至1987年在西北师范大学音乐系（师从王金宝先生）学习音乐，获文学学士学位；1987年到兰州大学工作至今；1991至1992年在中央音乐学院声歌系（师从马洪海先生）进修深造声乐歌剧艺术。

0031 刘忠

性　　别：男

出生年月：1970-08-08

民　　族：汉族
政治面貌：党员
职　　称：正高
学　　历：大学本科
所在单位：兰州文理学院音乐舞蹈学院
通讯地址：兰州市城关区北面滩 400 号
成　　就：主持完成甘肃省教育厅课题 3 项，主讲课程《中国音乐史》2007 年被评为省级精品课。撰写的专著《中国音乐史》被甘肃省图书馆收藏，并于 2013 年获得甘肃省社科成果奖。近几年来在《人民音乐》《黄钟》《兰州大学学报》等核心期刊发表论文 4 篇，省级期刊发表论文 20 余篇。主持的科研成果获得甘肃省教学成果奖 3 项、甘肃省社科成果奖 1 项、甘肃省高校社科奖 1 项。2012 年主持完成了国内第一家"西北地方音乐文献馆"建设工作。发表在国家核心期刊《人民音乐》中的《西北地方音乐文献研究的理论探讨及思考》一文被加编者按称"具有填补西北地方音乐文献研究空白的意义"。
简　　介：兰州文理学院教授。研究方向为中国音乐史、西北地方音乐文献学。

0032 王琼

性　　别：女
出生年月：1979-05-19
民　　族：汉族
政治面貌：党员
职　　称：正高
学　　历：大学本科
所在单位：甘肃省歌舞剧院
通讯地址：兰州市城关区雁滩路天庆花园 13 号楼 6 单元
成　　就：1999 年在出演新创大型民族舞剧《悠悠雪羽河》中获得甘肃省建国五十周年献礼调演表演一等奖。2000 年获得文化部、广电总局、中国文联等八部委联合颁发的第八届中国人口文化奖舞剧表演一等奖。获第九届中国文化新剧目奖。获第六届中国艺术节新剧目奖。获第三届甘肃敦煌文艺一等奖。2001 年获得第一届甘肃戏剧"红梅"大奖。2002 年获甘肃省青联颁发的"青联委员突出贡献奖"。2003 年获得甘肃省文联授予的"德艺双馨文艺家"称号。2005 年被评为第七届"甘肃省十大杰出青年"。2005 年获得甘肃省委组织部、省委宣传部、省人事厅联合颁发的"宣传文化系统拔尖创新人才"称号。2005 年获得第二届甘肃省声乐、器乐、舞蹈大赛独舞《敦煌随想》表演一等奖，群舞《水月观音》表演一等奖。在甘肃省歌舞剧院工作期间在大型民族舞蹈《丝路花雨》中扮演女主角英娘，在大型新创民族舞剧《悠悠雪羽河》中扮演女主角藏族母亲，在《敦煌乐舞》中担任主要领舞，综合歌舞晚会《敦煌情韵》中担任独舞、领舞。
简　　介：1993 年 7 月毕业于甘肃省艺术学校敦煌舞蹈班，同年毕业分配到甘肃省歌舞剧院，并担任主要演员。现任甘肃省歌舞剧院艺术委员会委员、创编室主任、编导、演员、团支部书记。现兼任中华全国青年联合会第十届、十一届委员、甘肃省青年联合会常委、甘肃省直机关青联常委、中国舞蹈家协会会员、甘肃舞蹈家协会理事、中华民族文化促进会会员、甘肃省中华民族文化促进会常务理事、甘肃省第十二次党代会党代表。

0033 窦凤琴

性　　别：女
出生年月：1959-03-17
民　　族：汉族
政治面貌：党员
职　　称：正高
学　　历：硕士研究生
所在单位：甘肃省秦剧团

通讯地址：兰州市城关区农民巷85号

成　　就：1995年被文化部和人事部授予全国文化系统先进工作者；1996年荣获全国梆子戏调演优秀表演奖；1997年荣获第十四届中国戏剧梅花奖；1998年连任甘肃省第八届政协委员，同年入选甘肃省学术技术带头人“333科技人才工程”第一、第二层次人选；2000年在首届中国秦腔艺术节中荣获优秀表演奖；2002年在第二届中国秦腔艺术节中荣获表演一等奖；2003年在第十一届中国人口文化奖（东华杯）中荣获最佳演员奖；2005年被授予“甘肃省宣传文化系统拔尖创新人才”荣誉称号；2009年被选拔为“甘肃省领军人才”；2009年在第六届敦煌文艺奖评选中被甘肃省委、省政府授予“全省文艺突出贡献奖”荣誉称号；2010年被省委、省政府授予“甘肃省先讲工作者”荣誉称号。

简　　介：1972年7至1985年12月在甘肃省宁县秦剧团任演员。1986年元月至今在甘肃省秦剧团任三级、二级、一级演员，副团长、艺术总监。为第十四届中国戏剧梅花奖获得者，甘肃省第七届政协委员，中国第七届妇女代表大会代表。现为国家一级演员，中国戏剧家协会理事，甘肃省戏剧家协会副主席，省文联委员，甘肃省振兴秦腔学会副会长。曾先后在30多部戏剧中担任主演，成功塑造了30多个舞台人物形象。代表剧目包括：传统剧目《斩秦英》《火焰驹》《窦娥冤》《五典坡》《铡美案》《回荆州》；新编历史剧目《白花曲》《梨花情》《麦积悲歌》和现代戏《红灯记》《朝阳沟》《思源》等。

0034 甄勇宏

性　　别：女

出生年月：1964-05-19

民　　族：汉族

政治面貌：民主党派

职　　称：正高

学　　历：大学本科

所在单位：河西学院工会

通讯地址：甘肃省张掖市环城北路846号

成　　就：工作期间在国家权威期刊发表论文1篇、核心期刊发表论文3篇、省级期刊发表论文20余篇；出版舞蹈教材1部；3次获河西学院教学优秀奖；主持立项校级教学项目4项、参与省级教学项目1项、获校级教学成果二等奖2次；成功举办了3次个人舞蹈作品专场晚会；多次获全国比赛银奖和一、二、三等奖，省级比赛一、二、三等奖，编创舞蹈作品节目60多个，多次获最佳指导教师和编导奖；曾获全省“艺术教育先进个人”称号，3次获张掖市民进优秀会员。

简　　介：现任河西学院工会副主席、妇女会主任。

0035 陈军

性　　别：男

出生年月：1969-09-19

民　　族：汉族

政治面貌：党员

职　　称：正高

学　　历：大学本科

所在单位：甘肃省图书馆

通讯地址：兰州市南滨河东路488号

成　　就：2011年获“中国图书馆学会优秀会员”（2009—2011年度）称号；2011年科研成果《公共文化服务体系构建中的甘肃图书馆信息化建设对策研究》获甘肃省科技情报学会科学技术奖二等奖；2010年获甘肃省图书馆学会“优秀会员”称号；2009年科研成果《图书馆和谐要素探析》获甘肃省第11届社会科学优秀成果二等奖；中国图书馆学会年会论文一等奖；2006年科研成果《基于知识服务的图书馆员忠诚度分析》获中国

图书馆学会年会论文一等奖。

简　　介：1988年兰州大学毕业分配至甘肃省图书馆工作。其中：1988—1999年先后在报刊部、馆长办公室工作，1999年至今先后任甘肃省图书馆现代技术应用部副主任、信息咨询部副主任、综合业务处处长等职。先后从事期刊管理、数据库建设、系统管理等多项业务工作。重要社会兼职：甘肃省四库全书研究会理事、甘肃省档案专业高评会委员。

0036 刘桂珍

性　　别：女

出生年月：1968-12-18

民　　族：汉族

政治面貌：民主党派

职　　称：正高

学　　历：大学本科

所在单位：兰州大学艺术学院

通讯地址：兰州市东岗西路199号

成　　就：完成2010年度国家社会科学基金项目“转型期中国传统民间文化在现代社会的传承和发展研究”（10BSH033）。完成2012年度中央高校基本科研业务费专项资金一般项目“综合性大学有效艺术教育模式研究”。完成嘉峪关长城文化拓展研究“河西地区民间音乐与旅游业发展关系研究”。完成兰州大学实验创新基金项目“音乐治疗对歌者‘声心和谐’的实验研究”。完成甘肃省非物质文化遗产保护与旅游开发研究——华锐藏歌研究。

简　　介：民盟盟员，音乐研究所声乐研究室教授。1989年至1993年在西北师范大学音乐系音乐教育专业学习，获学士学位，师从柴莺副教授。1993至2002年师从我国著名声乐教育家杨树声教授学习。1999年12月到兰州大学艺术学院工作至今。

0037 李伟

性　　别：男

出生年月：1959-05-19

民　　族：汉族

政治面貌：党员

职　　称：正高

学　　历：大学本科

所在单位：甘肃画院

通讯地址：兰州市南滨河路东路518号

成　　就：中国画作品荣获甘肃省委、甘肃省人民政府主办的“第二届甘肃省敦煌文艺奖”二等奖；中国画作品荣获甘肃省委、甘肃省人民政府主办的“第四届甘肃省敦煌文艺奖”二等奖；中国画作品荣获甘肃省委、甘肃省人民政府主办的“第五届甘肃省敦煌文艺奖”二等奖。

简　　介：1978.10—1982.07西北师范大学美术系上学；1982.08—1992.10张掖师专美术系任教；1992.11—2003.07兰州画院创作部主任、一级美术师；2003.08—2009.05甘肃画院创作研究部主任、一级美术师；2009年5月至今甘肃画院副院长、一级美术师（正高三级）。兼任：甘肃省美术家协会副主席、中国美术家协会会员、甘肃省文史研究馆研究员、甘肃省艺术系列高级职称评委。

0038 张卫平

性　　别：男

出生年月：1952-12-18

民　　族：汉族

政治面貌：党员

职　　称：正高

学　　历：大学专科

所在单位：定西市文化馆

通讯地址：定西市文化馆

成　　就：1993年《陇中》获甘肃省首届敦煌文艺奖；1998年《远古的辉煌》获文化部

群星奖（第八届）；1999年《尕马骑上下四川》获文化部群星奖银奖（第九届）；2002年《红军走过的地方》获文化部群星奖优秀奖（第十二届）；2002年文化部第十二届“群星奖”评选工作，获个人组织工作奖；1999年《大河流金》获甘肃省美术作品展二等奖、文化厅；2000年作品《尕马骑上下四川》获甘肃省第三届敦煌文艺奖、三等奖；2002年《五月阳婆》获延座讲话60周年全国美展优秀作品奖；2000年《写生》获甘肃省首届写生展二等奖；2003年油画作品《陇中旱雪》之二，获甘肃省第四届敦煌文艺奖三等奖；2009年《西部交响》获甘肃省美术大展二等奖；2010年获文化部文华奖。

简　　介：1970年12月至1980年12月定西地区歌舞团工作（舞台美术、音乐演奏）；1981年至1985年定西地区人民剧院工作（美工）；1986年至1990年定西地区工人俱乐部工作（美术、音乐辅导创作），任副主任；1991年至2012年定西地区群众艺术馆、定西市文化馆工作（美术创作、音乐辅导），任馆长、书记。社会兼职：甘肃省美术家协会副主席、定西市文联副主席、定西市美术家协会名誉主席、定西师专客座教授。

0039 张林

性　　别：男
出生年月：1964-02-01
民　　族：汉族
政治面貌：民主党派
职　　称：正高
学　　历：硕士研究生
所在单位：长青学院艺术系
通讯地址：长青学院艺术系
成　　就：核心期刊3篇，专著1部，其他期刊30多篇，获奖10多项，2014年主持国家艺术基金项目。

0040 徐兆寿

性　　别：男
出生年月：1968-03-12
民　　族：汉族
政治面貌：党员
职　　称：正高
学　　历：博士研究生
所在单位：西北师范大学传媒学院
通讯地址：兰州市安宁东路967号
成　　就：《论伟大文学的标准》获甘肃省社会科学优秀成果三等奖；《论伟大文学的标准》获第六届敦煌文艺二等奖；《论伟大文学的标准》获第三届黄河文学二等奖；获2011年甘肃省高校第十五届青年教师成才奖。

简　　介：1992年自西北师大中文系毕业后，留校从事宣传工作；1995年在新华社借调近一年；1995年至2004年，在西北师大宣传部工作，任西北师大报主编；2004年6月至2012年5月，在西北师大旅游学院任教，任系主任、副院长；2012年6月至今，任西北师大新成立的传媒学院副院长，主持工作；2006年加入中国作家协会，并任甘肃省作协理事。

0041 张存学

性　　别：男
出生年月：1960-11-23
民　　族：汉族
政治面貌：党员
职　　称：正高
学　　历：大学专科
所在单位：甘肃省文联文理理论研究室
通讯地址：兰州市东岗西路668号
成　　就：1991年中篇小说《罗庄》获甘肃省第三届优秀文学作品奖。1995年中篇小说《那个早晨》获甘肃省第四届优秀文学作品奖。2003年中篇小说《迷醉》获第四届敦煌文艺奖二等奖。2004年中篇小说《五月春光》获甘肃省首届黄河文学奖三等奖。2006年短篇小说《拿枪的桑林》获甘肃省第五届敦煌文艺奖二等奖第一名。2007年长篇小说《轻柔之手》获甘肃省第二届黄河文学奖一等奖第一名。2009年长篇小说《轻柔之手》获甘肃省第六届敦煌文艺三等奖。2009年长篇小说《坚硬时光》获甘肃省第三届黄河文学奖二等奖。

简　　介：1980年9月至1982年7月在甘肃靖远师范任语文教员；1982年9月至1991年7月在甘南藏族自治州合作二中任语文教员；1991年7月至2006年4月在甘肃省文联《飞天》杂志社任小说、散文编辑、编辑室主任；2006年至2010年12月任甘肃省文学院副院长，专业作家；2010年12月至现在任甘肃省文联文艺理论研究室主任，兼任《甘肃文艺》执行主编；2012年3月被甘肃省新闻出版局聘任为甘肃省重点出版项目专家论证委员会委员。

0042 王建平

性　　别：男

出生年月：1956-10-17

民　　族：汉族

政治面貌：党员

职　　称：正高

学　　历：硕士研究生

所在单位：甘肃省秦剧团

通讯地址：兰州市城关区农民巷85号

成　　就：作品曾先后获文化部“文华新剧目奖”、中宣部“五个一工程入选作品奖”；四次荣获甘肃省“敦煌文艺奖”；三次获甘肃省“五个一工程奖”和“中国人口文化奖”、“中国秦腔艺术节优秀剧目一等奖”“编剧金奖”“甘肃省新剧目编剧一等奖”等多项国家及省级大奖。其创作的主要作品有：《西域情》《黄土情》《开国第一刀》《胡杨河》《思源》《大河情》等。

简　　介：1970年9月至1980年7月在张掖地区文工团、七一剧团任演员；1980年至2001年4月在张掖地区七一剧团任三级、二级编剧，副团长、团长、张掖地区行署文化出版处副处长；2001年5月至今在甘肃省秦剧团工作，现任甘肃秦腔艺术剧院有限责任公司董事长兼总经理；为国家一级编剧，甘肃省戏剧家协会副主席、中国戏剧文学学会理事、中国戏剧家协会会员、第九届甘肃省政协委员。

0043 陈开红（雪漠）

性　　别：男

出生年月：1963-10-18

民　　族：汉族

政治面貌：群众

职　　称：正高

学　　历：硕士研究生

所在单位：甘肃省文联文学院

通讯地址：武威天一时代城地中海花园2-1

成　　就：2001年《大漠祭》获“上海市优秀图书一等奖”“第十四届华东地区文艺图书一等奖”，入围“第六届茅盾文学奖”；2002年获中国作家协会中华文学基金会“第三届冯牧文学奖”第一名；2003年《大漠祭》获“2000—2002年度上海长中篇小说优秀作品大奖”；2003年长篇小说《大漠祭》获第四届“敦煌文艺奖”一等奖，获第二届“甘肃省五个一工程奖”；2003年3月，获“甘肃省德艺双馨文艺家”称号；2003年散文《凉州与凉州人》获《中国作家》杂志和中国散文学会颁发的“好百年”全国散文大奖。2005年获“甘肃省拔尖创新人才”称号；2005年《猎原》荣获2004年度“中国作家大红鹰文学奖”；2006 年获“甘肃省优秀专家”称号；2006 年长篇小说《猎原》获甘肃省第五届敦煌文艺奖；2008 年中篇小说《豺狗子》获 2008 年度中国作家鄂尔多斯文学奖优秀作品奖。

简　　介：1982 年 7 月至 1991 年 5 月在武威市任中小学教师；1991 年 5 月—2002 年 8 月在武威市教育委员会工作，任教研员兼报纸编辑；1995 年 3 月—1997 年 6 月，在甘肃省教育学院进修，获大专学历；2002 年 8 月至今，调入甘肃省文联任专业作家；2002 年 9 月—2003 年 1 月在“鲁迅文学院首届中青年作家高级研讨班”深造；2006 年 9 月—2008 年 5 月，在“上海首届作家研究生班”进修研究生课程；2002 年加入中国作家协会；2010 年 11 月，任甘肃省作家协会副主席。

0044 陈新平

性　　别：男

出生年月：1963-12-09

民　　族：汉族

政治面貌：党员

职　　称：正高

学　　历：大学本科

所在单位：兰州文理学院音乐舞蹈学院

通讯地址：兰州市城关区北面滩 400 号

成　　就：第七届全国校园才艺选拔赛一等奖。第七届青春中国－甘肃少年才艺大赛二等奖。庆祝建党 90 周年甘肃青少歌手大赛获二等奖。参加甘肃电视台《和谐大家庭》，任演出指导。全国第三届大学生艺术展演活动即甘肃省第三届大学生艺术展演活动甲组三等奖。第二届中国民族声乐敦煌奖甘肃赛区民族组男声部三等奖。甘肃省高校庆祝建党 90 周年合唱比赛获特等奖。庆祝建党 90 周年甘肃青少歌手大赛获一等奖。甘肃省校园歌手大赛总决赛三等奖。第六届中国网络音乐节全国网络歌手大赛西北赛区十佳歌手。梦想飞扬亚洲青少年励志艺术节一等奖。第十届全国校园才艺选拔赛甘肃赛区民族唱法一等奖、原生态唱法金奖。以上全部是指导学生获奖，本人荣获优秀指导教师奖和园丁奖。在国家级核心刊物《人民音乐》《音乐创作》和省部级刊物发表 20 多篇论文，在光明日报出版社出版一部专著。

简　　介：兰州文理学院音乐系教授。研究方向为音乐表演、音乐教育，从事声乐、合唱与指挥教学工作。

0045 张明

性　　别：男

出生年月：1958-05-16

民　　族：汉族

政治面貌：党员

职　　称：正高

学　　历：大学专科

所在单位：甘肃省演艺集团

通讯地址：兰州市东岗西路 638 号

成　　就：1995 年 4 月，被国家文化部、人事部联合授予“全国文化系统先进工作者”称号；2002 年 2 月，获得“甘肃省文化艺术人才金飞天奖”；2001 年，与他人合作创作的话剧《兰州老街》获得全国第十届文华奖——文华剧作奖；2002 年 11 月，与他人合作创作（排名第一）的话剧《兰州老街》获得第十五届中国曹禺戏剧——剧本奖；2003 年 6 月，被甘肃省文联授予“甘肃省文联第二届德艺双馨文艺家”称号；2003 年 10 月至 11 月，与他人合作创作（排名第一）的话剧《兰州人家》被国家文化部、广电总局、中国文联联合授予“最佳编剧奖”以及第八届中国戏剧节“优秀编剧奖”；2004 年 9 月，与他人合作创作（排名第一）的话剧《老柿子树》获文化部全国第十一届文华奖——

文华剧作奖。2007 年初，与王小军同志联合创作（排名第一）大型话剧《兰州好家》，同年，由甘肃省话剧院搬上舞台，迄今共计演出 80 余场，并参加了 2010 年由国家文化部在重庆举办的全国优秀话剧展演，获“优秀剧目奖”。

简　　介：1971.06—1980.01 武都地区文工团演员；1980.01—1986.09 甘肃省话剧团演员；1986.09—1988.09 甘肃联合大学戏剧创作干部专修班学习；1988.09—2008.06 甘肃省话剧院编剧、编导室主任、副团长、团长、院长；2008.06—2012.06 甘肃省文化厅副厅长；2012.06 至今甘肃演艺集团公司总经理。2002 年担任中共十六大代表，省十次党代会代表，2007 年兼任农工党中央委员，农工党中央文化委员会副主任，农工党甘肃省委副主任，甘肃省政协常委，中国戏剧家协会理事，甘肃省剧协主席。

0046 闵晓惠

性　　别：女
出生年月：1965-02-11
民　　族：汉族
政治面貌：党员
职　　称：正高
学　　历：大学专科
所在单位：兰州文理学院音乐舞蹈学院
通讯地址：兰州市城关区北面滩 400 号
成　　就：多次参加全国青年歌手电视大赛获银屏奖，获全国歌剧表演奖，获全省声乐比赛一、二等奖，获省委省政府颁发的银飞天奖、全国三八红旗手、全省德艺双馨文艺工作者。代表作有歌剧《红雪》扮演红军战士江楠，获敦煌文艺一等奖；《太阳之歌》扮演教导员艾丹，获“曹禺杯”表演奖；《江姐》扮演双枪老太婆，获银飞天奖；多次担任全省声乐比赛评委。获新创剧目《敦煌韵》甘肃一等奖。参演台湾与内地合作排演的摇滚音乐剧《女神西王母》，扮演女祭司和圣母。

简　　介：国家一级演员。主要研究舞台表演与实践、声乐方向。

0047 王文仁

性　　别：男
出生年月：1966-12-02
民　　族：汉族
政治面貌：党员
职　　称：正高
学　　历：大学本科
所在单位：河西学院音乐学院
通讯地址：甘肃省张掖市环城北路 846 号
成　　就：获省级教学成果奖 1 次，张掖市社科成果奖 1 次；主持国家社科基金艺术学项目 1 项，完成教育厅项目 1 项；主编教材 1 部，共完成 25 万字；发表核心期刊以上论文 3 篇。

简　　介：现为河西学院音乐学院教授、副院长，河西学院“祁连学术带头人”，甘肃省青年音乐家协会副主席，中国传统音乐学会会员，甘肃省音乐家协会会员。主要从事理论作曲、中国传统音乐等教学及研究。

0048 蔡副全

性　　别：男
出生年月：1970-10-25
民　　族：汉族
政治面貌：党员
职　　称：正高
学　　历：大学本科
所在单位：陇南师范高等专科学校
通讯地址：甘肃成县陇南路 34 号
成　　就：陇南师专连续三届教学名师，陇南市领军人才。主授书法、篆刻、中国画。《陇南金石释录》（专著）被列为国家社科基金后期资助项目（13FZS012），完成省教育厅项目1项。省高校精品课程“陇南金石题壁文化”主持人。“《陇南金石题壁文化》校本课程的开发与建设”获甘肃省教学成果二等奖。科研成果分别获甘肃省社科、高校社科、陇南市社科二等奖。在《敦煌研究》《中国书法》《考古与文物》等学术期刊发表论文30余篇。

简　　介：西北师大美术系毕业。陇南师专美术系教师，2012年9月破格提升为教授。中国书法家协会会员，甘肃省书协学术委员会委员，陇南市书协副主席。绘画主攻山水、花鸟，山水学陈子庄法，笔简意深，骨法运笔，画境高古、雅致。

0049 彭岚嘉

性　　别：男

出生年月：1964-11-18

民　　族：汉族

政治面貌：党员

职　　称：正高

学　　历：大学本科

所在单位：兰州大学文学院（兰州大学西部文化发展研究中心）

通讯地址：兰州市嘉峪关路9号

成　　就：1990年获甘肃省当代文学研究会新时期当代文学研究成果奖；1991年获省社会科学联合会学会优秀工作者；1992年获甘肃省高校1990—1991年度社科优秀成果一等奖；1993年获省社科优秀成果二等奖；1993年获西北师大1993—1994年度享受校内特殊津贴的优秀中青年教学科研骨干；1994年获甘肃省文联“陇南春杯”文学奖；1995年获西北师大1995—1996年度享受校内特殊津贴的优秀中青年教学科研骨干；1996年获西北师大优秀教师；1999年获甘肃省当代文学研究会第二届优秀成果奖；2002年获2000—2001年度甘肃省高校社科优秀成果二等奖；2003年获甘肃省第八次社科优秀成果一等奖；2004年获西北师范大学优秀教师；2004年获2002—2003年度甘肃省高校社科优秀成果一等奖；2004年获甘肃省黄河文学奖三等奖。

简　　介：1986.7—1992.4西北师大中文系、西部所任助教；1992.4—1994.11西北师大西部所任助理研究员；1994.11—1998.1西北师大西北所任助理研究员、副所长；1998.1—2002.5西北师大西北所任副研究员、副所长；2002.5—2004.7西北师大西北所任副研究员、所长，兼世界遗产研究中心副主任；2004.7—2007.3西北师大西北所任研究员、所长、兼世界遗产研究中心副主任；2007.3—兰州大学文学院任教授、博导，西部文化发展研究中心主任。主要社会兼职：全国文化艺术资源标准化技术委员会委员、国家社科基金项目通讯评审专家、中国当代文学研究会会员、甘肃作家协会理事、甘肃省当代文学研究会副会长、甘肃省文联特约文艺评论家、甘肃省文学院聘为特约评论家、甘肃省甘南藏族自治州申报世界文化遗产领导小组副组长、《兰州日报》“西部论坛”理事。

0050 邓光年

性　　别：男

出生年月：1963-01-08

民　　族：汉族

政治面貌：群众

职　　称：正高

学　　历：大学本科

所在单位：兰州城市学院

通讯地址：兰州城市学院音乐学院

成　　就：2005—2013年间，指导青年教师和学生先后获得甘肃省第一届声乐、器乐、舞蹈比赛专业组钢琴比赛二等奖；第一届全国艺术教育展演甘肃省赛区专业组钢琴比赛三等奖；甘肃省第二届声乐、器乐、舞蹈比赛张掖分赛区专业组钢琴比赛一、二等奖及甘肃省专业组钢琴比赛二等奖；诗威德杯香港少年儿童钢琴赛甘肃选拔赛中国乐曲组一等奖、高级组特等奖、肖邦组一等奖；第四届中国音乐金钟奖甘肃选拔赛专业组钢琴比赛三等奖等奖项。

简　　介：现任职于兰州城市学院音乐学院，主要从事钢琴及钢琴即兴伴奏的教学与教学研究工作。甘肃合作民族师范学院兼职教授，《河西学院学报》编委，甘肃省音乐家协会会员，《青春中国》青少年才艺大赛甘肃省赛区钢琴评委。曾任教于河西学院音乐学院，并在此期间为各级各类音乐院校与其他院校音乐院系培养和输送了大批优秀的钢琴学生，为当地钢琴教育事业的发展做出了突出贡献。

0051 王采

性　　别：女

出生年月：1967-02-18

民　　族：汉族

政治面貌：党员

职　　称：正高

学　　历：大学本科

所在单位：兰州文理学院音乐舞蹈学院

通讯地址：兰州市城关区北面滩 400 号

成　　就：主持完成省地级科研项目 20 多项；在国家核心、省级刊物上发表论文及文艺作品 50 余篇（首）；主编出版专著、教材 3 部；担任艺术总监出版发行 DVD 光盘 6 张；创作的歌曲《湿地情缘》获甘肃省第七届敦煌文艺三等奖，辅导的节目多次参加国家级、省级比赛获奖并获“优秀指导教师”称号。

简　　介：毕业于西北师范大学音乐系，现任兰州文理学院音乐舞蹈学院院长、甘肃省青年音乐家协会副主席，甘肃省音乐家协会会员。主要从事器乐教学与民族音乐理论研究。

0052 郭向东

性　　别：男

出生年月：1956-07-18

民　　族：汉族

政治面貌：党员

职　　称：正高

学　　历：博士研究生

所在单位：甘肃省图书馆

通讯地址：兰州市南滨河东路 488 号

成　　就：2012 年获文化部优秀党员称号；2012 年科研成果《甘肃科技文献共享平台建设研究》获甘肃省科学技术进步奖三等奖；2011 年科研成果《从文溯阁本〈四库全书〉的编修管窥清代考据学特色》获甘肃省第十二届社会科学优秀成果二等奖；2011 年科研项目《公共文化服务体系构建中的甘肃图书馆信息化建设对策研究》获甘肃省科技情报学会科学技术奖二等奖；2010 年获甘肃省领军人才称号；2009 年科研成果《图书馆和谐要素探析》获甘肃省第十一届社会科学优秀成果二等奖；中国图书馆学会年会论文一等奖；2008 年获文化部“优秀专家”称号；2005 年获甘肃宣传文化系统“拔尖创新人才”称号；2005 年获甘肃省“‘555’创新人才”称号。

简　　介：1974 年 2 月—1976 年 8 月通渭碧玉乡政府工作，任机关团委书记；1976 年 8 月—1997 年 12 月西北师大学习工作；1993 年 3 月任西北师大图书馆副馆长，负责业务工作；1994 年 8 月任西北师大图书馆常务副馆长，主持全面工作；1997 年 12 月—

1999年4月甘肃省图书馆副馆长，负责全馆业务工作；1999年5月—2000年11月广州暨南大学图书馆馆长，负责全面工作；2000年12月至今甘肃省图书馆副馆长、常务副馆长、馆长，负责全馆业务、行政工作。

0053 翟万益

性　　别：男

出生年月：1955-12-28

民　　族：汉族

政治面貌：党员

职　　称：正高

学　　历：大学专科

所在单位：甘肃省文联

通讯地址：兰州市东岗西路668号

成　　就：曾获第二届敦煌文艺奖三等奖（1997）、第三届敦煌文艺奖一等奖（2000）、第五届敦煌文艺奖二等奖（2006）；2000年获中国书协“德艺双馨文艺家”称号；2007年被中宣部、人社部、中国文联授予“全国德艺双馨文艺工作者”荣誉称号；2010年入选“甘肃省领军人才第一层次人选”；2012年被省委省政府评为“敦煌文艺奖突出贡献奖”；2005年入选甘肃省宣传文化系统拔尖创新人才；出版个人专著7种，参加国家级、省级书法篆刻展百余次；国家级、省级博物馆等单位收藏作品百余件，曾担任第二届兰亭奖、全国篆刻大展等评委。

简　　介：现为中国书协理事、中国书协篆刻委员会委员、中国书协培训中心教授；中国艺术研究院特级教授，被中国艺术研究院聘请为导师委员会委员，东南大学艺术学院聘为研究员。

0054 王惠

性　　别：女

出生年月：1975-08-10

民　　族：汉族

政治面貌：民主党派

职　　称：正高

学　　历：硕士研究生

所在单位：陇南师范高等专科学校

通讯地址：甘肃省成县河东区陇南师专南校区家属楼

成　　就：长期从事高校美术教学、中国画创作、中国绘画史研究、美术评论及文学创作。在国内各级学术、文学刊物发表学术论文及文学作品百余篇；在《美术研究》《美术观察》等学术期刊发表学术论文30余篇；致力于中国山水画的笔墨实践，作品多次参加省市各级美展；个人学术专著《清气和诗醉墨痕——刘知白泼墨大写意山水艺术研究》入选“高校社科文库”并由光明日报出版社于2011年5月出版发行；《回归传统进程中的当代中国画创作研究》入选光明日报出版社“光明学术文库”并于2012年3月出版发行；墨语文心——中国山水画的文脉及传承》入选“高校社科文库”并由光明日报出版社于2013年3月出版发行。

简　　介：1997年毕业于西北师大美术系。2000至2001年就读于西北师大敦煌艺术学院美术系研究生班；2004至2005年中国艺术研究院研究生院美术学访问学者；2005至2006年修业于北京大学美术学院；2012至2013年陕西师大美术学院美术学访问学者；系甘肃省美术家协会会员、甘肃省作家协会会员、甘肃省民俗学会第四届理事会理事，甘肃省陇南市第三届政协委员、常委，陇南市文艺评论家协会副主席。

0055 边肖

性　　别：男

出生年月：1971-01-18

民　　族：汉族

政治面貌：党员
职　　称：正高
学　　历：硕士研究生
所在单位：甘肃省陇剧院
通讯地址：兰州市城关区柏道路 6 号
成　　就：代表剧目有《周仁献嫂》《辕门斩子》《白逼宫》《敦煌魂》《苏武归汉》《八件衣》《法门寺》《坐楼杀惜》《官鹅情歌》《苦乐村官》《西狭长歌》等。2000 年《白逼宫》获中剧协首届中国秦腔艺术节一等奖；2001 年《黄花情》获甘肃省首届“红梅奖”大赛一等奖；同年获第七届中国戏剧节表演奖及甘肃省文化艺术“银飞天奖”；2002 年《敦煌魂》获中剧协第二届中国秦腔艺术节一、二等奖；2003 年《敦煌魂》获中国戏剧“红梅奖”演唱大赛甘肃赛区一等奖；《边肖折子戏专场》获第 21 届中国戏剧“梅花奖”；大型新编民族陇剧《官鹅情歌》获 2006 年甘肃省新创剧目调演一等奖，2007 年获中宣部第十届精神文明建设“五个一”优秀作品奖，2008 年入选国家舞台艺术精品剧目三十台。
简　　介：1984 年 9 月—1987 年 7 月庆阳艺术学校戏曲表演专业学习；1987 年 7 月—1989 年 3 月甘肃庆阳县文工团参加工作；1989 年 3 月—2001 年 1 月调入武威地区秦剧团工作；2001 年 1 月至今在甘肃省陇剧院工作，现任剧院副院长（副县级）。重要社会兼职：中国戏剧家协会会员、甘肃省戏剧家协会理事、中国戏曲现代戏研究会会员、甘肃戏剧家协会副主席。

0056 李云峰

性　　别：女
出生年月：1974-08-19
民　　族：汉族
政治面貌：党员
职　　称：正高
学　　历：硕士研究生
所在单位：兰州城市学院
通讯地址：甘肃省兰州市安宁东路 180 号
成　　就：多年来主要从事美术基础教学及理论研究。承担美术教学法、色彩、工笔重彩、中国画、平面构成、色彩构成、图案基础、教育实习、艺术实践等课程。创作的多幅作品公开发表并获奖。出版《美术理论基础及其运用研究》专著 1 本，多篇论文发表于国家级刊物。

0057 王锡臻

性　　别：男
出生年月：1956-02-12
民　　族：汉族
政治面貌：党员
职　　称：正高
学　　历：大学本科
所在单位：兰州文理学院美术学院
通讯地址：兰州市城关区北面滩 400 号
成　　就：主持完成甘肃省教育厅社会科学项目 1 项，参加国家社科基金项目 1 项。出版学术专著和教材 2 部，发表学术论文近 10 篇，其中国家级论文 3 篇，各类奖项 6 项、作品参展 6 次。
简　　介：1978 年甘肃师范大学美术系美术专业毕业。现为兰州文理学院美术学院调研员、教授，甘肃美术家协会理事、甘肃油画学会理事、甘肃省教育厅学校艺术教育指导委员会委员。长期从事油画创作及甘肃古代石窟造像研究工作。

0058 巫卫东

性　　别：男
出生年月：1967-11-09
民　　族：汉族

政治面貌：群众
职　　称：正高
学　　历：大学本科
所在单位：兰州画院
通讯地址：兰州市五泉西路 29 号
成　　就：2008 年荣获甘肃美术“金驼奖”银奖。2009 年作品《立春》入选庆祝建国 60 周年甘肃美术作品大展荣获一等奖。2010 年作品《秋阳》入展“上海世博会—全国中国画作品展”荣获优秀作品（最高奖）。2011 年被评为 2011—2013 年度兰州市领军人才。作品《心系舟曲》入选甘肃省重点历史题材美术作品展览，荣获优秀奖，并被省博物馆收藏。2012 年作品《延安—1942》入选纪念毛泽东同志《在延安文艺座谈会上的讲话》发表 70 周年甘肃省美术作品展，荣获一等奖。
简　　介：1990 年毕业于西北师范大学美术系，获文学学士学位；2000 年结业于中国美术学院中国画研修班，2001 年结业于中国美术家协会中国人物画高研班，2004 年结业于中国画研究院中国画高研班杜滋龄工作室，2010 年进入中国国家画院冯远人物画工作室学习，学制两年；1990 年至 2003 年就职于金川集团公司工会文艺馆，曾担任文艺馆馆长、政协金昌市委员会常委、金昌市美协副主席等职；2003 年调入兰州画院从事专业美术创作工作，曾担任创研部主任、副院长；2009 年以来任兰州画院院长。

0059 白天佑

性　　别：男
出生年月：1961-01-11
民　　族：汉族
政治面貌：党员
职　　称：正高
学　　历：大学本科
所在单位：甘肃政法学院
通讯地址：甘肃省兰州市安宁西路 6 号
成　　就：主编教材 2 部：《色彩基础》《中外美术史》，多幅作品获奖，并收录于《美术大观》和《中国当代美术家 2010 精品鉴藏》。公开发表论文 30 余篇。主持承担甘肃省社会科学院重大项目、甘肃省重点文艺创作项目《红军西路军系列连环画》《血战河西》第一辑、第二辑连环画创作课题。
简　　介：1987 年 6 月毕业于西北师范大学美术学院，美术教育专业，获文学学士学位。现任甘肃政法学院艺术学院院长、教授，中国建筑学会室内设计分会会员、中国美术家协会甘肃美术家协会分会理事、甘肃省可持续发展研究会常务理事、甘肃省楹联学会副秘书长和甘肃省服饰设计师学会副会长。

0060 张德芳

性　　别：男
出生年月：1955-03-18
民　　族：汉族
政治面貌：党员
职　　称：正高
学　　历：大学本科
所在单位：甘肃简牍保护探究中心
通讯地址：兰州市城关区和平路 165 号
成　　就：2003 年，论文《汉简确证：汉代骊靬城与罗马战俘无关》获甘肃省第八次社会科学优秀成果二等奖（单独）；2010 年，《悬泉汉简研究》一书获甘肃省社会科学优秀成果奖三等奖，第二名。
简　　介：1971 年 3 月年至 1976 年 9 月在永昌县公安局工作；1976 年 10 月至 1978 年 9 月在兰州大学学习；1978 年 10 月至 1993 年 8 月在甘肃省社会科学院历史研究所从事历史研究（助理研究员）；1993 年 9 月至今，在甘肃省文物考古研究所工作。1995 年被评聘为副研究馆员。2001年被评聘为研究馆员，并担任考古研究所副所长。2003年，兼任西北师范大学特聘教授，博士生导师。2005年，被选为甘肃省宣传文化系统拔尖创新人才。2007年任甘肃简牍保护研究中心主任兼考古所副所长。2010年，被选为甘肃省领军人才。

0061 袁洪庚

性　　别：男
出生年月：1958-09-13
民　　族：汉族
政治面貌：党员
职　　称：正高
学　　历：博士研究生
所在单位：兰州大学外国语学院
通讯地址：兰州市天水南路222号
成　　就：2012年译著《工作颂歌》（原著：阿兰·德波顿，上海译文出版社，2010年）获第四届“甘肃黄河文学奖”优秀奖。2009主编教材 Poetry and Poetics Composod in English: A Reader（北京大学出版社，2008年）获甘肃第十一届社会科学优秀成果三等奖。2008主讲课程“英语小说”被评为甘肃省精品课程。2007年译著《北回归线》获第一届“全国美国文学研究会优秀学术成果奖”优秀美国文学翻译三等奖。2007年兰州大学“师德标兵”。2007年译著《北回归线》获甘肃省文学艺术联合会、甘肃省作家协会颁发的第二届“黄河文学奖”二等奖。2006享受2006年度政府特殊津贴。2006年论文《现代英美侦探小说起源及演变研究》（《国外文学》，2005年4期）获甘肃第十届社会科学优秀成果三等奖。
简　　介：1982年起在兰州大学外国语学院执教，历任辅导员（1982—1986）、在职硕士研究生（1983—1986）、助教（1986—1988）、讲师（1988—1992）、副教授（1992—2001）、博士研究生（1996—2000，香港大学比较文学系）、教授（2001—）；2009年获得“中国现当代文学”方向博士生指导教师资格。重要社会兼职：教育部高等学校大学外语教学指导委员会委员、中国英语教学研究会常务理事、中国外国文学学会理事、中国翻译协会（专家）会员、理事、中国作家协会会员、甘肃省大学外语教学研究会会长、甘肃省外国文学学会会长、甘肃省语言文字学会副会长、兰州大学社会科学学术委员会委员、广州中山大学、兰州交通大学等9所大学客座教授。

0062 赛音

性　　别：男
出生年月：1973-01-12
民　　族：蒙古族
政治面貌：党员
职　　称：正高
学　　历：硕士研究生
所在单位：西北民族大学音乐学院
通讯地址：西北民族大学音乐学院
成　　就：2009年创作的《依恋的土地》获得甘肃省“第六届敦煌文艺奖”一等奖（甘肃省委、甘肃省政府）；2009年参与创作声乐套曲《鲁迅》获得甘肃省第六届敦煌文艺奖二等奖（甘肃省委、甘肃省政府）；2011年创作的声乐作品《风雪漫过那座山》在甘肃词曲作家“放歌会师楼”原创红色歌曲征集评选活动中获创作金奖（甘肃省音乐家协会）；2012年创作的声乐作品《老地方》在“21世纪校园组歌征集”活动中获得“最佳作品奖”（教育部思政司、中国音乐学院等）；2011年创作的声乐作品《热恋的季节》《记住你的名字》在庆祝“中国共产党成立90周年”征歌活动中分获二、三等奖（甘肃省音乐家协会）。

简　　介：1995 年 7 月西北民族学院毕业留校任教至今（期间，1999—2000 年赴中央音乐学院“硕士研究生课程班”进修深造）；2001 年晋升为讲师并担任学院音乐理论教研室主任；2000 年—2002 年担任音乐舞蹈系办公室主任；2002 年 9 月—2005 年 6 月成为西北民族大学音乐舞蹈学院首届音乐学硕士研究生并获得硕士学位；2007 年晋升为副教授；2009 年遴选为硕士研究生导师；2010 年破格晋升为教授；2011 年起担任音乐学院硕士研究生导师组组长；2012 年 9 月担任音乐学院业务副院长。

0063 郭屹梅

性　　别：女

出生年月：1963-01-06

民　　族：汉族

政治面貌：民主党派

职　　称：正高

学　　历：硕士研究生

所在单位：兰州商学院艺术学院

通讯地址：兰州商学院艺术学院

成　　就：作品《童年》入选第四届中国体育美展；《祈福》入选第八届全国美展；《与花争艳》入选中国画三百家作品展；《祭事·法舞》获文化部全国第十二届群星奖美术作品展优秀奖；《踏歌》获西部辉煌美术作品展优秀奖；《醉飘彩云中》获甘肃省首届群星艺术节美术作品金奖；1993 年、2003 年获甘肃省委、省政府授予甘肃敦煌文艺奖；2008 年获甘肃省金驼奖。

简　　介：1986 年毕业于西安美术学院国画系人物专业，1998 年加入中国美协、甘肃省美协任理事。曾任甘肃省群众艺术馆研究馆员，现为兰州商学院艺术学院教授，并任兰州商学院教授委员会委员。甘肃画院特聘画家。

0064 郭文涛

性　　别：男

出生年月：1941-11-28

民　　族：汉族

政治面貌：民主党派

职　　称：正高

学　　历：大学本科

所在单位：兰州市文学艺术家联合会

通讯地址：兰州市五泉西路 29 号

成　　就：美术创作作品形式涉及版画、连环画、油画、中国人物画等多门类艺术，且均有所建树。70 年代初，开始潜心致力于中国山水画的研究与创作实践，在表现西北高原山野风光题材方面情有独钟，展现出特色鲜明的个人艺术语言和风格，画笔下的西部山水气势磅礴、旷达刚劲，构图雄浑壮阔，用笔酣畅淋漓，形成了凌厉鲜明的独家面貌。在人物画创作上，善于从中国传统文化中汲取养分，技法上兼取写实风格和文人画的笔意，写照生动传神，情致富于诗的韵味，意蕴洒脱而又空灵。

简　　介：现为中国美术家协会会员。原甘肃省美协副主席、兰州市美协主席、兰州市文联主席、兰州市政协副主席。1958 年入兰州艺术学院美术系预科，结业后开始本科油画专业学习；1962 年到西北师范大学美术系本科油画专业班继续学业，1964 年毕业；从事中学教师工作多年，1980 年到兰州市文联工作至今，先后任文学刊物美编、美协副主席、协会部主任、文联副主席、文联主席职务。

0065 陈义宗

性　　别：男

出生年月：1957-03-01

民　　族：汉族

政治面貌：群众

职　　称：正高

学　　历：高中
所在单位：兰州大剧院
通讯地址：民主西路403号仁恒晶城B栋2601室
成　　就：曾获“丝绸之路节”先进工作者称号、中国第四届艺术节优秀创作人员称号、《大梦敦煌》先进工作者称号，现任中国舞蹈家协会会员、甘肃省舞蹈家协会副主席。
简　　介：1971年考入兰州市样板戏学习班，至今在兰州歌舞剧院工作。

0066 钱文

性　　别：男
出生年月：1973-09-30
民　　族：汉族
政治面貌：群众
职　　称：正高
学　　历：大学专科
所在单位：兰州歌舞剧院
通讯地址：兰州市城关区大众市场26号
成　　就：舞剧《大梦敦煌》主要演员；参与省内各个艺术院团新剧目的编创，如兰州市歌舞剧院的大型歌舞晚会《花儿开了》《祥云升腾的地方》《炫彩之旅》《大美敦煌》等；甘肃电视台春节晚会《春舞陇原》、甘肃省陇剧院陇剧《官鹅情歌》（获国家舞台精品剧目奖）、甘肃秦剧团秦腔《锁麟囊》、大型鼓舞、乐《鼓舞中国》及大型晚会开幕式及各种歌舞晚会的编创；舞剧《大梦敦煌》舞台监督；鼓、舞、乐《鼓舞中国》编导、舞台总监；现主管兰州歌舞剧院工作。

0067 张向阳

性　　别：男
出生年月：1953-02-09
民　　族：汉族
政治面貌：群众
职　　称：正高
学　　历：大学专科
所在单位：兰州市文联
通讯地址：兰州五泉西路29号
成　　就：国家一级作家，出版著作有《阳飏诗选》（甘肃人民出版社），《风起兮》（甘肃人民美术出版社），《墨迹·颜色——东西方绘画》（百花文艺出版社），《中国邮票旁白》（上海文艺出版社），《山河多黄金——甘肃文物启示录》，（甘肃人民美术出版社），《笔墨天下》（东方出版社）。在《诗刊》《人民文学》《散文》等刊物发表上千首诗歌、数十万字散文、美术评论等文章。曾获《星星》诗刊跨世纪诗歌奖、敦煌文艺一等奖等奖项。作品被数十家出版社各类年度选本选载。
简　　介：笔名阳飏，国家一级作家，曾任兰州市文联《金城》杂志主编。

0068 陈永革

性　　别：男
出生年月：1957-04-02
民　　族：汉族
政治面貌：民主党派
职　　称：正高
学　　历：大学专科
所在单位：兰州市博物馆
通讯地址：兰州市城关区庆阳路240号
成　　就：2007年创作的书法作品《隶篆书自撰联名六尺对联》获在俄罗斯举办的中国文化年书画大展银奖；2007年个人理论研究专著《四友书屋广记》一书获兰州市第六次社会科学优秀成果奖三等奖；2007年论文《书法创作应追求“中和”之美》入编由中国文联出版社出版发行的《国学辞典》一书；2008年个人书法作品专集《陈永革书法艺术·楹联专辑》由中国文联出版社出版发行；

2009 年创作的书法作品《隶篆书自作诗七绝一首六尺条幅》获第十一届亚洲艺术节书画大展银奖；2009 年论文《浅谈书法艺术的生命力》发表在《发展》杂志 2009 年第 8 期；2010 年论文《中国书法本体特征浅论》发表在《神州诗书画报》，当年 9 月 10 日 D3 版整版刊发；2010 年创作的书法作品《行草书自作诗七绝一首六尺条幅》获 2010 年中韩两国民间艺术交流活动书画大展银奖。

简　　介：1974.0—1976.10 兰州市永登县龙泉公社福山大队插队；1976.10—1986.10 兰州市公交总公司工作（期间：在中国书画函授大学书法专业专科毕业）；1986.10—1987.10 借调共青团兰州市委工作；1987.10—1990.06 兰州市悦宾楼工作；1990.06 至今兰州市博物馆任副馆长。

0069 汪小平

性　　别：男
出生年月：1960-09-27
民　　族：汉族
政治面貌：党员
职　　称：正高
学　　历：大学本科
所在单位：兰州市文联
通讯地址：兰州市文学艺术界联合会
成　　就：1999 年策划、总导演纪念兰州解放 50 周年庆典活动“8.26 颂”在中央电视台播出，并获金城文艺奖、敦煌文艺奖；2001 年策划、总导演大型文艺纪录片《绿色春潮》，获得甘肃省广播电视节目一等奖、敦煌文艺奖。多年来策划创办《一把手上电视》《兰州零距离》《兰州第一百姓》《警花说交通》等栏目，其中《兰州零距离》荣获 2010 年度全国“广播电视媒体民生影响力”调查前 30 强，《兰州第一百姓》《警花说交通》荣获 2010 年度全国“广播电视媒体民生影响力”调查前 60 强，策划并担任主持人的栏目《一把手上电视》成为兰州的城市名片之一。

简　　介：兰州市文联主席，国家级影视、戏曲导演和舞蹈编导人才。

0070 席凯来

性　　别：男
出生年月：1973-04-24
民　　族：汉族
政治面貌：群众
职　　称：正高
学　　历：硕士研究生
所在单位：兰州职业技术学院
通讯地址：兰州职业技术学院艺术设计系
成　　就：专著两部分别为《凯来画集》和《历史题材绘画创作研究》；论文 10 余篇发表于《中国美术》等核心期刊；《家园》获第十届全国美展甘肃省二等奖；作品《王世泰》入选甘肃省重大历史题材展；《常书鸿》入选中国美协壁画艺委会架上绘画展。

简　　介：1995 年毕业于西北师范大学美术专业。2007 年获西北师范大学艺术学硕士学位，同年晋升副教授职称。2014 年晋升教授职称。

0071 宋乃娟

性　　别：女
出生年月：1963-03-14
民　　族：满族
政治面貌：群众
职　　称：正高
学　　历：硕士研究生
所在单位：西北民族大学
通讯地址：兰州市七里河区西津东路 44 号
成　　就：获第三届保罗尼亚国际声乐比赛“特等奖”；全国电视文艺星光奖比赛中获

得个人演唱一等奖；第三届敦煌文艺一等奖；第三届中国少数民族戏剧会演特别金奖；第二届中国民族声乐敦煌奖优秀指导教师奖；第五届青春中国推出艺术人才，获得优秀指导教师奖；第五届爱我中华全国展演获得优秀园丁奖；“挑战杯”西北民族大学大学生课外学术科技作品竞赛优秀指导老师；第五届“青春风采”爱心演艺活动获优秀指导教师奖；“公益中国”青少年艺术新星展示活动优秀指导教师奖。第十四届CCTV青年歌手电视大奖赛“长通杯”甘肃赛区评委；第八届中国金钟奖声乐比赛（美声组）甘肃选拔赛评委；第十二届CCTV青年歌手电视大奖赛“天河杯”甘肃赛区评委；第七届海洲杯甘肃省校园艺术大赛评委；第九届中国音乐金钟奖甘肃赛区评委。

简　　介：毕业于西北民族大学。著名女高音歌唱家，曾就职于兰州大剧院，国家一级演员。2002年留学意大利米兰歌剧研究院，师从意大利共和国大师封号的著名男高音费拉罗大师，获歌剧表演硕士学位。2012年调入西北民族大学音乐学院从事教学工作至今。

0072 张洁

性　　别：女

出生年月：1970-11-06

民　　族：汉族

政治面貌：群众

职　　称：正高

学　　历：大学专科

所在单位：兰州大剧院

通讯地址：兰州市城关区大众市场26号

成　　就：2002年被甘肃省委宣传部评为先进个人，2002年被甘肃省青年联合委员会评为贡献突出奖，2004年获兰州市禁毒委员会颁发荣誉奖。1998年获中国文化部新人新作奖；2002年获全国青年歌手电视大赛奖赛甘肃赛区通俗专业组一等奖；2003年在十二省西部放歌文艺汇演中获电视星光奖二等奖；2005年获甘肃省第二届音乐、器乐、舞蹈大赛青年组一等奖；2012年获中国艺术学会颁发艺术成就奖；2012年赴日本东京参加中日邦交大型演出。

简　　介：兰州大剧院一级演员。1992年7月考入兰州歌舞剧院至今。1992年12月至1994年12月通过在西北师范大学的学习获音乐教育专科文凭。自参加工作以来，一直担任兰州歌舞剧院声乐独唱演员。

0073 任燕燕

性　　别：女

出生年月：1952-10-25

民　　族：汉族

政治面貌：党员

职　　称：正高

学　　历：中专

所在单位：兰州歌舞剧院

通讯地址：兰州市西津东路46号

成　　就：曾主演芭蕾舞剧《白毛女》《天鹅湖》《鱼美人》等，曾演出独舞《驯马》《木兰归》《天鹅之死》等，曾获甘肃省首届舞蹈比赛演员一等奖，甘肃省第二届舞蹈比赛演员特等奖。曾在大型舞剧《大梦敦煌》《苏武牧羊》《情系万佛峡》、大型舞蹈诗《西出阳关》、大型鼓舞乐《鼓舞中国》、大型京剧《丝路花雨》《草原曼巴》、大型秦剧《秦女将军》中担任服装设计和人物造型设计。曾获第七届文华舞台美术奖。

简　　介：1971年考入兰州歌舞剧院，历任舞蹈演员、主要演员。并兼职舞台服装设计和人物造型设计。2007年11月退休，现返聘在兰州芭蕾舞团任女班教员。

0074 刘栋

性　　别：男

出生年月：1956-10-21

民　　族：汉族

政治面貌：群众

职　　称：正高

学　　历：大学专科

所在单位：兰州市文化馆

通讯地址：五泉西路 29 号兰州市文化馆

成　　就：从事群众文化工作 30 余年。曾主持、组织举办《全国科技星火计划》（西北片）、甘肃省民族民间艺术品展览、兰州首届农民艺术节艺术品展览、兰州市群众书画作品展览等大型活动。油画《高原秋色》等近百幅油画作品发表在《人民日报》《人民网》《世界知识画报》《中国写生作品集》等报刊、画集。多幅作品参加全国、省市美展并获奖，部分作品被香港、台湾文化机构收藏。

简　　介：1978 年毕业于西北师范大学美术系。现任兰州市文化馆研究馆员国家一级美术师、西安美院客座教授、英国皇家美术学院客座教授、兰州文理学院教授。

0075 杜筱梅

性　　别：女

出生年月：1955-06-16

民　　族：汉族

政治面貌：群众

职　　称：正高

学　　历：大学专科

所在单位：兰州歌舞剧院

通讯地址：兰州市城关区金塔巷 60 号 6 单元 502 室

成　　就：编导的舞剧《大梦敦煌》获得第十届文华编导奖，荷花杯优秀编导奖，金城文艺编导一等奖。大型舞蹈诗《西出阳关》获第四界中国艺术节优秀编创人员奖。大型民族舞剧《兰花花》获全国舞剧贡献奖。作品《春雨》获甘肃省第二界声乐、器乐、舞蹈大赛编导二等奖。作品《金色的太阳》获得中国哈尔滨国际冰雪节编导金奖。作品《快乐的裕固娃》获得第八届全国三北地区舞蹈大赛编导一等奖。作品《妙音琵琶》获得中国魅力校园香港舞蹈大赛编导金奖。作品《快乐小木拉》新加坡世界舞蹈“金狮奖”编导最高奖等。

简　　介：1970 年参加工作，兰州歌舞剧院国家一级编导。从事文艺工作 45 年，为中国舞蹈家协会会员、甘肃国际文化交流协会理事、联合国中国甘肃科教文组织协会文化专业委员会委员、兰州戏剧舞蹈家协会副主席。曾在上海舞蹈学校演员进修班进修两年，参加中国文化部举办的西部舞蹈编导班学习培训及第二界全国舞蹈大师班的论坛研讨会以及专家培训，并以优异的成绩完成学业获得证书。曾出访俄罗斯、法国、西班牙、葡萄牙、澳大利亚、日本、韩国、新加坡、马来西亚、香港澳门等国家与地区演出及交流活动。

0076 段新明

性　　别：男

出生年月：1957-06-27

民　　族：汉族

政治面貌：民主党派

职　　称：正高

学　　历：大学本科

所在单位：兰州市文学艺术家联合会

通讯地址：兰州市五泉西路 29 号兰州市

成　　就：作品被中国美术馆、中国美协、中国文联、中国画研究院、国务院办公厅等单位收藏。作品先后在中国画研究院、广东画院、广东美术馆、江苏美术馆、大连艺术展览馆等地举办个展及学术邀请提名展。《美术》《国画家》《美术观察》《水墨研究》《美术界》《十方艺术》《人民日报》，中央电视台、英国BBC广播电台、广东电视台、南京电视台等多家报刊媒体均有专题报道并介绍本人艺术成就。出版有《段新明国画作品精选》《水墨小品选》等。

简　　介：1982年毕业于西北师范大学美术系；现为国家一级美术师，中国美术家协会会员、中宣部文艺界优秀专家、甘肃省美协国画艺委会副主任、兰州市美术家协会主席。

0077 芦家驹

性　　别：男

出生年月：1955-02-01

民　　族：汉族

政治面貌：群众

职　　称：正高

学　　历：高中

所在单位：兰州大剧院

通讯地址：西津东路44号

成　　就：参与创作了多部舞剧及文艺晚会，作为主创代表作有《大梦敦煌》《西出阳关》。曾任中华人民共和国成立50周年天安门广场文艺联欢晚会第一板块导演，第十届全运会开幕式第二板块文艺表演总导演，第二十一届世界大学生运动会开幕式导演，第三届中国金鹰电视艺术节开幕式执行导演；曾被兰州市委市政府评为先进工作者并荣立二等功；连续三届任全国残疾人文艺汇演总导演被省委省政府表彰和嘉奖；被国家民政部、文化部、中国残联等联合授予全国助残“阳光使者”荣誉称号等。

简　　介：1971年考入兰州样板戏学习班；1971—1979年兰州市歌舞团演员；1980年至今兰州歌舞剧院编。

0078 裴林安

性　　别：男

出生年月：1961-12-01

民　　族：汉族

政治面貌：党员

职　　称：正高

学　　历：大学本科

所在单位：兰州画院

通讯地址：五泉西路29号

成　　就：作品曾参加第八届全国美展、第三届全国水粉水彩画展、走向新世纪——中国青年油画展等国家大展。

0079 陈易忠

性　　别：男

出生年月：1954-10-01

民　　族：汉族

政治面貌：群众

职　　称：正高

学　　历：高中

所在单位：兰州大剧院

通讯地址：西津东路44号

成　　就：曾在多部大型舞剧中担任主角，如《兰花花》《鱼美人》《西出阳关》《大梦敦煌》《鼓舞中国》等；甘肃省第一届舞蹈大赛中获表演一等奖；兰州市第一届舞蹈大赛中获表演一等奖并被授予“优秀演员”称号；甘肃省戏剧舞蹈小品大赛中获表演二等奖；兰州军区全军文艺调演中获表演二等奖等。

简　　介：1970年毕业于兰州二中；1971年考入兰州市样板戏学习班；1974—1988年兰州市歌舞团演员；1988—1989年演员团团长；1989—1992年兼创研室主任；1992—1993年艺术学校校长；1993—2003年兰州歌舞剧院舞蹈老师；2003—2010年兰州歌舞剧院舞蹈编导；2010—2011年大剧院艺术委

员会成员；2011 年至今返聘人员影视工作室。

0080 张小琴

性　　别：女
出生年月：1969-09-01
民　　族：汉族
政治面貌：党员
职　　称：正高
学　　历：高中
所在单位：兰州戏曲剧院
通讯地址：兰州戏曲剧院
成　　就：荣获第二十三届中国戏剧梅花奖、第一届中国秦腔艺术节优秀表演奖。荣获第三届中国秦腔艺术节优秀表演奖、第六届、第七届西北五省区秦腔艺术节特别表演奖。荣获首届和第三届甘肃省"红梅奖"红梅特别奖。荣获甘肃省新剧目调演红梅大奖。荣获甘肃省青年演员大赛一等奖。荣获甘肃省旦角大赛金奖。荣获甘肃省兰州市演员大赛特等奖。荣获第七届甘肃省文艺突出贡献奖。荣获第二届兰艺之星金奖。荣获兰州市金城文艺一等奖。荣获兰州市首届文艺创作奖戏剧玫瑰奖铜奖。
简　　介：现任中国戏剧家协会会员、兰州市戏剧家协会副主席，兰州大剧院戏曲剧院副院长，国家一级演员，第二十三届中国戏剧梅花奖获得者。

0081 张志雁

性　　别：男
出生年月：1963-12-11
民　　族：满族
政治面貌：民主党派
职　　称：正高
学　　历：硕士研究生
所在单位：西北民族大学
通讯地址：西北民族大学美术学院
成　　就：2000 年作品《往事如梦》参加中国美协主办"世纪·中国风情"全国中国画大展，获铜奖；2000 年作品《陇原春韵图》参加中国美协主办"民族魂·国土情"全国中国画大展，获铜奖；2002 年作品《春山初醒》参加中国美协主办"迎奥运"全国中国画大展，获金奖。
简　　介：出生于辽宁省岫岩县，满族，系中国美术家协会会员、甘肃美术家协会理事、甘肃省中国画艺委会委员、西北民族大学美术学院教授、硕士研究生导师。

0082 韦博文

性　　别：男
出生年月：1943-03-01
民　　族：汉族
政治面貌：党员
职　　称：正高
学　　历：中专
所在单位：兰州画院
通讯地址：五泉西路 29 号
成　　就：曾任兰州画院副院长、院长，甘肃省美协第三届副主席。中国美协会员，国家一级美术师。主要作品有《佛土》《舞狮图》等。

0083 何鄂

性　　别：女
出生年月：1937-03-15
民　　族：汉族
政治面貌：党员
职　　称：正高
学　　历：大学本科
所在单位：甘肃何鄂雕塑院
通讯地址：兰州市雁北路格林小镇 5 号楼
成　　就：1987 年大型城市雕塑《黄河母亲》（花岗岩）获全国首届城雕优秀奖。1989 年粗陶彩绘《绣花女》获刘开渠雕塑艺术基金奖，中国美术馆收藏。1992年8月当选中共14大代表。创作《艾黎何克与中国孩子》（花岗岩）建造于甘肃山丹培黎学校。创作大型城雕《边塞新乐章》（锻铜）建造于新疆石河子市文化广场。在兰州举办“何鄂雕塑艺术作品展”。1993年获国务院颁发的政府特殊津贴证书。在珠海举办“何鄂摹敦煌彩塑精品展”。雕塑作品参加在台湾举办的“海峡两岸雕塑作品交流展”。

简　　介：1955年毕业于西北艺术学院美术系雕塑专业，高级工艺美术师；1955—1959年在甘肃省美术服务社工作；1960—1962年在兰州艺术学院美术系任教；1962年8月至1974年11月在敦煌文物研究所工作12年；1974年12月至1993年在甘肃省工艺美术公司研究所工作；1994年创立甘肃何鄂雕塑院；历任甘肃省工艺美术研究所所长、中国美术家协会理事。现任全国城市雕塑艺委会委员、中国雕塑学会常务理事、甘肃省美术家协会副主席、甘肃何鄂雕塑院院长。1988—1997年任甘肃省政协第6届、第7届委员。

0084 阎仲雄

性　　别：男
出生年月：1948-05-18
民　　族：汉族
政治面貌：群众
职　　称：正高
学　　历：大学本科
所在单位：兰州资源环境职业技术学院
通讯地址：兰州市城关区段家滩路1173号
成　　就：第五届中国工艺美术大师、甘肃省人民政府文史研究馆馆员。工艺雕塑《屈子行吟》荣获1991年第三届中国根艺优秀作品展“刘开渠根艺奖”金奖；《微型罗汉一组》荣获1989年第二届中国根艺优秀作品展“刘开渠根艺奖”铜奖，并荣获1991年甘肃省工艺美术品百花奖一等奖；《石雕一组》荣获1987年甘肃省工艺美术品百花奖三等奖；圆雕《倔犟》1988年入选甘肃省首届城市雕塑设计方案展览；圆雕《铁柱》入选全国美展；历经40余年收集、整理并绘制耿家脸谱共计256幅，其绘制的《耿家脸谱》获甘肃省第九届工艺美术百花奖二等奖，为甘肃省非物质文化遗产保护做了大量的工作；盆景《万古长青》获首届丝绸之路节盆景大奖赛金奖，并有7件盆景作品入选1999年昆明世界博览会；油画《月伴情歌行》入选第三届全国青年美展，获二等奖；书法获省书协二等奖、铜牌奖等。

简　　介：毕业于西北师范大学美术系油画专业，获文学学士学位。第五届中国工艺美术大师、甘肃省人民政府文史研究馆馆员、工艺美术国家级评委、甘肃省高级职称评委、中国工艺美术协会雕塑专业委员会会员、中国根艺美术协会理事、中国榜书研究会会员、甘肃省工艺美术特级大师、甘肃省工艺美术协会理事、甘肃省美术家协会会员、甘肃省书画研究院顾问、甘肃省诗书画联谊会顾问、甘肃省黄河石协会名誉会长、临洮沁园春画院名誉院长、甘肃省名典书画院名誉院长、中国秦腔博物馆鉴定专家、兰州市历史文化研究开发领导小组专家组成员。

0085 杨晓莲

性　　别：女
出生年月：1965-03-15
民　　族：汉族
政治面貌：党员
职　　称：正高
学　　历：大学本科
所在单位：兰州五十八中
通讯地址：兰州市西固区兰炼一中

成　　就：自参加工作以来，一直工作在教学一线。兰州市教育局音乐中心教研组成员，兰州市艺术教育先进个人，中国高校合唱协会会员。多次带领学生在各级各类比赛中获奖。并多次在兰州中小学生校园歌手比赛、中小学生艺术节、中小学生器乐比赛中获得金奖，本人获优秀指导教师。兰州市艺术教育先进个人。甘肃省教学案例比赛二等奖。全国校际管乐节二等奖，优秀辅导教师。兰州市中小学生器乐比赛金奖、优秀指导教师奖。兰州市中小学生艺术节金奖、优秀辅导教师。

简　　介：1990 年毕业于西北师范大学音乐系，高级教师。

0086 李民

性　　别：男

出生年月：1971-02-03

民　　族：汉族

政治面貌：党员

职　　称：正高

学　　历：大学本科

所在单位：兰州市西固区兰炼一中

通讯地址：兰州市西固区兰炼一中

成　　就：在省部级刊物上发表 2 篇论文，2 次获得西固区委、区政府优秀教练员称号，多次获得兰州市优秀教练员称号。2003 年 7 月带学生参加第十届全国独轮车锦标赛获团体第六名；2005 年带学生参加第十二届全国独轮车锦标赛获体育道德风尚奖；2011—2014 年获“兰州市优秀教练员”称号；2008—2014 年带学生参加兰州市中小学生乒乓球比赛多次获得男女团体第一、二名。

简　　介：1992 年毕业于兰州师专体育系；2001 年毕业于首都体育体育教育专业；1992 年 7 月—2006 年 6 月在兰炼三中工作；2006 年 7 月至今在兰炼一中（兰州市 58 中）工作；1998—2006 年 6 月任兰炼三中音、体、美教研组组长；2009 年至今任兰炼一中（兰州市 58 中）音、体、美教研组组长；2001 年取得中级职称；2011 年取得副高级职称。

0087 潘具苍

性　　别：男

出生年月：1960-11-05

民　　族：汉族

政治面貌：民主党派

职　　称：正高

学　　历：大学本科

所在单位：七十一中

通讯地址：兰州市红古区

成　　就：2005 年油画作品《逸圆》获庆祝中华人民共和国成立 65 周年西部风情——甘肃省美术作品优秀奖。2006—2010 年 3 篇论文分别在国家级刊物发表。2007 油画作品入展首届全国美术教师作品展获奖并被收藏。2011 年两件景观设计分别获得中华人民共和国专利证书。2013 年油画入展“联村联户、为民富民”获甘肃省美术作品优秀奖。2013 年油画入展甘肃省教育厅“中国梦、美丽甘肃”教师作品展。2014 年“喜”字专利创新制作立体造型获“航天杯”甘肃省科技创新大赛二等奖。

简　　介：甘肃省美协会员。1977 年 3 月参加工作到原二矿采煤队；1981 考入原窑街矿务局二中任教；1983 年 8 月到二小任教；1992 年考入兰州教育学院美术系；1994 年 6 月毕业回二小；1999 年 8 月到原窑街煤电公司一中任教；2003 年 8 月至现在于兰州市七十一中学任教。

0088 纪永元

性　　别：男

出生年月：1956-11-04

民　　族：汉族
政治面貌：群众
职　　称：正高
学　　历：大学本科
所在单位：敦煌书画院
通讯地址：敦煌市沙州镇鸣山路 36 号
成　　就：个人绘画作品多次在中、日、韩、台湾等国家和地区的报刊杂志上发表。先后编辑出版《敦煌飞天百印》《敦煌图形印》《敦煌阳关玉门关论文选萃》《敦煌诗选》等图书。1989 年创办了中国书画函授大学敦煌分校。通过 7 年的教学，培养了大专以上水平的书法、绘画学员 154 人。同时举办各类培训班、讲座、笔会，为地方培养艺术人才。编辑策划了《敦煌》（风光片）《大河西流》《阳关》等纪录片，其中《大河西流》获得甘肃省新纪录片评选金奖，并获得联合国环保周纪录片评选制作奖。先后成功组织举办敦煌艺术展、敦煌艺术讲座、两关长城学术研讨会、第三届敦煌文化旅游节开幕式、文物征集展示座谈会、敦煌—瓜州汉长城考察、敦煌历史文化的价值与文化产业发展学术研讨会等重大文化活动。

0089 胡杨（胡文平）

性　　别：男
出生年月：1966-03-10
民　　族：汉族
政治面貌：党员
职　　称：正高
学　　历：大学本科
所在单位：嘉峪关市文化馆
通讯地址：嘉峪关市文化馆
成　　就：作品曾多次入选由中国作家协会和《诗刊》社主编的年度诗歌精选、《甘肃文学二十年（诗歌卷）》《星星五十年诗选》等；曾荣获甘肃诗歌八骏、《飞天》十年文学奖、甘肃省黄河文学奖、敦煌文艺奖等；其散文曾入选《中学生阅读教材》等多种选本；曾出版个人著作《西部诗选》《东方走廊》《敦煌》；在中国摄影出版社、新疆人民出版社等出版西部人文地理图书《神秘故城》《名胜古迹》《绚丽风光》《天下雄关》《天下雄关与丝绸古道》《古道西风》等，总发行量 10 余万册；为《中国国家地理》《人民日报》海外版（旅游）《华夏人文地理》《中国旅游》（香港）《户外探险》等报刊杂志特约撰稿人。
简　　介：自 1985 年开始从事文学创作，致力于本土文化的研究，热忱投身公共文化服务，积极奉献社会，实现了文化工作者的价值。曾被评选为嘉峪关市领军人才、甘肃省宣传文化系统四个一批人才、省委省政府十个一精品文艺工程之诗歌八骏。河西学院特聘兼职教授，西北师范大学特聘请硕士生导师，甘肃省文学院荣誉作家。其影视作品曾荣获甘肃省五个一工程奖、敦煌文艺奖、甘肃省金鹰奖。荣获甘肃省四个一批人才、甘肃诗歌八骏、嘉峪关市领军人才称号。

0090 俞小平

性　　别：男
出生年月：1963-07-16
民　　族：汉族
政治面貌：党员
职　　称：正高
学　　历：大学专科
所在单位：甘肃省金昌市金川集团股份有限公司二矿区技术质量室
通讯地址：甘肃省金昌市金川集团股份有限公司二矿区技术质量室
成　　就：在全国性诗歌刊物、报纸发表作品多篇，获诗赛大奖多次。
简　　介：现供职于甘肃省金川集团，甘肃

省作家协会会员。

0091 杨华团

性　　别：男
出生年月：1954－02－18
民　　族：汉族
政治面貌：党员
职　　称：正高
学　　历：大学本科
所在单位：金川集团公司第一高级中学
通讯地址：金昌市金川区龙津里 48 栋 2 单元 8 号
成　　就：已出版、发表文学作品 500 万字，出版专著 10 余部。主要著作有长篇小说《都市男人》《仕途》《大高考》《重点中学校长》《中国式婚姻》《饭碗》《幸福年代》，小说集《心之痛》《爱情广告》等。曾获中华全国总工会“全国职工读书自学活动积极分子”奖，长篇小说《幸福年代》获甘肃省第七届敦煌文艺奖文学类三等奖，《都市男人》《重点中学校长》分别获第三、第四届甘肃省黄河文学奖，另获得金昌市“五个一工程奖”等地市级奖项 10 余次。
简　　介：中学高级教师。供职于金川集团公司中小学总校第一高级中学。甘肃省作家协会会员、金昌市作家协会副主席、金川集团公司文学协会主席。

0092 李田夫

性　　别：男
出生年月：1938－05－02
民　　族：汉族
政治面貌：党员
职　　称：正高
学　　历：大学专科
所在单位：金昌日报社（退休）
通讯地址：金昌市 15 区 24 栋 103 室
成　　就：撰写发表小说、散文、报告文学等作品 100 多篇，260 多万字，集结出版的作品集有报告文学《大漠听惊雷》《九个太阳》《三个老汉闯九洲》《李田夫中短篇小说选》；新闻写作专著《瀚海拾录》；纪实、散文集《春花秋月》等。
简　　介：高级记者，退休前在《金昌日报》社工作。

0093 赵伟国

性　　别：男
出生年月：1969－11－22
民　　族：汉族
政治面貌：党员
职　　称：正高
学　　历：大学本科
所在单位：金川公司矿山工程分公司
通讯地址：金川公司矿山工程分公司
成　　就：先后在《人民日报》《光明日报》《解放军报》《中国青年报》《工人日报》《钟山》《昆仑》《飞天》等全国一百余家杂志、报刊发表小说、散文、诗歌、报告文学，杂文等 2000 余篇。出版的散文集《射向矿山的星光》获金昌市五个一工程奖。《中国当代企业家成长事》（1998 年出版）获全国好图书三等奖。
简　　介：中国散文协会会员，甘肃省作家协会会员，甘肃省杂文协会会员。

0094 王萌薛

性　　别：男
出生年月：1937－08－01
民　　族：汉族
政治面貌：群众
职　　称：正高
学　　历：大学本科
所在单位：退休人员

通讯地址：金昌市永昌县文化馆

成　　就：出版长篇小说《神矢》，受到社会各界好评。发表多篇短片小说和文艺评论。

0095 雪潇（薛世昌）

性　　别：男

出生年月：1965-05-26

民　　族：汉族

政治面貌：民主党派

职　　称：正高

学　　历：大学本科

所在单位：天水师范学院文传学院

通讯地址：天水师范学院文传学院

成　　就：曾在《文艺争鸣》《当代文坛》《宁夏社会科学》《兰州学刊》《诗探索》《海南师范大学学报》《飞天》《天水师范学院学报》等处发表学术论文30多篇，在《诗刊》《十月》《星星》《诗歌月刊》《诗潮》《扬子江诗刊》《中国青年报》等处发表诗歌散文作品近千篇（首）。2002年出版文学理论专著《文学创作论》（中国文联出版社获甘肃省第四届敦煌文艺奖、天水市第二届五个一工程奖），2003年出版现代诗集《带肩的头像》（作家出版社，获甘肃省黄河文学奖诗歌三等奖），2004年出版思想随笔集《怅辽阔》（重庆出版社，获甘肃省黄河文学奖散文二等奖），2007年出版文化散文《人文定西·自然田园》（甘肃文化出版社，与丁念保合撰），2008年出版文学理论专著《现代诗歌创作论》（吉林大学出版社，获吉林省第二届新闻出版奖图书精品奖）。

简　　介：1986年毕业于西北师范大学中文系；2005年结业于西北师范大学文学院现当代文学研究生课程班。现为甘肃天水师范学院文史学院教授、“九三”学社社员、甘肃省当代文学研究会会员、甘肃省文学院荣誉作家。

0096 庞瑞玲

性　　别：女

出生年月：1941-12-06

民　　族：汉族

政治面貌：党员

职　　称：正高

学　　历：大学专科

所在单位：天水市文联副主任

通讯地址：秦州区民主路320号

成　　就：自1972年以来，发表中短篇小说、儿童文学、散文、报告文学、评论等文学作品70余篇，100余万字。部分作品被编入省级以上文集八部，出版报告文学一部。作品获国家、省、市级奖11次。被《甘肃文学四十年》一书列入甘肃六位女作家之一。《苦太阳》是其代表作，写的是上世纪50年代一大群“右派分子”的人生苦难，出版后引起了很大反响，获得了甘肃省第四届“敦煌文艺”三等奖。

简　　介：甘肃省作家协会会员，天水市作家协会副主席。原天水市文联创室副主任，《花雨》杂志副主编。自幼酷爱文学艺术。

0097 王立夫

性　　别：男

出生年月：1971-11-02

民　　族：汉族

政治面貌：党员

职　　称：正高

学　　历：大学本科

所在单位：天水师范学院

通讯地址：天水师范学院美术与艺术设计学院

成　　就：2010年获“甘肃省高校社会科学成果奖”二等奖；2011年获“甘肃省青年设计大赛”一等奖；2009年获“庆祝中华人民共和国成立60周年——甘肃美术作品大展”

三等奖；“2012年获第二届甘肃省大学生创新杯计算机应用能力竞赛”指导教师二等奖。论文发表于《装饰》《美术观察》《经济研究导刊》《包装与设计》《建筑设计管理》等专业刊物。

简　　介：1995年6月毕业于西北师范大学美术系；2004年7月结业于中央美术学院“首届设计管理研究生班”；现为美术学院副教授，教工党支部书记，设计系主任；主要从事艺术设计专业视觉传达方向相关课程的教学和研究工作。

0098 杨秦生

性　　别：男

出生年月：1960-01-19

民　　族：汉族

政治面貌：党员

职　　称：正高

学　　历：大学本科

所在单位：天水师范学院

通讯地址：甘肃省天水师范学院音乐舞蹈学院（邮编741000）

成　　就：近年来在国家权威核心期刊及省级期刊发表论文20余篇，发表音乐作品多部；歌曲《采一枝鲜花送给你》发表于《祁连歌声》；歌曲《歌声在哪里》发表于《百灵鸟》；歌曲《金秋“花牛”红似火》发表于《天水日报》，天水电视台播出，收编于《天河热土》歌曲集；女声小合唱《春天的故事》（创作合唱）获甘肃省大学生汇演一等奖；歌曲《永远是公仆》获全国反腐倡廉创作歌曲优秀奖。出版专著有《中国西部说唱音乐曲种概览》（甘肃敦煌文艺出版社出版，2003年3月）、《西方音乐历史知识解答》（西南交通大学出版社，2011年）。目前作为学术带头人承担省级科研项目《甘肃清水道教音乐研究》。

简　　介：现任甘肃天水师范学院音乐舞蹈学院院长，甘肃省音乐家协会理事，天水市音乐家协会副主席，天水市二胡学会副会长。1986年毕业于西北师范大学音乐系本科，主修音乐理论作曲；1998年入中央音乐学院进修；现主要承担“曲式作品分析”“西方音乐史”“和声”“理论作曲”等课程的教学工作，“西方音乐史”为校级精品课程。

0099 常文海

性　　别：男

出生年月：1955-06-12

民　　族：汉族

政治面貌：群众

职　　称：正高

学　　历：大学本科

所在单位：天水师范学院

通讯地址：甘肃天水市岷山厂家属楼35号3单元502

成　　就：1989年12月在甘肃人民出版社出版《电子琴技法教程》，1992年11月在敦煌文艺出版社出版《中外合唱名曲集》，2007年5月在中国戏剧出版社出版《课题型电子琴技法教程》。在省级刊物上发表文章多篇。

简　　介：1982年毕业于西北师范大学音乐系，现为天水师范学院音乐学院教授，西北师范大学音乐学院兼职教授。政协甘肃省十届委员、政协天水市第四、第五届委员、中国音协会员、天水市音协副主席、天水市人民政府督学、天水师范学院教学委员会专家督导员、天水师范学院知联会会长、天水市知联会第一副会长、甘肃省知联会常务理事。1975年1月—1978年3月镇原县一中留校任教；1982年1月—2002年5月天水岷山中学任教；2002年5月至今天水师范学院音乐学院任教。

0100 姚常德

性　　别：男
出生年月：1960-07-22
民　　族：汉族
政治面貌：党员
职　　称：正高
学　　历：大学本科
所在单位：秦安县文化馆
通讯地址：秦安县文化馆
成　　就：1993获甘肃省首届“视野杯”大赛表演二等奖；2003年创编的现代秦安小曲剧《情系学子》获甘肃省小戏小品调演编剧二等奖、表演二等奖；2006年创编的小曲剧《杀鸡宰鹅》获第二届甘肃省红梅优秀剧目奖并获红梅编剧三等奖；2007年《杀鸡宰鹅》获第五届中国戏剧文学奖，小型剧本二等奖；2008年创作的现代秦安小曲剧《三月春风》获甘肃省小戏小品剧目评选二等奖；2009年合创小曲剧《草根》获全省庆祝新中国成立60周年文艺调演综合二等奖、编剧三等奖；2009年12月《杀鸡宰鹅》获甘肃省第六届敦煌文艺奖、戏剧三等奖；2011年秦安小曲剧《情系学子》《三月春风》分别获中华颂第三届全国小戏小品曲艺大赛二、三等奖；2012年创作的秦安小曲《家园好》荣获第七届中国曲艺牡丹奖入围奖；同年获中曲协“送欢笑到基层”文化惠民活动先进个人。
简　　介：国家二级演员。1976年考入秦安县剧团，主攻花脸，曾先后担任秦安县剧团团长，2008年10月调入秦安县文化馆任馆长。现为中国戏剧文学学会会员、甘肃省曲艺家协会理事、甘肃省戏剧家协会会员、天水市戏剧家协会副主席、秦安县文联副主席、秦安县秦安小曲协会主席。

0101 李桂梓

性　　别：男
出生年月：1941-07-22
民　　族：汉族
政治面貌：群众
职　　称：正高
学　　历：大学本科
所在单位：秦安县一中
通讯地址：秦安县一中
成　　就：作品刊载于《中华诗词》《诗刊》《当代诗词》《华夏诗报》《解放日报》《中国文化报》《当代名家诗词大典》《当代诗词选集》等报刊诗集，多次在全国诗词大赛中获奖，传略载入《中国当代艺术界名人录》《中华诗人大辞典》等。著有《两由斋自选集》《两由斋自选集（增订本）》。
简　　介：1972—2002年在秦安县第一中学任教。中华诗词学会会员、中国诗歌学会会员、中国毛泽东诗词研究会会员、上海禅诗书画社特聘研究员、中华诗词文化研究所研究员、北京澄霞诗社顾问、中国作家世纪论坛组织委员会理事、济南稼轩诗书画研究院研究员、中国国际交流出版社特约顾问编委、世界人物出版社特约顾问编委。

0102 马文林

性　　别：男
出生年月：1947-07-22
民　　族：汉族
政治面貌：党员
职　　称：副高
学　　历：大学专科
所在单位：秦安县教育局
通讯地址：甘肃省秦安县
成　　就：专长为版画，擅长国画。作品曾参加全国和省市展览并获奖和被收藏，其中《陇南春》参加全省美术作品赴京展出并被中国民族馆收藏。《大地湾异彩》参加全国“丝绸之路”版画艺术展。《秦州扇舞图》

参加甘肃省美术展览荣获三等奖。《我们的希望小学》获全省美展二等奖并选送全国九届美展；1997年在兰州由省美协、省版协主办《马文林国画、版画展》；2003年甘肃卫视为其拍摄专题片“秀木文林”；传略载入《中国当代美术家名录》《中国现代美术家人名大辞典》。

简　　介：现为甘肃省美术家协会会员、甘肃省版画家协会会员、天水市美术家协会理事、上海禅诗书画院高级画师、文化馆副研究员。

0103 马振寰

性　　别：男

出生年月：1958-11-22

民　　族：回族

政治面貌：党员

职　　称：正高

学　　历：大学本科

所在单位：秦安县政协

通讯地址：秦安县政协

成　　就：在《当代文艺思潮》《甘肃画报》《群众画刊》等国家、省、市级学刊发表作品近百幅，并被《中国当代艺术界名人录》等数十部辞书收录。1982年版画《饲养员与牛》参加全国少数民族美术作品展览，1985年《春意洗轻裘》被民族文化宫展览馆收藏并被天水市人民政府授予“优秀作品”奖，1992年《童年》获中国首届丝路节优秀作品奖，1993年《浪的旋律》等15枚藏书票参加“全国第五届藏书票”展览，1994年《复制大地湾地画》被中国第四届艺术节艺委会作为艺术精品予以收藏，2001年《早春二月》获天水市政府“五个一工程”奖，2002年《草原情》入选中国美术家协会举办的“纪念讲话发表60周年全国美术展览”并获甘肃省美术专业干部展览一等奖，2004年《格桑花》获“庆祝人民政协成立55周年”甘肃省政协委员书画展一等奖。

简　　介：高级美术师。现为秦安县政协副主席，甘肃省美术家协会会员，甘肃省天水市美术家协会副主席。2012年被聘为中国民族文化研究会诗书画艺委会名誉主席、甘肃省民族诗书画研究会副会长。

0104 薛方晴

性　　别：女

出生年月：1942-05-22

民　　族：汉族

政治面貌：群众

职　　称：正高

学　　历：大学本科

所在单位：秦安县一中

通讯地址：秦安县一中

成　　就：文学作品有电视连续剧《不会干涸的爱河》《料峭春分更寒》《飞将军李广》，古诗词集《莲香阁吟》，现代诗集《莲香阁咏怀》，小说散文集《人生旅程的倾诉》，历史歌剧《麦积烟雨》《飞将军李广》，长篇小说《染坊》。小说《风雪除夕夜》获1998年中国作家协会二等奖，文史论文《人类音乐的始祖——伏羲女娲》获“西部经济文化发展论坛”学术成果特等奖，歌词《彩虹，我的梦》等多次获奖，古诗词集《莲香阁吟》获2008年“盛世杯”全国诗画大赛金奖。

简　　介：中学高级教师。1967年毕业于兰州大学历史系。现为中华诗词学会会员，甘肃省文联会员，天水市音协、剧协、诗词学会会员，天水市苏蕙文化研究会、秦安县作协、音协、县志办特邀顾问。

0105 张明亮

性　　别：男

出生年月：1952-10-01

民　　族：汉族
政治面貌：民主党派
职　　称：正高
学　　历：大学专科
所在单位：张掖书画院
通讯地址：张掖市甘州区南环路 679 号
成　　就：获得甘肃省敦煌文艺奖三等奖，多幅作品被中国美术馆收藏，出版作品《张明亮书法精品选》。

0106 赵宁普

性　　别：男
出生年月：1962-04-05
民　　族：汉族
政治面貌：党员
职　　称：正高
学　　历：大学专科
所在单位：民乐一中
通讯地址：甘肃省民乐县人社局
成　　就：作品《雄视》获全国第四届艺术节书画大赛二等奖；书法作品荣获甘肃省首届大中小学师生书画展教师组三等奖。
简　　介：1982 年毕业于张掖师专美术系。甘肃省美术家协会会员、甘肃省书法家协会会员。民乐一中高级教师。

0107 韩多善

性　　别：男
出生年月：1956-05-01
民　　族：汉族
政治面貌：党员
职　　称：正高
学　　历：大学专科
所在单位：无
通讯地址：甘肃省民乐县人社局
成　　就：书法作品曾远赴台湾、日本、新加坡参加书画交流精品展，随新华艺术网艺委会赴韩国进行文化考察访问活动。作品在北京江洋富通国际拍卖有限公司喜迎新年百艺当代艺术拍卖会进行拍卖。作品多次参加中国文联、中国书协、西冷印社主办的全国书法展。其书法作品被美国、英国、日本、韩国、新加坡、马来西亚、台湾等国际友人和国内机构、企业家收藏，并被邀于各处名胜古迹处刻石。
简　　介：古文字研究学者，现任中国书法美术家协会理事长、中华艺术促进会常务理事、甘肃省书法家协会会员、张掖市书法家协会理事、英国皇家艺术研究院客座教授、北京新地带艺术俱乐部签约书法家。

0108 万尚荣

性　　别：男
出生年月：1964-12-24
民　　族：汉族
政治面貌：党员
职　　称：正高
学　　历：大学本科
所在单位：高台县教育局
通讯地址：湿地新区文广大楼
成　　就：具备一定文学艺术创作能力。（诗集《万尚荣诗集》）获第一届金张掖文艺奖二等奖。

0109 杨玉龙

性　　别：男
出生年月：1963-12-01
民　　族：汉族
政治面貌：党员
职　　称：正高
学　　历：大学本科
所在单位：庆阳市文化馆
通讯地址：庆阳市西峰区长庆大道 40 号
成　　就：任国家级非物质文化遗产保护项

目《庆阳香包绣制》第一负责人；创作设计的香包节会徽、会旗、吉祥物及各类民俗文化产品百余种；创作的书画作品曾先后10次入选国家级展览，30多次入展省级展览，2次获市级五个一工程文明奖；在历届香包节中担任主展览、主会场的总设计；在省十二运等大型活动中策划、编排部分节目；连续8年被“香包节”“文博会”“农耕文化节”组委会评为先进工作者，连续6年在年终考评中被评为优秀。近年来，代表甘肃省、庆阳市参加了在埃及、澳门、北京、深圳、西安、兰州、内蒙古等地举办的大型“文博会”“展销会”及非物质文化遗产保护论坛20余次。组织编印《走庆阳》《甘肃青海春节习俗》《庆阳传统刺绣纹样》《庆阳民俗剪纸》等大型宣传画册20多本，并任庆阳市非物质文化遗产保护系列丛书之一《庆阳香包绣制》的主编。

0110 李锐

性　　别：男

出生年月：1956-10-16

民　　族：汉族

政治面貌：党员

职　　称：副高

学　　历：大学专科

所在单位：西峰印社

通讯地址：西峰区九龙路28号

成　　就：书法作品入展第三届全国书展、第四届全国楹联书法展、第五届全国楹联书法展、第八届全国书法篆刻展、第八回中韩书法交流展、甘肃省新世纪书法大展等，篆刻作品入展全国中青年篆刻家作品展、第八届全国书法篆刻展等。

简　　介：现为中国书法家协会会员、甘肃省书法家协会会员、庆阳市西峰区政协委员、西峰印社副社长、西峰区书法家协会副主席。

0111 董小宁

性　　别：男

出生年月：1979-10-13

民　　族：汉族

政治面貌：党员

职　　称：副高

学　　历：大学专科

所在单位：雍宝堂

通讯地址：西峰区九龙路28号

成　　就：作品入展第三届中国书法兰亭奖“尧山杯”新人展、全国首届篆书展、第二届中国西部书法篆刻展、中国书法家协会培训中心2008教学成果评展、甘肃书法晋京展、甘肃省中青年书法百家作品展、甘肃省第二届青年书法家提名展；首届“黄庭坚奖”全国书法展、“古河州”杯全国书法展、甘肃省第三届“张芝奖”艺术奖一等奖；甘肃省首届书法篆刻展二等奖；甘肃省第五届中青展提名奖；《书法报》2010-2011书坛新秀入围奖；庆阳市第六、八届“五个一工程奖”二等奖等；书法作品被中国美术馆、甘肃美术馆收藏。

简　　介：现为中国书法家协会会员、甘肃省书法家协会行书专业委员会委员、庆阳市书法家协会副秘书长、评审委员会委员、教育委员会副主任。

0112 魏杰凡

性　　别：女

出生年月：1955-12-22

民　　族：汉族

政治面貌：群众

职　　称：副高

学　　历：大学专科

所在单位：西峰区电力局

通讯地址：西峰区九龙路28号

成　　就：作品多次参加省市区书法展，全

国书法展入选两次。

简　　介：学习书法已有 20 余载，作品多次参加省市区书法展，全国书法展入选两次。现为甘肃省书法家协会会员、甘肃省女书法家协会会员、西峰区书法家协会会员。

0113 卫玮

性　　别：男

出生年月：1984-05-09

民　　族：汉族

政治面貌：群众

职　　称：副高

学　　历：大学本科

所在单位：缘溪草堂

通讯地址：西峰区九龙路 28 号

成　　就：全国第八届书法篆刻艺术展入展；全国第九届书法篆刻艺术展入展；全国千人千作书法工程精品展入展；全国首届大字书法艺术展三等奖全国第二届隶书书法展三等奖；全国第四届正书大展入展；全国第五届书坛新人新作展入展；全国首届西部书法展入展；全国首届公务员书法大赛入展；全国首届“冼夫人杯”书法大赛入展；全国第二届“汾酒集团杏花村杯”电视书法大赛入展；守望敦煌——甘肃书法晋京展入展。

简　　介：现为中国书法家协会会员。2003 年毕业于四川联合书法艺术学院书法专业；2005 年 11 月在兰州秋田会馆举办个人展览；2006 年深造于中国艺术研究院中国书法院研究生课程班。

0114 胡光华

性　　别：男

出生年月：1971-12-07

民　　族：汉族

政治面貌：党员

职　　称：正高

学　　历：大学本科

所在单位：庆阳市特殊教育学校

通讯地址：西峰区九龙路 28 号

成　　就：书法作品入展甘肃省第四、五届中青年书法篆刻展，甘肃省第二届新人新作展，“丝绸之路杯”甘肃省首届书画大赛书法成人组二等奖，甘肃省第二、三届残疾人工作者书画大赛二等奖，多次在市、区举办的书画展览中获奖，指导聋生书法作品多次获奖。

简　　介：现任甘肃省庆阳特殊教育学校副校长，中学高级教师，获甘肃省青年教学能手、甘肃省骨干教师。甘肃省书法家协会会员，西峰区书法家协会理事。

0115 韦国栋

性　　别：男

出生年月：1952-08-20

民　　族：汉族

政治面貌：民主党派

职　　称：正高

学　　历：硕士研究生

所在单位：野草堂

通讯地址：西峰区九龙路 28 号

成　　就：现为中国书法家协会会员、中国书法家协会第二届“德艺双馨”书法家。

简　　介：1990 年结业于北京大学首届书法艺术研究班，现为中国书法家协会会员，中国书法家协会第二届“德艺双馨”书法家，庆阳市西峰区书法家协会主席，中国人民政治协商会议西峰区第六届委员会委员、中国民主同盟盟员。

0116 杨浩奇

性　　别：男

出生年月：1982-09-18

民　　族：汉族

政治面貌：民主党派
职　　称：正高
学　　历：大学本科
所在单位：杨浩奇书法工作室
通讯地址：西峰区九龙路 28 号
成　　就：书法创作获全国第二、三届兰亭展艺术奖，大字展二等奖，草书展三等奖，甘肃省第六届敦煌文艺一等奖，入展全国专业资格展有 23 次。连续 6 次获甘肃书法奖励基金。书法教学：2004 年至今，获得教育奖、优秀指导教师、一级园丁等各级荣誉 12 次。组织学员参加省级以上专业展，成人入展获奖 161 人次，青少年入展获奖 357 人次。所培养学员加入省书协会员 33 人，加入中国书协会员 6 人。
简　　介：现为中国书协会员。甘肃省少儿书法教育学会副会长、甘肃书协草书委员会委员、岐黄书画院副院长、庆阳市政协委员。从事创作和教育工作。

0117 张波

性　　别：男
出生年月：1973-04-17
民　　族：汉族
政治面貌：群众
职　　称：副高
学　　历：中专
所在单位：养真堂
通讯地址：西峰区九龙路 28 号
成　　就：作品获首届“张芝奖”全国书法大展获最高奖；甘肃“丝绸之路”书法展中获三等奖；书法报社主办的“水墨茶道”书法展中获优秀奖；庆阳市“五个一工程”暨梦阳文艺奖评选中获奖；入展全国首届手卷书法展、全国第二届册页书法展、全国第三届西部书法篆刻展、中书协主办的建国六十周年全国书法展；全国第二届草书大展、全国首届册页书法展、古河州杯全国书法展、甘肃新世纪书法大展、甘肃首届青年书法篆刻展、甘肃“张芝奖”书法篆刻展、甘肃首届会员书法篆刻展等；书法作品刊载于《书法导报》《书法报》《书法教育》《陇东报》《庆阳书画》等报刊杂志。
简　　介：现为中国书法家协会会员、甘肃书协权益保障委员会委员，庆阳市政协委员。

0118 高仲选

性　　别：男
出生年月：1944-09-09
民　　族：汉族
政治面貌：党员
职　　称：副高
学　　历：大学专科
所在单位：合水县文化馆
通讯地址：合水县文化馆
成　　就：编办过《合水文艺》《山丹花》，著有散文集《家中吟》《马莲河畔》和民俗集《陇东人礼俗》《春天的故事》《高仲选戏曲选》，在省市报刊发表论文 30 多篇，诗歌 500 多首，因编辑《中国民间文学集成三套集成甘肃卷》，成绩突出，被评为全国先进工作者。
简　　介：在合水县文化馆工作。

0119 王柏栋

性　　别：男
出生年月：1957-09-13
民　　族：汉族
政治面貌：党员
职　　称：正高
学　　历：大学专科
所在单位：镇原县直机关工委
通讯地址：甘肃省镇原县文联
成　　就：出版个人专著有《红杏出墙》《潜

夫论读本》。

简　　介：原名王博栋，大专文化程度，新闻记者，甘肃省民间文艺家协会会员，镇原县"优秀知识分子拔尖人才"，政协镇原县五届、六届委员。曾任镇原县委报道组组长、镇原县新闻中心主任、镇原县委宣传部副部长、镇原县广播电影电视局局长等职。

0120 杨佩彰

性　　别：男

出生年月：1963-01-11

民　　族：汉族

政治面貌：党员

职　　称：正高

学　　历：大学专科

所在单位：镇原县文联

通讯地址：镇原县文联

成　　就：诗、散文诗作品曾在首届全国跨世纪杯文学作品大奖赛、全国首届当代文坛力作选拔赛、92中外文学艺术作品大展、世界华文诗歌大奖赛、第四届"炎陵杯"诗歌大奖赛、第四届"滕王阁杯"文学艺术作品大奖赛、诗坛新秀新作千人千首组稿选拔赛、首届新诗文杯精短文学作品大展赛中，分别获一、二等奖及优秀奖；部分作品被选入《散文诗锦句三千》《中国当代青年散文诗精品》《诗坛新秀新作选拔赛获奖作品集》《中外当代诗人5000家》《当代纯情诗萃》《西部散文30家》《西部诗歌40家》等出版物中；先后在省地级以上报刊、电视台、电台上播出发表新闻及文学作品1400多篇，获奖38次；出版的个人专著有诗集《燃情岁月》。

简　　介：甘肃省作家协会会员、庆阳市作家协会会员，现为镇原县文联主席。

0121 陈怀璧

性　　别：男

出生年月：1940-12-17

民　　族：汉族

政治面貌：群众

职　　称：正高

学　　历：高中

所在单位：渭水源书画院

通讯地址：渭源县清源镇新街19号

成　　就：2004年作品入选《中国当代实力派书画拍卖图鉴》被香港拍卖公司授予"中国当代实力派画家"荣誉称号；1999年作品《太白积雪》荣获第三届国际美国金鹅杯书画大赛铜奖；2008年作品《飞往奥运高峰》荣获北京奥运会书画大展金奖；作品在《农民日报》《中国艺术报》《甘肃日报》等多次发表；传略入编《中国美术家全集》《中国书画家名录》《20世纪中国著名书画家》；近期国画作品《丝路穿银线》荣获第四届全国山水画邀请展三等奖。

简　　介：国家一级美术师，出生于甘肃渭源，自幼酷爱绘画。2002年成为世界教科文组织专家成员。中国国画家协会理事、中国国画院副院长、中国美术学会常务副主席、北京兰亭书画院名誉院长、定西市画院荣誉画师。

0122 王惠

性　　别：女

出生年月：1975-08-10

民　　族：汉族

政治面貌：民主党派

职　　称：正高

学　　历：大学本科

所在单位：陇南师范高等专科学校

通讯地址：甘肃成县陇南路34号

成　　就：《杜甫同古诗注考辩》，敦煌文艺出版社，2010年8月第1版（第二作者）；《清气和诗醉墨痕——刘知白泼墨大写意山水艺术研究》，光明日报社，2011 年 5 月第 1 版；《回归传统进程中的当代中国画创作研究》，光明日报出版社，2012 年 3 月版；《墨语文心：中国山水画的文脉与传承》，光明日报出版社，2013 年 3 月版。发表学术论文百余篇。

简　　介：陇南师专美术系教授，甘肃省美协、作协会员，陇南市第三届政协常委。长期从事高校美术教学、中国画创作、学术研究及文学创作。

0123 张益琴

性　　别：女

出生年月：1970-08-12

民　　族：汉族

政治面貌：群众

职　　称：正高

学　　历：大学本科

所在单位：陇南师范高等专科学校

通讯地址：甘肃成县陇南路 34 号

成　　就：《陇南白马人民俗文化研究舞蹈卷》，甘肃人民出版社出版 2011 年 9 月版；《陇南白马人民俗文化研究歌曲卷》，甘肃人民出版社出版 2011 年 9 月版；公开发表论文《无文字民族音乐文化传承的人文内涵——以甘肃文县白马藏族为例》《陇南白马藏族民间歌曲的艺术特色及价值》《白马藏族池哥昼傩音乐要素研究》《白马藏族“池哥昼”傩舞艺术形态研究》《白马藏族池哥昼傩祭祀音乐的地域文化特性研究》《白马藏族“酒曲体”歌诗对人生境界的审美表达》等；科研成果获甘肃省高校社科成果二等奖；科研论文获教育部全国高校教育科学论文二等奖；辅导学生声乐节目参加“全国第二届中华校园歌曲电视大奖赛”获金奖；辅导学生大合唱节目参加甘肃省学生文艺调演获甘肃省文化厅一等奖；主持完项甘肃省教育厅科研项目一项，主持完成中共陇南市委宣传部委托项目两项；多次被评为陇南市“优秀教师”、陇南师专“优秀教师”“科研先进个人”“师德标兵”。主要从事声乐、合唱与指挥、小学音乐教学与研究等课程的教学与研究工作。

简　　介：教授，音乐系副主任。甘肃音乐家协会会员、陇南市第二层次“领军人才”、陇南师专第三届“教学名师”，1992 年毕业于西北师大音乐系。

0124 王守智

性　　别：男

出生年月：1935-03-28

民　　族：汉族

政治面貌：党员

职　　称：正高

学　　历：中专

所在单位：原康县政协，现退休

通讯地址：康县文联

成　　就：在国家、省、市、县 50 余家刊物发表散文、诗词 300 余篇（首）。出版个人诗集《青山情》《溪水情》《故乡情》《松雪轩诗选》，主编康县散文集《那山那水那人》。诗作入编《中华诗人大辞典》《中华诗歌精选》《烛光吟》《人民心中的邓小平》《当代诗家作品选》《青镜山诗联集》《中华雅吟》《全陇诗》《刺玫瑰》《诗海》《红旗漫卷复兴路》《华鼎奖获奖作品集》等诗集。书法作品入编《二十世纪书法作品鉴赏》《当代书法艺术家名典》《永远的雷锋》。

简　　介：1950 年 10 月参加工作。退休前任康县政协副主席、康县人民政府文化顾问。现任甘肃省诗词学会会员、陇南市诗词学会理事、康县文联名誉主席、康县诗词协会主席、康县老年大学副校长。曾组织编写《康县志》《康县教育志》，主编《康县文史资料》一、二辑。

0125 李永康

性　　别：男
出生年月：1968-06-27
民　　族：汉族
政治面貌：群众
职　　称：正高
学　　历：大学专科
所在单位：康县文联
通讯地址：康县文联
成　　就：作品在《诗刊》《星星诗刊》《诗潮》《诗歌月刊》《绿风》《飞天》《散文》《美文》《雨花》等全国名刊大刊发表，并入选《2006年中国诗歌精选》《2007年中国散文精品集》等权威年度文学选本。创作拍摄了《康南陪读》《茶马古道》《手工造纸的村庄》《天国遗踪》《康南人家》等8部电视记录片和专题片。
简　　介：现任康县文联主席，2002年加入省作家协会。

0126 刘宏钟

性　　别：男
出生年月：1962-10-27
民　　族：汉族
政治面貌：群众
职　　称：正高
学　　历：大学专科
所在单位：康县文化馆
通讯地址：康县文化馆
成　　就：有数十篇作品在省级以上刊物上发表。2010年7月由北京工艺美术出版社出版《21世纪有影响力画家个案研究——刘宏钟》画集。2010年10月国画《微风》在亚运组委会主力办的“第十六届亚洲运动会当代艺术展”中入展并收藏。2011年在广西文联主办的《美术界》第二期上专版刊登《刘宏钟作品选》四幅。2011年9月2日至9月15日由邯郸市人大常委会、邯郸市美术家协会联合主办“姚四有、刘宏钟水墨画展”在邯郸市博物馆展出。
简　　介：1982年毕业于河西学院（原张掖师专）美术系；甘肃省美术家协会会员，陇南市美术家协会副主席；2006年研修于中国艺术研究院研究生院杜滋龄人物画工作室；现为陇南市康县文化馆馆长。

0127 王沛

性　　别：男
出生年月：1954-02-03
民　　族：汉族
政治面貌：群众
职　　称：正高
学　　历：中专
所在单位：原临夏州文化馆
通讯地址：临夏市新华街统办楼三楼320室
成　　就：1983年抢救编辑“国家重点社科项目”《中国民歌集成·甘肃卷》《中国曲艺音乐集成·甘肃卷》《中国戏曲音乐集成·甘肃卷》《中国花儿音像制品》等。1986年歌曲《我帮阿爷打腰刀》获省音协二等奖。1989年论文《河州三令初探》获省民协二等奖。1995年专著《河州花儿研究》获省委宣传部等最高社会科学评奖三等奖。1995年获中国北方民间文学协作区评奖一等奖。1997年《中国曲艺音乐集成·甘肃卷》获全国艺术科学领导小组“编纂成果一等奖”。2000年专著《河州说唱艺术》获省委省政府“敦煌文艺”二等奖，2001年获国家文化部“群星奖”优秀奖。专著《大西北之魂——中国花儿》2006年获“中华优秀出版物”奖、2012获省文联“百合花奖”一等奖。2008年被评为“首届甘肃省中青年德艺双馨文艺工作者”。2009年第九届中国民间文艺山花奖“第三届德艺双馨民间文艺家”称号。2013年获第七届敦煌文艺奖“甘肃文艺突出贡献奖”。

简　　介：临夏州文化馆研究馆员。中国音乐家协会、民间文艺家协会、少数民族音乐家学会会员，甘肃省民间文艺家协会副主席，临夏州民间文艺家协会主席。

0128 汪玉良

性　　别：男

出生年月：1934-01-11

民　　族：东乡族

政治面貌：党员

职　　称：正高

学　　历：大学本科

所在单位：甘肃省文联

通讯地址：东乡县锁南镇东西大街39号

成　　就：著有诗集《幸福的大道共产党开》《米拉尕黑》《汪玉良诗选》《水磨坊》和长篇小说《爱神·死神》（合作）等；作品曾获全国第一二届少数民族文学一等奖，全国第七届少数民族文学奖，另获甘肃省敦煌文艺奖等多种文学奖10余次；《中国人物志》《民族萃英》《东方之子》《当代中华英才大典》《世界文化名人辞海·华人卷》《中华名流世家》等多部典籍载入其艺术贡献；先后四次获国家级文艺创作大奖，并获省级文艺奖10余次；多次参加全国及省级画展，许多画作被美、日、德及阿拉伯国家文化部门收藏；《隆冬鸣奏曲》《穿越》《出淤泥而不染》《祖国之恋》《咏梅》等力作入选《全国翰墨精品集》《中华当代书画作品博览》《翰墨中国》，第28届世界遗产大会《“世界遗产杯”书画大赛展精品集》《中华魂——纪念抗日战争60周年翰墨宝藏》，分获一等奖、金奖；被授予“中国书画艺术家百佳”“翰墨中国艺术名家”“百名中国书画名家”“中华杰出艺术家”等荣誉称号。

简　　介：1956年毕业于西北师范大学。历任甘肃人民出版社文艺编辑室主任、甘肃省文联副主席等职。中国文学艺术家代表大会第三、四、五届代表。1950年开始发表作品。1979年加入中国作家协会。汪玉良是东乡族作家文学的奠基者和步入画坛的第一个东乡族国画家。

0129 马自祥

性　　别：男

出生年月：1949-08-12

民　　族：东乡族

政治面貌：党员

职　　称：正高

学　　历：博士研究生

所在单位：甘肃省民族研究所

通讯地址：东乡县锁南镇三馆一中心

成　　就：著有长篇历史小说《阿干歌》和儿童读物集《袅袅话东乡》，专著《东乡族》《东乡族风俗志》《东乡族文学史》，诗集《五瓣梅》（合集）《踱步集》等，散文集《风景这边独好》《东乡秋雨》，小说集《山情》《鸽子飞了》等。出版文学作品26种，400余万字。诗《春天的梦乡里》、短篇小说集《山情》分获第一、四届全国少数民族文学创作骏马奖，《东乡族民间故事集》获第一届全国民间文学二等奖，《东乡族文学史》《东乡族文化形态与古籍文丛》获第一届民间文艺山花奖学术著作奖三等奖，报告文学集《从东乡孤儿到都市企业家》获全国中流砥柱报告文学评奖特等奖。获中国文联中国民协德艺双馨会员称号及全国民族团结进步模范称号。

简　　介：1975年毕业于西北民族学院汉语文系。历任西北民族学院宣传部干部、甘肃省民族研究所副所长、省文化艺术研究所所长。甘肃省政协第七、八届委员，省文联副主席、省民间文艺家协会主席、西北民族大学社会学民族学学院教授等，硕士生导师。1970年开始发表作品。1988年加入中国作家协会。

0130 贡卜扎西

性　　别：男
出生年月：1938-11-24
民　　族：藏族
政治面貌：党员
职　　称：正高
学　　历：硕士研究生
所在单位：甘南州人大
通讯地址：甘南州文联
成　　就：著有话剧《苏鲁花开了》(又名《白雨》)、小说《竞胜者的马蹄声》、诗集《贡卜扎西诗选》《飞跃太平洋》。1995年6月至8月受国务院新闻办派遣，率领中国藏族歌舞团出访加拿大、美国，接受中央电视台“东方之子”栏目访谈。

0131 桑子

性　　别：男
出生年月：1964-10-02
民　　族：汉族
政治面貌：群众
职　　称：正高
学　　历：大学本科
所在单位：甘肃民院
通讯地址：甘南州文联
成　　就：曾经习诗10年，诗作入选1987—1988年度《青年诗选》《1989年全国诗歌报刊集萃》等选本。1996年后，以研究宋代文官集团自娱。有《宋代文官集团研究》《桑子诗选》。
简　　介：1982年入西北师大历史系读书。1986年至今，在甘南草原教书谋饭。

0132 泰奥·吉美

性　　别：男
出生年月：1958-04-15
民　　族：藏族
政治面貌：党员
职　　称：正高
学　　历：大学本科
所在单位：甘肃民族师范学院
通讯地址：甘南州文联
成　　就：国画作品《藏族老人》《水磨》名气较大，多幅作品获得国内外的美术大奖。

0133 丹真贡布

性　　别：男
出生年月：1934-06-28
民　　族：藏族
政治面貌：党员
职　　称：正高
学　　历：大学本科
所在单位：甘南州文联
通讯地址：甘南州文联
成　　就：根据藏族民间传说写成的处女作《拉伊勒与隆木措》（叙事长诗）被誉为新中国成立后少数民族文学发展史上的”第一只报春的布谷鸟”。自1955年至今，已在《诗刊》《民族文学》等报刊发表文学作品30万字，著有《羚之衔》(诗集)、《溪流集》(诗集)和藏戏剧本《青年达美》（与人合著）等。中国作家协会会员。
简　　介：丹真贡布（1934—1996），中共党员。1955年开始文学创作。

0134 张学虎

性　　别：男
出生年月：1964-10-02

民　　族：藏族
政治面貌：党员
职　　称：正高
学　　历：大学本科
所在单位：甘南州日报社
通讯地址：甘南州文联
成　　就：已在《飞天》《民族作家》《甘肃日报》《甘南报》《格桑花》等报刊发表评论、诗歌、散文等作品多篇（首）。
简　　介：1987年毕业于西北师范大学中文系，业余从事文学创作，现为《甘南日报》社总编。

0135 恒考

性　　别：男
出生年月：1955-05-10
民　　族：藏族
政治面貌：党员
职　　称：正高
学　　历：大学专科
所在单位：甘南州政协
通讯地址：甘南州文联
成　　就：从1985年业余拿起照相机摄影，1989年开始发表作品，仅省级以上报刊发表摄影作品100余幅（组），其中部分作品在国际、国内比赛中获奖；1997年花费10年心血的摄影集《安多风情》，由甘肃人民美术出版社出版发行；个人辞条被收录入《中国国际文学艺术博览》《中国摄影家全集》等大型名录辞典；其撰写的论文《试谈牧区学校的学制问题》被收入《中国教育管理精选》一书。
简　　介：中国民俗摄影协会会员，甘肃省现代摄影协会会员，甘南藏族自治州教育基金会理事，甘南州摄影家协会副主席。1978年12参加工作；1981年后历任欧拉乡武装部长、欧拉乡政府乡长、县文教局副局长、局长等职；1993年任甘南藏族自治州交通局副局长；1998年4月任甘南州商贸局局长。

0136 江乾·丹智达，本名旦智塔

性　　别：男
出生年月：1957-10-08
民　　族：藏族
政治面貌：党员
职　　称：正高
学　　历：硕士研究生
所在单位：甘肃省教育厅
通讯地址：甘南州文联
成　　就：从1985年开始至今写了近500首诗，编辑出版自选诗集《高原脊梁》。曾获毛泽东诞辰100周年全国诗歌大赛三等奖，甘肃省“西部的太阳”诗歌赛三等奖，甘肃少数民族文学创作“铜奔马”奖。
简　　介：甘肃省作家协会会员。1983年毕业于陇东学院中文系；1991年毕业于中央民族大学管理科学研究班；2002年甘肃省委党校区域经济开发史专业研究生毕业。现任省教育厅副厅长。

0137 李志勇

性　　别：男
出生年月：1969-10-07
民　　族：汉族
政治面貌：党员
职　　称：正高
学　　历：大学本科
所在单位：甘南州委政法委
通讯地址：甘南州文联
成　　就：1988年开始在《诗刊》《诗歌月刊》《星星诗刊》《诗歌报月刊》《汉诗》等国内报刊发表诗歌作品，并被《本草集》《经典情诗99首》和一些诗歌年度选本等选载，著有诗集《绿书》。

0138 李振翼

性　　别：男
出生年月：1933-11-21
民　　族：汉族
政治面貌：党员
职　　称：正高
学　　历：大学本科
所在单位：甘南州文联
通讯地址：甘南州文联
成　　就：在甘南从事文物考古工作 30 余年，在《文物》《西藏研究》《兰州大学学报》《考古与文物》《文博》《西北史地》等刊发表学术论文，专著有《甘南简史》《甘南古城勘考》，合著多部。

0139 王永久

性　　别：男
出生年月：1963-11-21
民　　族：藏族
政治面貌：党员
职　　称：正高
学　　历：大学本科
所在单位：甘南州文联
通讯地址：甘南州文联
成　　就：文学作品散见于《飞天》《西藏文学》《甘肃日报》《甘南日报》《格桑花》等文学期刊。

0140 雷建政

性　　别：男
出生年月：1953-12-03
民　　族：汉族
政治面貌：党员
职　　称：正高
学　　历：大学本科
所在单位：甘南州政协文史资料委员会
通讯地址：甘南州文联
成　　就：1990 年加入中国作家协会。发表中短篇小说 60 余篇（部），主要作品有《天葬》《西北黑人》《劫道》《壮丽光阴》《命兮运兮》《蛇牛》《皇杠》《往年雪》《太阳劫》《白草地黑草地》《疆界》《缘结》等。有 10 余篇次被《新华文摘》《作品与争鸣》《小说月报》等转载，被人民文学出版社、中国青年出版社、中国农村读物出版社等出版的专集收选，日本《中国现代小说》译载。小说集《劫道》由作家出版社于 1992 年 2 月列入全国“文学新星丛书”出版。

0141 益希卓玛

性　　别：女
出生年月：1925-11-13
民　　族：藏族
政治面貌：党员
职　　称：正高
学　　历：大学本科
所在单位：甘南州
通讯地址：甘南州文联
成　　就：1956 年深入天祝草原生活，创作了电影剧本《在遥远的牧场上》，她的短篇小说《美与丑》获 1980 年全国优秀短篇小说奖及全国少数民族文学创作荣誉奖。1981 年出版长篇儿童小说《清晨》，是藏族文学史上第一部长篇儿童小说。
简　　介：中国作家协会会员，文学创作一级，专业作家。1938 年在兰州女子职业学校附属小学参加新安旅行团小学生抗日救亡运动，后在兰州女中、西安高中、兰州大学、上海复旦大学皆积极投身地下党领导的学生运动，担任学运领导职务并主编宣传报刊。1948 年加入中国共产党。1949 年在全国妇联《新中国妇女》杂志任编辑。1950 年，中央民委举办藏民研究班，周恩来、朱德、林伯渠、乌兰夫、邓颖超等党和国家领导亲自授课，她参加学习，并担任主管学习的班委。后在中央民委藏民组（对外为第三司）任副组长两年，主管政策研究工作。为了能够深入生活，进行文学创作，她一再要求下基层。1952 年秋，从北京到西北文联，任《西北文艺》编辑。1953 年至 1963 年，先后任甘肃省妇联常委、第二届全国妇女代表大会代表、《甘肃日报》记者、《甘肃文艺》《工农文艺》《甘肃歌谣》编辑，并开始了文学创作。

0142 吴春岗

性　　别：男
出生年月：1958-11-21
民　　族：汉族
政治面貌：党员
职　　称：正高
学　　历：大学本科
所在单位：甘南州委党史研究室
通讯地址：甘南州文联
成　　就：1979 年起开始发表文学作品，在国内报刊发表诗歌、散文、文艺评论及报告文学多篇，出版和主编作品集多部。主要有：主编散文集《三河一江吟唱》（甘肃民族出版社）、文学作品集《大地阳光》（作家出版社）。主编有《岁月铸忠诚》（中国文史出版社）、《历史的辉煌》（人民日报出版社）、《历史的跨越》（中国社会科学出版社）。

0143 马明

性　　别：男
出生年月：1968-10-15
民　　族：回族
政治面貌：党员
职　　称：正高
学　　历：大学本科
所在单位：甘南州合作藏中中学
通讯地址：甘南州文联
成　　就：作品散见于州内外报刊杂志，入选《甘肃省庆祝建国六十周年少数民族书画展》等画册。曾获甘南州建国 60 周年书画大展一等奖。

0144 阿信

性　　别：男
出生年月：1964-10-27
民　　族：汉族
政治面貌：党员
职　　称：正高
学　　历：大学本科
所在单位：甘肃民族师范学院
通讯地址：甘南州文联
成　　就：诗歌、散文作品大多以青藏高原、甘南草地为背景，著有诗文集《大地西行》。曾参加《诗刊》社第十四届“青春诗会”，获《飞天》“十年文学奖”、敦煌文艺奖等。
简　　介：西北师大历史系毕业，长期在甘南藏区工作，现任职于甘肃合作民族师专。现为甘肃省文学院荣誉作家。

0145 道吉坚赞

性　　别：男
出生年月：1960-11-02
民　　族：藏族
政治面貌：党员
职　　称：正高
学　　历：大学本科
所在单位：甘南州文联
通讯地址：甘南州文联
成　　就：出版小说集《小镇轶事》，小说《金顶的象牙塔》《小镇逸事》《漂逝的彼岸》等。曾获全国五省区藏族文学奖。
简　　介：甘肃作家协会会员。

0146 扎西东珠

性　　别：男
出生年月：1952-11-20
民　　族：藏族
政治面貌：党员
职　　称：正高
学　　历：大学本科
所在单位：甘南州文联
通讯地址：甘南州文联
成　　就：1982年开始创作，有多篇小说、散文、评论及剧本发表，著有小说集《山梁上的白马或爱的折磨》等多部文学作品、学术专集，获多种奖励。

0147 才代

性　　别：男
出生年月：1962-10-05
民　　族：藏族
政治面貌：党员
职　　称：正高
学　　历：大学本科
所在单位：甘南州旅游局
通讯地址：甘南州文联
成　　就：文学作品散见于《人民之声报》《甘肃日报》《中国西部发展报》《当代诗人》《中文自修》《当代诗人艺术家》《甘南报》等报刊文集。现任甘南州旅游局党组书记、局长。

0148 张巾英

性　　别：女
出生年月：1960-11-02
民　　族：藏族
政治面貌：党员
职　　称：正高
学　　历：大学本科
所在单位：甘南日报
通讯地址：甘南州文联
成　　就：在《中国青年报》《甘肃日报》《甘南日报》等报刊杂志上发表散文多篇。

0149 王海涛

性　　别：男
出生年月：1978-04-20
民　　族：汉族
政治面貌：党员
职　　称：副高
学　　历：硕士研究生
所在单位：兰州城市学院
通讯地址：兰州市街坊路11号
成　　就：工作以来被学校多次评为“教育实习优秀指导教师”“教育实习优秀组织工作者”“优秀共青团干部”“兰州城市学院优秀思想政治工作者”“优秀班主任”等称号。在省级刊物上发表《家长在儿童音乐学习中的地位与作用》《浅析“应试教育”向“素质教育”转化过程中基础音乐教育的误区》等10多篇论文。现所授课程：手风琴、学校音乐教育导论及教材教法。工作以来先后担任音乐学院10多次班主任工作和教育实习指导教师，并且同时负责音乐学院“国培项目”秘书工作。
简　　介：中国音乐家协会手风琴学会会员、中国教育学会音乐教育专业委员会会员。曾任兰州师专音乐学系团总支书记、音乐学系学工办副主任。现任兰州城市学院音乐学院学工办主任。1997年以全省专业考试第七名的优异成绩考入西北师范大学敦煌艺术学院师从于吴学禹教授学习手风琴演奏。2001年6月毕业分配至兰州城市学院音乐学院工作至今。

0150 包红梅

性　　别：女

出生年月：1962-04-05
民　　族：汉族
政治面貌：群众
职　　称：副高
学　　历：大学专科
所在单位：陇南市文化局
通讯地址：西和县文联
成　　就：《白花曲》1988年获甘肃省剧本评选二等奖，1991年获全国少数民族题材剧本铜奖，1994年由秦剧团排练，参加第四届中国艺术节演出并进京演出，1996年获全国梆子戏汇演优秀剧本创作奖。《魏孝文帝》2003年获全国第三届戏剧文学奖。《七月七》在2011年获甘肃省"红梅奖"大赛编剧一等奖、演出一等奖、主演一等奖，已定为"第六届中国秦腔艺术节"参赛剧目。新编大型秦腔历史剧《魏孝文帝》已定为"第六届中国秦腔艺术节"展演剧目。
简　　介：1976年10月至1988年10月西和县剧团工作；1988年10月至1993年7月西和县县志办工作（期间于1991年9月至1993年7月就读于中国戏曲学院戏剧文学系）；1993年7月至2002年9月西和县文联工作，任副主席、主席；2002年10月至2011年8月西和县政府工作，任政府副县长；2011年8月至今陇南市文化局，正县级调研员。社会兼职情况：兼任甘肃省戏剧协会理事、陇南市戏剧协会主席、陇南市政协常委。

0151 石华龙

性　　别：男
出生年月：1973-1-19
民　　族：回族
政治面貌：党员
职　　称：副高
学　　历：硕士研究生
所在单位：兰州大学艺术学院
通讯地址：兰州市东岗西路199号
成　　就：先后主持并完成古字画揭裱翻新与装帧技术研究、现代装饰相框图案图文设计与开发研究、西北永新集团视觉形象设计开发项目。独立完成兰州高新技术开发区地税局墙面浮雕设计开发、甘肃岩画现状调查研究等项目。参加全国首届小作品书画大展、建国五十周年甘肃省书画作品展、新世纪甘肃省书法作品大展，并在甘肃省第一届美术作品展中获金驼奖。
简　　介：1992年至1996年在西北民族大学美术学院中国画专业学习，获学士学位；2002年至2004年在俄罗斯国立师范大学美术造型系学习，获美术教育学硕士学位；1996年到兰州大学艺术学院工作至今；1999至2000在清华美术学院装潢艺术设计专业学习；2002年在北京语言文化大学俄语系学习。

0152 萧昱

性　　别：男
出生年月：1971-03-11
民　　族：汉族
政治面貌：党员
职　　称：副高
学　　历：硕士研究生
所在单位：兰州城市学院
通讯地址：兰州市安宁区街坊路11号
简　　介：女高音，兰州城市学院副教授，教育硕士。1971年出生于甘肃天水。1993年毕业于西北师范大学，师从朱东升教授，主攻声乐专业，获得文学学士学位。1993年6月毕业，进入兰州师专（现兰州城市学院）音乐系任教，从事声乐、合唱、合唱指挥等教学工作。近年来，主要从事声乐教学工作。2002年9月至2003年8月赴上海音乐学院进修，师从比利时籍著名女高音歌唱家陈其莲教授主修声乐，在声乐理论与声乐教学实践方面取得了显著的进步。通过个人的不断努力，于2007年1月获得香港公开大学教育硕士学位。

0153 马庆禄

性　　别：男
出生年月：1957-04-03
民　　族：汉族
政治面貌：党员
职　　称：副高
学　　历：大学专科
所在单位：甘南州文化馆
通讯地址：甘南州文化馆
成　　就：大型新编传统藏剧《郎萨雯波》获省级音乐唱腔设计二等奖，次年获敦煌文艺奖；大型藏族古典剧《格萨尔王》获甘肃省首届精神文明建设“五个一工程”奖和敦煌文艺奖；歌曲《相约拉卜楞》获省级作曲一等奖；歌曲《我要回家》获省级作曲敦煌文艺三等奖；参与藏剧《江孜烽火》作曲创作，获省级二等奖；舞蹈《扎西德勒颂吉祥》作曲，获省级二等奖；为舞蹈《尕巴》作曲，获省级一等奖。1996年获甘南州“格萨尔”文艺贡献奖；2009年获“甘南州香巴拉优秀艺术家”称号；2011年4月获全州思想政治工作先进个人。
简　　介：1975年3月以器乐专业考入夏河县文工队；1987年元月调入甘南州歌舞团，任作曲兼圆号演奏员；1991年任歌舞团乐队队长、作曲；1994年任歌舞团业务办公室主任、乐队队长、指挥；1997年任州群众艺术馆（文化馆）副馆长、馆长至今；2001年获得副研究馆员任职资格，2002被聘任。第十三届甘南州政协委员、甘肃省民间文艺家协会理事、甘肃省音乐家协会会员、甘肃省少数民族文艺家协会会员、甘肃省舞台美书家协会会员、甘南州民间文艺家协会副主席兼秘书长、甘南州音乐家协会副理事长、甘南州文学艺术图书系列中级评审委员会委员。

0154 郭洁

性　　别：女
出生年月：1978-08-16
民　　族：汉族
政治面貌：群众
职　　称：副高
学　　历：硕士研究生
所在单位：兰州城市学院音乐学院
通讯地址：兰州城市学院
成　　就：主要教授的课程：声乐教学、意大利语音教学。发表国家级音乐类核心刊物2篇，教材1部，省级刊物10余篇；2005年荣获甘肃省大学生艺术展演优秀指导教师；2006年被评为兰州城市学院优秀实习指导教师；2010年被评为优秀论文指导教师；2009、2010、2011年连续荣获甘肃省青春中国青少年才艺大赛优秀指导教师；多次组织完成甘肃省“国培计划”甘肃省农村中小学骨干教师及民族地区教育幼儿园、小学骨干教师培训学员文艺演出。

0155 程金城

性　　别：男
出生年月：1953-03-18
民　　族：汉族
政治面貌：党员
职　　称：副高
学　　历：博士研究生
所在单位：兰州大学文学院
通讯地址：兰州市嘉峪关路9号
成　　就：1990年享受国务院特殊津贴。2005年甘肃省宣传文化系统拔尖创新人才，兰州大学三育人先进个人、优秀共产党员。

《中国现代文学价值观念系统论纲》获省社科最高奖三等奖。《中国现代表现主义文学的兴起与高涨》获省社科“兴陇奖”三等奖。《20世纪中国文学价值系统》获省第六届社科“兴陇奖”二等奖，《原型批判与重释》获敦煌文艺奖一等奖。《中国西部艺术》获省“五个一工程”奖。获中国文学艺术家联合会、中国民间文艺家协会山花奖、理论研究三等奖。《远古神韵——中国彩陶艺术论纲》获省社科三等奖。《表现主义与20世纪中国文学》（与徐行言合著）获四川省社科二等奖。《中国陶瓷艺术论》获第13届中国图书奖。《西方原型美学问题研究》获省社科优秀成果三等奖。《20纪中国文学价值与真理之冲突》获省社科优秀成果三等奖。《中国文学原型论》获省社科优秀成果三等奖。

简　　介：1974年7月—1979年10月，在甘肃省教材编写组工作，编辑；1979年11月—1989年在甘肃教育学院任助教、讲师，1993年破格晋升副教授，1996年破格晋升教授，任中文系副主任、科研处长、学报主编；2001年3月引进兰州大学中文系，任教授、硕士生导师、博士生导师，历任文艺学研究所所长，中国现当代文学研究所所长，文学院副院长，现任院长；兰州大学学术委员会委员、社会科学委员会副主任委员、学位评定委员会委员、教师职称评定委员会委员、文学院学术委员会主任、兰州大学学报副主编。重要社会兼职：国家社科基金学科组评审专家、教育部研究生教育与评估学科组专家、百篇优秀论文评审专家、甘肃省敦煌文艺奖评奖委员会委员、组长，中国作家协会会员、中国现代文学研究会理事、中国当代文学研究会理事。

0156 刘宁

性　　别：男

出生年月：1970-06-14

民　　族：回族

政治面貌：党员

职　　称：副高

学　　历：大学本科

所在单位：甘肃省话剧院演员剧团

通讯地址：兰州市城关区酒泉路75-103号

成　　就：1999年话剧《马背菩提》获中宣部“五个一工程”奖，文化部“文华”奖。2000年话剧《邓小平在江西》获中宣部“五个一工程”奖，文化部“文华”奖。2002年话剧《兰州人家》获全国人口文化奖、曹禺戏剧优秀新剧目奖、中宣部“五个一工程”奖、甘肃省第四届敦煌文化一等奖。2003年话剧《老柿子树》获第十一届全国文化新剧目奖、七届艺术节观众喜爱剧目奖。2006年话剧《康布尔的儿孙们》全省调演荣获主配表演一等奖。2010年《兰州好家》参加第六届中国话剧优秀剧目展演获甘肃省委省政府文艺最高奖第六届敦煌文艺奖一等奖。

简　　介：1995年8月在甘肃省话剧团参加工作至今，2004年任演员剧团团长至今。中国话剧艺术研究会表演艺术委员会委员、甘肃省戏剧家协会理事。

0157 胡文平

性　　别：男

出生年月：1966-03-06

民　　族：汉族

政治面貌：党员

职　　称：副高

学　　历：大学本科

所在单位：嘉峪关广播电视台

通讯地址：嘉峪关市广播电视台

成　　就：2012年入选甘肃诗歌八骏；2009

年获由中国作家协会主办的“长江颂”全国游记散文征文一等奖；2010年报告文学《罗布泊前沿的生态保卫战》获中国作家协会重点作品扶持项目；2010年散文随笔集《中国河西走廊》入选农家书屋文库；2011年报告文学《嘉峪关下》入选中国作家协会定点生活项目；2011年散文《阳关，神秘的东方哨所》获首届全国旅游散文大赛一等奖；2011年获首届全国12+3微型小说大奖；2010年诗歌《我们的城市》获“迎世博”征文大赛一等奖；2009年《诗十八首》获甘肃省第三届黄河文学奖一等奖；2009年《胡杨的诗》获第六届敦煌文艺奖二等奖；2009年随笔《铁肩担道义，道德著文章》获全国新闻战线三项学习教育领导小组征文优秀奖；2002年专题片《遥远的城堡》获甘肃省政府新闻奖广播电视社教类一等奖及甘肃省第二届精神文明建设“五个一工程”奖。曾荣获甘肃省广播电视系统先进个人、嘉峪关市领军人才等殊荣。

简　　介：1985年毕业于酒泉师范学校，同年分配至敦煌莫高镇教书；1986年调入酒钢教培中心教书；1990年调入酒钢党委宣传部工作；1998年调入嘉峪关广播电视台工作至今。中国作家协会会员、中国电视艺术家协会会员、甘肃省电视艺术家协令副主席、甘肃省作家协会理事、甘肃省文学院荣誉作家、河西学院兼职教授、甘肃省第十二次党代会代表、嘉峪关市第八届政协委员。

0158 刘锦

性　　别：女

出生年月：1969-05-20

民　　族：汉族

政治面貌：党员

职　　称：副高

学　　历：硕士研究生

所在单位：兰州城市学院音乐学院

通讯地址：兰州市安宁区街坊路11号

成　　就：主要担任民族民间音乐、中国音乐史、视唱练耳、歌曲写作等课程的教学工作；在国家级、省级刊物上发表论文20余篇，出版专著两部，主持或参与课题6项；2008年主持的《高校音乐教育理论与艺术实践应用研究》获甘肃省教育成果二等奖；2013年6月参与的项目《音乐学教师教育课程体系研究与建设》获校级教育教学成果一等奖；2014年4月参与的项目《音乐学教师教育课程体系研究与建设》获甘肃省教育成果奖。

简　　介：1994年毕业于西北师范大学音乐系，同年7月分配到兰州师专音乐系（现兰州城市学院音乐学院）任教至今。在十几年的教学中不断努力，钻研业务，提高自身的修养，并在2006年12月获得香港公开大学教育管理硕士学位、研究生学历。

0159 李海魂

性　　别：男

出生年月：1961-10-04

民　　族：汉族

政治面貌：党员

职　　称：副高

学　　历：大学本科

所在单位：甘肃临夏州民族歌舞剧团创作室

通讯地址：临夏市北大街51号

成　　就：多次被临夏州歌舞团评为先进工作者和优秀党员，也多次被州文化系统评为先进工作者和优秀党员。2004年被州委、州政府评为全州第五批专业技术拔尖人才。声乐代表作有：歌曲《黄河上的筏子客姑娘》《南阳渠水哗啦啦地淌》《唐古拉彩虹》《承诺的自豪》《保安三庄的阿依沙》《你会笑的最灿烂》等。组织、策划、指挥了2002—2009年临夏州新年音乐会。

简　　介：临夏州音乐舞蹈协会副主席兼秘书长，甘肃省音乐家协会理事。于 1983 年毕业于西北民族大学艺术系，分配在临夏州民族歌舞剧团工作至今。

0160 杜林宏

性　　别：男
出生年月：1960-02-06
民　　族：汉族
政治面貌：党员
职　　称：副高
学　　历：大学本科
所在单位：兰州市儿童艺术剧团
通讯地址：兰州市城关区武都路 392 号
成　　就：曾获兰州市专业剧团青年演员大奖赛表演三等奖。获兰州市千缘杯文艺调演优秀表演奖。在省残联、省文化厅联合举办的全省残疾人文艺调演中获导演一等奖，全省新创剧目调演中获表演三等奖。
简　　介：1974 年 12 月至 1996 年 6 月在甘肃省平凉地区文工团工作；1996 年 7 月至今在兰州市儿童艺术剧团工作。中国戏剧家协会会员、中国话剧艺术研究会表演艺术委员会委员、中儿童戏剧研究会国际儿童青少年戏剧协会中国中心会员、甘肃省戏剧家协会理事、兰州市戏剧舞蹈家协会常务理事、兰州影视制作行业协会常务理事。

0161 续萍

性　　别：女
出生年月：1976-03-11
民　　族：汉族
政治面貌：群众
职　　称：副高
学　　历：硕士研究生
所在单位：兰州文理学院音乐舞蹈学院
通讯地址：兰州市城关区北面滩 400 号
成　　就：获甘肃省教学成果奖 1 项，在省级专业比赛中获优秀指导教师奖 1 项，发表论文 9 篇。
简　　介：兰州文理学院音乐舞蹈学院副教授。研究方向为钢琴演奏与教学。

0162 何婷燕

性　　别：女
出生年月：1978-09-02
民　　族：汉族
政治面貌：群众
职　　称：副高
学　　历：大学本科
所在单位：河西学院音乐学院
通讯地址：甘肃省张掖市环城北路 846 号
成　　就：获省文化厅级奖 2 次；参编教材 1 部，完成 8 万字。
简　　介：2012 年毕业于西北师范大学音乐学院，硕士研究生；现为河西学院音乐学院副教授，张掖市音乐家协会会员；现主要从事《声乐》教学及研究工作；2003 在中央音乐学院进修学习。

0163 王永生

性　　别：男
出生年月：1964-05-22
民　　族：汉族
政治面貌：群众
职　　称：副高
学　　历：大学本科
所在单位：兰州交通大学
通讯地址：兰州交通大学艺术学院
成　　就：本人在多年的工作实践中，通过大量的软件开发、科学计算、动画创作等，形成了深厚的计算机应用基础；能胜任数字媒体艺术与技术类方向的教学、科研及创作工作。研究方向为数字图像、影视特技、电脑动画、游戏开发、虚拟现实、网络传播等技术的应用。

简　　介：1982年就读于兰州大学数学力学系，1986年本科毕业，获工学学士学位。先后在中国科学院兰州渗流力学研究室、甘肃交通科学研究所、甘肃工业大学、兰州交通大学等从事计算机应用方面的设计、科研及教学工作。现任专业技术职务为副教授，同时具有高级工程师任职资格。

0164 夏艳萍

性　　别：女

出生年月：1962 06-09

民　　族：汉族

政治面貌：群众

职　　称：副高

学　　历：大学本科

所在单位：兰州城市学院教育学院幼师学院

通讯地址：兰州市城关区嘉峪关西路692号

成　　就：在2007年全国第一届中小学生艺术展演活动中其指导的节目《小合唱》获得一等奖，本人获优秀指导奖；同年在甘肃省第一届中小学生艺术展演活动中其指导的节目《小合唱》《大合唱》获一等奖，本人获优秀指导奖。在2009年全国第二届大学生艺术展演活动中其创作、指导的节目《表演唱》获得表演一等奖、创作一等奖，本人获优秀指导奖。在2011年全国第三届大学生艺术展演活动中其指导的女声表演唱节目《赶集》、舞蹈《剪花花》分获二等奖，本人获优秀指导奖。在2009年全省第二届大学生艺术展演活动、2011年第三届大学生艺术展演活动中其创作、指导的节目《表演唱》《舞蹈》均获得一等奖，本人获优秀指导奖。2007年论文《试析声乐三点论》获甘肃省教育厅艺术教育论文评比一等奖。2011年11月，论文《唱好先要说好——声乐教学中“以说助唱”训练法的研究》获得甘肃省第一届高校艺术教育科研论文报告会二等奖。

简　　介：1983年毕业于西北师范大学音乐系，分配至兰州市第三十中学幼师部从事音乐教学工作；1987年9月，调动至甘肃省幼儿师范学校，从事音乐教学工作；1998年评为高级讲师，并兼任行政管理工作，先后任教务处副主任、副校长；2007年9月，甘肃省幼儿师范学校并入兰州城市学院，从事学前教育专业音乐教学与研究工作；现任兰州城市学院工会副主席、教育学院幼师学院副院长、教授。

0165 董玫

性　　别：女

出生年月：1976-06-23

民　　族：汉族

政治面貌：民主党派

职　　称：副高

学　　历：硕士研究生

所在单位：兰州文理学院音乐舞蹈学院

通讯地址：兰州市城关区北面滩400号

成　　就：参与教育厅项目1项，在省级刊物发表论文8篇，获国家级专业技能比赛奖项1次，省级两次，获省级优秀论文评奖（三等）。

简　　介：兰州文理学院音乐舞蹈学院专职教师，音乐学学科研究生，艺术学硕士。

0166 韩敏婕

性　　别：女

出生年月：1979-06-08

民　　族：汉族

政治面貌：党员

职　　称：副高

学　　历：大学本科

所在单位：兰州商学院陇桥学院艺术设计系

通讯地址：兰州市和平开发区

成　　就：撰写教材2本，独立撰写论文8篇，获奖多项。

简　　介：2002年6月毕业于西北师范大学敦煌艺术学院艺术设计专业，获学士学位；2013年9月至今西安美术学院影视动画系就读在职艺术硕士；2002年7月至今兰州商学院陇桥学院艺术设计系环境艺术教研室工作；2008年12月任讲师；2014年6月任副教授；甘肃省青年美术家协会会员。

0167 鹿凤琴

性　　别：女

出生年月：1975-09-06

民　　族：汉族

政治面貌：党员

职　　称：副高

学　　历：硕士研究生

所在单位：陇南师范高等专科学校音乐系

通讯地址：陇南师范高等专科学校音乐系

成　　就：近年来发表学术论文10篇，多次被评为优秀教师，优秀教研主任，陇南师专第三届教学名师。本人和指导的学生在国家级、省级专业比赛中多次获奖。2009年7月参加第五届青春中国甘肃省青少年才艺声乐大赛获一等奖。2009年8月参加首届中国民族声乐电视大赛获得甘肃赛区银奖。2008年8月参加第九届文艺之春中国民族民间歌曲演创高端选萃获得“中国民歌演唱家”金奖。2007年12月参加第三届“海洲杯”甘肃省校园歌手大赛获得二等奖。2013年指导学生参加团省委主办的第九届“挑战杯”大学生课外学术作品竞赛，学生陈力伟的论文荣获三等奖，本人获优秀指导教师奖。

简　　介：陇南师专音乐系副教授，音乐学硕士，声乐教研室主任，具有扎实的专业基础和较强的教学和表演、主持能力。系统讲授声乐课程。

0168 路遥

性　　别：女

出生年月：1977-04-03

民　　族：汉族

政治面貌：群众

职　　称：副高

学　　历：硕士研究生

所在单位：甘肃政法学院

通讯地址：甘肃省兰州市安宁西路6号

成　　就：现为甘肃政法学院艺术学院副教授，环艺设计教研室副主任（甘肃省美协会员、甘肃省青年美术家协会会员）。主要承担环境艺术设计方向主干课程的教学工作。近年来在教学教研中有多项荣获省级、校级成果奖；2011年承担清华美院横向科研项目（已结项）；2013年负责省高校科研项目《西北地区室内装修工程的施工规范及验收标准建设研究》（项目编号：2013A-091）；由陕西科技大学出版社出版著作《大学生艺术欣赏》；10余篇专业论文发表于国家级核心刊物、省级学术刊物中。

简　　介：2001年6月毕业于西北师范大学；2007年获西北师范大学硕士学位；2008年研修于天津美术学院。现为甘肃政法学院艺术学院副教授、环艺设计教研室副主任、甘肃省美协会员、甘肃省青年美术家协会会员。主要承担环境艺术设计方向主干课程的教学工作。

0169 纪建功

性　　别：男

出生年月：1964-06-20

民　　族：汉族

政治面貌：群众

职　　称：副高

学　　历：大学本科
所在单位：河西学院音乐学院
通讯地址：甘肃省张掖市环城北路 846 号
成　　就：获省厅级奖 2 项，市级奖励 1 项。先后在《艺术教育》《小演奏家》发表论文 10 余篇。所培养的学生多次获得省、市、院校的大奖。主讲课程：声乐、合唱与指挥。
简　　介：1998 年毕业于西北师范大学音乐系，现为河西学院音乐系副教授。社会兼职：甘肃省音乐家协会会员、张掖市文学艺术联合会会员、张掖市音乐家协会副秘书长。

0170 张大刚

性　　别：男
出生年月：1959-04-26
民　　族：回族
政治面貌：群众
职　　称：副高
学　　历：大学本科
所在单位：甘肃省文联
通讯地址：兰州市东岗西路 668 号
成　　就：2007 年油画《高原四季》入选"西望敦煌·甘肃美术作品展览"获艺术创作奖。2009 年油画《河西展牧》入选"庆祝中华人民共和国成立六十周年——甘肃美术作品大展"获二等奖。2011 年油画《塬上春韵》入选"2011 年度甘肃省写生画展"获一等奖。2012 年油画《黄河岸边》入选"喜迎十八大，走进崆峒——甘肃美术作品展"获一等奖。2012 年油画《高原季风》入选"甘肃穆斯林美术书法摄影艺术作品展"获一等奖。2006 年油画《陇中秋韵》被中国美术馆收藏。2008 年被中共甘肃省委组织部、宣传部、甘肃省文联评为首届甘肃省中青年德艺双馨文艺工作者。2009 年在中国文联组织开展的"2006—2009 年'送欢乐、下基层'活动"中工作突出受到中国文联的表彰。
简　　介：1976 年—1979 年在永昌县插队；1979 年—1983 年在西北民大艺术系就读美术专业；1983 年至今在甘肃省文联美术家协会工作。

0171 刘江涛

性　　别：男
出生年月：1964-06-21
民　　族：汉族
政治面貌：党员
职　　称：副高
学　　历：大学本科
所在单位：兰州大学艺术学院
通讯地址：兰州市东岗西路 199 号
成　　就：参与 2013"中央高校基本科研业务费专项资金"重点项目《西北多民族地区和谐之音——河湟花儿研究》。演出经历：多次参加省内、国内手风琴演出，省内获一、二等奖 10 余次，多次被本单位评为优秀教职工、先进个人和工会积极分子。
简　　介：中国手风琴协会会员，甘肃省音乐家家协会会员。1986 年至 1990 年在西北师范大学音乐系学习，获学士学位；1990 年到兰州大学艺术学院工作至今；多次到中央音乐学院、上海音乐学院短期培训和进修；多次参加国内学术交流。

0172 樊威

性　　别：男
出生年月：1957-01-06
民　　族：汉族
政治面貌：群众
职　　称：副高
学　　历：大学本科
所在单位：甘肃省美术家协会
通讯地址：甘肃省美食家协会
成　　就：油画《殉》获第二届全国青年美

展三等奖。油画创作《幻域》入选第九届全国美展，并获“庆祝建国50周年甘肃省美术作品展”一等奖。油画《守望阳光》入选第十一届全国美展，并获“庆祝建国60周年甘肃省美术作品展”一等奖。油画《才仁娜姆》入选“携手新世纪——第三届中国油画展精选作品展”。油画《念青唐古拉山》《雨后那曲河》入选“中国美术家协会第十三次新人新作展”。油画《寂静的草原》入选纪念毛泽东同志《在延安文艺座谈会上的讲话》发表60周年全国美术作品展。油画《阳光记忆》入选“吾土吾民——传承西北油画邀请展”。

简　　介：1982年2月大学毕业后分配到甘肃省文联美术家协会工作至今。

0173 孔繁涛

性　　别：男
出生年月：1981-11-27
民　　族：汉族
政治面貌：党员
职　　称：副高
学　　历：硕士研究生
所在单位：兰州文理学院音乐舞蹈学院
通讯地址：兰州市城关区北面滩400号
成　　就：参与完成甘肃省社科基金项目，出版著作1部，发表论文10余篇，其中国家级论文1篇，获甘肃省省级一等奖2次。参与建设省级精品课程。
简　　介：中国单簧管协会会员，甘肃省音乐家协会会员。自幼学习大提琴演奏，后又师从于甘肃省著名单簧管教育家周高集老师专修单簧管演奏；在著名青年单簧管教育家、演奏家桑吉顿珠老师的指导下考入西北民族大学音乐系并继续系统学习音乐表演及音乐理论；后又拜师于中国单簧管教育家迟铮老师门下学习单簧管演奏，并且得到了中国爱乐交响乐团首席单簧管演奏家樊巍、美国威斯康辛州劳伦斯大学单簧管教授范磊的悉心指导；2004年毕业分配至甘肃联合大学音乐系任教，从教至今。

0174 陈向华

性　　别：女
出生年月：1972-06-20
民　　族：汉族
政治面貌：群众
职　　称：副高
学　　历：硕士研究生
所在单位：甘肃政法学院
通讯地址：甘肃省兰州市安宁西路6号
成　　就：2001年获甘肃省学校艺术教育工作先进个人；在2006年度世纪之星全国艺术教育成果展上获该届大会教师类最高奖启明星奖；完成甘肃省教育科学“十一五”规划课题《普高公共艺术课程设置教学与教材建设研究》。发表《钢琴视奏学习探研》《温柔的革命——论欧洲文艺复兴时期音乐的变革》《知乐则几于道——重估我国高校非音乐专业音乐欣赏课程的定位》《素质教育中音乐教育意义估衡》等多篇论文。2001年获甘肃省学校艺术教育工作先进个人。
简　　介：1994年6月毕业于西北师范大学；2005年获西北师范大学音乐学院硕士学位；现为甘肃政法学院艺术学院副教授，长期担任艺术通识类选修课的教学工作。

0175 刘维民

性　　别：男
出生年月：1958-12-30
民　　族：汉族
政治面貌：民主党派
职　　称：副高
学　　历：大学本科

所在单位：兰州文理学院美术学院
通讯地址：兰州市城关区北面滩 400 号
成　　就：出版学术专著和教材 2 部，发表学术论文 3 篇，各类奖项 8 项，作品参加国家级展览 6 次，省级展览 10 余次。
简　　介：1982 年毕业于西北师范大学美术系国画专业，现为兰州文理学院美术学院副教授。社会兼职：中国国画家协会理事、民盟中央美术院理事、兰州中国画院副院长、重庆渝州画院副院长、中国传统水墨画研究院研究员、甘肃画院特聘画家、甘肃中国画学会理事。长期从事国画创作及美术教育教学工作。

0176 孙晓勇

性　　别：男
出生年月：1977-3-28
民　　族：汉族
政治面貌：党员
职　　称：副高
学　　历：博士研究生
所在单位：兰州大学艺术学院
通讯地址：兰州市东岗西路 199 号
成　　就：2000 年水粉画入选“内蒙古青年美术作品展”。2000 年水彩画作品获“内蒙古首届全区大学美术作品展览”水彩画一等奖。2001 年水彩画作品获“中国共产党成立 80 周年美术作品展览”优秀奖。2002 年水彩画获“内蒙古师范大学作品展”优秀奖。2006 年在厦门美术馆举办“学院风格探索”画展。2005 年学术论文获教育部全国高等学校艺术教育科学论文二等奖。2006 年学术论文获福建省教育厅福建省高等学校艺术教育科学论文一等奖。
简　　介：中央民族大学美术考古学博士，兰州大学美术与设计研究所副教授，兰州大学“萃英人才建设计划”引进人才。社会兼职：中国艺术人类学学会会员、中国民俗学会会员、北京大学生电影节初评评委、中国岩画研究中心研究成员、厦门大学视觉艺术教育研究中心研究成员，中国文联、中国民间文艺家协会主办《民间文化论坛》通讯员。1998 年至 2002 年，内蒙古师范大学（自治区重点大学）美术学学士；2003 年至 2006 年，厦门大学（教育部直属 985 工程大学）美术学硕士；2010 年至 2013 年，中央民族大学（国家民委直属 985 工程大学）美术考古学博士。

0177 王晓勇

性　　别：男
出生年月：1965-05-18
民　　族：汉族
政治面貌：党员
职　　称：副高
学　　历：大学本科
所在单位：天水师范学院美术学院
通讯地址：天水师范学院美术学院
成　　就：2002 年作品《阳光》获“第五届全国工笔重彩画大展”铜奖；2003 年作品《阳光》获甘肃省第四届“敦煌文艺奖”二等奖；作品《康巴汉子》获“海潮杯全国中国画大展”银奖；2004 年被评为甘肃省优秀教师获甘肃省“园丁奖”；作品《草原吉祥》获“第二届全国少数民族美术作品展”铜奖；作品《高原红》入选“第十届全国美术作品展”；2005 年作品《草原吉祥》入选《第二届全国中国画展》；2006 年 3 月入选甘肃省“555 创新人才工程”第二层次人选；作品《高原红》入选西望敦煌甘肃省美术作品展；作品《雪融香巴拉》特邀参加“第六届全国工笔重彩画大展”；2007 年作品《雪融香巴拉》参加“第四届全国画院优秀作品展”；2008 年作品《天界子民系列》参加“中国工笔画名家新作展”，获甘肃省第一届美术“金驼奖”金奖；作品《晒佛节》获“第七届全国工笔重彩画大展”优秀奖。
简　　介：1986.7—1993.7 礼县师范学校任教；1993.7—2012 天水师范学院美术学院任教；2001.9—2002.7 中央美术学院中国画系工笔人物画室研究生主要课程班研修。任中国美术家协会会员、中国工笔画学会理事、北京工笔重彩画会会员、甘肃画院特聘画家、天水市美术家协会副主席。

0178 莫晓捷

性　　别：男
出生年月：1970-10-28
民　　族：汉族
政治面貌：民主党派
职　　称：副高
学　　历：大学本科
所在单位：兰州文理学院美术学院
通讯地址：兰州市城关区北面滩 400 号
成　　就：获得甘肃省“敦煌文艺奖”二三等奖各 1 项；甘肃省艺术创作“金驼奖”银奖 1 项；全国美展铜奖 1 项，优秀奖及入选若干项；甘肃省美展一二三等奖若干项。
简　　介：研究方向为工笔画。

0179 薛虹

性　　别：女
出生年月：1978-07-27
民　　族：汉族
政治面貌：党员
职　　称：副高
学　　历：大学本科
所在单位：兰州商学院陇桥学院艺术设计系
通讯地址：兰州市和平开发区
成　　就：在 2009 年至 2013 年期间，参编书籍 4 本，发表国家级论文 2 篇，省级论文 5 篇。2011 年 9 月荣获甘肃省第四届青年设计艺术展二等奖；2012 年 1 月获第一届青年教师教学基本功大赛一等奖；2012 年获“优秀教师”；2012 年 6 月获甘肃省第五届青年设计艺术展三等奖；2012 年 6 月获甘肃省第五届青年设计艺术展三等奖；2011 年 6 月首届全国高校美术设计大奖赛三等奖。
简　　介：2002 年在陇桥学院艺术设计系从事教学科研工作，并于 2011 年担任艺术设计系视觉传达设计教研室主任，负责视觉传达设计教研室相关工作。

0180 胡炬

性　　别：女
出生年月：1977-03-08
民　　族：汉族
政治面貌：民主党派
职　　称：副高
学　　历：硕士研究生
所在单位：兰州文理学院音乐舞蹈学院
通讯地址：兰州市城关区北面滩 400 号
成　　就：发表论文 10 余篇，其中 CSSCI 论文 1 篇，主持建设校级精品课程 1 项，参与建设省级精品课程 1 项。
简　　介：兰州文理学院音乐舞蹈学院，研究方向为音乐学。

0181 李淑红

性　　别：女
出生年月：1966-9-11
民　　族：汉族
政治面貌：群众
职　　称：副高
学　　历：大学本科
所在单位：兰州大学艺术学院
通讯地址：兰州市东岗西路 199 号
成　　就：2005 年承担并完成“民族唱法研究”项目；2006 年承担并完成“世界艾滋病

日宣传、策划”项目；2011 年承担并完成中央高校基本科研业务费重点项目“甘南藏族民间音乐研究”；2012 年承担并完成中央高校基本科研业务费一般项目“裕固族民歌研究”；2012 年承担并完成“兰州工专”校庆五十周年暨“兰州工学院”挂牌大型庆祝晚会策划、演出项目。

简　　介：1990 年毕业于西北师范大学音乐学院，专攻音乐教育与声乐演唱，获学士学位；1998 年至 2001 年在西北师大音乐学院就读声乐演唱同等学历研究生班；2008 年在中央音乐学院师从郭淑珍教授、赵登营教授研习传统美声唱法。甘肃省音乐家协会会员。

0182 张燕

性　　别：女
出生年月：1979-10-10
民　　族：汉族
政治面貌：群众
职　　称：副高
学　　历：硕士研究生
所在单位：兰州城市学院音乐学院
通讯地址：兰州城市学院音乐学院
成　　就：2008 年至今多次指导学生获得国家级、省级声乐比赛一、二、三等奖，并两次获得省级优秀指导教师奖。工作期间在国家级核心期刊发表论文 2 篇，撰写合著 2 部，发表省级论文 11 篇，参与课题 2 项。在兰州城市学院音乐学院除担任声乐教学外，还担任德语语音课的教学工作。
简　　介：1998 年考入西北名族大学音乐学院，2000 年在上海音乐学院借读大三、大四的课程；2002 年本科毕业后考入德国乌波塔尔综合大学艺术学院，学习声乐及戏剧表演；2004 年硕士毕业回国进入兰州城市学院音乐学院工作至今；2005 年 12 月成功举办个人独唱音乐会。

0183 燕昱

性　　别：男
出生年月：1976-10-28
民　　族：回族
政治面貌：群众
职　　称：副高
学　　历：硕士研究生
所在单位：兰州大学艺术学院
通讯地址：兰州市东岗西路 199 号
成　　就：2008 年获甘肃省美术金驼奖；2009 年获建国 60 周年甘肃美术大展三等奖；2011 年获甘肃重大题材画展优秀奖。2012 年《西方绘画传统中形状意识的传承与演变》发表于《兰州大学学报》（全国中文核心期刊 CSSCI）；2012 年《甘肃陇东皮影造型艺术的特征和传承发展》发表于《甘肃社会科学》（CSSCI）；2012 年《试论中国画家的印象派情结》发表于《西北大学学报》（CSSCI）；2013 年《文心画眼自横站》发表于《甘肃社会科学》（CSSCI）。
简　　介：1995 年至 1999 年在西安美术学院油画专业学习，获学士学位；2009 至 2012 在兰州大学文学院现当代文学专业学习，获硕士学位；1999 年到兰州大学艺术学院工作至今；2003 至 2005 年在中国美术学院油画系研究生班进修。甘肃省美术家协会会员，甘肃省美协代表。

0184 李金娟

性　　别：女
出生年月：1974-12-26
民　　族：满族
政治面貌：党员
职　　称：副高
学　　历：大学本科
所在单位：兰州大学艺术学院
通讯地址：兰州市东岗西路 199 号

成　　就：北京首都企业形象研究会（CCll）全权会员、国际平面设计联合会（Lograde）会员、兰州视觉艺术设计协会理事。设计作品多次参加全国及省部级展览并获奖。

简　　介：曾就读于西北师范大学美术系、清华大学美术学院，现任教于兰州大学艺术学院。

0185 燕宏

性　　别：男

出生年月：1977-06-18

民　　族：汉族

政治面貌：党员

职　　称：副高

学　　历：大学本科

所在单位：兰州商学院陇桥学院艺术设计系

通讯地址：兰州市和平开发区

成　　就：长期从事艺术设计教学、研究及管理工作，发表艺术类专业论文10篇，获甘肃省第四届、第五届青年设计师作品展一等奖、二等奖；作品多次参加各类设计作品展览并获奖；出版教材5部。

简　　介：2001年毕业于兰州商学院艺术设计系广告学专业，现任兰州商学院陇桥学院艺术设计系主任；甘肃省青年美术家协会会员。

0186 钟翔

性　　别：男

出生年月：1967-08-04

民　　族：东乡族

政治面貌：党员

职　　称：副高

学　　历：大学专科

所在单位：甘肃省广河县政协

通讯地址：广河县城关镇河北街

成　　就：2010年9月由大众文艺出版社出版了散文集《乡村里的路》；2011年11月短篇小说《口唤》获《小说选刊》第二届全国小说笔会一等奖；2012年2月为全国工商系统甘肃兰州现场会编著文集《阳光照亮的黄土地》一书并出版；2012年3月诗集《暗处的光点》由内蒙古文化出版社出版。

简　　介：1987年9月—1988年1月在甘肃省康乐县虎关乡卅铺小学教书；1988年3月—1991年8月在甘肃省康乐县白王乡熊家寨小学教书；1991年9月—1994年9月调甘肃省广河县工商局任秘书（1993年7月入党）；1994年10月—1996年5月调广河县委组织部任秘书；1996年6月—1998年9月调广河县乡镇企业管理局任秘书；1998年2月—1999年11月调广河县政协办公室任秘书；1999年12月—2010年5月任广河县政协文史委副主任；2010年6月至今，任广河县政协文史委主任科员。

0187 李霞

性　　别：女

出生年月：1978-05-31

民　　族：汉族

政治面貌：群众

职　　称：副高

学　　历：硕士研究生

所在单位：兰州城市学院音乐学院

通讯地址：兰州市安宁科教城12号楼2单元302室

成　　就：省级论文数篇，国家级论文1篇，出版专著1部，高校社科成果奖两项，多次获评优秀指导教师。

简　　介：2000年本科毕业于西北师范大学；2004年硕士毕业于香港公开大学，教育硕士；2000年7月毕业分配至兰州城市学院音乐学院任教至今，所授课程为钢琴。

0188 尚竑

性　　别：男
出生年月：1970-10-10
民　　族：汉族
政治面貌：群众
职　　称：副高
学　　历：博士研究生
所在单位：兰州大学艺术学院
通讯地址：兰州市东岗西路 199 号
成　　就：主持 2012 年甘肃省社科规划项目《甘肃新媒体艺术产业发展现状及应对措施》（项目批准号：12004JJ）；主持兰州大学中央高校基本业务科研费重点资助项目《甘肃民间艺术的数字化推广与保护》（项目批准号：12LZUJBWZP007）；主持 2011 年甘肃省重点文艺资助项目《血战河西》子项目《鏖战景泰》《血染倪家营子》两册连环画书稿的绘画；主持兰州大学与兰州电视台影视传播中心的数字影像数据库平台建设项目。
简　　介：甘肃省美术家协会会员，甘肃省新媒体艺术家学会副主席，教育部全国大学生广告艺术大赛甘肃赛区组委会主任，甘肃省华夏文明传承创新区节庆赛事会展首席专家。1988 年至 1992 年在西北民族大学油画专业学习，获学士学位；2000 年至 2003 年在西北师范大学美术学院学习，获硕士学位；2005 年到 2008 年在中国人民大学艺术学院学习，获博士学位；2008 年到兰州大学艺术学院工作至今。研究方向：美术学。主讲课程：艺术史、油画、素描。

0189 严英秀

性　　别：女
出生年月：1970-03-12
民　　族：藏族
政治面貌：民主党派
职　　称：副高
学　　历：大学本科
所在单位：甘肃联合大学人文学院
通讯地址：兰州市城关区北面滩 400 号
成　　就：2008 年 4 月获甘肃联合大学优秀班主任奖；2009 年 11 月获甘肃省第五届少数民族文学奖三等奖；2010 年 8 月获甘肃省高校社科成果奖二等奖；2010 年 6 月获第七届雁门杯优秀小说奖；2011 年 9 月获第 20 届全国梁斌小说奖三等奖；2012 年 3 月获甘肃省教科文卫系统“优秀女职工”奖；2012 年 5 月，获第四届甘肃黄河文学奖三等奖。近五年来，在《文艺争鸣》《民族文学研究》《兰州大学学报》《南方文坛》《当代文坛》等国家权威刊物、CSSCI 核心刊物上发表文学理论、评论 30 万字，其中 1 篇被《新华文摘》列为“年度重要论文”，15 篇被收入中国人民大学《现当代文学研究》“索引”篇目，7 篇被各类学刊评论、转载、引用，产生了一定学术影响。现主持国家教育部规划项目“近 30 年中国少数女性文学专题研究”。近年来，在《中国作家》《民族文学》《青年文学》《长城》《文学界》《黄河》《西湖》《作品》《山西文学》《飞天》等刊物上发表文学作品 10 余篇。
简　　介：1990 年 7 月至 2003 年 5 月，在合作民族师专中文系任教；2003 年 5 月至今，在甘肃联合大学人文学院任教；社会兼职：中国作家协会会员、中国少数民族作家学会会员、中国现代文学研究学会会员、甘肃省作家协会理事、甘肃省当代文学学会会员。

0190 王登渤

性　　别：男
出生年月：1968-07-19
民　　族：汉族
政治面貌：党员

职　　称：副高
学　　历：大学本科
所在单位：甘肃省文联
通讯地址：兰州市东岗西路 668 号
成　　就：编剧的大型话剧《马背菩提》由甘肃省话剧团演出，先后荣获中宣部 1999 年度“五个一工程”奖，文化部文华新剧目奖和全国少数民族戏剧文学孔雀奖、甘肃省敦煌文艺奖二等奖和省委宣传部“五个一工程”奖并参加了第五届中国艺术节演出。编剧的眉户剧《总盼月儿圆》获 2000 年由国家计生委、文化部、广电部、中国文联等 7 部委颁发的中国人口文化奖，并获全省新创剧目调演编剧一等奖。编剧的秦腔《飞将军李广》获中国戏剧家协会于 2000 年主办的首届中国秦腔艺术节 7 项大奖，并获编剧奖。编剧的秦腔《无声的祁连》由武威市秦剧团排演，获中国戏剧家协会于 2002 年主办的第二届中国秦腔艺术节 22 项奖励，作者获编剧奖。
简　　介：1990 年 7 月毕业于兰州大学中文系，分配至甘肃省文化厅工作；1998 年 7 月调至甘肃省文化艺术研究所，任所长助理；2000 年 11 月调至甘肃省文联，任省文联副秘书长；2006 年任调研员（保留副秘书长职务）；2009 年任省文联秘书长。社会兼职：中国作协、中国剧协、中国影协、中国民协会员、中国曲协理事，曾任甘肃省戏剧家协会副主席。2010 年 6 月当选甘肃省曲艺家协会主席。系省管地厅级后备干部，“555”人才工程入选者。

0191 邓红霞

性　　别：女
出生年月：1978-10-29
民　　族：汉族
政治面貌：群众
职　　称：副高
学　　历：硕士研究生
所在单位：兰州文理学院美术学院
通讯地址：兰州市城关区北面滩 400 号
成　　就：主持甘肃省高等学校科研项目资助项目 1 项，甘肃省教科所教学改革项目 1 项，参与编辑教材 2 部，发表论文近 20 篇，其中北大核心 1 篇，设计作品荣获甘肃省青年设计大赛二等奖，另荣获甘肃省委宣传部主办的创意甘肃优秀指导教师奖，甘肃省教学成果奖 1 项（教育厅级），甘肃省高校社科奖（三等奖 1 项）。
简　　介：研究方向为视觉传达设计理论与实践。

0192 许林

性　　别：男
出生年月：1964-09-25
民　　族：汉族
政治面貌：群众
职　　称：副高
学　　历：大学本科
所在单位：甘肃政法学院
通讯地址：甘肃省兰州市安宁西路 6 号
成　　就：1992 年 8 月参加广州首届 90 年代艺术双年展，作品《西边的冬日》入选作品集。1992 年 9 月入中央工艺美术学院杜大恺工作室学习。1994 年 8 月参加第四届中国艺术节——蒋志鑫、田卫戈、许林、孙效民四人画展。1994 年 9 月油画作品《记忆——1992》入选第八届全国美展。1997 年 5 月作品《睡莲的正午》获加拿大第三届枫叶奖国际水墨展佳作奖。1999 年 5 月应邀参加中央电视台《美术星空》栏目西部画家专访节目。1999 年 6 月国画作品《都市记忆——1999》获甘肃省青年美展一等奖。2000 年 5 月水墨作品《大河寻源》荣获团中央、文化部、中国美协联合举办的当代中国青年书画展二等奖。2011 年 6 月水墨作品《西域晨曦》获庆祝建党 90 周年甘肃省青年美术作品展一等奖。在国家级刊物发表学术论文 20 余篇，出版专著《许林画集》《许林水墨画集》等。

简　　介：现为甘肃政法学院艺术学院副院长、甘肃敦煌中国画院院长、甘肃省青年美术家协会主席、甘肃省青联常委。

0193 袁丫丫

性　　别：女

出生年月：1974-06-05

民　　族：汉族

政治面貌：党员

职　　称：副高

学　　历：中专

所在单位：天水市秦剧团

通讯地址：天水市秦州区光明巷 65 号

成　　就：2004 年 8 月，参加中国秦腔“四小名旦”竞美秀，并荣获“四小名旦”优胜奖。2006 年 12 月在第二届甘肃戏剧红梅奖大赛中，《山里红》荣获表演红梅大奖。2006 年被评为“天水市劳动模范”。2007 年 9 月参加“金融杯”甘肃省戏曲青年演员大赛剧目《杜十娘》荣获表演一等奖。2009 年 11 月在庆祝新中国成立 60 周年新创剧目《麦积圣歌》调演中荣获“表演金奖”。2010 年 12 月被评为“奉献天水十大人物”。2011 年被评为“天水市领军人才”。2011 年被评为“天水市十大杰出青年”。2011 年荣获省委宣传部全省“德艺双馨”奖。2011 年 9 月，参加第三届甘肃戏剧红梅奖大赛荣获“红梅大奖”。

简　　介：1985 年—1987 年，陕西省宝鸡市艺术学校；1988 年—2004 年，甘肃省金昌市艺术团；2004 年—2011 年，天水市秦剧团业务副团长；2008 年 2 月被评为政协第五届天水市委员会委员；2010 年 8 月被团市委认命为青联副主席。现为中国剧协会员、甘肃省剧协理事、天水市剧协副主席。

0194 石芳

性　　别：女

出生年月：1975-04-09

民　　族：汉族

政治面貌：群众

职　　称：副高

学　　历：大学本科

所在单位：河西学院音乐学院

通讯地址：甘肃省张掖市环城北路 846 号

成　　就：主持省社科、省教育厅、学院教学科研立项 5 项；主、参编教材各 1 部，共 24 万字。

简　　介：2000 年毕业于西北师范大学音乐系；2010 年获西北师范大学音乐学院音乐学硕士学位；现为河西学院音乐学院副教授、张掖市音乐家协会会员。主要从事中外国音乐史等课程的教学工作。

0195 杨虎

性　　别：男

出生年月：1962-11-14

民　　族：回族

政治面貌：党员

职　　称：副高

学　　历：大学本科

所在单位：兰州文理学院音乐舞蹈学院

通讯地址：兰州市城关区北面滩 400 号

成　　就：主要研究中外音乐理论比较及美育欣赏，长期活跃于本省、本地、各类文艺舞台，并经常参加省内各种演出，取得社会各界的一致好评，同时多次获得各类奖项。并与专业文艺院团乐队同行组织高水准乐队，担任乐队队长及艺术指导参加各类社会实践活动，为甘肃省的群众及各行业文化艺术活动做出了贡献。

简　　介：兰州文理学院音乐舞蹈学院教师、器乐教研室主任、副教授。主要研究中外音乐理论比较及美育欣赏。

0196 胡卫国

性　　别：男

出生年月：1973-02-25

民　　族：汉族

政治面貌：群众

职　　称：副高

学　　历：硕士研究生

所在单位：甘肃政法学院

通讯地址：甘肃省兰州市安宁西路 6 号

成　　就：主要承担设计基础课及环艺方向课堂的教学。2005 年参与编绘并出版《青少年绘画技巧丛书》；2011 年出版《胡卫国画集》，并担任全国十二五规划高等院校教材《基础色彩》副主编；2012—2013 年参与甘肃省社会科学院重大项目、甘肃省重点文艺创作项目“红军西路军系列连环画”的创作课题；2013 年完成学术著作《艺术设计的理论基础与发展》；绘画及设计作品多次在省专业展览及竞赛中获奖。10 余篇论文发表于《雕塑》《美术大观》《美术教育与研究》《美与时代》等国家级及省级学术刊物。

简　　介：毕业于西安美术学院、华中师范大学美术学院，获硕士学位。现为甘肃政法学院艺术学院副教授。系甘肃省美术家协会会员、甘肃青年美协理事、兰州视觉艺术设计协会理事。

0197 左文林

性　　别：男

出生年月：1968-07-09

民　　族：汉族

政治面貌：党员

职　　称：副高

学　　历：大学本科

所在单位：兰州城市学院美术学院

通讯地址：兰州市安宁区安宁东路 180 号

成　　就：2008 年著作《中华五千年史演义》绘画本，获兰州城市学院 2006—2007 社科奖二等奖。2008 年《兰州绿色文化博览园展览馆》展示创意设计获获兰州城市学院 2006—2007 社科奖三等奖。2007 年油画《牧歌系列》两幅获首届中国美术教师艺术作品年度奖优秀奖。2007 年油画《草枯风冷沙似雪》在西望敦煌甘肃美术作品展中获艺术创作奖，并在中国美术馆展出。2008 年作品《回水湾》参加“风从敦煌来”甘肃美术作品展。2007 年项目“素描分解教学研究”获校级教学成果三等奖。2008 年作品《去向何方》获甘肃美术“金驼奖”。2008 年《兰州绿色文化博览园》创意设计获“创意甘肃”视觉艺术设计作品展金奖。2009 年油画作品《河畔牧歌》入选庆祝中华人民共和国成立 60 周年——甘肃美术作品大展获二等奖。2009 年被评为兰州城市学院教育实习优秀组织工作者。

简　　介：1991 年 6 月任兰州师专艺术教研室教师；1997 年 7 月任兰州师专美术系系副主任，承担教学及管理工作；2003 年至今历任兰州师专美术系、兰州城市学院美术学院、系主任、院长；2002 年兼任中国艺术教育促进会设计分会理事；2006 年被聘为甘肃省教育厅学校教育指导委员会委员，2007 年成为甘肃省城市发展研究院院务委员；2008 年被聘为青春中国——甘肃省青少年才艺大赛评审委员会委员，主办单位为共青团甘肃省委、省文化厅、省广电总台；2009 年《中国民族书画》杂志编委和杂志社艺术委员会主任委员；2010 年成为甘肃省美术家协会理事；

2011年12月被聘为兰州视觉艺术设计协会专家顾问。

0198 师晖

性　　别：女

出生年月：1974-05

民　　族：汉族

政治面貌：党员

职　　称：副高

学　　历：大学本科

所在单位：兰州城市学院音乐学院

通讯地址：兰州市安宁区街坊路11号

成　　就：多次荣获省级声乐比赛奖项。其中，2000年获第九届全国青年歌手电视大奖赛甘肃赛区专业组美声唱法二等奖。发表核心刊物论文1篇，专著1本，省级刊物论文18篇，主持完成"十一五"社科项目1项，参与其他省级课题项目3项。2006年所授声乐课获省级精品课程。指导学生多次获奖，本人获省级优秀指导老师7项。

简　　介：1993年考入西北师范大学音乐系，师从吴庭辉教授，1997年毕业。2002年在中央音乐学院师从赵登营教授进修一年。

0199 宋涛

性　　别：男

出生年月：1972-01-20

民　　族：汉族

政治面貌：党员

职　　称：副高

学　　历：大学本科

所在单位：陇南师范高等专科学校美术系

通讯地址：陇南师范高等专科学校美术系

成　　就：在《雕塑》等国家级、省级刊物发表学术论文6篇，参与省教育厅项目1项，获甘肃省教学成果省级二等奖1项；油画作品在省美协主办的美术作品展中获二等奖1项，三等奖2项；3次被陇南市教育局评为优秀教师。2013年被评为陇南师专"师德标兵"。

简　　介：毕业于西北师大美术系，2010年取得副教授任职资格，曾任陇南师专团委副书记。主授课程：素描、色彩、油画。

0200 张圣海

性　　别：男

出生年月：1961-10-13

民　　族：汉族

政治面貌：党员

职　　称：副高

学　　历：大学专科

所在单位：甘肃省话剧院

通讯地址：兰州市城关区酒泉路75-103号

成　　就：1999话剧《马背菩提》获中宣部"五个一工程"奖，文化部"文华"奖，获全省调演灯光设计优秀奖。2000话剧《邓小平在江西》获中宣部"五个一工程"奖，文化部"文华"奖。2000年在甘肃省舞台设计作品展览中灯光设计图与灯光设计方案获一等奖。2000话剧《邓小平在江西》获全省调演灯光设计一等奖。2002话剧《兰州人家》获全国人口文化奖，曹禺戏剧优秀新剧目奖，中宣部"五个一工程"奖，甘肃省第四届敦煌文化一等奖，灯光设计奖。2003话剧《老柿子树》获第十一届全国文化新剧目奖、七届艺术节观众喜爱剧目奖。2004年在省文化艺术科学论文评奖中，《舞台灯光在戏剧演出中的作用》获一等奖。2006年话剧《康布尔的儿孙们》参加全省调演荣获灯光设计一等奖。2007年话剧《兰州好家》参加全省调演荣获灯光设计一等奖。2010年《兰州好家》参加第六届中国话剧优秀剧目展演获甘肃省委省政府文艺最高奖第六届敦煌文艺奖灯光设计一等奖。

简　　介：1981年3月在甘肃省话剧团参加工作至今。2004年任舞美工程部部长，2010年5月任甘肃省话剧院业务副院长。

0201 杜芳

性　　别：女
出生年月：1971-08-23
民　　族：汉族
政治面貌：群众
职　　称：副高
学　　历：大学本科
所在单位：甘肃省文联民间文艺家协会
通讯地址：甘肃省文联民间文艺家协会
成　　就：2004年执行主编国家社科基金资助重大项目、国家艺术科学规划重点项目《中国谚语集成·甘肃卷》获文化部颁发的全国“文艺集成编纂成果奖”，其个人于同期获全国艺术科学规划领导小组颁发的全国“文艺集成编纂成果二等奖”。2010年获中国民间文艺家协会颁发的“中国民间文学集成贡献奖”。2004年获联合国教科文组织、中国民间文艺家协会颁发的“保护中国少数民族民歌行动”项目“个人贡献奖”。2006年获中国民间文艺家十力砼授予的“全国德艺双馨民间文艺工作者”荣誉称号。2012年获甘肃省委组织部、甘肃省委宣传部、甘肃省文联授予的“第二届甘肃省中青年德艺双馨文艺工作者”荣誉称号。
简　　介：1992.07—2000.04任甘肃省民协驻会干部；2000.05—2008.03任甘肃省民协秘书长；2008.03—2010.03任甘肃省民协专职副主席兼秘书长；2010.03至今任甘肃省民协专职副主席，驻会主持协会工作。2004年—2006年4月任中民间文艺家协会第六届理事会理事；2006年4月—2011年4月任中民间文艺家协会第七届理事会理事；2011年4月至今任中国民间文艺家协会第八届理事会理事；2006年6月至今任中国民协中国花儿文化专业委员会副主任；2008年至今任中国民协中国傩文化保护基地主任。

0202 万学汇

性　　别：男
出生年月：1969-08-15
民　　族：汉族
政治面貌：民主党派
职　　称：副高
学　　历：大学本科
所在单位：兰州文理学院美术学院
通讯地址：兰州市城关区北面滩400号
成　　就：出版专著1部，参编教材两本，发表论文4篇，获省级奖5项。
简　　介：兰州文理学院美术学院，副教授。

0203 刘耀庆

性　　别：男
出生年月：1966-10-09
民　　族：汉族
政治面貌：群众
职　　称：副高
学　　历：大学本科
所在单位：兰州文理学院美术学院
通讯地址：兰州市城关区北面滩400号
成　　就：出版著作1部，发表论文10余篇，获省级奖10余项。
简　　介：兰州文理学院美术学院副教授。

0204 王若冰

性　　别：男
出生年月：1962-09-09
民　　族：汉族
政治面貌：群众
职　　称：副高
学　　历：大学专科

所在单位：天水日报社
通讯地址：天水市民主东路 86 号
成　　就：1990 年《秦地风采》获甘肃省优秀新闻作品评选“好专栏奖”；2005 年《四周妯娌争小姑》获甘肃新闻奖编辑一等奖；2007 年《永清堡布衣先生》获全国报纸副刊作品年赛编辑一等奖；2005 年到现在，先后有散文《雪天读赵壹》《一个民族的背影》《天水古巷》及采写、编辑的新闻作品《从乡镇“瘦身”谈降低行政成本》《劳务信息进会场》《公开是大区市场》等先后 10 余次获甘肃新闻奖二、三等奖。
简　　介：1984.7—1985.7 在原天水地区文教处工作；1985.7 至今在天水日报社工作。历任副刊部编辑、副刊部副主任、发行部主任、专刊文艺部主任、副总编辑等职。主要社会兼职：中国作家协会会员、甘肃文学院特邀评论家、天水市文联副主席、天水市作家协会副主席等。其业务成就主要表现在新闻编辑和文学创作两个方面。

0205 冯硕

性　　别：男
出生年月：1968-10-13
民　　族：汉族
政治面貌：党员
职　　称：副高
学　　历：大学本科
所在单位：甘肃政法学院
通讯地址：甘肃省兰州市安宁西路 6 号
成　　就：主持甘肃省高等学校科研项目、甘肃省教育科学“十二五”规划项目等课题，主编《艺术概论》《设计素描》等教材，论文发表于《美术》《雕塑》等刊物。美术作品多次参加省市级展览并获奖。
简　　介：1991 年毕业于西北师范大学美术系，2011 年教育部高等学校骨干教师国内（首师）访问学者。甘肃政法学院艺术学院副教授，基础教研室主任。甘肃美协会员、甘肃省美术教育专业委员会副秘书长。

0206 周亮

性　　别：女
出生年月：1979-10-14
民　　族：汉族
政治面貌：党员
职　　称：副高
学　　历：博士研究生
所在单位：兰州大学艺术学院
通讯地址：兰州市东岗西路 199 号
成　　就：主持教育部人文社会科学青年基金项目《通过高校音乐教育传承民间花儿的可行性研究》（项目批准号 09XJC760002，2009—2013）。主持文化部文化艺术科学研究项目《传统民歌花儿的当代演变研究》（项目批准号 12DD16，2012）。2013 年主持兰州大学中央高校基本科研业务费专项资金重点项目《西北多民族地区和谐之音——河湟花儿研究》（项目批准号 13LZUJBWZD002）。2012—2013 年主持兰州大学西北少数民族研究中心重点研究基地专项项目《河湟花儿音乐表现中的多民族性研究》等多个项目。
简　　介：音乐学硕士，文学博士，民族学博士后。音乐研究所声乐研究室副教授。中国音乐教育家协会会员，甘肃省音乐家协会会员。2002 年 9 月至 2005 年 6 月，西北师范大学音乐学院硕士研究生；2007 年 9 月至 2010 年 6 月，兰州大学文学院博士研究生；2010 年 7 月至 2013 年 5 月，兰州大学西北少数民族研究中心博士后流动站博士后；2005 年 7 月至今，任教于兰州大学艺术学院；2011 年 1 月至 2012 年 1 月，美国爱荷华州立大学音乐系访学。

0207 仇宇

性　　别：男

出生年月：1969-12-31

民　　族：汉族

政治面貌：民主党派

职　　称：副高

学　　历：大学本科

所在单位：兰州文理学院美术学院

通讯地址：兰州市城关区北面滩 400 号

成　　就：发表学术论文 7 篇，作品入选、获奖 8 项。

简　　介：1996 年西北师范大学美术系油画专业毕业。现为兰州文理学院美术学院副院长、副教授。社会兼职：甘肃美术家协会会员、甘肃油画学会理事。长期从事油画创作及美术教育教学工作。

0208 梁小明

性　　别：女

出生年月：1973-07-25

民　　族：汉族

政治面貌：群众

职　　称：副高

学　　历：大学本科

所在单位：陇南师范高等专科学校美术系

通讯地址：甘肃成县陇南路 34 号

成　　就：美术作品《老人》《风景》《西狭夏风》参加省、地美展。发表学术论文 10 余篇，其中 1 篇为核心期刊，1 篇获得全国第二届大学生艺术展演活动高校艺术教育科研论文三等奖。主持完成校级课题 1 项。被评为“优秀教师”“优秀班主任”“优秀实习指导教师”，获得“第一届中青年骨干教师”称号。

简　　介：1995 年 6 月毕业于天水师专，于成县师范任教；1999 年 9 月至 2001 年 6 月于西北师范大学美术教育专业进修；2001 年 9 月至今于陇南师范、陇南师专担任美术教学工作。专业技术职务为副教授，兼任美术系美术基础教研室主任。

0209 赵静

性　　别：女

出生年月：1976-10-11

民　　族：汉族

政治面貌：群众

职　　称：副高

学　　历：硕士研究生

所在单位：兰州文理学院音乐舞蹈学院

通讯地址：兰州市城关区北面滩 400 号

成　　就：研究方向为声乐演唱与教学。教材《精选外国歌曲赏析》（2012 年 11 月，第一作者，甘肃民族出版社出版）；专著《声乐演唱技巧及教学实践探索》（2012 年 8 月，第二作者，吉林大学出版社出版）；论文《奥尔夫音乐教学法中的人本主义思想》发表于《甘肃联合大学学报》2008 年第 6 期；《艺术歌曲我住长江头的演唱策略》发表于《甘肃联合大学学报》2010 年第 4 期；《裕固族民歌的特点及传承保护》发表于《天水师范学院学报》2010 年第 6 期；《多元智能理论对声乐教学的启示》发表于《中国新教育研究》2010 年 12 月；《花儿艺术特征分析》发表于《甘肃联合大学学报》2011 年第 5 期。

0210 陈慧霞

性　　别：女

出生年月：1969-09-28

民　　族：汉族

政治面貌：群众

职　　称：副高

学　　历：大学本科

所在单位：白银市群众艺术馆

通讯地址：白银市白银区长安路 16 号

成　　就：2000 年《篆刻作品》获全国群众书画摄影大展青年组优秀奖、获中国龙文化艺术节书画展优秀奖。2002 年版画作品《黄土情》获甘肃省群艺馆文化馆专业技术人员美术书法摄影展二等奖。2003 年剪纸作品《红红火火背鼓子》获甘肃省民间剪纸艺术展览一等奖。2005 年版画作品《皮影》获省第五届版画展二等奖。2007 年版画作品《惑》获甘肃省第三届群星艺术节评奖活动美术类铜奖。有多篇论文在《甘肃文苑》《甘肃教育》《甘肃书法》《中国书画报》《民主协商报》等报刊杂志上发表。曾被授予甘肃省“优秀青年”、白银市首届“十大杰出青年”、市“巾帼建功标兵”、市“德艺双馨文艺工作者”等称号。艺术成就入载《中国当代青年大典》。

简　　介：1993 年 11 月至 1998 年 12 月在白银市物资总公司工会任干事；1998 年 12 月至 2010 年 1 月在白银市群众艺术馆任助理馆员、馆员、副研究馆员；2010 年 1 月至今在白银市群众艺术馆任副研究馆员、文艺部主任；现为甘肃省美术家协会员、甘肃省书法家协会会员、甘肃省民间文艺家协会会员、白银市民间文艺家协会副主席兼秘书长、白银市书协常务理事、白银石林印社副社长、政协白银市第四届委员会委员。

0211 陈艳

性　　别：女

出生年月：1976-01-18

民　　族：汉族

政治面貌：党员

职　　称：副高

学　　历：大学本科

所在单位：河西学院音乐学院

通讯地址：甘肃省张掖市环城北路 846 号

成　　就：近年来，主持、参与教改、科研项目 6 项，发表专业论文数篇，参与编写专著 1 部。2011 年 6 月被确定为河西学院第二批“青年骨干教师”。

简　　介：2000 年 6 月毕业于西北师范大学音乐系，现为河西学院音乐学院副教授。2006 年曾赴中央音乐学院专业进修，主要从事声乐教学与研究。

0212 王永梅

性　　别：女

出生年月：1965-12-25

民　　族：汉族

政治面貌：党员

职　　称：副高

学　　历：大学本科

所在单位：甘肃政法学院

通讯地址：甘肃省兰州市安宁西路 6 号

成　　就：现为甘肃政法学院艺术学院副教授（甘肃省美术家协会会员），主要承担设计基础课及专业选修课教学课程，长期从事艺术基础教育、国画创作及艺术理论研究。国画作品多次入选国家省级展览，发表论文数篇，出版画集 1 部。

简　　介：1989 年 6 月毕业于西北师范大学美术系，美术教育专业，获文学学士学位；1996—1997 年在北京画院研修班彭培泉先生门下学习花鸟创作。

0213 杨晓

性　　别：女

出生年月：1978-03-29

民　　族：土族

政治面貌：群众

职　　称：副高

学　　历：大学本科

所在单位：兰州城市学院美术学院

通讯地址：兰州城市学院培黎校区美术学院

成　　就：《声闻于天》“从洛桑到北京”

荣获第四届国际纤维艺术双年展优秀奖;《风景写生》荣获2011年度甘肃写生画展二等奖;《静物花卉》荣获纪念中国共产党成立九十周年——甘肃省穆斯林书画摄影邀请展二等奖;《兰州印象·中山桥》荣获甘肃省第四届青年设计艺术展——平面设计在甘肃二等奖;多篇论文在省、地级刊物发表。2012年主讲纤维艺术课程被评为省级精品课程。

简 介:2000年毕业于西北师范大学美术学院;2002年在清华大学美术学院进修;2004年就读于中国艺术研究院纤维艺术研究生课程班;中国工艺美术学会纤维艺术委员会理事,甘肃省美术家协会会员。

0214 石晓兰

性 别:女

出生年月:1969-08-04

民 族:汉族

政治面貌:党员

职 称:副高

学 历:大学本科

所在单位:兰州大剧院

通讯地址:城关区大众市场26号

成 就:2002年在第二届中国秦腔艺术节演出中《思源》获伴奏一等奖;2006年在第二届甘肃戏曲红梅大赛中荣获红梅伴奏二等奖;2008年获甘肃省第三届器乐大赛一等奖(青年组);2009年获甘肃省第三届器乐大赛二等奖(青年组);2009年获全国义演人才选拔甘肃赛区民乐类扬琴专业青年组一等奖;在豫剧《落雪的远山》《山月》担任扬琴领奏,赴宁波参加第九届戏剧节,荣获优秀表演奖,后又随团各地巡回演出,累计达30场以上;在大型秦剧《曹操与杨修》担任扬琴领奏,赴北京、上海等地演出,参加全省新剧目调演及秦腔艺术节演出,分获一等奖及优秀剧目奖;演出30余场,均获观众好评。

简 介:国家二级演奏员。1985.9—1989.6甘肃省艺术学校器乐班,学历中专;1985.9—1989.7兰州市轻音乐团乐队四级演奏员;1989.7—2002.8兰州歌舞剧院交响乐团三级演奏员;2000.9—2002.12西北师范大学音乐教育,学历大专;2003.9—2005.12甘肃省委党校,学历本科;2008年担任兰州大剧院人事教育中心主任。

0215 李娟莲

性 别:女

出生年月:1962-12-03

民 族:汉族

政治面貌:群众

职 称:副高

学 历:大学本科

所在单位:兰州市教育科学研究所

通讯地址:兰州市城关区北滨河东路364号

成 就:甘肃省学校艺术教育指导委员。获甘肃省中小学“青年教学能手”称号。美术作品多次参加省市级画展并获奖发表。任人民教育出版社美术教材(1—6年级上、下册)编委,教材已经在省内使用。曾出版个人油画册《李娟莲油画》。被聘请为甘肃省优质课评委、兰州市新课程师资培训讲师团专家组成员、兰州市教师资格专家评审委员会评委,第六、第七、第八、第九届兰州市教学新秀评委(1999—2012)。

简 介:1983年参加工作,在兰州市外国语学校执教22年,自2004年调入兰州市教科所,主抓兰州市美术教育教研工作。

0216 骆少军

性 别:男

出生年月:1966-01-06

民 族:汉族

政治面貌：群众
职　　称：副高
学　　历：大学本科
所在单位：甘肃画院
通讯地址：兰州画院
成　　就：作品入选纪念抗日战争胜利 60 周年全国中国画作品展览（中国美协主办）、全国第十九次新人新作展（中国美协主办）、2006 年纪念李苦禅艺术馆开馆暨全国中国画提名展（中国美协主办）、“草原情”全国中国画作品提名展（中国美协主办）、纪念黄道周全国中国画作品提名展（国家画院主办）；获甘肃省委、省政府颁发的第五届敦煌文艺奖，两次获甘肃省专业画院画家作品展提名奖、优秀奖。作品参加“西望敦煌”甘肃省美术作品晋京展。其作品发表于《中国文化报》《画刊》《美术向导》《美术界》等报刊杂志。
简　　介：2004 年进修于中国画研究院高研班龙瑞工作室，现兰州画院专业画家，甘肃画院院外画家，国家二级美术师。

0217 成康

性　　别：男
出生年月：1964–09–06
民　　族：汉族
政治面貌：群众
职　　称：副高
学　　历：大学本科
所在单位：甘肃画院
通讯地址：兰州市文学艺术界联合会
成　　就：多幅作品先后在《美术》《中国油画》《中国书画报》《甘肃美术家》《甘肃画报》等专业刊物上发表。作为青年油画家，成康用短短几年的时间，集约纯粹的绘画属性，架构起属于自己的艺术领地。作品曾入选全国第十七届新人新作展、第七届全国水彩水粉画展，获甘肃省委省政府颁发的“敦煌文艺奖”、兰州市委市政府颁发的“金城文艺奖”、甘肃省首届美术金驼奖。
简　　介：毕业于西北师范大学美术系油画专业。社会兼职：现为中国美术家协会会员、甘肃省美术家协会理事、甘肃画院特聘画家、兰州市美协副主席。

0218 唐正光

性　　别：男
出生年月：1959–12–05
民　　族：汉族
政治面貌：党员
职　　称：副高
学　　历：大学专科
所在单位：兰州市文化发展研究中心
通讯地址：兰州市城关区五泉西路 29 号
成　　就：获多项省级奖。

0219 赵建玉

性　　别：男
出生年月：1953–06–18
民　　族：汉族
政治面貌：群众
职　　称：副高
学　　历：大学专科
所在单位：兰州画院
通讯地址：兰州市五泉西路 29 号
简　　介：1976 年毕业于西北师范大学美术系；1996 年结业于中央美术学院国画系山水画专业高研班。原兰州画院副院长、中国书法家协会会员、甘肃省书法家协会理事、甘肃省政协九届委员、甘肃省政协书画艺术研究会理事、甘肃省美术家协会会员，国家二级美术师。

0220 刘世庆

性　　别：男

出生年月：1966-05-01

民　　族：汉族

政治面貌：群众

职　　称：副高

学　　历：大学本科

所在单位：兰州市第五十二中学

通讯地址：兰州市第五十二中学

成　　就：2001年油画作品入选甘肃省企业美术、书法、摄影作品大展，获二等奖。2004年1月20日在美国Muskingum学院举办个人画展。2006年参加在美国曾斯维尔美术博物馆举办的“丝绸之路”书画展。2010年油画作品在兰州市第六届金城文艺奖评选中获三等奖。

简　　介：1992年毕业于西北师范大学美术系油画专业，获文学学士学位；1992年7月分配到兰州铁路局第二中学（现兰州市第五十二中学）任教；现为甘肃省美术家协会会员。

0221 霍玉焕

性　　别：女

出生年月：1965-05-19

民　　族：汉族

政治面貌：党员

职　　称：副高

学　　历：中专

所在单位：兰州歌舞剧院

通讯地址：兰州市城关区五泉西路35号

成　　就：1988年任兰州市第八届政协委员会委员，1988年兰州市青年委员。1998年任兰州市音乐家协会理事。2002年任甘肃省音乐家协会理事。2014年任兰州市音乐家协会副主席。1988年获全国青年歌手电视大奖赛专业组甘肃预选赛通俗唱法三等奖。1989年兰州市庆祝建国40周年文艺调演二等奖。1990年获全国青年歌手电视大奖赛专业组甘肃预选赛通俗唱法三等奖。1994年兰州市专业剧团文艺汇演获声乐一等奖。1994年获全国青年歌手电视大奖赛专业组甘肃预选赛通俗唱法三等奖。1996年兰州市专业演员演奏员大奖赛声乐一等奖。1999年全省首届专业演员演奏员大奖赛声乐二等奖。2001—2002年获兰州市“艺术尖子人才”荣誉称号。

简　　介：国家二级演员。1980年考入甘肃省艺术学校越剧班，1985年毕业；1985年兰州市越剧团演员；1986年兰州市轻音乐团演员，业务科副科长；2002年兰州歌舞剧院交响乐团副团长。

0222 冯天

性　　别：男

出生年月：1979-01-25

民　　族：汉族

政治面貌：党员

职　　称：副高

学　　历：硕士研究生

所在单位：兰州职业技术学院

通讯地址：兰州市安宁区刘沙公路37号

成　　就：先后取得高等学校“双师型”教师，中国高级商业美术设计师，全国高职高专师资培训认证教师资格。甘肃省青年摄影家协会副秘书长、甘肃省青年美术家协会会员。长期从事艺术教学工作、美术创作、摄影创作、平面设计、舞台美术、高校宣传工作。油画《甘南风景》《达娃卓玛》《归》《女大学生》《郎木寺》等参加省市各级展览并获奖。

简　　介：2001年7月参加工作。现担任兰州职业技术学院党委宣传部副部长。2001年毕于西北民族学院美术系油画本科专业；2013年毕业于西北民族大学美术学院美术学硕士专业；2001 年至今供职于兰州职业技术学院。

0223 彭淑敏

性　　别：女
出生年月：1963-11-14
民　　族：汉族
政治面貌：党员
职　　称：副高
学　　历：大学本科
所在单位：兰州女子中专
通讯地址：兰州市城关区嘉峪关北路 5 号
成　　就：1996 年中国合唱节获铜奖，中央教科所大美育子课题（美在身边）第一人结题。第二届青年教学新秀，兰州市骨干教师。曾在 2008 年及 2011 年甘肃舞蹈飞天奖中分别获得过金奖、银奖。
简　　介：1984 年毕业于兰州师专音乐专业，2001 年进修毕业于西北民族学院音乐专业。

0224 邹雯

性　　别：女
出生年月：1969-12-21
民　　族：汉族
政治面貌：民主党派
职　　称：副高
学　　历：大学本科
所在单位：兰州市七里河区文化馆
通讯地址：兰州市七里河区文化馆
成　　就：2004 年演唱歌曲《延安故事》在省文化厅、省音协举办的甘肃省首届民族民间艺术节声乐比赛中获金奖；2006 年，代表我省参加由文化部、宁夏自治区政府及西部 12 省区文化厅主办的第五届中国西部民歌大赛荣获银奖；2005 年歌曲《延安故事》在兰州市委市政府举办的第五届“金城文艺”奖评选中获演唱金奖；2007 年，歌曲《活出个样给自己看》在省文化厅、省音协举办的第三届甘肃省群星艺术声乐比赛获金奖；2014 年创作并演唱了《兰州民建之歌》。
简　　介：1990 年自兰州师范学校毕业后分配至七里河区秀川小学任音乐老师，从事一年级至六年级音乐教学工作，被评为教学骨干；1994 年调入七里河区文化馆，从事声乐演唱和群众文化工作至今；1994 年 4 月在西北师范大学音乐教育专业进修；2006 年 7 月毕业于中国政法大学继续教育学院法律专业；现任七里河区文化馆副馆长、七里河区政协委员、兰州市政协委员、民建兰州市文化专委会副主任、兰州市音乐家协会副主席。

0225 罗泽燕

性　　别：女
出生年月：1962-09-04
民　　族：汉族
政治面貌：群众
职　　称：副高
学　　历：硕士研究生
所在单位：兰州女子中专兰州艺术学校
通讯地址：兰州市嘉峪关北路 5 号
成　　就：曾荣获全国艺术教育先进个人、全国校园文化先进个人、甘肃省学校体育与艺术教育先进个人，兰州市第四、第五批专业技术拔尖人才，兰州市专业技术领军人才。曾获兰州市首届“金城名师”称号。
简　　介：曾先后担任首届中国丝绸之路节开幕式、第四届中国艺术节开幕式编导，兰州市第四届体育运动会开幕式总导演，兰州市庆祝建国五十周年大型文艺演出《新世纪的太阳》总导演，甘肃省第五届少数民族传统体育运动会开幕式总导演，2005 年兰州市第五届体育运动会开幕式总导演，2006 年甘肃省第七届残疾人运动会开幕式总导演，2010 年甘肃省首届中学生运动会开幕式总导演。

0226 范文阳

性　　别：男
出生年月：1965-01-21
民　　族：汉族
政治面貌：群众
职　　称：副高
学　　历：大学本科
所在单位：兰州画院
通讯地址：五泉西路 29 号
成　　就：美术作品《吉祥如意图》参加中国美协主办的“1999 澳门回归中国画、摄影作品大展”获优秀奖；《家园》参加中国美协主办的“纪念中国改革开放 30 周年——全国美术作品展”；《千台大戏送农村》参加纪念中国共产党成立 90 周年甘肃省重大革命历史题材美术作品展览，并被评为优秀作品，由甘肃省博物馆收藏；《品牌服装店的藏族姑娘》参加中国美协主办的“庆祝西藏和平解放 60 周年美术作品展览”；《春满人间》参加中国美协主办“第十二届全国美术作品展”。
简　　介：1986 年毕业于西北师范大学美术系；2006 年研修于中国国家画院张江舟人物画高研班；现为兰州画院专业画家、国家二级美术师。社会兼职：中国美术家协会会员、江苏省国画院特聘画家、甘肃画院特聘画家、兰州市政协书画院副院长、甘肃省中国画学会副秘书长。

0227 张敬群

性　　别：男
出生年月：1940-11-01
民　　族：汉族
政治面貌：群众
职　　称：副高
学　　历：中专
所在单位：兰州画院
通讯地址：五泉西路 29 号
成　　就：兰州画院专职书画家，国家二级美术师。中国书法家协会会员，甘肃省书法家协会理事，兰州市书法家协会副主席。作品有《梅花相伴》等。

0228 刘宁

性　　别：男
出生年月：1963-04-12
民　　族：汉族
政治面貌：群众
职　　称：副高
学　　历：高中
所在单位：兰州交响乐团
通讯地址：兰州市城关区金塔巷 64 号文艺大院 3 单元 502 室
成　　就：甘肃省第二届器乐舞蹈大赛获一等奖。国家精品舞剧（大梦敦煌）及所有交响音乐会担任双簧管首席。

0229 潘红霞

性　　别：女
出生年月：1969-02-08
民　　族：汉族
政治面貌：群众
职　　称：副高
学　　历：大学本科
所在单位：兰州女子中等专业学校
通讯地址：兰州市城关区嘉峪关北路 5 号
成　　就：参与并完成了中央教育科学研究所八五重点课题——中国大美育实验与研究的子课题“美在身边”的科研任务，并经专家检验合格；代表甘肃教育厅参加全国首届教师合唱比赛获银奖；参加纪念反法西斯胜利六十周年全国合唱比赛获铜奖；辅导学校合唱团获全国魅力校园合唱汇演二等奖，本人获“优秀指导教师”奖。撰写的教育教学论文在省市级刊物发表4篇，其中3篇论文分获省市级不同等级的奖项。校级奖励：荣获“优秀教师”10次，“工会积极分子”6次，“优秀班主任”3次，“文明班集体”8次，“优秀班集体”4次，“优秀团支部”1次。
简　　介：自1990年参加工作至今，长期从事声乐、钢琴、合唱课的教学及班主任的教育工作。兰州女子中专高级教师，中国音乐家协会合唱联盟会员，中国合唱协会会员，甘肃省音乐家协会会员，中国高校合唱委员会甘肃分会理事、中学部副部长。

0230 王生凯

性　　别：男
出生年月：1971-12-06
民　　族：汉族
政治面貌：群众
职　　称：副高
学　　历：大学本科
所在单位：兰州画院
通讯地址：兰州画院
简　　介：1996年毕业于甘肃省庆阳师范高等专科学校美术系；2002年毕业于西北师范大学美术系，获文学学士学位；中国美术家协会会员、甘肃省美术家协会会员、甘肃画院院聘画家。现工作于兰州画院。

0231 李贵平

性　　别：男
出生年月：1966-03-14
民　　族：汉族
政治面貌：党员
职　　称：副高
学　　历：大学本科
所在单位：兰州女子中专
通讯地址：兰州女子中专
成　　就：1998年12月获甘肃省美展二等奖。2002年11月获兰州市第七届教学新秀。2009年11月全国高教杯工艺美术说课二等奖。2010年4月获兰州市总工会美展一等奖。先后在《甘肃画报》《人民教育》《党建》《甘肃教育》《美术报》等杂志报刊发表作品数十幅，多次参加全国、省市美展，并获奖。
简　　介：毕业于西北师范大学美术系油画专业。现为兰州艺术学校美术教师，系甘肃美术家协会会员、兰州美术家协会会员。

0232 杨晓文

性　　别：男
出生年月：1965-06-21
民　　族：汉族
政治面貌：群众
职　　称：副高
学　　历：高中
所在单位：兰州市文化发展研究中心
通讯地址：兰州市城关区五泉西路37号
成　　就：2002年话剧《兰州老街》获第二届中国戏剧评奖金奖。2003年话剧《兰州人家》获第八届中国戏剧节曹禺戏剧奖优秀编剧奖。2004年话剧《老柿子树》获第十一届文华奖剧目奖。2005年戏曲《戏毛信》获第五届全国儿童题材戏曲调演优秀剧目奖。获甘肃省“敦煌文艺奖”新剧目二等奖。2006年戏曲《云娘》获甘肃省宣传部2005—2006年度重点文艺创作项目资助。2001年以来先后获得甘肃省政府颁发的“甘肃省飞天艺术成就个人奖银奖”，并被兰州市文化出版局授予“2001—2002年度兰州市艺术尖子人才”荣誉称号。2004年3月他作为首批人员入选兰州市“151人才工程”。2004年12月获兰州市第四批专业技术拔尖人才；2008年3月获兰州市第五批专业技术拔尖人才，并荣获兰州市首届“兰艺之星”银奖。

简　　介：中国戏剧文学学会会员，省、市戏剧家协会会员，甘肃省曲艺协会会员。从事舞台艺术创作多年。

0233 洪红

性　　别：女

出生年月：1969-06-02

民　　族：汉族

政治面貌：群众

职　　称：副高

学　　历：大学本科

所在单位：兰州职业技术学院

通讯地址：兰州安宁区刘沙公路37号

成　　就：一直从事高职院校艺术类教学工作。

0234 唐芳

性　　别：女

出生年月：1964-03-21

民　　族：汉族

政治面貌：群众

职　　称：副高

学　　历：大学本科

所在单位：兰州市文化馆

通讯地址：五泉西路29号兰州市文化馆

成　　就：1994年参加了全国青年歌手电视大奖赛，获得甘肃赛区业余组民歌演唱三等奖。1994年参加了由文化部主办的全国民歌邀请赛获优秀奖。1994年参加了第四届中国艺术节《黄河展示会花儿演唱会》获得演唱二等奖。1995年参加了由省文化厅组织选送的声乐节目《口弦轻轻吹》的演唱，在全国第五届“群星奖”比赛中获银奖。1995年参加了由省文化厅组织选送的声乐节目《一对对鸽子飞过来》的演唱，在全国第五届“群星奖”比赛中获铜奖。1996年参加了兰州市群众文艺调演的组织和演出工作，其作曲演唱的《土生土长》获得表演一等奖、创作三等奖。1996年参加了由甘肃省音乐家协会等单位联合举办的1996“华德杯”金城十佳业余青年歌手电视大奖赛，获得十佳第二名。

简　　介：1984年7月参加工作，1992年被聘为音乐讲师，2001年被破格评为副研究馆员。现为中国社会音乐研究学会会员、甘肃省音乐家学会会员、兰州市群文学会理事。

0235 牛路军

性　　别：男

出生年月：1971-12-11

民　　族：汉族

政治面貌：民主党派

职　　称：副高

学　　历：硕士研究生

所在单位：兰州商学院

通讯地址：兰州商学院艺术学院

成　　就：作品入展第十届全国美术作品展。多次获甘肃美展特等奖，一、二等奖。获得首届甘肃美术金驼奖银奖，兰州市首届艺术丹青奖铜奖。作品被中国国家画院、北京今日美术馆、甘肃省委宣传部、甘肃画院等多家机构收藏。2009年获得甘肃省文艺类最高奖敦煌文艺奖。

简　　介：毕业于西安美术学院中国画系，曾在中国美术学院刘国辉教授人物画工作室研究生班、中国国家画院张江舟副院长首届人物画高研班学习。现任兰州商学院艺术学院副教授。社会兼职：甘肃画院特聘画家、兰州市美术家协会中国画艺术委员会副主任、甘肃中国画学会副秘书长、兰州市青少年书画协会主席、甘肃美术家协会会员、甘肃省青年美术家协会理事。

0236 王艺潼

性　　别：女
出生年月：1986-07-17
民　　族：汉族
政治面貌：群众
职　　称：副高
学　　历：大学本科
所在单位：兰州大剧院
通讯地址：兰州市大众市场 26 号
成　　就：2008 年参加首届甘肃舞蹈“飞天奖”；原创三人舞蹈《今天就长大》获作品金奖、表演金奖；2009 年原创舞蹈《今天就长大》获甘肃省第六届“敦煌文艺奖”二等奖；2009 年成为舞剧《大梦敦煌》主角“月牙”扮演者；2010 年原创舞蹈《今天就长大》获兰州市“金城文艺奖”一等奖；原创女子独舞《爱有来生》获得表演金奖；原创女子独舞《月舞云袖》获编导银奖；2012 年原创双人作品《画中仙》获 2012 年兰州市首届文艺创作奖舞蹈百合奖铜奖；2013 年原创、表演作品《两仪》《月舞云袖》获 2013 年兰州市首届文艺创作奖舞蹈百合奖银奖；2014 年被评为兰州市领军人才。
简　　介：2005 年—2009 年就读于西北师范大学舞蹈系；2006 年随《大梦敦煌》剧组赴欧洲各国进行巡演；2006 年参加中央电视台举办兰州桃花旅游节“中华情”大型演出；2007 年 1 月随《大梦敦煌》剧组赴欧洲各国进行巡演。

0237 陆春丽

性　　别：女
出生年月：1977-05-31
民　　族：汉族
政治面貌：民主党派
职　　称：副高
学　　历：博士研究生
所在单位：西北民族大学美术学院
通讯地址：西北民族大学美术学院
成　　就：论文《美的静悟——视觉冲击力与经典工笔画辨析》发表于《天津大学学报社会科学版》2012 年第 4 期；论文《浅谈古典道学思想对魏晋时期书风的影响》发表于《理论前沿》2013 年第 2 期；论文《新时代工笔画创作反思》发表于《美术向导》2012 年第 5 期；论文《中国绘画复古思想简析》发表于《学理论》2013 年第 3 期；论文《永乐宫壁画朝元图画面色彩分析研究》发表于《理论前沿》2013 年第 3 期；作品《肃南藏北系列——恬》《肃南藏北系列——迷》发表于《美术向导》2012 年第 5 期；论文《银饰审美与工笔画表现技法研究》发表于《天津大学学报社会科学版》2014 年第 1 期。
简　　介：西北民族大学美术学院副教授，甘肃省美术家协会会员，中国工笔画学会会员。1996—2000 年西北民族大学美术学院中国画专业学士学位；2002—2005 年四川大学艺术学院中国画方向硕士学位；2005 年至今在西北民族大学美术学院工作，任职期间：2010 年至今天津大学工笔重彩研究所攻读博士学位。

0238 朱小风

性　　别：女
出生年月：1963-02-20
民　　族：汉族
政治面貌：群众
职　　称：副高
学　　历：大学本科
所在单位：兰州市理工中专
通讯地址：兰州市理工中专
成　　就：1993 年荣获兰州市第三届中小学教学新秀。2000 年荣获兰州市第二届现代教育技术课堂教学比赛三等奖。2001 年兰州市中小学县区级骨干教师。2002年兰州市中小学市级骨干教师。2003年获兰州市第六届中小学艺术节七里河赛区优秀辅导奖。1999年6月在《西北师大学报》发表论文《浅谈音乐教师的素质》，2001年5月在《西北师大学报》发表论文《幼师声乐教学方法初探》，2010年10月在《甘肃教育学院学报》上发表论文《幼师声乐教学中的发声方法》。

简　　介：1985年西北师大音乐系本科毕业；1985年7月至今在兰州市理工中专学前教育部；担任声乐、乐理、钢琴、幼儿音乐教育教学工作。

0239 付胜

性　　别：男

出生年月：1958-08-01

民　　族：汉族

政治面貌：党员

职　　称：副高

学　　历：大学专科

所在单位：兰州市文化发展研究中心

通讯地址：兰州市城关区五泉西路29号

成　　就：多次获省级奖。

0240 徐军

性　　别：男

出生年月：1961-08-01

民　　族：汉族

政治面貌：党员

职　　称：副高

学　　历：高中

所在单位：兰州大剧院戏曲剧院

通讯地址：兰州市城关区大众市场26号

成　　就：《白蛇传》《白蛇后传》中饰演许仙，《红珠女》中饰演赵海，《秦雪梅奇缘》中饰演商林，《对花枪》中饰演罗成，《花打朝》中饰演唐王，《盘丝洞》中饰演唐僧，《八珍汤》中饰演张凤斌，《义烈风》中饰演庄鸿文，《日月图》中饰演汤子岩，《包公误》中饰演包贵，《母老虎上轿》中饰演孙诚朴，《朝阳沟》中饰演拴保，《薛丁山吊孝》中饰演薛丁山，《山月》中饰演天狗等等。

简　　介：1974年考入兰州市豫剧团，国家二级演员，甘肃省剧协委员，兰州市剧协副主席，兰州市戏曲剧院副院长。受教于豫剧艺术家、国家一级演员常香玲、强庭梁、王景云，主攻文武小生兼须生。

0241 孙晨霞

性　　别：女

出生年月：1971-09-27

民　　族：汉族

政治面貌：党员

职　　称：副高

学　　历：大学本科

所在单位：兰州市第四十九中学

通讯地址：安宁区万新路42号

成　　就：2000年获得安宁区“优秀班主任”，2003年获得校级年度“优秀班主任”称号，2004年所带初二5班被评为优秀班级，2005年获得校级年度“优秀班主任”称号，2006年所带初一1班被评为优秀班集体，2010年获得校级年度“优秀班主任”称号，所带初二5班被评为优秀班集体，2010年1月初二年级被评为校级年度优秀年级组。发表《信息技术在中学美术教学中的重要性》《浅谈学生观察力的培养》等论文。

简　　介：1996年毕业于西北师范大学美术系，现为兰州市第四十九中学美术高级教师兼班主任。从事美术教学工作18年，有较丰富的美术教学经验，有较强的美术功底，擅长素描、国画等。

0242 凌玉明

性　　别：男
出生年月：1954-08-01
民　　族：汉族
政治面貌：党员
职　　称：副高
学　　历：高中
所在单位：兰州大剧院
通讯地址：大众市场 26 号
成　　就：1994 年被文化局评为第四届中国艺术节筹办工作“先进工作者”，1995 年被兰州市委市政府评为《西出阳关》进京演出活动“先进个人”，曾参与《大梦敦煌》赴欧洲、日本、澳大利亚及全国的巡演，曾参与《天鹅湖》《白毛女》《鼓舞中国》等舞剧的演出和创排。
简　　介：1970-1971 考入兰州样板戏学习班任演奏员；1971-1975 兰州市歌舞团演员；1975-1987 任兰州市歌舞团演员；1987 至今在兰州歌舞剧院工作。

0243 邵梅

性　　别：女
出生年月：1969-12-18
民　　族：满族
政治面貌：党员
职　　称：副高
学　　历：大学本科
所在单位：兰州女子中等专业学校
通讯地址：兰州市嘉峪关北路 5 号
成　　就：自从参加工作以来多此获得校级“优秀教师”“优秀班主任”和“优秀党员”的荣誉称号。2009 年获得兰州市教育局系统“优秀教师”称号。在兰州市第一、二、三届中小学合唱比赛中获得优秀指导教师奖。2013 年 11 月受聘担任中国职教学会公共艺术研究会理事及全国“创新杯”中等职业学校美育课教师微课堂评委。
简　　介：1992 年 7 月毕业于西北民族大学音乐系，1992 年至今在兰州女子职业学校任教。在 22 年的教学工作中，历任音乐欣赏课、学前教育声乐专业课、音乐专业乐理、视唱练耳课的教学工作。在教学上积累了一些教学经验，取得了一些教学成绩。从 2008 年开始担任音乐专业教学组的教研组长。2007 年开始担任兰州女子职业学校艺术部部长一职，协助校领导管理艺术类教师和学生日常教学。在教育工作中担任了 16 年的班主任工作。

0244 马元

性　　别：男
出生年月：1962-12-15
民　　族：汉族
政治面貌：民主党派
职　　称：副高
学　　历：大学专科
所在单位：兰州市文学艺术界联合会
通讯地址：兰州市文学艺术界联合会
成　　就：曾获文化部艺术中心、甘肃省书法家协会园丁奖、书法报社优秀少儿书画教师称号。作品曾获中国艺术节巨龙杯书画大奖赛优胜奖、首届中国艺术之最大展赛三等奖、“春风颂”全国书画大赛金奖和炎黄杯中外书画艺术交流精品大展赛金奖等。作品传略还发表、收录于《甘肃书法》《甘肃文史》《兰州晚报》。
简　　介：现为中国农工党党员，中国书画印研究院常务理事，甘肃省书法家协会篆刻委员会委员，甘肃省摄影家协会会员，甘肃生态书画院会员，甘肃金石篆刻研究院副秘书长、发展委员会主任，兰州市书法家协会副秘书长等。曾获文化部艺术中心、甘肃省书法家协会“园丁奖”。

0245 郭莹

性　　别：女
出生年月：1988-02-12
民　　族：汉族
政治面貌：群众
职　　称：副高
学　　历：大学本科
所在单位：兰州歌舞剧院
通讯地址：甘肃省兰州市城关区大众市场 26 号兰州歌舞剧院
成　　就：2005 年随舞剧《大梦敦煌》剧组在全国以及香港，澳大利亚，墨尔本，法国，西班牙，葡萄牙，荷兰，比利时，日本等国家进行巡演。曾参加首届飞天杯舞蹈大赛独舞作品金奖银奖。代表作品：大型舞剧《大梦敦煌》担任女主演“月牙”。独舞《爱莲说》《芳春行》。2005 年参加甘肃省第二届声乐、器乐舞蹈大赛剧目。《中国结》获二等奖。2008 年参加甘肃省首届飞天杯舞蹈大赛剧目。
简　　介：国家二级演员，兰州歌舞剧院副院长，主管芭蕾舞团，1998 年从事艺术专业工作，2002 年毕业至今在兰州歌舞剧院担任主要演员一职。

0246 王庆吉

性　　别：男
出生年月：1963-12-21
民　　族：汉族
政治面貌：党员
职　　称：副高
学　　历：大学专科
所在单位：兰州画院
通讯地址：兰州市五泉西路 29 号
成　　就：出版连环画《孙子兵法》《三十六计》，作品入选庆祝建军八十五周年全国美术作品展，作品入选百家金陵全国中国画展，两次荣获兰州市委市政府颁发的金城文艺奖一等奖，荣获省委宣传部颁发的金驼奖。
简　　介：1988 年就学于天津美术学院国画系。现为兰州画院副院长，兰州美术家协会副主席。

0247 付国良

性　　别：男
出生年月：1956-11-01
民　　族：汉族
政治面貌：群众
职　　称：副高
学　　历：高中
所在单位：兰州大剧院
通讯地址：大众市场 26 号
成　　就：曾参加解放兰州 50 周年大型文艺晚会《丰碑颂》音乐录制，甘肃省第二届声乐器乐舞蹈大赛音乐录制及剪辑；首届甘肃舞蹈“飞天杯”音乐剪辑及录制；2008 年参加了奥运会开幕式场外太平鼓表演；2011—2012 敦煌行——丝绸之路国际旅游节开闭幕式的音乐剪辑及录制等。
简　　介：1971 年至今兰州歌舞剧院工作。

0248 关文伟

性　　别：女
出生年月：1966-12-03
民　　族：汉族
政治面貌：群众
职　　称：副高
学　　历：大学本科
所在单位：兰州大剧院
通讯地址：兰州市大众市场 26 号
成　　就：1993 年在兰州市文艺会演奏中获器乐二等奖。1995 年在兰州市轻音乐团器乐评比中获得一等奖。1996 年在兰州市专业剧团青年演（奏）员大奖赛获钢琴演奏一等奖。

1998 年 5 月在兰州一中逸夫馆音乐厅举办过《蓝色狂想曲》钢琴独奏音乐会专场。2004 年在第十届全国（文艺）新人大赛中获得优秀教师奖。2004 年 10 月获得“诗威德杯”甘肃首届钢琴新苗选拔赛园丁优秀指导奖。2005 年 10 月随兰州交响乐团走出国门赴澳大利亚悉尼参加演出。

0249 汪志刚

性　　别：男

出生年月：1971-11-26

民　　族：汉族

政治面貌：党员

职　　称：副高

学　　历：大学本科

所在单位：兰州市文学艺术家联合会

通讯地址：兰州市五泉西路 29 号

成　　就：2004 年协助市政府完成《黄河第一桥》碑刻的设计立石工作；2005 年为甘肃省图书馆完成《四库全书馆》的古碑复制工作；2006 年篆刻作品入展西泠印社第六届全国展；书法作品入选西泠印社首届国际书法展；2007 年参加“百年西泠”全国海选活动，获得西北赛区的优秀奖；2008 年书法作品应邀参加日本国举办的第 8 回国际书法交流展；书法作品入选《光明日报》举办的光明的中国——纪念中国共产党成立 90 周年全国书画展。2012 行书作品入选首届“张芝奖”全国书法大赛，“羲皇杯”全国楷书大赛二等奖。

简　　介：幼受家庭熏陶，喜爱文史、书画篆刻艺术。11 岁起师从骆石华先生学习篆刻艺术，师从赵正、马国俊诸先生在书画理论、碑帖鉴赏、汉简研究等多方面学习，收益颇多。现为中国书法家协会会员、国家二级美术师、兰州市文联委员、兰州市书法家协会副主席兼秘书长、兰州市美术家协会秘书长、兰州市政协书画院副秘书长、甘肃书法院院聘书法家、甘肃省书法家协会刻字艺术委员会秘书长、甘肃省青年书法家协会副主席、甘肃金石篆刻研究院副院长、兰州商学院长青学院艺术系客座教授等。1991 年参加工作，从事《聚文报》的美术编辑工作。

0250 折琪

性　　别：男

出生年月：1963-11-26

民　　族：汉族

政治面貌：民主党派

职　　称：副高

学　　历：大学本科

所在单位：兰州市三十四中学

通讯地址：兰州市三十四中学

成　　就：2011 年油画作品《土塬》获兰州市第六届金城文艺奖，国画《陇山如铁》获 2014 年兰州市第二届文艺创作奖、美术丹青奖、优秀奖。2013 年在省博物馆举办“携手同行”兰州四人书画展，2014 年 3 月《甘肃文艺》杂志“甘肃省青年实力派艺术家推介工程系列之十四”专版推荐折琪国画作品选。

简　　介：1983 年毕业于河西学院美术系；1994—1995 年入中央美术学院徐悲鸿画室学习油画；2004—2006 年入宁夏大学学习美术教育；现为兰州市高中美术新课改专家团专家、甘肃省美术家协会会员、兰州市政协画院特聘画家、甘肃省中国画学会理事、兰州市美协理事、七里河区第八届政协委员。

0251 白恩平

性　　别：男

出生年月：1965-06-23

民　　族：回族

政治面貌：党员

职　　称：副高

学　　历：硕士研究生
所在单位：兰州画院
通讯地址：兰州市城关区五泉西路 29 号
成　　就：作品曾获庆祝中华人民共和国成立 50 周年、60 周年甘肃省美术作品展一等奖；2008 年作品入选“民族百花”全国美术作品展；2009 年获国际现代水墨画大展一等奖；2010 年获“供销杯”全国书画大赛三等奖；2012 年作品入选第九届中国民间艺术节；2013 年入选亚明艺术馆水墨名家年度展；2013 年入选首届“朝圣敦煌”全国美术作品展；2013 年入选“墨韵岭南”全国中国画作品展；2013 年获“高原”——第三届中国西部美术展中国画年度展三等奖。2014 年作品“南梁春色”入选第八届中国西部大地情——中国画油画作品展。2014 年 7 月作品“塬上暖冬”获“丝绸之路——绚丽甘肃”全国书画大赛优秀奖；2014 年作品“梦寻香音”入选第十二届全国美展中国画展。
简　　介：1986 年毕业于西北师范大学美术系；2006 年研修于中国国家画院张江舟人物画高研班；现为兰州画院专业画家、国家二级美术师、中国美术家协会会员、江苏省国画院特聘画家、甘肃画院特聘画家、兰州市政协书画院副院长、甘肃省中国画学会副秘书长。

0252 刘立

性　　别：男
出生年月：1957-05-15
民　　族：汉族
政治面貌：党员
职　　称：副高
学　　历：中专
所在单位：兰州市公安局
通讯地址：兰州市五泉西路 29 号
成　　就：2013 年参与“中国西北游、出发在兰州”中国原生态国际摄影大展活动，获得优秀奖。从影 30 余年来，先后在各类报刊杂志发表摄影作品及文字作品 400 余幅，多次在省市等国内摄影比赛中获奖。
简　　介：1980 年开始从事公安刑侦专业摄影；1989 年参加中国摄影家协会协会第五期摄影函授班并结业；2003 年参加摄影职称考试，以优异成绩获得国家高级摄影师资格证书。

0253 逯选武

性　　别：男
出生年月：1967-05-02
民　　族：汉族
政治面貌：民主党派
职　　称：副高
学　　历：中专
所在单位：兰州大剧院戏曲剧院
通讯地址：兰州市城关区大众市场 26 号
成　　就：2003 戏曲小品《我想回家》获省级综合一等奖；2005 小品《我想回家》获金城文艺一等奖；2006 戏曲《花园》获红梅杯表演二等奖；2007 豫剧《寇准背靴》获金融杯表演二等奖；领衔主演传统本戏《寇准背靴》，主演《家家有本难念的经》饰演二山，《穆桂英挂帅》饰演寇准，《铡美案》饰演陈世美，《火焰驹》饰演黄璋等。
简　　介：1988 年毕业于甘肃省艺术学校，同年 7 月考入兰州市豫剧团工作。

0254 辛国英

性　　别：男
出生年月：1953-01-09
民　　族：汉族
政治面貌：群众
职　　称：副高
学　　历：中专

所在单位：兰州日报社
通讯地址：兰州市五泉西路 29 号
成　　就：1980 年开始从事摄影创作，先后百余幅摄影作品在全国及省级摄影大赛及展览中获奖。多次荣获甘肃敦煌文艺奖，“甘肃中青年摄影十佳”“甘肃省德艺双馨文艺工作者”等称号。
简　　介：兰州日报社摄影记者，中国摄影家协会会员，甘肃省摄影家协会副主席，兰州市文联副主席，兰州市摄影家协会名誉主席，兰州现代摄影学会主席等。1969 年 8 月在甘肃省建一公司职工医院从事医师工作，1993 年调入兰州日报社从事摄影记者至今。从 1980 年开始摄影创作以来，3 万余幅各类图片在全国及省市级报刊发表，百余幅艺术、新闻摄影作品先后在国内外重大摄影展览及大赛中获奖。其中《下岗者》等 6 幅作品入选中国摄影艺术展和国际摄影艺术展。《国际比赛》获今日神州全国摄影大赛佳作奖。

0255 呼燕

性　　别：女
出生年月：1974-03-19
民　　族：汉族
政治面貌：群众
职　　称：副高
学　　历：大学本科
所在单位：兰州歌舞剧院
通讯地址：兰州市城关区大众市场 26 号
成　　就：参加了兰州大剧院主办、承办的音乐会、晚会、协奏、伴奏等各种演出活动，得到了广大观众、新闻媒体及各级领导的一致好评。曾任乐团低音提琴声部首席。先后参加了“经典敦煌”兰州—北京—悉尼交响音乐会、维也纳金色大厅中国丝绸之路经典音乐会、法国巴黎会展中心《大梦敦煌》巡演、大型秦腔《曹操与杨修》《山月》汇演、第一届黄钟奖颁奖晚会、厦门“经典敦煌”音乐会、“纪念中国共产党诞辰 88 周年”交响音乐会、“上海世博会兰州宣传文化周”交响音乐会、第二届中国交响音乐季、朱丹小提琴独奏交响音乐会等的演出。
简　　介：国家二级演奏员，从事低音提琴专业演奏工作 20 余年。

0256 许芸

性　　别：女
出生年月：1969-12-24
民　　族：汉族
政治面貌：民主党派
职　　称：副高
学　　历：大学本科
所在单位：兰州市第十四中学
通讯地址：兰州市城关区东郊巷 30 号
成　　就：兰州市第十三届政协委员。兰州市音乐骨干教师、学科带头人。甘肃省音乐学科骨干教师、甘肃省技术标兵。甘肃省国培计划音乐学科专家组成员。甘肃省普通高中新课程学科教学改革研究音乐实验基地主持人。多次获省市优秀指挥奖、优秀指导教师奖、兰州市艺术教育先进个人、金城文艺奖。
简　　介：兰州十四中中学音乐高级教师，副校长。兰州市十四中飞天艺术团常任指挥、兰州市音乐家协会副主席、甘肃省音乐家协会理事、中国合唱协会会员、兰州城市学院客座副教授、甘肃省提琴艺术教育委员会委员。

0257 肖臣

性　　别：男
出生年月：1985-12-03
民　　族：汉族
政治面貌：群众

职　　称：副高
学　　历：中专
所在单位：兰州市戏曲剧院
通讯地址：兰州市城关区大众市场 26 号
成　　就：2007 年西北秦腔艺术节《曹操与杨修》获甘肃省一等奖。
简　　介：2002 年毕业于陕西艺术学校戏曲表演，至今在兰州戏曲剧院工作。

0258 陶义道

性　　别：男
出生年月：1956-06-24
民　　族：汉族
政治面貌：民主党派
职　　称：副高
学　　历：大学专科
所在单位：兰州市第九中学
通讯地址：兰州市第九中学
成　　就：2014 年 9 月被聘任为甘肃当代敦煌艺术研究院院士。
简　　介：毕业于西北师大美术系。师承著名油画家、教授娄傅义、陡剑民，水彩画家张介平、王福曾，现为美术高级教师、中国美术家协会甘肃分会会员、中国艺术家协会会员、民盟甘肃省委文学、艺术家工作委员会委员。

0259 杨玉兰

性　　别：女
出生年月：1942-05-25
民　　族：汉族
政治面貌：群众
职　　称：副高
学　　历：高中
所在单位：兰州市文化馆
通讯地址：兰州市五泉西路 29 号
成　　就：在多场次秦腔剧目演出中担任主要角色并获奖，多场次辅导、指导秦腔演出。
简　　介：1957 年 1 月在永登县秦剧团参加工作；1974 年 6 月至 1982 年 11 月在兰州市秦剧团工作；1982 月调入兰州市文化馆；1997 年 9 月退休。

0260 李创业

性　　别：男
出生年月：1964-08-02
民　　族：汉族
政治面貌：群众
职　　称：副高
学　　历：大学专科
所在单位：兰州市戏曲剧院
通讯地址：兰州市七里河区丽景苑
成　　就：1990 年在市文化局举办的兰州市戏曲青年演员观摩赛中荣获优秀琴师奖；1993 年在兰州市文化局举办的兰州市文艺汇演中荣获戏曲伴奏一等奖；1996 年在兰州市专业剧团青年演奏员大奖赛器乐演奏中荣获二等奖；1999 年在电视连续剧《国宝第一案》担任音乐、演唱部分板胡独奏，在甘肃省首届“红梅杯”大赛荣获一等奖剧目《徐策跑城》《四贤册》担任板胡领奏；2003 年在西北五省秦腔名家精品大荟萃演出中，荣获优秀伴奏奖；2003 年在甘肃省全省小戏小品调演中，为《山里来了城里娃》《蛋糕风波》担任作曲获三等奖；为剧院 10 多本剧目录制光碟担任板胡领奏，为中央戏曲频道录制的名家名段担任板胡领奏。

0261 呼延国沛

性　　别：男
出生年月：1986-11-24
民　　族：汉族
政治面貌：群众
职　　称：副高

学　　历：中专
所在单位：兰州市戏曲剧院
通讯地址：兰州市城关区大众市场
成　　就：曾荣获中国戏曲小梅花金奖。甘肃省新剧目调演主演一等奖。甘肃省红梅奖主演一等奖。
简　　介：1997 年考入陕西省艺术学校，戏曲表演专业，学制五年，主攻铜锤和架子花脸，2002 年进入兰州市秦剧团工作至今。

0262 曾红兵

性　　别：男
出生年月：1969—01—21
民　　族：汉族
政治面貌：党员
职　　称：副高
学　　历：大学专科
所在单位：兰州市文化馆
通讯地址：五泉西路 29 号兰州市文化馆
成　　就：其作品曾荣获第二十届全国摄影艺术展优秀奖、第十二届全国群星奖摄影优秀奖、第十三届全国群星奖摄影入围奖、第四届“大河上下”摄影展三等奖、2012 群星璀璨·全国群众美术书法摄影优秀作品展获（群星奖）银奖、第三届甘肃省群星奖金奖、甘肃省第四届敦煌文艺奖、甘肃省第六届敦煌文艺奖三等奖、甘肃省第二届摄影“奔马奖”一等奖、甘肃省第七届敦煌文艺奖一等奖、兰州市第四届金城文艺奖二等奖及五、六届金城文艺奖一等奖、“中国西北游·出发在兰州”启动仪式暨中国原生态国家摄影大展活动中荣获优秀奖等。在国家级、省级刊物发表摄影作品几百余幅。
简　　介：1984 年以来从事摄影工作，1991 年 12 月到兰州市文化馆参加工作至今。现为中国摄影家协会会员、中国艺术摄影家协会会员、甘肃省摄影家协会副秘书长、兰州市摄影家协会副主席。现任兰州市文化馆办公室主任，副研究馆员。

0263 范庆华

性　　别：男
出生年月：1977—09—06
民　　族：汉族
政治面貌：党员
职　　称：副高
学　　历：硕士研究生
所在单位：兰州职业技术学院艺术设计系
通讯地址：兰州市城关区雁儿湾 191 号
成　　就：油画作品获省级美展一等奖、三等奖多次；设计作品参加全国比赛多次，获省级设计大赛一等奖、二等奖、三等奖多次；指导学生参加省级专业比赛获得一等奖、二等奖、三等奖多次。
简　　介：兰州职业技术学院艺术设计系副主任。甘肃美协会员、甘肃青年美协理事、中国建筑学会室内设计分会 24（兰州）专业委员会委员。

0264 金福祥

性　　别：男
出生年月：1954—12—11
民　　族：汉族
政治面貌：党员
职　　称：副高
学　　历：大学专科
所在单位：兰州市国家税务局
通讯地址：兰州市文学艺术家联合会
成　　就：自幼受家庭熏陶，并在已故全国著名书法大师金玉振先生的启蒙教授下，从魏、晋、唐楷和汉隶入手，孜孜不倦地临帖学习，现已彰显出个人风格，擅长魏碑和小楷。作品多次在国内外书法大展、赛上获奖。
简　　介：现为甘肃省书法家协会会员、中

国中青年书法家协会理事、兰州市书法家协会副主席、兰州市青年书法家协会副主席、兰州市作家协会会员。

0265 朱虹

性　　别：女
出生年月：1974-07-07
民　　族：汉族
政治面貌：群众
职　　称：副高
学　　历：大学本科
所在单位：兰州歌舞剧院
通讯地址：兰州市城关区大众市场 26 号
成　　就：2007 年 1 月 22 日，演出《中国丝绸之路经典音乐会》获得极大成功；2010 年率乐团赴西安参加首届“西北音乐节”获得演奏、作品、指挥三项大奖；2013 年应邀率团二度赴广东中山和珠海举办“中山市元宵节专场音乐会”以及“中国三大女高音”音乐会获得成功；2013 年 9 月随兰州交响乐团赴宁夏、银川参加第二届“中国西部交响乐团展演周”演出同样获得成功受到了主办方和西部十二支乐团同仁的高度赞扬。

0266 王瑾

性　　别：女
出生年月：1986-11-25
民　　族：汉族
政治面貌：群众
职　　称：副高
学　　历：大学本科
所在单位：兰州歌舞剧院
通讯地址：兰州市城关区大众市场 26 号
成　　就：自 2002 年起在该院创排的原创剧目及大型晚会中担任多个领舞角色，受到观众及专家一致好评。参演精品舞剧《大梦敦煌》赴香港、澳大利亚、法国、西班牙、葡萄牙、比利时、荷兰、日本及全国省市巡演；带领兰州歌舞剧院舞剧团代表甘肃出访伊拉克、纳米比亚、博茨瓦那、津巴布韦、坦桑尼亚、肯尼亚、厄立特里亚、南非等国进行友好访问交流演出；多次参加各种大型文艺晚会、国际旅游节开闭幕式晚会的编排及演出工作；2011 年大型鼓舞乐《鼓舞中国》中参与主演及编创工作；2010 年荣获兰州市“三八红旗手”荣誉称号；2011 年荣获全国“三八红旗集体”荣誉称号；2012 年荣获甘肃省第二届中青年“德艺双馨文艺工作者”称号。
简　　介：国家二级演员。自 2002 年在兰州歌舞剧院参加工作至今。现任兰州歌舞剧院副院长、中国舞蹈家协会会员、甘肃省舞蹈家协会理事、甘肃省文学艺术界联合会代表、兰州市戏剧舞蹈家协会副主席、兰州市青年联合会委员称号。

0267 赵亮

性　　别：男
出生年月：1973-11-21
民　　族：汉族
政治面貌：群众
职　　称：副高
学　　历：大学本科
所在单位：兰州市盲聋哑学校
通讯地址：兰州市城关区白银路 66 号
成　　就：2008 年《听障学生的心理教育》发表于《甘肃日报》；2008 年《聋校德育社会化的思考与实践》发表于《特殊教育》；2006 年参与编写了《聋生心理健康教育指导手册》《关注聋生心理健康》。2003 年—2005 年主持了教育部基础教育司“十五”特殊教育科研课题《聋生心理健康教育与培养的研究》的子课题《聋生不良行为表现及产生原因的研究》的教研工作，教研成果在兰州市第六届基础教育科研优秀成果评选中获二等奖。2007 年 12 月入选兰州市“151 人才工程”第三层次人才库，现为兰州市市级骨干教师。

简　　介：1993 年 9 月至 1997 年 7 月就读于西北民族大学美术系；1997 年 8 月分配到兰州市盲聋哑学校工作，任中专部美术教师，主要承担美术设计和二维动画等课程的教学；教龄 17 年，并承担班主任工作 10 余年；2000 年 10 月至 2001 年 1 月赴辽宁师范大学参加“特殊需要儿童的心理与教育”培训班学习，以优异的成绩结业；2003 年 10 月赴北京师范大学参加“特殊需要儿童心理健康教育及测查评估研讨班”学习，并顺利结业；2003 年 9 月被评为“兰州市教育局系统优秀教师”。

0268 任红

性　　别：女
出生年月：1967-02-02
民　　族：汉族
政治面貌：党员
职　　称：副高
学　　历：大学本科
所在单位：兰州市文联
通讯地址：兰州五泉西路 29 号
成　　就：作品见于《人民文学》《中国作家》《十月》《天涯》《青年文学》《散文》《美文》《散文海外版》《中国国家地理》等刊。数十篇散文入选各类选本。著有散文集《浮现》（入选“二十一世纪文学之星”丛书）《讲述：她们》《表达》等。获第三届冰心散文奖，新散文论坛新散文奖；《浮现》《讲述：她们》连续两届获甘肃省黄河文学奖一等奖。
简　　介：中国作家协会会员，鲁迅文学院第十三届中青年作家高研班学员。

0269 叶凤萍

性　　别：女
出生年月：1962-10-24
民　　族：汉族
政治面貌：群众
职　　称：副高
学　　历：大学本科
所在单位：兰州市第二十七中学
通讯地址：甘肃省兰州市城关区火车站
成　　就：2001 年荣获甘肃省教育厅颁发的全省第三届“学生天地杯”中学生文艺汇演优秀指导教师奖；2005 年荣获兰州市第五届中小学生独唱大赛辅导奖；2005 年指导排练的小合唱《山楂树》荣获兰州市第五届金城文艺奖一等奖（政府奖）；2011 年获“校园未来星”第八届中国优秀特长生展示活动获“最佳指导教师”荣誉称号。
简　　介：1983 年毕业于西北民族学院艺术系声乐专业；毕业后分配到兰州二十七中任教至今，一直从事学校音乐教育教学工作，已有 30 余年教龄；从 1990 年开始，担任教研组长，并在本专业中成为了教研员、学科带头人。

0270 柳华娟

性　　别：女
出生年月：1964-08-26
民　　族：汉族
政治面貌：群众
职　　称：副高
学　　历：高中
所在单位：兰州大剧院戏曲剧院
通讯地址：兰州市七里河区下西园小区
成　　就：在团里担任琵琶伴奏和领奏工作，每年平均下基层演出 300 余场，曾荣获省剧协颁发的优秀伴奏奖。单位颁发的鼓励奖以及先进个人奖。担任过很多部戏曲琵琶独奏工作，如《窦娥冤》《周仁回府》《曹操与杨修》等。2007 年在《甘肃艺苑》第 2 期发表论文《琵琶在秦腔戏曲中的作用》，第 3 期发表论文《琵琶在秦腔〈窦娥冤〉中的伴奏实践》，第 4 期发表论文《对琵琶教学的一点探讨》。

0271 唐正光

性　　别：男
出生年月：1959-12-08
民　　族：汉族
政治面貌：党员
职　　称：副高
学　　历：大学专科
所在单位：兰州市文化发展研究中心
通讯地址：兰州市城关区五泉西路 35 号
成　　就：2012 年小品剧本《韩总的烦心事》入选文化部社图司主办的《文化大视野——全国群文系统文艺作品选集》（第四卷），并荣获优秀作品奖；2012 年独立创作并演出的喜剧小品《约会》在甘肃省首届百姓戏剧小品艺术节获三等奖；2012 年合作编剧、主演的小品《鼓娃》在“天穆杯”全国第三届“新农村、新文化、新风尚”小品比赛中获三等奖；2013 年小品剧本《小魏、亮豁》入选文化部社图司主办《文化大视野——全国群文系统文艺作品选集》（第五卷），并荣获优秀作品奖。

0272 胡沁

性　　别：女
出生年月：1967-08-21
民　　族：汉族
政治面貌：群众
职　　称：副高
学　　历：大学本科
所在单位：兰州市第三中学
通讯地址：兰州市第三中学
成　　就：1996 年，指挥十中学生合唱队获兰州市教育局庆祝红军长征胜利 60 周年全市中小学合唱比赛二等获；2001 年，指挥十中教师合唱队获全市教育系统合唱比赛中优秀奖；2003 年 10 月，获兰州市第六届中小学生艺术节（音乐类）展演优秀指导教师奖；2007 年 5 月，指导学生获得兰州市中学生合唱比赛银奖、兰州市第二届京剧艺术比赛金奖；2007 年 9 月，指导学生获得兰州市第二届中小学生器乐比赛银奖；在省、地级刊物公开发表论文多篇。
简　　介：1992 年 8 月参加工作。1992 年 8 月至 1994 年 8 月，兰州市第三十四中学工作；1994 年 9 月至 2006 年 5 月，兰州市第十中学工作；2006 年 6 月至今，兰州三中工作。

0273 杨敏

性　　别：女
出生年月：1978-01-18
民　　族：汉族
政治面貌：群众
职　　称：副高
学　　历：大学专科
所在单位：兰州市歌舞剧院交响乐团
通讯地址：兰州市大众市场 26 号
成　　就：2002 年获兰州市器乐大赛二等奖；2005 年荣获甘肃省器乐大赛一等奖；2008 年荣获甘肃省器乐大赛三等奖。

0274 汪永辉

性　　别：男
出生年月：1969-07-10
民　　族：汉族
政治面貌：群众
职　　称：副高
学　　历：大学本科

所在单位：兰州职业技术学院
通讯地址：兰州市安宁区刘沙公路 37 号
成　　就：美术作品《春华秋实》《胡杨林的诉说》《雨后》《岁月沧桑》《赞歌》《官滩沟的晌午》《山花系列》等多幅作品在省市级美展上获得奖励或杂志上发表，并获得同行好评；在教学实践中，师德为先，教学相长，成绩突出，多次被学校评为优秀教师；在摄影专业教学中，先后在省级学术刊物上发表了多篇相关学术论文，主编了《数码摄影实训教程》；积极组织学生参加摄影大赛，在各级别赛事中取得了优异的成绩；2013 年 9 月摄影作品《翱翔蓝天》获“首届全国高校数字艺术作品大赛”教师组一等奖；2014 年担任第二届全国高校数字艺术作品大赛评委。
简　　介：1992 年 6 月毕业于西北师范大学美术系。现任甘肃省美术家协会会员、甘肃省美术教育研究会会员。自参加工作以来一直从事一线美术造型、艺术设计教学工作。现任教于兰州职业技术学院数字传媒系影视教研室，副教授职称。

0275 徐志鸿

性　　别：女
出生年月：1968-12-28
民　　族：汉族
政治面貌：群众
职　　称：副高
学　　历：大学本科
所在单位：兰州市文化馆
通讯地址：兰州市城关区五泉西路 29 号
成　　就：作品曾入选第二届全国少数民族美术作品展、庆祝建国 50 周年甘肃省美术作品展、西部风情——甘肃省美术作品展、庆祝建国 60 周年甘肃美术作品大展、陇原风华——甘肃省美术作品展、纪念毛泽东延安文艺座谈会上的讲话发表 70 周年——甘肃省美术作品展、甘肃省写生展、中国梦——甘肃省美术作品大展、寻梦敦煌——甘肃女画家 12 人提名展、兰州市美术书法作品晋京展、紫雪凝香——中国著名女画家邀请展、美丽中国梦——甘肃美术作品大展、甘肃青海宁夏三省美术作品展等，并有多幅作品获奖。数十幅美术作品发表于《中国文化报》《中国艺术报》《美术报》《美术大观》《中国美术教育》等报刊杂志。
简　　介：1986—1990 年就读于西北师范大学美术系；1990—2004 年就职于金昌市金川公司第五中学；2004 年调入兰州市文化馆；从事群众文化工作，现为副研究馆员、甘肃省美术家协会会员。

0276 朱慧玲

性　　别：女
出生年月：1970-10-22
民　　族：汉族
政治面貌：民主党派
职　　称：副高
学　　历：大学本科
所在单位：兰州职业技术学院
通讯地址：兰州市城关区榆中街 150 号
成　　就：所带学生，从零基础开始到毕业都能达到开个人演唱会的水平，并且在单位各项文艺活动中，其排练组织的学生组或是教师组每次都会拿到第一。

0277 金海日

性　　别：男
出生年月：1961-02-14
民　　族：朝鲜族
政治面貌：民主党派
职　　称：副高
学　　历：大学本科

所在单位：兰州市第六十一中学
通讯地址：兰州市西固区福利西路 721 号
成　　就：2010 年获得兰化中小学总校“优秀工会工作者”称号；2011 年学校工会获兰化中小学总校“先进支会”称号；2012 年获得兰化中小学总校“优秀工会工作者”称号；2013 年获评兰化中小学总校师德先进。
简　　介：1977 年 4 月—1979 年 7 月，在甘肃省安西县插队；1979 年 9 月—1983 年 7 月，在西北民族大学美术专业学习；1983 年 9 月至今在兰州市第六十一中学担任美术教师；1999 年 10 月 12 月获美术专业中学高级教师任职资格 2004 年 6 月至今，担任兰州市第六十一中学工会主席。

0278 买继文

性　　别：女
出生年月：1974-10-29
民　　族：回族
政治面貌：党员
职　　称：副高
学　　历：硕士研究生
所在单位：兰州戏曲剧院
通讯地址：兰州市定西路兰大一分部 699 号
成　　就：1996 年参加青年演奏员大奖赛以琵琶独奏《十面埋伏》获三等奖；1999 年参加甘肃省首届器乐大奖赛以琵琶独奏《绿腰》获二等奖；2000 年甘肃省电视台文化频道特拍摄人物专访《买继文与她的琵琶世界》；2001 年参加兰州市青年演奏员大奖赛以琵琶独奏《火把节之夜》获二等奖。

0279 彭潇

性　　别：男
出生年月：1973-04-10
民　　族：汉族
政治面貌：群众
职　　称：副高
学　　历：大学本科
所在单位：兰州歌舞剧院
通讯地址：兰州市城关区大众市场 26 号
成　　就：2005 年赴悉尼歌剧院演出《经典 . 敦煌》交响音乐会，在兰州、北京、悉尼三地引起轰动。2007 年 1 月 22 日，参加中国丝绸之路经典音乐会获得极大成功。2010 年赴西安参加首届西北音乐节获得演奏、作品、指挥三项大奖。2013 年二度赴广东中山和珠海举办中山市元宵节专场音乐会以及中国三大女高音音乐会获得成功。2013 年 9 月赴宁夏、银川参加第二届中国西部交响乐团展演周演出，同样获得成功并受到主办方和西部十二支乐团同仁的高度赞扬。

0280 杨晓莲

性　　别：女
出生年月：1966-09-13
民　　族：汉族
政治面貌：群众
职　　称：副高
学　　历：大学本科
所在单位：兰州市第五十八中学
通讯地址：兰州市西固区福利东路 212 号
成　　就：兰州市艺术教育先进个人。甘肃省教学案例比赛二等奖。全国校际管乐节二等奖，优秀辅导教师。兰州市中小学生器乐比赛金奖、优秀指导教师奖。兰州市中小学生艺术节金奖、优秀辅导教师。
简　　介：1990 年毕业于西北师范大学音乐系，高级教师。自参加工作以来，一直工作在教学一线。兰州市教育局音乐中心教研组成员，兰州市艺术教育先进个人，中国高校合唱协会会员。

0281 姜洁

性　　别：女
出生年月：1970-05-11
民　　族：汉族
政治面貌：党员
职　　称：副高
学　　历：大学本科
所在单位：兰州女子职业学校
通讯地址：兰州市嘉峪关北路5号
成　　就：兰州女子职业学校高级教师。参加第十一届、十二届、十三届、十四届、十九届全国中小学生书法绘画比赛获辅导教师一等奖。参加全国高教社杯说课比赛获三等奖，作品参展。论文《色彩观察力的培养》《色彩基本功的训练》发表在《甘肃社会科学》杂志，《感受与理解》发表在《甘肃教育》杂志。完成兰州市教育科研“十二五”市级规划课题《中职学生性别角色意识的现状与对策研究》。常年在教学一线，为高校培养了大批人才。
简　　介：1996年毕业于西北师范大学美术教育专业，多年来一直工作在教育教学一线，兢兢业业、勤勤恳恳为高等艺术院校培养了大批人才。社会兼职：兰州市美术家协会理事、兰州市教师资格评审委员会评委、兰州市第八届教学新秀、城关区第八届政协委员、兰州艺术学校美术教研组组长。

0282 梁路顺

性　　别：男
出生年月：1984-05-21
民　　族：汉族
政治面貌：群众
职　　称：副高
学　　历：大学专科
所在单位：兰州大剧院
通讯地址：兰州市大众市场26号
成　　就：2011年参加第二届甘肃省飞天杯舞蹈大赛编创独舞《生命的季节》获金奖；编创独舞《母亲是泥土》获金奖；同年参加首届“敦煌情”丝绸之路国际文化旅游节大型晚会《炫彩之旅》担任舞蹈编导；2012年参加由中共甘肃省委宣传部主办的大型鼓舞乐《鼓舞中国》担任舞蹈编导；2013年参加首届“花儿艺术节”大型开幕式晚会担任编导及演员；2014年参加舞剧《梦幻彩陶》担任编导及演员；2014年参加庆祝建国65周年兰州芭蕾舞团首场专场晚会演出担任编导。

0283 陈平

性　　别：男
出生年月：1953-07-16
民　　族：汉族
政治面貌：群众
职　　称：副高
学　　历：大学专科
所在单位：兰州歌舞剧院
通讯地址：兰州市城关区绣河沿54号
成　　就：在歌舞团工作期间，先后参加了《红灯记》《智取威虎山》《白毛女》《红色娘子军》《鱼美人》《天鹅湖》《小刀会》及各类大型歌舞晚会，下乡演出等场次近百场，参加了舞蹈诗《西出阳关》获中宣部“五个一”工程奖，舞剧《大梦敦煌》获文化部国家精品殊荣。在多年的工作中，注意音乐理论的修养，先后发表专业论文数篇，其中的《从内蒙组曲说起》受到了业界好评。个人荣获了省音乐家协会举办的少儿小提琴比赛的优秀指导教师奖及甘肃省电视台的大型文艺晚会演奏一等奖两次，国家广电总局举办的全国电视文艺《星光奖》三等奖一次，甘肃省电视台主办的大型文艺晚会获甘肃省敦煌文艺一等奖演奏奖和“优秀演奏员”荣誉称号。甘肃省音乐家协会会员和甘肃省小提琴教育委员会会员。
简　　介：兰州歌舞剧院交响乐小提琴专业国家二级演奏员。社会兼职：甘肃省音乐家协会会员、小提琴教育委员会会员、中国音乐学院校外音乐辅导特聘教师。1970 年以优异的成绩考入兰州市歌舞剧院，1974 年在上海音乐学院进修小提琴专业。

0284 徐弘雯立

性　　别：女
出生年月：1970-01-06
民　　族：汉族
政治面貌：民主党派
职　　称：副高
学　　历：大学本科
所在单位：兰州市文学艺术界联合会
通讯地址：兰州市文学艺术界联合会
成　　就：1990、1993 年作品《生命从这里开始》《荷塘戏水》参加全国国防系统美术大展并在北京展出，分别获二等、三等奖；1994 年作品《家园》入选甘肃省国防系统青年大展，获一等奖。
简　　介：毕业于西北民族大学美术学院，擅长水墨人物及工笔人物与花鸟，师承中国著名画家李宝峰先生。现为中国国画家协会理事、兰州市美术家协会理事、甘肃美术家协会会员、兰州市中国画院创研部主任、现在清华美院冯远水墨人物画创作室。

0285 李晓滨

性　　别：女
出生年月：1970-01-11
民　　族：汉族
政治面貌：群众
职　　称：副高
学　　历：大学本科
所在单位：兰州女子中等专业学校
通讯地址：兰州市嘉峪关北路 5 号
成　　就：在省级刊物发表多篇论文。《浅谈高中音乐欣赏课的教学》获兰州市首届中小学合唱节论文评选三等奖；2011、2014 年，在市学前教育五项全能比赛中获优秀教师辅导奖；2013、2014 年获甘肃省学前教育五项全能比赛优秀教师辅导奖；1998 年钢琴小品《牧童短笛》一课获现代课堂比赛三等奖。
简　　介：1992.7—2014.10，从西北师大音乐系毕业至今，一直在兰州女子中专任教，所教学科有琴法、声乐、音乐欣赏、视唱练耳、乐理、音乐教学法、编配、钢琴伴奏等。

0286 冯林燕

性　　别：女
出生年月：1955-06-11
民　　族：汉族
政治面貌：群众
职　　称：副高
学　　历：大学专科
所在单位：兰州大剧院
通讯地址：兰州大剧院
成　　就：曾参加《大梦敦煌》剧组排练演出工作，多次获国家省市奖励：五个一工程奖、文华奖、敦煌文艺奖、金城特等奖；曾被单位评选为优秀先进个人。

0287 田霖

性　　别：女
出生年月：1972-05-17
民　　族：汉族
政治面貌：党员
职　　称：副高
学　　历：大学本科
所在单位：兰州女子中等专业学校
通讯地址：兰州市嘉峪关北路 5 号
成　　就：1999 年、2003 年、2005 年、2006 年、

2007 年、2008 年、2009 年、2010 年共 8 次被评为校优秀教师（先进教育工作者）；2001 年 7 月在兰州市第四届运动会开幕式中获最佳服装设计奖；2008 年 6 月在第十三届全国中小学生绘画比赛中获国家教育部艺术教育委员会颁发的绘画类指导工作二等奖；2010 年 8 月在首届甘肃省中学生运动会开幕式演出中获教育局颁发的优秀编导奖。

简　　介：甘肃省服装设计协会高级服装设计师。1995 年毕业于甘肃联合大学服装设计专业，同年 10 月在兰州市女子中专任教；2003 年在兰州大学中文系进修后获得本科文凭；2006 年 9 月至 2013 年 9 月，任教务处副主任；2013 年 10 月至今任科研处主任。

0288 亢学煊

性　　别：男

出生年月：1973-11-09

民　　族：汉族

政治面貌：群众

职　　称：副高

学　　历：大学本科

所在单位：兰州歌舞剧院

通讯地址：兰州市城关区大众市场 26 号

成　　就：参加本单位所有各种类型规模演出，曾任交响乐团副团长、乐团首席。多次受到各级领导及外请专家认可和肯定，多次获得省市专业比赛一等奖。

0289 付时兰

性　　别：女

出生年月：1962-12-27

民　　族：汉族

政治面貌：群众

职　　称：副高

学　　历：大学本科

所在单位：兰州女子中专

通讯地址：兰州市嘉峪关北路 5 号

成　　就：第四届黄河之夏金城杯歌咏大赛三等奖。首届“敦煌杯”中国丝绸之路卡拉 OK 电视大奖赛三等奖。兰州地区“亚都杯”声乐比赛专业组三等奖。第四届中国艺术节“建设杯”歌手大赛二等奖。甘肃省“宏鑫杯”教师声乐电视大奖赛三等奖。“华德杯”金城十佳业余歌手电视大奖赛荧屏奖。全省“三力杯”卡拉 OK 电视歌手大奖赛美声唱法优秀歌手奖。在颂歌献给党——兰州市各族各界群众喜迎十六大演唱会活动中，获省级、市级金奖 10 次、银奖 6 次。论文《浅议课堂教学艺术》发表于《甘肃社会科学》，论文《音乐教学中对学生不良发声习惯的分析与纠正》获甘肃省教育论文三等奖。

简　　介：1987 年毕业于西北师范大学，在兰州市安宁区教师进修学校任教，任教学科有声乐、合唱、琴法、视唱练耳以及乐理等，担任班主任工作四年。1995 年 5 月，调入兰州女子中专任教，担任音乐专业声乐课的教学和学前教育声乐课、合唱课以及音乐教学法的教学工作。

0290 张生进

性　　别：男

出生年月：1970-01-06

民　　族：汉族

政治面貌：群众

职　　称：副高

学　　历：大学本科

所在单位：甘肃画院

通讯地址：兰州画院

成　　就：中国画著作屡次参与全国及省市级展览，取得多项奖项并被保藏。现为国家二级美术师，甘肃画院专职画家。

简　　介：甘肃华池人，结业于西北师范大学美术学院；著名画家李宝峰先生入室弟子；

2010 年入清华大学首届人物画创造高级研修班学习，师从著名画家冯远先生；2013 年，入著名画家陈钰铭先生作业室学习。

0291 封震乾

性　　别：男

出生年月：1963-09-08

民　　族：汉族

政治面貌：民主党派

职　　称：副高

学　　历：大学本科

所在单位：兰州职业技术学院桃林校区

通讯地址：兰州职业技术学院桃林校区

成　　就：2000 年参加第五届中国国际合唱节，荣获金奖第一名；2012 年参加第十四届“永远的辉煌”中国老年合唱节，荣获银奖；2014 年参加第十六届“永远的辉煌”中国老年合唱节荣获银奖；在省、地级刊物发表论文多篇。

简　　介：中国合唱协会会员、中国教育学会音乐学会会员、甘肃省音乐家协会会员、中国高校合唱协会甘肃分会高校部副部长、兰州市音乐名师、兰州市音乐家协会副秘书长。现任兰州职业技术学院艺术教研室主任，副教授。

0292 丘宁

性　　别：女

出生年月：1970-04-21

民　　族：汉族

政治面貌：民主党派

职　　称：副高

学　　历：硕士研究生

所在单位：兰州画院

通讯地址：甘肃省兰州市五泉西路 29 号

成　　就：参加第二届中国女美术家作品展、第二届中国山水画双年展、《画刊》21 世纪中国当代优秀艺术家 12 人巡回展、杏花杯首届全国电视中国画大赛、纪念辛亥革命 100 周年海峡两岸艺术家美术作品邀请展等展览；首届朝圣敦煌全国美术作品展中获优秀奖；第二届全国少数民族画展中获优秀奖；庆祝中华人民共和国成立 55 周年全国青年书画展中获优秀奖；第十四届当代中国花鸟画大展中获精英奖；第十一届亚洲艺术节走进鄂尔多斯国际美术大展中获优秀奖；作品多次在全国各大专业学术刊物发表。

简　　介：兰州画院专职画家、创作部副主任，国家二级美术师；中国美术家协会会员；九三学社中央书画院画家；甘肃省工笔画协会副主席。1995 年西北师范大学美术系国画专业获学士学位；2001 年中国美术学院国画系人物画专业研修；2005 年首都师范大学美术学院国画专业获硕士学位；2007 年应多伦多大学邀请赴加拿大参加学术活动并在多伦多大学做专题讲座。

0293 彭冲

性　　别：男

出生年月：1968-07-26

民　　族：汉族

政治面貌：群众

职　　称：副高

学　　历：中专

所在单位：兰州大剧院戏曲剧院

通讯地址：兰州市城关区大众市场 26 号

成　　就：曾获 1999 千缘杯兰州市优秀剧目展演优秀表演奖（兰州市文化出版局颁发）；获西北五省会秦腔名家·精品大荟萃优秀配角奖（兰州市文化出版局颁发）；获全省新创剧目调演表演二等奖（甘肃省文化厅颁发）；获第二届中国秦腔艺术节表演三等奖（中国戏剧家协会颁发）；代表剧目有《柜中缘》饰演淘气、《教学》饰演何为贵、《杨三小》饰演杨三小、《荒郊义救》饰演仁义等。

0294 程小萍

性　　别：女
出生年月：1956-04-21
民　　族：汉族
政治面貌：群众
职　　称：副高
学　　历：高中
所在单位：兰州歌舞剧院
通讯地址：兰州市大众市场26号
成　　就：2005年率兰州交响乐团赴悉尼歌剧院演出“经典·敦煌”交响音乐会。2007年1月22日，演出“中国丝绸之路”经典音乐会获得极大成功。2010年赴西安参加首届西北音乐节获得演奏、作品、指挥三项大奖。2013年应邀二度赴广东中山和珠海举办中山市元宵节专场音乐会以及中国三大女高音音乐会获得成功。2013年9月兰州交响乐团赴宁夏、银川参加第二届中国西部交响乐团展演周演出同样获得成功，受到了主办方和西部十二支乐团同仁的高度赞扬。

0295 孙伟华

性　　别：男
出生年月：1963-01-06
民　　族：汉族
政治面貌：群众
职　　称：副高
学　　历：大学专科
所在单位：兰州大剧院戏曲剧院
通讯地址：兰州市大众市场26号
成　　就：1981年获咸阳地区优秀中青年演员汇演二等奖（《杀庙》饰演韩奇）；1987年获西安市首届石榴花大赛优秀表演奖(《逃国》，饰演伍员）；1990年参加陕西省春节晚会；1994年参加第四届中国艺术节；1995年晋京演出；1997年获甘肃省青年演员大赛二等奖（《二启箭》，饰演刘备）；1999年获兰州市大赛优秀表演奖（《双罗衫》，饰演连贤）；2000年获甘肃省戏曲小戏导演优秀奖；2002年获西北五省首府市交流演出优秀表演奖；2008年获中国秦腔艺术节优秀表演奖。发表论文多篇。
简　　介：国家二级演员，主攻文武老生。1978年8月考入周至戏剧学校，大专学历；1984年3月进入周至县剧团工作，主管业务；1991年9月被甘肃省金昌市艺术团聘任，任业务科长；1997年2月调至兰州市秦剧团，现属兰州大剧院戏曲剧院，历任副科长、副院长、兰州大剧院艺术委员会副主任；2013年8月退休。

0296 王亚军

性　　别：男
出生年月：1960-11-26
民　　族：汉族
政治面貌：民主党派
职　　称：副高
学　　历：大学本科
所在单位：兰州方正斋文化艺术品有限公司
通讯地址：兰州方正斋文化艺术品有限公司
成　　就：2009年被省委组织部、省委宣传部、省文联授予甘肃省首届中青年“德艺双馨文艺工作者”称号。同年被中国书法家协会评为“中国书法进万家”活动先进个人。
简　　介：民革党员、中国书法家协会会员、中国书法家协会第四届国际交流委员会委员、甘肃省书法家协会副主席、甘肃省书法家协会鉴定评估委员会主任、甘肃书法院创作员、兰州市书法家协会副主席，现为兰州方正斋文化艺术品有限公司总经理。

0297 张厚刚

性　　别：男

出生年月：1963-02-13

民　　族：汉族

政治面貌：党员

职　　称：副高

学　　历：大学专科

所在单位：兰州歌舞剧院交响乐团

通讯地址：兰州市城关区和政东街 55 号仁恒国际 A21702

成　　就：2005 年 7 月参加由省文联、音协、文化厅举办的首届甘肃省少年单簧管比赛取得了优异的成绩，多名学生获奖被省音协评为优秀教师。2005 年 12 月参加甘肃省器乐、声乐、舞蹈比赛，获得中年演奏一等奖。2006 年 2 月加入中国单簧管协会成为会员。同年加入甘肃省音乐家协会。2005 在悉尼歌剧院演出了交响音乐会。2007 年随兰州交响乐团赴维也纳金色大厅演奏了经典交响音乐会，受到了国内外艺术家们的高度评价。在甘肃省学术期刊上发表了关于《单簧管的呼吸技巧与音乐表现》和《单簧管教学当中的体会》等多篇论文。

简　　介：专业单簧管演奏员，从艺 30 年，1981 年参加工作。1981 年通过文艺特招在兰州军区陆军某师宣传队参军担任单簧管演奏。1998 年兰州歌舞团建院并成立兰州歌舞剧院交响乐团，在交响乐团担任演奏员工作。

0298 李淑娟

性　　别：女

出生年月：1973-11-27

民　　族：汉族

政治面貌：群众

职　　称：副高

学　　历：大学本科

所在单位：甘肃省书法家协会

通讯地址：甘肃省书法家协会

成　　就：全国首届新闻界书画大展书法三等奖；“鼎元杯”全国电视书法大奖赛一等奖；甘肃省第二届“张芝奖”书法大展三等奖；甘肃省首届、二届临帖展优秀奖；甘肃省第三届妇女展获奖；甘肃省第四届青少年儿童书法展教师组三等奖；兰州市第六届“金城文艺奖”三等奖。

简　　介：中国书法家协会会员、兰州市书法家协会副主席、中国艺术研究院中国书法院研究生班毕业。甘肃省书法家协会妇女委员会秘书长、甘肃省书法教育研究会理事、甘肃省少儿书法学会副秘书长、神州诗书画报社特聘书法家、甘肃省青联委员。曾为神州诗书画报编辑记者等。

0299 黑西玲

性　　别：女

出生年月：1957-02-28

民　　族：汉族

政治面貌：群众

职　　称：副高

学　　历：高中

所在单位：兰州大剧院

通讯地址：西安市曲江新区芙蓉西路曲江明珠小区 9 号楼 20601

成　　就：常演剧目有：《狸猫换太子》饰演李妃，《忤逆坟》饰演刘素英，《双罗衫》饰演苏母，《铡美案》饰演秦香莲，《周仁回府》饰演胡秀英，《李逵探母》饰演李母，《窦娥冤》饰演蔡婆婆，《辕门斩子》饰演佘太君。1999 年 9 月在甘肃省庆祝建国五十周年献礼演出暨新剧目调演中荣获表演一等奖，参赛剧目《狸猫换太子》，饰演李妃。2003 年参加西北五省首府市秦腔名家“精品大荟萃”演出中荣获优秀表演奖。

简　　介：1971 年考入兰州市秦剧团直到退

休。从艺40年来一直从事演员工作，主攻正旦、老旦。

0300 陈康

性　　别：男
出生年月：1970-09-06
民　　族：汉族
政治面貌：民主党派
职　　称：副高
学　　历：大学本科
所在单位：兰州商贸学校
通讯地址：兰州市城关区和平新村57号
成　　就：作品曾多次参加省市举办的美术汇展，并在《甘肃教育》等杂志发表。2008—2013年中，其油画作品分别获得甘肃省教育厅、文化厅举办的甘肃省首届中小学师生书画展二等奖；甘肃省美术家协会“2011彩墨英华”甘肃省青年美术作品展二等奖；甘肃省教育厅举办的“中国梦·美丽甘肃”教师书画大赛绘画类二等奖。
简　　介：1997年毕业于西北师范大学美术系油画专业，本科学历。甘肃省美术家协会会员，多年来从事美术教育教学工作。

0301 冯一帆

性　　别：女
出生年月：1969-05-01
民　　族：汉族
政治面貌：党员
职　　称：副高
学　　历：大学专科
所在单位：兰州戏曲剧院
通讯地址：兰州市城关区大众市场26号
成　　就：1995年荣获第七届中国音乐电视大会串MTV《敦煌女孩》副导演奖；1998年大型现代戏《雪山骄子》荣获全省导演奖；1999年大型神话剧《盘丝洞》荣获全省导演二等奖；2002年大型现代戏《山孜》任导演荣获甘肃省“五个一”工程奖；2004年甘肃省“小戏、小品”大赛《我想回家》任导演荣获一等奖，《男旦家的故事》《明星辅导站》《明星辅导站》任导演荣获二等奖；2004年编导的小品《春雨情》荣获中国残联二等奖；2005年编导的哑剧小品《上车之前》荣获中国残联优秀奖，《春雨情》荣获第四届甘肃省残疾人艺术汇演创作奖及第六届全国残疾人艺术汇演铜奖；2005年荣获教育部、文化部、民政部、国家广电总局和中国残联共同举办的第六届全国残疾人艺术汇演辅导奖；2006年甘肃省新创剧目调演《山月》荣获导演一等奖。
简　　介：1974年考入兰州市豫剧团，至1995年任演员；1996年在中国戏曲学院导演系进修，回团后任导演至今；现为国家二级导演。在这几年中，不断努力，刻苦钻研戏曲文学和艺术常识，在导演上取得了可喜的成绩。

0302 赵海翼

性　　别：男
出生年月：1960-01-21
民　　族：汉族
政治面貌：群众
职　　称：副高
学　　历：大学专科
所在单位：兰州市第十中学
通讯地址：兰州市城关区佛慈大街67号
成　　就：近30年以来一直担任一线初高中美术教师。自2003年以来，培养和辅导了十几位学生考入了美术专业类高校。2001年以来，成功举办了14届兰州市第十中学学生绘画展。
简　　介：1977年3月—1978年8月在古浪县良种场工作；1978年9月—1980年7

月就读于张掖师专美术系，主攻油画兼水墨画，于 1980 年 8 月合格毕业；1980 年 8 月—1983 年 2 月就职于张掖二中，担任美术教师，兼任学校宣传工作；1983 年 3 月—1992 年 12 月就职于兰州市第二十七中，担任美术教师并担任教工团支部宣传委员，期间为《少年文史报》创作多幅插图作品；1993 年 1 月—1995 年 12 月就职于山东龙口港务管理局宣教处，担任宣教干部；1996 年 1 月—1998 年 8 月就职于兰州市图书馆，担任宣传干部；1998 年 9 月至今，就职于兰州市第十中学，担任美术教师，兼任高考美术兴趣小组辅导教师。

0303 王克荣

性　　别：男
出生年月：1969-06-13
民　　族：汉族
政治面貌：群众
职　　称：副高
学　　历：中专
所在单位：兰州戏曲剧院
通讯地址：兰州市城关区大众市场 26 号
成　　就：曾获甘肃省表青年演员大赛三等奖、兰州市青年演员大赛二等奖、兰州市金城文艺优秀奖。2006 年获甘肃省第二届红梅大奖赛优秀奖。从艺近 20 余年，先后主演了《三岔口》《小上坟》《窦娥冤》《忤上坟》《狸猫换太子》《杨三小》等 20 余部本戏折子戏。
简　　介：毕业于甘肃省艺术学校，现为兰州市秦剧团国家二级演员，主攻文武丑。

0304 刘秀霞

性　　别：女
出生年月：1976-08-09
民　　族：汉族
政治面貌：群众
职　　称：副高
学　　历：大学本科
所在单位：兰州三十一中
通讯地址：兰州三十一中
成　　就：2012 在七里河地区第九届中小学生艺术节艺术作品比赛活动中获优秀指导奖；2013 年在兰州市中小学教师书法、绘画作品展览中获三等奖；论文《浅谈美育在教育中的地位与作用》发表于《学周刊》2010 年 5 月；《浅谈美术教学中学生创造力的培养》发表于《基础教育课程》2012 年 12 月（总第 108 期）；《论美育对改善学生心理健康水平的作用》发表于《现代教育技术》（2013 年 03 期）。
简　　介：1998 年 7 月毕业于兰州师范高等专科学校；1998 年 8 月至今任教于兰州三十一中，担任初中年级美术教学工作和书画社团辅导工作；曾担任学校团委宣传委员；曾被评为市教育局系统“优秀共青团干部”。

0305 贺钢

性　　别：男
出生年月：1970-10-24
民　　族：汉族
政治面貌：群众
职　　称：副高
学　　历：大学本科
所在单位：兰州市第十二中学
通讯地址：兰州市七里河区柏树巷 338 号
成　　就：2005 年论文《大禹治水与课堂违纪》被评为兰州市第二届教育发展论坛优秀论文。2007 年论文《设计师——美术教师的第二身份》获甘肃省教育教学优秀论文评比二等奖。2008 年油画《秋菊》获甘肃省首届大中小学师生书画展评二等奖。2011 年主持的省级课题《中学美术教学中敦煌壁画艺术的鉴赏研究》通过省级鉴定。2012年课题《中学美术教学中敦煌壁画艺术的鉴赏研究》获兰州市第九届基础教育科研优秀成果二等奖。2013年油画《门源印象》获“黄河之都－金城兰州－共享蓝天”兰州市中小学师生美术作品展二等奖。

简　　介：1991年考入西北师范大学美术系油画专业；1995年本科毕业，获学士学位；1995年至今在兰州市第十二中学从事美术学科教学工作；2003年12月获中学一级教师资格，并聘任为中学一级教师；2009年12月获中学高级教师资格。

0306 高月红

性　　别：女

出生年月：1971-07-06

民　　族：汉族

政治面貌：群众

职　　称：副高

学　　历：大学本科

所在单位：兰州职业技术学院

通讯地址：兰州市安宁区刘沙公路37号

成　　就：2009年10月参加高级多媒体设计与制作工程师认证培训，并获证书。2010年1月标志设计获甘肃省第四届青年设计艺术展二等奖。2011年5月粉画作品获首届全国高校美术设计大奖赛三等奖。2012年6月招贴设计获甘肃省第五届青年设计艺术展三等奖。2014年1月油画作品获学院“我的中国梦”二等奖。2010年10月获兰州第八届基础教育科研优秀成果三等奖。另发表市级省级专业论文10余篇。

简　　介：1992年9月—1995年6月毕业于湖南株洲工学院（现湖南工业大学）包装设计专业（三年制大专）；1995年9月—2000年8月兰州教育学院美术系任教；2000年9月—2002年7月本科毕业于中国美术学院艺术设计专业；2002年9月至今在兰州职业技术学院任教。

0307 靳芳

性　　别：女

出生年月：1968-10-16

民　　族：汉族

政治面貌：群众

职　　称：副高

学　　历：大学本科

所在单位：兰州五十八中

通讯地址：兰州五十八中

成　　就：曾获得甘肃省青年教学能手、兰州市级教学新秀、兰州市优质课一等奖、兰州市开放周示范课教师。代表甘肃省参加建国60周年全国合唱展演。担任兰州市58中合唱团指导教师并多次荣获市级、区级优秀教师辅导奖、优秀指挥奖。参加第十二届国际合唱节工作坊大师班的学习培训班，是甘肃省合唱高教委员会会员。

简　　介：1989年8月毕业于兰州师范专科学校并参加工作，担任音乐教师至今。2004年取得西北大学本科学历及学士学位。

0308 李鼎元

性　　别：男

出生年月：1943-11-01

民　　族：汉族

政治面貌：群众

职　　称：副高

学　　历：高中

所在单位：兰州画院

通讯地址：五泉西路29号

成　　就：中国美术家协会会员、甘肃省漫画家协会副会长。主要作品有《藏女》《北方在建设》等。

0309 王怡

性　　别：女

出生年月：1964-02-02

民　　族：汉族

政治面貌：群众

职　　称：副高

学　　历：大学本科

所在单位：兰州文理学院艺术中专部

通讯地址：兰州火车站西路 706 号

成　　就：曾获甘肃省委省政府颁发的优秀园丁奖；在美国达拉斯青年艺术家艺术节获优秀教师奖；香港国际弦乐公开赛甘肃赛区荣获“优秀教师”称号；文化部中国中等艺术教育学会举办的中青年教师器乐比赛一等奖；甘肃省小提琴比赛第一届第至八届获优秀教师奖；“闪闪红星”全国青少年人才选拔活动优秀园丁奖；文化部中国中等艺术教育学会举办的第十五届年会论文二等奖；中国中等艺术教育学会举办的第十七届年会论文三等奖。

简　　介：1979 年考入甘肃省艺术学校小提琴专业，1982 年留校任教，担任小提琴课专业教师，同时参加乐队排练工作；1983 年考入西安音乐学院大专班小提琴专业研修；1985 年毕业回校继续担任小提琴专业课教师；1986 年在任小提琴专业课教师，同时还担任视唱练耳课教学至 1992 年；1993 年继续担任小提琴专业课教师至 1998 年；1998 年考入中国音乐学院音乐教育本科进行小提琴专业的研修。

0310 黄钦霄

性　　别：男

出生年月：1966-02-15

民　　族：汉族

政治面貌：民主党派

职　　称：副高

学　　历：大学本科

所在单位：兰州五十一中学（兰铁一中）

通讯地址：甘肃省兰州市第五十一中学

成　　就：1995 年油画《秋韵》获甘肃省职工美术作品展二等奖。1997 年获全国少儿迎香港回归、千米长卷绘画活动甘肃省辅导奖。1998 年 8 月由甘肃省美术家协会在兰州举办黄钦霄个人油画展。2001 年油画《背包的姑娘》获全国铁路油画展获三等奖。2008 年油画《静静的小山村》获甘肃省教师美术作品展二等奖。

简　　介：1988 年毕业于张掖师专（河西学院）美术系；2003 年宁夏大学美术教育专业；社会兼职：中国铁路文联会员、甘肃省美术家协会会员、甘肃省油画学会理事。兰州五十一中高级美术教师。并担任部、省、市美术专业及教学评委。

0311 刘莉莉

性　　别：女

出生年月：1968-05-15

民　　族：汉族

政治面貌：民主党派

职　　称：副高

学　　历：大学本科

所在单位：兰州市博物馆

通讯地址：兰州市博物馆

成　　就：长期从事专业书法创作和理论研究工作。

简　　介：现供职于兰州市博物馆。现为中国书画研究会学术委员、中国青年书画家协会理事、甘肃省书法家协会会员、甘肃省青年书法家协会常务理事、兰州市书法家协会理事、兰州市青年书法家协会主席、民进甘肃省委文化艺术工作委员会委员、民进兰州市书画总支主委、兰州市政协委员等。

0312 杨蕊榕

性　　别：女
出生年月：1946-12-15
民　　族：汉族
政治面貌：民主党派
职　　称：副高
学　　历：大学专科
所在单位：兰州市聚文社
通讯地址：兰州市文学艺术界联合会
成　　就：中国书法家协会会员，甘肃女书法家协会副主席，甘肃书协理事，兰州市书协副主席。

0313 蔡兰平

性　　别：男
出生年月：1962-11-28
民　　族：汉族
政治面貌：党员
职　　称：副高
学　　历：大学本科
所在单位：兰州市文化馆
通讯地址：兰州市城关区五泉西路 29 号
成　　就：论文《浅论影视与网络传播在甘肃特色文化建设中的作用》2004 年获甘肃省艺术科学论文一等奖。论文《把创造音乐剧中的花儿剧小品融入到群众文化当中去》2006 年获甘肃省艺术科学论文二等奖。剧本《心愿》2008 年 8 月获全省现代小戏小品剧本评奖二等奖。剧本《社区情缘》2008 年 8 月获全省现代小戏小品剧本评奖二等奖。剧本《盼家》2008 年 8 月获全省现代小戏小品剧本评奖二等奖。表演、创作小品《团圆》获甘肃省 2007 年群星艺术节银奖。2005 年导演小品《二宝的故事》获省军区春晚一等奖。2005 年导演小品《兵情》获省军区春晚一等奖。
简　　介：中国戏剧家协会会员、甘肃省戏剧家协会会员、兰州市文化馆副研究馆员、编导、文艺评论员、兰州市文广局纪检网络评论员。1983—1984 年在 55 师宣传队担任话剧演员；1984—1987 年在兰州军区话剧团担任话剧演员；1987—1989 年在兰州市青年京剧团业务科工作；1989 年调入兰州市文化馆从事戏剧编导工作至今。

0314 汪永辉

性　　别：男
出生年月：1969-07-10
民　　族：汉族
政治面貌：群众
职　　称：副高
学　　历：大学本科
所在单位：兰州职业技术学院
通讯地址：兰州市安宁区刘沙公路 37 号
成　　就：长期坚持进行美术创作、写生活动，陆续发表了美术基础教育、摄影艺术和设计类的论文多篇；参编了美术基础类教材两部；主编了摄影实训教材一部。积极组织学生参加摄影大赛，在各级别赛事中取得了优异的成绩。2013 年 9 月摄影作品《翱翔蓝天》获首届全国高校数字艺术作品大赛教师组一等奖；2014 年担任第二届全国高校数字艺术作品大赛评委。
简　　介：1992 年 6 月毕业于西北师范大学美术系。为甘肃省美术家协会会员、甘肃省美术教育研究会会员。自参加工作以来一直从事一线美术造型、艺术设计教学工作。现任教于兰州职业技术学院数字传媒系影视教研室。

0315 韩风晨

性　　别：男
出生年月：1968-12-15
民　　族：汉族

政治面貌：党员
职　　称：副高
学　　历：大学本科
所在单位：兰州市文学艺术界联合会
通讯地址：兰州市文学艺术界联合会
成　　就：甘肃省教育学会美术教育专业委员会副秘书长。

0316 刘建伟

性　　别：男
出生年月：1973-12-19
民　　族：汉族
政治面貌：群众
职　　称：副高
学　　历：大学专科
所在单位：兰州歌舞剧院
通讯地址：兰州嘉峪关南路 150 号华城苑小区 3172 室
成　　就：1993 年进团以来担任单簧管首席兼木管声部长至今，1996 年、2001 年市属文艺院团演（奏）员大赛中分别获得一等奖、二等奖；2005 年甘肃省首届青少年单簧管比赛获园丁奖；2005 年第二届声乐、器乐舞蹈大赛中获西洋木管组一等奖；2008 获第三届甘肃省器乐大赛中获一等奖；2009 年第七届中国金钟奖"翠英杯"甘肃选拔赛中获室内乐木管五重奏第一名；2009 年 4 月在《甘肃艺苑》发表论文《从名家名作中看单簧管音乐的发展史》；2012 年 1 月在《甘肃艺苑》发表论文《单簧管发展历史纵览》；2012 年 2 月在《甘肃艺苑》发表论文《谈谈如何演奏好单簧管》。
简　　介：国家二级演奏员，中国音乐家协会单簧管学会会员、甘肃省青年音乐家协会理事、甘肃音乐家协会会员、兰州市音乐家协会会员，2013 年和 2014 年兰州市艺术等级 B 级评委。自 1993 年进团担任单簧管首席以来，参加了兰州歌舞剧院主办、承办的所有音乐会、晚会、协奏、伴奏等演出活动，其中在悉尼歌剧院、维也纳金色大厅、巴黎会展中心、国家大剧院、上海大剧院、上海音乐厅、北京音乐厅的演奏均担任单簧管声部首席，得到了广大观众、新闻媒体及各级领导的一致好评。

0317 肖朝胜

性　　别：男
出生年月：1965-03-08
民　　族：汉族
政治面貌：党员
职　　称：副高
学　　历：高中
所在单位：兰州戏曲剧院
通讯地址：兰州市城关区大众巷 26 号
成　　就：大型鼓舞乐《鼓舞中国》获甘肃省戏剧大省建设突出贡献奖；秦腔《曹操与杨修》获奖情况第四届西北五省区秦腔艺术节优秀剧目奖、优秀音乐奖；甘秦腔现代戏《黎秀芳》获第三届甘肃戏剧红梅奖大赛剧目大奖、第六届秦腔艺术节优秀剧目奖；秦腔《夏雪》获第七届西北五省区秦腔艺术节优秀剧目奖；兰州演艺集团先后获"全国文化系统先进集体"称号。.

0318 陶金丽

性　　别：女
出生年月：1963-06-07
民　　族：汉族
政治面貌：群众
职　　称：副高
学　　历：大学专科
所在单位：兰州大剧院戏曲剧院
通讯地址：兰州市城关区大众市场 26 号
成　　就：从艺 30 多年来，获奖如下：

1987年获西安市首届石榴花大赛优秀表演奖；1990年参加陕西省春节晚会；1994年参加第四届中国艺术节；1995年晋京演出；1997年获甘肃省青年演员大赛三等奖；1999年获兰州市大赛优秀表演奖（《双罗衫》，饰演连贤）；2000年在西安参加中国秦腔艺术节；2002年获西北五省首府市交流演出优秀表演奖；2008年获中国秦腔艺术节优秀表演奖；发表多篇论文。

简　　介：1978年8月考入周至戏剧学校，大专学历；1984年3月进入周至县剧团工作，主管业务；1991年9月被甘肃省金昌市艺术团聘任；1997年2月调至兰州市秦剧团，现属兰州大剧院戏曲剧院，2013年8月退休。

0319 田镔

性　　别：男
出生年月：1962-12-15
民　　族：汉族
政治面貌：民主党派
职　　称：副高
学　　历：大学本科
所在单位：兰州市妇幼保健院
通讯地址：兰州市文学艺术界联合会
成　　就：个人辞条入编《中国书画家志》《当代中国书画名家传略》《当代艺术作品收藏与鉴赏》《中国文艺三十年》《兰州文联风采》等大型典藏书籍。
简　　介：中国农工民主党甘肃省委会文化体育工作委员会副主任，兰州市书法家协会副主席，兰州交通大学艺术设计学院兼职教授。现为中国国学研究会研究员、中国书画艺术家协会会员、中国榜书艺术促进会会员、中国农工民主党甘肃省书画院常务副院长、甘肃省政协书画艺术研究会理事、甘肃省书法家协会鉴定评估委员会委员。

0320 唐亚强

性　　别：男
出生年月：1954-11-02
民　　族：汉族
政治面貌：群众
职　　称：副高
学　　历：大学专科
所在单位：兰州市文化馆
通讯地址：兰州市五泉西路29号
成　　就：多年从事美术工作，多幅油画、版画、雕塑作品发表并获奖，发表论文多篇。
简　　介：1970年4月在兰沙建材公司参加工作；1977年8月调入兰州市文化馆（期间多次外出进修学习）；2013年2月退休。

0321 苏玮

性　　别：女
出生年月：1970-11-07
民　　族：汉族
政治面貌：党员
职　　称：副高
学　　历：大学本科
所在单位：兰州银行
通讯地址：甘肃省兰州市城关区酒泉路211号，兰州银行工会
成　　就：演唱的歌曲曾先后荣获全国第四届百家电视台音乐电视大赛金奖、第十二届全国职工歌手大赛银奖、中国音乐之旅2009年度网坛盛典大赛金牌明星奖、甘肃省首届群星艺术节声乐比赛政府最高奖金奖等国家级、省市级大小40余项。
简　　介：中国音乐家协会会员，甘肃省音乐家协会会员，兰州市音乐家协会理事，敦煌文化学会会员、省、市两级青联委员、常委。

0322 刘维元

性　　别：男

出生年月：1974-01-16
民　　族：汉族
政治面貌：党员
职　　称：副高
学　　历：大学本科
所在单位：西北民族大学
通讯地址：兰州市七里河区西津东路 44 号 1 单元 401 室
成　　就：1996 年兰州市专业剧团青年演（奏）员大奖赛获舞蹈表演一等奖；1997 年甘肃省青年演员大奖赛中演出《一个扭秧歌的人》获表演二等奖；2001 年获得 2001—2002 年度“兰州市艺术尖子人才”荣誉称号；2003 年入选兰州市“151 工程”人才库；2005 年编导的三人舞《唱给太阳的歌》荣获甘肃省第二届声乐、器乐、舞蹈比赛编导一等奖；2012 年编导双人舞《陌路风尘》在第二届甘肃舞蹈“飞天奖”中荣获银奖；2014 年在第九届荷花杯校园舞蹈大赛编导《大河行》获银奖；《再谈舞蹈教育》《谈舞蹈教育中音乐素质的培养》《浅析高等舞蹈教育培养模式》《谈芭蕾训练中动作与音乐的关系－节奏对训练的意义》《谈舞蹈训练中的呼吸》《浅谈舞蹈训练对于美感的培养》等论文在公开刊物发表。
简　　介：1988 年—1993 年就读于青海省艺术学校舞蹈表演专业；2005 年—2009 年西北师范大学舞蹈教育专业；2007 年赴北京舞蹈学院短期进修中国舞编导；1994 年考入兰州歌舞剧院，任舞蹈演员；1995 年担任兰州歌舞剧院舞蹈队副队长；2001 年担任兰州歌舞剧院舞剧团副团长；2004 年担任兰州歌舞剧院艺术分校副校长；2006 年担任兰州大剧院院长助理；2012 年任兰州歌舞剧院副院长；2013 年调入西北民族大学工作。

0323 梁少琴

性　　别：女
出生年月：1983-03-12
民　　族：汉族
政治面貌：群众
职　　称：副高
学　　历：大学本科
所在单位：兰州戏曲剧院
通讯地址：兰州市城关区大众市场 26 号
成　　就：中国秦腔“四小名旦”之一，兰州市政府首届、第二届兰艺之星，连续六年享受艺术发展津贴；现任甘肃省戏剧家协会理事、兰州戏剧舞蹈家协会理事；兰州市“151”拔尖人才；2003 年、2008 年、2009 年、2010 年、2011 年被兰州大剧院评为先进个人；2000 年至 2005 年，连续三次获一届、二届、三届中国秦腔艺术节表演一等奖（国家级）；2006 年获第二届甘肃省戏剧红梅奖大赛表演大奖（特等奖）；2010 年被甘肃电视台评为最受欢迎的秦腔青年演员；2011 年，获第三届甘肃省戏剧红梅奖大赛表演大奖（特等奖）主演一等奖。

0324 刘颖正

性　　别：男
出生年月：1943-11-30
民　　族：汉族
政治面貌：群众
职　　称：副高
学　　历：中专
所在单位：兰州歌舞剧院
通讯地址：兰州市西津东路 46 号
成　　就：演员期间曾主演舞剧《白毛女》《狼牙山五壮士》等，主演舞蹈《练兵场上》《飞夺泸定桥》等；当编导期间为舞剧《大梦敦煌》的艺术策划，舞蹈诗《西出阳关》、大型文艺演出《黄河的祝福》、轻舞剧《搭错车》等作品的执笔、编导。
简　　介：1960年进兰州文工团学习舞蹈；1962年随团留在新疆石河子，成为新疆生产建设兵团农八师文工团的舞蹈演员；1971年调入兰州歌舞剧院，先后任演员、教员、编导、创作组组长、艺术指导；2004年元月退休。

0325 闻美华

性　　别：女
出生年月：1978-07-05
民　　族：汉族
政治面貌：党员
职　　称：副高
学　　历：大学本科
所在单位：兰州歌舞剧院
通讯地址：兰州市城关区大众市场26号
成　　就：曾参加庆祝“五一”国际劳动节文艺晚会、西北秦腔艺术节、兰大百年校庆文艺晚会、少数民族庆祝建党文艺晚会、红梅奖闭幕式颁奖晚会、第四届中国煤矿艺术节、纪念共产党成立90周年庆祝晚会、廉政文艺晚会、“情满军营”歌舞晚会、农村农民迎春文艺晚会等多种形式的文艺演出工作，并随《大梦敦煌》剧组赴澳大利亚、法国、日本等地进行巡演工作。在公开刊物发表论文《浅谈舞蹈与音乐》《湘西苗族鼓舞艺术特色研究》《浅谈中国古典舞的身韵》等。曾在2000年获得市委、市政府授予《大梦敦煌》“先进工作者”荣誉称号。2005年至2009年连续五年被评为年度“先进工作者”，2009年被评为“兰州市优秀共青团干部”，2009年被评为局系统“优秀共产党员”，2011年被评为局系统“优秀党务工作者”。
简　　介：兰州市戏剧舞蹈家协会会员、兰州市青联常委。1997年在兰州歌舞剧院参加工作，任舞蹈演员。

0326 王作宝

性　　别：男
出生年月：1962-07-27
民　　族：汉族
政治面貌：党员
职　　称：副高
学　　历：大学本科
所在单位：兰州市文学艺术家联合会
通讯地址：兰州市五泉西路29号
成　　就：2004年《高原雄风》获兰州市委市政府最高文艺奖——金城文艺奖；2005年8月《西部驼铃声》获全国文人书画大赛金奖；2005年9月《牦牛》获香港“盛世中华”杯金奖；2006年2月《苏武牧羊》获兰州市机关书画展一等奖。《丝绸之路百驼图》《百驼图》长卷和重大历史题材巨幅组画，引起美术界、收藏界的关注。先后在北京、兰州、敦煌、日本办展取得圆满成功。作品被团中央等有关部门和国外友人广泛收藏。
简　　介：甘肃省兰州市文联党组成员、副主席，甘肃省文联第五届委员会委员、甘肃省兰州市美术家协会常务副主席、甘肃省兰州市书法家协会名誉主席、甘肃省兰州书画家协会名誉主席、甘肃省美术家协会理事、兰州商学院长青学院艺术系客座教授。

0327 侯秋兰

性　　别：女
出生年月：1960-07-13
民　　族：汉族
政治面貌：党员
职　　称：副高
学　　历：大学本科
所在单位：兰州理工中专
通讯地址：兰州市永昌路122号
成　　就：自任教以来，在教学方面多次获奖，2000—2006年期间由市教育局举办的

“中小学合唱”多次获得一等奖，被兰州市政府授予“优秀工作者”称号；2006—2012年期间多次辅导幼师专业学生参加兰州市技能大赛，学生获得一等奖，本人获优秀辅导奖；担任班主任工作期间三次被评为优秀班主任；在教学研究方面，发表论文3篇，其中1篇发表在《中国音乐》刊物上。指导排练教职工参加甘肃省兰州市首届合唱节获第二名；指导排练的节目在兰州市教育局教师合唱节中获一等奖。

简　　介：1977年至1980年在红古海石湾插队；1980年至1982年在兰州市粮食局工作；1982年至1986年毕业于西北师范大学音乐系；1986年至今年在兰州理工中专工作；任兰州理工中专学前教育专业教师，承担声乐教学、乐理教学、音乐教学法、合唱教学、钢琴教学任务，并承担本校与城市学院联办大专班学前音乐教育教学法、学前教育幼儿健康体育教学法课程；2000年至2009年担任兰州理工中专教育处副主任、主任工作并承担学前教学工作；2009年至2014年担任兰州理工中专西校区党支部工作兼办公室工作。

0328 韩风晨

性　　别：男

出生年月：1963-03-30

民　　族：汉族

政治面貌：党员

职　　称：副高

学　　历：大学本科

所在单位：兰州市第三十三中学

通讯地址：兰州市城关区麦积山路22号

成　　就：获甘肃省第六届敦煌文艺奖三等奖（省委、省政府颁发）；获兰州市第六届金城文艺奖二等奖（市委、市政府颁发）；多次获学校论文比赛奖项，在省市局级以上学术交流、评比教学论文3篇，参加县区级学术论文交流多次；在国家级刊物《中学课程资源》发表《构建和谐社会目标与学校艺术教育发展关系》；省级刊物《教育界》发表论文《德育的艺术空间》；美术评论在《甘肃日报》《甘肃法制报》等刊物发表。

简　　介：毕业于西北师范大学美术系美术教育（本科）。现任三十三中美术高级教师，市级骨干教师，校内荣誉骨干教师，艺术学科组长。兰大附中学术委员会成员、甘肃省教育学会美术教育专业副秘书长、兰州市美协油画艺术委员会副秘书长、兰州市第12届中学教学新秀总评评委、甘肃民族师范学院客座教授。

0329 陆乐人

性　　别：男

出生年月：1960-12-15

民　　族：汉族

政治面貌：民主党派

职　　称：副高

学　　历：大学本科

所在单位：甘肃省农村信用社联合社

通讯地址：兰州市文学艺术界联合会

简　　介：中国金融书法家协会会员、九三学社中央书画院书法家、甘肃省书法家协会理事、甘肃省书法家协会隶书专业委员会秘书长、兰州市书法家协会副主席、兰州市青年书法家协会副主席、兰州市民主党派艺术工作者联谊会副会长兼教育委员会主任、甘肃省绿化基金会生态书画院副秘书长。就职于甘肃省农村信用社联合社，政协兰州市委员会委员，九三学社兰州市委员会常务委员，曾任省、市青年联合会委员。

0330 亢小军

性　　别：男

出生年月：1964-02-27
民　　族：汉族
政治面貌：群众
职　　称：副高
学　　历：大学本科
所在单位：兰州市第四十九中学
通讯地址：兰州市安宁区万新 42 号
成　　就：中国画作品《旷野》荣获 2014 年甘肃省美术教师作品展一等奖；油画作品《阴影下的墙》荣获 2011 年庆祝建党 90 周年甘肃省青年美术作品展二等奖；中国画作品《信念》获 2013 年兰州市中小学教师美术作品展览二等奖；中国画作品《教师无悔》入选 2013 年美丽甘肃——甘肃省美术写生作品展。
简　　介：1989 年毕业于西北师范大学美术系。现任甘肃敦煌中国画院副院长。甘肃省青年美术家协会理事、兰州市少儿书画协会常务理事，兰州市四十九中学高级美术教师。

0331 段晓林

性　　别：女
出生年月：1967-11-15
民　　族：汉族
政治面貌：党员
职　　称：副高
学　　历：大学本科
所在单位：兰州二十中学
通讯地址：兰州二十中学
成　　就：2005 年获得兰州市教育局系统优秀共产党员。2009 年指导的《山楂树》荣获安宁区中小学艺术节中学组声乐类一等奖；2008 年荣获安宁区第三届中小学合唱节合唱比赛优秀指导教师奖颁奖；2013 年 11 月完成的课题《通过中学音乐教学提高学生艺术素质的研究》荣获兰州市教育科研 2013 年度"个人课题"优秀成果二等奖。
简　　介：1990 年参加工作，任兰州市三十一中学音乐教师，2002 年调入兰州二十中学连续担任班主任工作 6 年，出色的完成了班主任工作，获得了领导及同事的认可。自调入二十中以来，一直担任音乐教学工作至今。

0332 臧福全

性　　别：男
出生年月：1957-12-16
民　　族：汉族
政治面貌：群众
职　　称：副高
学　　历：大学本科
所在单位：敦煌书画艺术学校
通讯地址：敦煌书画艺术学校
成　　就：1995 年以来创办敦煌书画艺术学校，面向兰州市招生培训书法学生千余人。
简　　介：西北师大汉语、二胡专业双本科学历。现为亚洲书法协会联盟会员、华夏书法艺术学术研究中心研究员、中国书画研究院理事、甘肃省书法家协会会员、兰州市书法家协会理事、甘肃省收藏家协会书画研究会副秘书长、国家一级美术师、中国书法家协会会员。

0333 何毅

性　　别：男
出生年月：1974-02-25
民　　族：汉族
政治面貌：群众
职　　称：副高
学　　历：硕士研究生
所在单位：中共兰州市委党校
通讯地址：兰州市火车站西路 722 号
成　　就：长年从事音乐创作，自行作词、作曲、编曲作品 19 首，擅长电脑音乐（MIDI）

制作。从小学习吉他和爵士鼓演奏，尤其擅长爵士鼓演奏，曾获国家九级演奏资格认证，并具备一定的钢琴演奏技能。业余从事爵士鼓教学、音乐理论教学、西方古典音乐与现代音乐鉴赏教学多年，具有较为丰富的教学经验。此外还长年从事文学写作，有个人散文集、短篇小说集及长篇小说各 1 部。

简　　介：本人系中共兰州市委党校法学教研部副教授，法学研究生。除本职工作外长年从事音乐创作与教学、文学创作研究。

0334 王艺霖

性　　别：女

出生年月：1979–05–29

民　　族：汉族

政治面貌：群众

职　　称：副高

学　　历：硕士研究生

所在单位：兰州职业技术学院

通讯地址：兰州市安宁区刘沙公路 37 号

成　　就：本人从事广告学、平面设计方面的教学工作。在包装设计方面有所研究。并发表相关论文数篇，主持相关省级科研课题（已结题）和院级科研课题。曾负责广告教研室工作。工作期间和兰州简约设计品牌传媒公司合作设计的包装入选《中国设计年鉴》。曾多次获得省级和院级奖项和优秀指导教师奖。

0335 刘世庆

性　　别：男

出生年月：1966–05–01

民　　族：汉族

政治面貌：群众

职　　称：副高

学　　历：大学本科

所在单位：兰州市第五十二中学

通讯地址：兰州市第五十二中学

成　　就：2001 年 12 月油画作品入选甘肃省企业美术、书法、摄影作品大展，获二等奖。2004 年元月 20 日将在美国 Muskingum 学院举办个人画展。2006 年参加在美国曾斯维尔美术博物馆举办的“丝绸之路”书画展。2010 年 2 月油画作品在兰州市第六届金城文艺奖评选中获三等奖。

简　　介：1992 年毕业于西北师范大学美术系油画专业，获学士学位；1992 年 7 月分配到兰州铁路局第二中学（现兰州市第五十二中学）任教；现为甘肃省美术家协会会员。

0336 裴晓霞

性　　别：女

出生年月：1971–11–28

民　　族：汉族

政治面貌：群众

职　　称：副高

学　　历：大学本科

所在单位：兰州市第五十五中学

通讯地址：兰州市七里河区建西东路 522 号

成　　就：训练学校合唱队、舞蹈队积极参加兰州市教育局组织的中小学生艺术节和合唱节的比赛，多次获兰州市七里河区和市级艺术节和合唱节比赛奖项，个人也多次获优秀指导、优秀伴奏奖。论文《谈京剧走进中学音乐课堂》《高中音乐欣赏课教学的几点体会》发表省级期刊。个人市级课题《中学音乐教学在促进校园文化建设中的作用》或兰州市个人课题三等奖。现为甘肃省陇韵合唱团室内合唱团团员。

简　　介：1991 年至 1995 年就读于西北师范大学音乐系专业音乐教育；1995 年毕业后任教于兰州铁路子弟第六中学、兰州铁路子弟第五中学、兰州市第五十五中学。

0337 宣兵

性　　别：男
出生年月：1959-05-01
民　　族：汉族
政治面貌：群众
职　　称：副高
学　　历：高中
所在单位：兰州画院
通讯地址：五泉西路 29 号
简　　介：专业画家。国家一级美术师，中国美术家协会会员，毕业于中国艺术研究院研究生部中国画名家班。

0338 张晓波

性　　别：男
出生年月：1964-05-19
民　　族：汉族
政治面貌：群众
职　　称：副高
学　　历：大学本科
所在单位：兰州市盲聋哑学校
通讯地址：兰州市白银路 66 号
成　　就：参加兰州市政府组织的美术作品展，作品《滨河记忆》获三等奖；辅导学生参加文化部组织的美术作品展，获得优秀指导二等奖；辅导学生参加省教委组织的聋生美术作品展，获优秀指导一、二、三等奖。
简　　介：1983 年 7 月—1987 年 7 月西北师范大学美术系美术专业学习；1987 年 10 月—1997 年 9 月在兰州铝厂子弟中学任美术教师；1987 年 9 月至今，在兰州市盲聋哑学校任美术教师。

0339 余平

性　　别：女
出生年月：1971-04-24
民　　族：汉族
政治面貌：党员
职　　称：副高
学　　历：大学本科
所在单位：兰州八中
通讯地址：兰州八中
成　　就：1999 年获“兰州市第六届教学新秀”称号。2002 年获“兰州市第七届教学新秀”称号。2003 年获“兰州市第一届青年教学能手”称号。2004 年获市级优质课一等奖。2005 年被评为“甘肃省第三届青年教学能手”。2010 年获“兰州市第五届中小学青年教学能手”称号。2010 年被聘为“甘南州舟曲县灾区重建义务教育学科教师培训活动指导教师”。2011 年个人课题《培养学生静心聆听音乐的习惯之方法研究》获 2011 年兰州市教育科研三等奖。先后多次被聘为“市教学新秀评选、市中学教师职称评审、高校毕业生到基层学校任教面试”等活动的评委。
简　　介：1992 年 6 月，毕业于兰州师专音乐系；2001 年 6 月，毕业于西北师范大学音乐教育专业；1992 年至今，在兰州八中学担任音乐教师。

0340 李洧

性　　别：男
出生年月：1977-01-31
民　　族：汉族
政治面貌：群众
职　　称：副高
学　　历：大学专科
所在单位：兰州歌舞剧院
通讯地址：兰州市大众市场 26 号
成　　就：任兰州交响乐团圆号首席。中国圆号协会会员、中国青年音乐家协会理事、西安音乐学院考级办评委。多次获国家级、省级各类器乐大赛一等奖、二等奖。曾赴维也纳金色大厅、巴黎、悉尼大剧院演出，为舞剧《大梦敦煌》伴奏演出。

0341 郭民辉

性　　别：男
出生年月：1960-04-04
民　　族：汉族
政治面貌：党员
职　　称：副高
学　　历：硕士研究生
所在单位：兰州市文化馆
通讯地址：兰州市城关区五泉西路 29 号
成　　就：曾获文化部文化艺术人才中心“艺术教育园丁奖”和“艺术人才伯乐奖”。为第二届中国秦腔艺术节开幕式《大河秦声》和国家级非物质文化遗产保护项目《兰州太平鼓舞》《兰州高高跷》《兰州鼓子》《兰州黄河大水车》用草书题名。多次应邀为国家、省、市政府大型文化活动题字，得到社会好评。书法作品三幅在中共甘肃省委宣传部组织的“神六英雄莅兰陇上名家书画笔会”活动中，作为纪念礼品分别赠送神舟六号载人航天飞行先进事迹报告团和酒泉卫星发射中心收藏。
简　　介：先后任兰州市群众艺术馆馆长、兰州市文化馆书记、副研究馆员、国家二级美术师。并兼任中国群众文化学会理事、中国书法研究院研究员、中国青年书法家协会会员、中国国际书画艺术研究会会员、中国群众文化学会西北书画院常务副院长、甘肃省书法家协会理事、兰州市书法家协会副主席、兰州市青年书法家协会副主席、兰州书法院常务院长（筹）、兰州市文学艺术界联合会委员。

0342 张江中

性　　别：男
出生年月：1962-02-01
民　　族：汉族
政治面貌：群众
职　　称：副高
学　　历：高中
所在单位：兰州大剧院戏曲剧院
通讯地址：兰州市城关区大众市场 26 号
成　　就：曾获中国戏剧红梅大赛金奖、甘肃省生角金奖、西北五省电视大赛二等奖、中国戏剧秦腔节优秀导演奖。《苇宝记》获个人优秀表演奖。代表剧目有《走麦城》《出五关》《徐策跑城》《出棠邑》《闯宫抱斗》《曹操与杨修》《大河城》等。先后曾排导了《飞将军李广》《收姜维》《苇宝记》等。
简　　介：国家二级演员、导演。

0343 许馨元

性　　别：女
出生年月：1986-06-16
民　　族：汉族
政治面貌：群众
职　　称：副高
学　　历：大学本科
所在单位：兰州大剧院
通讯地址：兰州市城关区大众市场 26 号
成　　就：2005 年甘肃声乐器乐、舞蹈大赛原创双人舞《分飞》获优秀编导奖。2008 年首届甘肃“飞天奖”中原创三人舞《今天就长大》获作品金奖。2009 年原创舞蹈《今天就长大》获甘肃省第六届敦煌文艺奖二等奖；2011 年 12 月第二届甘肃舞蹈“飞天奖”大赛中原创舞蹈《陌路风尘》获编导银奖。2012 年参与创排大型鼓舞乐《鼓舞中国》及担任主要演员。
简　　介：2002 年在兰州歌舞团担任演员；2005—2009 年就读于西北师范大学舞蹈系；2009 年担任《大梦敦煌》领舞演员；2011 年担任兰州歌舞剧院编导组；2012 年参与创

排及演出大型鼓舞乐《鼓舞中国》2013 年被评为国家二级演员；2013 年进入兰州歌舞剧院创研室。

0344 衣美娜

性　　别：女

出生年月：1962-05-17

民　　族：满族

政治面貌：民主党派

职　　称：副高

学　　历：大学本科

所在单位：兰州市东郊学校

通讯地址：兰州市东郊学校

成　　就：多年来从事初中高中音乐教育教学工作和学校教学，曾获兰州市教学新秀、市级骨干教师、甘肃省中小学青年骨干教师。专业比赛辅导多次获得省市金奖、一等奖、二等奖。多次被聘为省“国培”培训教师、兰州市新课程培训讲师团教师、兰州市教师中级职称评委、教师资格认定评委、甘肃省教师技能大赛评委。学校管理中，被评为兰州市“支持少先队工作好校长”“优秀党员”。

简　　介：1969 年 3 月—1981 年 7 月小学、初中、高中以及兰州化工学校就学；1981 年 7 月—1982 年 8 月兰州榆中氮肥厂动力科资料员；1982 年 9 月—1984 年 7 月兰州师范专科学校音乐专业就学；1984 年 9 月—2006 年 7 月兰州五中工作，担任初高中音乐教学、班主任工作，曾任团委书记、政教处副主任、主任职务；1999 年 9 月—2002 年 7 月西北师范大学教育管理专业就学；2006 年 8 月至今任兰州市东郊学校副校长。

0345 鞠颂

性　　别：男

出生年月：1983-10-04

民　　族：汉族

政治面貌：群众

职　　称：副高

学　　历：大学本科

所在单位：兰州歌舞剧院

通讯地址：兰州市城关区大众市场 26 号

成　　就：担任《大梦敦煌》舞剧中将军一职。在甘肃省第二届声乐器乐比赛中荣获独舞舞蹈《卧龙吟》第一名；2008 年首届甘肃舞蹈“飞天奖”独舞《书韵》获铜奖；2011 年第二届甘肃舞蹈“飞天奖”大赛原创独舞《羊倌情》荣获表演铜奖；2011 年第二届甘肃舞蹈“飞天奖”大赛原创独舞《曾经的记忆》荣获表演银奖；2011 年第二届甘肃舞蹈“飞天奖”大赛原创独舞《风雨胡杨》荣获表演金奖；2011 年第二届甘肃舞蹈“飞天奖”大赛群舞《鼓韵》荣获表演金奖；2011 年第二届甘肃舞蹈“飞天奖”大赛群舞《黄土情》荣获表演银奖。

简　　介：2009 年 8 月参加第三届兰州大剧院艺术节；2009 年 9 月参加兰州大学一百年校庆文艺晚会；2011 年 8 月参加“大美敦煌”演出；2011 年 7 月参加“敦煌行炫彩之旅”演出；2011 年 12 月参加第二届“飞天奖”大赛闭幕式颁奖晚会。

0346 陶积福

性　　别：男

出生年月：1952-02-12

民　　族：汉族

政治面貌：民主党派

职　　称：副高

学　　历：高中

所在单位：兰州画院

通讯地址：五泉西路 29 号

成　　就：兰州画院专业画家，国家二级美术师。任甘肃省书法家协会会员、兰州市书法家协会副主席、兰州市民主党派诗书画联谊会副会长、书法工作委员会主任、敦煌画院特聘艺术顾问。

0347 董爱华

性　　别：女
出生年月：1962-11-21
民　　族：汉族
政治面貌：群众
职　　称：副高
学　　历：大学本科
所在单位：兰州女子中专
通讯地址：兰州女子中专
成　　就：1987 年 10 月获白银市稀土杯歌手大奖赛二等奖；1989 年 9 月获白银市首届卡拉 OK 大奖赛一等奖；1990 年 8 月获白银市首届艺术节美声唱法一等奖；1994 年 9 月被评为优秀教师；2001 年 12 月再次被评为优秀教师；2003 年 8 月获第五届中国少年儿童歌曲卡拉 OK 电视大赛指导教师奖；2007 年 9 月获兰州市第二届中小学校园歌手比赛优秀指导教师奖；2009 年 9 月获兰州市第三届中小学校园歌手比赛优秀指导教师奖；2010 年 9 月获兰州市第四届中小学校园歌手比赛优秀指导教师奖。
简　　介：1984 年 9 月至 2003 年 5 月在白银公司一中工作；2003 年 6 月在兰州女子中专工作。

0348 杜海涛

性　　别：男
出生年月：1944-12-18
民　　族：汉族
政治面貌：群众
职　　称：副高
学　　历：中专
所在单位：兰州画院
通讯地址：兰州市五泉西路 29 号
成　　就：代表作有《金色寺庙》《母亲河》等。
简　　介：原名杜必成，河北宁河人。1962 年毕业于兰州师范，1992 年至 1994 年于北京画院研修。中国美术家协会会员、国家一级美术师、兰州画院高级画师。

0349 刘德军

性　　别：男
出生年月：1962-04-16
民　　族：汉族
政治面貌：群众
职　　称：副高
学　　历：高中
所在单位：兰州画院
通讯地址：兰州市五泉西路 29 号
成　　就：作品曾参加全国第十九届新人新作展、全国第四届中国艺术节美术作品展等。

0350 马志军

性　　别：男
出生年月：1973-10-10
民　　族：回族
政治面貌：群众
职　　称：副高
学　　历：大学本科
所在单位：兰州歌舞剧院交响乐团
通讯地址：兰州市城关区大众市场 26 号
成　　就：2003 年度先进工作者。2005 年中日韩国际少儿艺术展示大赛优秀辅导奖；2007 年第四届星星火炬中国青少年艺术英才选拔赛青年组小号金奖；2007 年度先进工作者；2009 年第七届中国音乐金钟奖翠英杯甘肃选拔赛二等奖；2009 年第三届甘肃省器乐大赛三等奖；在不同时段发表专业论文数篇。

0351 杨俊旺

性　　别：男
出生年月：1965-09-26
民　　族：汉族
政治面貌：党员
职　　称：副高
学　　历：大学本科
所在单位：兰州市军转办
通讯地址：兰州市五泉西路 29 号
成　　就：2001 年在兰州军区主办的建党 80 周年书法美术摄影展中获奖；2004 年作品入选甘肃书协举办的甘肃省第四届中青年书法展并入集；2006 年参加江苏省高校教职工书法美术展；2013 年参加甘肃省委宣传部、甘肃省文联主办的甘肃省联村联户美术、书法、摄影作品展；2013 年参加“黄河之都，金城兰州”兰州市美术、书法、摄影作品晋京展并入作品集；2013 年参加中国书法家协会主办的首届“西狭颂”全国书法大展并入集。获兰州市第二届文艺创作奖银奖。
简　　介：曾先后任职于兰州军区兰州医高专、兰州军区乌鲁木齐陆军（军医）学院、江苏淮阴工学院、西北民族大学，任教研室主任、副教授。2004 年军队优秀专业技术人才岗位津贴享受者。在部队期间两次荣立三等功，上校军衔。为中国药学会高级会员、中国药理学会教育及科普专业委员会委员、甘肃省书法家协会会员、兰州市书法家协会主席团成员、副秘书长。

0352 黄雯

性　　别：女
出生年月：1965-03-16
民　　族：汉族
政治面貌：群众
职　　称：副高
学　　历：大学本科
所在单位：兰州职业技术学院
通讯地址：兰州市安宁区刘沙公路 37 号
成　　就：多次被评为校优秀教师。2000 年参加甘肃省第十届运动会开幕式“黄河颂”舞蹈编排和指导。2004 年 9 月参加兰州师范百年校庆手工与体操的指导和编排。油画《花卉》美国俄亥俄州参展被收藏。《简笔画》一书2003年由兰州大学出版社出版。油画《静物》发表于 2004 年 7—8 期《甘肃日报》中。《浅谈“探究性学习”思想在美术教学中的引导作用》2006 年 10 期《中国教育发展研究》优秀奖。《浅谈传统素描与现代教学观念》2007 年 9 期 4 卷《中国育人》一等奖。《浅谈美术课备课》2007 年 9 期《教育研究与探索》优秀奖。《浅谈美术课堂教学中的创新教育》2008 年 272 期《现代经济信息》优秀奖。

0353 陈雄

性　　别：男
出生年月：1968-11-14
民　　族：汉族
政治面貌：民主党派
职　　称：副高
学　　历：大学本科
所在单位：兰州市第五中学
通讯地址：兰州市第五中学
成　　就：创作了 600 多首歌曲，20 多首获部级和省级奖，创作的器乐作品有民族管弦乐《山乡抒怀》《花儿联奏》，弦乐四重奏《草原素描》《家乡恋》，木管四重奏《舞会》，钢琴曲《乡风变奏曲》；在《歌曲》《儿童音乐》《中小学音乐教育》《音乐天地》《歌海》《祁连歌声》《校园歌声》等刊物发表 50 多首歌曲，其中歌曲《采山的姑娘》荣获 2004 年“新苗奖”全国儿童大赛银奖；《澳门你好》在“让世界倾听澳门”——2005 国际华语歌曲创作比赛中荣获优秀奖；

《相聚北京》在2007年全国校园歌曲创作选拔活动中荣获二等奖。

简　　介：任中国音乐家协会会员、中国音乐著作权协会会员、中国儿童音乐学会会员、甘肃省音乐家协会会员、兰州市音乐家协会副主席、兰州五中音乐教师、兰州市中学生民族乐团常任指挥。

0354 张丽

性　　别：女

出生年月：1970-12-05

民　　族：汉族

政治面貌：群众

职　　称：副高

学　　历：中专

所在单位：兰州戏曲剧院

通讯地址：兰州市城关区大众市场26号

成　　就：曾获西北五省区旦角大赛二等奖，兰州市青年演员大奖赛一等奖，甘肃省“红梅杯”大奖赛二等奖。饰演的《白玉楼》《杀嫂》《小宴》等剧目被制成光碟全国发行。

简　　介：1985年毕业于甘肃省艺术学校，同年工作于兰州市秦剧团至今。国家二级演员，主攻正小旦。

0355 左和平

性　　别：男

出生年月：1954-02-15

民　　族：汉族

政治面貌：党员

职　　称：副高

学　　历：大学本科

所在单位：兰州市画院

通讯地址：兰州市画院

成　　就：2000年在兰州举办左和平书画印小品展并结集出版个人书画作品集。2004年出版《左和平印蜕》作品集，2005年赴台湾参加海峡两岸三地书画交流展。2008年参加“大河魂”兰州画院美术作品晋京展。2009年11月参加兰州市政府组团的兰州市书画友好交流团，赴日本国八户市进行书画艺术交流活动。2011年参加“粉墨登场”中国戏曲水墨画名家名作展。

简　　介：现为兰州画院书记，甘肃省书法家协会篆刻创作委员会副主任，兰州市书法家协会副主席，兰州市篆刻创作委员会主任。1999年作为兰州市书画家代表团成员之一，赴日本秋田参加书画交流展出活动。

0356 顾艺凡

性　　别：女

出生年月：1978-08-11

民　　族：汉族

政治面貌：群众

职　　称：副高

学　　历：大学本科

所在单位：兰州交响乐团

通讯地址：兰州市城关区大众市场26号

成　　就：2009年7月获得由中国人民对外友好协会主办、中国中央电台合办的中日韩国际少儿艺术展示大赛甘肃分赛区比赛优秀辅导教师奖；2009年10月甘肃省第三届器乐大赛青年组二等奖；2011年5月第八届中国音乐金钟奖甘肃选拔室内乐弦乐四重奏一等奖；2011年12月第二届“情感中国”全国青少年优秀艺术人才展评活动总选拔赛大提琴专业青年组二等奖。

简　　介：1998年进入交响乐团；2000年被聘为大提琴声部副首席；2000年9月考入兰州城市学院，以优秀成绩修完全部课程；2003年又以自考的方式修完西北师大本科课程；2005年6月以合格成绩毕业。

0357 刘英

性　　别：男
出生年月：1953-10-15
民　　族：汉族
政治面貌：党员
职　　称：副高
学　　历：大学专科
所在单位：兰州市发改委
通讯地址：兰州市文学艺术界联合会
成　　就：1992—2000 年 7 月获兰州市税收杯书法大赛二等奖，全国首届洗笔泉书法大赛三等奖，3 次获兰州市市直机关书画大赛二等奖。参加兰州名家作品赴银川展和日本秋田书画展。2000 年当选兰州市书协理事，作品入编《兰州市百名书法集》。2001—2003 年获兰州市建党 80 周年书法大赛优秀奖。参加日本秋田和兰州友好展。获首届伏羲杯全国书画大赛一等奖。
简　　介：字无心，号月砚斋主，现任兰州市政府发展改革委员会产业法规处处长，兰州市书法家协会副主席。

0358 王克蓉

性　　别：女
出生年月：1968-12-13
民　　族：汉族
政治面貌：民主党派
职　　称：副高
学　　历：大学本科
所在单位：兰州市第五十三中学
通讯地址：兰州市城关区和政东街 284 号
成　　就：2012 年在兰州市第九届中小学生艺术节比赛中获美术作品类优秀指导教师；2013 年兰州市首届中小学教师美术书画展中获绘画类一等奖；2014 年甘肃省中学教师美术作品展中获二等奖；2012 年个人课题《针对美术高考题型特点开展专业辅导工作的研究》获兰州市教育科研 2011 年度“个人课题”优秀成果二等奖；2012 年参与编写了兰州市第五十三中学美术校本教材《素描、色彩、速写》，其中主笔完成的《设计·速写》在首届兰州市中小学校本教材评选活动中荣获一等奖；参与编写的《素描》《色彩》在首届兰州市中小学校本教材评选活动中荣获二等奖。
简　　介：1995 年毕业于西北师范大学艺术教育专业。1995 年 8 月任职以来，热爱党的教育事业，全面贯彻党的教育方针、政策，爱岗敬业，师德良好，为人师表。教育教学业绩突出，所带历届高中毕业班专业成绩优异，升学率高。

0359 张正刚

性　　别：男
出生年月：1975-11-06
民　　族：汉族
政治面貌：群众
职　　称：副高
学　　历：大学本科
所在单位：兰州市西固小学
通讯地址：兰州市文学艺术界联合会
成　　就：2007 年，作品参加第十届全国中青年书画家作品邀请展，并荣获特等奖；2008 年《甘南写生》入选甘肃美协写生画展；2008 年《心愿》在中国美协主办的中国永乐宫书画艺术节中获优秀奖；2008 年《童真无邪》参加由中国美协厦门创作中心主办的全国中国画名家邀请展，并荣获优秀作品奖。
简　　介：现为中国青年美术家协会理事、兰州市美术家协会理事、甘肃省美术家协会会员、甘肃国画院画家。

0360 王迦勒

性　　别：男

出生年月：1984-03-30
民　　族：汉族
政治面貌：民主党派
职　　称：副高
学　　历：博士研究生
所在单位：西北民族大学音乐学院
通讯地址：甘肃省兰州市西北新村 1 号
成　　就：2002 年本科就读于北京师范大学；2006 年考入莫斯科国立柴可夫斯基音乐学院钢琴演奏专业博士班；2010 年成功举办“纪念肖邦诞辰 200 周年”专场音乐会；2011 年应邀赴美参加 2013IKIF 音乐节并演出；2011 年 9 月任教于西北民族大学音乐学院；2013 年获得”中国音乐金钟奖”甘肃赛区钢琴重奏组一等奖；2013 年 5—6 月举办省内首例个人巡回钢琴独奏音乐会；2013 年 8 月，赴香港担任“2013 肖邦纪念奖国际钢琴比赛”总决赛评委。2014 年 2 月赴意大利乌迪内、贝加莫、奥地利维也纳举办个人独奏巡回音乐会。

0361 王欣非

性　　别：男
出生年月：1972-01-19
民　　族：汉族
政治面貌：党员
职　　称：副高
学　　历：大学本科
所在单位：兰州市教科所
通讯地址：城关区北滨河东路 364 号
成　　就：主持教科研课题，其中省级、市级重点专项课题《中学美术自主发展教学模式的研究》获得甘肃省教科研成果三等奖，市级一等奖。编写九年义务教育中学实验教材《心理健康教育》八九年级教师用书，地质出版社出版，计 6 万字。撰写多篇教育专业论文，发表在《甘肃教育》《教育革新》《兰州教育》等刊物上，并获得教育部体艺司及省、市教育论文评比奖项。担任市教育局系统职称评审课堂教学评委、教科研评审评委、人社局教师召开面试考官及各类教科研奖项评委。2011 年荣获市教育局优秀党务工作者。
简　　介：1988 年 9 月—1992 年 7 月兰州师范美术教育专业学习；1993 年 9 月—1995 年 7 月兰州教育学院美术系美术教育专业（大专）；2002 年 8 月—2006 年 6 月西北师范大学政法学院政治学专业（本科）；2005 年 9 月—2007 年 8 月中央电视大学教育管理专业（本科）；2014 年 8 月—2015 年 6 月西北师大书法文化研究首届书法高研班学习。1992 年 7 月—1996 年 6 月兰州市第三十七中学美术教师；1996 年 6 月—2004 年 11 月兰州市教育科学研究所教师，团支部书记；2004 年 11 月—2012 年 9 月兰州市教育科学研究所办公室副主任；2012 年 9 月至今兰州市教育科学研究所发展室副主任、书法美术教研员。

0362 冯爽

性　　别：女
出生年月：1988-07-08
民　　族：回族
政治面貌：群众
职　　称：副高
学　　历：大学本科
所在单位：兰州歌舞剧院
通讯地址：兰州市城关区大众市场 26 号
成　　就：2005 年 12 月参加甘肃省第二届声乐、器乐、舞蹈比赛，《放飞希望》获独舞表演三等奖；《水湄》获三人舞表演二等奖；《俏花旦》获群舞表演三等奖；《地平线》获三人舞表演铜奖；2011 年 12 月第二届甘肃舞蹈“飞天奖”大赛群舞《红与黑》获作品金奖。

简　　介：2002 年参加工作，在参加工作期间参与了多个大中小型晚会及出国巡演、文化交流，并多次参加省市级舞蹈比赛。

0363 张有为

性　　别：男
出生年月：1974-09-15
民　　族：汉族
政治面貌：党员
职　　称：副高
学　　历：大学本科
所在单位：永登县委
通讯地址：兰州市文学艺术界联合会
成　　就：作品先后参加中国书法家协会"小榄杯"全国县镇书法大赛、中国书坛第五届新人新作展、"走进青海"全国书法大赛（获优秀奖）、首届西部书法作品展；作品曾获甘肃省书法家协会甘肃书法"张芝奖"二等奖、甘肃省首届临作展优秀奖、首届甘肃书法奖励基金；获甘肃省"群星奖"二等奖；参加甘肃书法晋京展；作品入编《甘肃书法集》。
简　　介：1997 年毕业于西北师范大学中文系。现为中共榆中县委组织部副部长，中国书法家协会会员，兰州市书法家协会副主席。

0364 傅宏

性　　别：男
出生年月：1966-08-16
民　　族：汉族
政治面貌：党员
职　　称：副高
学　　历：大学本科
所在单位：兰州五十八中
通讯地址：兰州市西固区福利东路 212 号
成　　就：辅导学生多次在各级各类比赛中获奖；兰州市艺术教育先进个人。
简　　介：1990 年 6 月毕业于西北师范大学美术系，高级教师。

0365 李颖

性　　别：女
出生年月：1958-11-16
民　　族：汉族
政治面貌：群众
职　　称：副高
学　　历：中专
所在单位：兰州交响乐团
通讯地址：兰州市五泉西路 29 号
成　　就：参加交响乐团音乐会演出数十场。2005 年赴澳大利亚演出音乐会及《大梦敦煌》。2007 年、2008 年赴法国及维也纳金色大厅演出"经典敦煌"交响音乐会。曾发表论文三篇《浅谈小提琴教学中的音准问题》《交响乐与城市观众》《笛声中的段响》。
简　　介：甘肃省音乐家协会小提琴教学学会会员，中国音乐学院校外辅导员。发表论文 3 篇：《浅谈小提琴教学中的音准问题》《交响乐与城市观众》《笛声中的段响》。

0366 范文

性　　别：男
出生年月：1957-01-02
民　　族：汉族
政治面貌：党员
职　　称：副高
学　　历：大学本科
所在单位：兰州市政协
通讯地址：兰州五泉西路 29 号
成　　就：著有长篇小说《雪葬》《红门楼》散文集《半生悟道》。并有多篇小说发表于《小说界》《飞天》等杂志。长篇小说《红门楼》获甘肃省敦煌文艺奖二等奖。
简　　介：1973 年高中毕业后当过民工、民办教师；1977 年考入西安理工大学，学习印制机械设计与制造；1982 年来兰州印刷厂工作，先后担任车间主任、设备动力科科长、厂长，在此期间，荣获甘肃省“新长征突击手”“青年企业管理者”称号；1986 年任共青团兰州市委书记、十二届共青团中央委员会委员、共青团甘肃省委常委；1992 年任中共安宁区委副书记；1996 年任兰州市旅游局局长；2007 年任兰州市文化出版局局长；2009 年任兰州市文化广播影视新闻出版局局长；2011 年任兰州市政协副主席。现为甘肃省作家协会副主席，兰州市作家协会主席。

0367 鲁正葳

性　　别：女
出生年月：1935-10-08
民　　族：汉族
政治面貌：党员
职　　称：副高
学　　历：高中
所在单位：兰州日报社
通讯地址：兰州市南滨河中路 87 号 601 室
成　　就：中国作家协会会员。1978 年开始发表文学作品，至今共发表各种体裁作品 200 多万字，见于中央及海内外报刊和丛书。出版《永恒的追寻》《西北大发现》《撩开民国黑幕——报界奇才黄远生见证》《兰州历史文化——工业摇篮》等长篇报告文学、纪实文学 5 部。先后获甘肃省优秀报告文学奖、甘肃省第二届“五个一工程”奖、第二届甘肃黄河文学奖一等奖。《撩开民国黑幕》被美国哈佛燕京图书馆收藏。为央视大型纪录片《中国大西北》及地方台 20 多部电视片撰稿。

0368 李静舒

性　　别：女
出生年月：1976-06-02
民　　族：汉族
政治面貌：群众
职　　称：副高
学　　历：大学本科
所在单位：兰州大剧院
通讯地址：兰州市城关区大众市场 26 号
成　　就：多年来担任兰州大剧院主持人，主持了省市多场重大晚会及重要演出。2005 年随兰州交响乐团先后在兰州、北京、悉尼成功演出“经典敦煌”交响音乐会，并担任主持人（在悉尼歌剧院一人担任中英文双语主持）；2007 年再度随兰州交响乐团访问音乐之都维也纳，在享誉世界的维也纳金色大厅演出“丝绸之路”经典音乐会并担任中文主持人。
简　　介：1995 年 6 月以优异成绩毕业于兰州师范高等专科学校音乐系，同年 7 月进入兰州市轻音乐团工作，担任钢琴伴奏；1996 年赴北京师范大学艺术系深造，师从王复龄老师学习通俗唱法；1997 年在兰州市轻音乐团担任独唱演员，并兼任主持人；2002 年由于院团整合进入兰州歌舞剧院工作，并继续担任主持人和声乐演员；2005 年起，在干好本职工作的前提下，在兰州大剧院演艺中心尝试演出业务接洽工作，并于 2008 年担任演艺中心副主任，同年 1 月被聘为国家二级演员，2012 年担任兰州大剧院演艺中心主任至今，同时兼任兰州大剧院院长助理；2009 年 9 月—2011 年 6 月利用业余时间在兰州大学新闻与传播学院学习深造，2011 年 6 月取得新闻学本科学位。在近 20 年工作中，先后取得多次文化局系统“先进工作者”、兰州大剧院“先进工作者”称号，并在各类声乐比赛中取得优异成绩。

0369 冯玉雷

性　　别：男
出生年月：1968-10-23
民　　族：汉族
政治面貌：民主党派
职　　称：副高
学　　历：大学本科
所在单位：西北师范大学丝绸之路杂志社
通讯地址：西北师范大学丝绸之路杂志社
成　　就：创作长篇小说《敦煌六千大地或者更远》《敦煌遗书》及电影剧本《失踪的女神》等。曾获三次敦煌文艺奖。
简　　介：1992年毕业于陕西师范大学。任中国作家协会会员、兰州市作家协会副主席。现为西北师范大学丝绸之路杂志社社长、总编。

0370 魏祯

性　　别：男
出生年月：1985-01-20
民　　族：汉族
政治面貌：群众
职　　称：副高
学　　历：大学本科
所在单位：兰州歌舞剧院
通讯地址：兰州市城关区大众市场26号
成　　就：2000年参加《大梦敦煌》剧组在北京的首场演出，1999年参加了中央电视台千禧年大型文艺晚会，2001年随《大梦敦煌》剧组赴香港演出。2001年参与的《大梦敦煌》获中宣部第八届精神文明建设“五个一工程奖”。2002年去伊拉克参加巴比伦艺术节演出。2003年赴南非友好慰问演出。2005年随“心连心”艺术团赴酒泉基地演出。2007年参加中央电视台举办的《奥运城市行——走进兰州》演出。2009年赴中非友好慰问演出。2009年参加了中央电视台“庆祝西藏解放百万农奴50周年”大型文艺晚会。2011年9月代表甘肃艺术团赴非洲肯尼亚、厄立特里亚、南非友好访问演出担任主要演员。双人舞《凄凄长亭》获甘肃省第二届声乐、器乐、舞蹈比赛一等奖。
简　　介：1998年考入甘肃省艺术学校兰州歌舞剧院艺术分校，2002年毕业。毕业后从事舞蹈工作11年，现任兰州歌舞剧院舞剧团团长。

0371 瞿金花

性　　别：女
出生年月：1972-03-16
民　　族：藏族
政治面貌：党员
职　　称：副高
学　　历：大学本科
所在单位：兰州市59中
通讯地址：兰州市59中
成　　就：建立学校的合唱团，培养了大批具有艺术特长的学生，带领学生参加了多届兰州市教育局举办的艺术节并多次获奖。
简　　介：1987年1月至1991年9月，在兰州军区后勤部第二十五分部文工团服兵役；1991年9月至1995年6月，在西北民族大学音乐舞蹈学院上学，学习声乐表演。

0372 陆海棠

性　　别：女
出生年月：1964-02-17
民　　族：汉族
政治面貌：群众
职　　称：副高
学　　历：高中
所在单位：兰州市戏曲剧院
通讯地址：兰州市华林山
成　　就：2008年全省器乐大赛二等奖，参加工作期间主要担任二胡主奏。

0373 贺新赟

性　　别：女
出生年月：1978-10-06
民　　族：汉族
政治面貌：党员
职　　称：副高
学　　历：大学本科
所在单位：兰州市第八十四中学
通讯地址：兰州市平凉路 38 号
成　　就：2008 年 9 月组织学生参加兰州市中小学合唱节比赛获铜奖；2009 年 9 月参加兰州市中小学艺术节，负责指导的小合唱《乘着歌声的翅膀》获铜奖；2010 年 9 月参加兰州市中小学合唱节比赛获铜奖。2005 年 8 月荣获兰州市初中音乐课堂教学竞赛三等奖；2010 年 11 月荣获兰州市第十届“教学新秀”称号；2011 年 6 月被评为兰州市教育局系统“优秀共产党员”；2011 年 3 月，市级公开课被评为“兰州市优秀公开课”；2011 年 6 月被评为兰州市市级骨干教师；近几年发表国家级论文两篇，省级论文 1 篇。
简　　介：1998 年毕业于兰州师范高等专科学校音乐教育专业；2003 年取得西北民族大学本科学历；2012 年，取得教育硕士专业学位；自参加工作 16 年以来，一直担任初中年级的音乐教学、课外活动辅导及教研组长工作，并长期担任学校工会委员的工作。

0374 徐新平

性　　别：男
出生年月：1962-03-06
民　　族：汉族
政治面貌：民主党派
职　　称：副高
学　　历：大学本科
所在单位：甘肃银行
通讯地址：兰州市文学艺术界联合会
简　　介：1987 年大学美术专业毕业，先后就读于河西学院美术系和中央美术学院国画系，现为中国金融美术家协会副主席、甘肃画院特聘画家、高级美术师、中国美术家协会会员。

0375 曹丽萍

性　　别：女
出生年月：1980-02-19
民　　族：汉族
政治面貌：群众
职　　称：副高
学　　历：硕士研究生
所在单位：兰州职业技术学院
通讯地址：兰州职业技术学院初等教育系
成　　就：第五届中国“哈曼尼”国际钢琴艺术节暨第二十一届美国音乐公开赛优秀指导奖；第四届爱我中华艺术交流甘肃展演活动优秀辅导奖；优秀艺术特长生综合能力测评推选活动全国总决赛获艺术教育特殊贡献奖。2003 年至今独立在省级核心学术期刊共发表 5 篇专业论文。2003 年工作至今担任钢琴、和声学、音乐基础、音乐鉴赏、数码钢琴等课程教学工作，授课课时达 2000 余小时，授课学生人数近千人。本人指导的钢琴学生在省内外大赛中获奖数十次，本人也 10 余次被评为优秀钢琴教师、优秀园丁，被学院评委优秀教师、优秀教学奖获得者等。
简　　介：1998 年至 2002 年在西北民族大学学习，获得文学学士学位；2012 年至今在西北民族大学攻读钢琴专业硕士；2002 年 6 月—2009 年 8 月在兰州教育学院担任钢琴及音乐理论教师；2009 年 8 月至今在兰州职业技术学院担任钢琴及音乐理论教师；2008 年获得讲师职称；2014 年获得副教授职称。

0376 陈东明

性　　别：男
出生年月：1973-03-09
民　　族：汉族
政治面貌：党员
职　　称：副高
学　　历：大学本科
所在单位：兰州五十三中学
通讯地址：兰州五十三中学
成　　就：由本人负责的多项专业课题获甘肃省级规划重点课题，多篇教学论文获省级优秀论文称号。2007 年—2010 年被聘为甘肃省中小学教材编写组副总编，参加编写人教版中小学《美术》教材。2010 年主编兰州五十三中学校本教材：《高中素描、色彩、速写》，在首届兰州市中小学校本教材评选活动中荣获一等奖。曾多次主持承担兰州市美术研讨专题讲座、兰州市美术教师美术课观摩活动，并被聘为各项比赛的评委。
简　　介：1995 年毕业于西北师范大学美术学院，现任教于兰州市第五十三中学（兰铁三中）。长期致力于中小学美术教育教学工作。甘肃省骨干教师、甘肃省美协会员、兰州市美术中心学科组副组长。

0377 刘德军

性　　别：男
出生年月：1962-04-21
民　　族：汉族
政治面貌：群众
职　　称：副高
学　　历：高中
所在单位：兰州画院
通讯地址：兰州市五泉西路 29 号
成　　就：作品曾参加全国第十九次新人新作展、全国第四届中国艺术节美术作品展、国家文化部“大河春天”第五届山水画大展、国家画院国画院全国百家百幅国画小品邀请展；曾获兰州市政府颁发的“金城文艺”一等奖，“纪念毛泽东延安讲话 70 周年”甘肃美术作品展一等奖。
简　　介：1997 年—1998 年在北京画院研修班学习；2004 年结业于中国画研究院高级班；现为兰州画院专职画家、甘肃省美术家协会会员、甘肃省中国画学会理事、兰州市政协书画院特聘画家。

0378 彭明

性　　别：男
出生年月：1959-02-17
民　　族：汉族
政治面貌：群众
职　　称：副高
学　　历：大学专科
所在单位：兰州旅游中等专业学校
通讯地址：兰州市五泉路 83 号
成　　就：《河水清清》荣获全国水彩画作品优秀奖；油画作品《秋红》荣获甘肃省首届写生画展一等奖；《情怀》获第五届中国民歌银奖。
简　　介：1980 年毕业于天水师范学校美术系；1980—1982 年在东郊中学任美术教师；1982 年至今在兰州旅游中等专业学校从事美术教学工作，一直以来致力于水彩画和油画的探索与创作。现任甘肃省美术家协会会员、全国包装装潢设计协会会员、甘肃省美术教育研究会会员、甘肃省水彩画协会会员。

0379 王庆吉

性　　别：男
出生年月：1963-12-15
民　　族：汉族
政治面貌：党员
职　　称：副高

学　　历：高中
所在单位：兰州画院
通讯地址：兰州市五泉西路 29 号
成　　就：曾获“金城文艺”一等奖，曾参加中国画研究院李可染艺术基金会主办的 98 中国山水画展。

0380 杨言景

性　　别：男
出生年月：1964-12-22
民　　族：汉族
政治面貌：党员
职　　称：副高
学　　历：大学本科
所在单位：兰州理工中专
通讯地址：兰州市七里河区南滨河中路 1039 号
成　　就：1991 年 9 月获榆中县委县政府授予的“优秀教师”称号；1998 年论文《中师手风琴教学初探》获甘肃省教委音乐教师论文评比二等奖；2003 年论文《手风琴集体课的基本教学环节》在省级刊物《小演奏家》发表；2003 年论文《试论音乐教学中创新素质的培养》获兰州市论文评选一等奖；2003 年论文《音乐教学中创新素质的培养》在省级刊物《甘肃教育》上发表；2011 年、2012 年连续两次获市级职业技能大赛“优秀指导教师”奖。
简　　介：西北师大音乐教育专业本科毕业，高级教师。任中国音乐家协会手风琴学会会员、中国心理卫生协会会员、兰州音乐家协会会员。

0381 王大钧

性　　别：男
出生年月：1952-12-15
民　　族：汉族
政治面貌：民主党派
职　　称：副高
学　　历：大学专科
所在单位：甘肃省书法家协会
通讯地址：兰州市文学艺术界联合会
成　　就：书法作品入选全国第一、四届书展，全国书法名家邀请展，中韩、中日、中新国际交流展，中国书协优秀会员作品展，中国印全国篆刻名家邀请展等；美术作品获第五届当代中国山水画展荣誉奖；2004 年获中国书画年度回顾展佳作奖，北京、重庆、哈尔滨、兰州 2005 年中国画联展一等奖，首届翰墨养生名家邀请展金奖等；书画作品入编《中国新文艺大系·书法篆刻集》《中国书法艺术大全》《中华传世书画收藏大典》《中国当代篆刻艺术大观》《中国文化名人大写真》等。
简　　介：中国书法家协会会员、中国书协国际交流委员会委员。现任甘肃省书法家协会副主席、甘肃中国画研究院副院长、甘肃书协篆刻委员会主任、民进甘肃省委文化艺术委员会副主任、兰山印社副社长等职。

0382 付国良

性　　别：男
出生年月：1956-11-01
民　　族：汉族
政治面貌：群众
职　　称：副高
学　　历：高中
所在单位：兰州大剧院
通讯地址：火车站西路雅青花园 2 单元
成　　就：曾参加解放兰州 50 周年《丰碑颂》音乐录制，甘肃省第二届声乐器乐舞蹈比赛音乐录制，首届舞蹈“飞天奖”音乐录制，2008 年奥运会场外太平鼓音乐录制，兰州第五届、六届全民运动会开幕式音乐录制等。

简　　介：1971年至今在兰州歌舞剧院工作。

0383 唐正光

性　　别：男
出生年月：1959-12-08
民　　族：汉族
政治面貌：党员
职　　称：副高
学　　历：大学专科
所在单位：兰州市文化发展研究中心
通讯地址：兰州市城关区五泉西路35号
成　　就：2012年小品剧本《韩总的烦心事》入选文化部社图司主办《文化大视野—全国群文系统文艺作品选集》（第四卷），并荣获优秀作品奖；2012年10月8日，独立创作并演出的喜剧小品《约会》在甘肃省首届百姓戏剧小品艺术节获三等奖；2012年12月15日，合作编剧、主演的小品《鼓娃》在"天穆杯"全国第三届"新农村、新文化、新风尚"小品比赛中获三等奖。

0384 冯伟

性　　别：男
出生年月：1961-02-15
民　　族：回族
政治面貌：群众
职　　称：副高
学　　历：高中
所在单位：兰州歌舞剧院
通讯地址：兰州市城关区大众市场26号
成　　就：1991年6月参加"欢乐今宵"大型文艺晚会负责舞台音响；1992年参加"丝路之春"大型文艺晚会负责舞台音响；1992年参加大型舞剧《兰花花》获得文化部舞剧贡献奖，负责舞台音响；1995年参加西安古文化艺术节演出负责舞台音响；1994—1996年参加大型舞蹈诗《西出阳关》演出百余场，负责舞台音响；2008年参加首届甘肃舞蹈"飞天奖"荣获音响设计金奖；2008年12月参加中国文联"送欢乐下基层"文艺演出负责音响设计；2009年9月参加兰州大学百年校庆文艺晚会负责音响设计；2000年至今参加舞剧《大梦敦煌》的演出。
简　　介：现就职兰州市歌舞剧院舞台美术工作部，在参加工作期间参与了多个大中小型晚会及出国巡演、文化交流等活动。

0385 王爱琴

性　　别：女
出生年月：1969-08-18
民　　族：汉族
政治面貌：群众
职　　称：副高
学　　历：中专
所在单位：兰州市戏曲大剧院
通讯地址：兰州市安宁区桃林路112号
成　　就：兰州戏曲剧院，国家二级演员，甘肃省剧协会员，主工正旦、正小旦、老旦。曾荣获宝鸡市青年演员大奖赛一等奖，陕西省第二届"西凤杯"秦腔广播大赛一等奖，陕西省首届"钟楼杯"秦腔电视大赛专业组一等奖，甘肃省"视野杯"秦腔大赛特邀纪念奖，中国首届秦腔艺术节一等奖，甘肃省首届《红梅杯》大赛一等奖，甘肃省第二届红梅大奖赛二等奖，兰州市政府"金城文艺"奖，甘肃省旦角大赛一等奖，甘肃省第三届红梅大奖赛主配一等奖等荣誉。主演的折子戏《斩秦英》《杀仇》《三娘教子》《庵堂认母》《四贤册》很受广大观众好评。

0386 宗孝祖

性　　别：男
出生年月：1963-12-05
民　　族：汉族

政治面貌：党员
职　　称：副高
学　　历：大学专科
所在单位：兰州市财政局
通讯地址：兰州市财政局
成　　就：出版个人诗词专著《听雨南窗》《长河秋月》，获第三届、第四届甘肃省黄河文学奖，诗词专著已由中国国家图书馆、各省市和高校图书馆等收藏。不少诗词作品先后在《飞天》《十月》《收获》《人民日报海外版》《甘肃日报》《中国绿色时报》《中华诗词》《甘肃文史》《视野》《甘肃文艺》《湖南诗词》《江西诗词》《兰州日报》上发表。
简　　介：毕业于兰州大学汉语言文学专业和中国书协培训中心第十三届研修班，就职于兰州市财政局。兰州市书法家协会副主席、甘肃省青年书法家协会副主席、甘肃省作家协会诗词创作委员会副主任、甘肃省书法家协会编辑出版委员、甘肃省图书馆书画研究院副院长、中国林业书法家协会会员、中华诗词学会会员。

0387 白恩平

性　　别：男
出生年月：1965-06-18
民　　族：回族
政治面貌：党员
职　　称：副高
学　　历：大学本科
所在单位：兰州画院
通讯地址：五泉西路呀 9 号
成　　就：作品参加民族百花全国美术作品展，庆祝中华人民共和国成立 50 周年、60 周年甘肃省美术作品展，并获一等奖。

0388 张心华

性　　别：男
出生年月：1971-10-23
民　　族：汉族
政治面貌：群众
职　　称：副高
学　　历：大学本科
所在单位：兰州歌舞剧院
通讯地址：兰州市城关区大众市场 26 号
成　　就：2010 出版个人演唱专辑，获得青歌赛民族唱法一等奖，中国文联举办推新人大赛甘肃赛区一等奖，文化部举办西部民歌大赛两届获得金奖，2014 年甘肃省第三届声乐大赛原创演唱奖和民族唱法二等奖。

0389 杨建军

性　　别：男
出生年月：1962-05-17
民　　族：汉族
政治面貌：党员
职　　称：副高
学　　历：大学本科
所在单位：兰州职业技术学院数字传媒系
通讯地址：兰州市安宁区刘沙公路 37 号
成　　就：参与编著了《甘肃省中等师范必修课美术教材》及《全国中等艺术师范美术专业教材》。2001 年 1 月在甘肃秋田友好会馆举办个人画展。2001 年 10 月负责组织在兰州市博物馆举办的兰州师范学校师生美术作品展。个人传略入选“中国书画艺术博览丛书”。美术作品有多幅发表于《美术报》《甘肃教育》《师范教育》《兰州教育》《甘肃日报》《兰州日报》等杂志及刊物，其中国画《春天》于 1997 年获全国师生书画大赛教师组金奖。水彩画《书香》于 2002 年获全国教师书画大赛金奖。辅导学生美术作品多次参加书画大赛并获奖。2014 年 3 月 14 日在甘肃省广播电视报“大黄河”美术栏目发表个人作品 4 幅。

简　　介：1983年毕业于西北师大美术系油画专业。现任兰州师范学校美术教研组长，高级讲师。任中国美协甘肃分会会员、中国艺术教育促进会会员、兰州市美术家协会常务理事、甘肃省教育厅学校艺术指导委员会成员、甘肃省学生艺术等级考试评委、兰州市总工会职工美术书法协会副会长、兰州市教育局教师资格认证专家组评委、兰州市教育局中学教师职称学科组评委。

0390 赵全录

性　　别：男
出生年月：1964　07–15
民　　族：回族
政治面貌：群众
职　　称：副高
学　　历：大学本科
所在单位：兰州女子中等专业学校
通讯地址：兰州市城关区嘉峪关北路5号
成　　就：多年从事美术教育教学工作，具有丰富的一线教学经验，多年研究美术专业高考方向，所带班级成绩突出；积极辅导学生参加各种国家级大赛，多次荣获一等奖；2005年5月在《甘肃教育督导》发表论文《浅议提高职业学校教师的素质》。
简　　介：中学高级教师。于1990年毕业于西北师范大学美术教育专业，同年7月就职于兰州女子职业中专，工作至今。多年来主要从事于美术专业的教育教学工作，担任美术部部长10余年。在兰州市教育局组织的教育质量评估、教学新秀评比、教师资格证考试及兰州市艺术等级B级考试中担任评委。

0391 宋琴

性　　别：女
出生年月：1965–07–21
民　　族：汉族
政治面貌：民主党派
职　　称：副高
学　　历：大学本科
所在单位：兰州市第三中学
通讯地址：兰州市第三中学
成　　就：兰州市优秀教师，甘肃省中小学青年教学能手，兰州市第三届中学教学新秀，兰州市职工技术创新能手；兰州市中小学生合唱比赛优秀指挥奖；论文《中学音乐欣赏课教学体会》获兰州市教育教学论文一等奖；论文《浅谈中学生的合唱训练》发表于《甘肃教育》。

0392 郭盾骅

性　　别：女
出生年月：1956–04–15
民　　族：汉族
政治面貌：党员
职　　称：副高
学　　历：大学本科
所在单位：兰州市人大
通讯地址：兰州市人大
成　　就：现为中国楹联学会会员、甘肃省女书法家协会副主席、甘肃省书法家协会理事、创作委员会委员，兰州市书法家协会副主席。现供职于兰州市人大常委会，任教科文卫委员会主任。1995年获甘肃省“天方杯”书法大赛第三名。1998年获甘肃省纪念周恩来诞辰100周年书画大赛二等奖。甘肃省国庆五十周年书法大赛二等奖。

0393 徐建国

性　　别：男
出生年月：1958–01–22
民　　族：汉族
政治面貌：群众

职　　称：副高
学　　历：高中
所在单位：兰州歌舞剧院
通讯地址：兰州歌舞剧院
成　　就：2005 年率兰州交响乐团赴悉尼歌剧院演出“经典·敦煌”交响音乐会。2007 年 1 月 22 日，演出“中国丝绸之路”经典音乐会获得极大成功。2010 年率乐团赴西安参加首届西北音乐节获得演奏、作品、指挥三项大奖。2013 年应邀率团二度赴广东中山和珠海举办中山市元宵节专场音乐会以及“中国三大女高音”音乐会获得成功。2013 年 9 月兰州交响乐团赴宁夏、银川参加第二届中国西部交响乐团展演周演出同样获得成功，受到了主办方和西部十二支乐团同仁的高度赞扬。乐团现每年定期举办“春、夏、秋、冬”四季音乐会和每年一度的新年音乐会，乐团演出场次达 50 余场，带领乐团演出足迹遍布西北五省区，以及国内京、沪、粤、闽等地。

0394 俞美玲

性　　别：女
出生年月：1969-02-08
民　　族：汉族
政治面貌：群众
职　　称：副高
学　　历：大学本科
所在单位：兰州十中
通讯地址：兰州市城关区佛慈大街 67 号
成　　就：所撰写的论文《农村师范音乐教学初探》在甘肃省 97 年度中师教育教学论文评比中获三等奖。《浅谈中学音乐教学中的节奏训练》发表于《中学教育科研》2002 年第 11 期。创作的《恩玲中学校歌》发表于《中小学音乐教育》2004 年第 5 期。《高中音乐欣赏课教学初探》发表于《中小学音乐教育》2004 年第 7 期。兰州市第二届合唱节铜奖。兰州市第二届校园歌手比赛铜奖。兰州市第三届合唱艺术节银奖并获优秀指导教师奖。兰州市教学设计三等奖。兰州市第八届中小学生艺术节舞蹈类指导教师奖。甘肃省特长生选拔最佳艺术指导奖。兰州市第四届合唱艺术节银奖并获优秀指导教师奖，优秀指挥奖。
简　　介：中学高级教师，县级骨干教师。1988 年毕业于榆中师范学校；1992 年考入兰州市专音乐系脱产学习两年；1996 年考入西北师大音乐系音乐教育专业脱产学习两年；1999 年因工作需要调入榆中恩玲中学任音乐课教学以及专业高考生的辅导工作。

0395 曹伯正

性　　别：男
出生年月：1957-09-19
民　　族：汉族
政治面貌：党员
职　　称：副高
学　　历：大学专科
所在单位：兰州市文联
通讯地址：兰州市五泉西路 29 号
成　　就：2013 年组织参与“中国西北游、出发在兰州”中国原生态国际摄影大展活动，并获“精品奖”“优秀奖”。2013 年、2014 年组织参与“黄河之都·金城兰州”晋京展、深圳展摄影作品评奖工作。2014 年组织策划“足球宝贝”摄影大赛活动及评奖工作。摄影作品参加“纪念 5·23 讲话”美术、书法、摄影展，“美丽兰州·凡人善举”摄影展等展览，并收入画册。作品发于多家报刊杂志。

0396 谢延芳

性　　别：女
出生年月：1965-02-03

民　　族：汉族
政治面貌：群众
职　　称：副高
学　　历：中专
所在单位：兰州歌舞剧院
通讯地址：兰州市城关区大众市场 26 号
成　　就：2005 年兰州交响乐团赴悉尼歌剧院演出“经典·敦煌”交响音乐会，在兰州、北京、悉尼三地引起轰动，实现了一个市级交响乐团国内向国际舞台的成功“三级跳”；2007 年 1 月 22 日，演出“中国丝绸之路经典音乐会”获得极大成功，得到了奥地利 2000 多名观众一次次经久不息的掌声和高度赞扬；2010 年乐团赴西安参加首届西北音乐节获得演奏、作品、指挥三项大奖；2013 年应邀二度赴广东中山和珠海举办中山市元宵节专场音乐会以及“中国三大女高音”音乐会获得成功；2013 年 9 月随兰州交响乐团赴宁夏、银川参加第二届“中国西部交响乐团展演周”演出同样获得成功，受到了主办方和西部十二支乐团同仁的高度赞扬。

0397 孟宏妍

性　　别：女
出生年月：1966-05-24
民　　族：汉族
政治面貌：群众
职　　称：副高
学　　历：大学本科
所在单位：兰州市第十四中学
通讯地址：兰州市第十四中学
成　　就：多篇论文在省级刊物公开发表。1996 年 7 月由甘肃省教委组织的首届甘肃省音乐美术课（录像）评比中荣获美术组二等奖。1999 年 12 月在甘肃省教委组织的第二届甘肃省音乐美术录像课评比中荣获美术组二等奖。1999 年 11 月在兰州市教委组织的教学新秀评比中获“兰州市第六届教学新秀”称号。2002 年 6 月在兰州市教科所组织的 2002 年兰州市中学优质课竞赛活动中获美术学科比赛三等奖。2002 年 9 月在甘肃省教科所组织的 2002 年全省初中美术优质课竞赛活动中获二等奖。2003 年 1 月由甘肃省青少年科技活动中心组织的迎接第十八届全国青少年科技创新大赛·科学幻想绘画展中获初中组指导三等奖。
简　　介：1989 年 7 月毕业以来主要担任中学美术教学工作。1996 年 10 月获中学一级任职资格。中国艺术教育促进会会员、甘肃省工艺美术协会会员、兰州市美术家协会会员。

0398 陶积福

性　　别：男
出生年月：1952-12-15
民　　族：汉族
政治面貌：民主党派
职　　称：副高
学　　历：大学专科
所在单位：兰州市画院
通讯地址：兰州市画院
成　　就：书画作品多次参加全国及海内外大展，并多次获奖，作品在日本、台湾、新加坡及国内多家博物馆收藏。在多家报刊发表作品 500 余幅，2001 年由《台湾民族报》作了专题介绍。先后在兰州、天水、庆阳、敦煌、民勤、金昌、武威等 10 余个城市办过个人书画展，得到了专家及同仁的好评。
简　　介：现为国家二级美术师，兰州画院专职书画家。兰州市书法家协会副主席、农工党甘肃书画院副院长、兰州市民主党派艺术工作者联谊会副会长兼书法工作委员会主任、敦煌画院特聘艺术顾问。

0399 魏桂生

性　　别：女

出生年月：1957-10-22

民　　族：汉族

政治面貌：群众

职　　称：副高

学　　历：大学本科

所在单位：兰州星光合唱团

通讯地址：兰州市城关区段家滩 586-4 号

成　　就：多年从事声乐及合唱教学工作。曾指挥兰州星光合唱团两次获得全国合唱比赛金奖，两次银奖；多次指挥省内企事业单位和部队参加甘肃省和兰州市级合唱比赛获一、二等奖；先后辅导多名学生考取省内外艺术院校。论文《谈旋律与和声的完美结合》《论心理调控在声乐演唱中的意义》《谈无伴奏合唱甘肃民歌——下四川的艺术处理》在公开刊物刊发。

0400 王淑琴

性　　别：女

出生年月：1965-10-01

民　　族：汉族

政治面貌：民主党派

职　　称：副高

学　　历：大学本科

所在单位：兰州市第十六中学

通讯地址：兰州市第十六中学

成　　就：2005 年甘肃省教育厅授予“甘肃省第三届中小学青年教学能手”称号；2002 年兰州市教育委员会授号“兰州市中小学骨干教师”称号；1997 年获评城关区优秀教师；2003 年城关区优秀班主任；2003 城关区优秀教师；2002 年荣获城关区首届现代教育技术课堂教学比赛音乐学科一等奖；2003 年辅导节目获市教育局颁发的优秀指导教师奖；2005 年辅导学生获兰州市教育局颁发的优秀指导老师奖；2010 年辅导学生参加城关区中小学生合唱比赛获一等奖，本人获优秀指导教师奖；2011 年兰州市优秀课件比赛三等奖；2013 年辅导节目荣获“优秀指导教师”“优秀指挥”荣誉称号。

简　　介：1976.09—1981.07 在临洮县洋镇小学上小学；1981.09—1984.07 在临洮县第一中学上初中；1984.09—1987.07 在临洮县第一中学上高中；1987.09—1989.06 在兰州高等师范专科学校音乐系上学；1989.07 至今在兰州市第十六中学任教。

0401 周娓

性　　别：女

出生年月：1971-10-01

民　　族：汉族

政治面貌：党员

职　　称：副高

学　　历：大学本科

所在单位：华侨实验学校

通讯地址：兰州华侨实验学校

成　　就：省级教学骨干；市、区级教学新秀；市级教学能手；市、区级教学骨干；市、区级十佳辅导员；多次担任兰州市教师资格证专家评委；多次荣获市、区级中小学生艺术节合唱一等奖及优秀指挥奖；在国家级、省级、市级教学刊物中发表多篇论文，在各种论文评选中获奖；2000 年至 2013 年期间，连续多次荣获校先进教师称号；1998 年至今一直担任城关区音乐中心组组长。

简　　介：1987 年 8 月至 1990 年 7 月在天水市第二中学高中就读；1990 年 8 月至 1992 年 6 月在兰州师专音乐系就读；1992 年 7 月至 2013 年 7 月在兰州市第十九中学任教；2013 年 8 月至今在兰州华侨实验学校任教。

0402 陈学谦

性　　别：男
出生年月：1962-01-01
民　　族：汉族
政治面貌：群众
职　　称：副高
学　　历：大学本科
所在单位：兰州市第四十六中学
通讯地址：兰州市城关区大雁滩 54 号
成　　就：市级骨干教师、城关区美术学科带头人。多次辅导学生在各级各类比赛中获奖。
简　　介：1983 年 7 月毕业于西北师范大学美术系油画专业。多年从事中学美术教学工作，成绩突出，并多次辅导学生在各级各类美术比赛中获奖。

0403 管彬彬

性　　别：女
出生年月：1973-06-01
民　　族：汉族
政治面貌：党员
职　　称：副高
学　　历：大学本科
所在单位：兰州市第四十三中学
通讯地址：兰州市城关区下沟 69 号
成　　就：2002 年荣获兰州市优质课美术学科二等奖；2008 年荣获兰州市中小学优秀美术课堂教学评选初中组一等奖；2003 年 10 月指导学生参加兰州市第六届中小学生艺术节获铜奖；2006 年指导学生参加兰州市第七届中小学生艺术节获指导奖；2007 年《创新是主旋律》获兰州市中学教育教学优秀论文三等奖；2008 年荣获甘肃省初中美术录像课竞赛一等奖；2009 年获城关区“骨干教师”称号；2012 年 8 月指导学生参加甘肃省中小学生艺术展演活动获二等奖；2014 年 10 月获兰州市中小学生书画摄影比赛优秀指导奖。
简　　介：1993 年 8 月—1996 年 7 月在兰州市第三十二中学任教；1996 年 8 月至今在兰州市第四十三中学任教。兰州市中学美术中心教研组成员，兰州市城关区中学美术中心组教研员，兰州市青少年书画协会常务理事，“国培计划”（2012 年）、“国培计划”（2013 年）甘肃省中小学骨干教师远程培训美术学科专家，兰州市第十届、十一届、十二届“教学新秀”总评评委。

0404 陈怡

性　　别：女
出生年月：1969-12-01
民　　族：汉族
政治面貌：群众
职　　称：副高
学　　历：大学本科
所在单位：兰州市城关区金城关回民中学
通讯地址：兰州市城关区金城关回民中学
成　　就：城关区优秀教师，多次获评兰州市优秀指导教师。
简　　介：1992 年毕业于兰州师专（专科），2004 年西北民族大学（本科）。

0405 蒋元成

性　　别：男
出生年月：1962-08-01
民　　族：汉族
政治面貌：民主党派
职　　称：副高
学　　历：大学本科
所在单位：兰州市第五十四中学
通讯地址：兰州市城关区和政西街 58 号
成　　就：2013 年获省教育厅美术作品展油画二等奖；2013 年获兰州市教育局“中国梦”美术作品一等奖。

0406 刘梦媛

性　　别：女

出生年月：1990-03-15

民　　族：汉族

政治面貌：群众

职　　称：副高

学　　历：大学本科

所在单位：甘肃梦媛古筝艺术培训中心

通讯地址：兰州市城关区大砂坪香榭丽花园6栋4-601

成　　就：2008年全国古筝新筝比赛新筝独奏金奖，古筝独奏银奖；香港国际艺术节古筝新筝比赛，古筝新筝独奏金奖，合作项目双项金奖；2010年“生命之光杯”全国民族器乐展演比赛青年组专业古筝、新筝独奏项目金奖，合奏项目三项金奖。

简　　介：中国青年古筝新筝演奏家。中华古筝新筝研究会会员、中国筝岛古筝家协会会员、甘肃省文化产业协会理事、中国东方乐团优秀古筝新筝专业教师、全国优秀辅导教师、中国东方乐团甘肃省甘肃省古筝教学基地创办人，甘肃梦媛艺术培训中心校长。先后随东方乐团出访奥地利、新加坡、马来西亚、泰国、印度尼西亚和香港、澳门等多个国家和地区。

0407 崔彦彬

性　　别：女

出生年月：1961-02-01

民　　族：汉族

政治面貌：民主党派

职　　称：副高

学　　历：大学本科

所在单位：兰州十九中

通讯地址：兰州市武都路409号

成　　就：2011年区级优秀教师；1979.09—1982.07在榆中师范学习；1982.07在兰州市第十九中学工作至今。

0408 魏儒军

性　　别：男

出生年月：1974-04-01

民　　族：汉族

政治面貌：群众

职　　称：副高

学　　历：大学本科

所在单位：兰州市第四十六中学

通讯地址：兰州市城关区大雁滩54号

成　　就：多次辅导学生在各级各类比赛中获奖；并多次辅导学生在各级各类美术比赛中获奖。

简　　介：1999年7月毕业于庆阳师专，多年从事中学美术教学工作，成绩突出。

0409 王峨

性　　别：女

出生年月：1970-11-01

民　　族：汉族

政治面貌：群众

职　　称：副高

学　　历：大学本科

所在单位：兰州三十二中

通讯地址：兰州三十二中

成　　就：2005年6月获评为城关区第八届“教学新秀”；2005年参与的兰州市教育科研“十五”规划课题结题并通过鉴定；2006年7月《中学艺术学科创新型课堂教学模式研究》获兰州市第六届基础教育科研优秀成果三等奖。

简　　介：1993年至1995年就读于兰州师专；1999年至2000年就读于西北师大；1995年6月至今工作于兰州三十二中。

0410 窦春海

性　　别：男
出生年月：1977-05-02
民　　族：汉族
政治面貌：党员
职　　称：副高
学　　历：大学专科
所在单位：兰州市城关区书画院
通讯地址：兰州市城关区庆阳路 132 号
成　　就：书法作品入编由中国书法家协会主办的《纪念中国共产党建党 85 周年全国书法大赛作品集》；在中国书画家协会主办的首届"盛世中华"全国书法美术作品大展活动中获得二等奖；亚欧杯全国书法大赛金奖。作品多次入选省市书法展览并获奖，书法论文在多种权威报刊和杂志发表。
简　　介：现供职于兰州市城关区书画院，中国书画家协会会员。

0411 李玉芳

性　　别：女
出生年月：1960-09-01
民　　族：汉族
政治面貌：群众
职　　称：副高
学　　历：大学专科
所在单位：兰州三十五中学
通讯地址：兰州市城关区广场北路 79 号
成　　就：2006 年 9 月获兰州市教育局组织的第七届中学生艺术节大赛舞蹈第一金奖、辅导教师奖；2007 年 9 月获兰州市教育局组织的第二届中学生校园歌手大赛第一金奖和指导教师奖；2008 年兰州市教育局中学生合唱大赛银奖和指导教师奖；2008 年城关区委和教育局颁发的优秀教师；2010 年科研课题获第八届优秀科研成果二等奖。
简　　介：1988 年 9 月在刘化总厂子弟中学任专职音乐教师；1995 年 7 月在西北师大音乐系毕业；1995 年 8 月在刘化子弟中学任教；1998 年 8 月调入兰州市三十五中任教至今。

0412 陈彦斌

性　　别：女
出生年月：1971-04-01
民　　族：汉族
政治面貌：群众
职　　称：副高
学　　历：大学本科
所在单位：兰州市第四十八中学
通讯地址：兰州市城关区东东岗东路 272 号
成　　就：2002 年获评为兰州市第七届教学新秀；2004 获市优质课一等奖；2005 年主持的兰州市教育科研"十五"规划课题结题并通过鉴定；2006 年课题在兰州市第六届基础教育科研优秀成果评选中获三等奖；2009 年《古代人物画》获兰州市第六届课件比赛三等奖；2013 年书法作品获兰州市中小学教师书法绘画作品展览一等奖。
简　　介：2002.12 至 2006.2 在兰州三十二中从事美术教学工作；2006.3 至今兰州四十八中从事美术教学工作。

0413 马嘉蔓

性　　别：女
出生年月：1979-09-01
民　　族：汉族
政治面貌：民主党派
职　　称：副高
学　　历：大学本科
所在单位：兰州十九中
通讯地址：兰州市武都路 409 号
成　　就：2012.5 兰州市城关区"教学新秀"；2012.9 兰州市"教学新秀"。
简　　介：1998.9—2000.7 在兰州师专音乐

系学习；2000.8 至今在兰州十九中工作。

0414 张大海

性　　别：男
出生年月：1968-08-01
民　　族：汉族
政治面貌：群众
职　　称：副高
学　　历：大学本科
所在单位：兰州十九中
通讯地址：兰州市城关区付家巷 50 号 502 室
成　　就：2001 年以来多次获得校级“优秀教师”称号；2006 年 10 月获得兰州市中小学生首届器乐大赛金奖的优秀指导奖；2008 年 10 月获得兰州市第二届合唱比赛优秀伴奏奖；2009 年 9 月和 2010 年 9 月两次获得城关区级“优秀教师”称号；2010 年 9 月获得兰州市中小学生第四届器乐大赛优秀指导奖。
简　　介：1991 年 9 月至 1995 年 7 月在西北师范大学音乐系学习；1995 年 8 月在兰州市第十九中学工作至今。

0415 丁红云

性　　别：女
出生年月：1962-03-01
民　　族：汉族
政治面貌：群众
职　　称：副高
学　　历：大学本科
所在单位：兰州市第四十三中学
通讯地址：兰州市城关区下沟 69 号
成　　就：曾获 1993 年城关区中小学音乐教师三项技能比赛二等奖，1999 年兰州市首届合唱艺术节中学组三等奖，2004 年兰州市中小学合唱比赛中学组银奖，2004 年城关区优秀教师，2008 年兰州市中小学艺术节声乐类初中组金奖，同年校歌创作优秀奖，2011 年兰州市中小学艺术节舞蹈类初中组金奖，2010 年兰州市中小学合唱比赛初中组金奖，2010 年兰州市优秀教师，2013 年兰州市中小学合唱比赛初中组金奖。
简　　介：1985—1987 年在兰州师专音乐系学习；1987 年 8 月至今在四十三中工作。

0416 王安民

性　　别：男
出生年月：1954-01-05
民　　族：汉族
政治面貌：党员
职　　称：副高
学　　历：大学本科
所在单位：七里河区文化馆
通讯地址：兰州市七里河区小西湖东街 38 号
成　　就：在书画方面造诣深，多次参加全国、省、市、区各级书画比赛，均有不俗成绩。另在任文化馆馆长期间，组织七里河区各类大型文艺演出、书画展、各类文化活动，参与文物普查，小西湖公园文化长廊的策划、书法碑刻的约稿、内容的编纂。是七里河区不可多得的综合性文化骨干人才。
简　　介：毕业于西北师范大学美术专业。1979.09 至今，在兰州市七里河区文化馆工作；曾任兰州市七里河区文化馆馆长，正科级干部；2012 年退休。

0417 蒋丽红

性　　别：女
出生年月：1968-02-11
民　　族：汉族
政治面貌：群众
职　　称：副高

学　　历：大学本科
所在单位：七里河区文化馆
通讯地址：兰州市七里河区小西湖东街38号
成　　就：曾在兰州市七里河区各类大型文艺演出中担任编排，并辅导各类文艺节目参加省市区各类比赛，均有不俗成绩。
简　　介：毕业于兰州师范高等专科学校音乐专业；后在甘肃省广播电视大学汉语言专业学习；1995.08至今在兰州市七里河区文化馆工作；现任兰州市七里河区文化馆干部。

0418 李大方

性　　别：男
出生年月：1964-07-08
民　　族：汉族
政治面貌：党员
职　　称：副高
学　　历：大学专科
所在单位：七里河区文化馆
通讯地址：兰州市七里河区小西湖东街38号
成　　就：组织七里河区各类大型文艺演出，任编排、导演，并辅导各类文艺节目参加省市区各类比赛，均有不俗成绩。曾获得过文化部举办活动奖项，并多次获得省、市、区各类文艺比赛奖项。
简　　介：现任兰州市七里河区文化馆馆长。毕业于西北师范大学舞蹈专业；1979.12—1993.06在临夏市歌舞团工作；1993.07至今，在兰州市七里河区文化馆工作。

0419 张巨鸿

性　　别：男
出生年月：1966-12-24
民　　族：汉族
政治面貌：群众
职　　称：副高
学　　历：大学本科
所在单位：七里河区文化馆
通讯地址：兰州市七里河区小西湖东街38号
成　　就：曾先后在北京、天津、广州、深圳、甘肃白银等地举办个展或联展，作品被社会各界广泛收藏。2010年岭南美术出版社出版《张巨鸿中国画集》。现为中国美术家协会敦煌创作中心委员、敦煌绘画现代研究会常务副会长、港澳台文化研究会理事、甘肃中国画学会理事、深圳宝安区美术家协会理事，兰州画院特聘画家。
简　　介：毕业于西北师范大学艺术学院美术系油画专业。1985.08—1989.07在靖远五合学区工作；989.08—1993.07在靖远一中工作；1993.08—2012.05在靖远师范工作；2012.06至今在兰州市七里河区文化馆工作。现任兰州市七里河区文化馆干部。

0420 车瑞林

性　　别：女
出生年月：1959-03-28
民　　族：汉族
政治面貌：党员
职　　称：副高
学　　历：大学专科
所在单位：七里河区文化馆
通讯地址：兰州市七里河区小西湖东街38号
成　　就：在演唱秦腔方面有不俗成绩，在省市区各类比赛中均获奖。并参加七里河区各类大型文艺演出，编排、并辅导各类文艺节目参加省市区各类比赛，均有不俗成绩。是七里河区优秀的文艺人才。
简　　介：毕业于西北师范大学音乐教育专业。1976.03—1976.10，甘肃省永昌县六坝公社五坝九队插队；1976.10—1987.04，甘肃省永昌县文工团工作；1987.05 至今，兰州市七里河区文化馆工作。现任七里河区文化馆干部。2014 年退休。

0421 张世奇

性　　别：男

出生年月：1960-01-07

民　　族：汉族

政治面貌：党员

职　　称：副高

学　　历：大学专科

所在单位：七里河区文化馆

通讯地址：兰州市七里河区小西湖东街 38 号

成　　就：曾在各类国家级、省市区级书画摄影展上都获得过奖项。参与拍摄七里河区各类大型文化活动。在七里河区负责非物质文化遗产保护工作，编写、拍摄各类专题，并出版非物质文化遗产书记一本，另一本关于我区国家级非物质文化遗产保护项目“羊皮筏子”的书籍正在出版中。

简　　介：毕业于国家法官学院法律专业。1977.11—1982.02 在泾川县商业局工作；1982.02—1992.04 在泾川县法院工作；1992.05 至今在兰州市七里河区文化馆工作；现任兰州市七里河区文化馆干部。

0422 胡家良

性　　别：男

出生年月：1955-01-23

民　　族：汉族

政治面貌：群众

职　　称：副高

学　　历：大学专科

所在单位：甘肃省歌舞剧院

通讯地址：甘肃省歌舞剧院家属院 2-1-501

成　　就：参加院团各类大中小型演出、交响音乐会、综合晚会等上千场，并多次获得院团业务比武、比赛、练兵奖项，成绩优秀。同时，通过多年的小提琴专业教学，培养了诸多优秀音乐人才。

简　　介：国家二级演奏员，自 1972 年至今从事小提琴专业演奏工作和教学工作 40 余年。1978 年 2 月至 1979 年 12 月在天津音乐学院进修，师从小提琴教授黄日升老师。

0423 陈登勇

性　　别：男

出生年月：1946-05-21

民　　族：汉族

政治面貌：党员

职　　称：副高

学　　历：大学专科

所在单位：中国核工业兰州辐射技术开发中心

通讯地址：兰州市西固东路 158 号

成　　就：善中国花鸟、山水画，尤长于工笔，画风朴实、自然、清纯、隽永。作品在参加省市、全国各项大展和国际展出中，有多件获奖或被国家博物馆及团体收藏，被报刊、广播、电视多次专版（题）发表和评介，也被日本、德国、美国、荷兰、新加坡等国和港台地区的单位及友人珍藏。传略及作品先后被录入《中华人物辞海》（当代文化卷）《中国当代艺术界名人录》《中国美术家》《中国花鸟画集》等多部辞书和画集。1996 年被中国书画家协会命名为全国“优秀书画家”。现为中国书画家协会、中国神剑艺术学会、甘肃省美术家协会会员，甘肃省美协国画家学会、甘肃省神剑艺术学会、甘肃飞天书画学会常务理事，河南鹤壁艺术家画廊艺术顾问和一级国画师。2012 年获兰州市文联艺术创作“丹青”奖。

简　　介：中国核工业兰州辐射技术开发中

心工艺美术师，专业画家。

0424 陈以军

性　　别：男
出生年月：1966-01-30
民　　族：汉族
政治面貌：民主党派
职　　称：副高
学　　历：大学本科
所在单位：兰州市第二十一中学
通讯地址：兰州市西固东路 160 号
成　　就：1991 年油画作品获白银市书画展一等奖；1992 年油画创作获白银公司书画展一等奖；2006 年油画创作《加木羊二世的信徒》获甘肃省文化厅主办的兰州第四届全国群众书画交流展二等奖；2008、2009 年油画作品入选甘肃省文联和甘肃省美术家协会主办的全省大展，2009 年 8 月油画作品《高原母与子》入选中国美术家协会主办的全国教师作品展；2009 年油画作品《香火 · 祈福》获兰州市美术家协会主办的全市美术作品展一等奖；2011 年油画作品《煨桑》获甘肃省团委、甘肃省青年美术家协会主办的庆祝建党 90 周年全省青年美展一等奖；2013 年油画作品获甘肃省教育厅主办的“中国梦 · 美丽甘肃”教师书画大赛三等奖；2013 年油画作品获兰州市教育局主办的全市教师书画作品展一等奖；2014 年油画作品入选《高原 · 高原——第四届中国西部美术展油画年度展》。
简　　介：1988 年至 1990 年在张掖师专（今河西学院）读美术教育专科；2005 年本科毕业；1990 年 8 月至 1993 年 4 月白银公司宣传部美工；1993 年 4 月至今兰州市第二十一中学美术教师。任教期间培养了近百名专业学生，有学生考入天津美院、西安美院、兰州大学美术专业、华东大学美术专业、陕西科技大学美术专业、西北民族大学、西北师大等众多大学和学院的美术专业。

0425 白晓红

性　　别：女
出生年月：1972-03-01
民　　族：汉族
政治面貌：党员
职　　称：副高
学　　历：大学本科
所在单位：西固区东川初级中学
通讯地址：兰州市西固区东川初级中学
成　　就：1996 年 6 月编排的舞蹈《我的祖国》在西固区比赛中获得二等奖；1997 年 6 月在“迎接香港回归”文艺演出中编排的舞蹈《到吴起镇》获得二等奖；1998 年编排的团体操《向着太阳奔跑》在西固区比赛中获得优秀奖；2002 年 6 月排练的合唱《你我手拉手》在西固区合唱比赛中获得第三名；2004 年 7 月排练的合唱《美丽的梦神》在兰州市首届中小学生合唱节西固赛区中获得三等奖；2005 年 7 月编排的现代舞在第十七届西固之夏暨兰州市黄河风情文化周广场文艺调演”中获得三等奖；2006 年 6 月在兰州市第七届中小学生艺术节西固赛区文艺调演中舞蹈《祝福祖国》获二等奖；2007 年 6 月在兰州市校园歌手西固赛区比赛中获得团体铜奖。
简　　介：1992 年 9 月至 1995 年 7 月在兰州师专音乐系就读，1995 年 7 月参加工作；1995 年 7 月至今在兰州市西固区东川中学任教；2003 年 7 月至 2005 年 6 月函授取得西北师范大学音乐教育本科文凭；2010 年 12 月获得高级教师任职资格。

0426 王立春

性　　别：男
出生年月：1974-10-17

民　　族：汉族
政治面貌：党员
职　　称：副高
学　　历：大学本科
所在单位：西固区文化馆
通讯地址：兰州市西固区山丹街 693 号
成　　就：创作的作品多次入选全国、省、市展览并获奖。在《甘肃文化》《甘肃文苑》《甘肃日报》《甘肃工人日报》等报刊杂志多次发表了作品及论文。2000 年 7 月油画《那段日子》《春雪》入选第二届甘肃省群星艺术节，其中《那段日子》获铜奖。2000 年 9 月油画《春雪》获兰州市群众文化单位美术书法展三等奖。2001 年 5 月油画《撞融》入选第一届“爱我中华”中国画油画大展。2002 年 5 月油画《静物》入选甘肃省美术作品展。2002 年 11 月油画《花忆》《静物》分别获甘肃省两馆专业干部美术书法作品展二等奖、优秀奖。2003 年 7 月油画《花忆》入选甘肃省油画作品展。2005 年 10 月油画《无言》获甘肃省美术作品展优秀奖。2006 年 8 月油画《流失的存在构成》获兰州第四届全国群众书画交流展一等奖。2007 年 1 月油画《随想》入选第三届甘肃省群星艺术节美术书法摄影作品展。2007 年 12 月油画《随想》获全国群文系统书法美术摄影大展金奖。2007 年 12 月油画作品入选甘肃美术写生作品展。
简　　介：1995 年从兰州商学院装潢设计专业毕业分配到西固区文化馆工作至今。2000 年考入西北师范大学脱产学习美术（油画），2002 年取得本科学历；2009 年结业于中央美术学院硕士研究生课程班；甘肃省艺术（群文）系列副研究馆员。任甘肃文化馆美术组组长、甘肃省美术家协会会员、甘肃省青年美术家协会会员。2006 年被省文化厅聘为甘肃省首批文化艺术辅导员。

0427 潘希良

性　　别：男
出生年月：1955-12-27
民　　族：汉族
政治面貌：民主党派
职　　称：副高
学　　历：大学专科
所在单位：兰州第六十三中学
通讯地址：兰州市西固区福利西路 334 号
成　　就：1983 年连环画《柜台内外》获兰州市职工美术作品展一等奖。1985—1988 年有多套连环画分别发表于《甘肃工人报》《甘肃经济报》上。1987 年曾经为《甘肃工人报》《甘肃日报》做过大量插图。1993—2003 年有多幅油画作品获全国石化职工美展三等奖、第四届全国石油职工美展铜奖。油画《红色管线》发表于《甘肃美术家》报上，并获甘肃企业职工美展二等奖。2014 油画作品获兰州中小学美术作品展一等奖。
简　　介：1972—1976 年在兰化一中工作；1976—1986 年在兰化三中工作；1986—1987 年在中央美院进修；1989—1990 年毕业于兰州教育学院美术系；1990 年至今在兰州第六十三中学工作。

0428 皇甫玉成

性　　别：男
出生年月：1954-09-18
民　　族：汉族
政治面貌：党员
职　　称：副高
学　　历：大学专科
所在单位：兰州石化公司
通讯地址：兰州石化公司
成　　就：自 1976 年起学习摄影创作，1980 年起开始在报刊上发表摄影作品，1985 年至 1986 年，参加了北京摄影艺术函授中心系统化学习两年。先后到过云南、四川、湖南、安徽、青海、新疆、西藏等十几个省（地区）及甘肃各地进行摄影创作。在全国各类报刊杂志上发表摄影作品千余幅。有两百余幅摄影作品在全国、省、市摄影展赛中入选获奖。

简　　介：目前在兰州石化公司工作，为中国摄影家协会会员、甘肃省摄影家协会会员、兰州市文联委员、兰州市摄影家协会副主席、西固区摄影家协会主席。

0429 郝淑琴

性　　别：女

出生年月：1965-01-17

民　　族：汉族

政治面貌：群众

职　　称：副高

学　　历：大学本科

所在单位：兰州市第六十九中学

通讯地址：西固区新维路 51 号

成　　就：2003 年组织学生参加全国美术作品比赛，16 人分别获一等二等三等奖，并获集体二等奖。2014 年参加全国中学生书画大赛，获得一等奖两名、二等奖两名、三等奖一名。2012 年获得全国教师书画大赛二等奖。

简　　介：1982.7—1987.7 在内蒙古额济纳旗文化局任职；1987.7—2007.4 在兰维中学任教。

0430 李延荣

性　　别：男

出生年月：1958-12-15

民　　族：汉族

政治面貌：党员

职　　称：副高

学　　历：大学专科

所在单位：西固区东川初级中学

通讯地址：兰州市西固区东川初级中学

成　　就：1994 年 9 月被甘肃省轻纺总会评为“先进教育工作者”。2007 年 10 月被西固区达川中心校评为“优秀德育工作者”。2009 年 7 月被西固区达川中心校评为“优秀共产党员”。1984 年 7 月组织学生参加省文化厅、兰州市文化局、市文联举办的兰州地区首届少儿音乐会获合唱二等奖，个人获作品创作奖。1986 年 10 月参加全省轻纺系统文艺汇演获声乐第一名。1987 年参加兰州地区首届职工艺术节获“优秀演员”奖。1985 年参加西固首届“黄河之夏”群众音乐会获声乐一等奖。1990 年至 1993 年组织学生连续参加四届“全国音乐知识大赛”均获奖，个人获“园丁奖”。2009 年 12 月创作的作品参加兰州市第八届中小学生艺术节，获兰州市教育局颁发的“优秀校歌创作奖”。

简　　介：1975 年 5 月至 1978 年 10 月在甘肃省武都县红旗公社红旗一队插队（知青）；1978 年 10 月至 1980 年 8 月在农业银行成县支行工作（出纳员、信贷员）；1980 年 8 月至 1982 年 7 月在兰州师专音乐系学习（学生）；1982 年 7 月至 2005 年 12 月在兰州棉纺织厂子弟中学工作（教师、教研组长、校工会主席、公司工会委员）；2006 年 1 月至 2009 年 10 月在西固区达川中学工作（教师、政教处主任）；2009 年 10 月至今在西固区东川中学工作（教师、总务主任）；2005 年 2 月至 2005 年 12 月因厂里停办学校，在兰州新亚中学工作，任政教处主任。

0431 童晓霞

性　　别：女

出生年月：1974-11-26

民　　族：汉族

政治面貌：群众

职　　称：副高

学　　历：大学本科
所在单位：兰州市第六十二中
通讯地址：兰州市西固西路 342 号
成　　就：2001 年获少年宫青少年书画比赛优秀指导教师奖。油画《小卓玛》获全国美术老师书画比赛二等奖。2006 年获石化公司优秀教师奖。2007 年获石化公司“优秀教师标兵”称号。2004 年油画《青海湖》获兰州市青年书画家作品比赛三等奖。2013 年论文《在新课改下如何上好中学美术心上课》在省级刊物发表。2014 年论文《我的课堂模式——多样课堂》在省级刊物发表。2014 年油画作品《树林》获兰州市教育局书画比赛三等奖。2014 年获兰化二中校园艺术节特殊贡献奖。2016 年教学案例《苍松翠柏》获兰州市教育局教学案例比赛二等奖。
简　　介：1995.09—1999.06 西北师范大学美术专业学习；1999.07—2000.08 省建一公司工作；2000.09—至今兰州市第六十二中学教育教学工作。

0432 吴铎

性　　别：男
出生年月：1957-11-01
民　　族：汉族
政治面貌：党员
职　　称：副高
学　　历：大学本科
所在单位：兰州市第九十九中学
通讯地址：兰州市第九十九中学
成　　就：任教期间多年辅导学生美术课外小组活动，学生作品经常参加国家、省、市、区学生美术展览并获各级各类奖励，小组成员考入中央美院及各类高等院校美术专业的为数众多。多年在省内外各类报刊杂志发表美术作品及文字作品，并多次获奖。多年来发表过多篇教育教学和其他专业论文，在中电联基础教育委员会、省电力公司和西固电厂多次获奖。任学校校长期间学校多次被兰州市教育局、省电力公司授予各类先进学校称号和表彰，本人也多次获得省电力公司和西固电厂授予的各类荣誉称号。任学校党支部书记期间学校支部获得西固教育局授予的“先进党支部”称号，个人也获得“优秀党务工作者”荣誉称号。
简　　介：1974 年 12 月至 1976 年 10 月华亭县山寨公社插队劳动；1976 年 10 月至 1978 年 8 月兰州西固热电厂工人；1978 年 8 月至 1980 年 8 月河西学院美术系学生；1980 年 8 月至 1993 年 9 月兰州西固热电厂中学教师，团总支书记；1993 年 9 月至 1997 年 9 月西固热电厂中学副校长；1997 年 9 月至 2007 年 10 月西固热电厂中学校长；2004 年 9 月至 2006 年 6 月兼任西固热电厂中学党支部书记；2007 年 10 月至今庄浪路第二学校（兰州 99 中学）党支部书记。

0433 李玉珠

性　　别：女
出生年月：1967-09-21
民　　族：汉族
政治面貌：群众
职　　称：副高
学　　历：大学本科
所在单位：西固区文化馆
通讯地址：兰州市西固区山丹街 693 号
成　　就：工艺作品《脸谱》入选甘肃省文化厅举办的甘肃省民间文化艺术节甘肃民俗展；雕塑《生命源》入选庆祝中华人民共和国 56 周年《西部风情——甘肃省美术作品展》；独立创作的绘画作品《胡杨人家》《红山》《花卉》《风景》《倒影》《静》先后在省市大型作品展览中参展并获奖；工艺画《花与果》入选甘肃省第二届百合花奖民间

工艺美术作品展；雕塑作品《舞》入选甘肃省美术大展；并先后在《甘肃文苑》上发表《关于大众文化的几点思考》《城市规划中雕塑建设的思考》等学术论文。

简　　介：1975—1984 年兰炼中小学就读；1985—1989 年广州工艺美术学校就读；1989 年至今在西固区文化馆工作。

0434 张玉英

性　　别：女
出生年月：1968-12-01
民　　族：汉族
政治面貌：群众
职　　称：副高
学　　历：大学本科
所在单位：西固区柳泉中学
通讯地址：西固区柳泉中学
成　　就：2007 年在《甘肃教育督导》发表论文《美术教学中创新意识的培养》。1996 年获西固区优秀教师。2008 年 7 月获得兰州市中小学优秀美术课堂教学评选西固赛区中学组三等奖。2009 年兰州市第八届中小学生艺术节西固赛区优秀指导教师奖。2012 年兰州市西固区地区第九届中小学生艺术节优秀指导教师奖。2012 年兰州市第九届中小学生艺术节优秀指导教师奖。2013 年兰州市书法绘画展评三等奖。2012 年指导的学生在兰州市西固区地区第九届中小学生艺术节中两名获一等奖、两名获二等奖。
简　　介：1968 年 8 月至 1990 年 7 月在永登师范上学；1990 年 7 月至 1991 年 7 月在兰州市红古区张家寺小学任教；1991 年 9 月至 1993 年 7 月在兰州教育学院进修美术；1993 年 8 月至 1994 年 9 月在兰州二十五中任教；1994 年 9 至今西固柳泉中学任教；2000 年 1 月至 2003 年 6 月自学取得西北民族学院美术教育本科学历。

0435 邢天杰

性　　别：男
出生年月：1964-12-11
民　　族：汉族
政治面貌：党员
职　　称：副高
学　　历：大学本科
所在单位：兰州园艺学校
通讯地址：兰州西固范坪 18 号
成　　就：27 年教学中，担任园林美术、素描、色彩、书法、美育等课程教学工作。出版过《素描》书一本，担任过多年班主任工作。发表过多篇论文。多次被评为优秀教师、优秀班主任、优秀党员。多次参加国家、省、市书画大赛，获得过奖励。
简　　介：1987 年 7 月毕业于张掖师范专科学校，分配到兰州园艺学校工作；2008 年毕业于西北师范大学美术专业，任教 27 年。

0436 陈以来

性　　别：男
出生年月：1972-02-10
民　　族：汉族
政治面貌：党员
职　　称：副高
学　　历：大学本科
所在单位：兰州市西固区文化馆
通讯地址：兰州市西固区文化馆
成　　就：1995—2014 年组织参与“西固之夏”广场文艺调演。2011 年获兰州市社区才艺大比拼演唱二等奖。组织西固区社火进城比赛、组织群众业余文艺团队展演暨评审定级及兰州市“乡村舞台”大汇演演出、组织西固参赛队参加省市农民艺术节和甘肃省百姓文化广场惠民演出。

0437 代春霞

性　　别：女
出生年月：1977-01-23
民　　族：汉族
政治面貌：群众
职　　称：副高
学　　历：大学本科
所在单位：兰州市第六十二中
通讯地址：兰州市西固西路 342 号
成　　就：在校内外积极组织学生参加各种艺术活动。辅导的高中音乐特长生都被各大高校录取。2004 年组织学生参加兰州市合唱比赛获得了兰州市二等奖，2006 年组织学生参加了兰州市艺术节，并取得了兰州市二等奖，个人也被评为优秀指导教师。2007 年被兰州市教育局评为组织工作先进个人。
简　　介：1997 年 8 月—2001 年 7 月就读于西北师范大学音乐系；2001 年 7 月—2013 年 8 月在兰州七中担任音乐教师职务；2013 年 9 月至今在兰州市第六十二中学担任音乐教师。

0438 权媛珠

性　　别：女
出生年月：1957-08-14
民　　族：汉族
政治面貌：党员
职　　称：副高
学　　历：大学专科
所在单位：甘肃省歌舞剧院
通讯地址：甘肃省歌舞剧院家属院 2-1-501
成　　就：演出遍及全国各地，并随剧团出访法国、意大利、朝鲜、泰国、日本、苏联、香港等多个国家和地区。从事二胡教学 20 多年，培养的学生年年都有考入各大音乐学院及艺术学院的，学员参加各种比赛、演出，成绩突出，所获奖项不计其数。本人多次获中国民族管弦乐优秀指导老师奖、甘肃省音协优秀老师奖、兰化公司优秀园丁奖，去年获新加坡第八届中国新国际音乐比赛优秀指导老师奖。
简　　介：国家二级演奏员。1978 年毕业于甘肃省艺术学校；1979 年在中国音乐学院进修学习二胡演奏；毕业后随甘肃省歌剧团演出“丝路花雨”。

0439 熊炘

性　　别：男
出生年月：1961-12-26
民　　族：汉族
政治面貌：党员
职　　称：副高
学　　历：硕士研究生
所在单位：兰州城市学院高等教育研究所
通讯地址：兰州城市学院高等教育研究所
成　　就：2000 年《古诗一首》获中共甘肃省委、甘肃省人民政府颁发的甘肃省第三届敦煌文艺奖书法类三等奖；2003 年书法作品《清查慎行诗自湘东驿遵至芦溪》获甘肃省委宣传部、省文联联合举办的甘肃省庆祝建国五十周年美术、书法、摄影展一等奖；1999 书法作品《陶弘景诗答谢中书书》获甘肃省书法家协会举办的甘肃省第三届中青年书法篆刻展三等奖；1998 书法作品《陶渊明归去来兮辞句》获甘肃省书法家协会举办的“迎接新世纪”甘肃省书法篆刻展三等奖；2000 书法作品《晋左思咏史诗一首》获甘肃省政府、中国文联、中国书协、省文联等联合举办的首届甘肃“张芝奖”书法大展三等奖；先后多次代表国家、甘肃省，参加新加坡中国、新加坡甘肃、台湾甘肃、澳门甘肃、陕西甘肃、甘肃贵州、贵州甘肃书法交流展及省内各类大型专业展。有《论书法之“难”——兼论书家学者化》等近 10 篇书法或文化类研究论文发表于省级以上报刊。

0440 满自文

性　　别：男
出生年月：1966-03-24
民　　族：汉族
政治面貌：党员
职　　称：副高
学　　历：大学专科
所在单位：永登县外宣办
通讯地址：永登县三馆一中心文化馆
成　　就：长期从事文学创作，发表大量诗歌，多次在省市获奖。参与《永登史话》《永登文史资料》《永登文化大观》《永登诗选》的编辑工作。出版个人诗集。
简　　介：甘肃省作家协会会员和诗词学会会员，长期从事文学创作。

0441 王弛

性　　别：男
出生年月：1947-01-30
民　　族：汉族
政治面貌：党员
职　　称：副高
学　　历：大学本科
所在单位：永登县政协退休
通讯地址：永登县三馆一中心文化馆
成　　就：自小拜多名老师学习书法，字体洒脱、灵秀，在甘肃书法界有很高知名度。
简　　介：大学毕业后分配到永登工作。曾长期担任政府副县长、政协副主席职务。后担任永登县文联主席，在推进书法交流、培训、创作方面做出了卓越成绩。

0442 薛银兰

性　　别：女
出生年月：1964-07-07
民　　族：汉族
政治面貌：群众
职　　称：副高
学　　历：高中
所在单位：永登县文化馆
通讯地址：永登县三馆一中心文化馆
成　　就：30 多年来培养了大量优秀文艺人才，组织开展了各类文艺活动，创作了大量歌曲，编排了大量地方优秀节目，参加演出，多次在省、市大赛中获奖。在文化馆，既是辅导员又是节目策划者，更是演员、节目主持人。在永登文艺舞台 40 多年敬业、奉献，展示着才艺，服务着人民。
简　　介：16 岁进入永登县文工团作为舞蹈、歌唱演员，以多才多艺成为永登文艺舞台上的亮点。1993 年调入永登县文化馆成为专职文艺辅导老师。

0443 火泽东

性　　别：男
出生年月：1965-01-27
民　　族：汉族
政治面貌：党员
职　　称：副高
学　　历：大学专科
所在单位：永登县党史办
通讯地址：永登县三馆一中心文化馆
成　　就：出版和主编了多部地方文献，多次参加省市书法展并获奖，现任永登县书法协会副主席。
简　　介：长期研究书法创作和地方史，文笔优美，史学态度严谨。

0444 何应泉

性　　别：男
出生年月：1951-01-23
民　　族：汉族

政治面貌：党员
职　　称：副高
学　　历：大学专科
所在单位：永登县政协退休
通讯地址：永登县三馆一中心文化馆
成　　就：在书法艺术传承、培训、交流、创作方面做出了巨大成绩，出版了个人书法专集，作品在全国、省、市长期参加展览并获奖。
简　　介：曾是永登县政协副主席，书法艺术功底扎实，曾长期担任永登县书法协会主席。

0445 温万寿

性　　别：女
出生年月：1945-12-04
民　　族：汉族
政治面貌：群众
职　　称：副高
学　　历：中专
所在单位：永登县河桥镇退休教师
通讯地址：永登县三馆一中心文化馆
成　　就：作品多次参加全国、省、市展览获奖，在永登、红古举办过个人作品展览。为永登及甘、青等地创作了大量书法作品。
简　　介：长期从事教育工作，书法功底深厚，以草书见长。

0446 王得祥

性　　别：男
出生年月：1965-11-23
民　　族：汉族
政治面貌：党员
职　　称：副高
学　　历：大学本科
所在单位：兰州市永登县特殊教育学校
通讯地址：永登县城关镇文昌路
成　　就：曾获“兰州市中小学市级骨干教师”、“兰州市优秀教师”、永登县初中音乐“教学骨干”、“学科带头人”等荣誉称号。先后在省、市级刊物上发表论文多篇。2010 年甘肃省“十一五”规划课题“初中生心理健康教育的针对性和实效性的研究”课题组负责人，现负责省级一般、市级重点“十二五”规划课题《赏识教育在特殊教育学校课堂教学中的应用与研究》的研究。2014 年 12 月被西北师范大学聘任为“国培计划（2014）”——甘肃省农村中小学学科教师短期集中培训项目西北师范大学培智教育主讲教师。
简　　介：1981.7—1985.7，在永登师范上学；1985.7—1988.7，留校任音乐教师；1988.8—1990.6，兰州师专音乐系上学；1990.8—1998.7，永登师范学校任音乐教师；1998.8—2008.11，永登县城关初级中学先后任音乐教师、教研组长、校团委书记、政教主任、德育副校长、教学副校长兼年级部主任；2004 年 6 月 25 日获西北师范大学教育学院教育管理本科学历；2008.12—2013.7 永登县第八中学任教学副校长兼年级部主任；2013 年 7 月至今在永登县特殊教育学校任校长职务。

0447 杨招亮

性　　别：男
出生年月：1951-11-07
民　　族：汉族
政治面貌：群众
职　　称：副高
学　　历：中专
所在单位：永登县文化馆
通讯地址：永登县三馆一中心文化馆
成　　就：创作音乐、歌曲 40 多年，出版了《杨招亮音乐作品选》，在省内有一定影响。曾在1990年邀请国家知名歌唱家来永登在国家级森林公园吐鲁沟演唱他的歌曲，做成专集。2000年调入永登县文化馆担任副馆长，在非物质文化遗产、音乐歌曲创作等方面成果显著。申报成功了苦水高高跷为国家级非物质文化遗产项目，拍摄了《千禧龙抬头》在甘肃电视台播放。

简　　介：作曲家。知名音乐制作者、作词作曲者。

0448 丁克西

性　　别：男

出生年月：1950-08-17

民　　族：汉族

政治面貌：群众

职　　称：副高

学　　历：中专

所在单位：永登县文化馆

通讯地址：永登县三馆一中心文化馆

成　　就：在永登文化馆工作的20多年里，创作了大量优秀美术作品，培养了众多青年学生，参加各类展览，很好地宣传了美术艺术。在退休前举办个人书画作品展，深受永登各界的好评。他潜心研究永登民间文化中的庙会、皮影艺术，撰写的论文在《人民日报》《人民画报》发表。美术作品多次获奖。

简　　介：中专毕业分配到甘肃省古浪县工作，在条件特艰苦的地方从事文化馆美术辅导与创作。1990年调入永登县文化馆，永登知名画家。

0449 张月玲

性　　别：女

出生年月：1968-12-18

民　　族：汉族

政治面貌：党员

职　　称：副高

学　　历：大学本科

所在单位：永登县委办公室

通讯地址：永登县三馆一中心文化馆

成　　就：出版散文集《寂寂繁花》和长篇小说《末代土司》《传奇将军仁多保忠》等，多次获省市大奖，在省市刊物发表大量文章。

简　　介：长期从事文学创作，现为省作家协会会员，永登县作家协会副主席。

0450 张文平

性　　别：男

出生年月：1966-01-22

民　　族：汉族

政治面貌：党员

职　　称：副高

学　　历：大学本科

所在单位：甘肃省兰州市永登县第八中学

通讯地址：永登县第八中学

成　　就：2009年被评为兰州市优秀班主任；2010年被评为永登县名师工程教学骨干；2010年被评为甘肃省优秀班主任；2011年被评为兰州市名师工程教学骨干，并获评兰州市优质课。

0451 钱文聚

性　　别：男

出生年月：1971-09-29

民　　族：汉族

政治面貌：党员

职　　称：副高

学　　历：大学本科

所在单位：永登八中

通讯地址：永登县三馆一中心文化馆

成　　就：在国画创作方面成果突出，长期从事绘画研究、创作、教学工作，多次在全国、省、市获奖，主攻骆驼。

简　　介：现为河湟书画院院长。

0452 缪建文

性　　别：男

出生年月：1956-03-15

民　　族：汉族

政治面貌：党员

职　　称：副高

学　　历：大学专科

所在单位：永登县教育局

通讯地址：永登县三馆一中心文化馆

成　　就：书法艺术方面成果突出，长期从事书法创作、交流、培训。

简　　介：省书法协会会员，兰州市书协理事，永登书协副主席。

0453 张宇中

性　　别：男

出生年月：1965-01-26

民　　族：汉族

政治面貌：党员

职　　称：副高

学　　历：高中

所在单位：永登县文化馆

通讯地址：永登县三馆一中心文化馆

成　　就：在书法艺术方面成果突出，创作的书法作品多次参加省市展览获奖。在组织开展书画交流、理论研究方面成果突出。

简　　介：现为永登县文化馆馆长，省书法协会会员，市书法协会理事。

0454 杨静琴

性　　别：女

出生年月：1965-12-06

民　　族：汉族

政治面貌：群众

职　　称：副高

学　　历：中专

所在单位：皋兰县文化艺术发展局

通讯地址：皋兰县石洞镇北辰路 168 号

成　　就：2005 年参加了甘肃省第二届声乐、器乐、舞蹈大赛，并荣获民族弹拨乐二等奖。2007 年在第三届甘肃省群星艺术节活动中参演的器乐节目《三弦十八板》获铜奖。2009 年创作的兰州鼓子《创业英雄赞》，在第四届甘肃省群星艺术节曲艺小品比赛中获表演三等奖。2011 年兰州鼓子《创业英雄赞》荣获兰州市第六届金城文艺奖曲艺作品类一等奖。

简　　介：政协皋兰县第八届委员会委员。1983 年 7 月—1987 年 7 月甘肃省艺术学校上学；1987 年 08 月—1988 年 11 月平凉市文工团工作；1988 年 12 月—2013 年 6 月，皋兰县文化馆工作；2013 年 7 月至今在皋兰县文化艺术发展局工作；2008 年至今，皋兰县金鹰秦腔艺术协会秘书长；2009—2011 年，皋兰县业余艺术团团长；2009 年至今皋兰县兰州鼓子协会副主席、秘书长；2013 年至今皋兰县健身舞蹈协会秘书长；2014 年至今皋兰县文学艺术界联合会理事。

0455 彭巨彦

性　　别：男

出生年月：1960-01-01

民　　族：汉族

政治面貌：党员

职　　称：副高

学　　历：大学专科

所在单位：榆中县文化馆

通讯地址：榆中县城关镇兴隆路 307 号

成　　就：先后在国家级、省内外刊物发表中短篇小说、散文、诗歌、报告文学、歌曲、故事、电视片、小品、民间文学近百万字，部分作品获奖。主编《兰州民间文学集成榆中卷》1 册，参编《兰州民间文学集成分卷》3 册，参编公开出版发行的《兰州民间故事精选》1册，参编字数达20万字。有数篇专业论文发表于《甘肃文化》《甘肃文苑》《兰州文化》等省、市级刊物，部分作品入选《全国群众文化论文集》。在全县文艺汇演及大型广场文化、企业文化、牡丹节、兴隆山红叶节、民俗节会、冰雪节等活动中，多次担任策划、编导、撰稿及艺术监督。

简　　介：甘肃作家协会、甘肃民间艺术家协会、甘肃群众文化协会、甘肃民俗学会会员、兰州市作家协会副秘书长、榆中苑川文学社常务副社长。1982年开始业余文艺创作，1986年调入榆中县文化馆，从事群众文化工作，现任榆中县非物质文化遗产保护中心办公室主任。

0456 张涛

性　　别：女
出生年月：1963-02-22
民　　族：汉族
政治面貌：党员
职　　称：副高
学　　历：大学专科
所在单位：榆中县幼儿园
通讯地址：榆中县太白东路65号
成　　就：兰州市骨干教师、兰州市教学新秀、榆中县教学新秀、榆中县巾帼书画二等奖、幼儿园优秀教师。论文《在游戏活动中发展幼儿的主体性》获县级论文评选一等奖，《如何做好幼儿入园前的准备》《如何培养幼儿快乐的性格》获二等奖。
简　　介：1982年7月至今，在榆中县幼儿园任教。

0457 郉光全

性　　别：男
出生年月：1970-03-15
民　　族：汉族
政治面貌：党员
职　　称：副高
学　　历：大学本科
所在单位：榆中县文化馆
通讯地址：榆中县城关镇兴隆路307号
成　　就：负责参与举办书画展览30多次，大型图片展览4次；完成了12项非遗的普查、文本撰写；46幅国画作品参加全国及省市书画展，获4次省文化厅三等奖，8次全国及市级各类等级奖；兰州广播电视报专版刊登国画作品6幅、作者简介及评论文章；《中国书画报》专版刊登国画作品4幅、作者简介及评论文章；《甘肃区域经济》杂志专版刊登国画作品5幅及作者简介；28幅作品入编各类书画集；5篇论文发表于省级刊物；积极参与各类群文活动。
简　　介：西北民族大学美术学院毕业。专门从事群众文化工作，潜心工笔花鸟画的研习和创作，在传统基础上，力求创造富有现代气息的个人风格。

0458 李琦

性　　别：女
出生年月：1972-01-01
民　　族：汉族
政治面貌：党员
职　　称：副高
学　　历：大学本科
所在单位：榆中县职业教育中心
通讯地址：榆中县太白东路65号
成　　就：2006年获评榆中县优秀教师，2008年获评榆中县优秀教师，2010年获评兰州市优秀教师。
简　　介：1992年7月—2000年9月在榆中师范工作。

0459 白贵怀

性　　别：男
出生年月：1970-09-12
民　　族：汉族
政治面貌：党员
职　　称：副高
学　　历：大学本科
所在单位：榆中县交通局
通讯地址：榆中县城关镇兴隆路 307 号
成　　就：2009 年兰州市三县五区书法联展入展。甘肃省书协第八期创作提高班学习。2011 年庆祝中国共产党成立九十周年兰州市首届书法篆刻展获得一等奖。2013 年兰州市首届文艺创作奖书法馨墨奖获铜奖。甘肃省双联展入展。2014 年甘肃省文联、书协双联展获得二等奖。甘肃省首届公务员书法展入展。兰州市第二届文艺创作奖书法馨墨奖获优秀奖。兰州市书画深圳展入展。兰州市秦牍汉简地域书法展入展。西北师大首届书法高研班学习。
简　　介：甘肃榆中人，现为甘肃省书协会员，兰州市书协副秘书长，榆中县书协主席。

0460 高国宴

性　　别：男
出生年月：1971-11-08
民　　族：汉族
政治面貌：党员
职　　称：副高
学　　历：大学本科
所在单位：榆中县文成小学
通讯地址：榆中县城关镇兴隆路 307 号
成　　就：甘肃省十二届党代表。甘肃省骨干教师、金城名师、市青年教学能手、兰州市教学新秀、兰州市中小学校本、联校培训优秀主讲教师，兰州市第十届教学新秀评委、榆中县优秀教师、榆中县教学新秀、榆中县学科带头人，榆中县优秀党员、榆中县兼职督学、榆中县优秀专业技术人才、榆中县小学语文中心教研组组长。
简　　介：甘肃省作家协会会员。

0461 李常洲

性　　别：男
出生年月：1961-05-01
民　　族：汉族
政治面貌：群众
职　　称：副高
学　　历：大学本科
所在单位：榆中县文化馆
通讯地址：榆中县城关镇兴隆路 307 号
成　　就：撰写和创作了数十篇理论文章与国画作品，同时被有关专业性杂志、报刊发表，其中部分国画作品相继获全国及省市级美展大奖。
简　　介：1984 年调入文化馆从事群众文化辅导工作至今；2003 年毕业于宁夏大学美术教育本科专业；现为中国美术家协会甘肃分会会员、政协榆中县第八届委员、兰州市党外知识分子联谊会理事、榆中县文化馆副研究馆员。

0462 张永平

性　　别：男
出生年月：1968-12-08
民　　族：汉族
政治面貌：群众
职　　称：副高
学　　历：大学本科
所在单位：榆中县文化馆
通讯地址：榆中县城关镇兴隆路 307 号
成　　就：摄影作品《欢欣鼓舞》《兴隆秋色》等几十幅作品在省、市摄影展览中获奖。
简　　介：就职于榆中县文化馆，任馆长职

务，喜欢拍摄人像、风光题材。

0463 赵虎

性　　别：男
出生年月：1962-08-02
民　　族：汉族
政治面貌：党员
职　　称：副高
学　　历：大学本科
所在单位：敦煌市文化馆
通讯地址：敦煌市阳关北路 5 号
成　　就：有 30 余篇新闻作品获省市一、二、三等奖；发表论文《浅谈县（市）级广播的生存与发展》《濒危敦煌曲子戏遭遇断代窘况》等 7 篇论文；主编出版专著有《敦煌旅游指南》《敦煌曲子戏》《敦煌与丝绸之路——经典名胜故事大观》《敦煌民间传奇故事大观》《敦煌歌曲集》《敦煌民歌集》等。
简　　介：北京广播学院新闻学专业毕业，继续教育本科学历。1978 年 7 月下乡劳动；1980 年担任小学教师；2001 年 1 月起先后在敦煌人民广播电台担任记者、编辑、副台长，主任记者职称；2009 年 9 月起担任敦煌市文化馆馆长，敦煌市非物质文化遗产保护中心主任；2011 年 1 月任敦煌市文化体育和广播影视局副局长；2012 年 8 月任敦煌市文联专职副主席、秘书长（兼）。

0464 何永生

性　　别：男
出生年月：1962-12-25
民　　族：汉族
政治面貌：党员
职　　称：副高
学　　历：大学本科
所在单位：金塔县中学
通讯地址：金塔县文化街 66 号
成　　就：有多幅美术作品在省地县各种展览中获奖。《塞上秋早》在甘肃省第四届版画作品展览会获三等奖。《默考之弊》发表于《中国美术教育》。所辅导的学生有 100 多人考入本科美术院校系。共有 20 多幅作品在省内外报刊杂志上发表。论文《新教材课堂教学探微》发表在《中小学课程教材研究》2005 年第 1 辑。《美术教学的实践与探究》发表于《新课程改革论坛》2006 年第 7 期。《假日美术教学的实践与思考》获酒泉市教育科学论文评选一等奖。《水粉画教学琐谈》在甘肃省第 9 期中小学骨干教师培训班交流。2001 年被甘肃省教育厅授予“青年教学能手”称号，2002 年在全省中学美术优质课竞赛中获二等奖，2003 年被甘肃省教育厅授予“第四批省级骨干教师”称号。
简　　介：现任教于金塔县中学，担任高中美术课教学工作。甘肃省美术家协会会员、甘肃省版画家协会会员、甘肃省骨干教师、甘肃省青年教学能手。

0465 孙秀玲

性　　别：女
出生年月：1961-07-02
民　　族：汉族
政治面貌：党员
职　　称：副高
学　　历：大学本科
所在单位：瓜州县文化馆
通讯地址：瓜州县人社局
成　　就：1989 年参加甘肃省第四届小品故事调演中表演的小品《到底缺什么》获一等奖；1989 年甘肃省文化厅举办的民族舞蹈调演中表演的舞蹈《肃北长》荣获三等奖；1991 年参加甘肃省第五届小品故事调演中表演的故事《王天富和他的儿子》获表演二等奖；1999 年在酒泉市业余文艺调演中获表演

一等奖；2001年在酒泉市业余文艺调演中创作的独角戏《我们永远是朋友》获创作三等奖；2005年在酒泉市业余文艺调演中，创作的小品《招聘演员》获创作一等奖；1997年被甘肃省文化厅表彰为“甘肃省青少年工作先进个人”；2000年被甘肃省文化厅表彰为“文化下乡先进个人”；2003年被酒泉市妇联表彰为“十佳巾帼建功标兵”；2004年被甘肃省文化厅表彰为“甘肃省基层文化先进工作者”；2007年被甘肃省委宣传部、文化厅表彰为“千台大戏送农村先进个人”；2011年被县委县政府授予“优秀公务员”三等功；2012年被酒泉市委宣传部评选为百名风采市民；2012年被瓜州县政府表彰为“张芝书法大赛先进工作者”。

简　　介：自1983年3月文化馆工作至今，现任瓜州县文体局副局长兼文化馆馆长。

0466 乌力吉

性　　别：男
出生年月：1982-11-14
民　　族：蒙古族
政治面貌：党员
职　　称：副高
学　　历：大学本科
所在单位：甘肃省肃北县乌兰牧骑
通讯地址：肃北县党城湾镇梦柯路北2号
成　　就：2005年参加中央电视台“天涯共此时”中秋晚会。2005年参加中央电视台全国主持人大联欢。2006年参加四川省第五届少数民族艺术节。2007年参加四川电视台“光彩新华”节目。2007年12月赴韩国参加中韩建交十五周年学术交流晚会。2008年参加了改革开放30周年晚会。2009年参加了敦煌葡萄节晚会。2010年担任肃北县60大庆开幕式舞蹈表演的教练，并编排了“魅力肃北”舞台晚会。2011年编排了肃北县建党90周年晚会、“阳光下的草原”等晚会。2012年担任“相约肃北”专题晚会编导助理。2013年《西部那达慕》晚会；2006年参加四川省第五届少数民族艺术节荣获舞蹈二等奖。2010年被评为肃北县60大庆先进工作者。2011年第二届甘肃省舞蹈“飞天舞”大赛获二等奖。2012年《白云诗》荣获酒泉第一届飞天文艺奖。2013年首届酒泉华夏文化艺术精品文艺展演中获最佳编导奖。

简　　介：1998—2001年，内蒙古大学艺术学院附中附属中专舞蹈系学习；2001—2004年，工作于甘肃省酒泉地区肃北县乌兰牧骑担任舞蹈演员；2004年9月—2008年6月毕业于与四川大学艺术学院舞蹈系；2008年9月—2012年工作于肃北县乌兰牧骑担任舞蹈演员兼舞蹈编导；2012年2月至今担任乌兰牧骑副团长，舞蹈演员及舞蹈编导。

0467 布音巴图

性　　别：男
出生年月：1986-03-04
民　　族：蒙古族
政治面貌：党员
职　　称：副高
学　　历：大学本科
所在单位：肃北蒙古族自治县乌兰牧骑
通讯地址：肃北县党城湾镇梦柯路北2号
成　　就：2005年在酒泉市少数民族调演中舞蹈《时代节奏》获得优秀剧目三等奖；2007年在酒泉市首届农村文艺调演中获得优秀演员奖；2008年在“星星火炬”第五届青少年艺术英才推选活动酒泉选区荣获二等奖；2008年6月在“星星火炬”第五届青少年艺术英才推选活动甘肃赛区青年组舞蹈专业金奖；2009年在庆祝新中国成立60周年少数民族文艺汇演中舞蹈《安代情》获二等奖；2009年在全省庆祝新中国成立60周年

少数民族文艺汇演中舞蹈《安代情》获三等奖；2009年庆祝新中国成立60周年少数民族文艺汇演中马头琴齐奏《赛马》获三等奖；2009年庆祝新中国成立60周年少数民族文艺汇演舞蹈《鼓舞》获三等奖；河北省《青春岁月》杂志2014年4期刊发论文《蒙古舞蹈的传统及其创新》；2014年9月获第二届酒泉华夏文化艺术节优秀主持人奖。

简　　介：1999年9月至2002年7月在内蒙古大学艺术学院学习舞蹈专业；2002年2月至今在甘肃省肃北蒙古族自治县乌兰牧骑工作（期间：2001年1月参加内蒙古蒙语春晚）；2003年3月至2003年11月去山东曲阜参加舞剧《杏坛圣梦》的演出；2004年7月参加西北五省电力杯文艺汇演；2007年5月参加敦煌市国际文化旅游节开幕式；2007年12月至2008年1月参加银川史诗舞剧《月上荷兰》的演出；2008年8月参加奥运火炬敦煌站文艺演出。

0468 萨仁花

性　　别：女

出生年月：1969-03-24

民　　族：蒙古族

政治面貌：党员

职　　称：副高

学　　历：大学本科

所在单位：甘肃省肃北县乌兰牧骑

通讯地址：肃北县人大综合楼

成　　就：1999年获酒泉地区建国50周年调演器乐三等奖；2002年被肃北县委县政府评为“巾帼建功先进工作者”；2004年获酒泉市“十佳青年文化工作者”称号；2004年荣获酒泉市第三届少数民族运动会“先进个人”；2005年酒泉市首届农村文艺汇演获服装设计一等奖；2006年酒泉市新创剧目暨少数民族汇演获优秀节目主持奖；2008年荣获甘肃省第三届器乐大赛二等奖；2008年在《甘肃艺苑》发表论文《转轴拨弦三两声未成曲调先有情》；2012年获肃北县民族团结进步模范个人荣誉称号；2012年被评为“肃北县人才工作先进个人”；2013年成功举办了“西部那达慕”开幕式专场演出；2014年荣获酒泉市“飞天”文艺三等奖；2014年被肃北县委政府评为“乌兰牧骑优秀文艺工作者”；2014年策划、组织成功举办了肃北县乌兰牧骑建团40周年专场文艺晚会；2014年出版发行3张原创歌曲。

简　　介：1982.09—1987.07内蒙古艺术学院上学；1987.07—1992.04肃北县乌兰牧骑演奏员；1992.04—1996.01肃北县电视台播音员；1996.01—1998.08深圳民俗文化村演奏员；1998.09—2002.04肃北县电视台播音员；2002.04—2009.04肃北县乌兰牧骑副团长；2009.04至今肃北县乌兰牧骑团长。

0469 阿力腾其其格

性　　别：女

出生年月：1964-12-26

民　　族：蒙古族

政治面貌：党员

职　　称：副高

学　　历：大学专科

所在单位：肃北蒙古族自治县乌兰牧骑

通讯地址：肃北县党城湾镇梦柯路北2号

成　　就：1999年在酒泉地区国庆50周年献礼演出暨部创作剧目调演中舞蹈《高原风情》获表演三等奖。2001年被评为2001年度文化系统先进个人。2002年被评为2002年度政府机关党总支优秀共产党员。2004年被评为肃北县首届“金鹰杯”青少年器乐比赛指导老师奖。2004年全国电力总公司西北公司在西安举行的职工文化调演中舞蹈《丝路驼铃》荣获编导一等奖。2005年参加酒泉市全新剧目暨少数民族调演荣获演出一等奖、优秀剧目一等奖。2006年被评为“酒泉市德艺双馨艺术家”称号。2006年被评为2006全县“学习家庭”。2006年至2011年任肃北蒙古族自治县第十届政协委员。2007年被评为2007年度文化系统优秀共产党员。2007年全县“安代舞”比赛获编导一等奖。2014年被评为肃北县劳动模范。2014年肃北乌兰牧骑40周年CD光盘出版时编写了3首歌曲，分别为《爱恋》《转悠的经轮》《阳光部落·德都蒙古》。

0470 哈斯保勒尔

性　　别：男
出生年月：1985-04-19
民　　族：蒙古族
政治面貌：群众
职　　称：副高
学　　历：大学本科
所在单位：肃北县乌兰牧骑
通讯地址：肃北县党城湾镇梦柯路北2号
成　　就：大提琴演奏专业，另外自学其他各类乐器制作音频视频。
简　　介：1999年14岁在内蒙古艺术学院附中学习大提琴，师从王雅娟教授；2003年在内蒙古交响乐团任职大提琴演奏员；2006年考入中国人民大学艺术学院，师从中央音乐学院陈圆教授；2008年成为音和思琴签约演员演奏大马头琴为期一年；2010年毕业当年9月考入肃北县乌兰牧骑任职演员。

0471 钱昌玉

性　　别：女
出生年月：1985-10-19
民　　族：汉族
政治面貌：党员
职　　称：副高
学　　历：大学本科
所在单位：肃北县乌兰牧骑
通讯地址：肃北县党城湾镇梦柯路北2号
成　　就：2002年12月在甘肃省第二届声乐、器乐、舞蹈比赛中《盅碗舞》荣获群舞三等奖。2005年在酒泉市新创剧目暨少数民族文艺调演中舞蹈《雪上婚礼》获得一等奖。2005五年在酒泉市新创剧目暨少数民族文艺调演中舞蹈《顶碗舞》获得一等奖。2008年6月独舞《蒙古人》荣获“星星火炬”第五届中国青少年艺术英才推选活动甘肃赛区银奖。2013年酒泉华夏文化艺术节全市精品文艺展演中荣获一等奖。2014年在第二届酒泉华夏文化艺术节中荣获团体一等奖。

0472 钦布乐格

性　　别：男
出生年月：1983-05-21
民　　族：蒙古族
政治面貌：党员
职　　称：副高
学　　历：大学本科
所在单位：肃北蒙古族自治县乌兰牧骑
通讯地址：肃北县党城湾镇梦柯路北2号
成　　就：2007年酒泉市首届农村文艺调演中获优秀演员奖；2008年“精美彩印杯”第五届中国青少年艺术英才推选活动中获马头琴演奏二等奖，呼麦演唱二等奖；酒泉市首届青年歌手大赛中获民族组优秀奖；2009年呼麦与长调《蒙古勇士》在甘肃省“向祖国致敬”庆祝新中国成立60周年少数民族文艺汇演中获优秀表演二等奖；马头琴演奏《赛马》在酒泉市少数民族文艺汇演中获优秀节目三等奖；被甘肃省委宣传部、文化厅授予个人优秀演员奖；在建县60年大庆时创作了呼麦歌曲《哈布图哈萨尔》《母亲》《德若诺尔》《等待》等。2013年在中国西部那达慕创作呼麦歌曲《雪山风采》深受广大群众好评。2013年受甘肃省文化厅委派参加了国家文化部的中国文化日赴塔吉克斯坦、土库曼斯坦等国家文化交流演出。

简　　介：甘肃省肃北蒙古族自治县马头琴与呼麦协会副会长，肃北蒙古族自治县乌兰牧骑声器乐队队长。1998年考入内蒙古大学艺术学院器乐系就读，师从著名马头琴演奏家、教育家纳·呼格吉乐图（纳呼和）；2002年1月至今在肃北乌兰牧骑工作；2003年至2004年在内蒙古马头琴艺术学院学习；2007年至2008年在内蒙古巴特尔原生态艺术学院学习呼麦及蒙古国马头琴演奏法、蒙古口琴等。

0473 额尔德尼

性　　别：男
出生年月：1960-10-06
民　　族：蒙古族
政治面貌：群众
职　　称：副高
学　　历：中专
所在单位：肃北蒙古族自治县乌兰牧骑
通讯地址：肃北县党城湾镇梦柯路北2号
成　　就：1995年开办了马头琴制作工作室，并培养了马头琴演奏和制作的学生200多名，（其中有各地各类艺术学院和盟市县歌舞团的马头琴演奏员十几名）。同时，还积极参加各种社会公益活动，1996年至今在参加的各项演出中曾获得国家级、省级金银奖9项，发表了国际论文1篇，还曾被德德玛艺术学院和北京民族大学聘请担任教授工作。因善长制作马头琴被甘肃省评为非物质文化遗产传承人。还参加了2008年在我国北京举办的第29届奥运会的开幕式热场演出，受到中央电视台、甘肃电视台、内蒙古电视台的专题采访。

简　　介：1967.09—1971.07在内蒙古锡盟西乌旗阿尔山宝力高小学上学；1971.07—1975.12在内蒙古锡盟西乌旗额仁戈毕牧场从事牧业；1975.12—1978.09在内蒙古锡盟西乌旗额仁戈毕牧场供销社工作；1978.09—1981.07在内蒙古艺术学校学习马头琴演奏专业；1981.07—1989.05在内蒙古赤峰市歌舞团担任马头琴独奏演员；1989.05—1994.04在内蒙古额济纳旗乌兰牧骑工作；1994.04至今在甘肃省酒泉肃北蒙古族自治县乌兰牧骑工作。

0474 康文萍

性　　别：女
出生年月：1967-11-15
民　　族：汉族
政治面貌：群众
职　　称：副高
学　　历：大学本科
所在单位：嘉峪关广播电视台
通讯地址：嘉峪关五一南路1819号
成　　就：主持的《观众之友》获97中国广播电影电视社教类三等奖（1998年）；主持的《科技视野》获甘肃广播电影电视总局、甘肃省广播电视学会播音主持二等奖（2010年）等。

简　　介：1987年—2006年为嘉峪关广播电视台播音员；2006年—2009年为本台栏目制片人；2009年—2013年为本台广告中心主任；2013年至今为本台广播新闻中心主任。

0475 吴卉

性　　别：女
出生年月：1969-03-05
民　　族：汉族
政治面貌：群众

职　　称：副高
学　　历：大学本科
所在单位：嘉峪关广播电视台
通讯地址：嘉峪关五一南路 1819 号
成　　就：长消息《空地接力急救爱的乐曲在雄关延伸》获 2009 年度“甘肃广播影视奖”广播新闻二等奖；社教专题《矍铄年华执着情》获 2008 年度“甘肃广播影视奖”广播社教三等奖；新闻专题《洋老太骑着毛驴上北京》获 2008 年度“甘肃广播影视奖”广播新闻三等奖。

0476 许福仓

性　　别：男
出生年月：1966-10-15
民　　族：汉族
政治面貌：民主党派
职　　称：副高
学　　历：大学本科
所在单位：嘉峪关市六中
通讯地址：嘉峪关市六中
成　　就：2008 年油画作品《河西印象》荣获甘肃省第一届美术“金驼奖”。2013 年国画作品《民族之魂》荣获甘肃省“彩绘美丽甘肃”环保绿色摄影书画作品（绘画类）二等奖。2013 年国画作品《胡杨秋声》在“风从敦煌来——甘肃省十四市州美术作品联展”中荣获二等奖。2014 年获得嘉峪关市首届“雄关文艺奖突出贡献奖”。
简　　介：中学高级教师，政协嘉峪关市第八届常委。现为中国艺术家协会会员、甘肃省美书家协会会员、嘉峪关市美术家协会常务副主席。

0477 刘丹成

性　　别：男
出生年月：1965-07-28
民　　族：汉族
政治面貌：党员
职　　称：副高
学　　历：大学本科
所在单位：嘉峪关广播电视台
通讯地址：嘉峪关市五一南路 1819 号
简　　介：1988.07—2004.07 在嘉峪关电视台从事广播电视技术和管理工作，高级工程师；2004.07—在嘉峪关广播电视台从事广播电视节目编排、改版，节目评审和节目创优工作。

0478 周志荣

性　　别：男
出生年月：1954-09-11
民　　族：汉族
政治面貌：民主党派
职　　称：副高
学　　历：大学专科
所在单位：嘉峪关市第一中学
通讯地址：嘉峪关市亲水湾 3-3-202
成　　就：论文《儿童手风琴教学中教材的选用》发表在国家级重点刊物《中小学音乐教育》2006 年 10 期上。从教以来经其辅导考入各类艺术院校学生 30 余人。
简　　介：1975 年 7 月—1977 年 7 月在西北师大音乐系上学；1977 年 7 月—1981 年 7 月在本市文殊中学任教；1981 年 7 月—1996 年 3 月在本市师范学校任教；1996 年 3 月—2014 年 8 月在本市市一中任教。

0479 闫振兰

性　　别：女
出生年月：1960-07-01
民　　族：汉族
政治面貌：党员
职　　称：副高

学　　历：大学本科
所在单位：嘉峪关广播电视台
通讯地址：五一南路 1819 号
成　　就：曾获甘肃省广播电影电视学会新闻、社教类节目一、二、三等奖数次，甘肃省广播电影电视学会播音主持奖数次，嘉峪关市文化广播电视局节目奖一等奖 3 次；第五届甘肃省电视艺术理论研究评论会自撰论文《漫谈节目主持人与播音员的根本区别》获三等奖；自编、自导、广播剧《咱家有喜事》获甘肃省电视艺术广播电影电视学会三等奖；2009 年获评全市新闻宣传报道先进个人。
简　　介：1978 年—1985 年在嘉峪关人民广播电台担任播音员、记者、编辑，初级播音员；1985 年至今，在嘉峪关电视台担任播音员、记者、编辑，中级播音员、主任播音员；1994—1996 年中华函授会计嘉峪关函授站学习（中专）；2002—2004 年中央甘肃省委党校本科班法律专业学习。

0480 孙春辉

性　　别：男
出生年月：1958-07-12
民　　族：汉族
政治面貌：民主党派
职　　称：副高
学　　历：大学本科
所在单位：嘉峪关市第四中学
通讯地址：嘉峪关建设街 62 栋二口 502
成　　就：1999 年油画作品《藏女》在全省职工美展中获二等奖。《高原汉子》在全省 11 届运动会美展中获铜奖。《老阿妈》荣获全国冶金系统美术摄影展金奖。作品《古老圣歌》《甘南绿韵》《绣》入展甘肃文联和美协主办的美术大展，其中《甘南绿韵》入选《甘肃省美术大展集》一书。
简　　介：毕业于西北师大美术系油画专业，现为甘肃省美术家协会会员，中学美术高级教师。

0481 张丽萍

性　　别：女
出生年月：1967-05-03
民　　族：汉族
政治面貌：群众
职　　称：副高
学　　历：大学本科
所在单位：嘉峪关广播电视台
通讯地址：嘉峪关市五一南路 1819 号
成　　就：多部新闻作品及论文获省级奖。
简　　介：自 1987 年 7 月参加工作，一直在广播电视行业工作，并开始业余文学创作，在省市媒体及报刊杂志发表新闻及文学作品 1000 多件。

0482 蒋世杰

性　　别：男
出生年月：1961-02-04
民　　族：汉族
政治面貌：党员
职　　称：副高
学　　历：大学专科
所在单位：金昌市文联
通讯地址：金昌市文联
成　　就：1990 年开始发表文学作品，出版长篇小说《机关》《男人的脊梁》《候补局长》《上天难欺》《竞岗》和《太空少年》（数字版）等。出版后在全国发行（包括港澳地区）。大部分作品在互联网主流网站连载或以数字出版方式在电子媒体传播，在全国有一定的影响。曾获第三、第四届“甘肃黄河文学奖”，3 次获得金昌市“五个一工程奖”等奖项。《太空少年》在《小说选刊》2011

年度笔会中荣获一等奖。
简　　介：金昌市文联调研员。

0483 苏胜才

性　　别：男
出生年月：1965-01-26
民　　族：汉族
政治面貌：党员
职　　称：副高
学　　历：大学专科
所在单位：金昌市文联
通讯地址：金昌市文联
成　　就：自1986年开始创作以来，在《中华散文》《中国人才报》《飞天》《甘肃日报》《延安文学》《西部散文家》《绿风》《中国西部文学》（现改名为《西部》）等报刊发表小说、诗歌、散文、评论等作品200余万字。在人民文学出版社、作家出版社、中国文联出版社、华艺出版社、中国文史出版社等出版有长篇小说《河边冰草》、中篇小说集《碗又扣在锅里》、散文随笔集《昨夜西风》《西部行走》、中篇小说集《燃烧的玉米》（上、下卷）、长篇报告文学《洞穿祁连》《天眷流泉》《百年树木九年树人》等8种9卷。
简　　介：1987年7月毕业于宁夏银川师专中文系。现为甘肃省作协理事、金昌市作协副主席、《西风》杂志副主编，23年来共编辑出版《西风》杂志103期，计1000余万字。

0484 李德文

性　　别：男
出生年月：1944-02-05
民　　族：汉族
政治面貌：党员
职　　称：副高
学　　历：大学本科
所在单位：金昌市艺术团（退休）
通讯地址：金昌市金川区昌华里（15区）12栋203室
成　　就：共创作各类剧作30余部，发表和上演10余部，其中大型现代戏曲《爱情从这里开始》（执笔）、大型历史戏曲《商鞅变法》获甘肃省文化厅剧本创作一等奖。大型历史故事戏曲《玉钗恨》发表于《甘肃剧稿》1987年第1期。大型新编历史戏曲《商君魂》发表于《甘肃艺苑》1995年第6期，获金昌市文联第二届“金星奖”一等奖。大型现代戏曲《雪莲高处开》由金昌市艺术团首演，获甘肃省文化厅编剧二等奖、省政府“敦煌奖”二等奖、2000年金昌市“五个一工程奖”一等奖。1999年参与编剧的八集电视剧《江隆基》分别在中央电视台一、八套和西北五省市电视台播出，获西北地区电视剧第三届“天马奖”一等奖、甘肃省政府“敦煌奖”一等奖（奖状存甘肃省电视台电视剧制作中心）、中宣部第八届“五个一工程奖”（奖状存中共甘肃省委宣传部）。在省、市级刊物发表散文、杂文、随笔、小说、诗歌和艺术论文多篇。
简　　介：国家二级编剧。中国戏剧家协会会员、甘肃省戏剧家协会理事、第三届金昌市文联副主席兼第一届戏剧曲艺家协会主席。

0485 唐达天

性　　别：男
出生年月：1955-01-01
民　　族：汉族
政治面貌：党员
职　　称：副高
学　　历：大学专科
所在单位：金昌市文联
通讯地址：金昌市文联
成　　就：主要作品有中篇小说集《悲情腾格里》、长篇小说《绝路》《残局》《后台》

《我的美丽没有错》《沙尘暴》《二把手》等。根据其小说《后台》改编的24集电视连续剧《华容道2》已拍摄完毕。《后台》曾被《扬子晚报》《重庆商报》《新闻午报》《华商报》《兰州晚报》《东亚新闻报》《珠海特区报》等10多家报纸连载，名列中华网读书频道阅读总排行榜第三位。被鞍山人民广播电台改编为评书。曾获首届甘肃省黄河文学奖、甘肃省敦煌文艺奖、冰心文学奖等多种奖项。
简　　介：中国作家协会会员。

0486 陈玉福

性　　别：男
出生年月：1961-03-16
民　　族：汉族
政治面貌：群众
职　　称：副高
学　　历：硕士研究生
通讯地址：兰州市城关区雁园路202号
成　　就：出版中篇小说集《马莲花》、短篇小说集《西部狼》、电影文学剧本集《人生有几博》、报告文学集《1号罪案》、《1号交警》等。新世纪初开始长篇小说和电视剧本创作，著有长篇小说《国家使命》《国家职责》和“1号系列”长篇小说《1号会议室》《1号别墅》《1号考查组》《1号专案组》《1号检察官》等9部，电视文学剧本《西部人》《共和国长子》以及《陈玉福文集》（8卷）《1号系列文集》（6卷）等，600余万字。
简　　介：兰州大学中国现当代文学专业研究生，中国作家协会会员，中国国土资源作家协会作家，甘肃省一级签约作家，华夏文化文学创作委员会主席。2011年至今任中国社会主义文艺学会法治文艺中心副主任。

0487 王刚

性　　别：男
出生年月：1970-09-01
民　　族：回族
政治面貌：党员
职　　称：副高
学　　历：大学本科
所在单位：金川区文化广播影视局
通讯地址：金盛华城
成　　就：荣获飞天奖（省委宣传部、省文化厅、省文联联合授予）。

0488 曹继安

性　　别：男
出生年月：1960
民　　族：汉族
政治面貌：党员
职　　称：副高
学　　历：大学本科
所在单位：永昌县第五中学
通讯地址：永昌县第五中学
成　　就：2001年荣获全国校园歌曲优秀曲作家、甘肃省学校艺术教育先进个人、甘肃省优秀辅导教师、甘肃省青年教学能手。2009年、2010年被评为全省、全国中央专项彩票公益金支持青少年校外活动场所骨干教师培训优秀学员。2008年创作歌曲《千年同唱一首歌》荣获“感动中国——2008全国首届新创歌曲、歌词大赛”一等奖。2010年创作歌曲《红烛颂》在全国少儿歌曲创作大赛中荣获一等奖。2011年创作歌曲《遥望河西走廊》在“庆祝建党九十周年征歌感动中国——全国第六届新创词曲”选拔活动中，荣获一等奖。2012年创作歌曲《骊靬情》在“2012音乐·中国杯”第三届全国大型音乐展演赛评选活动中，荣获作曲金奖。2012年创作歌曲《我们在你的怀抱里幸福成长》在全国第五届优秀校园歌曲、校歌选拔活动中荣获一等奖。

简　　介：中学高级音乐教师，副高级创作艺术师职称。任中国音乐家协会会员、中国民间文艺家协会会员、金昌市音乐家协会副主席、永昌县文联副主席、永昌县青联副主席、政协永昌县委员会委员、金昌市青联委员。

0489 王泽玉

性　　别：女
出生年月：1966-02-16
民　　族：汉族
政治面貌：党员
职　　称：副高
学　　历：大学本科
所在单位：中共永昌县委党校
通讯地址：中共永昌县委党校
成　　就：曾经在《飞天》等文学期刊发表诗歌、散文多篇，曾获金昌市“五个一工程奖”，出版有诗集《夜雨秋灯》等。
简　　介：甘肃作家协会会员。

0490 赵培文

性　　别：男
出生年月：1968-10-28
民　　族：汉族
政治面貌：群众
职　　称：副高
学　　历：大学本科
所在单位：金昌市永昌县文化馆
通讯地址：金昌市永昌县文化馆
成　　就：论文《推进文化体制改革、大力发展文化事业》获全省文化体制改革征文[illegible]等奖，发表于《甘肃文化》（省级）。论文《加强校园艺术教育、努力提高教育素质》发表于《甘肃文苑》（省级）。2010 年《金秋》（国画）入选中国美协主办的全国首届现代工笔画大展并被收藏，入编全国大展作品集，在中国军事博物馆展出（国家级）。2011 年《喜看稻簸千重浪》（国画）入选中国美协主办三年一届的全国第八届中国工笔画大展并被收藏，入编全国大展大型画集，在中国美术馆展出（国家级）。2011 年《故园寻梦》（国画）入选中国工笔画协会主办的当代百名中国工笔画家提名展，在北京画院美术馆展出，同期在《中国书画报》刊登专题简介画作（国家级）等。
简　　介：毕业于西北师范大学美术系，先后研修于文化部现代工笔画院、中央美术学院中国画学院等。现为永昌县文化馆副馆长（副研究馆员）、中国工笔画学会会员、中国摄影家协会会员、甘肃省美术家协会会员、金昌市政协常委、美摄协理事。

0491 张永萍

性　　别：女
出生年月：1972-07
民　　族：汉族
政治面貌：党员
职　　称：副高
学　　历：大学本科
所在单位：永昌一中
通讯地址：永昌一中
简　　介：1992 年 6 月甘肃省幼儿师范学校毕业；1999 年 6 月西北师范大学音乐教育专业毕业，取得大学本科学历；1992 年 8 月参加工作，中学高级教师，现承担永昌县第一高级中学音乐学科教学。

0492 王吉国

性　　别：男
出生年月：1966-08-07
民　　族：汉族
政治面貌：群众
职　　称：副高

学　　历：大学本科
所在单位：永昌县职业中学
通讯地址：金昌市永昌县城关镇北环路 1 号
成　　就：论文《巧用视觉，提高练琴效率》发表于国家级专业刊物《钢琴艺术》（2006 年 4 月）；2008 年参加甘肃省中学音乐课堂教学录像课竞赛获三等奖；论文《音频编辑软件在学校音乐活动中的应用》在第二届“中国移动校讯通杯全国中小学教师信息技术与教育创新论文大赛中获甘肃赛区三等奖（2011 年 12 月）；论文《音频编辑软件在学校音乐活动中的应用》发表于省级刊物《新课程》（2012 年 3 月）；论文《用 MIDI 制作软件辅助钢琴教学》在第三届中国移动校讯通杯全国中小学教师信息技术与教育创新论文大赛中获甘肃赛区二等奖（2012 年 12 月）。
简　　介：1986 年毕业于金昌师范后参加工作；1999 年毕业于西北师范大学音乐教育专业；任甘肃省音乐家协会会员。

0493 王君明

性　　别：男
出生年月：1966-12-14
民　　族：汉族
政治面貌：群众
职　　称：副高
学　　历：大学本科
所在单位：金昌市永昌县文化馆
通讯地址：金昌市永昌县文化馆
成　　就：论文《浅论文化馆应如何做好民族民间文化保护工作》在甘肃省文化厅征文评奖活动中获二等奖（2004 年 12 月）。论文《文化馆做好非物质文化遗产保护工作浅论》由《甘肃文苑》（2007 年 9 月，第 3 期）发表。论文《就永昌非物质文化遗产保护工作引发的思考》由《甘肃艺苑》（2007 年 9 月，第 3 期）发表。论文《骊靬古县与骊靬降人》由《丝绸之路》（2007 年 10 月，文论第 15 期）发表。论文《就永昌县非物质文化遗产保护工作引发的思考》由《甘肃文化》发表（2008 年 4 月，第 4 期）。专著《金昌俗曲》由甘肃民族出版社出版（20 万字，2006 年 2 月）。专著《金昌小戏》由甘肃民族出版社出版（23 万字，2006 年 12 月）。制作《金昌小戏曲调集锦》演唱教学片由陕西文化音像出版社出版（2008 年 12 月）。
简　　介：永昌县文化馆副研究馆员。现为中国民间文艺家协会会员、甘肃省书法家协会会员。

0494 高贵明

性　　别：男
出生年月：1960-08-20
民　　族：汉族
政治面貌：群众
职　　称：副高
学　　历：大学本科
所在单位：甘肃省天水师范学院
通讯地址：甘肃省天水师范学院
成　　就：作品《高原之春》参加“振兴丝绸之路”国际书画大赛获佳作奖。《草编图》参加天水风情艺术展赴京展出。《琴棋书画》经国家学术委员会评定入选全国首届“国画家”中国水墨小品精作展。《春思图》选入海峡两岸文化交流活动及名家书画专辑等。
简　　介：1982 年 1 月毕业于西北师范大学美术系中国画专业；1982 年 1 月参加工作，从事中学美术教育多年；2004 年 12 月调入天水师范学院；现为天水师范学院教育学院副教授、甘肃美术家协会会员、甘肃国画家学会会员、天水美术家协会理事、天水书画院特聘画师、天水中国画研究院副秘书长、九华山中国画研究院特聘画师。

0495 赵兴元

性　　别：男

出生年月：1976-08-17

民　　族：汉族

政治面貌：党员

职　　称：副高

学　　历：硕士研究生

所在单位：天水师范学院

通讯地址：天水师范学院南校区家属区 4 号楼 708

成　　就：任职以来，发表省级论文 10 余篇，本人及学生多次获得省团委、省音协举办的声乐比赛大奖。

简　　介：天水师范学院音乐舞蹈学院教师，声乐教学。

0496 李小虎

性　　别：男

出生年月：1977-07-12

民　　族：汉族

政治面貌：群众

职　　称：副高

学　　历：硕士研究生

所在单位：天水师范学院

通讯地址：天水师范学院音乐舞蹈学院

成　　就：在国家及省级刊物发表论文 10 余篇，申获校级项目 1 项，省教育厅项目 1 项，参与完成省社科项目 1 项。

简　　介：1996 年考入西北师范大学音乐学系，学习声乐专业；2000 年毕业获音乐学学士学位，同年入天水师范学院在音乐系从事声乐教学工作；2006 年考入陕西师范大学音乐学院研究生，专修音乐史专业；2009 年毕业并获得音乐学硕士学位；2009 年毕业至今承担理论课的教学工作，担任了 2008、2009、2010、2011、2012、2013 级的音乐理论基础、视唱练耳及中国音乐史等课程的教学工作，现担任理论教研室主任一职。

0497 苏珍祥

性　　别：男

出生年月：1978-06-05

民　　族：汉族

政治面貌：党员

职　　称：副高

学　　历：大学本科

所在单位：天水市歌舞团

通讯地址：秦州区民主路 320 号

成　　就：曾获全省第二届声乐、器乐、舞蹈大赛声乐组二等奖。第十二届 CCTV 全国青年歌手电视大奖赛甘肃赛区民族组二等奖。多次随团赴上海、西安、兰州、宁夏等地旅游推介及慰问演出。

简　　介：歌舞团青年男高音，省艺校天水分校声乐教师（兼钢琴伴奏），以优异的成绩留校，现任声乐教师。

0498 张文静

性　　别：女

出生年月：1974-05-07

民　　族：汉族

政治面貌：党员

职　　称：副高

学　　历：大学本科

所在单位：天水市歌舞团

通讯地址：秦州区民主路 320 号

成　　就：多次担任天水市声乐比赛的评委，天水市历年新春音乐会担任独唱，演唱歌曲有《玛依拉变奏曲》《山里女人喊太阳》《亲吻祖国》。2008 年在瀚泽兴之夜新春音乐会和世界优秀小提琴家亚历山大同台演出演唱歌曲《云雀飞过阿拉玛力》，成为天水市舞台表演的中坚力量。

简　　介：天水市歌舞团国家二级演员，现

为天水市歌舞团业务科副科长。任天水师范学院音乐系外聘教师、甘肃省音乐家协会会员、天水市音乐家协会副秘书长、天水市合唱协会副秘书长、天水市歌舞团民盟支部主委。曾任甘肃省第七届、第八届青联委员，天水第三届青年委员，第四届、第五届青联常委。自幼酷爱歌唱，13岁开始启蒙学习声乐，师从郭林生老师；15岁入甘肃省艺术学校，师从尹秉坚老师学习声乐；17岁毕业进入天水市歌舞团，开始跟随男高音歌唱家李祖武先生继续学习。

0499 李林芳

性　　别：女

出生年月：1974-01-10

民　　族：汉族

政治面貌：党员

职　　称：副高

学　　历：大学本科

所在单位：天水市秦州区文化广播影视局

通讯地址：秦州区民主路320号

成　　就：《路啊路》获2004年度全市优秀广播节目二等奖；《“西厢张氏”寻根人——记民俗学者、省银达投资公司总经理张博》2007年12月发表于《天水日报》；《“百花奖”得主董小全的梦之路》收入《秦州文艺》2013年第8期、《织锦台》第1期。《收藏人生》收入《织锦台》第2期；《爱潮涌动党旗红》获2008年“全省抗震救灾优秀广播节目”广播专题三等奖；2008年度全市优秀广播节目三等奖；《播撒阳光的轮椅天使》荣获2010年度全省县级台广播节目评选一等奖；《古稀老人的文化梦——记天水地方文化研究者王耀》获2012年度天水市广播社教专题二等奖；参与编写《天水秦州非物质文化遗产概编》（2011）；出版诗文集《美丽的凹面》；《一个始终保持先进性的共产党员》（合著），纯文学刊物《织锦台》副主编。

简　　介：2012年11月至今在天水市秦州区文广局工作，历任记者、编辑、专题片和纪录片撰稿等，现为《印象秦州》栏目编导。天水市妇联所办纯文学刊物《织锦台》副主编。

0500 吴肖静

性　　别：女

出生年月：1971-03-11

民　　族：汉族

政治面貌：党员

职　　称：副高

学　　历：大学本科

所在单位：天水师范学院

通讯地址：甘肃省天水市秦州区东团庄小区17号楼321室

成　　就：在艺术类核心期刊《艺术教育》《陕西教育》《小演奏家》《天水师范学院学报》等发表数篇音乐论文。2007年—2009年先后在国家级艺术类核心期刊上发表论文两篇，省级刊物发表论文3篇。其中《谈钢琴弹奏技术中手腕的放松》获得中国教育者协会颁发的第三届中国教育创新成果一等奖。2009年至2013年先后在《北方音乐》和《陕西教育》发表论文两篇。所教的学生在省市钢琴比赛中获奖，所带的高考学生有多人考入西安音乐学院、四川音乐学院、西北师范学院等各大高校。本人在近20年的教学生涯中，培养了一大批优秀音乐人才，在音乐界具有一定的影响力。

简　　介：1995年毕业于兰州师专音乐系。大学主攻钢琴，并师从于甘肃省著名教育家、作曲家、钢琴家孔庆浩先生学习；1999年以全省第一的总成绩考入西北师范大学音乐系专升本；2009年考入西北民族大学音乐舞蹈学院，师从于甘肃省著名钢琴家张栋女士攻读研究生，并于2012年获得硕士学位；现为天水师范学院音乐学院副教授，主讲钢琴与数码钢琴课程以及即兴伴奏课程。

0501 杨涛

性　　别：男

出生年月：1980-08-05

民　　族：回族

政治面貌：党员

职　　称：副高

学　　历：大学本科

所在单位：天水市歌舞团

通讯地址：秦州区民主路320号

成　　就：2001年9月参加了第二届全国少数民族文艺调演，同年11月参加了第十一届全国少数民族“孔雀奖”歌手大奖赛，荣获文化部、国家广播电影电视总局、国家民委、广西壮族自治区颁发的专业组民族唱法优秀奖。2002年5月参加了第十届全国青年歌手电视大奖赛甘肃赛区专业组比赛，获二等奖并推荐赴京参加全国总决赛。自参加工作以来参加演出几百场深受广大观众喜爱。2006年12月24日参加中国十少男高音独唱音乐会西安演出，得到一致好评。2007年1月15日—30日，受新加坡官方邀请，在狮城连续演出20场，受到热烈欢迎。2007年2月12日再次受到新加坡官方邀请，赴新加坡演出获得成功。在各种国家级及省市专业比赛中取得优异成绩，多次受邀出国演出，获得一致好评，并于2007年在中国音乐学院成功举办了个人独唱音乐会。

简　　介：毕业于甘肃省天水师范学院，师从李祖武先生；2006年考入中国音乐学院，先后师从张牧教授、晁浩建教授。

0502 常小红

性　　别：女

出生年月：1965-06-19

民　　族：汉族

政治面貌：党员

职　　称：副高

学　　历：大学本科

所在单位：天水市秦剧团

通讯地址：秦州区民主路320号

成　　就：为国家二级演员，中国戏剧“红梅奖”得主。

简　　介：天水市秦剧院党委书记，中共天水市政协委员。任甘肃省戏剧家协会理事、天水市戏曲学会副主席、天水师范学院大学生秦腔戏迷团艺术顾问。主工刀马旦，兼正小旦。

0503 杜新平

性　　别：男

出生年月：1970-10-25

民　　族：汉族

政治面貌：党员

职　　称：副高

学　　历：大学本科

所在单位：天水师范学院

通讯地址：天水师范学院音乐舞蹈学院

成　　就：先后受到天水师范学院“优秀班主任”“三育人”“师德先进个人”等表彰。在全国音乐类核心期刊《音乐创作》及省级刊物公开发表学术论文13篇。主要承担音乐舞蹈学院和声学、中国民族民间音乐概述、歌曲写作基础等理论课程的教学工作。

简　　介：1996年6月毕业于西北师范大学音乐系，1996年6月参加工作。中国音乐家协会数字化音乐教育学会会员、甘肃省音乐家协会会员、天水市音乐家协会理事。现为天水师范学院音乐舞蹈学院副院长、副教授。

0504 白建平

性　　别：男
出生年月：1966-12-25
民　　族：汉族
政治面貌：民主党派
职　　称：副高
学　　历：大学本科
所在单位：甘肃天水市职业技术学校
通讯地址：甘肃天水市秦州区长开路 45 号
成　　就：1989 开始发表诗作，迄今已于《诗刊》《十月》《星星》《飞天》《诗歌月刊》《绿风》《北方文学》《朔方》等报刊杂志发表诗歌 500 多首。曾多次获《星星》《飞天》等举办的全国诗歌大赛奖。曾获甘肃省第三届黄河文学奖。现为天水市作协理事。有诗入编中学教辅教材。创作成果《分水阁（外二首）、《陇上曲》（组诗）、《表达》（五首）、《陇上组曲》（组诗）、《一个乡村教师的日记》（二首），获娇子杯全国新诗大奖赛娇子佳作。《陇上组曲》（六首），其中《敦煌》一首入选台湾《2001 版中国诗选》。《剥玉米的人》（外一首）获第二届“语文世界杯”全国师生同台作文大赛教师组二等奖，入选《2005 中国年度诗歌》。《村庄的农历书》（二十三首）、《7 月 7 日：小暑》入选《2008 中国年度诗歌》。2009 年 12 月获第三届甘肃黄河文学奖三等奖。2012 年 2 月获天水市第一届麦积山文艺奖三等奖。《现实与虚构》（组诗）刊于《飞天》2012 年 7 期“新世纪甘肃诗人”专号 44。《故乡风物》（系列散文）刊于《屈原文学》2012 年冬季号。

0505 唐雅婧

性　　别：女
出生年月：1983-03-20
民　　族：汉族
政治面貌：民主党派
职　　称：副高
学　　历：大学本科
所在单位：天水市职业技术学校
通讯地址：甘肃省天水市秦州区五里铺香榭丽舍 3 幢 301 座
成　　就：作品多次在全国、省、市书画大展中展出并获奖。作品曾获庆祝建军七十五周年全国书画大赛银奖、庆祝中央电视台书画院成立十周年首届明星杯全国书画大赛一等奖、西部崛起中国书画大赛优秀奖、纪念邓小平诞辰一百周年全国名人字画大赛优秀奖。2007 年被评为“中国艺术年度人物”和“共和国杰出艺术家”荣誉称号。2013 年 6 月应中国国际书画艺术家协会、中国基层党组织建设网之邀参加纪念毛泽东同志诞辰 120 周年书画大展暨艺术交流。
简　　介：1999 年 9 月—2002 年 7 月在天水市师范学校中专毕业；同时自考于天水师范学院大专毕业；2002 年 9 月—2004 年 7 月在西安美术学院本科毕业；2003 年 10 月—2005 年 5 月在天水市逸夫中学任教；2005 年 5 月至今调入天水市职业技术学校（原天水市师范学校）任教。

0506 康小花

性　　别：女
出生年月：1976-09-26
民　　族：汉族
政治面貌：党员
职　　称：副高
学　　历：硕士研究生
所在单位：天水师范学院
通讯地址：天水师范学院美术与艺术设计学院
成　　就：专著《陇右民间美术》由吉林大学出版社出版。在省、地级刊物发表论文多篇。2008 年“现代设计与工艺美术中的审美与文化研究”获甘肃省高校社科成果二等奖，排名第二。2012年指导学生获得甘肃省第三届创业计划大赛二等奖。2012年主持的课题“天水市民间美术保护与开发研究”获得天水市科技进步奖二等奖”。2012年“甘肃巫傩面具研究”获第三届天水市社科成果三等奖。2012年“武山水帘洞佛教文化研究”获得甘肃高校社科成果三等奖。2012年指导学生设计作品获得甘肃省“创意甘肃”大赛三等奖。

简　　介：主要从事艺术设计、美术教育教学及研究，民间艺术、石窟艺术研究等工作，主讲艺术设计、美术教育课程。

0507 何莉莉

性　　别：女

出生年月：1964-10-09

民　　族：汉族

政治面貌：党员

职　　称：副高

学　　历：大学本科

所在单位：甘肃省天水市职业技术学校

通讯地址：甘肃省天水市职业技术学校

成　　就：《让音乐课堂插上愉快的翅膀》发表在《小作家选刊》2012年第1期并获全国教研成果一等奖。2001年获天水市第二届“工行杯”歌手大赛一等奖。2006年在天水地区中小学文艺汇演中，创编并辅导的节目：天水民歌联唱表演《红樱桃》获一等奖，获得省级三等奖。2008年在全省第四届“海洲杯”校园歌手大赛中获教师组美声唱法一等奖。2011年在第八届全国中等职业学校“文明风采”竞赛甘肃复赛区中，辅导学生作品（GSK024）获得一等奖。2011年在第八届全国中等职业学校“文明风采”竞赛“中华才艺展示”比赛中，指导的作品获二等奖。2012年在泰国举办的“2012泰中金象奖”国际音乐舞蹈服饰合唱艺术节活动中，荣获声乐组最高奖。

简　　介：1989年毕业于西北师范大学音乐系，获文学学士学位。现为甘肃省音乐家协会会员、天水市音乐家协会理事、天水市学生艺术等级“声乐”项目评委、天水市学生艺术等级“舞蹈”项目评委、天水市“爱乐合唱团”声乐指导。现就职于天水市职业技术学校。先后担任过11年的班主任和3届年级组组长，现任音乐教研组组长。

0508 杨继水

性　　别：男

出生年月：1942-10-30

民　　族：汉族

政治面貌：党员

职　　称：副高

学　　历：大学本科

所在单位：天水市秦州区文广局

通讯地址：秦州区民主路320号

成　　就：先后参加过全国、省、市级大展，作品交流于大江南北并传入台湾、日本等地，80年代为中国美协甘肃分会会员、天水市美协理事、麦积山石窟艺术研究会理事等职。曾入编《世界现代美术家辞典》《中国当代美术家人名录》。作品《故乡的脊梁》入选《二十世纪中华画苑掇英大画册》。作品《乡间》入选《纪念孔子诞辰二五五〇年书画大展优秀作品集》。

简　　介：50年代末考入兰州艺术学院。1965年毕业于西北师大美术系，曾聆听常书鸿院长、陈涌、汪岳云等先师长辈耳提面命的教诲和示范。从事美术教育20多年，栽培了诸多书画嫩苗，不少后起之秀已是书坛画苑的中坚。

0509 卜瑞云

性　　别：女
出生年月：1984-10-24
民　　族：汉族
政治面貌：群众
职　　称：副高
学　　历：大学本科
所在单位：天水市秦州区文化局
通讯地址：秦州区民主路 320 号
成　　就：第二届大学生艺术展演声乐类二等奖，第十届全省推新人大赛甘肃省十佳歌手，2007 年青春中国才艺大赛美声唱法青年组一等奖，第十三届全国青年歌手大奖赛天水陇南赛区美声组铜奖。
简　　介：毕业于河西学院音乐教育专业，2006 年 5 月进入秦州区文化广播影视局工作至今。

0510 姚德明

性　　别：男
出生年月：1973-09-21
民　　族：汉族
政治面貌：党员
职　　称：副高
学　　历：大学专科
所在单位：天水市歌舞团
通讯地址：秦州区民主路 320 号
成　　就：创作歌曲及其他音乐作品 1000 多首，有 100 多首得以刊发或演播，30 多次获得上级有关部门的表彰和奖励。有数篇音乐专业论文发表获奖。有 10 多首专题歌曲被电视台拍摄制作成 MTV，在省市电视台多次播出或在全国出版发行。多次成功策划和组织过大型音乐赛事及演出等活动；多次被聘担任器乐大赛及考级评委。获得过全国“优秀教师奖”、省级“优秀编创人员奖”以及市级“先进个人”光荣称号。
简　　介：天水市歌舞团国家二级演奏员、乐队队长。任甘肃省音乐家协会会员、二胡学会常务理事，天水市音乐家协会副主席兼秘书长、二胡学会副会长。多年来主要从事二胡及中、小提琴专业的演奏工作并兼搞音乐创作。

0511 田丰

性　　别：女
出生年月：1975-06-18
民　　族：汉族
政治面貌：党员
职　　称：副高
学　　历：大学本科
所在单位：甘肃省天水市职业技术学校
通讯地址：甘肃省天水市职业技术学校
成　　就：2012 年 9 月辅导学生获第九届全国中职生文明风采大赛甘肃复赛一等奖和国家一等奖。2010 年论文《多方入手培养学生音乐创造力》发表于《甘肃教育》。2011 年论文《注重音乐实践活动，发挥学生主体参与意识》获省中职教育年会三等奖，发表于《中国校外教育》。2012 年论文《浅谈幼师声乐集体课教学中对学生综合素质的培养》获省中职教育年会二等奖，发表于《中国教育技术装备》。2013 年获全省中职教师说课比赛二等奖。2013 年获天水市师德先进个人。2013 年辅导学生获第十届全国中职学校“文明风采”省一等奖和国家优秀奖。2013 年辅导学生张佳欣获天水市中职生技能比赛三等奖。2014 年辅导学生赵琛和张佳欣获省中职生技能钢琴大赛三等奖和优秀奖。2014 年 5 月在《中国信息技术教育》发表论文《信息化教育背景下优化中职幼师专业数码电钢琴集体课教学》。
简　　介：1994 年毕业于西北师大音乐系，现任天水市职业技术学校音乐讲师。多年来担任学前教育专业班声乐、钢琴课课程教学及班主任。

0512 刘虹

性　　别：女

出生年月：1970-01-25

民　　族：汉族

政治面貌：民主党派

职　　称：副高

学　　历：大学本科

所在单位：天水师范学院

通讯地址：甘肃省天水市公园高层楼

成　　就：1999 年获得甘肃省首届声乐器乐比赛美声唱法三等奖。2005 年获得甘肃省第二届声乐器乐比赛美声唱法二等奖。2007 年被评为“天水市学科带头人”。2009 年参加省文化厅举办全省声乐比赛获二等奖。2014 年 6 月参加全国第六届“神州唱响”高校声乐比赛甘肃选拔赛教师组美声唱法一等奖。2014 年 7 月出版教材《中国民族声乐发展与经典赏析》。近年来在省级刊物发表学术论文 10 余篇，成功举办多场师生音乐会。

简　　介：1992 年毕业于西北师范大学音乐学院，同年被分配到天水第一师范学校任教；2004 年—2005 年，在中央音乐学院研究生班进修学习；2009 年调入天水师范学院音乐学院任教至今。现任甘肃省天水市音乐家协会常务理事、天水市合唱协会常务理事、天水市秦州区音乐家协会副主席。

0513 李东曦

性　　别：男

出生年月：1970-12-29

民　　族：汉族

政治面貌：党员

职　　称：副高

学　　历：大学本科

所在单位：天水师范学院

通讯地址：天水市秦州区籍河中路 11 号

成　　就：近年来省级期刊发表论文 10 余篇，出版专著 1 部，代表性专业论文有《戏剧性民族男高音训练》系列。所带学生多人次获国家、省、市奖励。

简　　介：1994 年毕业于西北师范大学音乐系，同年进入天水师范学院（原天水师范高等专科学校）。先后担任音乐系辅导员、团总支书记、艺术学院辅导员、团总支书记、音乐系系主任。现为副教授、副院长。教学上主要承担声乐课教学工作。

0514 王武

性　　别：男

出生年月：1965-11-18

民　　族：汉族

政治面貌：党员

职　　称：副高

学　　历：大学本科

所在单位：甘肃省天水市职业技术学校

通讯地址：甘肃省天水市职业技术学校

成　　就：2008 年创作的“龙城虎将”“人文始祖”系列明信片由国家邮政总局在全国发行并远销到台湾等地区。书画作品及论文曾在《中国书画报》《中小学教育》《国画家》《甘肃教育》等刊物发表 50 多幅（篇）。从 2004 年开始历经 5 年挖掘整理，创作大型人物书画（天水百位历史名人）系列，先后在《天水日报》连载 3 年。后市政协又编辑成书，本书共绘编了天水 100 位历史名人，分别为：始祖人物 2 位，陇上帝王 8 位，龙城虎将 26 位，文臣辅相 36 位，故里名流 11 位，革命志士 17 位。有些学校还将“历史名人”作品挂进教室，作为乡土教材宣传，反响较大。

简　　介：毕业于西北师范大学美术系国画

专业，主攻人物画，现执教于天水市职业技术学校。

0515 曾杰

性　　别：男
出生年月：1974-10-29
民　　族：汉族
政治面貌：民主党派
职　　称：副高
学　　历：硕士研究生
所在单位：天水师范学院
通讯地址：天水师范学院音乐舞蹈学院
成　　就：主要从事作曲理论及器乐教学研究工作，2008年获天水市园丁奖。近年来在国家权威核心期刊及省级期刊发表论文10余篇，出版专著1部。代表性专业论文有：《听、析、练——和声教学三要素》（载《中国音乐教育》2008年第6期。《格式塔心理学对和声教学的几点启示》（载《中国音乐教育》2012年第2期。出版专著有《手风琴综合应用教程》（西南交通大学出版社2013年出版）。目前作为学术带头人承担校级科研项目《音乐修辞学与歌曲钢琴伴奏的创作研究》1项。
简　　介：1997年毕业于西北师范大学音乐系，同年在天水师范学院音乐系任教；2004年获西北师范大学音乐学硕士学位；现为音乐学院器乐教研室主任，研究方向为作曲技术理论与器乐教学。主讲钢琴即兴伴奏、复调基础、管弦乐配器法、手风琴等课程。

0516 杜小义

性　　别：男
出生年月：1957-10-10
民　　族：汉族
政治面貌：群众
职　　称：副高
学　　历：大学专科
所在单位：麦积区文化馆
通讯地址：天水市麦积区前进南路七号
成　　就：2002年论文《以人为本、以“文”兴业》获甘肃省天水龙文化评审鉴定文员会论文一等奖。2003年歌词《永远不落的太阳》在全国保持共产党员先进性教育征歌活动中获市级一等奖。2004年在陕西省音乐家协会表演艺术委员会主办的“托雅玛”少儿器乐比赛中获得优秀园丁奖。2007年在甘肃省音协主办的“黄河杯”小提琴比赛中所教学生李博获（少儿组）二等奖，本人被授予优秀辅导教师奖。2008年被评为麦积区改革开放30周年优秀人才。2010年歌曲《永远的光芒》荣获由省委宣传部主办的庆祝新中国成立60周年“爱我中华、爱我甘肃”征文一等奖。2012年在陕西省第三届音乐奖器乐比赛中，所教学生梁好获得小提琴比赛三等奖，本人被陕西省文学艺术界联合会、陕西省音乐家协会授予优秀教师奖。
简　　介：甘肃省音乐家协会会员、甘肃省小提琴艺术教育委员会委员、天水市音乐家协会副主席。天水市第五、六届政协委员，天水市第四届青联委员，麦积区第五、六届政协委员。

0517 朱建中

性　　别：男
出生年月：1956.2
民　　族：汉族
政治面貌：群众
职　　称：副高
学　　历：大学专科
所在单位：清水县文化馆
通讯地址：清水县文化馆
成　　就：《幽情》获甘肃省教师美展一等奖。《群雀闹秋》获省美协主办的“三地市美展”

三等奖。《家园乐悠悠》获甘肃省首届工笔画大展二等奖。《金色年华》获省文化厅主办的甘肃省第二届群星艺术节美术金奖。《阳光雨露山花艳》获省委宣传部、省美协主办的“西部风情”书画大展飞天奖。《素装却温馨》入选教育部主办的全国教师优秀美术作品展，在中国革命历史博物馆展出。《花季高歌》入选中国美协国画艺委会主办的北京国际美术双年展序列展，全国当代花鸟画艺术大展在北京中华世纪坛展出。《赏心悦目又一春》获中国美协、中国工笔画学会主办的全国第五届工笔画大展收藏奖，并在北京炎黄艺术馆展出。《醉秋》入选中国美协、中国工笔画学会主办的全国第六届工笔画大展并在中国美术馆展出。《秋声》获甘肃省美展特等奖。入选文化部、中国美协主办的第十届全国美术作品展并在浙江国际展览厅展出。数幅作品参加莫建成、莫晓松师生画展。《相依相偎乐春秋》等多幅作品在全国报刊杂志上刊登并入编人民美术出版社出版的画册。

0518 李继文

性　　别：男
出生年月：1968-10-11
民　　族：汉族
政治面貌：党员
职　　称：副高
学　　历：大学本科
所在单位：天水农校
通讯地址：天水农业学校教务科
成　　就：在《中国音乐教育》发表论文《叹气在歌唱教学中的运用》，在《中小学音乐报》发表论文《音乐欣赏教学之我见》。曾多次参与清水县群众歌咏比赛、青年歌手比赛指导并担任评委工作。曾担任天水市中学生音乐等级考试评委。

0519 杨景泰

性　　别：男
出生年月：1951—10
民　　族：汉族
政治面貌：党员
职　　称：副高
学　　历：大学本科
所在单位：清水三中
通讯地址：清水县西江小区
成　　就：作品《顾不过来》获福建省“无线电改变生活主题”摄影优秀奖；作品《雄姿》获“天之翼”全国摄影大赛三等奖；作品《大漠月牙》获2000年“世纪交替”摄影大赛“自然风光与静物”友谊奖；作品《科学种田》获首届“丝路长城”中国嘉峪关国际摄影美术大赛入展奖；作品《晒小麦》入选《中国摄影艺术年鉴—2008卷》；作品《蚂蚱的故事》入选《中国摄影艺术年鉴—2009卷》；作品《丰收圆舞曲》入选《中国摄影艺术年鉴—2013卷》。

0520 王金梅

性　　别：女
出生年月：1966-10-28
民　　族：回族
政治面貌：党员
职　　称：副高
学　　历：大学本科
所在单位：清水县西关小学
通讯地址：清水县西关小学
成　　就：2011年在清水县教育系统书画展中荣获一等奖。2012年在天水市书法家协会会员作品展中作品入展。2013年在甘肃省轩辕文化研究会轩辕文化节艺术作品展中荣获优秀奖。2013年在全省教育系统“我的梦、中国梦”书画大赛中作品入展。2014年在天水市伏羲杯书法展中作品入展。

0521 王芳

性　　别：女
出生年月：1962-08-22
民　　族：汉族
政治面貌：群众
职　　称：副高
学　　历：大学专科
所在单位：秦安县文化馆
通讯地址：秦安县文化馆
成　　就：2008年10月编排的高台“伏羲画卦、女娲补天”在中国第七届民间艺术节荣获银奖并入围第九届中国民间文艺山花奖。2011年在“舞动陇原”甘肃省庆祝中国共产党建党九十周年群众广场舞蹈展演活动中荣获优秀编导奖。先后被授予“甘肃省农村文化艺术工作先进工作者”、天水市“文明市民标兵”称号。有论文《秦安蜡花舞起源及创新》等发表于《甘肃省艺苑》。
简　　介：现为秦安县文化馆副研究馆员、秦安县文联副主席、秦安县舞蹈家协会主席。1976年进入秦安县剧团，1989年调入秦安县文化馆。

0522 杨建荣

性　　别：男
出生年月：1967-07-23
民　　族：汉族
政治面貌：群众
职　　称：副高
学　　历：大学本科
所在单位：秦安县二中
通讯地址：秦安县二中
成　　就：多年来潜心于山水画创作，多次参加省市展览并获奖。
简　　介：秦安县第二中学教师。1991年毕业于天水师范美术系。现为甘肃省美术家协会会员、天水市青年书画协会理事。

0523 赵秦生

性　　别：男
出生年月：1963-07-22
民　　族：汉族
政治面貌：群众
职　　称：副高
学　　历：大学专科
所在单位：秦安县工商局
通讯地址：秦安县工商局
成　　就：酷爱摄影艺术，2005年8月获首届中国文艺“金爵奖”摄影优秀奖，作品《晚读》获2006年纪念建党85周年首届“和谐杯”全国诗书画摄影作品大展赛一等奖。2008年获首届中国文艺杰出成就奖摄影艺术金奖，并被授予“中国文艺终身成就艺术家”荣誉称号。
简　　介：现为中国民俗摄影协会永久会员、中华文艺画报荣誉理事、甘肃省摄影家协会会员、甘肃省摄影艺术家协会会员、甘肃省现代摄影学会会员、天水市摄影家协会会员、秦安县摄影家协会常务理事、硕士二级摄影师。

0524 成全应

性　　别：男
出生年月：1951-07-22
民　　族：汉族
政治面貌：群众
职　　称：副高
学　　历：大学专科
通讯地址：甘肃省秦安县文化馆
成　　就：在多年教书育人的同时，撰写教育教学论文及诗歌散文，多次获国家、省、市级征文大赛中荣获一等奖、二等奖。喜爱摄影，《情怀自然》发表于《中国摄影报》。《树人》获全国校园文化大赛中荣获三等奖。《麦积拾趣》获“和谐杯”全国诗书画摄影大赛一等奖。《展望》获世界华人艺术精品大展“金紫荆”奖。《情怀天水》在中国人民革命军事博物馆、韩国首尔、香港大会堂展出并获国际银奖。多次获甘肃现代摄影学会“优秀会员”称号。

简　　介：小学高级教师。现为中国艺术文化普及促进会会员、甘肃省现代摄影学会会员、天水市摄影家协会理事、秦安县摄影家协会副主席。

0525 王喜军

性　　别：男

出生年月：1978-07-23

民　　族：汉族

政治面貌：群众

职　　称：副高

学　　历：硕士研究生

所在单位：秦安县一中

通讯地址：秦安县一中

成　　就：2008年获甘肃省优质课三等奖，2010年领唱《祖国颂》获全国合唱比赛二等奖，2011年天水地区红歌赛领唱一等奖，同年获第四届“校园时代”青年才艺电视展演优秀指导老师奖，获天水市第四届少儿艺术节教师艺术专场展演荣美声组第一名。

简　　介：天津音乐学院硕士研究生。天水市声乐家协会会员、秦安县音乐家协会副主席。现为秦安县一中声乐教师，所教学生近百人考入天津音乐学院、四川音乐学院等音乐院校。

0526 胡喜成

性　　别：男

出生年月：1955-03-22

民　　族：汉族

政治面貌：党员

职　　称：副高

学　　历：大学本科

所在单位：秦安县文化馆

通讯地址：甘肃省秦安县文化馆

成　　就：参与编写《甘肃省综合农业区划》《甘肃省农业自然资源调查与区划报告汇编》《秦安植物记略》《秦安县乡镇企业志》《中共秦安县组织史》等志书。独立编写的著作有《甘肃古迹名胜辞典》《甘肃的由来》《甘肃省情》《甘肃新县志便览》《秦安县志》等，在《诗刊》《中华诗词》等报刊发表诗词1000余首。出版的诗词著作有《啸海楼诗词集》《甘肃青年诗词选集》（合著）《河陇纵横·啸海楼诗词稿》。先后被中共天水市委组织部、天水市人事劳动局确定为市管拔尖人才、天水市跨世纪科技拔尖人才、天水市“1122”跨世纪人才工程市级学术带头人，天水市新闻出版专业中级职称评审委员会评委。

简　　介：1981年毕业于甘肃农业大学农学系。历任秦安县党史办公室、县志办公室副主任、县文化馆副馆长，副编审。现为中华诗词协会副会长、中华诗词学会、中国楹联学会等学（协）会会员、中华青年诗词学会、甘肃省诗词学会、天水市诗词学会理事、秦安县作家协会顾问。

0527 王彩霞

性　　别：女

出生年月：1970-08-25

民　　族：汉族

政治面貌：群众

职　　称：副高

学　　历：高中

所在单位：秦安县非物质文化遗产研究开发中心

通讯地址：甘肃省秦安县机电公司家属楼A栋

成　　就：《鬼怨》《村官浪漫曲》《托梦》

《草根》《楼台会》均获得省部级奖励；先后发表了论文《我演〈托梦〉中窦娥一角的体会》《浅谈秦安老调的继承发展与创新》。
简　　介：国家二级演员。1993 年 7 月毕业于天水艺术学院戏剧专业；1991 年—2013 年在秦安县剧团任职；2013 年至今在秦安县非物质文化遗产研究开发中心工作。

0528 郭养元

性　　别：男
出生年月：1962-06-14
民　　族：汉族
政治面貌：群众
职　　称：副高
学　　历：大学专科
所在单位：秦安县文化馆
通讯地址：甘肃省秦安县兴国镇北坛小区明珠苑 B 区 4#5 单元 301
成　　就：先后发表了《门·外一首诗》《接近心境·外三首》《寻找诗——大地湾之行》《非物质文化遗产保护对中国文化的影响》《诉说》《佳节》等著作。
简　　介：秦安县群众文化副研究馆员。1984 年 7 月毕业于天水师范中文系；1984 年—2001 年分别在莲花中学、古城农中、兴国四小任教；2001 年至今在秦安文化馆工作。

0529 孙克定

性　　别：男
出生年月：1950-10-22
民　　族：汉族
政治面貌：群众
职　　称：副高
学　　历：大学本科
所在单位：秦安县文化馆
通讯地址：秦安县文化馆
成　　就：从事美术创作、教育研究，其国画、油画、版画作品在国内外展出，有些发表于各级报刊，部分作品被中共中央办公厅毛主席纪念堂管理局、中国扶贫基金会、周恩来纪念馆、中国历史博物馆、中国革命博物馆收藏。国画《冰清玉洁》获全国民间工艺美术大展金奖。《花鸟》获纪念毛泽东《在延安文艺座谈会上的讲话》发表 60 周年全国美展一等奖。版画《东方红》获长征胜利 70 周年全国美展银奖。《母亲》获第二届甘肃省群星艺术节美展铜奖、新千年全国美术书法大展一等奖。《陇上农家》获第七届中国文化艺术政府奖“文华奖”。先后荣获“全市文化系统先进个人”“全省示范读书家庭”“海峡两岸德艺双馨艺术家”等荣誉称号。
简　　介：1976 年毕业于西北师范大学美术系。秦安县文化馆任副馆长、副研究馆员，高级职称。现为中国书画家协会会员、中原书画研究院院士、高级画师，任甘肃省美术家协会会员、天水市美术家协会理事、秦安县美术家协会主席。

0530 辛继祖

性　　别：男
出生年月：1933-03-22
民　　族：汉族
政治面貌：群众
职　　称：副高
学　　历：大学专科
所在单位：秦安县一中
通讯地址：秦安县一中
成　　就：著有短篇小说《桂姐》，剧本《泵房激浪》（后改名为《云山风雷》），长篇小说《龙卷风》《霹雳雨》等。
简　　介：1951 至 1952 年在中国人民解放军后方勤务学校学习；1952 年至 1956 年在西北军区后勤营房部工作；1956 年至 1960

年在兰州大学中文系学习；1960年至1992年在秦安一中工作；1992年退休。

0531 魏千乙

性　　别：男
出生年月：1955-06-22
民　　族：汉族
政治面貌：党员
职　　称：副高
学　　历：大学专科
所在单位：秦安县人大
通讯地址：秦安县人大
成　　就：在《中学管理》《甘肃教育报》《中学语文教学参考》等报刊发表教育教学论文10余篇，论文《浅谈学校管理中的竞争与合作》选入中央教科所编纂的《中国教育改革与发展论文》一书。80年代开始业余文学创作，在《陇南文学》《甘肃农民报》《红柳》《甘肃日报》《青海湖》《飞天》《杂文月刊》等报刊杂志发表过诗歌、散文、杂文、小说等作品近20万字。
简　　介：中学高级教师。放过羊，挖过煤，修过铁路公路，当老师25年，作公务员13年。现为中国散文家协会会员、徐特立教育研究会会员。

0532 蔡爱琴

性　　别：女
出生年月：1962-06-22
民　　族：汉族
政治面貌：群众
职　　称：副高
学　　历：中专
所在单位：秦安县文化馆
通讯地址：秦安县文化馆
成　　就：1980年演唱的秦安小曲《梁祝》被甘肃广播电台录用；2007年甘肃省百通音像公司出版发行《秋莲捡柴》《重台离别》；2008年合创的秦安小曲剧《三月春风》获全省小戏小品剧本评比二等奖；2009年小曲剧《草根》获"全省新创剧目调演"作曲三等奖；2011年获"舞动陇原——走进秦安"大型舞蹈表演优秀编导奖，同年《三月春风》获第三届全国小戏小品大赛三等奖；2012年小曲《家园好》获第七届中国曲艺牡丹奖入围奖；2013年2月《绿野回春》获第八届河南宝丰马街书会曲艺邀请赛演唱二等奖；2013年5月被评为全省非物质文化遗产保护传承工作先进个人，9月获首届甘肃省"女娲杯"秦安小曲大赛演唱一等奖、突出贡献奖。
简　　介：副研究馆员，现为甘肃省曲艺家协会会员、秦安小曲协会副秘书长。1976年考入秦安县秦剧团，1991年10月调到秦安县文化馆工作。

0533 王琴宝

性　　别：男
出生年月：1955-08-22
民　　族：汉族
政治面貌：民主党派
职　　称：副高
学　　历：大学专科
所在单位：秦安县文化馆
通讯地址：秦安县文化馆
成　　就：1984年起至今已在全国26省区68种报刊发表小说200余篇，获奖20余次，被全国性期刊选载近30篇次，并有小说译为外文介绍到国外。作品刊载于《中国文学》《法文季刊》《小说月报》《小小说选刊》《四川文学》《百花园》《作家报》等报刊。曾获甘肃省第四届优秀文学作品"新人新作奖"，1996年被评为"天水市拔尖人才"，1999年被列入《中国当代小小说作家百家创作自述》。

简　　介：秦安县文化馆馆员。现为中国微型小说学会会员、甘肃省作家协会会员、中国民主同盟秦安县总支委员、秦安县政协委员。

0534 王荣生

性　　别：男
出生年月：1965-07-22
民　　族：汉族
政治面貌：群众
职　　称：副高
学　　历：大学专科
所在单位：秦安县文化馆
通讯地址：秦安县文化馆
成　　就：曾任"奏响 2009 全国二胡古筝群英会"组委会副主任，组委会专家评审团专家评委。在陇南师专任教 20 余年，现在秦安文化馆从事二胡教育工作，所教学生陆续考入中央音乐学院、中国音乐学院、上海音乐学院等大学及附中，多名学生获全国民族器乐大赛大奖。
简　　介：毕业于西北师范大学音乐系，主修二胡。现为中国音乐家协会二胡学会会员、天水市二胡协会副会长、秦安县音乐家协会副主席。

0535 王鹏驹

性　　别：男
出生年月：1944-07-22
民　　族：汉族
政治面貌：群众
职　　称：副高
学　　历：高中
所在单位：秦安县剧团
通讯地址：秦安县剧团
成　　就：多年来一直从事戏剧工作，参与演出伴奏多部秦腔剧目并为调演剧节目作曲，参与发掘收集《天水地区民族民间器乐曲集成》等，收集整理《秦安小曲》《蜡花舞》《秦安风物志》《秦安戏曲音乐集成》《秦安戏曲志》，被聘为《中国戏曲音乐集成·甘肃卷》编委、天水市戏剧调演评委。1982 年编曲的《梁祝》被甘肃广播电视台录音并播出，2006 年作曲的《杀鸡宰鹅》获第二届甘肃省戏剧红梅戏大赛三等奖，2009 年作曲的《草根》获庆祝新中国成立 60 周年全省新创剧目调演三等奖。
简　　介：秦安县文化局退休干部，曾任秦安县剧团团长。现为甘肃省曲艺家协会会员、甘肃省戏剧家协会会员、天水市音乐家协会理事。

0536 郭荣生

性　　别：男
出生年月：1943-08-22
民　　族：汉族
政治面貌：群众
职　　称：副高
学　　历：大学本科
所在单位：甘肃省秦安县
通讯地址：甘肃省秦安县
成　　就：在国家级、省级报刊发表散文等各类文章 100 多万字，散文多次获全国大奖并入选国内外精选本，出版著作有《四味杂谭》《人生苦旅》《田野秋梦》，小说集《大雁声声》及 4 部史志著作 200 多万字。
简　　介：中国散文学会、中华伏羲文化研究会、中国国际文学艺术家协会、中华当代文学学会、甘肃地方史志学会、天水市作家协会会员，秦安县作家协会顾问。1969 年调入省电台从事新闻编采，1978 年调回天水地委报道组，1980 年后在县委农工部、县政府农建办、县志办工作。

0537 陈晓红

性　　别：女
出生年月：1964-12-06
民　　族：汉族
政治面貌：群众
职　　称：副高
学　　历：高中
所在单位：秦安县非物质文化遗产研究开发中心
通讯地址：甘肃省秦安县南苑小区 5 栋 4 单元 401
成　　就：《草根》中担任主演和化妆设计获三等奖；剧目《痛说革命家史》在“红梅奖”大赛中获一等奖；先后发表了论文《“和”在中国传统戏剧文化中的作用》《第三届戏剧红梅奖大赛的“疑惑”》《任建清与甘肃甘谷祥盛社始末》。
简　　介：国家二级演员；1977 年毕业于陕西省兴平县阜寨中学；1980—2013 年在秦安县剧团工作；2013 年至今在秦安县非物质文化遗产研究开发中心工作。

0538 安康

性　　别：男
出生年月：1981-07-23
民　　族：汉族
政治面貌：群众
职　　称：副高
学　　历：大学本科
所在单位：秦安县文化馆
通讯地址：秦安县文化馆
成　　就：书画作品多次入展国家级、省级大展并获奖。2009 入展甘肃省第三届“张芝奖”、首届中青年书法百家展、第四届群星艺术展；2010 年入展第四届“商鼎杯”全国书法大展获优秀奖、首届王羲之行草全国书法展；2011 年入展第二届全国颜体书法大展、全国“信德杯”书法展，全国安全文化杯书法发展三等奖、全国“文房四宝杯”书法展三等奖；2012 年书法入展全国三届隶书展、“蔡文姬杯”全国书法展；2013 年书法作品入展西狭颂全国书法展；其国画《山水》入展 2011 甘肃省青年展美展，《兰花》入展“花样年华杯”全国书画展。
简　　介：2008 年中国美术学院书法篆刻专业本科毕业。现为中国书法家协会会员、天水市美协理事、天水市青年书协副秘书长、秦安县美术家协会副主席、书法家协会秘书长。现任秦安县文化馆副馆长。其书画作品多次入展国家级、省级大展并获奖。

0539 陈永恒

性　　别：男
出生年月：1949-03-24
民　　族：汉族
政治面貌：群众
职　　称：副高
学　　历：大学专科
所在单位：武山县洛门初级中学
通讯地址：武山县洛门镇繁荣路老镇政府院内
成　　就：专著有 80 多万字的《渭水悠悠》（一、二、三部），其中《渭水悠悠》（第一部）2005 年被我国文化部“全国文化信息资源共享工程”征集，已载入“国家数字文化网”名家名作栏目。《渭水悠悠》（第二部）获 2004 年甘肃省第一届“黄河文学”优秀奖。有散文、中短篇小说、诗歌、论文散见于省级报刊《甘肃日报》《散文选刊》及市级报刊《渭南日报》《天水日报》《天水文学》《盗火者》。
简　　介：中学高级教师，甘肃省作家协会会员、武山县政协委员。1983 年毕业于陕西教育学院，从教 37 年，2009 年退休。

0540 雷威

性　　别：男
出生年月：1974-01-07
民　　族：汉族
政治面貌：民主党派
职　　称：副高
学　　历：大学本科
所在单位：武山县城关初中
通讯地址：武山县城关镇宁远大道 21 号
成　　就：油画作品分别于 2002 年、2008 年入选甘肃省美展 3 幅。在 2004 年天水市教职工书画展中荣获二等奖。2008 年县首届青少年书画展中荣获青年组一等奖。
简　　介：民盟盟员。任甘肃省美术家协会会员、天水市青年书画家协会会员、武山县美协理事、宁远书画院副秘书长兼培训室副主任、武山县教体局县级美术兼职教研员。

0541 马登云

性　　别：男
出生年月：1931-11-07
民　　族：汉族
政治面貌：党员
职　　称：副高
学　　历：中专
所在单位：退休干部
通讯地址：武山县城关镇宁远大道 21 号
成　　就：作品入编《墨友书画册》《世纪墨缘》《全国摄影家大辞典》《中国当代艺术界名人录》《中国娇子专业人才卷》。摄影作品《陇南稻香》荣获甘肃省文学艺术三等奖。国画《牡丹》参加“盛京杯”大赛赴日本秋田市展出获佳作奖并被收藏。《长征杯》获大赛优秀奖。
简　　介：甘肃省武山县人，曾任县文化局局长、广播电视局局长、武山县摄影家协会主席、美协名誉主席。喜摄影、国画，擅长花鸟、山水，风格追求清新明快，细腻，传神，爽朗奔放，构图多奇，丰润雅韵。

0542 赵甫保

性　　别：男
出生年月：1956-02-21
民　　族：汉族
政治面貌：民主党派
职　　称：副高
学　　历：大学本科
所在单位：武山县文化馆
通讯地址：武山县城关镇宁远大道 21 号
成　　就：代表作《钟馗》《八仙图》《陇上旋鼓》。作品曾获市级一等奖、省级三等奖。美术作品及论文多次发表于省级刊物，曾获文化系统市级“先进个人”称号。擅长画人物、山水，线条极具表现力，独特的绘画手法烘托人物内心、场景氛围。
简　　介：毕业于甘肃师范大学（现改名为西北师范大学）美术系，现为武山县文化馆馆长、文化馆副研究馆员、宁远书画院副院长、甘肃省美协会员、天水市美协常务理事等。

0543 李生强

性　　别：男
出生年月：1969-11-20
民　　族：汉族
政治面貌：民主党派
职　　称：副高
学　　历：高中
所在单位：雅玉轩
通讯地址：武山县城关镇宁远大道 21 号
成　　就：《玉船》获天水市伏羲文化旅游节金奖；《百鸟朝凤》获第二届文化文物产品博览会银奖；武山夜光杯雕 14 件作品入选优秀作品奖；2006 年作品获首届天水陇右非物质文化遗产优秀奖；2010 年被评定为天

水市非物质文化遗产保护名录项目“武山鸳鸯玉雕”代表性传承人；2013年成为兰州鉴定技术科技工作者协会会员并取得专家鉴定师资格。

简　　介：自幼爱好绘画、泥塑及木雕等美术工艺创作。1986年高中毕业后跟随姚汉良师傅学习夜光杯制作技艺，1990年拜西安玉雕大师林仲儒学艺，创作能力得到很大提高。他一直把绘画作为玉雕的技艺功底，在学艺过程中更潜心夜光杯雕的设计与制作。在夜光杯传统设计方案的基础上对小高杯杯型进行了改进，创作了竹节杯、圆头杯等新杯型，重视工艺及流程对作品构成的影响，做到了以意境取胜，以情取胜，在作品中融入了他对家乡的热爱和情感。2005年，被评定为甘肃省副高级玉雕艺术师，被甘肃省科协评为玉器鉴定专家。

0544 邓雄

性　　别：男

出生年月：1979-07-04

民　　族：汉族

政治面貌：群众

职　　称：副高

学　　历：大学本科

所在单位：武山县美术馆

通讯地址：武山县城关镇宁远大道21号

成　　就：2006年，作品《武山小景》系列写生入选甘肃省第二届写生展；2008年，作品《陇山深处羊为伴》入选“庆祝建国60周年甘肃省美术大展”；2010年，作品《月梦似银》荣获甘肃省青年美展三等奖；2012年，作品《骄阳》入选首届“陇原风华”美展。

简　　介：毕业于河西学院美术系，甘肃省美术家协会会员。

0545 漆寨芳

性　　别：男

出生年月：1963-01-29

民　　族：汉族

政治面貌：群众

职　　称：副高

学　　历：大学专科

所在单位：武山县沿安乡川儿小学

通讯地址：武山县沿安乡冯山桥子村

成　　就：主要小说有《灶保》(短篇)、《根》(中篇)、《水帘洞传奇》(长篇)。《8000个日子的守望》2008年获首届中国通俗小说原创作品大赛优秀作品奖。散文有《我那遥远的家乡的水磨声》《柳香》《秋风细雨丰年话》《走进水帘洞》《牛山绿》《话说界碑亭》《茶马古道上的遗韵：岷县马坞骡马会》《去了趟上河裕》《苗河行》《狼渡滩》《太皇山》。人物通讯有《人民的好公仆》《群众的“领头雁”》《为了山地的丰收》《书画之乡的精英》《“神雕”韩吉昌》《把麦秸画推向全国的天水女子》。

简　　介：毕业于兰州大学新闻学专业。代课教师。武山县第五届政协委员、中国通俗文艺研究会会员、甘肃省作家协会会员。

0546 李茂同

性　　别：男

出生年月：1936-07-24

民　　族：汉族

政治面貌：群众

职　　称：副高

学　　历：高中

所在单位：武山县一中

通讯地址：武山县城关镇宁远大道21号

成　　就：作品有：《璞真论扎与作文题崔》《母语呢喃·痛心呼唤》《暮箫晨号·叟调童谣》《歌浪短诗选》。

简　　介：中学高级教师，笔名歌浪。1933年获得甘肃省优秀园丁奖。

0547 王涣成

性　　别：男
出生年月：1963-06-23
民　　族：汉族
政治面貌：党员
职　　称：副高
学　　历：大学本科
所在单位：武山县职业中专技术学校
通讯地址：武山县城关镇宁远大道 21 号
成　　就：先后主编出版了《心理健康教育》《心理健康》《应用文写作》《社会科学基础知识》《职业道德与法律》《经济政治与社会》《现代礼仪规范教程》《就业指导与创业教育》等 8 部全国中职教材，面向全国中职学校公开发行。出版有乡土文化专著《可爱的武山》《武山民俗文化》《人文武山》。
简　　介：武山县职业中专党委书记、高级讲师、甘肃省作家协会会员、甘肃省职业与成人教育协会常务理事。天水市“跨世纪创新人才”。天水市“领军人才”。

0548 陈自明

性　　别：男
出生年月：1952-08-20
民　　族：汉族
政治面貌：群众
职　　称：副高
学　　历：大学专科
所在单位：甘肃天水祁连山水泥有限公司
通讯地址：武山县城关镇宁远大道 21 号
成　　就：首届“盛世中华”全国书法、美术作品大展中荣获二等奖；2007 年甘肃省“酒钢杯”职工美术、书法、摄影展中荣获优秀奖，作品在甘肃省艺术馆展览；在梅兰竹菊全国书画大赛中荣获金奖；2008 年《吉祥富贵》入选庆祝改革开放三十周年、喜迎奥运——甘肃美术作品大展；2009 年《吉祥富贵》入选第二届中国当代著名花鸟画家作品展览；2010 年在第三届全国建材行业书画艺术展中获得绘画三等奖；2011 年在中材集团纪念建党 90 周年书画摄影大赛中荣获三等奖；作品《清辉》在“相约香江”第七届中国书画交流展中获铜奖；2012 年在省属监管企业书法绘画摄影展中获得二等奖；作品《陇原春色》在“相约香江”第八届中国书画交流展中获优秀奖；2013 年作品《紫气清香》荣获祁连公司建成 55 周年职工书画摄影展二等奖；2014 年中央电视台书画频道举办的第四届迎新春书画作品展中荣获三等奖，作品在书画频道展播。
简　　介：现为宁远书画院院士、天水市美术协会会员、甘肃省青年美术家协会理事、青海美术家协会会员。

0549 史国栋

性　　别：男
出生年月：1964-07-24
民　　族：汉族
政治面貌：党员
职　　称：副高
学　　历：大学本科
所在单位：武山县教育体育局
通讯地址：武山县城关镇宁远大道 21 号
成　　就：参与了《中职生心理健康教育》《可爱的武山》等著作的编写工作，现在武山县教体局编写《武山县教育志》。
简　　介：甘肃省作家协会会员，武山县政协七、八届委员，武山县政协文史委委员。中学高级教师。

0550 林燕

性　　别：女
出生年月：1960-06-24
民　　族：汉族
政治面貌：党员
职　　称：副高
学　　历：中专
所在单位：武山县剧团
通讯地址：武山县城关镇宁远大道 21 号
成　　就：带领剧团长期活跃于群众文化活动中，经典剧目有《三滴血》《三娘教子》等。
简　　介：现就职于武山县剧团，担任县剧团团长。

0551 兰永平

性　　别：男
出生年月：1964-08-08
民　　族：汉族
政治面貌：党员
职　　称：副高
学　　历：大学本科
所在单位：武山县文物局
通讯地址：武山县城关镇宁远大道 21 号
成　　就：《盘龙山下新传奇》专题片解说词获 1996 年省委组织部党员电化教育二等奖；《抓好党建促经济，发展经济促党建》由四川电子科技大学结集出版。从 1985 年至 2013 年，先后发表散文 124 篇，小小说 178 篇，论文 43 篇，其他作品 110 篇。
简　　介：1995 年加入天水市作家协会，1998 年加入甘肃省作家协会，现任武山县文物旅游局局长。

0552 樊荣华

性　　别：男
出生年月：1939-07-23
民　　族：汉族
政治面貌：党员
职　　称：副高
学　　历：大学专科
所在单位：武山县文化局
通讯地址：武山县城关镇宁远大道 21 号
成　　就：作品两次入选中国书协等举办的全国书法大赛并获荣誉奖。多次入选省级展览，获建国四十周年甘肃省书法篆刻展三等奖。在地市联展、历史文化名城联展、陇右杜诗书画展中获三等奖、优秀奖。入编《甘肃书法集》《天水书画作品集》《国际书画名家精品集》《中国当代著名书画家珍品选》《中国当代楹联墨迹集》《当代书画篆刻家辞典》等多种辞书，并镌刻于当代多处碑林及文物旅游景点。
简　　介：甘肃师大汉语系毕业，长期从事文化工作，曾任武山县文化馆馆长、文化局局长、县政协常委等职。爱好广泛，学习勤奋，于诗书画均有较深刻研究。现为中华诗词学会会员、中国汉唐诗书画研究院院士、甘肃省书协、美协会员，宁远书画院副院长、县书协主席。

0553 陈晓明

性　　别：男
出生年月：1969-07-02
民　　族：汉族
政治面貌：党员
职　　称：副高
学　　历：大学本科
所在单位：武山县文联
通讯地址：武山县文联
成　　就：工作之余致力于文学艺术创作，先后在国内各类报刊发表散文、诗歌、剧本、文学评论等作品百余篇（首），主持主编武山县第一份文学期刊《武山文艺》。
简　　介：甘肃省作家协会会员、天水市文

联委员、市作协理事，武山县政协五、六、七、八届委员。现任县委宣传部副部长、县文联主席。

0554 包永庄

性　　别：男
出生年月：1962-09-15
民　　族：汉族
政治面貌：党员
职　　称：副高
学　　历：大学专科
所在单位：武山县志办
通讯地址：武山县城关镇宁远人道 21 号
成　　就：散文作品发表于《塔城报》《新疆文学》等报刊杂志；主编了《武山民歌选》《武山诗歌选》两部书。

0555 彭军选

性　　别：男
出生年月：1977-02-08
民　　族：汉族
政治面貌：党员
职　　称：副高
学　　历：大学本科
所在单位：甘肃省天水市武山县东顺初中
通讯地址：甘肃省天水市武山县东顺初中
成　　就：在《天水日报》等地方报刊发表诗文，曾获《星星》诗刊和《诗友联谊报》联办的“新星杯”全国诗歌大赛佳作奖。近年尝试小说写作，在起点中文网发表长篇小说《女人是怎样炼成的》，在新浪－读书频道发布小说《英雄不寂寞》。

0556 李国安

性　　别：男
出生年月：1956-08-09
民　　族：汉族
政治面貌：党员
职　　称：副高
学　　历：高中
所在单位：武威市文化馆
通讯地址：武威市凉州区北关西路 37 号
成　　就：编导的民间舞蹈《攻鼓子》获第六届文化部群星奖银奖、编导银奖、甘肃省首届群星艺术节金奖、甘肃省第二届敦煌文艺奖一等奖、第八届中国民间艺术节暨第十届民间文艺“山花奖”广场舞展演金奖。荣获全国艺术科学规划领导小组颁发的艺术科学国家重点研究项目“文艺集成志书编纂成果”一等奖。荣获“甘肃省基层文化先进工作者”荣誉称号。论文《关于挖掘整理民族民间舞蹈的思考》获甘肃省群众文化论文二等奖。
简　　介：1971 年 10 月至 1986 年 6 月在原武威地区歌舞团工作；1986 年 6 月至今在武威市文化馆工作；1996 年 11 月至 2005 年 5 月任副馆长；1998 年 8 月任副研究馆员；2005 年 5 月至 2007 年 5 月主持文化馆全盘工作；2007 年 5 月至今任武威市文化馆馆长。现担任全国民族民间舞蹈研究会会员、甘肃省舞蹈家协会理事、甘肃省民间文艺家协会会员、武威市文联副主席、武威市舞蹈家协会主席。

0557 陈石

性　　别：男
出生年月：1959-04-01
民　　族：汉族
政治面貌：民主党派
职　　称：副高
学　　历：中专
所在单位：武威市书画院武威美术馆
通讯地址：武威市北关中路 257 号
成　　就：作品多次在全国、省级展览展出

和报刊发表并获奖，甘肃电视台和《甘肃书画》报给予专版评介。版画《祁连晴雪》入选第八届全国版画展览，《五月祁连》入选丝绸之路版画艺术展，并由北京民族文化馆收藏，国画《听雨》发表于《国画家》。书法作品获甘肃省文化厅首届群星奖金奖，国画《荷塘月色》获甘肃省第二届群星奖铜奖。2009年国画作品《花卉四屏条》获甘肃省委、省政府颁发的甘肃省第六届敦煌文艺奖三等奖，国画《紫藤》获甘肃省文化厅主办的第四届群星奖二等奖。

简　　介：现任武威市书画院院长，副研究馆员。兼任甘肃省美术家协会理事、武威市文联副主席、武威市美术家协会主席政协武威市常委。

0558 黄胜元

性　　别：男

出生年月：1962-05-04

民　　族：汉族

政治面貌：民主党派

职　　称：副高

学　　历：大学本科

所在单位：武威市书画院武威美术馆

通讯地址：武威市北关中路257号

成　　就：《梅开瑞雪》入展中国文联举办的全国书画小品展；《荷花图》入展中国文联举办的第四届全国群众书画交流展；《一池残荷占秋水》获甘肃省第二届新人新作展二等奖；《春归戈壁》获甘肃省首届写生画展二等奖；《荷塘秋韵》获甘肃省首届写意画展优秀奖；《暗香依树影》《荷韵》《残荷》获“陇山·陇水·陇人”第四届、第五届、第六届甘肃省专业画院作品展二、三等奖；《梅花图》入展甘肃省中国画、油画作品展获优秀奖；《松林图》获甘肃省十四州市美术作品展三等奖；《今岁梅花依旧雪》《荷花赋》被甘肃省图书馆收藏；《荷塘秋韵》等3幅作品入编《国画家》杂志主办的《当代国画家画廊》一书。

简　　介：1987年毕业于西北师范大学美术系，获学士学位。现任甘肃省美术家协会会员、武威市美协副主席、武威市书画院专业画家、国家二级美术师。

0559 袁志强

性　　别：男

出生年月：1963-05-14

民　　族：汉族

政治面貌：群众

职　　称：副高

学　　历：高中

所在单位：凉州区文化馆

通讯地址：凉州区文化体育局

成　　就：自1982年以来，先后在《大众摄影》《青年摄影》《人像摄影》《中国旅游》《甘肃日报》《甘肃画报》《青少年摄影报》等多家报刊发表摄影作品300余幅。其主要作品《印象》在1989年荣获全国文化部“大河上下”摄影艺术展优秀奖；1997年作品《印象》荣获甘肃省第三届敦煌文艺奖二等奖；2000年作品《大自然的报复》荣获甘肃省第四届敦煌文艺奖二等奖；2010年作品《阶梯》荣获甘肃省“群星艺术奖”三等奖；2013年作品《看热闹》荣获文化部“共享杯”全国群众文化摄影大赛三等奖；2013年作品组照《联村联户新气象》荣获甘肃省委宣传部、省文联举办的“联村联户为民富民”美术书法摄影大赛三等奖。拍摄作品还多次入选并荣获全国省级以上各类奖项百余次。

简　　介：现为武威凉州区文化馆摄影部主任，副研究馆员。兼任甘肃省摄影家协会会员、甘肃省青年摄影家协会理事、武威市摄影家协会副主席、凉州区摄影家协会主席。

0560 张奋武

性　　别：男
出生年月：1959-10-12
民　　族：汉族
政治面貌：群众
职　　称：副高
学　　历：大学专科
所在单位：武威市古浪县文化馆
通讯地址：武威市古浪县昌松路文体局大楼
成　　就：2002 年 8 月，获武威市委、武威市政府“文化艺术先进个人表彰；2008 年 3 月散文《桥的故事》获得由中共中央宣传部宣传教育局、文化部文化扶贫委员会、中央人民广播电台、《农民日报社》等单位组织的“我与新农村建设”全国农民读书征文三等奖；2013 年，获评甘肃省文化厅“全省非物质文化遗产保护传承工作先进个人”；另外有多篇文学作品先后获得省、市级各种奖励 13 项。15 年来，张奋武担任《古浪文苑》总编，全面负责刊物工作，共刊印 60 期近 10 万份。
简　　介：1991 年调入古浪县文化馆，2001 年担任副馆长。创办《古浪文苑》，15 年坚守阵地不松懈。24 年前，从一所乡村中学调入县文化馆，重办已经停办 10 年的群众性油印刊物《浪花》，重新树起了古浪文学阵地的旗帜。

0561 刘新吾

性　　别：男
出生年月：1963-08-11
民　　族：汉族
政治面貌：党员
职　　称：副高
学　　历：大学本科
所在单位：民勤县第四中学
通讯地址：民勤县第四中学
成　　就：在 100 多家刊报发表诗歌、散文、随笔 1100 多篇。曾获得过由诗刊社和郭小川研究会主办的“露露杯”全国诗歌大奖赛优秀奖、武威市作协主办的天马文学奖等多项奖励，并有不少作品被国内其他报刊选载。尤其是他的散文诗作品，曾连续入选《2000 中国年度最佳散文诗》和《2001 中国年度最佳散文诗》。1998 年，被河北《诗神》编辑部推出了微型诗集《绿洲笛韵》。
简　　介：甘肃省作家协会会员，武威市作家协会副主席。民勤县文联副主席，民勤县作协主席，《西凉文学》副主编、武威市诗词楹联学会副会长、《天马诗刊》副主编、武威市政协委员、民勤县政协常委。

0562 李军

性　　别：男
出生年月：1960-04-23
民　　族：汉族
政治面貌：群众
职　　称：副高
学　　历：大学本科
所在单位：民勤县文化馆
通讯地址：民勤县文化馆
成　　就：多年来先后在全国、省、市书籍画册上发表图片 2000 余幅，在《人民日报》《甘肃日报》等报刊杂志上发表图片 2000 余幅。2010 年《2.4 特大沙尘暴》图片经新华社发通稿后，被《人民日报》、“中央电视台”等全国数百家新闻媒体所采用。拍摄储存民勤各类资料图片达 10 万张之多。2005 年 12 月 8 日，摄影作品《黄山烟云》入选《甘肃省摄影作品集》。2006 年 8 月李军及其摄影作品入选《甘肃省摄影家》。2009 年 10 月摄影作品分别入选甘肃省委宣传部主编的《辉煌陇原 60 年》，甘肃省文联、摄影家协会主编的《多彩甘肃摄影展作品集》，甘肃省人民政府新闻办公室主编的《多彩甘肃》等大型画册。摄影作品60余次入选省、市级展览并获奖。

简　　介：新华社特约摄影师、中国新闻图片社特约摄影师、甘肃省摄影家协会会员、美国职业摄影师协会会员、武威市摄影家协会副主席、民勤县摄影家协会主席、中国民族管弦乐学会竹笛专业委员会会员、民勤县第八届政协常委。

0563 胡钧毅

性　　别：男
出生年月：1966-02-07
民　　族：汉族
政治面貌：群众
职　　称：副高
学　　历：大学本科
所在单位：民勤县第四中学
通讯地址：民勤县第四中学
成　　就：2009年3月与民勤县多名美术教师创办民间艺术社团——青土湖书画社，组织开展多项公益活动和书画交流活动，建立了“青土湖书画社中淘新村文化建设基地”和“青土湖书画社号顺新村文化建设基地”，创作作品500多幅；举办青土湖书画社作品展览3期；组织出版书画社作品集3辑1800册；组织书画进校园12次，创作作品900多幅；组织义务写春联活动8次，书写春联8000多幅；2009年获第十三届全国多媒体教育软件大奖赛一等奖；2012年获第十五届全国推普周宣传素材征集活动海报类二等奖；摄影作品《守望》在甘肃省2013年迎新春书画摄影展入展。
简　　介：2010年加入甘肃省美术家协会，2013年任书画社社长。

0564 李江年

性　　别：男
出生年月：1966-09-16
民　　族：汉族
政治面貌：群众
职　　称：副高
学　　历：大学本科
所在单位：民勤县第五中学
通讯地址：民勤县第五中学
成　　就：1992年参加华丰书画赴日展，作品《虾》和现代书画《竹》在日展出并被收藏。1994年5月，应北京邀请参加王羲之书法艺术研讨会。作品《春韵》获得全国展览三等奖。1994年12月，应民勤县宣传部邀请举办个人画展。2014年举办李江年书画巡回展，先后在兰州、民勤、新疆等地进行书画交流，获得了很好的社会效益。2014年到北京中国人民大学艺术学院画家高研班学习进修。11月作品获得首届文化墨旅中国书画邀请赛铜奖。
简　　介：1990年毕业于西北师范大学美术系。甘肃省美食家协会会员、武威市书法家协会会员、甘肃省摄影家协会会员、武威画院副院长。

0565 樊泽民

性　　别：男
出生年月：1971-10-18
民　　族：汉族
政治面貌：党员
职　　称：副高
学　　历：大学本科
所在单位：民勤县文化馆
通讯地址：民勤县文化馆
成　　就：2000多件诗词联赋文散见全国300多种书报刊，获奖40多次。曾被中国楹联学会评为全国“弘扬楹联文化先进个人”，参加中华诗词学会、《中华诗词》杂志社第四届“青春诗会”，获中华诗词最高奖——第五届华夏诗词奖。主编《中华当代获奖对联大观》。

简　　介：历任科技局副局长、文体局党总支书记，现任文化馆馆长。兼任中华诗词学会会员、中国楹联学会会员、甘肃省楹联学会常务理事、甘肃省诗词学会理事、武威市诗词楹联学会副会长兼秘书长、苏武山诗社副社长、《天马诗刊》副主编、《胡杨》文化期刊主编。

0566 李玉寿

性　　别：男

出生年月：1954-04-15

民　　族：汉族

政治面貌：群众

职　　称：副高

学　　历：大学本科

所在单位：甘肃省民勤县三雷镇南大街

通讯地址：甘肃省民勤县三雷镇南大街

成　　就：1984年至1994年，主持撰写140余万字的《民勤县志》稿。1986年于编修县志之余，应邀撰写60余万字的《民勤县水利史稿》。1998年完成清人手稿《镇番遗事历鉴》的整理校订，并由香港天马图书发行公司出版。由香港天马图书发行公司出版了李玉寿编写的纪实文学专著《民勤大屠杀》和文言体专著《民勤家谱》。1990年至2006年，先后创作《流金水库》《国税之光》《飘逝的柳林》《走进河西》《红崖水韵》《绿色丰碑》《将进酒》《沧桑楼兰》等30余部电视专题片。2007年负责设计修建民勤县防沙治沙纪念馆。2009年负责设计修建民勤县文化生态广场。

简　　介：1970年冬至1973年春在新疆南疆军区服兵役；1973年秋至1976年秋在甘肃师范大学中文系读书；1976年冬大学毕业分配到民勤县委宣传部工作；1978年春调至县剧团从事作曲、编剧工作；1982年夏调至《民勤县志》编辑室，任总编、办公室主任；1984年秋兼任民勤县博物馆长；1985年冬，任县文化局副局长，主持工作；1988年春下乡领办乡镇企业，至1995年年底回原单位上班；1998年冬任县文联主席，2002年任民勤县政协副主席，2014年8月退休。

0567 马建军

性　　别：男

出生年月：1946-05-30

民　　族：藏族

政治面貌：群众

职　　称：副高

学　　历：大学专科

所在单位：青海海北州藏医院

通讯地址：天祝县人社局

成　　就：从1978年开始在全国各藏文报刊上陆续发表收集整理的叙事性长歌15部，其中《青稞的来历》等代表性作品录入《藏族文学史》，曾多次受县、市、省、国家级的表彰奖励。1985年出席全国民族文化遗产搜集整理研究工作经验交流会，1995年4月他本人被录入《中国当代艺术界名人录》，并获中国艺术节名人作品展特等奖。鉴于他对中华文化事业做出的突出贡献，于1998年2月20日他的业绩编入大型权威人物辞海《中国人物辞海》（当代文化卷）。2006年6月被甘肃省文化厅、人事厅评为副高级民歌演唱艺术师。

简　　介：第二批国家级非物质文化遗产项目藏族民歌（华锐藏族民歌）代表性传承人。中华杰出英模人物。

0568 刘君

性　　别：男
出生年月：1969-04-01
民　　族：汉族
政治面貌：党员
职　　称：副高
学　　历：大学本科
所在单位：张掖书画院
通讯地址：张掖市甘州区南环路 679 号
成　　就：获得全国青年国画年展优秀奖和全国第十届推新人大赛甘肃赛区绘画二等奖，出版专辑“实力派精英刘君专辑”。

0569 苗红

性　　别：女
出生年月：1962-05-01
民　　族：汉族
政治面貌：群众
职　　称：副高
学　　历：大学专科
所在单位：张掖市文化馆
通讯地址：张掖市甘州区南环路 679 号
成　　就：摄影作品获得国家级奖项 1 个，省级奖项 15 个。

0570 张宝之

性　　别：女
出生年月：1982-09-01
民　　族：汉族
政治面貌：党员
职　　称：副高
学　　历：硕士研究生
所在单位：张掖市文化馆
通讯地址：张掖市甘州区南环路 679 号
成　　就：参加省级舞蹈编导及舞蹈比赛获得奖项 12 个。

0571 屈红英

性　　别：女
出生年月：1961-09-01
民　　族：汉族
政治面貌：党员
职　　称：副高
学　　历：大学专科
所在单位：张掖市文化馆
通讯地址：张掖市甘州区南环路 679 号
成　　就：创作编排的舞蹈获得省级奖项 12 个。

0572 祁光伟

性　　别：男
出生年月：1968-04-01
民　　族：汉族
政治面貌：党员
职　　称：副高
学　　历：大学本科
所在单位：张掖市文化馆
通讯地址：张掖市甘州区南环路 679 号
成　　就：创作的油画作品获得省级奖项 11 个。

0573 陈岚

性　　别：女
出生年月：1975-05-01
民　　族：汉族
政治面貌：党员
职　　称：副高
学　　历：大学本科
所在单位：张掖市文化馆
通讯地址：张掖市甘州区南环路 679 号
成　　就：参加国家级书画比赛获得奖项 1 个，省级奖项 3 个。

0574 殷志华

性　　别：女
出生年月：1978-07-27
民　　族：汉族
政治面貌：民主党派
职　　称：副高
学　　历：硕士研究生
所在单位：河西学院音乐学院
通讯地址：甘肃省张掖市环城北路 846 号河
成　　就：参编教材 1 部，字数 6 万字；参编专著 1 部，字数 8 万字，在省级刊物上发表论文 10 余篇，参与省级、校级科研项目多项，参编教材 2 部；获得省、地名级奖励多项；2009 年 4 月 28 日在西北师范大学音乐学院举办“殷志华毕业作品音乐会”。
简　　介：1999 年毕业于西北师范大学音乐系表演专业。2002—2003 年在上海音乐学院作曲指挥系师从曹通一博士学习合唱指挥法；2008—2009 年在西北师范大学音乐学院攻读理论作曲硕士研究生学位。现为河西学院音乐学院副教授，民主促进会会员。主要担任理论课程和声乐课的教学任务。

0575 袁泽

性　　别：男
出生年月：1963-11-11
民　　族：汉族
政治面貌：群众
职　　称：副高
学　　历：大学本科
所在单位：甘肃张掖中学
通讯地址：张掖市教育局
成　　就：自 2001 年以来，在省级文学历史刊物如《散文天地》《丝绸之路》市级文联主办刊物等杂志发表散文 60 多篇。

0576 张克沛

性　　别：男
出生年月：1982-09-10
民　　族：汉族
政治面貌：党员
职　　称：副高
学　　历：大学本科
所在单位：张掖市实验中学
通讯地址：张掖市甘州区北辰丽家 B 区 3-2
成　　就：2004 年荣获文化部首届全国声乐、器乐、舞蹈大赛西北赛区二等奖；全国总决赛三等奖；2008 年荣获第四届“海州杯”甘肃省校园歌手大赛张掖选拔赛教师组一等奖、优秀指导教师奖；2011 年 7 月在由甘肃省文化厅主办的第四届“星耀华夏”全国青少年优秀艺术人才展评活动甘肃选区总选拔赛中获声乐专业一等奖；在第七届青春中国——甘肃省青少年才艺大赛中获青年组一等奖。现任教于张掖市实验中学，担任音乐教研室主任。
简　　介：张掖市音乐家协会会员。2001 年以优异的成绩考入西安音乐学院声乐系。

0577 王静冬

性　　别：女
出生年月：1963-08-15
民　　族：汉族
政治面貌：群众
职　　称：副高
学　　历：大学本科
所在单位：张掖二中
通讯地址：张掖二中家属楼 2 号楼 2 单元 101 室
成　　就：在历届张掖市歌咏比赛中担任百人以上合唱指挥，并取得可喜的成绩，积极参加社会各种音乐活动并担任评委。多年来积极投身音乐教育事业，长期以来担任辅导音乐高考生的工作，与此同时，也为许多高校培养了大量人才。

简　　介：张掖市音乐家协会会员，甘州区音乐家协会副主席。1985年毕业于兰州师专音乐系。以独到的美声唱法赢得业内人士的赞赏和认可。毕业后一直从事音乐教育事业，现在张掖二中担任音乐老师。

0578 尹立发

性　　别：男

出生年月：1958-08-24

民　　族：汉族

政治面貌：民主党派

职　　称：副高

学　　历：大学专科

所在单位：甘肃张掖甘州区张掖市第二中学

通讯地址：甘肃张掖甘州区张掖市第二中学

成　　就：第六届海内外中国书画精品展获精英奖，纪念雷锋诞辰60周年全国书法大展获一等奖，第四届全国师生优秀美术作品大赛获书法类金奖，金棕树杯中国书画大赛获优秀奖，首届中国书画之星精品大展获佳作奖，甘肃省新千年书画大展获佳作奖，第十届全国推（文艺）新人大赛甘肃赛区获成人组书法二等奖，丝绸之路书画大展获一等奖，甘肃省第四届师生书画展获教师组书法一等奖，甘肃省第二届青少年儿童书法大赛获教师组一等奖，张掖撤地建市书法展获一等奖，张掖地区第四届师生书画展获书法一等奖，张掖市首届书协会员展获一等奖，张掖市首届祁尔康杯电视书法摄影大赛获成人组书法一等奖，张掖市廉政书画展获书法一等奖，首届、三届金张掖文艺奖获书法类二等奖，第十届全国推（文艺）新人大赛甘肃赛区张掖选拔赛获成人组书法十佳奖。

简　　介：大学书法专业毕业，中学一级（书法）教师，供职于张掖市第二中学。现为中国民主促进会会员、甘肃省少儿书法学会副主席、甘肃省书法家协会会员、河西学院外聘兼职副教授、张掖市书法家协会副秘书长、张掖市教育学会理事、张掖市艺术教育研究会副会长、甘州区书画家协会副主席、甘州国学书院书法创作员。

0579 张振虎

性　　别：男

出生年月：1971-07-31

民　　族：汉族

政治面貌：群众

职　　称：副高

学　　历：大学专科

所在单位：职业书法家

通讯地址：甘州区中心广场体育馆楼下

成　　就：擅长篆书、隶书、楷书和行书，曾得何应辉、徐本一、孙开仁、刘新德、龚小膑等名家指点，作品多次入展全国、全省书法篆刻大展，并荣获全国第九届书法篆刻展提名奖，全省书法篆刻展一等奖等省级以上奖项10多次，在张掖书法界颇有影响。

简　　介：现为中国书法家协会会员、甘肃省书法家协会楷书委员会委员、张掖市书法家协会副秘书长。

0580 杨玲娣

性　　别：女

出生年月：1976-07-16

民　　族：汉族

政治面貌：党员

职　　称：副高

学　　历：大学专科

所在单位：甘州区艺术团

通讯地址：甘州区南二环路国税局家属院

成　　就：2005年11月获甘肃省第二届声乐、器乐、舞蹈大赛张掖赛区声乐类比赛二等奖；12 月获甘肃省第二届声乐、器乐、舞蹈比赛中获青年组声乐民族组三等奖；2011 年 7 月荣获第四届中国国际青少年艺术节甘肃分选区声乐类青年组民族唱法二等奖；2011 年 11 月荣获第二届中国民族声乐敦煌奖“甘肃赛区”民族组女声部三等奖。2009 年 9 月，在全国音乐期刊《民族音乐》第 6 期发表了音乐人物传记《乘着苍狼歌声的翅膀》。

简　　介：毕业于西北师范大学音乐系，大专学历，1997 年在张掖市甘州区艺术团工作。2002 年工作期间，获得中央党校函授学院行政管理本科文凭。兼任张掖市音乐家协会会员、张掖市作家协会会员、甘州区音协理事。

0581 李春林

性　　别：男

出生年月：1972-03-02

民　　族：汉族

政治面貌：党员

职　　称：副高

学　　历：大学本科

所在单位：甘肃省张掖市甘州区南关学校

通讯地址：张掖市甘州区天源小区 8 号楼二单元 502

成　　就：曾获“青春中国”“中国音乐金钟奖”张掖赛区声乐一、三等奖；曾在香港“诗德威”钢琴大赛、甘肃省首届校园艺术技能大赛、第四届中国国际青少年艺术节等大型艺术比赛中被评为甘肃赛区优秀指导教师；曾获甘州区优质课评选三等奖；曾获甘州区演讲比赛三等奖；多次被市区文联评为优秀会员和先进工作者；2013 年被聘为“美丽甘州”全国歌曲征集评委；在《学周刊》等省级刊物上发表教学论文多篇；多次在市、区大型文艺活动中担任编导和指挥。《新的一天多美好》2010 年获得全国第五届“感动中国”征歌三等奖；《祁连卫士》2012 年 5 月在森林警察队歌展演中获二等奖，并定为森警张掖支队队歌；《我的爱恋》2012 年 6 月在“多情的土地”全国征歌比赛中获优秀奖；《辛苦妈妈》2013 年 8 月获“放歌中华”全国征歌银奖。

简　　介：音乐教育本科学历，任职于张掖市甘州区南关学校，中学高级教师。兼任张掖市音乐家协会会员、甘州区音乐家协会副主席、甘州区音乐教育研究会秘书长。

0582 王海清

性　　别：男

出生年月：1967-07-06

民　　族：汉族

政治面貌：群众

职　　称：副高

学　　历：大学专科

所在单位：张掖市王海清硬笔书法培训中心

通讯地址：甘州区新建街东沙湾巷水泥厂家属楼 1 号楼 1 单元 702 室

成　　就：2005 年创办张掖市正点庆典公司和王海清硬笔书法培训中心。硬笔书法作品多次入选国家、省级书法展。曾获“淮川”杯全国硬笔书法大赛金奖、“祁尔康”杯电视书法大赛三等奖、区政协“纪念改革开放 30 周年”书法展三等奖等奖项。被省语言文字工作委员会和省教育厅授予“全国学生规范汉字大赛甘肃赛区最佳指导教师奖”。

简　　介：中国硬笔书法家协会会员、市书法家协会会员。

0583 李雪梅

性　　别：女

出生年月：1975-05-10

民　　族：汉族

政治面貌：党员

职　　称：副高
学　　历：大学本科
所在单位：甘肃省张掖市文化馆
通讯地址：张掖市甘州区新乐小区菊园3号楼1单元602室
成　　就：2009年8月在第四届甘肃省群星艺术节演唱《美丽家园》获民族唱法三等奖；2010年7月在第六届青春中国才艺大赛甘肃总决赛中获民族唱法二等奖；2011年7月在第七届青春中国才艺大赛甘肃总决赛中获民族唱法一等奖；2011年7月在第四届中国国际青少年艺术节甘肃选拔赛中获民族唱法一等奖；2012年7月，作曲并演唱的歌曲《幸福酒歌》在青春中国甘肃总决赛中获原创音乐类三等奖，并由甘肃音像出版社出版发行。2013年8月，在“2013美丽中国大型音乐展演活动”全国总评选中，创作的歌曲《幸福酒歌》获作曲银奖。2013年8月取得了由中国大众音乐协会颁发的中国优秀音乐指导师上岗认证。2008年1月被中共甘肃省委宣传部、省文化厅授予甘肃省“千台大戏进农村”战役先进个人。2012年，被张掖市委评为2012年至2014年张掖市专业技术拔尖人才。2013年4月，获得张掖市总工会授予的“张掖市五一巾帼奖”。
简　　介：1996年6月参加工作，张掖市文化馆副研究馆员。兼任张掖市文联会员、张掖市音乐家协会理事、张掖市戏剧曲艺舞蹈家协会理事、甘肃省音乐家协会会员、中国大众音乐家协会会员、中共张掖市共青团青年联合委员会委员。

0584 王亚萍

性　　别：女
出生年月：1965-05-28
民　　族：汉族
政治面貌：群众
职　　称：副高
学　　历：高中
所在单位：张掖市甘州区文化馆
通讯地址：张掖市甘州区县府街市物价局家属楼西单元601 .
成　　就：多年来她的学生参加各类考级都100%通过，参加高考的学生陆续考上西安音乐学院、四川音乐学院、沈阳音乐学院、西北师范大学、北方民族大学等高等院校，在2011年甘肃省高考音乐联考中，田朝获民族器乐类第一名。擅长电子琴、钢琴等键盘器乐的演奏，尤其钟爱二胡演奏艺术，在省市器乐比赛中多次获奖。参加工作就在原张掖县秦剧团担任二胡演奏员，在秦腔《十五贯》《三滴血》《五典坡》《三娘教子》《辕门斩子》《周仁回府》《杨八姐盗刀》《劈山救母》《火焰驹》《八段锦》等剧目中担任伴奏或独奏，成为剧团主要的演奏员，在张掖戏剧音乐界产生了一定影响。
简　　介：张掖市甘州区文化馆群文馆员。任张掖市文联会员、张掖市音乐家协会理事、甘州区音乐家协会副主席、秘书长，中国音乐学院二胡考级甘肃考区二胡专业优秀辅导老师。后调入张掖市文化馆从事群众文艺辅导工作。

0585 吴晓明

性　　别：女
出生年月：1971-03-07
民　　族：汉族
政治面貌：群众
职　　称：副高
学　　历：大学本科
所在单位：张掖市二中
通讯地址：甘肃张掖第二中学
成　　就：自2000年以来，散文小说作品陆续在《中华散文》《飞天》《北方作家》

《佛山文艺》《五月花》《视野》《甘肃日报》《经典美文》等刊物上发表作品数十篇。甘肃省作协会员、张掖市作协理事、甘州区作协副主席。

0586 黄岳年

性　　别：男
出生年月：1961-09-05
民　　族：汉族
政治面貌：党员
职　　称：副高
学　　历：硕士研究生
所在单位：甘肃省张掖第四中学
通讯地址：张掖四中
成　　就：曾获得过甘肃省优秀教师“园丁奖”、甘肃省青少年科技创新活动先进个人、甘肃省绿色学校工作优秀教师、张掖地区十佳优秀教师、张掖地区新长征突击手、张掖市跨世纪学术带头人和优秀教师、模范班主任等省、市、区校荣誉称号和奖励数十次，是省、市、区骨干教师。他是破格晋升的中学高级教师，1996年起担任张掖四中副校长。作为优秀教师代表，曾参加省委省政府组织的优秀教师座谈会、赴外参访团。先后在《甘肃教育》《湖南教育》《甘肃文史》《人物》《博览群书》《散文选刊》《海南日报》《太原晚报》《藏书报》等刊物上刊发了大量文字，在大陆和台湾出版了《弱水书话》《弱水读书记》《书林疏叶》《风雅旧曾谙》《书蠹生活》《水西流集》《翰苑茗香》《走进河西》等著作，参与了中华书局版的《甘州府志》线装校注本和《高台县志辑校》《创修临泽县志辑校》等方志及《王登瑞诗存》的整理出版，是海峡两岸致力书香社会建设的知名读书人。

0587 王昱旋

性　　别：女
出生年月：1979-05-09
民　　族：汉族
政治面貌：党员
职　　称：副高
学　　历：大学本科
所在单位：甘肃省张掖市文化馆
通讯地址：张掖市南大池电力局家属院
成　　就：2002 年在文化部主办的中国青少年艺术大赛第一届民族器乐独奏大赛中荣获扬琴青年组银奖；2005 年在文化厅主办的甘肃省第二届声乐、器乐、舞蹈大赛中荣获民族弹拨乐青年组一等奖；2007 年在甘肃省文化厅主办的第三届甘肃省群星艺术节中器乐演奏荣获银奖；2007 年在甘肃省文化厅主办的“青春中国”甘肃省青少年才艺大赛中荣获器乐演奏一等奖；2008 年在文化厅主办的甘肃省第三届器乐大赛中荣获民族弹拨乐青年组一等奖；2008 年在中国民族管弦乐学会扬琴专业委员会举办的首届北京扬琴邀请赛中荣获青年 A 组金奖。2009 年在文化厅主办的第四届群星艺术节中荣获器乐演奏一等奖。2014 年在文化厅主办的“青春中国”甘肃省青少年才艺大赛中荣获器乐创作二等奖。
简　　介：1993 年考入甘肃省艺术学校，主修扬琴专业，并选修钢琴、舞蹈、合唱指挥及心理学；1998 年在甘肃省张掖市群艺馆参加工作，从事音乐教育及演出至今；1999 年考入中央文化管理干部学院（文化管理专业），期间师从于中央音乐学院黄河教授；2001 年借调在中央文化部艺术司；2002 年至 2004 年就读于西北民族大学，本科，音乐教育；2006 年加入张掖市音乐家协会；2007 年加入甘肃省青年联合委员会，第八届委员；2008 年加入中国民族管弦扬琴协会会员。2013 年破格晋升为副研究馆员。

0588 鞠勤

性　　别：男

出生年月：1965-08-12

民　　族：汉族

政治面貌：党员

职　　称：副高

学　　历：大学本科

所在单位：甘州区小满镇中心学校

通讯地址：甘州区小满镇中心学校

成　　就：出版《岁月的声音》（28万字）敦煌文艺出版社；负责主编《青少年经典故事阅读（典藏版）》之《幽默笑话卷》兰州大学出版社；在省市级文艺类报刊杂志发表作品100多篇；书法作品多次在市级以上比赛中获奖。近年来，先后获甘州区教育系统"教研教改先进个人"，甘州区"优秀共产党员——育才先锋"，甘州区"先进教育工作者"，张掖市"十佳青年教师"，张掖市"优秀教师"，甘肃省"两基工作先进个人"等荣誉称号。

简　　介：1985年8月参加工作，中学政治高级教师，市区文联会员、西部散文学会会员；历任花寨中学团总支书记、教导主任等职；1998年调入花寨乡教管理会工作；2002年任花寨乡教管会主任、甘州区花寨乡中心学校校长；现任甘州区小满镇中心学校校长。

0589 王琛

性　　别：男

出生年月：1986-02-09

民　　族：汉族

政治面貌：党员

职　　称：副高

学　　历：大学本科

所在单位：山丹一中

通讯地址：甘肃省山丹县一中

成　　就：2011年至2013年获得和参与的中国书法家协会的奖励或展览有：第三届全国齐白石书法展全国奖（最高奖）、全国魏晋书风新秀书法展全国奖（最高奖）、第四届中国书法兰亭奖佳作奖、全国二届规范汉字大赛一等奖、全国第二届北兰亭电视书法大赛优秀奖、第三届中国书法百强榜提名奖、全国第三届草书艺术大展、全国孙过庭奖行草书大展、第七届全国书法新人新作展、全国第三届青年书法篆刻展。获得和参与的甘肃省书法家协会的奖励或展览有：甘肃省第三届张芝奖二等奖、甘肃省首届书法篆刻大展会员展二等奖、甘肃省第二幅临帖展最高奖、庆祝建党90周年书法展一等奖、甘肃省百名名家书法邀请展。

简　　介：2006年9月至2010年7月在西北师范大学美术学专业学习；2011年8月至今在山丹一中担任美术教师；兼任中国书法家协会会员、甘肃省书法院特聘书法家、甘肃省青年书法家协会理事、甘肃省美术家协会会员。

0590 陈学斌

性　　别：男

出生年月：1970-07-16

民　　族：汉族

政治面貌：党员

职　　称：副高

学　　历：硕士研究生

所在单位：山丹县文广新局地方文化创研室

通讯地址：山丹县文广新局地方文化创研室

成　　就：2000年，中国画作品《春晓》在《书与画》杂志社和上海朵云轩共同举办的全国中国画小品作品展中获金奖。2009年国画《藏乡春晓》在甘肃省美协、省文联、甘南州政府主办的第四届甘南香巴拉艺术节全国书画作品大展中获银奖。2011年国画《秋山寂寥》获甘肃省青年美展三等奖。2011年国画《一抹红云》获“2011彩墨英华”甘肃省青年美术作品展二等奖。2011年，中国画作品《金秋》获甘肃省首届“陇原风采”美术作品展优秀奖。2012年论文《论中国画的继承与创新》获评西北师范大学美术学院2012届研究生毕业优秀论文。2013年中国画作品《焉支春晓》获张掖市美术精品一等奖，被张掖市博物馆收藏。2013年中国画作品《守望》获甘肃省十四地州市美术作品联展二等奖，并被金昌市政府收藏。2014年获甘肃省写生展二等奖。2014年获金张掖美术精品展一等奖。
简　　介：1988年9月至1990年7月就读于河西学院美术系；2005年3月至2007年1月就读于西北师范大学美术学院；2010年9月至2012年7月就读于西北师范大学美术学院，获中国画专业艺术硕士学位；现为甘肃省国画院画家，中学高级教师。兼任甘肃美术家协会会员、甘肃省省级骨干教师。现供职于山丹县文广新局地方文化创研室。

0591　孟澄海

性　　别：男
出生年月：1962-08-05
民　　族：汉族
政治面貌：党员
职　　称：副高
学　　历：大学本科
所在单位：民乐一中
通讯地址：甘肃省民乐县人社局
成　　就：散文《苍茫大走廊》获旅游文化大奖；《瞳孔里的青海》获孙犁散文奖。
简　　介：就职于民乐一中。

0592　赵生万

性　　别：男
出生年月：1967-04-05
民　　族：汉族
政治面貌：党员
职　　称：副高
学　　历：高中
所在单位：教师
通讯地址：甘肃省民乐县人社局
成　　就：2010年书法作品在甘肃省科协“文化建家”优秀作品评选活动中获得一等奖。

0593　王荣清

性　　别：男
出生年月：1954-02-02
民　　族：汉族
政治面貌：党员
职　　称：副高
学　　历：大学专科
所在单位：退休教师
通讯地址：甘肃省民乐县人社局
成　　就：2007年书法作品《桃花源记》入选“第九届桃花源杯”全国书法、绘画、摄影、诗词大赛，并获金杯奖。2007年书法作品入选甘肃省新农村建设书画摄影大赛并获优秀奖，作品结集出版；2008年作品《国色天香》《岳阳楼记》入编《甘肃省当代书画家艺术典库》；2009年书法作品《桃花源记》荣获中国教育学会举办的全国中小学教师“三笔字”大赛毛笔组三等奖；2010年书法作品《兰亭序》在省委宣传部、省科协、省文联等省级单位举办的甘肃省第二届科技界书画摄影展中获优秀奖，作品集结出版；2011年书法作品《宁静致远》在省委宣传部、省科协、省文联等省级单位举办的甘肃省第三届科技界书画摄影展中获优秀奖，作品集结出版；2012年书法作品《桃花源记》入选甘肃省书协举办的第八届书法创作提高班作品展，并集结出版；2013年书法作品《千字文》、国画作品《群驴图》入选甘肃省第四届百名书画家作品集，作品集结出版。

简　　介：小学高级教师，民乐县洪水小学退休教师。兼任甘肃省书法家协会会员、甘肃省美术家协会会员、中国国画家协会会员、中原书画研究院院士。

0594 王婧

性　　别：女
出生年月：1982-09-09
民　　族：汉族
政治面貌：群众
职　　称：副高
学　　历：大学本科
所在单位：临泽县文化馆
通讯地址：临泽县县府街 176 号
成　　就：2009 年在临泽县学习实践科学发展观活动演讲比赛中获得三等奖；2013 年被评为临泽县第五届优秀读书家庭。

0595 牛学飞

性　　别：男
出生年月：1971-10-11
民　　族：汉族
政治面貌：群众
职　　称：副高
学　　历：大学专科
所在单位：临泽县文化馆
通讯地址：临泽县县府街 176 号
成　　就：作品曾获中国文联主办的中国国际文学艺术作品博览会特别等级。文化部主办的中国国际科技文化成果博览会书画大展金奖，国务院发展研究中心、国家环保总局主办的"环保世纪行"全国书画展金奖。中国书协《中国书画报》、《书法导报》、中国教育电视台主办的"华夏之星奖"全国书画展银奖。文化部、中国文联、人民画报社主办的 2000 年世界华人艺术展铜奖。黑龙江省美协主办的 2002 年全国美术书法精品大展金奖。国家文物局、建设部、联合国教科文组织主办的"世界遗产在中国"全国书画展三等奖。甘肃省文化厅首届"群星奖"铜奖。甘肃省文联、甘肃省书协"张芝奖"艺术奖。
简　　介：临泽县文化馆馆员。为中国民间文艺家协会印刻艺术专业委员会委员、甘肃省书法家协会会员、中国西部画院特约书画家。

0596 钟柳青

性　　别：男
出生年月：1959-11-05
民　　族：汉族
政治面貌：党员
职　　称：副高
学　　历：大学专科
所在单位：临泽县文化馆
通讯地址：临泽县县府街 176 号
成　　就：2008 年创作大型音舞诗画《古风新韵》《黑水魂》《神奇的丹霞》等音乐。2008 年获音乐家协会优秀会员。2008 年歌词《家乡是只扬帆的船》在"激情新农村、幸福新农民"全国首届村歌评选活动中荣获"中国村歌十佳作词"。
简　　介：临泽县文化馆馆长，三级演奏员。负责全县文艺调演、文艺竞赛、艺术展览、重要节日和重大庆典文化活动等的策划、组织及辅导。组织开展全县城乡多层次、多形式、丰富多彩的文化活动。

0597 李明春

性　　别：男
出生年月：1968-10-01
民　　族：汉族
政治面貌：民主党派
职　　称：副高

学　　历：大学专科
所在单位：临泽县第四中学
通讯地址：临泽县教科局
成　　就：业余时间从事文学创作，曾以笔名斯达、阿剑，在《飞天》《青年时代》《甘肃日报》《黄河诗报》《民主协商报》《作家时代》和《张掖日报》等报刊发表诗文。著有诗集《第三支帆》《春天的等待》《夏天的梦》《毛泽东和雪》《米黄的槐花》《诗意大沙河》和《诗歌的湿地》。
简　　介：中国民主同盟盟员。在临泽四中任教，任临泽四中副校长，中学高级英语教师。为甘肃张掖市英语教育学会理事、中国教育学会外语教育专业委员会会员。

0598 付先之

性　　别：男
出生年月：1957-09-10
民　　族：汉族
政治面貌：党员
职　　称：副高
学　　历：大学本科
所在单位：临泽县教科局
通讯地址：临泽县教科局
成　　就：业余时间喜爱书法学习和创作，书法作品先后入选甘肃省新世纪书法篆刻展览、甘肃省书协举办的庆祝十六大书法展。政协张掖市首届书画展四幅作品被《神州书画报》和张掖《甘泉》杂志刊登，获得政协临泽县首届书画展一等奖、政协甘肃省书画展三等奖。作品在中央电视台书画频道“迎新春美术作品展播”入展，并获“网络评选活动”专业组优秀奖。
简　　介：市县政协委员。为甘肃省书协会员、张掖市书协理事、临泽县书协主席，现任临泽县教科局党委书记。

0599 丁霞

性　　别：女
出生年月：1967-11-15
民　　族：汉族
政治面貌：群众
职　　称：副高
学　　历：大学本科
所在单位：临泽县第一中学
通讯地址：临泽县教科局
成　　就：获得临泽县“巾帼建功”“十佳”荣誉称号，获得甘肃省音乐教学二等奖。发表省级论文两篇并获得一等奖。创作并发表音乐作品4篇。还承担学校、参与县上各类文艺演出活动的策划组织及编排工作，所辅导的各类文艺活动均在县级比赛中获一、二等奖。
简　　介：现为临泽一中音乐高级教师，担任高三、高二年级音乐高考辅导班的教学工作。多年来一直坚守在教学第一线，为临泽县人民培养考入音乐高校专业人才近200名，自1998年以来部分学生已陆续在我县教育系统各单位发挥着自己的专业才能。

0600 蔡军

性　　别：男
出生年月：1965-04-10
民　　族：汉族
政治面貌：群众
职　　称：副高
学　　历：大学本科
所在单位：高台县文联
通讯地址：甘肃省张掖市高台县文联
成　　就：蔡军现为甘肃省作家协会会员。小说《桑公坡》获2009年纪念新中国成立60周年全国文学作品大赛优秀奖。2005年出版小说集《故园》，并获第一届金张掖文艺奖二等奖。

0601 顾开前

性　　别：男
出生年月：1962-04-24
民　　族：汉族
政治面貌：群众
职　　称：副高
学　　历：高中
所在单位：高台县文化馆
通讯地址：高台县文化馆
成　　就：擅长扬琴、二胡演奏。

0602 刘生堂

性　　别：男
出生年月：1987-02-03
民　　族：汉族
政治面貌：群众
职　　称：副高
学　　历：大学专科
所在单位：甘肃省高台县摄影家协会
通讯地址：高台县南湾富民小区 15 号楼
成　　就：研究红外摄影 7 年时间，甘肃省专业红外相机改装第一人；2009 年参与编辑《我的第一部单反》系列丛书，主编的《我的第一部单反——数码摄影技巧精粹》在 2010 年由人民邮电出版社出版发行；2010 年在北京三里屯 SOHO 佳能展厅主讲第一堂红外摄影讲座《鬼魅的红外摄影》；2011 年创建国内第一家红外摄影文化交流网站——红摄网；2012 年《城市画报》杂志文化版块发表对刘生堂红外摄影作品专访的文章《北京·分外红》，共发表 7 幅红外摄影作品；2013 年红外摄影作品《一云一故宫》获得“雪花纯生”中国古建筑摄影大赛新浪赛区古都传承组三等奖；2013 年在甘肃省高台县文化馆主讲《红外摄影》；2014 年 8 月红外摄影作品《拙政园里的荷塘》获得“雪花纯生”中国古建筑摄影大赛光影园林组优秀奖；2014 年策划并成功举办“魅力高台”摄影作品邀请展，观展人数超过 30000 人；2014 年策划并成功举办高台县庆祝建国 65 周年摄影作品展，观展人数超过 2000 人。

0603 赵永恒

性　　别：男
出生年月：1973-02-09
民　　族：汉族
政治面貌：群众
职　　称：副高
学　　历：大学本科
所在单位：高台县文化馆
通讯地址：高台县文化馆
成　　就：从事美术事业 20 余年，在山水、人物、花鸟等创作方面取得了一定的成就。

0604 杨莉

性　　别：女
出生年月：1962-06-24
民　　族：汉族
政治面貌：党员
职　　称：副高
学　　历：高中
所在单位：高台县文化馆
通讯地址：高台县文化馆
成　　就：2005 年参加甘肃省丝路春杯生角大赛主演折子戏《悔路》获三等奖。

0605 孙登平

性　　别：男
出生年月：1976-05-10
民　　族：汉族
政治面貌：群众
职　　称：副高
学　　历：大学本科
所在单位：高台县文学艺术界联合会

通讯地址：高台县文联

成　　就：主持申报成功省级非物质文化遗产保护项目 4 项，省级传承人 12 人；文学作品获省级奖项 2 次，在市级刊物发表作品数十篇。

0606 万有文

性　　别：男

出生年月：1981-08-07

民　　族：汉族

政治面貌：党员

职　　称：副高

学　　历：大学本科

所在单位：高台县文化馆

通讯地址：高台县文化馆

成　　就：作品散见《飞天》《延河》《中国水文化》《短篇小说》《甘肃日报》《星河》《网络诗选》《北方作家》《风流一代》等报刊杂志，散文、诗歌选入多种选本，已出版诗集《故地》，编辑出版文艺作品集《文韵高台》。

简　　介：笔名阿文、万禹等，系甘肃省作家协会会员。

0607 王应喜

性　　别：男

出生年月：1956-05-11

民　　族：汉族

政治面貌：党员

职　　称：副高

学　　历：大学专科

所在单位：高台县文化馆

通讯地址：高台县文化馆

成　　就：曾获市级专业文艺调演一、二等奖，辅导全市第六届新社火调演获导演一等奖。新故事《田寡妇骂街》获省曲艺新作征文二等奖；论文《浅谈导演如何帮助演员塑造舞台人物形象》获高台县第四界学术论文二等奖。

简　　介：甘肃省戏曲家协会会员，二级导演。

0608 赵怀麒

性　　别：男

出生年月：1960-02-09

民　　族：汉族

政治面貌：党员

职　　称：副高

学　　历：大学专科

所在单位：高台县文化馆

通讯地址：甘肃省张掖市高台县文化馆

成　　就：2013 年参加全市春节晚会获优秀导演奖；2013 年全市新社火调演编导一等奖。

简　　介：甘肃省戏曲家协会会员，二级演员，现工作于县文化馆，任党支部书记。

0609 万有文

性　　别：男

出生年月：1975-06-14

民　　族：汉族

政治面貌：党员

职　　称：副高

学　　历：大学本科

所在单位：高台县电视台

通讯地址：甘肃省张掖市高台县文化馆

成　　就：具备一定文学艺术创作能力。《电器时代》（外三首）获张掖市电力局与张掖市文联联合举办的“供电杯’三等奖（2009）；《祁连山下》（诗歌）获《甘肃日报》与省委宣传部联合举办的“爱我家乡，颂我陇原”征文优秀奖（2009）；《浅谈高台水利风景建设区水文化的发掘、传承与弘扬》（论文）获水利部全国首届水利风景区与水文化论坛论文优秀奖（2010）；《北凉国的那些事》（组诗）获全国第一届“新一代”文学作品大奖赛三等奖（2011）；《历史的光辉》（诗歌）获甘肃省委宣传部举办的“陇原党旗红”征文优秀奖（2011）；《父亲》（诗歌）获首届新锐作家杯“感恩父爱”大赛优胜奖（2011）；《万有文的诗》入选 2012 年新死亡诗派 20 年精选；组诗《西行》获全省旅游美文优秀奖；2013 年出版诗集《故地》。
简　　介：现工作于高台县电视台，记者。

0610 万尚荣

性　　别：男
出生年月：1965-01-04
民　　族：汉族
政治面貌：党员
职　　称：副高
学　　历：大学本科
所在单位：高台县教体局
通讯地址：甘肃省张掖市高台县文化馆
成　　就：具备一定文学艺术创作能力。2005 年出版诗集《万尚荣诗集》，获第一届金张掖文艺奖二等奖。
简　　介：中学特级教师，现工作于高台县教体局，总督学职务。

0611 蔺秀英

性　　别：女
出生年月：1958-10-10
民　　族：汉族
政治面貌：党员
职　　称：副高
学　　历：大学专科
所在单位：高台县文化馆
通讯地址：高台县文化馆
成　　就：辅导全市第五届新社火调演获优秀导演奖，多次组织全县大型文化活动。辅导全市第五届新社火调演获优秀导演奖，多次组织全县大型文化活动。

0612 马子涵

性　　别：女
出生年月：1978-07-21
民　　族：汉族
政治面貌：党员
职　　称：副高
学　　历：硕士研究生
所在单位：张掖市高台县总工会
通讯地址：张掖市高台县城关镇前进路 80 号
成　　就：先后有《白沙如雪》《为你凝眸》《五月放歌》《倾城之恋》等 20 多篇诗歌、散文等在甘州区文联主办的《黑河水》《张掖日报》《张掖电视报》，酒泉市文协主办的《新边塞》，高台的《大湖湾》《文韵高台》等杂志刊登。

0613 郑耀德

性　　别：男
出生年月：1977-01-28
民　　族：汉族
政治面貌：群众
职　　称：副高
学　　历：大学本科
所在单位：高台县摄影家协会
通讯地址：甘肃省高台县城关镇南环路 1 号
成　　就：自 2002 年开始从事业余摄影创作至今，曾先后在新华网、中新网、《国家地理》、《国家摄影》、《中国摄影》、《大众摄影》、《中国摄影报》、《中国青年报》、《健康报》、《中国卫生画报》、《甘肃日报》等媒体发表摄影作品 200 余幅。有 22 幅摄影作品在全国摄影大赛中获奖。组织策划大型摄影展赛活动 14 次，摄影讲座 9 次。现为中国卫生摄影家协会会员、甘肃省摄影家协会会员、甘肃现代摄影学会理事、高台县摄影家协会主席，新华社、中新社签约摄影师。

0614 白登禾

性　　别：男
出生年月：1968-09-18
民　　族：汉族
政治面貌：群众
职　　称：副高
学　　历：大学专科
所在单位：高台县文化馆
通讯地址：高台县文化馆
成　　就：从事书法艺术近30年，主攻魏碑。

0615 蔡竹筠

性　　别：男
出生年月：1968-01-04
民　　族：汉族
政治面貌：群众
职　　称：副高
学　　历：大学本科
所在单位：高台县文联
通讯地址：高台县文联
成　　就：在省级以上专业文学刊物上发表纯文学作品50多篇，约60万字。作品在省内小说创作领域有一定影响。其中中短篇小说《哑女》《深山有多深》《婚事》《女人是火》《1969年的一支钢笔》《乡村狂欢》《乡村笔记》等在省市级评奖中获奖。出版的作品集《故园》，是该县第一本文学专著，作者本人是该县第一个加入省作家协会的会员。

0616 赵永全

性　　别：男
出生年月：1979-08-13
民　　族：汉族
政治面貌：党员
职　　称：副高
学　　历：大学本科
所在单位：高台县志办
通讯地址：高台县志办
成　　就：在《文苑西部散文》《文学月刊》《张掖日报》等报刊杂志发表散文诗歌20多篇，出版散文集《黑水河畔》。

0617 葛立才

性　　别：男
出生年月：1956-05-11
民　　族：汉族
政治面貌：党员
职　　称：副高
学　　历：硕士研究生
所在单位：高台县文学艺术界联合会
通讯地址：高台县邮政局18号信箱
成　　就：1981年加入中国美术家协会甘肃分会，同年在《求是》杂志发表版画作品《敦煌，我的故乡》。

0618 白天杰

性　　别：男
出生年月：1956-03-05
民　　族：裕固族
政治面貌：党员
职　　称：副高
学　　历：中专
所在单位：肃南县民族歌舞团
通讯地址：肃南县红湾寺镇县民族歌舞团
成　　就：具有指导和培养下一级专业人员工作和学习的能力。
简　　介：现为民族歌舞团演员，1977年3月参加工作。

0619 安金花

性　　别：女
出生年月：1964-02-11
民　　族：裕固族
政治面貌：群众

职　　称：副高
学　　历：中专
所在单位：肃南县民族歌舞团
通讯地址：肃南县红湾寺镇县民族歌舞团
成　　就：具有指导和培养下一级专业人员工作和学习的能力。
简　　介：现为民族歌舞团演员，1985 年 4 月参加工作。

0620 杨耀中

性　　别：男
出生年月：1961-05-16
民　　族：汉族
政治面貌：党员
职　　称：副高
学　　历：大学本科
所在单位：白银市群艺馆
通讯地址：白银市白银区兰州路 156 号
成　　就：先后执导了 1996 年至 2004 年白银市春节电视文艺晚会、甘肃省第六届农民运动会“陇原和韵”、白银市第三届运动会开幕式文艺演出等 80 余台大型文艺晚会的文艺演出。曾获得全国文化部“首艺杯”推新人大赛全国十佳优秀辅导奖。共青团中央、全国少工委第二届少儿艺术风采大赛甘肃赛区优秀辅导教师等。完成过国家艺术科研重点项目《中国曲艺音乐集成·甘肃卷》白银分卷、《白银市志·文化艺术篇》《中国戏曲音乐集成·甘肃卷·白银分卷》的编纂工作。发表了《白银市戏曲综述》《白银道教音乐》《白银地区民歌研究》《正义的礼赞》《辉煌的瞬间、艰辛的过程》等 30 余篇论文。在音乐创作方面，获全国群文系统文艺作品评选优秀作品奖。全国首届“中华红歌会”中华杯奖、第十一届中国国际合唱节银奖、维也纳“世界合唱日”比赛金奖、“七彩夕阳”全国中老年合唱艺术节优秀指挥奖。
简　　介：1975.05—1982.08 庆阳地区文工团工作；1982.08—1986.07 西北师范大学音乐系学习；1986.07—1990.07 甘肃工业大学工作；1990.07—1992.06 白银市文化广播电视局工作；1992.06—1994.06 白银市文化广播电视局艺术科副科长；1994.06—1996.07 白银市文化局艺术科科长；1996.07—2003.04 白银市文化出版局文化艺术科科长；2003.04—2009.03 白银市文联副主席；2009.03-2010.12 白银市群众艺术馆馆长；2010.12 至今白银市文化出版局副局长兼白银市群众艺术馆馆长。

0621 常丽红

性　　别：女
出生年月：1971-06-10
民　　族：汉族
政治面貌：党员
职　　称：副高
学　　历：大学本科
所在单位：白银市群艺馆
通讯地址：白银市白银区兰州路 156 号
成　　就：2008 年音乐案例《音乐之声》荣获艺术课程优秀教学案例评比国家级二等奖。2009 年《音乐欣赏〈二泉映月〉教学案例》在甘肃省优秀教育教学论文（教学设计、教学案例、教学实录）评比活动中荣获二等奖。2012 年论文《文化服务大众　艺术点亮生活》发表在《甘肃艺苑》刊物。2012 年获白银市第七届“德艺双馨”文艺工作者。2010 年 7 月在甘肃省第二届“七月放歌”合唱比赛中获得特等奖。2010 年 10 月在由文化部、重庆市委、市政府举办的首届“中华红歌会”比赛中荣获“中华杯”奖（最高奖）。2011 年在由省委宣传部、省文化厅主办的甘肃省庆祝建党 90 周年“红旗飘飘”红歌合唱比赛中获一等奖。2013 年参加维也纳金色大厅

“唱响五洲”合唱音乐节“中国梦”专场音乐会比赛中荣获金奖。
简 介：毕业于西北师范大学音乐学专业，学士学位。为甘肃省音乐家协会会员。曾荣获省园丁奖。

0622 雷永珍

性 别：女
出生年月：1962-12-21
民 族：汉族
政治面貌：党员
职 称：副高
学 历：大学专科
所在单位：白银市会宁县文化馆
通讯地址：会宁县会师镇延安街 1 号
成 就：1986 至 1988 年连续获得白银市戏剧表演一等奖。1989 年参加甘肃省青年演员汇演获“优秀表演奖”。1998 年获白银市歌手大奖赛戏剧唱法一等奖。2009 年至 2011 年成功举办了三届“会宁县电视春节联欢晚会”，担任副导演。2006 年分管全县非物质文化遗产保护工作以来，申报的非遗项目“会宁剪纸”入选第三批国家级名录。2004 年获“甘肃省基层文化先进工作者”称号。2006 年在纪念红军三大主力会宁会师暨长征胜利 70 周年文艺演出活动中被评为“先进个人”。2007 年被评为会宁县县直机关“优秀共产党员”。2007 年被授予白银市第五届“德艺双馨”文艺工作者称号。2009 年被评为白银市文化出版工作“先进个人”。2009 年组织创排现代秦剧《红色热土》，参加甘肃省庆祝建国 60 周年全省新创剧目调演获二等奖，并获 21 个单项奖。2011 年，组织创排现代眉户剧《会师前夜》，参加了甘肃省庆祝建党 90 周年优秀剧目调演。
简 介：1996 年 8 月至今任会宁县文化馆馆长（副研究馆员），会宁县文体影视局副局长，甘肃省戏剧舞蹈协会会员。为会宁县文学艺术界联合会副主席、县戏剧舞蹈曲艺家协会主席、白银市第六届政协委员，会宁县第七届、第八届政协常委。

0623 刘永宪

性 别：男
出生年月：1973-09-21
民 族：汉族
政治面貌：群众
职 称：副高
学 历：大学专科
所在单位：会宁县郭城驿镇新堡子
通讯地址：会宁县河畔镇北鸣书画社
成 就：获中国书法家协会西部基地晋京展二等奖；入展第二届北兰亭全国电视书法大赛；获全国第二届扇子艺术大展优秀奖；入展甘肃省第三届“张芝奖”书法展；获白银市六十华诞书法展三等奖。
简 介：现为中国扇子艺术协会会员。甘肃省书法家协会会员。研习书法多年，先后多次参加国家级、省级书法高研班。2013 年 5 月—2014 年 4 月于北京求艺，师从王忠勇导师（第二届兰亭奖一等奖得主），受教于中国书法家协会培训中心。

0624 罗琦

性 别：男
出生年月：1969-09-13
民 族：汉族
政治面貌：群众
职 称：副高
学 历：高中
所在单位：甘肃省会宁县秦剧团
通讯地址：会宁县会师镇延安街 1 号
成 就：15 岁在田宗义门下潜心学艺，主攻武须生行当从事秦腔表演艺术，至今已有

32 年的艺术生涯。在 1989 年由白银市举办的首届秦腔电视大奖赛中获得一等奖。1992 年白银市三县两区秦腔折子戏大赛中以《柴桑官》获得一等奖。2002 年中国秦腔艺术节中扮演折子戏《斩蔡阳》饰关羽获得一等奖。《兰州晨报》、中央电视台戏剧频道、甘肃电视台等有关媒体单位相继做了宣传报道，被誉为美名陇上的“活关公”。1998 年被任命为会宁县秦剧团行政团长，成功塑造了《金沙滩》中的杨继业，《铡美案》中的韩奇和《生死牌》中的黄伯贤等英雄正义人物形象。

简　　介：1981 年毕业于甘沟中学，1982 年考入会宁县秦剧团，至今在团。

0625 王成统

性　　别：男

出生年月：1965-06-20

民　　族：汉族

政治面貌：党员

职　　称：副高

学　　历：大学专科

所在单位：会宁县郭城驿镇人民政府

通讯地址：会宁县郭城驿镇人民政府

成　　就：2013 年参加甘肃省书法家协会第十期书法创作提高班，以优异成绩结业。2014 年书法作品入展甘肃省第四届新人书法作品展，2014 年书法作品入展首届“会师杯”全国书画大奖赛，2013 年在第一届白银市科技界大赛中获三等奖，2014 年在第二届白银市科技界大赛中获二等奖，已具备入省书协条件。

简　　介：现为白银市书法家协会会员、白银市诗词楹联家协会理事、会宁县书法家协会常务理事、副秘书长。现供职于甘肃省会宁县郭城驿镇政府。

0626 杨友峰

性　　别：男

出生年月：1962-11-03

民　　族：汉族

政治面貌：群众

职　　称：副高

学　　历：大学本科

所在单位：甘肃省会宁县第四中学

通讯地址：甘肃省会宁县统办楼 404 室

成　　就：《扬场》摄影作品获 2009 白银市庆祝建国六十周年“宝丽来”杯摄影展二等奖。《大山深处有人家》摄影作品获 2009 甘肃省公安消防部队庆祝建国六十周年暨第一届《橙色魅力》摄影展入选奖。《劳作》摄影作品获 2011 庆祝中国共产党成立 90 周年白银市摄影作品展三等奖。《收获》摄影作品获 2011 年甘肃省公安消防部队庆祝建党九十周年暨第二届《橙色魅力》摄影展参展作品。《丰收》摄影作品获 2011 年甘肃省公安消防部队庆祝建党九十周年暨第二届《橙色魅力》摄影展参展作品。《梯田四季》（组照）获 2011 年庆祝中国共产党成立 90 周年——甘肃省第二届建设社会主义新农村（新牧区）摄影艺术展览入选奖。《水浇地地膜早熟洋芋》（组照）获 2011 年庆祝中国共产党成立 90 周年——甘肃省第二届建设社会主义新农村（新牧区）摄影艺术展览入选奖。《桃峰仙境》摄影作品获 2012 年《魅力会宁》摄影展一等奖。

简　　介：现就职于甘肃省会宁县第四中学。2005 年学习摄影，现为中国民俗摄影协会会员、论坛版主，甘肃摄影协会会员、甘肃现代摄影协会会员、甘肃省白银市和会宁县摄影协会会员、会宁县摄影协会副主席。

0627 周新刚

性　　别：男

出生年月：1967-07-23
民　　族：汉族
政治面貌：群众
职　　称：副高
学　　历：大学专科
所在单位：甘肃省会宁县邮政局
通讯地址：甘肃省会宁县邮政局
成　　就：在会宁县城先后举办个人作品摄影展2次。其简介和4幅摄影作品刊登在《甘肃摄影家》一书，2003年被甘肃省摄影艺术家协会评为甘肃优秀摄影家。在省集邮公司发行的《大会师》《红色会宁》《会宁风光》明信片、《会师圣地》等邮品采用周新刚个人摄影作品200多幅。2006年被会宁县委宣传部聘为首席摄影师，被会宁纪念长征胜利暨会宁会师70周年系列活动组委会评为先进个人。2007年度被甘肃省现代摄影学会评为优秀会员，并参加甘肃省现代摄影学会成立25周年纪念活动庆典。2007年其作品《老红军苏桂英》被白银市首届凤凰文艺奖评为一等奖。2013年其作品《乡村好风光》被第三届白银市首届凤凰文艺奖评为一等奖。
简　　介：现供职于会宁县邮政局。为中国摄影家协会会员、中国民俗摄影协会会员、中国邮政摄影家协会会员、新华社图片网签约摄影师、甘肃摄影网图片签约摄影师、甘肃省摄影家协会会员、甘肃省现代摄影学会会员、白银市摄影家协会理事、会宁县摄影协会副主席、白银市集邮协会理事、会宁县集邮协会秘书长。

0628 叶仲宝

性　　别：男
出生年月：1962-09-10
民　　族：汉族
政治面貌：群众
职　　称：副高
学　　历：大学专科
所在单位：会宁县郭城驿初级中学
通讯地址：会宁县会师镇红军南路29号
成　　就：自1982年8月从事教育工作以来，先后在《甘肃日报》上发表了《新目标英语教法浅谈》，《甘肃教育督导》杂志上发表了《一课偶得》，《小学教学参考》上发表了《一节意外的好课》3篇英语专业论文，期间在全国中学生奥林匹克英语竞赛中荣获国家级三等奖和多次市级奖。
简　　介：1982年7月毕业于甘肃省靖远师范学校；1982年8月从事教育工作；1983年8月至1985年7月在定西教育学院进修英语专业；1985年8月至1988年7月在会宁第三中学任教；1988年8月至1994年7月在郭城农中任教；1994年8月至今在郭城驿初级中学任教；2013年7月被聘为中学高级教师。

0629 苏云来

性　　别：男
出生年月：1974-01-31
民　　族：汉族
政治面貌：群众
职　　称：副高
学　　历：大学本科
所在单位：景泰县文化馆
通讯地址：景泰县一条山镇振兴路18号
成　　就：多年来从事群众文化辅导工作和业余美术创作。作品曾入选第七届、八届、十届全国美展，入选全国宣传画展、全国教育成果展、西北五省区美术作品联展和省市级美展。曾获国家级三等奖、省级特等奖、首届甘肃省美术创作“金驼奖”，德艺双馨奖、艺术创新奖、首届白银市凤凰文艺创作一等奖。上世纪70年代，发现黄河石林，首次以起名“石林”的美术作品向世人展示了黄河石林的风采，上海文汇报、兰州晨报都曾专题报道。2006年在全国第三次文物普查中以明锐的判断力，建议文物普查队亲临现场，发现了甘肃省境内最精美的岩画，中央电视台《探索与发现》栏目、甘肃卫视《文化风景线》栏目曾多次给予报道，2011获第三次全国文物普查国务院荣誉证书。

简　　介：1974年毕业于西北师范大学美术系。现为中国美术家协会会员、白银市美术家协会名誉主席、甘肃美术家协会白银版画基地主任、新疆艺术学院白银教学实习基地主任、黄河石林书画院副院长、黄河石林艺术研究院院长，景泰县文化馆副研究员。

0630 张海霞

性　　别：女

出生年月：1972-05-10

民　　族：汉族

政治面貌：党员

职　　称：副高

学　　历：大学本科

所在单位：白银市群艺馆

通讯地址：白银市白银区兰州路156号

成　　就：长期坚持以工业题材为创作主题，创作的版画系列作品先后入选由中美协会等单位主办的“毛泽东同志在延安文艺座谈会上发表60周年”全国美术作品展和第七届全国体育美展。曾获甘肃省体育美展一等奖。甘肃省文化系统庆祝建党90周年美术作品展一等奖。白银市庆祝建国60周年美术作品一等奖等。

简　　介：1987.09—1990.06 靖远师范学校中师美术专业学习；1990.07—1993.09 白银市群众艺术馆办公室工作；2000.12—2003.12 白银市群众艺术馆文物博物部主任；2008.01—2010.12 白银市群众艺术馆文艺活动部主任；2010.12—2012.01 白银市群众艺术馆展出演出部主任；2012年至今，白银市群众艺术馆副馆长。

0631 李小宁

性　　别：男

出生年月：1964-03-10

民　　族：汉族

政治面貌：群众

职　　称：副高

学　　历：大学本科

所在单位：白银市一中

通讯地址：甘肃省白银市第一中学

成　　就：先后在《诗刊》《诗选刊》《诗潮》《诗歌月刊》《散文》等期刊发表文学作品500多篇（首）。已出版《流觞》《流亡的翅膀》《给欣尔的玫瑰》《采绿》《闪烁的星群》《五个人的天堂》诗集散文集6种。前两种已被中国当代作家代表作陈列馆、艾青诗歌馆、玉门市图书馆、高台县图书馆等永久收藏。先后在《中国教育报》《中国教师》《中学语文教学参考》《语文教学通讯》《语文学习》《中学语文》《语文学刊》等报刊发表教育教学论文60多篇。已出版《石头与花朵》教学专著1部，理论专著《诗歌鉴赏基础》1部。

简　　介：中国诗歌学会会员，甘肃作家协会会员。

0632 朱耀东

性　　别：男

出生年月：1961-02-13

民　　族：汉族

政治面貌：群众

职　　称：副高

学　　历：大学专科

所在单位：靖远煤业集团供应公司工会

通讯地址：白银市平川区宝积路106号

成　　就：主要成果：《红色的星》获中国音乐家协会"红色武乡"征歌金奖；《小画笔》获中国音乐家协会"童声嘹亮"征歌"最佳创作奖"；《原来你是这么地美》获中国音乐家协会"绚丽甘肃"征歌优秀奖；《给我一个距离》获全国流行歌曲大赛三等奖；《打碗碗花开》获西北音乐节音乐创作二等奖；《打碗碗花开》《红会宁》《会师情》获甘肃省音协"放歌会师楼"征歌金歌奖；《妹送阿哥去矿井》获甘肃白银市"五个一工程"奖。

简　　介：毕业于甘肃靖远师范学校，进修于西北师范大学音乐学院。曾历任靖远县乌兰小学教师、靖远县文化广播电视局干部、平川区文化馆干事、靖远煤业集团供应公司工会副主席等职务。1997 年加入甘肃音乐家协会，1999 年当选甘肃省煤矿文联音乐舞蹈协会副主席，2003 年当选甘肃白银市音乐家协会副主席，2014 年加入中国音乐家协会。

0633 李尔麟

性　　别：男

出生年月：1948-07-06

民　　族：汉族

政治面貌：群众

职　　称：副高

学　　历：大学专科

所在单位：郭城驿镇八百户村七百户社

通讯地址：会宁县郭城驿镇文化站

成　　就：近十数年间从事二胡教学，培养学生 50 余人，其中学生考入一本的音乐生 3 人，二本 3 人，余数人。笛子学生王潇湘去年赴马来西亚艺术交流。

简　　介：1970 年临洮师范中教培训班学习音乐，师从西北师大二胡教授程振福学习二胡数年。1975 年，代表定西地区参加甘肃省音乐调演回来后，上西北师范大学艺术系学习音乐，毕业后一直从事音乐教育。

0634 赵广昱

性　　别：男

出生年月：1968-07-24

民　　族：汉族

政治面貌：群众

职　　称：副高

学　　历：高中

所在单位：会宁县郭城驿镇文化中心

通讯地址：甘肃会宁郭城驿镇黑虎村

成　　就：2013 年参加甘肃省书法家协会创作提高班成绩优良予以结业；在首届白银市科技界书画展中获二等奖；2014 年首届会师杯书法作品展入展。

简　　介：自幼酷爱书法，多年临帖不辍，对魏碑苦下功夫。现为白银市书法家协会会员。2013 年参加甘肃省书法家协会创造提高班成绩优秀。2013 年作品在白银市科技界书法大赛中获二等奖。2014 年在首届会师杯书法大赛中入展。

0635 陶耀文

性　　别：男

出生年月：1965-04-10

民　　族：汉族

政治面貌：党员

职　　称：副高

学　　历：硕士研究生

所在单位：甘肃省会宁县广播电视台

通讯地址：甘肃省会宁县统办楼 404 室

成　　就：系中国书法家协会会员、甘肃省书法家协会理事、甘肃省书法家协会隶书委员会委员、白银市书法家协会副主席、会宁县书法家协会主席、会宁县文联副主席。入展全国书法展 16 次，获省市书法各类奖励 10 多项。

0636 杜正权

性　　别：男

出生年月：1963-10-01

民　　族：汉族

政治面貌：群众

职　　称：副高

学　　历：大学本科

所在单位：会宁县会师中学

通讯地址：会宁县会师镇红军南路 29 号

成　　就：带领乐团兼指挥 10 多年，带领会师中学乐团获全国器乐比赛一等奖，并应邀赴维也纳参加中奥艺术节演出。多次担任白银市新春音乐会指挥。教的萨克斯学生多名深入音乐学院继续学习，有的已经取得了一定成就。

0637 朱晓红

性　　别：女

出生年月：1977-04-10

民　　族：汉族

政治面貌：群众

职　　称：副高

学　　历：大学专科

所在单位：会宁县摄影家协会

通讯地址：甘肃省会宁县延安街

成　　就：摄影作品《彩妆田野》在全国首届农村土地整治摄影大展中获展出奖，摄影作品《跋》在全国红色旅游摄影展示活动中获优秀奖。现为中国女摄影协会会员、甘肃省摄影家协会会员、甘肃省现代摄影学会会员、白银市摄影家协会会员、会宁县摄影家协会理事、创作部副部长。

0638 王刚

性　　别：男

出生年月：1974-09-16

民　　族：汉族

政治面貌：群众

职　　称：副高

学　　历：大学本科

所在单位：甘肃省会宁县郭城驿镇文化中心

通讯地址：甘肃省会宁县郭城农中

成　　就：2013 年中国·白银第十三届 PHE 国际中小学生幼儿美术书法大赛中获三等奖；2013 年 3 月辅导绘画作品入展“凝聚职工力量，同步建成小康——‘长庆杯’甘肃职工学习贯彻党的十八大精神书画展”；2011 年美术作品《云端闲居》入选白银市纪念建党 90 周年美术、书法、摄影、集邮、民间工艺品展览；2009 年绘画作品在会宁县教育系统第一届艺术节艺术作品评选活动中获教师组二等奖。

0639 张宝通

性　　别：男

出生年月：1972-05-01

民　　族：汉族

政治面貌：党员

职　　称：副高

学　　历：大学专科

所在单位：郭城驿镇文化站

通讯地址：会宁县郭城驿镇文化站

成　　就：作品入选“信德杯”全国书法展，“扬州杯”全国书法大赛优秀奖，巴山夜雨杯全国书法展，第六届观音山杯全国书法展优秀奖，甘肃首届临帖展获奖提名，甘肃省第二届新人展，第三届“张芝奖”。甘肃省第五届、第六届青少年书法大赛中被省书协评为“优秀教师”。

简　　介：中国楹联学会会员、甘肃省书法家协会会员、白银市书法家协会副秘书长、会宁县书法家协会副主席，甘肃省第五届、第六届青少年书法大赛中被甘肃省书法家协会评为优秀教师。

0640 赵之理

性　　别：男
出生年月：1957-12-03
民　　族：汉族
政治面貌：群众
职　　称：副高
学　　历：大学专科
所在单位：平凉市艺术研究所
通讯地址：平凉市崆峒区文化街 29 号
成　　就：歌曲《千年的黄土谣》2002 年获甘肃省委宣传部“五个一工程”奖；2003 年获平凉市第一届崆峒文艺奖音乐类一等奖；同年获甘肃省敦煌文艺奖三等奖；2003 年小品《郊外》《大山情》分别获甘肃省小戏、小品调演编剧一、二等奖；2007 年大型现代眉户剧《好人米祥仁》获甘肃省新创剧目二等奖；2009 年大型现代戏《荷屋梦》获甘肃省新创剧目综合一等奖、编剧二等奖。
简　　介：1974 年参加工作。1974 年 12 月—1986 年 9 月平凉地区文工团任演奏员；1986 年 9 月—1988 年 7 月在甘肃省联合大学戏剧创作班上学，大专学历；1988 年 7 月—1997 年 12 月在平凉市秦剧团任编剧；1997 年 12 月至今在平凉市文化出版局业务科、艺术科、剧目工作室工作；2003 年 7 月任剧目室副主任，2008 年 7 月任剧目室主任，2011 年 2 月任文化艺术研究所所长；2005 年 12 月取得二级编剧任职资格，2006 年 7 月被聘任为二级编剧；现为市艺术研究所所长、国家二级编剧。甘肃省戏剧家协会会员、平凉市戏剧家协会副主席、平凉市第三届政协委员、甘肃省提琴委员会会员。

0641 杨金平

性　　别：男
出生年月：1964-06-02
民　　族：汉族
政治面貌：群众
职　　称：副高
学　　历：大学本科
所在单位：平凉一中
通讯地址：崆峒区红旗街 191 号平凉市教育局
成　　就：平凉一中高级音乐教师，全国优秀音乐教师，甘肃省音乐家协会会员，平凉市音乐家协会副主席。近 30 年来，所带学科成绩优异，培养了大批艺术类考生，先后向中央音乐学院、上海音乐学院、西安音乐学院、西北师范大学等知名高校输送了 500 多名优秀的艺术人才。高考成绩多年来名列全市前茅。排练和辅导的文艺节目，多次获得国家、省、市级一、二等奖。1997 年被国家教委评为“全国优秀音乐教师”。同年在全省第二届中学生文艺汇演中，所辅导的男、女声独唱、手风琴独奏获一等奖一名，二等奖两名，本人被省教委评为“声乐器乐优秀辅导教师”。2004 年所辅导的女声小合唱在首届全国中小学生艺术展演中获第三名。2007 年所辅导的女声小合唱在第二届全国中小学生艺术展演中获省市级一等奖，本人被省教育厅评为优秀辅导教师。2011 年平凉市首届校园合唱艺术节中辅导排练的合唱获得第二名，本人被评为优秀辅导教师。2011 年成功举办了“回报黄土地”平凉一中杨金平师生音乐会。创作歌曲《骑上毛驴看火车》，先后发表论文有《中学声乐教学法》《小学音乐教育亟待加强》。

0642 李婷

性　　别：女
出生年月：1969-05-05
民　　族：汉族
政治面貌：党员
职　　称：副高

学　　历：大学本科
所在单位：平凉工业中等专业学校
通讯地址：崆峒区红旗街191号平凉市教育局
成　　就：在2012、2013、2014年代表平凉市参加了中职学生技能大赛，先后获得了中餐宴会摆台一等奖、普通话导游一等奖、西餐宴会摆台二等奖，本人也先后3次获得了省级优秀指导教师奖，并两次带领学生代表甘肃省参加全国技能大赛。2008年编排的合唱在全省中学生文艺调演中获二等奖；2012年创作的校园剧《梦想在这里起航》获全市文艺调研优秀创作奖。2014年辅导的舞蹈《飞向梦想》获全市第二届文艺调演一等奖。由于突出的工作能力和斐然的教学成果，被授予“全国百名优秀园丁”“全省职教先进个人”“平凉名师”“学科带头人”“三八红旗手”“教学能手”等多项荣誉称号，为当地的音乐发展做出了卓越的贡献。
简　　介：甘肃省平凉工业中等专业学校音乐高级讲师、艺术教研组组长。毕业于西北师范大学敦煌艺术学院。现任甘肃省音乐家协会会员、平凉市音乐家协会副主席兼秘书长。

0643 王晓东

性　　别：男
出生年月：1970-08-05
民　　族：汉族
政治面貌：党员
职　　称：副高
学　　历：大学专科
所在单位：平凉市秦剧团
通讯地址：平凉市东大街世纪金鼎六楼
成　　就：1990年在“宝鸡市青年演员汇演”中获“表演奖”。1995年参加平凉“振兴秦腔群英大赛”，获领衔主演一等奖和最佳剧目奖及优秀配角奖。1996年参加“太阳神杯”陕西省秦腔电视大赛获专业组一等奖、荧屏奖。1996年参加平凉地区青年演员大赛获一等奖。1997年参加甘肃省青年演员大赛获二等奖。1998年参加全市“华煤杯”秦腔大赛获专业组唯一一等奖。2000年获首届秦腔艺术节清唱一等奖，并作为获奖演员代表参加闭幕演出。2001年参加首届全省戏剧红梅奖大赛获红梅二等奖。2002年获得第二届中国秦腔艺术节折子戏表演一等奖，并参加第二届中国秦腔艺术节名家演唱会演出。2004年在全省首届艺术科学论文评奖中获二等奖。2005年参加甘肃省首届戏曲生角大赛获二等奖。2010年参加“平凉和谐之夏”秦腔大赛获专业组二等奖。
简　　介：国家二级演员，甘肃省平凉市泾河艺术剧院有限责任公司（原市秦剧团）演员。陕西省电视台特邀演员、甘肃省剧协会员、陕西秦腔艺术协会会员、陕西书画研究院会员、平凉市戏剧家协会副秘书长、平凉市总工会戏剧家协会秘书长、平凉市书法家协会会员、平凉市“222”创新人才、平凉市第一届青联委员。1983年考入陕西省千阳县剧校学习戏曲表演，1986年毕业，主工小生；1990年在陇县剧团工作；1993年1月至今在平凉市秦剧团工作。

0644 口玉明

性　　别：男
出生年月：1962-05-26
民　　族：汉族
政治面貌：民主党派
职　　称：副高
学　　历：硕士研究生
所在单位：平凉市文化馆
通讯地址：平凉市崆峒区定北路柳湖书院
成　　就：《陇原情》戏获省委宣传部、省

文化厅举办的首届农民文艺调演一等奖;《老屋新路》戏获省文化厅全省新创剧目编剧一等奖;《文化馆改革亟待解决的问题》论文获省文化厅一等奖，文化部优秀奖;《试论传统戏剧对民众的教育作用》论文获首届中国人文社会科学创新贡献特等奖;《科学构建文化馆公益服务体系》论文获全国群众文化三十年征文二等奖;论文《科学构建文化馆公益服务体系》在《甘肃文苑》杂志发表;论文《试论传统戏剧对民众的教育作用》发表于《甘肃文苑》;剧本《老屋新路》发表于《甘肃文苑》杂志，收录于《平凉剧本选编》;诗歌《共产党人的实践》等8首诗收录于《中国诗萃》;出版图书《平凉春官诗选编》。

简　　介: 1974—1978年在平凉地区文艺学习班学习4年;1978—1988年在平凉地区秦剧团为戏曲演员;1988—1995年在平凉地区剧目工作室编戏曲志、民间文学集成等资料6年;1995—1999年在平凉地区影剧院任经理5年;1999年至今在平凉市文化馆任馆长、副研究馆员。

0645 张世明

性　　别: 男

出生年月: 1966-08-28

民　　族: 汉族

政治面貌: 群众

职　　称: 副高

学　　历: 大学本科

所在单位: 平凉一中

通讯地址: 崆峒区红旗街191号平凉市教育局

成　　就:《我的读书生活》发表于2005年11月20日《云南信息报》“大滇”副刊。《士之五说》发表于2002年第6期《兰州文苑》。《我为何写不出兰亭序》发表于2010年5月10日甘肃日报“百花”副刊。《项羽的倦》发表于2007年10月5日《嘉峪关日报》“燕鸣”副刊。《柳宗元之死》发表于2007年12月21日《嘉峪关日报》“燕鸣”副刊。作品见于全国各类报刊杂志。散文作品曾收入百花文艺出版社《散文2003年精选集》《新散文十五家》，人民文学出版社《新散文百人百篇》，甘肃民族出版社《美丽兰州》等。诗歌曾被收入沈浩波主编的《2008—2009中国诗歌双年巡礼》、伊沙主编的《新世纪诗典》及西娃主编的《中国短诗三百首》等。

简　　介: 1988年西北师范大学中文系毕业，同年被分配至平凉一中任教至今。

0646 吕恒全

性　　别: 男

出生年月: 1953-06-15

民　　族: 汉族

政治面貌: 党员

职　　称: 副高

学　　历: 大学专科

所在单位: 平凉市文联

通讯地址: 平凉市崆峒区文化街29号

成　　就: 少儿歌曲《不能告诉人》《起得早》《灯光》在1986年甘肃省优秀少儿歌曲评奖中分别获1个二等奖、2个三等奖。同年10月15日晚6时30分，中央电视台在“七巧板”节目中播放，是我区第一个被中央电视台播放的节目。参与作曲的舞蹈《拥抱太阳》在全省第一届残疾人文艺汇演中获一等奖。参与作曲的双人舞《修路的哥哥回来了》在全省公路系统调演中获演出一等奖。MTV《黄土塬谣》(作曲)在1999年全国第三届电视音乐节目展评中获银奖。大型眉户剧《山魂》在全省庆国庆献演中获作曲二等奖，该剧获2000年省委、省政府敦煌文艺二等奖。舞蹈《皮影娃娃》(作曲)在2000年全省第二届群星艺术节中获银奖。歌曲《西部大开发平凉怎么干》获甘肃省西部大开发创作歌曲征集评奖特别奖。舞蹈《播种绿色》（作曲）在甘肃省“天地杯”中学生文艺汇演中获演出金奖、最佳创作奖。独唱《千年的黄土谣》获甘肃省“五个一工程”奖，敦煌文艺三等奖。作曲的舞蹈《皮影娃娃》获敦煌文艺二等奖。

简　　介：现为国家级副研究馆员，曾任平凉市文联副主席。现任甘肃省音乐家协会理事、中国音乐家协会会员。

0647 万亚林

性　　别：男

出生年月：1963-05-25

民　　族：汉族

政治面貌：党员

职　　称：副高

学　　历：大学专科

所在单位：平凉市文化馆

通讯地址：平凉市崆峒区定北路柳湖书院

成　　就：1999 年荣获平凉地区庆祝建国 50 周年书画摄影作品展览二等奖。2001 年荣获甘肃省新千年书画大赛创作奖。2002 年荣获首届中国书画小作品大赛优秀奖，入编《首届中国书画小作品大赛作品集》。作品入展纪念毛泽东在延安文艺座谈会上的讲话发表 60 周年甘肃省美术作品展览。2003 年国画《春韵》入选甘肃省纪念毛泽东同志诞辰 110 周年毛泽东诗词书画展。国画《双栖》荣获崆峒文艺奖。2005 年国画《秋韵》荣获中国第十七届中国西部商品交易会美术、书法、摄影精品交流展金奖。作品入展首届甘肃省专业画院作品联展。2006 年国画《秋菊有佳色》荣获平凉市迎新春书画摄影展一等奖。应邀参加甘肃省发展和改革委员会“纪念中国共产党成立 85 周年及红军长征胜利 70 周年”书画展，并入编《书画作品集》《全省文化馆美术、书法、摄影作品集》。平凉电视台为其拍摄播出专题片《流韵飘香花鸟情》。2007 年国画《幽谷春声》荣获第三届甘肃省“群星奖”美术金奖，并参加全国第十四届“群星奖”美术展览。2009 年荣获甘肃西部四市书画联展二等奖。

简　　介：宁夏大学美术系毕业。为甘肃省美术家协会会员、平凉市文联委员、平凉市美术家协会副主席。现任平凉市文化馆副馆长。

0648 李晓峰

性　　别：男

出生年月：1963-08-08

民　　族：汉族

政治面貌：群众

职　　称：副高

学　　历：大学本科

所在单位：平凉一中

通讯地址：崆峒区红旗街 191 号平凉市教育局

成　　就：高考美术教学工作，共有 100 多名学生考入本科以上学校，其中有 10 名学生被中央、天津、西安、四川美院等录取。2006、2007 年受到市委、市政府的奖励。有 3 篇论文在省级刊物发表。2007 年获全国中小学美术展览金奖，省教育厅办的第二届中小学美术展二等奖，2011 年获甘肃省美术教师基本功大赛二等奖。

简　　介：1987 年 7 月毕业于西北师范大学美术专业，本科学历。2010 年 12 月获得中学高级美术教师资格，一直工作在教学第一线。

0649 姚学礼

性　　别：男

出生年月：1948-12-03

民　　族：汉族
政治面貌：党员
职　　称：副高
学　　历：大学本科
所在单位：平凉市文联
通讯地址：平凉市崆峒区文化街 29 号
成　　就：散文集《渭州夜雨》获《中国作家》首届优秀图书一等奖；散文集《籁物》获香港第三届龙文化金奖；诗歌《随便走楠溪江》获诗刊社优秀诗歌奖并获全国奥康杯文学一等奖；散文《置我于佛心》获人民文学观音山征文全国特等奖，并获《散文选刊》全国散文排行一等奖；《天呀》获第二届黄河文学奖特别奖；评论集《姚学礼文论集》获甘肃省"五个一工程"爱我平凉丛书入编奖。多年来致力于创建中国新乡土诗和新花间诗，被亚太地区多家刊物称为中国新乡土诗和花间诗派的代表。2004 年 4 月 29 日由中国作协、诗刊社在北京中国现代文学馆举办了"姚学礼诗歌研究会"。作家陇山风著作有《姚学礼论》一书；香港亚洲出版社出版的《姚学礼陇山风研究集》一书，对姚学礼的创作成就进行了系统的评述。已经出版诗集、散文集、小说集和评论集等 40 多部，先后获文化部、中国作协、省市文学作品奖 100 多次。
简　　介：平凉市原文联主席。1958 年发表处女作，1987 年 7 月甘肃省总工会授予自学成才奖，1991 年 5 月获全国自学成才证书。先后任甘肃省作家协会副主席、平凉市文联主席、平凉市作家协会主席、中国作家协会会员、《泾河》杂志、《大西北诗报》主编，《宝中开发》总编，并任世界华文诗人协会创会理事、中山文学院客座教授、香港大学客座讲师，中国乡土诗人协会副秘书长、省甘肃诗歌委员会副主任。一级文学创作员。

0650 刘新平

性　　别：男
出生年月：1956-01-26
民　　族：汉族
政治面貌：群众
职　　称：副高
学　　历：高中
所在单位：平凉市文化馆
通讯地址：平凉市崆峒区定北路柳湖书院
成　　就：创作的国画作品先后参加中国文化部、中国文联、中国美协等主办的国家级、全国性美术展 20 多次，荣获特等奖 1 次、金奖 2 次、铜奖 5 次、优秀作品奖 6 次。参加省内外美术展 30 多次，荣获一等奖 2 次、二等奖 3 次、三等奖 2 次、优秀作品奖 6 次。部分国画作品入编《中国现代美术全集》《中国百位杰出画家大典》等典集。撰写的 9 篇专业论文发表于《中国文化报》《美术》《文化月刊》《文艺研究》等杂志。2000 年被中国文化对外友好协会授予"杰出人民艺术家"荣誉称号。2001 年荣获中国文化部"ISC2001 艺术品价值评定认证"证书。2009 年被中国国际书画家联合会授予"金笔奖金奖艺术家"荣誉称号。2007 年与平凉音乐家们组建了平凉第一支交响乐团，并在乐团担任指挥，同年 8 月举办了平凉之夏交响音乐会，受到会社广泛的好评。
简　　介：平凉市文化馆副研究馆员，平凉市美术家协会副主席。为甘肃省美术家协会会员、中国国画家协会会员。擅长写意山水，兼功写意人物、花鸟。

0651 曹小平

性　　别：男
出生年月：1956-12-01
民　　族：汉族
政治面貌：党员

职　　称：副高
学　　历：大学本科
所在单位：平凉市文化馆
通讯地址：平凉市崆峒区定北路柳湖书院
成　　就：1977 年大学毕业后，曾指挥演出大型歌剧《江姐》《洪湖赤卫队》《刘三姐》等，创作指挥了《六斤县长》《蜜月风波》《万家春》等大型歌舞剧，并赴省参加全省文艺汇演，荣获一、二、三等奖。多次在省、地级刊物发表论文及音乐艺术作品。1987 年参与组织地区民间艺术参加了第二届全国艺术节荣获个人优秀组织奖。2002 年参与组织了全国推新人大赛获省委宣传部、省文化厅、省广播电视厅优秀组织奖。近年来多次参加与组织了大型文化活动，创作歌曲、器乐曲等音乐作品荣获崆峒文艺二等奖。
简　　介：1997 年毕业于甘肃省示范大学艺术系音乐专业，现为平凉市文化馆副馆长，副研究馆员。市音乐家协会常务副主席。

0652 李鸿文

性　　别：男
出生年月：1941-07-03
民　　族：汉族
政治面貌：党员
职　　称：副高
学　　历：大学本科
所在单位：平凉市文联
通讯地址：平凉市崆峒区文化街 29 号
成　　就：其作品在文化部举办的中国佛教文化大展、首届中国丝绸之路艺术节及甘肃首届当代中国画展中分别获优秀奖，“秦俑杯”书画大展中获金奖，庆祝中华人民共和国成立五十周年丝绸之路书画大展中获特别荣誉奖，首届甘肃省老年文化艺术节美展中获一等奖，获首届平凉“崆峒文学”美术类“成就奖”，平凉市文化出版局授予“平凉著名画家”，平凉地委行署授予“专业技术拔尖人才”。2008 年获甘肃省文联及美协“金驼成就奖”。2009 年在省美协及四市联展中获一等奖。2010 年在甘肃省画院美展及省西部风情展中分别获二等奖和三等奖。
简　　介：1964 年毕业于西北师范大学美术系，曾任甘肃省美术家协会一、二、三届理事，甘肃省国画家学会首届理事，平凉地区美术家协会一、二届主席，原平凉地区第三届文联副主席兼秘书长。现为中国艺术研究院文化艺术市场创作委员、平凉市美协顾问、台湾美协名誉理事、中国文化艺术发展联合会副主席。

0653 王培社

性　　别：男
出生年月：1955-08-19
民　　族：汉族
政治面貌：民主党派
职　　称：副高
学　　历：大学专科
所在单位：平凉市崆峒区文化馆
通讯地址：平凉市崆峒区东大街 60 号
成　　就：1986—2013 年参加平凉市第一届、第二届“泾水欢歌”音乐会，获优秀创作奖、平凉市“西部开发颂”歌曲创作奖、崆峒区文学艺术二等奖、平凉市“精神文明五个一工程”优秀歌曲奖。1983 参加甘肃省民族音乐舞蹈调演。2003 年至今参加甘肃省“新创剧目”调演。并多次参加平凉市大型音乐展演活动，多次获平凉市“优秀工作者”称号，崆峒区“先进工作者”称号。还曾获平凉市基层优秀辅导员奖。
简　　介：现任崆峒区文化馆群文副研究馆员。1973 年参加工作，任原平凉县宣传站文艺工作队演奏员；1975 年任平凉市文工团演奏员；1981 年调入原平凉市文化馆任文艺辅导员；1996年任平凉市音乐戏剧协会主席；平凉市第一届第二届音乐家协会理事，平凉市艺术团副团长。1996年当选原平凉市政协九届、十届，崆峒区十一届、十二届政协委员，平凉市一届政协文化艺术专委会委员。

0654 杨卫国

性　　别：男
出生年月：1956-10-11
民　　族：汉族
政治面貌：党员
职　　称：副高
学　　历：大学专科
所在单位：崆峒区文化馆
通讯地址：崆峒区红旗街45号
成　　就：1975年参加工作以来，组织大型群众文化活动200余次，熟悉群众文化的基本规律，为文化事业做出了很大的贡献。

0655 蒲虎勤

性　　别：男
出生年月：1970-04-06
民　　族：汉族
政治面貌：党员
职　　称：副高
学　　历：中专
所在单位：崆峒区崆峒笑谈传承演艺中心
通讯地址：崆峒区北后街69号
成　　就：从事文艺工作20多年，爱岗敬业，积极上进，业绩显著。1996年曾获中国第八届西部交易会青年演员戏曲表演赛一等奖；1999年获平凉地区新编剧目汇演大赛二等奖；2005年获甘肃省首届戏曲生角表演大赛一等奖；2006年被平凉市政府、宣传部第六号文件提名奖励；2011年获第三届甘肃省戏曲红梅奖表演一等奖；2012年获宁夏回族自治区全区群众优秀艺术节目调演一等奖；《甘肃艺苑》2009年第4期发表《戏曲演员如何缔造美》，2012年第3期发表《秦腔表演的程式性与观赏性》专业论文2篇。

0656 史建平

性　　别：男
出生年月：1963-11-11
民　　族：汉族
政治面貌：群众
职　　称：副高
学　　历：高中
所在单位：崆峒区崆峒笑谈传承演艺中心
通讯地址：崆峒区北后街69号
成　　就：工作30年来，在常年上演的40多部大型剧目中，担任笛子伴奏工作。近年来积极参与区各项文艺宣传活动，在市、区大型文艺演出中担任萨克斯、葫芦丝独奏演出任务，艺术业绩显著。2009年萨克斯独奏《回家》、葫芦丝独奏《阿瓦人民唱新歌》荣获第四届甘肃省群星艺术节（平凉赛区）舞台节目演出二等奖。2008年8月在崆峒大剧院成功举办个人萨克斯独奏音乐晚会。

0657 张喜平

性　　别：男
出生年月：1965-07-28
民　　族：汉族
政治面貌：群众
职　　称：副高
学　　历：高中
所在单位：崆峒区崆峒笑谈传承演艺中心
通讯地址：崆峒区北后街69号
成　　就：从事文艺事业30多年，表演大方，声音高吭宏亮，形象传神。2011年8月荣获平凉市“天泰杯”金秋之夜秦腔大赛专业组优秀演员奖。在纪念毛泽东110周年之际，由甘肃省委宣传部、省政府办公厅、省文化厅、省广播电影电视局和甘肃省电视台共同推出的电视艺术文献片《十月的足迹》《更喜岷山千里雪》中扮演毛主席，经甘肃公共频道和中央电视台十二频道播演后，引起很大的社会影响，得到新闻媒体和广大读者的关注，同时也得到专家的高度赞誉。

0658 杨维国

性　　别：男
出生年月：1956-10-06
民　　族：汉族
政治面貌：群众
职　　称：副高
学　　历：大学专科
所在单位：平凉市崆峒区文化馆
通讯地址：平凉市崆峒区东大街 60 号
成　　就：参与平凉市崆峒区秦剧团《崆峒笑谈》非遗项目并成功申报第三批省级非物质文化遗产名录项目。1987 年至今连续六年获得了国家和省级优秀指导老师奖，国家奖 1 次，省级奖 10 次，市级奖 10 次。2011 年平凉民间小戏《笑谈艺术的思考》在《甘肃艺苑》上发表。2011 年获得第七届青春中国——甘肃青少年才艺大赛甘肃省优秀老师指导奖。2012 年获得第八届青春中国——甘肃青少年才艺大赛甘肃省优秀老师指导奖。2012 年采编的民间笑谈曲目崆峒笑谈《闹绣房》《打草鞋》《鸡大王》等被崆峒笑谈演艺中心采用。在第九届中国民间艺术节暨中国平凉崆峒文化旅游节地方戏曲大赛荣获一等奖。
简　　介：现为区文化馆艺术专业副高级研究馆员。系中国音乐家协会会员、全国社会艺术水平考级考官、中国音协大提琴学会会员、中国音协电子琴学会会员、甘肃省音协会员、原平凉市音协秘书长、崆峒区音协主席。1975 年 3 月以优异的专业成绩考入了平凉县文工团，从事演员和演奏员工作；1987 年调入平凉市文化馆（崆峒区文化馆）；1996 年 3 月考入西北师范大学音乐系，获得西北师范大学音乐教育专业大专文凭。

0659 李丹宇

性　　别：男
出生年月：1959-05-19
民　　族：汉族
政治面貌：群众
职　　称：副高
学　　历：高中
所在单位：崆峒区崆峒笑谈传承演艺中心
通讯地址：崆峒区北后街 69 号
成　　就：该同志从事文艺工作实践 40 多年，爱岗敬业，业绩显著。2008 年 3 月合创小品《换药》被中共平凉市委、中共平凉人民政府评为“平凉市第二届崆峒文艺奖戏曲类二等奖”；2010 年被平凉市文化出版局授予“平凉市优秀基层文化工作者”荣誉称号；2012 年被崆峒区文体广电局授予“优秀共产党员”称号；2013 年《甘肃艺苑》第 2 期发表论文《戏剧舞台人物形象探索》1 篇。

0660 魏亚洲

性　　别：女
出生年月：1972-06-10
民　　族：汉族
政治面貌：群众
职　　称：副高
学　　历：高中
所在单位：崆峒区崆峒笑谈传承演艺中心
通讯地址：崆峒区北后街 69 号
成　　就：该同志从事文艺事业近 25 年，工作认真，兢兢业业。主攻旦角，在我团常年上演的 40 多部大型剧目中担任主要角色。

0661 刘莉芬

性　　别：女
出生年月：1956-08-13
民　　族：汉族
政治面貌：群众
职　　称：副高
学　　历：高中
所在单位：崆峒区崆峒笑谈传承演艺中心
通讯地址：崆峒区北后街 69 号
成　　就：该同志从事文艺事业近 40 年，工作认真，兢兢业业。主攻老旦，在我团常年上演的 40 多部大型剧目中担任主要角色。

0662 魏盐红

性　　别：女
出生年月：1968-01-11
民　　族：汉族
政治面貌：群众
职　　称：副高
学　　历：高中
所在单位：崆峒区崆峒笑谈传承演艺中心
通讯地址：崆峒区北后街 69 号
成　　就：从事文艺事业 30 多年来，兢兢业业，认真演出。主攻花旦、小旦，在所在单位常年上演的 40 多部大型剧目中担任主要角色。扮演的角色有：《法门寺》剧中孙玉娇，《双明珠》剧中灵珠，《狸猫换太子》剧中寇珠、《哑女告状》剧中哑女等。2011 年 8 月荣获平凉市“天泰杯”金秋之夜秦腔大赛专业组优秀演员奖。

0663 席鹏

性　　别：男
出生年月：1957-02-07
民　　族：汉族
政治面貌：党员
职　　称：副高
学　　历：高中
所在单位：崆峒区崆峒笑谈传承演艺中心
通讯地址：崆峒区北后街 69 号
成　　就：该同志从事文艺工作实践 40 多年，爱岗敬业，积累了丰富而宝贵的经验。2009 年《甘肃艺苑》第 1 期发表论文《把握准司鼓伴奏的职能》1 篇。2008 年 3 月合创小品《换药》被中共平凉市委、中共平凉人民政府评为平凉市第二届崆峒文艺奖戏曲类编导二等奖。2008 年被平凉市文化出版局评为 2007 年度“先进工作者”。2012 年被平凉市崆峒区委员会授予“创先争优优秀共产党员”称号。2013 年被甘肃省文化厅评为“全省非物质遗产保护传承工作先进个人”。

0664 赵江茹

性　　别：女
出生年月：1962-08-08
民　　族：汉族
政治面貌：群众
职　　称：副高
学　　历：高中
所在单位：崆峒区崆峒笑谈传承演艺中心
通讯地址：崆峒区北后街 69 号
成　　就：从事文艺工作 30 多年，爱岗敬业，积极上进，业绩显著。1990 年全区第三届自编现代剧《近亲泪》中饰演周民兰在汇演中获三等奖；1994 年在平凉市首届卡拉 OK 大赛中获一等奖；2008 年合创小品《换药》被中共平凉市委、中共平凉人民政府评为平凉市第二届崆峒文艺奖戏曲类编导二等奖；2004 年、2008 年被崆峒区妇联授予“巾帼标兵”；2010 年被崆峒区文化局评为“2009 年度先进工作者”；2011 年被崆峒区文体广电局授予“优秀党员”称号。

0665 杨刚

性　　别：男

出生年月：1980-08-12

民　　族：汉族

政治面貌：群众

职　　称：副高

学　　历：大学本科

所在单位：灵台县第一中学

通讯地址：灵台县城文化广场西侧宣传文化中心1楼

成　　就："五点半诗群"成员，"半根烟"诗群发起人。作品散见于各类报刊杂志，有作品入选《平凉新诗选》；《葵》《羊肉泡》《风景》入选《新世纪诗典》《火焰与词语——21世纪中国诗典》《2011—2012中国新诗年鉴》等诗歌选本。著有个人诗集《美女》。

简　　介：毕业于陇东学院中文系，曾在灵台三中任语文老师，现在灵台一中任教。

0666 张惠灵（笔名石凌）

性　　别：女

出生年月：1971-06-25

民　　族：汉族

政治面貌：党员

职　　称：副高

学　　历：大学本科

所在单位：甘肃省灵台县文联

通讯地址：灵台县城文化广场西侧宣传文化中心1楼

成　　就：创作小说、散文、评论等文学作品200多万字，在各级报刊发表文学作品200余篇，出版散文集《且行且吟》《素蓝如瓦》，作品获奖8次，被收入各类文集11篇。

0667 任继军

性　　别：男

出生年月：1976-10-13

民　　族：汉族

政治面貌：群众

职　　称：副高

学　　历：大学本科

所在单位：灵台县文化馆

通讯地址：灵台县城文化广场西侧宣传文化中心1楼

成　　就：书法创作获第二届CCTV全国电视书法现场决赛银杯奖；第四、六、七届国际"赛克勒杯"中国书法竞赛佳作奖、铜奖；甘肃省第一、三届书法专业最高奖"张芝奖"一等奖；甘肃省委、省政府第七届"敦煌文艺奖"一等奖。作品入展全国第二、三届兰亭奖、册页展、大字展、公务员书法展、第七届刻字展、第十二届国际刻字展、抗战60周年书法展、"敦煌杯"全国书法展；参加中新书法交流展、陕甘书法家交流展、甘肃书法晋京展、"渊源与流变"简帛书风展、全国著名中青年书法家邀请展等40余次。

简　　介：中国书法家协会会员、中国收藏家协会会员、甘肃书法院书法家、甘肃省书法家协会行书专业委员会委员、甘肃省青年书协主席团成员、陇东书画研究院副院长、平凉市书法家协会副主席。现任灵台县文化中心主任、灵台县文化馆馆长。

0668 马巧凤

性　　别：女

出生年月：1978-05-12

民　　族：回族

政治面貌：党员

职　　称：副高

学　　历：大学本科

所在单位：灵台县新开乡镇府

通讯地址：灵台县城文化广场西侧宣传文化中心1楼

成　　就：自2008年至今，写作200余篇诗歌散文，发表于《红袖添香》《烟雨红尘》等各大文学网站，部分文章散见于《平凉日报》《灵台文艺》等一些报刊杂志。擅长诗歌、散文，诗歌《九月，在牛僧孺故里》《溪水证——纪念背河灾后重建一周年》被收录于《平凉新诗选》。散文《五月槐花香》被灵台电视台拍摄成电视散文，广受好评。在去年省委宣传部举办的“陇原党旗红”博文大赛中，作品《写给我的祖国》获诗歌组二等奖。由其撰写的党建专题片被县委组织部评为二等奖。

简　　介：1996 年在农村某学校当了一名代课教师。在此期间，完成自考大专，2005 年考录国家公务员，现就职于新开乡人民政府。

0669 邵小平

性　　别：男

出生年月：1961-09-09

民　　族：汉族

政治面貌：党员

职　　称：副高

学　　历：大学专科

所在单位：灵台县文联

通讯地址：灵台县城文化广场西侧宣传文化中心 1 楼

成　　就：1983 年开始文学创作，2007 年加入中国作家协会。出版有诗集《灵台意象》《金口哨》《邵小平短诗选》（中英对照）等。主编有《平凉新诗选》《风雅颂灵台》丛书。在《中国作家》《诗刊》《青年文学》《北京文学》《飞天》《诗选刊》《星星诗刊》《当代文学》等国内及港台澳地区的 100 余家重要刊物发表诗歌，兼及散文随笔、报告文学等 500 余篇（首）。获第三届全国检察机关精神文明建设金鼎文学奖、首届甘肃黄河文学奖、中国民间文艺山花奖入围作品奖。作品入编《1949—1999 甘肃文学作品选萃》《平凉五十年文学作品选》《2003 年文学精品》《2007 年中国诗歌精选》《2008—2009 年中国最佳诗选》《甘肃新时期文学作品选》《甘肃的诗》《中国诗歌二十一世纪十年精品选编》等。

简　　介：汉语言文学大专学历。现任灵台县文联主席、平凉市作协副主席、中国作协会员。

0670 任萧烨

性　　别：男

出生年月：1972-05-12

民　　族：汉族

政治面貌：群众

职　　称：副高

学　　历：大学专科

所在单位：甘肃省灵台县统计局

通讯地址：灵台县统计局

成　　就：在《中国信息报》《诗文杂志》《甘肃文艺》《平凉日报》《灵台文艺》等发表诗歌散文等文学作品 20 多篇。在《省情咨文》《甘肃农民报》《甘肃省统计信息网》《甘肃经济日报》《平凉日报》等发表经济论文、新闻作品 100 多篇。2011 年参加甘肃文学社团组织的第一届“新一代”文学作品大奖赛，《落叶归根》荣获“70 后”组一等奖，并被甘肃省文学社团联谊会聘请为联谊会平凉分会副主席。《晨钟暮鼓》等 10 篇诗歌被收入风雅颂灵台系列丛书之一：《用诗歌悦读灵台》。

0671 于凌鹏

性　　别：男

出生年月：1973-09-17

民　　族：汉族

政治面貌：群众

职　　称：副高

学　　历：大学专科
所在单位：灵台县文联
通讯地址：灵台县城文化广场西侧宣传文化中心1楼
成　　就：先后在《东江晚报》《平凉日报》《平凉时报》等市级以上报刊发表多篇文艺作品；2005年3月加入了平凉市作协，当选为市作协理事；2008年《灵台民间文学故事集》一书由中国文联出版社正式出版，填补了该县在民俗文学挖掘研究上的空白；2009年参与编辑整理了《灵台史话》（民间故事部分）、《灵台县志》（人物传记）和《风雅颂灵台》（散文卷）丛书等3本书。散文集《行走的芦苇》由中国文联出版社出版发行。
简　　介：1994年考入陇东学院；1997年在梁原中学任教；2004年调到北沟中学；2005年1月考入县文联工作。曾任县政协七届政协委员和平凉市二届政协委员。

0672 刘斐

性　　别：男
出生年月：1966-11-26
民　　族：汉族
政治面貌：党员
职　　称：副高
学　　历：大学本科
所在单位：中国人民银行灵台县支行
通讯地址：灵台县城文化广场西侧宣传文化中心1楼
成　　就：创作发表理论作品20余篇、民俗文艺作品近10篇，组织参加民间文艺展览和赛事活动5次（获得省市级集体奖项2次、个人奖项5次），编辑出版民间文艺作品集1本。
简　　介：甘肃省民间文艺家协会会员、平凉市书法家协会会员、灵台县民间文艺家协会副主席兼秘书长。现供职于中国人民银行灵台县支行。

0673 郑云翔

性　　别：男
出生年月：1968-08-20
民　　族：汉族
政治面貌：民主党派
职　　称：副高
学　　历：大学本科
所在单位：灵台县文化馆
通讯地址：灵台县城文化广场西侧宣传文化中心1楼
成　　就：曾出版小说《琐屑人生》。诗作入选《中国当代青年诗人五百家》《1992年青春诗历》《别一种风景》等诗集。出版诗画集新作《在川道里放牧》，《美丽中国——中国当代著名画家》纪念珍藏邮册。国画作品着力突显诗意的美，富于文人气息。
简　　介：诗人，画家。大学文化，专业创作员。

0674 曹传红

性　　别：女
出生年月：1951-08-15
民　　族：汉族
政治面貌：党员
职　　称：副高
学　　历：大学专科
所在单位：灵台县文化局（退休）
通讯地址：灵台县城文化广场西侧宣传文化中心1楼
成　　就：搜集挖掘整理民俗资料，编著《灵台民俗》，2013年4月由兰大出版社出版。参与重修《灵台县志》的编纂，主编“人物编”。该志书1989年印刷出版，获甘肃省科技进步二等奖、平凉地区科技进步一等奖。参与《甘肃省情》第二部编写，主编第三十一章

《灵台县情》。该书1989年由甘肃人民出版社出版。参与《甘肃的由来》编写，主编“说古道今话灵台”，1992年由甘肃人民出版社出版。参与主编《新民主主义时期灵台党史资料汇编》，1997年印刷出版。参与主编编写《灵台军事志》，2002年印刷出版。该志书受中央军委军事志指导中心嘉奖，被作为全国军事志编写样板。搜集挖掘整理民俗资料，编著《灵台民俗》，2013年4月由兰大出版社承印出版。

0675 刘强

性　　别：男
出生年月：1974-03-20
民　　族：汉族
政治面貌：群众
职　　称：副高
学　　历：大学本科
所在单位：灵台县文化馆
通讯地址：灵台县城文化广场西侧宣传文化中心1楼
成　　就：2003年《牡丹图》参加甘肃省第四届敦煌文艺奖评奖获敦煌飞天奖。2004年《牡丹》参加纪念《平凉论坛》创刊十周年活动获三等奖。2005年《富贵牡丹》入选“大梦敦煌”中国当代著名书画家作品赴日展，并获银奖。2005年《富贵图》在第四届民族腾飞杯中国书画大奖赛中获银奖并被授予“中青年书画家百杰”称号。2005年《牡丹》获丝绸之路·首届甘肃省书画作品大赛美术成人组纪念奖。2006年《牡丹》参加纪念颜真卿逝世1220周年全国书画剪纸大赛获金奖。2008年“四川汶川重灾区抗震救灾”创作捐赠作品《吉祥如意》被中国美术馆收藏。2009年《走进百姓》栏目“青年画家刘强”分别在平凉市电视台新闻频道、公共影视频道播放。2013年作品《牡丹富贵》参加“长庆杯”甘肃职工学习党的十八大精神书画展，获三等奖。
简　　介：毕业于甘肃省西北师范大学。中国美术家协会甘肃分会会员、平凉市美术家协会理事、灵台县美术家协会主席、崆峒书画研究院副院长、洛阳颜真卿书画院名誉院长。

0676 白志平

性　　别：男
出生年月：1970-12-01
民　　族：汉族
政治面貌：党员
职　　称：副高
学　　历：大学本科
所在单位：华亭县文广局
通讯地址：华亭县四馆两中心
成　　就：甘肃诗书画联谊会会员、平凉市书协会员、市楹联学会理事、崆峒书画研究院院士、理事。自幼喜爱书法，1986年从颜楷入手，先后研习柳、赵、王羲之、魏碑、汉简诸家法帖，尤其喜好自撰题赠嵌名对联。作品多次参加全国、市、县展览，入选全国“农业杯”书法大赛，荣获市楹联学会会员作品展一等奖，作品被县档案馆收藏。

0677 姬亚宏

性　　别：男
出生年月：1969-12-24
民　　族：汉族
政治面貌：党员
职　　称：副高
学　　历：大学专科
所在单位：华亭县文化馆
通讯地址：华亭县四馆两中心
成　　就：2009年在第四届甘肃省群星艺术节曲艺小品比赛中，表演的《夏女子争官》

获二等奖；2011年7月主演的秦腔折子戏《徐策跑城》获“第二届全国戏剧文化奖、小型剧目表演”银奖；2011年9月主演的小品《狗蛋》获得第三届甘肃戏剧“红梅奖”大赛主演一等奖；2011年7月主演的秦腔折子戏《徐策跑城》获第二届全国戏剧文化奖小型剧目表演银奖；2012年，编导并主演的小品《天下妈妈都一样》参加第四届“天鹅湖杯”全国小戏小品大展，分别获剧本二等奖和表演二等奖；2012年，创作的秦腔小戏《和谐之家》代表平凉市参加由省政府、省委宣传部、省人口计生局举办的“甘肃省人口艺术节”文艺汇演，获一等奖；2013年10月，在第十届中国艺术节“群星奖”评审中被文化部授予“群文之星”荣誉称号。

简　　介：中国戏剧家协会会员、甘肃省戏剧家协会会员、平凉市戏剧家协会会员。1983年至1998年在华亭县秦剧团工作，主攻文武须生；1999年3月调入华亭县文化馆工作至今；现任副研究馆员。

0678 魏俊仓

性　　别：男

出生年月：1954-07-02

民　　族：汉族

政治面貌：党员

职　　称：副高

学　　历：大学专科

所在单位：庄浪县文化馆

通讯地址：平凉市庄浪县文化馆

成　　就：创作话剧小品8个，小戏剧4个，大型历史剧1个，多场现代剧1个。其中话剧小品《康家箱》和《孩子，我就是你的妈妈》在2008年7月甘肃省小剧目评选中双获二等奖；散文《扶持“希望”》《我给母亲祝福》分别获国家级二等奖、优秀奖；2010年9月获“中国当代散文作家奖”。2010年10月小说《雨棚》在中国作家协会、中国作家杂志社主办的“金秋笔会文艺作品”评选中获一等奖。2010年9月获“中国当代散文作家奖”。2008年以来连年被评为“平凉市基层文化先进工作者”“平凉市非遗普查先进工作者”，2008年12月被平凉市委、市政府授予“平凉市十佳文化艺术工作者”荣誉称号；连年被县委、县政府、县委宣传部、县文化局评为文化先进工作者，两次被市、县广播电台专题报道；《平凉日报》曾刊登《魏俊舱——在幕后演绎精彩人生》一文。

简　　介：从事基层文化工作28年。1972年1月毕业于庄浪一中；从1973年春天开始，甘愿在本村空牛棚当教室、门板涂黑当黑板的村办学校任教，10年培养学龄儿童1000多人；1983年5月，以“诗书画俱佳”的“青年文化人才”被县文化馆推荐到卧龙乡开办文化站；1994年9月调进县文化馆工作至现在。

0679 李静霞

性　　别：女

出生年月：1972-05-01

民　　族：汉族

政治面貌：群众

职　　称：副高

学　　历：高中

所在单位：静宁县秦剧团

通讯地址：静宁县成纪嘉苑

成　　就：先后在秦腔传统剧《哑女告状》《天河配》《慈母泪》等多部戏中担任主角。2007年9月在“金融杯”甘肃省戏曲青年演员大赛中获二等奖。2009年10月在甘肃省新创调演剧目《金果人家》中获表演一等奖。2010年被甘肃省体育局命名为甘肃省第十二届运动会火炬手，被平凉市委、市政府树立为“全市十佳文化艺术人才”候选人，2011

年在第三届甘肃戏剧红梅奖大赛中获表演一等奖。1996年9月在全区秦腔青年演员大赛中获三等奖。1998年12月在全市“华煤杯”秦腔大赛专业组中获三等奖。2002年1月在“中粮杯”平凉“泾河之声”大赛中获二等奖，曾受到《中国戏剧网》、甘肃电视台、《平凉日报》等新闻媒体的专访。

简　　介：1988年11月参加工作，国家二级演员。旦角演员，以演正旦为主，兼演小旦和武旦。

0680 金希明

性　　别：男

出生年月：1950-05-15

民　　族：汉族

政治面貌：群众

职　　称：副高

学　　历：高中

所在单位：庆阳市文联

通讯地址：庆阳市文联

成　　就：主要从事书法创作。

0681 张忠勇

性　　别：男

出生年月：1965-09-20

民　　族：汉族

政治面貌：党员

职　　称：副高

学　　历：大学本科

所在单位：庆阳七中

通讯地址：西峰区育才路95号

成　　就：著作《经海酌波》《背起爸爸上学》等。

0682 马克新

性　　别：男

出生年月：1965-07-20

民　　族：汉族

政治面貌：党员

职　　称：副高

学　　历：大学本科

所在单位：庆阳市文联

通讯地址：庆阳市文联

成　　就：书法作品入展中国书协主办的“小榄杯”全国书法大赛、“杏花村汾酒集团杯”全国电视书法大赛、全国第四届正书大展（入围）、守望敦煌——甘肃书法篆刻展等。获全国教师书法大赛二等奖、甘肃省首届书法大展二等奖、甘肃省书法张芝奖提名奖，入展省展10余次。1997年在庆阳市文联举办“马克新师生书法展览”。长期从事中师书法教育工作，2004年获全国书法教育园丁奖。书法作品和论文发表于全国主要专业报刊。主持举办庆阳市两次书学讨论会。先后有500余名学生在各类书法展赛中获奖入展，有20余名学生举办个人书法作品展。

简　　介：现为中国教育学会书法教育专业委员会会员、甘肃省书法家协会会员、甘肃省书协学术委员会委员、教育委员会委员、甘肃省文艺评论家协会书法委员会委员、甘肃省书法院院聘书法家、庆阳市书法家协会副主席兼秘书长、庆阳市政协委员。1981年考入西北师大历史系；1985年分配到庆阳师范任教；2011年调入庆阳市文联工作；先后就读于中国书协培训中心李双阳导师工作室和中国书协西部书界系列研修班（行草班）。

0683 李安平

性　　别：男

出生年月：1972-07-27

民　　族：汉族

政治面貌：党员

职　　称：副高

学　　历：大学本科

所在单位：庆阳市文联
通讯地址：庆阳市文联
成　　就：主要从事文学创作及评论。

0684 李大虎

性　　别：男
出生年月：1964-06-14
民　　族：汉族
政治面貌：党员
职　　称：副高
学　　历：大学本科
所在单位：陇东学院
通讯地址：陇东学院
成　　就：书画创作。
简　　介：1985年9月考入庆阳师范高等专科学校；1987年9月考入西北师范大学深造；1989年7月毕业分配到庆阳师范专科学校（2013年5月升格为陇东学院）任教；2003年12月晋升为副教授。自幼酷爱书画艺术，勤奋好学，临帖扎实，其书法以行草书见长，传统味道浓厚，作品多次入展陇东学院、庆阳市、甘肃省书法展览。2009年加入甘肃省书法家学会，成为省书协会员。

0685 安文丽

性　　别：女
出生年月：1962-08-01
民　　族：汉族
政治面貌：党员
职　　称：副高
学　　历：大学专科
所在单位：庆阳市文联
通讯地址：庆阳市文联
成　　就：书法创作
简　　介：主要从事书法创作。

0686 杨晓平

性　　别：男
出生年月：1965-11
民　　族：汉族
政治面貌：群众
职　　称：副高
学　　历：大学本科
所在单位：庆阳市文化馆
通讯地址：庆阳市西峰区长庆大道40号
成　　就：曾获国家级声乐、二胡、钢琴十级高级资格教师认定证书，获第三届“华乐之韵”国际二胡大赛专业成人组金奖第一名，获国际二胡优秀指导教师奖，指导学生杨浩宇获第三届“华乐之韵”国际二胡大赛专业青年B组银奖，获第三届“敦煌杯”全国二胡总决赛第八名及优秀演奏奖，获甘肃省钢琴大赛园丁优秀教师奖，获全国青少年才艺选拔大赛甘肃省二胡优秀指导奖，获中国庆阳红歌会优秀演唱奖及优秀作曲奖。歌曲《父亲》获甘肃省优秀作曲创作大赛二等奖等。近年来发表及参赛获奖论文10余篇、创作庆阳民歌及各类音乐作品20余首，应邀参加本市大型音乐比赛评委数场，在省市及西北师大举办个人独奏独唱专场音乐会3场，参加庆阳春晚、老区欢歌艺术团、庆阳籍名人明星大型演出数场，策划作曲并导演过大型荷花舞，为甘肃省十二运开幕式大型音乐展演文化系统第一策划人和本次“飞天”节目的第一提倡及可行性的论证人。从事音乐教学工作20多年，为我区培养优秀音乐教育人才数百名以上，优秀音乐专业高考学生数百名，经常参与全国音乐理论与教育教学研讨会。现正在创作的音乐作曲有二胡畅想曲《绣金匾随想曲》、革命烈士王孝锡歌舞剧组歌等。

0687 陈明华

性　　别：男
出生年月：1949-12-22
民　　族：汉族
政治面貌：党员
职　　称：副高
学　　历：高中
所在单位：庆阳市文联
通讯地址：庆阳市文联
成　　就：主要从事文学创作。

0688 贾岷铭

性　　别：男
出生年月：1958-10
民　　族：汉族
政治面貌：群众
职　　称：副高
学　　历：大学专科
所在单位：庆阳市文化馆
通讯地址：庆阳市西峰区长庆大道 40 号
成　　就：《又是八月桂花开》2003 年获《广西歌海》杂志社全国第三届词曲作品比赛作曲一等奖，并入编 2003 全国最佳歌曲集。同年《黄河边的“花儿”手》获中国音协“中国民歌选粹百首金歌”金奖。《咱老支书的这双手》获中国音协 2004 年词曲新作“晨钟奖”。《青啤的故事》2003 年获青岛市音协“青岛啤酒歌曲征集”作曲优秀奖。《温馨的社区》2005 年获首届全国新家园公益歌曲大赛优秀奖。《端午情缘》2010 年获广东省音协中国传统节庆歌曲优秀奖。《新唱〈绣金匾〉》2013 年获甘肃省委省政府敦煌文艺奖三等奖，庆阳市纪念建党 90 周年“颂歌献给党”红歌演唱会及数届香包节、农耕文化节均以歌伴舞形式演唱。为我市数届大型文化节会创作演唱的歌曲作品有《欢迎你到庆阳来》《香包情缘》《有个地方叫庆阳》《剪窗花》《相聚庆阳》等，为知名企业、人民医院等谱写行业歌曲并录制光盘，三首入选“庆阳金曲”光碟专辑，四首获庆阳市委市政府“五个一工程”奖。

0689 李建祥

性　　别：男
出生年月：1966-05-06
民　　族：汉族
政治面貌：党员
职　　称：副高
学　　历：大学本科
所在单位：陇东学院
通讯地址：陇东学院
成　　就：受祖父和小学教师影响，从小热爱书法，上中学、大学期间临帖不辍，打下了比较坚实的书法基础。现从事学校师范类学生书法课教学工作，同时兼任庆阳市第一中学书法课教师，多年来为推动学校书法事业的发展，提高“三笔字”教学质量，培养学生的书写能力做了大量工作。曾参加中国书法协会培训班和中央电视台书画频道刘洪彪草书班学习。书法作品多次在省、市展览中获奖或入选。与本所孙亚利先生合作的书法论文入选全国第九届书学讨论会，在《书法导报》《陇东书画》等刊物发表书法专业论文 5 篇。
简　　介：1985 年至 1987 年在庆阳师范高等专科学校历史系历史专业学习；1987 年 7 月留校工作至今；现为甘肃省书协会员、陇东学院书法研究所所长。现为副研究员。

0690 罗利国

性　　别：男
出生年月：1956-11
民　　族：汉族
政治面貌：群众

职　　称：副高
学　　历：大学专科
所在单位：庆阳市文化馆
通讯地址：庆阳市西峰区长庆大道 40 号
成　　就：歌曲《我们家乡多么美》获全国第十三届中国民族歌曲大赛一等奖；歌曲《美国姑娘到庆阳》获全国第十四届中国民族歌曲大赛一等奖；歌曲《我们划着月亮船》在唱响未来——儿童歌曲“爷爷杯”全国首届少儿歌曲创作大赛中获优秀奖；歌曲《太阳颂》在“唱响心中的歌”——感动中国第七届全国新创歌曲大赛中获三等奖；论文《浅谈庆阳唢呐艺术的保护与传承》发表于《甘肃文苑》第 2 期；歌曲《董志塬·我爱你》获全国第十五届民族歌曲新创大赛一等奖。

0691 董亚萍

性　　别：女
出生年月：1969-04-01
民　　族：汉族
政治面貌：群众
职　　称：副高
学　　历：大学专科
所在单位：庆阳市陇剧研究所
通讯地址：庆阳市解放路 33 号
成　　就：担任领衔主演、主演及配角参加城乡演出累计 3000 余场；担任独唱，清唱节目参加省市重大节会，接待演出累计 300 余场；担任《陇东娃》《香包情》《情系南梁》等 10 余部大型剧目主演参加省市大赛和调演，均获综合一、二等奖。2008 年由庆阳市委宣传部主办“董亚萍折子戏专场”；2013 年 12 月在兰州举办了“董亚萍折子戏专场”。在《假婿乘龙》《状元与乞丐》《枫洛池》《孟姜女》等 30 余部大型剧目以及《宝玉哭灵》《哭城》《劈棺惊梦》等 20 余部折子戏中担任领衔主演。1992 年 8 月在庆阳地区第三届青年歌手大赛中获通俗唱法一等奖；1997 年 2 月在庆阳地区第二届歌手大奖赛中获通俗唱法二等奖；1997 年在全省戏曲青年演员大赛获表演二等奖；1999 年 9 月在庆阳市第四届新创剧目调演中获表演二等奖；2001 年 10 月在甘肃省戏剧“红梅奖”大赛获一等奖；2004 年 7 月在甘肃省秦腔旦角大赛中获表演一等奖；2006 年第二届甘肃戏剧“红梅奖”大赛获红梅大奖。先后有论文《浅谈陇东道情与皮影的结合》《陇东道情皮影的表演艺术》《陇剧青衣浅谈》和《陇剧唱腔和程式表演》在《甘肃文艺》等杂志发表。

0692 李阳

性　　别：男
出生年月：1966-10-19
民　　族：汉族
政治面貌：党员
职　　称：副高
学　　历：大学本科
所在单位：庆阳电视台
通讯地址：庆阳电视台
成　　就：参加工作以来共采写和拍摄新闻稿件 1000 多篇（条），参与撰写拍摄电视专题片 20 多部，拍摄电视文艺晚会 30 多台、电视剧一部。担任副摄像拍摄的 8 集电视剧《岁月不流逝》在中央 2 套、西部频道、甘肃电视台先后播出，并被省委、省政府评为第二届敦煌文艺一等奖，获全省首届精神文明建设“五个一工程”奖、西北五省电视剧“天马奖”二等奖、全国第六届精神文明建设“五个一工程”奖。2006 年，参与策划的大型纪录片《心碑》获得首届甘肃省电视金鹰奖纪录类三等奖。2004 年，撰写广告论文《广告创意》获庆阳市第三届精神文明建设“五个一工程”二等奖。2009 年，策划制作的 10 集电视专题片《30 年：故事庆阳》获全市好新闻特等奖、甘肃广播影视奖一等奖、甘肃敦煌文艺奖二等奖、中国广播电视协会西北五省市州纪录片唯一银牌奖。

0693 姚自昌

性　　别：男
出生年月：1951-12-19
民　　族：汉族
政治面貌：党员
职　　称：副高
学　　历：大学专科
所在单位：庆阳市文联
通讯地址：庆阳市文联
成　　就：从事文学创作

0694 张新合

性　　别：男
出生年月：1955-08-10
民　　族：汉族
政治面貌：党员
职　　称：副高
学　　历：大学本科
所在单位：庆阳市文联
通讯地址：庆阳市文联
成　　就：2000 年第一个记者节被原庆阳地委授予“全区优秀记者”称号；2005 年被评为“全市十佳新闻工作者”；先后获得国家级、省部级、地市级奖项 72 项，其中，摄影作品《黄土高原奇观》（组照）在中国摄影家协会、甘肃省摄影家协会、庆阳市委市政府主办的“红色圣地、魅力庆阳”全国摄影大赛中获金奖。在此次大赛中，另有 5 幅作品入选。《当年红军娃》1988 年获全国第一届民政摄影大赛二等奖；《风采不减当年》1991 年获第二届全国林业摄影大赛二等奖；论文《浅谈人物呼应与新闻照片信息量》获全国地市报首届论文二等奖。《追“星”》获甘肃省 1994 年度新闻摄影竞赛一等奖；《粗野的中巴 02572》获甘肃省 1995 年度新闻摄影一等奖；《让民间艺术奇葩活力永驻》获 2006 年度全市好新闻一等奖；《送爸爸》获甘肃省第三届“敦煌文艺”奖二等奖、庆阳市第三届精神文明“五个一工程”一等奖。
简　　介：1972 年 7 月参加工作；1985 年至 2014 年在陇东报社工作；2001 年晋升为主任记者（副高）；1990 年 8 月毕业于陇东学院中文系；2014 年调入庆阳市文联任副调研员；1985 年调入陇东报社从事专业新闻工作；采访报道了诸如张学成、李勇、苏振军、李崇斌、敬海东等一批有血有肉的英雄模范人物，有些还走向全国。

0695 郭云

性　　别：女
出生年月：1962-11-01
民　　族：汉族
政治面貌：党员
职　　称：副高
学　　历：硕士研究生
所在单位：庆阳市文联
通讯地址：庆阳市文联
成　　就：书法创作。

0696 郑青斌

性　　别：男
出生年月：1953-10-26
民　　族：汉族
政治面貌：党员
职　　称：副高
学　　历：高中
所在单位：庆阳市文联
通讯地址：庆阳市文联
成　　就：主要从事书法创作。

0697 张薇筠

性　　别：女

出生年月：1971-01-06

民　　族：汉族

政治面貌：党员

职　　称：副高

学　　历：大学本科

所在单位：庆阳电视台

通讯地址：庆阳电视台

成　　就：2002 年，编导、制作、播音的电视纪录片《陇东道情皮影》荣获第四届中国民间文艺山花奖，2003 年获甘肃省最高政府奖敦煌文艺奖；2008 年，获“全市十佳新闻工作者”称号；2009 年，编导撰稿制作的十集系列片《30 年：故事庆阳》荣获中国纪录片银牌节目奖，获甘肃广播影视奖电视社教一等奖，获第二届甘肃电视金鹰奖纪录片一等奖；2011 年，编导撰稿制作的 4 集纪录片《传奇陇剧》获 2010 年度甘肃广播影视奖电视专题片一等奖；2012 年，由张薇筠、高剑华、张丽创作的电视专题片《重生》获得 2012 年度全省广播电视节目奖社教专题类一等奖；由张薇筠、巩晓鸣、曹家臻等创作的系列片《庆阳民间文化中国大师集》获得 2012 年度全省广播电视节目奖社教系列片类二等奖。

0698 米升平

性　　别：男

出生年月：1962-10-01

民　　族：汉族

政治面貌：党员

职　　称：副高

学　　历：大学本科

所在单位：庆阳市文化馆

通讯地址：庆阳市西峰区长庆大道 40 号

成　　就：从业 30 年来先后参加全国、省级以上展览 50 余次，分别获全国风俗画大奖赛优秀奖、甘肃省首届敦煌文艺奖、庆阳市“五个一工程”奖、省展一、二、三等奖项。2002 年以来，参加全市民歌普查、编写庆阳香包传统技艺大纲，在庆阳市举办的历届香包节工作中从事展厅设计、制作、评奖等工作，先后获优秀工作者称号 5 次。特别是参加全国性的非物质文化展览，如深圳文博会、西部十二省区文博会（内蒙古）吉兰会等大型文化产业博览会，在这些活动中主要从事展厅设计、布展、协调、联络等工作。2009 年组织庆阳市民间艺人在北京农展馆参加全国非物质文化遗产技艺大展活动受到了党和国家领导人李长春、刘延东的好评。在博物馆工作中，先后策划组织大型美术展 30 余次，如“纪念习仲勋诞辰 100 周年”全国名家书画作品邀请展、“翰墨扬清风、丹青颂廉政”全市红色廉政文化书画展等展览先后受到上级领导的好评。

0699 马槐楠

性　　别：男

出生年月：1941-06-20

民　　族：汉族

政治面貌：群众

职　　称：副高

学　　历：高中

所在单位：庆阳市文联

通讯地址：庆阳市文联

成　　就：从事戏剧创作。

0700 尚小丽

性　　别：女

出生年月：1971-09

民　　族：汉族

政治面貌：群众

职　　称：副高

学　　历：高中
所在单位：庆阳市陇剧研究所
通讯地址：庆阳市解放路 33 号
成　　就：担任《医祖岐伯》《香包情》《高山情》等 10 余部大型剧目主演参加省市大赛和调演，均获综合一、二等奖。2008 年、2013 年分别举办了“尚小丽折子戏专场”。1995 年 5 月在原庆阳地区第二届戏曲青年演员大赛中《白逼宫》获表演一等奖；1997 年、在甘肃省青年大赛中《白逼宫》获表演一等奖；1999 年在全省戏曲青年演员大赛中《宝玉哭灵》获表演二等奖；1999 年在庆阳市第四届新创剧目调演《高山情》中饰秦海兰获表演一等奖；2001 年在甘肃省戏剧“红梅奖”大赛中《白逼宫》获一等奖；2005 年在甘肃省秦腔生角大赛中《悔路》获表演一等奖；2006 年第二届甘肃戏剧红梅奖大赛中《宝玉哭灵》获红梅大奖；2006 年被《当代戏剧》以“最好的情绪在舞台上”为题登载，2009 年出版发行了“尚小丽”专辑；2012 年出版发行个人演出的《周仁回府》；2009 年《感谢与回报》，2013 年《陇剧发展中的庆阳人》，2014 年《对陇剧传承与发展的几点思考》，2014 年 10 月《走进观众》，2014 年 10 月《戏剧演出市场面临新挑战》以上文章均在《甘肃日报》文艺版发表。

0701 戴春森

性　　别：男
出生年月：1967-04-20
民　　族：汉族
政治面貌：民主党派
职　　称：副高
学　　历：大学本科
所在单位：陇东学院
通讯地址：陇东学院
成　　就：2011 年，国画创作《清流》入选省直宣教系统“颂清风、扬正气、促和谐”主题书画展，获得一等奖。2013 年，国画创作《香满家园》获“长庆杯”甘肃职工书画展三等奖。2012 年，论文《21 世纪书法被改写的质性与发展路线》入选兰亭国际书法学术研讨会。2012 年，论文《开创“文为第一”的书法时代》入选“走出书法‘仿真’时代”国际华人书学研讨会，获三等奖。2013 年，论文《地域书风的价值生成》入选中国书法中原论坛。2013 年，论文《新文人书法之“文”在何处》入选“全国第二届新文人书法研讨会”。2014 年，论文《书法产业形态的经济学窥探》入选首届书法产业高峰论坛获三等奖。
简　　介：1990 年毕业于西北师范大学美术系，主修国画专业。现任陇东学院美术学院教授，副院长。为甘肃省美术家协会会员、甘肃省书法家协会会员、庆阳书画院画家、民进庆阳总支组织委员、民进陇东学院支部主任委员，庆阳市第三届人大常委会委员（在任）。2014 年进入中国国家画院学习，现为中国国家画院孔子导师工作室画家。

0702 李鼎峰

性　　别：男
出生年月：1953-06-04
民　　族：汉族
政治面貌：群众
职　　称：副高
学　　历：大学专科
所在单位：庆阳市文化馆
通讯地址：庆阳市博物馆
成　　就：获第三届中国书法“兰亭奖”书法教育三等奖。获省委、省政府“甘肃省优秀专家”称号。获首届“敦煌杯”全国书法大赛最高奖。获中国文联、中国书协、甘肃省政府“敦煌书法百家”称号。获甘肃省书协最高奖励基金。获省建国50周年书法展、新世纪书法展、全省职工美术书法展、全省职工书画展三等奖。获文化部、省书协“辅导工作金奖”、“优秀书法教育家”等称号90余次。两次获市书协“书法教育突出贡献奖”。书法作品多次入选全国书法展。书法作品被毛主席纪念堂、张芝书法艺术馆等单位收藏。出版《李鼎峰书法作品集》。

简　　介：庆阳市文化馆副研究馆员。中国书协会员、市书协副主席，市政协委员。

0703 王宝宁

性　　别：男

出生年月：1964-01

民　　族：汉族

政治面貌：群众

职　　称：副高

学　　历：高中

所在单位：庆阳市陇剧研究所

通讯地址：庆阳市解放路33号

成　　就：1990年在庆阳地区文艺调演中参与导演、主演的眉户剧《巧治烧鸡王》荣获一等奖。1996年在庆阳地区第三届新创剧目调演中荣获导演奖、表演二等奖。1999年在甘肃省庆祝建国五十周年献礼演出暨新创剧目调演中荣获表演三等奖。1999年在庆阳市第五届新创剧目调演中荣获表演二等奖。2006年甘肃省戏剧红梅大奖赛中，其导演的陇剧折子戏《劈棺惊梦》荣获红梅大奖。2007年“金融杯”甘肃省戏曲青年演员大奖赛中，导演的秦腔折子戏《上煤山》荣获一等奖。2005年甘肃省戏曲生角大奖赛中，导演的秦腔折子戏《别窑》荣获二等奖。2004年在庆阳市第五届新创剧目调演中荣获导演二等奖、表演二等奖。2009年庆祝新中国成立60周年甘肃省新创剧目调演中荣获导演二等奖、表演二等奖。2007年，导演了庆阳市2007“和谐之春”春节电视联欢晚会并荣获优秀导演奖。2010年庆阳市电视台拍摄的大型艺术片《传奇陇剧》由其担任戏曲导演。2014年在陇剧电影《医祖岐伯》中担任戏曲导演。2008年在《甘肃艺苑》发表了论文《谈谈戏曲导演与戏曲音乐》（独立完成）。

0704 范润龙

性　　别：男

出生年月：1956-08-02

民　　族：汉族

政治面貌：党员

职　　称：副高

学　　历：大学专科

所在单位：庆阳市文联

通讯地址：庆阳市文联

成　　就：从事书法创作。

0705 窦世荣

性　　别：男

出生年月：1948-03-15

民　　族：汉族

政治面貌：党员

职　　称：副高

学　　历：大学本科

所在单位：庆阳市文联

通讯地址：庆阳市文联

成　　就：从事文学创作。

0706 杨志权

性　　别：男

出生年月：1962-09

民　　族：汉族

政治面貌：党员

职　　称：副高

学　　历：高中

所在单位：庆阳市陇剧研究所

通讯地址：庆阳市解放路 33 号

成　　就：30 多年来先后在《串龙珠》《白帝城》《十五贯》等剧目中担任主角。1992 年参加首届庆阳艺术节调演，扮演《留守岁月》中的王维舟，荣获表演一等奖。1994 年参加《羲皇杯》西北五省区优秀青年演员大奖赛扮演《杀驿》中的吴承恩，荣获表演一等奖。1996 年参加全省新创剧目调演，扮演《黑白人生》中的王朝，荣获表演二等奖。2005 年参加庆阳市新创剧目调演，扮演《香包情》中的余兴民，荣获表演一等奖。2005 年在《中华科技报》发表了论文《陇剧走向未来若干问题辨析》并荣获二等奖。2009 年参加庆阳市新创剧目调演，扮演《情系南梁》中的方天，荣获表演一等奖。

简　　介：甘肃省戏剧家协会会员、庆阳市戏剧家协会副主席、庆阳市政协第三届委员，现任庆阳市黄土缘演艺公司陇剧部部长。

0707 潘忠舒

性　　别：男

出生年月：1958-07

民　　族：汉族

政治面貌：党员

职　　称：副高

学　　历：高中

所在单位：庆阳市陇剧研究所

通讯地址：庆阳市解放路 33 号

成　　就：1996 年参加甘肃省新创剧目调演陇剧《黑白人生》荣获综合表演二等奖，由其担任陇胡主奏。1999 年参加甘肃省新创剧目调演陇剧《陇东娃》荣获综合表演一等奖，由其担任陇胡主奏。1999 年在第九届全国“群星杯”甘肃参评节目选拔赛中其创作的二胡独奏曲《陇原春景》荣获三等奖。2001 年在首届甘肃省红梅大奖赛中为陇剧《黛玉葬花》《哭成》担任主奏分别获得二、三等奖各 1 项。2004 年参加庆阳市第五届新创剧目调演、陇剧《香包情》荣获综合表演一等奖，其担任主奏。2006 年参加第二届甘肃省戏剧红梅大奖赛中为陇剧《劈棺惊梦》《宝玉哭灵》《绝龙岭》《秦雪梅吊孝》《天女散花》《汉宫惊魂》等八部戏担任陇胡主奏，分别获得红梅大奖 1 项、一等奖 2 项、二等奖 1 项、三等奖 3 项。2006 年参加第二届甘肃省戏剧红梅大奖赛为陇剧《窦娥冤・杀场》伴奏荣获红梅主奏三等奖。论文《浅谈陇剧〈黑白人生〉、〈陇东娃〉音乐创作手法》2005 年发表在《西部音乐文化》第 2 期，2007 年《甘肃戏苑》第 3 期。

0708 安石

性　　别：男

出生年月：1956-04-07

民　　族：汉族

政治面貌：党员

职　　称：副高

学　　历：高中

所在单位：庆阳市文联

通讯地址：庆阳市文联

成　　就：书法创作。

0709 郭丽娜

性　　别：女

出生年月：1971-05-01

民　　族：汉族

政治面貌：群众

职　　称：副高

学　　历：大学专科

所在单位：庆阳市陇剧研究所

通讯地址：庆阳市解放路 33 号

成　　就：担任首席琵琶参加城乡演出累计 3000 余场。担任独奏节目参加省、市重大节会、接待演出累计 300 余场。担任《陇东娃》

《黑白人生》《情系南梁》《医祖岐伯》等剧目主奏参加省、市调演，并分别获综合一、二等奖。2007年演奏的琵琶与古筝《陇原情韵》由庆阳电视台录制MTV并多次播放。2008年8月由庆阳市委宣传部主办了“郭丽娜琵琶、古筝独奏音乐会”。2014年10月由庆阳市文联主办了“郭丽娜师生专场音乐会”。2006年创作并演奏的《陇原情韵》《黄土情》《绣金匾》《十里墩》等曲目由北京中体音响公司录制并出版发行。2014年琵琶演奏专辑由甘肃省音响出版社出版发行。撰写题为《陇剧音乐浅议》《试论音乐力度感受的美学蕴意》在《甘肃艺苑》发表，《做人的榜样，从艺的楷模》在《陇东报》刊登。1987年在西峰市首届器乐大赛中获一等奖；1997年在甘肃大学生汇演中获器乐一等奖；2005年在甘肃省第二届声乐、器乐、舞蹈大赛中获器乐三等奖；2006年创作的《陇原情韵》获甘肃省第五届敦煌文艺奖；2008年创作的《黄土情》获庆阳市第五届“五个一工程”奖一等奖，2008年在甘肃省第三届声乐器乐舞蹈大赛中获器乐组一等奖。

0710 高梅

性　　别：女

出生年月：1963-04

民　　族：汉族

政治面貌：群众

职　　称：副高

学　　历：大学专科

所在单位：庆阳市文化馆

通讯地址：庆阳市西峰区长庆大道40号

成　　就：编导《陇东秧歌》《黄花女》《好收成》《陇原春早》《踏青》《好收成》《吉庆渔鼓》等舞蹈作品，参加了由中国文化部、中央精神文明办、中国舞协、甘肃省文化厅、省文联举办的多项文艺调（汇）演，作品分别获得全国第七届“群星奖”、“敦煌文艺奖”、“五个一工程奖”以及“编导金奖”等国家级、省部级以上奖项20多个。并多次担任香包民俗文化节大型开幕式演出策划与编导，获得“优秀编导奖”和“优秀工作者奖”。担任了《中国民族民间舞蹈集成（甘肃卷）》编辑和编写工作，荣获中国文化部颁发的“国家集成编撰成果二等奖。独立完成《庆阳民间舞蹈研究》市级科研项目，写出了23万字的专著《北地舞韵》，获得庆阳市第十届精神文明建设“五个一工程”理论研究一等奖以及“甘肃民间文艺百合花奖”等奖项。担任庆阳市舞协主席，发展协会会员120余名，建立了5个“庆阳市舞蹈家协会培训基地”。并组织了庆阳民间舞蹈研讨会、陇东舞蹈讲堂、中国舞少儿舞蹈考级等活动。被评为“甘肃省文联先进个人”，并获得中国舞蹈家协会颁发的“为表彰在繁荣与发展中国舞蹈艺术事业中所做出的贡献”荣誉证章以及全国“社区文化优秀辅导员”荣誉称号。

0711 李永平

性　　别：男

出生年月：1963-10-13

民　　族：汉族

政治面貌：群众

职　　称：副高

学　　历：大学本科

所在单位：庆阳七中

通讯地址：西峰区育才路95号

成　　就：曾有数篇论文荣获省、市专业论文评比一、二等奖。曾发表歌曲4首。在1990年8月，辅导声乐学生参加甘肃省中等师范学校文艺调演，荣获声乐类一等奖。1995年辅导男女生二重唱荣获甘肃省中等师范学校声乐比赛二等奖。1998年8月辅导声乐独唱参加甘肃省中等师范学校文艺调演，荣获一等奖。2003年8月参加庆阳市中学生文艺汇演荣获优秀导演奖。2010年参加甘肃省音乐课题研究1项。2013年辅导无伴奏合唱参加甘肃省中学生文艺展演，荣获声乐类一等奖。2013年8月参加全国中学生文艺展演，合唱节目荣获全国声乐比赛三等奖。自从教以来培养大批声乐、钢琴、播音主持表演类学生考取二本以上院校的达数百人。

简　　介：1984年7月毕业于西北师范大学音乐教育声乐专业；1984年7月开始任教于庆阳师范学校，从事中等师范学校音乐专业课的教学工作至今；2009年8月开始从事中学音乐教学工作至今；从教27年来分别担任幼师、中师、大专、初中、高中各级各类音乐教学工作。

0712 李玉民

性　　别：男
出生年月：1960-04
民　　族：汉族
政治面貌：党员
职　　称：副高
学　　历：高中
所在单位：庆阳市陇剧研究所
通讯地址：庆阳市解放路33号
成　　就：担任首席长笛、竹笛参加城乡演出累计4000余场；担任独奏节目参加省市重大节会、接待演出累计500余场；担任10余部大型剧目的首席长笛、竹笛参加省市调演、大赛并分别在获综合一、二等奖。2003年元月由甘肃移动公司庆阳分公司主办了“移动之声”李玉民独奏音乐会；2004年6月在第三届中国庆阳香包民俗文化节上，由大会组委会主办了“张小平、杨小平、李玉民”独奏音乐会。1997年至2014年创作了陇剧折子戏11部、大型剧目两部、陇歌4首、器乐曲4首、歌曲7首；指挥大合唱6场，指挥并配器大型剧目6部。担任了第五届中国庆阳香包节“五月的庆阳”音乐会及甘肃省第二届红梅奖大赛参赛剧目、尚小丽与贺桂芳折子戏专场、郭丽娜琵琶古筝独奏音乐会的指挥配器。担任《庆阳金曲》（2、3集）的音乐监制。2003年演奏的笛子独奏《姑苏行》被甘肃省电视台评为优秀节目奖；2005年获甘肃省第二届器乐大赛一等奖；2007年创作的陇剧折子戏《张连卖醋》由庆阳市委宣传部、庆阳电视台评为优秀奖。

0713 孙亚利

性　　别：男
出生年月：1955-07-20
民　　族：汉族
政治面貌：党员
职　　称：副高
学　　历：大学本科
所在单位：陇东学院
通讯地址：陇东学院
成　　就：书法作品多次在全国及省展中入展并获奖。《魏晋玄学对文人书法价值观的影响》获甘肃省张芝奖书法理论二等奖；《魏晋玄学对文人书法价值观的影响》《魏晋文人书法对当代文人书法重构的启示》获庆阳市首届、第二届书学论文研讨会优秀论文奖。《书法气势的文化意蕴》入选第九届全国书学理论研讨会。

简　　介：毕业于北京师范大学行政管理研究生班。现任陇东学院国际合作与交流处处长、副研究员。并为中国书法家协会会员、甘肃省书法家协会学术委员会委员、甘肃省文艺评论家协会书法委员会委员、书协副主席。2007年参加中书协书法培训中心临摹与创造培训班学习结业。2013年6月—9月在清华大学美术学院书法高研班学习。

0714 刘鹏飞

性　　别：男
出生年月：1970-02-16
民　　族：汉族
政治面貌：党员
职　　称：副高
学　　历：大学本科
所在单位：庆阳市鹏飞美术学校
通讯地址：西峰区九龙路 28 号
成　　就：2003 年学术论文获国家级优秀教学成果一等奖；2003 年全国优秀师生书法集二等奖；2004 年首届中越书画联谊展铜奖；2005 年"华辰杯"全国师生书画大赛教师组一等奖；2009 年庆祝建国 60 周年全国师生书画作品展教师组三等奖；作品及传略被收录于 10 多部书画艺术大典，先后刊登在《中国书画报》《书法报》《书法导报》《青少年书法》《炎黄书画》《书画教苑》等多家刊物。先后被授予 10 多项荣誉称号。
简　　介：2004 年进修于西南师范大学美术学院油画研究生课程班。中国美术教育家协会理事、甘肃省美术家协会会员、甘肃省书法家协会会员、陕西美术馆美术师、政协西峰区委员、庆阳市鹏飞美术学校校长。

0715 谷良军

性　　别：男
出生年月：1963-08-11
民　　族：汉族
政治面貌：群众
职　　称：副高
学　　历：中专
所在单位：竹石斋
通讯地址：西峰区九龙路 28 号
成　　就：2004 年《竹子》获第三届中国庆阳香包民俗文化节银奖。2007 年绘画作品入选甘肃省政协主办的《走进新农村书画展》。2007 年篆刻作品入选甘肃省书协主办的甘肃省第二届"张芝奖"。2008 年篆刻作品入选甘肃省书协主办的甘肃省第二届篆刻展。2008 年国画作品辑入甘肃省委宣传部主办的"盛世中华书画长卷"。2008 年绘画作品在甘肃省迎奥运庆祝中国科协成立五十周年书画展中获三等奖。2009 年美术作品在西峰区学习实践科学发展观活动书画展中获二等奖。2010 年在 2004 年—2009 年全区文学艺术创造中被评为二等奖。2011 年美术作品入选"翰墨扬清风、丹青颂廉政"全市红色廉政文化书画作品展。2011 年国画作品入选中共庆阳市委组织部主办的"丹青颂党建、彩墨赞庆阳"全市书画作品展。2012 年绘画作品入选市政协"喜迎十八大、建设新庆阳"政协委员书画展。绘画作品入选省文化厅主办的甘肃省第三届"群星奖"。篆刻作品入选西泠印社全国联展。
简　　介：毕业于陇东学院美术系。现为甘肃省书法家协会会员、庆阳市书协篆刻委员会委员、庆阳市美协会员、西峰区政协委员、西峰印社副秘书长。

0716 张步农

性　　别：男
出生年月：1954-09-16
民　　族：汉族
政治面貌：党员
职　　称：副高
学　　历：大学专科
所在单位：西峰区文联
通讯地址：西峰区九龙路 28 号
成　　就：从事摄影 40 余年来，拍摄资料照片万余幅，创作摄影作品 600 余幅，先后在《中国摄影报》、"今日长征路"全国摄影展、甘肃省和庆阳市摄影展中刊展作品百余幅。《雷锋走过的路》2008 年获文化部"群星奖”、《巧手绘皮影》2014年获“红色胜地魅力庆阳”全国摄影大展金奖。组织举办“兴陇杯”“理光杯”“乐凯杯”全国摄影大赛3次。多次荣获庆阳市“五个一”工程奖和西峰市文艺创作一等奖。拍摄和主编了《今日西峰》《西峰20年》及《庆阳风情》等10多本画册。2009年、2012年习近平总书记和温家宝总理视察庆阳时，被庆阳市委、市政府指定随行采访和拍摄合影工作，留下了珍贵的历史镜头。

简　　介：1972年3月参加工作，先后在环县光明摄影部、西峰市文化局、西峰区文联供职。曾任西峰区文联主席，现为西峰区文联正科级干部。为甘肃省摄影家协会会员、庆阳市摄影家协会副主席、西峰区摄影家协会副主席、西峰区政协委员。

0717 马镛

性　　别：男

出生年月：1967-03-14

民　　族：回族

政治面貌：党员

职　　称：副高

学　　历：高中

所在单位：博海轩

通讯地址：西峰区九龙路28号

成　　就：“遵义杯”全国书画大赛获三等奖；庆祝中国共产党成立80周年第二届“民族腾飞杯”书画大展二等奖；甘肃省第三届“张芝奖”入展；2007年参加中国书法家协会培训班学习；中国农业部、中国文化部、中国文化艺术界联合会主办的中国首届农民艺术节优秀奖；中国个体劳动者协会主办、中国书法家协会协办“新时代证券杯”全国首届个体私营（民营）企业书法展获优秀奖；甘肃省首届书法篆刻展入展；作品刊登于《书法报》《书法导报》入编庆阳市《北地异彩》《岐黄书画院作品集》《董志塬》作专页介绍，是庆阳市书坛优秀的少数民族书画家，多次受省、市、区的表彰奖励。

简　　介：甘肃省书法家协会会员庆阳市书法家协会展览交流委员会委员、西峰区书法家协会理事、副秘书长，庆阳市美术家协会会员、西峰印社理事、岐黄书画院院士。自幼喜爱翰墨，勤于砚池，涉猎诸体，尤精小楷、行草、金石篆刻。

0718 张学文

性　　别：男

出生年月：1963-08-31

民　　族：汉族

政治面貌：群众

职　　称：副高

学　　历：中专

所在单位：草堂

通讯地址：西峰区九龙路28号

成　　就：1994年获中国文联举办的文化艺术博览会一级作品奖，2000年被共青团中央宣传部评为优秀指导老师，获文化部颁发作品等级认定证书。获《国画家》创刊三十周年美展优秀奖，作品入选作品集。入展甘肃省建国五十、六十周年美展并获奖，入展全国中国国画四条屏大展并获奖，出版《张学文画集》。

简　　介：现为中国艺术研究院创作委员、甘肃省美协、书协会员。庆阳市政协委员，市美协副主席，西峰区美术家协会主席。毕业于中国书画函大，结业于中国美协高研班。

0719 王正楷

性　　别：男

出生年月：1967-08-17

民　　族：汉族

政治面貌：党员

职　　称：副高
学　　历：硕士研究生
所在单位：幽庐
通讯地址：西峰区九龙路 28 号
成　　就：2004 年入展中国书法家协会主办的全国第八届书法篆刻展，2004 年入展中国书法家协会主办的全国首届青年书法篆刻展，2004 年入展中国书法家协会主办的全国第一届大字书法艺术展，2004 年入展中国书法家协会主办的纪念邓小平诞辰一百周年书法大展。2005 年入选中国书法家协会主办的“三晋杯”全国首届公务员书法展览。2006 年在甘肃秋田美术馆举办“王正楷书法艺术展览”。2006 年获得甘肃省第五届“敦煌文艺奖”二等奖。2007 年入展“敦煌风”甘肃书法晋京展。2008 年获甘肃省第五届中青年书法展三等奖。2008 年入展中国书法家协会主办的“千人千作工程”大展。书法作品在《中国书法》《书法导报》《书法报》《甘肃书法》《中国美术》《艺术人生》等报刊上多次刊登。
简　　介：2007 年修业于中国书法院硕士研究生班。系中国书法家协会会员、甘肃省书法院特聘书法家、甘肃省青年书法家协会理事。

0720 王天宁

性　　别：男
出生年月：1966-12-22
民　　族：汉族
政治面貌：党员
职　　称：副高
学　　历：大学专科
所在单位：西峰区文联
通讯地址：西峰区九龙路 28 号
成　　就：出版诗集《漂泊的草帽》《时间的风景》《汉字之舞》《采绿》（合著），报告文学集《高原沧浪》等。在中国作协《人民文学》杂志社、中国报告文学学会、中华文学基金会、中国文学艺术基金会等组织举办的全国大型征文活动中获特等奖 1 次、一等奖 6 次、其他等级奖项 5 次，获甘肃省第四届黄河文学奖，5 次获庆阳市精神文明建设“五一工程”暨梦阳文艺奖。
简　　介：20 世纪 80 年代中期开始写作，作品见于《当代诗歌》等刊及《世界现当代经典诗选》《中国网络诗歌史编》等国内数种选集。先后创办《陇东水报》《董志塬》文学期刊，担任执行主编。现为甘肃省作家协会会员、庆阳市作家协会副主席，任庆阳市西峰区文联副主席。

0721 胡斐

性　　别：男
出生年月：1973-06-06
民　　族：汉族
政治面貌：党员
职　　称：副高
学　　历：大学本科
所在单位：西峰区文联
通讯地址：西峰区九龙路 28 号
成　　就：书法作品参加中国书协主办的全国第八届中青年书法篆刻展（入围）、全国第二届草书大展（入围）、全国首届册页书法展（入围）、全国第四届楹联书法大展、“敦煌杯”全国书法大展、全国首届“小榄杯”县镇书法大赛、“纪念邓小平诞辰一百周年”全国大型书法展览、“守望敦煌”甘肃当代书法晋京展。作品入编《甘肃省书法》等大型作品集。书法作品获甘肃省知识分子书法展最高奖，庆阳市第三届梦阳文艺奖一等奖、第二届甘肃省专业画院作品联展优秀奖。参加甘肃省书协主办的第八回中韩交流展。参加甘肃省第二届中青年书法提名展，全国佛教楹联展及省市展览 50 多次。

简　　介：甘肃省书法家协会行书委员会委员、甘肃省青年书法家协会理事、西峰区书法家协会副主席兼秘书长。2007 年结业于中国艺术研究院中国书法院研究生课程班。现就职于西峰区文联。

0722 徐进

性　　别：男
出生年月：1969-07-23
民　　族：汉族
政治面貌：民主党派
职　　称：副高
学　　历：大学专科
所在单位：徐进美术工作室
通讯地址：西峰区九龙路 28 号
成　　就：2002 年作品参加“纪念毛泽东同志在延安文艺座谈会上的讲话发表 60 周年”全国书画大展，荣获中青组银奖。2003 年作品在“纪念毛泽东向雷锋同志学习题词发表四十周年”全国书画大展中荣获铜奖。2006 年作品入展“庆祝建国 57 周年暨红军长征胜利 70 周年”庆阳市书画作品展荣获金奖。2009 年《剪影系列之二》作品入展“庆祝中华人民共和国成立 60 周年”甘肃美术大展，并获二等奖。2009 年《剪影系列之四》作品入展兰州市十画院美术作品联展获优秀奖。2010 年作品《晖》获甘肃省文化系统书画联展二等奖。2011 年作品《清秋》获省美协主办的写生展优秀奖，同年参加庆阳市委组织部、宣传部组织的展览获两次一等奖。
简　　介：甘肃省美协会员、庆阳市美协理事、国画艺委会副主任兼秘书长、政协西峰区委员、庆阳市画院特聘画家。

0723 王鸣乐

性　　别：男
出生年月：1965-09-07
民　　族：汉族
政治面貌：党员
职　　称：副高
学　　历：大学本科
所在单位：合水职专
通讯地址：甘肃省合水县乐蟠小区
成　　就：2003 年在全市中小学生艺术展演活动中荣获“优秀指导教师奖”。2003 年在全市中小学生艺术展演活动中荣获“优秀指导教师奖”。2004 年被评为合水县“艺术教育先进个人”。2006 年在全市中小学生艺术展演活动中荣获“优秀指导教师奖”。2008 年在全市中小学生艺术展演活动中荣获“优秀指导教师奖”。2011 年获甘肃省青少年才艺大赛声乐“优秀指导教师奖”。2011 年获合水县“教育名师”称号。
简　　介：1986 年参加工作；1986 年 8 月—1997 年 8 月在合水一中担任音乐课教学；1997 年 8 月至今在合水职专担任音乐课教学工作。

0724 石卓明

性　　别：男
出生年月：1958-09-15
民　　族：汉族
政治面貌：党员
职　　称：副高
学　　历：大学本科
所在单位：段家集九年制学校
通讯地址：段家集九年制学校
成　　就：1997 年初评为市级“教学能手”；1999 年获合水县中小学教师“五项全能”一等奖；2004 年获庆阳市教育教学科研成果三等奖；2013 年 10 月获庆阳市“美丽甘肃”教师书法展一等奖；2014 年 5 月获全国中小学书法骨干教师作品展二等奖。
简　　介：1976 年 3 月参加教育教学工作，

先后在肖咀小学、合水职何家畔初中、肖咀初中、段家集初中任教39年。1987年9月至1989年7月在甘肃电大庆阳分校学习汉语言文学专业，专科毕业；2003年9月至2006年9月在兰州大学进修汉语言文学专业；2006年7月本科毕业。

0725 任立宏

性　　别：男
出生年月：1969-06-01
民　　族：汉族
政治面貌：党员
职　　称：副高
学　　历：大学本科
所在单位：合水县第一中学
通讯地址：合水县新民西路
成　　就：编写了校本教材《育才史鉴》。现为合水书画家协会副主席兼任秘书长、华阳书画院副院长、甘肃省书法教育研究会研究员、陕西省人大工作者书画研究会理事、作品曾多次在全国性大展中获奖。在2013年美丽甘肃·中国梦书画展活动中获入展奖励。
简　　介：1988年毕业于宁县师范，1995年毕业于兰州大学法学专业；1988年8月参加工作；1988年8月至1990年7月在肖咀初中任教；1990年8月至今在合水一中任教；2011年任中教高级；1993年取得中华人民共和国律师资格证书，现任合水一中副校长；现为合水书画家协会副主席兼秘书长、华阳书画院副院长、甘肃省书法教育研究会研究员、陕西省人大工作者书画研究会理事、合水县法学会会员。

0726 申万仓

性　　别：男
出生年月：1967-05-07
民　　族：汉族
政治面貌：党员
职　　称：副高
学　　历：大学本科
所在单位：庆阳市住房公积金管理中心
通讯地址：甘肃省镇原县文联
成　　就：中国诗歌学会会员、甘肃省作协会员。出版诗集《心灵的微笑》《心灵的天空》《心灵的拓片》《心灵的家园》。作品曾在《诗刊》《星星诗刊》《诗选刊》《诗潮》《绿风》《诗歌月刊》《扬子江》《飞天》《朔方》《上海文学》等报刊发表。2003年，发表在《甘肃经济日报》“百姓生活”版的杂文《“毛遂”分流与“马谡”留任》，获甘肃省优秀杂文评选一等奖。2006年，组诗《心灵的拓片》获“中环杯”第三届《上海文学》诗歌大赛三等奖，连续6年获得庆阳市“五个一工程”诗歌奖。
简　　介：现为甘肃省作家协会会员、中国诗歌学会会员。

0727 慕启隆

性　　别：男
出生年月：1963-01-23
民　　族：汉族
政治面貌：党员
职　　称：副高
学　　历：大学专科
所在单位：镇原县艺隆演艺有限公司
通讯地址：镇原县艺隆演艺有限公司
成　　就：参加演出秦腔剧《杜养富》，在其中扮演“小温”获庆阳市第四届新创剧目调演表演三等奖、集体二等奖；庆阳市第五届新创剧目调演中参加演出秦腔剧《教坛保尔》荣获集体一等奖；在庆阳市第六届新创剧目调演中参加演出纪实陇剧《绿叶红花》荣获导演一等奖、集体特别荣誉演出奖；参加第八届中国映山红戏剧节获集体优秀剧目金奖；2006年参加晋京汇报演出荣获集体荣誉奖；获甘肃省第五届敦煌文艺奖集体特别贡献奖；获庆阳市第四届精神文明建设“五个一工程”奖集体一等奖。在镇原县秦剧团创编的大型历史陇剧《古月承华》中扮演宣武帝，担任艺术总监，参加了在山西太原市举行的第25届中国戏剧梅花奖大赛暨第三届中国戏剧奖梅花表演奖北方片大赛和在上海举行的第13届中国上海国际艺术节暨第22届戏剧白玉兰奖大赛，获得上海白玉兰戏剧表演艺术集体奖并获得第三届甘肃戏剧红梅奖大赛主配一等奖、剧目大奖及第七届敦煌文艺奖。2009年在甘肃艺苑杂志第一期发表论文《雨润花更艳》。

简　　介：1976年3月参加镇原县秦剧团工作至今，现任镇原县艺隆演艺有限公司总经理。自幼酷爱文艺事业，1976年考入镇原县文艺训练班，师承著名秦腔艺人马裕斌、王兴帮等老师学习秦剧表演，主攻花脸、丑角行当。

0728 张占英

性　　别：男

出生年月：1968-08-11

民　　族：汉族

政治面貌：党员

职　　称：副高

学　　历：大学本科

所在单位：镇原县文联

通讯地址：甘肃省镇原县文联

成　　就：撰写出版了《中国村官》《第一书记》《春兮归来》等个人专著。

简　　介：现系甘肃经济日报记者，甘肃作家协会会员，甘肃镇原县文联副主席。

0729 王博艺

性　　别：男

出生年月：1953-08-25

民　　族：汉族

政治面貌：群众

职　　称：副高

学　　历：高中

所在单位：镇原县平泉镇麻王村

通讯地址：甘肃省镇原县文联

成　　就：迄今在省内外报刊发表作品20余万字，曾9次获得甘肃省、市文学创作奖。出版长篇小说《社火》。

简　　介：甘肃省作家协会会员、甘肃省文艺家协会会员、甘肃省曲艺家协会会员。

0730 朱安平

性　　别：男

出生年月：1954-08-03

民　　族：汉族

政治面貌：党员

职　　称：副高

学　　历：高中

所在单位：镇原县博物馆

通讯地址：镇原县博物馆

成　　就：理论著作有《中国画论》《画梅论》《中国画意象造型论》《吴昌硕研究》等。作品集有《铁骨梅花》《朱安平墨梅画集》《朱安平梅花作品集》《朱安平花鸟画集》《朱安平墨梅小品集》等。由于画梅风格独特，被中国艺术研究院专家称为“西北梅花王”。

简　　介：中国美术家协会会员、中国音乐家协会会员、国家文化馆系列研究员职称。国家一级美术师，意象中国画研究院院长。朱安平国画作品多次在国内外展出并获奖，被中国历史博物馆、中国文联办公厅等单位和国内外个人收藏。

0731 赵鲜花

性　　别：女
出生年月：1980-06-12
民　　族：汉族
政治面貌：群众
职　　称：副高
学　　历：大学本科
所在单位：环县南关小学
通讯地址：环县环城镇翼龙路 27 号
成　　就：2002 年荣获中国环县皮影艺术节青年歌手大奖赛二等奖。2002 年在全县第二届优质课竞赛中荣获二等奖。2006 年荣获庆阳市新创歌曲歌手大奖赛三等奖。2009 年被评为"颂歌献给祖国"全县红歌演唱会优秀领唱。2010 年被评为"为党旗增辉，为环县添彩"庆"七一"红歌万人大联唱活动优秀演唱者。2011 年撰写的论文《爱的翅膀》和《人本如魂——小学（科学）课教学初探》在中国基础教育研究会主办的第四届（2010）全国基础教育系统年度论文大赛活动中获三等奖。2011 年荣获环县庆祝建党 90 周年"颂歌献给党"职工歌手大奖赛二等奖。
简　　介：2000 年 7 月分配于环县山城八一希望小学任教；2003 年 8 月调入南关小学工作至今；从教 14 年来，担任过班主任，语文、数学、音乐课的教学，学生成绩名列年级前茅。由于善长音乐，现在担任音乐教学工作。

0732 梁向宁

性　　别：男
出生年月：1964-01-16
民　　族：汉族
政治面貌：群众
职　　称：副高
学　　历：大学专科
所在单位：环县秦团庄中心小学
通讯地址：环县环城镇翼龙路 27 号
成　　就：2001 年荣获全县第二届中小学"五项全能教师竞赛"三等奖；2004 年荣获甘肃省首届"英才杯"小学生作文大赛优秀辅导老师奖；2013 年被县教体局评为优秀共产党员；1998 年荣获桃源杯中国书法篆刻小作品创作邀请展佳作奖；2001 年作品入选庆祝建党 80 周年美术书法摄影展；2014 年在全县双联行动摄影书画展中荣获优秀奖。
简　　介：1981 年 3 月至 1999 年 7 月，在秦团庄小学任教（在此期间，1994 年 8 月至 1996 年 6 月在庆阳师范民教班学习）；1998 年 9 月至今在秦团庄中心小学任教；作品在参赛中多次获奖，现为环县书画家协会会员、甘肃省九州书画家协会会员。

0733 杨俊林

性　　别：男
出生年月：1955-06-15
民　　族：汉族
政治面貌：群众
职　　称：副高
学　　历：中专
所在单位：环县虎洞初级中学
通讯地址：环县环城镇翼龙路 27 号
成　　就：2013 年荣获县优秀教师奖、庆阳市书画大赛三等奖。多次参加过市、县教育部门组织的业务培训。撰写论文《浅谈如何做好学校图书室管理工作》分别登载于教育科学版《学月刊》与教育文献《中国素质教育论坛》。
简　　介：1972 年参加工作，在车道乡刘园子小学任社情教师；1974 年至 1975 年在庆阳师范进修深造，于 1975 年 8 月毕业，中专学历；毕业后曾先后在虎洞乡半个城七年制车道乡刘园子小学、刘渠小学任教；1992 年 8 月调入虎洞初级中学任教至今；专业年限 42 年。1999 年被聘为中学一级教师。

0734 张荣礼

性　　别：男
出生年月：1973-07-01
民　　族：汉族
政治面貌：党员
职　　称：副高
学　　历：大学本科
所在单位：西川初中
通讯地址：环县环城镇翼龙路 27 号
成　　就：1993 年在甘肃全省师生硬笔书法大赛中荣获师生组三等奖。1994 年荣获甘肃省重点中学暨中等师范学校学生书法比赛二等奖。2000 年书法作品入选环江信合杯书画展。2001 年被评为县级优秀教师。2009 年《小议“万人空巷”》一文在全县中小学生优秀论文（案例）评选中荣获一等奖。2010 年在“经典诵读”首届全县师生书画大赛活动中荣获教师毛笔书法组三等奖。2012 年文章《谈谈语文教学与“授人以渔”》在“开心教学，科教创新”学术交流活动中被评为教育科研成果一等奖。2012 年与汪正科等人合作课题《环县农村初中生语文学习兴趣调查与研究》荣获庆阳市第八届基础教育科研优秀成果一等奖。
简　　介：1981 年 9 月至 1986 年 6 月，在毛井乡马趟小学读书；1986 年 8 月至 1990 年 6 月，在虎洞初中读书；1990 年 9 月至 1994 年 6 月，在庆阳师范读书；1994 年 9 月至 1998 年 6 月，在毛井中心小学任教；1998 年 9 月至 2007 年 6 月，在毛井初中任教；2007 年 9 月至今，在西川初中任教。

0735 虎琏

性　　别：女
出生年月：1970-11-19
民　　族：汉族
政治面貌：群众
职　　称：副高
学　　历：大学专科
所在单位：环县南关小学
通讯地址：环县环城镇翼龙路 27 号
成　　就：2003 年获全市小学生艺术展演活动优秀指导奖；2005 年获全市优质课录像大赛二等奖；2011 年获全国少年儿童美术书法摄影作品大赛优秀作品辅导奖；2013 年获庆阳市“中国梦，美丽甘肃”教师书画大赛绘画二等奖；2013 年获甘肃省青少年科举大赛指导二等奖。
简　　介：1991 毕业于庆阳师范；2007 年获汉语言文学专业大专文凭；1991 年 10 月参加工作；1991 年至 1999 年 8 月在环城镇原刘家湾小学任教；1999 年 8 月至今在环县南关小学任教。

0736 道金平

性　　别：男
出生年月：1966-09-10
民　　族：汉族
政治面貌：群众
职　　称：副高
学　　历：大学本科
所在单位：环县博物馆
通讯地址：甘肃省庆阳市环县博物馆
成　　就：1998 年国画作品《秋高》在兰州市青年书画展中获绘画一等奖，入选由省美协、省群艺馆举办的甘肃省第二届新人新作展；《水墨葡萄》被西北师范大学收藏；2005、2007 年两届中国庆阳端午香包民俗文化节书画精品展中花鸟作品连获一等奖；2006 年 8 月—10 月参与编辑完成《环县道情皮影志》（甘肃文艺出版社）、《环县道情皮影》图文书出版任务；2008 年 4 月花鸟作品《如丽》入选纪念郭味蕖诞辰一百周年全国花鸟画名家邀请展，并被人民美术出版社编集出版；同年6月作品《金果》《秋雨润山桃》入编中国艺术研究院研究生院研究生课程班学生作品集；书法《金文对联》、国画《山桃图》同时入选甘肃省第四届群星艺术展且获书法二等奖。

简　　介：1986.07—1993.08由庆阳师范毕业分配环县二中任教；1993.09—1995.07考入西北师范大学美术系专科班进修；1995.08—1997.08环县二中任教；1997.09—1999.07考入西北师范大学美术系专升本班进修国画专业；1999.08—2004.07在环县二中任教；2004.07被环县县委宣传部抽调环县文化馆参与环县道情皮影普查；2005.09调入环县道情皮影保护中心工作至今；2007.09—2008.07考入中国艺术研究院研究生院郭怡综花鸟画艺术中心研修一年。

0737 贺忠义

性　　别：男
出生年月：1946-06-16
民　　族：汉族
政治面貌：党员
职　　称：副高
学　　历：大学专科
所在单位：环县老年书协
通讯地址：环县老年书协
成　　就：书法作品6次入选国家、省、市书展并获奖。
简　　介：甘肃师范大学中文系毕业，大专学历。1965年参加工作，历任平泉信用社干部，阿干镇煤矿工人，环城镇党委副书记，环县书协副主席，环县房管所副所长，环县房管局正科级干部，甘肃省书法家协会会员，环县老年书协副主席。

0738 陈希祥

性　　别：男
出生年月：1969-01-28
民　　族：汉族
政治面貌：党员
职　　称：副高
学　　历：大学专科
所在单位：环县河连湾陕甘宁省政府旧址纪念馆
通讯地址：环县河连湾陕甘宁省政府旧址纪念馆
成　　就：1984年，凭着高中学历开始新闻写作和文史资料收集工作，先后在《中国人口报》《中国人口文化》《甘肃日报》《陇东报》等报刊杂志发表散文、小说、诗歌、民俗文化研究、新闻等各类稿件1000余件，整理积于案头各类作品2000余件。数十件作品入编《当代青年诗歌作品选》《有趣的庆阳地名》《走进落脚点》《乡音》等各类书刊。2000年以来，先后参与了《奋进中的环县》《庆阳民间艺术之魂》《环县文史》《中国共产党环县历史正本》（第一卷）等书的编写工作。先后受到国家（部）、省、市、县级各类奖励70余次。现为庆阳市作家协会会员、环县作家协会理事、环县文史资料特约撰稿人、环县红色旅游景(区)点导游员。
简　　介：先后任政协环县第六届、第七届委员会委员，河连湾陕甘宁省政府旧址纪念馆管理员兼解说员，环县洪德乡文化站专干，环县陇剧团编剧等职。

0739 王文禄

性　　别：男
出生年月：1965-02-28
民　　族：汉族
政治面貌：党员
职　　称：副高
学　　历：大学专科
所在单位：环县新华书店

通讯地址：环县新华书店
成　　就：1999年书法作品入展“世纪之光”全区青年美术书法摄影作品展和甘肃省纪念改革开放二十周年暨迎接中华人民共和国成立五十周年“辉煌的历程　光明的未来”书画摄影艺术展；1999年书法作品入展“南梁杯”中国书画作品展；2004年行书作品入选庆祝建国五十五周年庆阳市书法作品展，获创作奖；2005年行书作品参加第四届中国庆阳香包民俗文化节名人书画展暨庆阳书画作品展，获优秀奖；2005年书法作品入选甘肃省第二届书法篆刻新人新作展；2006年书法作品获第五届中国庆阳端午香包民俗文化节庆阳书画精品陈列展三等奖和庆阳市2006年春节书画图书展三等奖；2006年书法作品特约入刻《黄帝内经》千家碑林。《甘肃画报》专页刊登作品介绍；2008年参加环县书画作品晋省展。
简　　介：1983年参加工作，现供职于环县新华书店，任经理。甘肃省书法家协会会员、庆阳市书协会员、环县书协副主席、理事。学书法始于1985年。

0740 梁红梅

性　　别：女
出生年月：1971-10-14
民　　族：汉族
政治面貌：党员
职　　称：副高
学　　历：大学本科
所在单位：环县职专
通讯地址：环县环城镇翼龙路27号
成　　就：1997年获得县级“优秀教师”荣誉称号。1998年获得庆阳地区优秀班主任。1999年获得全区第三届中学生文艺汇演编导三等奖。2009年被评为第二届环县农民运动会暨山城堡战役纪念碑揭碑仪式系列活动先进工作者。2010年被评为“为党旗增辉，为环县添彩”庆“七一”红歌万人大联唱活动优秀编导。2011年被评为甘肃环县第三届中国道情皮影民俗文化节先进工作者。在庆阳市第八届职业学校学生技能大赛中荣获优秀辅导教师奖。
简　　介：1993年毕业于庆阳师范；2009年1月取得中央广播电视大学教育管理专业大学本科学历；毕业后，1993年7月至1995年8月在洪德小学任教；1995年9月至今在环县职专任教；2008年12月29日获得中学一级教师职称。

0741 郝普哲

性　　别：男
出生年月：1975-04-14
民　　族：汉族
政治面貌：党员
职　　称：副高
学　　历：大学专科
所在单位：环县职中
通讯地址：环县职中
成　　就：2000年作品《牧羊人》收入《中国名家书画集》。2002年在县文化馆成功举办个人画展，并有美术作品《月夜归来》《高原苦旅》等作品在《光明日报》“人济杯”美术大赛中获奖并发表。2003年美术作品《黄土地之一》被吴道之美术馆收藏。2004年美术作品《黄土情韵》参加“全国美术院校中青年画展获优秀奖并结集出版，美术作品《古老经轮》在《美术报》上发表。2007年，美术作品《陇南小景》在《美术报》上发表。2008年3幅中国山水画作品参加环县优秀美术作品赴兰州展并结集出版。2001—2014年，另有数十幅中国山水画作品参加全国省级展览获奖和在省级刊物发表。
简　　介：甘肃省环县职业中专美术教师，

甘肃美术教育研究会会员。1996年毕业于甘肃省庆阳师范；1999年毕业于兰州教育学院美术系。

0742 徐燕

性　　别：女
出生年月：1981-12-26
民　　族：汉族
政治面貌：党员
职　　称：副高
学　　历：大学本科
所在单位：环县第四中学
通讯地址：环县环城镇翼龙路27号
成　　就：2008年庆阳市第二届中学生文艺汇演获器乐类编导一等奖、舞蹈类编导二等奖；2009年第四届甘肃省群星艺术节参演《心花怒放无神韵》获舞蹈编导二等奖；2009年被评为第二届环县农民运动会暨山城堡战役纪念碑揭碑仪式系列活动先进工作者；2009年被评为“颂歌献给祖国”全县红歌演唱会优秀指挥；2010年被评为“为党旗增辉为环县添彩”庆“七一”红歌万人大联唱活动优秀演唱者；2014年获庆阳市教师技能大赛三等奖。
简　　介：西北师大音乐学专业，中学一级教师。1997年毕业于环县一中初中部；2000年毕业于长庆石油学校；2000年分配到环县幼儿园参加工作［期间：2003年毕业于中央广播电视大学公共事业管理（教育管理）专业（专科）；2006年毕业于西北师范大学音乐学专业（专科）］；2006年调动至环县四中担任音乐老师至今。现为校团委宣传委员，校女工小组组长，音乐教研组组长。

0743 周继军

性　　别：男
出生年月：1967-06-06
民　　族：汉族
政治面貌：党员
职　　称：副高
学　　历：中专
所在单位：环县甜水镇学区
通讯地址：环县环城镇翼龙路27号
成　　就：2005年被中共环县县委、环县人民政府评为“2004年度优秀教师”。2006年被评为“第二届中国环县道情皮影民俗文化节先进工作者”。2007年在环县教育局组织的全县优质课评选中荣获一等奖。2012年被中共庆阳市委、庆阳市人民政府评为“全市模范教师”。
简　　介：现任环县甜水镇学区主任。1975年9月—1980年7月在环县木钵镇白沟门小学读书；1980年9月—1983年7月在环县木钵初中读书；1983年9月—1987年7月在庆阳师范就读；1987年7月—1990年7月在环县八珠中学任教；1990年8月—1991年8月在环县职中任教；1991年9月—1993年7月在庆阳师专进修深造；1993年8月—2010年7月在环县木钵初中任教并先后担任教研组长、教务副主任、政教主任、副校长等职。2010年8月至今任环县甜水学区主任。

0744 钟彩银

性　　别：女
出生年月：1964-02-15
民　　族：汉族
政治面貌：党员
职　　称：副高
学　　历：高中
所在单位：环县皮影中心
通讯地址：环县皮影中心
成　　就：1988年戏剧作品《沉香盗斧》获庆阳地区行政公署文化处一等奖；1998年演出戏剧作品《沉香盗斧》获甘肃省电视台优

秀演员奖；个人出版小说《戏恋》获庆阳市委、庆阳人民政府第五届“五个一工程”奖暨李梦阳文艺奖的小说类一等奖。
简　　介：1975 年 2 月参加华池县剧团；1985 年调入环县剧团；1988 年 11 月任正四级演员；1993 年 12 任三级演员；2000 年 1 月调入环县图书馆至今。

0745 郑彦锋

性　　别：男
出生年月：1970-07-01
民　　族：汉族
政治面貌：党员
职　　称：副高
学　　历：大学专科
所在单位：环县环城小学
通讯地址：环县环城小学
成　　就：2012 年《书法——中华儿女的必修课》发表于《新课程》总第 229 期并获一等奖；2012 年《走出写字教学的误区》发表于《教育教学论坛》第 34 期；2012 年《小学生写不好字，该怎么办》发表《中小学课程教材研究》，均为个人独立完成；2008 年参加环县书画作品晋省展。
简　　介：1990 年参加工作，现供职于环县环城小学，任总务处副主任。甘肃省书法家协会会员。作品曾入展甘肃省第五届中青年书法展、甘肃省第三届新人新作展。也是一个书法教育工作者，2011 年获甘肃省书法家协会、甘肃省少儿书法学会颁发的甘肃省第五届青少年书法大赛优秀指导教师奖。

0746 胡玲玲

性　　别：女
出生年月：1983-07-29
民　　族：汉族
政治面貌：群众
职　　称：副高
学　　历：大学本科
所在单位：环县四中
通讯地址：环县环城镇翼龙路 27 号
成　　就：2005 年毕业作品油画《皮影》两幅被陇东学院收藏；2006 年在全县青少年“百米书画卷”展评活动中被评为优秀指导教师；2006 年在全市中小学生文艺展演活动中被评为优秀指导教师；2006 年油画作品《皮影》在纪念建党八十五周年暨环县解放七十周年全县画展中获三等奖；2009 年油画《皮影系列之三》在庆祝中华人民共和国成立 60 周年——甘肃美术作品大展中获三等奖；2010 年在“经典诵读”全县师生书画大赛中获油画二等奖；2011 年荣获“家乡美在我心中”书画展全县一等奖；2013 年获庆阳市“中国梦·美丽甘肃”教师书画大赛绘画组二等奖；2013 年作品《春风吹绿山城堡》入展“陇鑫杯”庆阳市美术家协会会员作品展。
简　　介：现环县第四中学美术教师，庆阳市美术家协会会员。2005 年毕业于陇东学院，同年后季参加工作，担任环县二中高考美术专业指导老师，2010 年参加陕西省成人高考，2014 年毕业于陕西省学前师范学院美术本科。

0747 张志怀

性　　别：男
出生年月：1960-03-10
民　　族：汉族
政治面貌：党员
职　　称：副高
学　　历：大学本科
所在单位：甘肃省庆阳市环县第一中学
通讯地址：甘肃省庆阳市环县第一中学
成　　就：甘肃庆阳地区第二批知识分子拔

尖人才；跨世纪学术技术带头人；“321”创新人才工程人选；庆阳市领军人才；甘肃省首届中小学骨干教师。有诗文先后刊发于《黄河文学》《诗刊》《星星》《飞天》《广西文学》《绿风》《中国西部文学》《金城》《朔方》《驼铃》，以及《中学英语教学参考》《教学月刊》《英语学习辅导》《中学生理科应试》《中国英语外语教师》《英语知识》等各级各类刊物，计 600 余篇（首），60 余万字。另有作品入选多种诗歌选本。

简　　介：系甘肃环县一中（高级）英语教师。

0748 张武生

性　　别：男

出生年月：1965-04-22

民　　族：汉族

政治面貌：群众

职　　称：副高

学　　历：大学本科

所在单位：环县五中

通讯地址：环县五中

成　　就：获全国中小学基础教育绘画展“优秀辅导奖”，省教育厅科技创新绘画“优秀组织奖”，县委、县政府“优秀设计奖”，担任第二届、三届中国环县道情皮影民俗文化节艺术设计，3 项甘肃省“十一五”课题研究通过省级鉴定，多篇美术教学论文发表于《艺术教育》《中小学美术教育》。

简　　介：从事艺术教育工作 20 多年，现任环县五中工会主席。

0749 刘学信

性　　别：男

出生年月：1964-05-15

民　　族：汉族

政治面貌：群众

职　　称：副高

学　　历：大学专科

所在单位：甘肃省定西市安定区文化馆

通讯地址：甘肃省定西市安定区凤凰苑

简　　介：中国美术家协会会员、甘肃省工笔画协会副主席、甘肃省中国画学会理事、定西市美术家协会副主席、定西市青年美术家协会主席、工艺美术师、北京京大都画院画师、定西市画院画师、定西市市管拔尖人才。

0750 善教

性　　别：男

出生年月：1949-09-08

民　　族：汉族

政治面貌：党员

职　　称：副高

学　　历：中专

所在单位：定西市安定区内官镇文化站

通讯地址：定西市安定区内官营镇东大街东关 78 号

成　　就：作品《青山不老绿水长流》入选中国国画院书画展，展后获聘为国画院副院长。

简　　介：自幼酷爱书画艺术，经严父指点，与书画结下不解之缘。现为中国书画协会会员、定西市书画院画师、定西市书画协会会员。

0751 王娟

性　　别：女

出生年月：1986-05-05

民　　族：汉族

政治面貌：群众

职　　称：副高

学　　历：大学本科

所在单位：马营教育学区

通讯地址：定西市安定区西环路凤凰苑

成　　就：2012 年中国画作品入选甘肃省美术家协会走进通渭——通渭书画采风基地写生作品展；2013 年作品《夕阳》在第三届敦煌行·丝绸之路国际旅游节中国·通渭国际书画艺术节书画作品展中展出并被评为优秀作品；2014 年油画作品在通渭县党的群众路线教育实践活动作品展中获奖。

简　　介：甘肃省美术家协会会员。2005 年参加工作，现担任学校文科教研组长，任教语文学科。

0752 杨红

性　　别：男

出生年月：1979-04-20

民　　族：汉族

政治面貌：群众

职　　称：副高

学　　历：大学本科

所在单位：安定区文化馆

通讯地址：安定区解放路 63 号

成　　就：结合板帘子与版画创造了新画种“熏版画”，并且创作的多幅“熏版画”在中国文联等单位主办的全国大赛多次获奖或入展，为非遗的传承进行了大胆的探索。2012 年 4 月书法论文《童言无忌——揭探书坛怪相》发表于《中国钢笔书法》杂志第 4 期。2012 年 8 月剪纸获“辉发杯”全国剪纸艺术大展铜奖。2012 年剪纸作品在“李唐文化杯”民间工艺品展览中荣获一等奖。2012 年剪纸作品在定西市人口文化艺术作品展中荣获二等奖。书法论文《硬笔书坛堪忧探幽》入选由中国硬笔书法协会举办的第一届中国硬笔书法高峰论坛。

简　　介：毕业于西安美院，美术学专业，本科。副研究馆员（副教授、二级美术师）。“陇中板帘子”非物质文化遗产传承人。中国美协大赛获奖者、中国书协大赛获奖者、中国民协大赛获奖者。2013 年文化部授予“文化优秀志愿者”称号，被定西市文广局评为“2013 年全市文广系统先进个人”。

0753 张关

性　　别：男

出生年月：1972-12-04

民　　族：汉族

政治面貌：群众

职　　称：副高

学　　历：大学本科

所在单位：安定区巉口中学

通讯地址：安定区巉口中学

成　　就：曾获甘肃省声乐大奖赛优秀奖，甘肃省高校器乐大奖赛二等奖，定西青年声乐大奖赛二等奖，获得中国青少年艺术展示活动优秀辅导奖 2 次，“星耀华夏”全国青少年优秀艺术人才展评活动优秀指导教师奖 3 次。2008、2014 年被授予区级“优秀教师”称号，2009 年荣获市级“青年教学能手”称号。

简　　介：甘肃省竹笛协会理事，定西市首届青年音乐家协会副主席，定西市青年教学能手。1997 年毕业于天水师范学院音乐系，同年分配到巉口中学任教。

0754 李彩霞

性　　别：女

出生年月：1964-06-24

民　　族：汉族

政治面貌：群众

职　　称：副高

学　　历：大学专科

所在单位：安定区文化馆

通讯地址：安定区解放路 63 号

成　　就：2010 年编导的少儿舞蹈《草原》《金孔雀》分别获得第六届青春中国全国总决赛少年组、儿童组金奖，本人获得优秀教师称号。2011 年《敦煌乐舞》《欢乐的玩吧》分别获得第七届甘肃省总决赛少年组金奖、儿童组银奖，本人获得优秀教师奖。2009 年《竹林深处》《赛马》获得第六届星星火炬全国总决赛少年组金奖、银奖，本人获得优秀教师奖。2010 年《金马靴》《雀之舞》获得第六届华夏艺术风采国际交流甘肃展示银奖、少年组银奖，本人获得优秀指导奖。2006 年《田园曲》在甘肃省文化馆 50 周年美术书法展中获得二等奖。2009 年《守望情》在画圣故里新春中国书画作品小品展中荣获金奖。2002 年《牡丹》在甘肃省专业技术人员书画作品展中获三等奖。创作并导演、演出了《福到了》，2002 年上演《正经事》《刘老汉相亲》《代价》《心连心》《莫回头》《俩亲家翩传》《错上加错》。1998 年 8 月参演的小品《开锁》《我要上学》参加了甘肃省群星艺术节获优秀奖。

简　　介：安定区文化副研究员。1979 年 11 月至 1991 年 11 月在渭源县秦剧团担任演员；1991 年 11 月至今在安定区文化馆担任群众文化编导工作。

0755 田新安

性　　别：男

出生年月：1970-03-09

民　　族：汉族

政治面貌：党员

职　　称：副高

学　　历：大学本科

所在单位：定西市安定区文化馆

通讯地址：安定区公园路统办楼

成　　就：1995 年小楷条幅获甘肃省第二届中青年书法篆刻展二等奖；2006 年《梨花满园》入选中国甘肃“陇西李氏文化杯”诗文书画展；2006 年《梨园春》获“走进郑州”第五届海峡两岸书画展“花鸟百强”奖；2007 年《安居乐业》获“和谐之春”全国书法、美术、摄影大赛优秀奖；2007 年《奥运盛世》入选“2008 和谐中华”迎奥运全国书画展；2008 年《祥和》获“和平颂——神七太空飞行艺术之旅”优秀奖；2008 年《富贵长寿》获文化部全国群文系统书法、美术、摄影大展美术铜奖；2008 年《福娃迎春》获“西风烈”中国剪纸艺术大赛铜奖；2008 年《葵花》获第三届中国农民书画展优秀奖；2009 年《百合》入选中国天水伏羲文化旅游节美术书法巡展；2009 年《家园》获首届中国“白凤乌鸡杯”书画大赛优秀奖；2010 年《富贵太平》获第三届义海杯全国书画大奖赛优秀奖。

简　　介：中国工艺美术家协会会员、甘肃省美术家协会会员、甘肃省书法家协会会员、定西市安定区文化馆副研究员。

0756 王成龙

性　　别：男

出生年月：1964-09-28

民　　族：汉族

政治面貌：群众

职　　称：副高

学　　历：大学本科

所在单位：甘肃省通渭县平襄初级中学

通讯地址：甘肃省通渭县平襄初级中学

成　　就：1990 年在甘肃省青年硬笔书法学会首届硬笔书法竞赛中荣获青年组优秀奖。1992 年在甘肃省首届硬笔书法大赛中荣获二等奖。1993 年其硬笔书法作品刊发于《中国钢笔书法》第 1 期。1993 年在五台山杯全国青少年书法大赛中荣获优秀奖。1993 年在甘肃全省师生硬笔书法大赛中荣获二等奖。1995 年在首届“洗笔泉”书法大赛中荣获三等提名奖。其作品入编《今古墨缘书法撷英》。1995 年其硬笔书法作品刊发于《甘肃书画报》（综艺版）。2000 年其硬笔书法作品入编由甘肃人民美术出版社出版的《甘肃省硬笔书法集》。2001 年在纪念中国共产党成立 80 周年当代硬笔书法艺术大战赛中荣获一等奖。2002 年被文化部文化艺术人才中心收录于《中国地方艺术人才年鉴》(2001)。2014 年其 5 幅教育楹联在中国萧军研究会主办的“东方美”全国诗联书画大赛中荣获银奖。

0757 李兴茂

性　　别：男
出生年月：1966-10-12
民　　族：汉族
政治面貌：党员
职　　称：副高
学　　历：大学本科
所在单位：甘肃省通渭县第一中学
通讯地址：甘肃省通渭县第一中学
成　　就：有散文、诗歌、杂文、音乐等作品散见于《中国青年》《散文诗》《杂文报》《杂文月刊》《中国教师报》《儿童音乐》等国内 50 多家报刊，曾获中华校园诗歌节征文评奖三等奖，有音乐作品入选小学教材。

0758 李丽

性　　别：女
出生年月：1979-12-01
民　　族：汉族
政治面貌：党员
职　　称：副高
学　　历：大学本科
所在单位：通渭文联
通讯地址：通渭县平襄镇西街 2 号
成　　就：有 700 多首诗歌作品发表于《诗刊》《人民文学》《星星》《飞天》《青年文学》《诗潮》等几十家国内外纯文学刊物，并有作品入选多种选本。作品获甘肃省第七届敦煌文艺奖、第三届黄河文学奖，定西市第二、三届马家窑文艺奖，两次参加全国散文诗笔会，入选诗刊社第 29 届青春诗会。2013 年 4 月入选甘肃省宣传文化系统“四个一批”人才。出版诗集《旧时的天空》（2011 年）、《蓝》《离歌》（2013 年）。

0759 梁亚平

性　　别：男
出生年月：1972-02-12
民　　族：汉族
政治面貌：群众
职　　称：副高
学　　历：大学本科
所在单位：通渭县西关小学
通讯地址：通渭县西关小学
成　　就：《鸡鸣富贵图》获定西市书画展一等奖。《陇上人家》入选陕西省第二届花鸟画作品展。《丰收的喜悦》入选陕西省纪念改革开放三十周年美术作品展。作品《天上有香能盖世》《人物》《富贵图》《花香四季》分别在《定西日报》《中国电视报人物》《中国书画报人物》《未来导报》发表。
简　　介：定西市美术家协会会员、定西市书画家书画师、省美术家协会会员。西北师范大学美术学毕业，大学本科学历。

0760 邱银柱

性　　别：男
出生年月：1979-12-12
民　　族：汉族
政治面貌：党员
职　　称：副高
学　　历：大学本科
所在单位：通渭县文化馆
通讯地址：通渭县平襄镇西街 2 号

成　　就：2004年作品《招贴》入选甘肃省文化厅、甘肃省美术家协会举办的庆祝中华人民共和国成立55周年甘肃省美术作品艺术设计展览中展出。2007年作品《梅花》在梅兰竹菊全国书画大赛中荣获金奖。2010年8月剪纸作品《五虎娶亲图》被山西省右玉县人民政府、中华文化促进会剪纸艺术委员会收藏。2011年8月剪纸作品《春叶、迎春》被山西省右玉县人民政府、中华文化促进会剪纸艺术委员会收藏。2012年论文《浅谈通渭脊兽》在《甘肃文苑》第1期发表。2012年8幅剪纸作品在《甘肃文苑》第2期发表。2012年国画作品《黑燕民居》在甘肃省美术家协会走进通渭——通渭书画采风基地写生作品展中荣获二等奖。2013年国画作品《暖春》入选甘肃省书法家协会、甘肃省美术家协会、甘肃省摄影家协会、甘肃省民间文艺家协会、甘肃省收藏家协会举办的第四届甘肃省百名艺术家作品展。2014年论文《浅谈通渭砖雕》在《甘肃文苑》第3期发表。
简　　介：2005年毕业于西北民族大学美术学院艺术设计专业，2005年至今一直在文化馆工作。现为甘肃省美术家协会会员、甘肃省民间文艺家协会会员、甘肃省工笔协会会员、通渭县美术家协会理事、通渭县民间文艺家协会秘书长，通渭县小曲戏协会副秘书长。现任通渭县非物质文化遗产保护中心主任。

0761 张童霞

性　　别：女
出生年月：1974-03-08
民　　族：汉族
政治面貌：群众
职　　称：副高
学　　历：大学专科
所在单位：通渭县文化馆
通讯地址：通渭县平襄镇西街2号
成　　就：2004年书法《小楷》参加了定西市妇女联合会组织的"巾帼情韵"书画、摄影展获优秀奖；2006年剪纸在定西市首届剪纸艺术作品展展出并获银奖；2007年和2008年有10幅剪纸参加了两届定西市民族民间工艺美术展；2008年3幅剪纸作品在定西市举办的"西风烈"全国剪纸大赛展出，2012年2幅剪纸作品在定西市首届"李唐文化杯"民间工艺品展展出；8幅剪纸作品在省文化馆主办的《甘肃文苑》2009年第3期上发表；论文《通渭剪纸浅述》在甘肃省文化厅主管的《甘肃艺苑》2007年第4期上发表。
简　　介：1995年6月在通渭县粉丝厂工作；1997年7月至今在通渭县文化馆工作。

0762 刘拥书

性　　别：女
出生年月：1973-01-02
民　　族：汉族
政治面貌：群众
职　　称：副高
学　　历：大学专科
所在单位：通渭县文化馆
通讯地址：通渭县平襄镇西街2号
成　　就：组织辅导每年的春节群众文化宣传活动。认真完成非物质文化遗产普查登记工作，对全县非物质文化遗产的项目类别设置打印各类表册200多份，拍摄小曲、皮影戏等照片3000幅，为挖掘民族民间文化资源提供决策依据。配合文化馆领导完成非物质文化遗产项目申报工作，2013年《通渭影子腔》申报国家级非物质文化遗产保护项目，组织对马营、襄南、平襄、义岗、李店、常河等乡镇进行实地调查，走访影子腔老艺人，通过录音、摄像、记录等取得真实的资料，并加班加点完成了《通渭影子腔》申报书的整理、核对与装订，被文化部公布为国家级非物质文化遗产保护名录。2003年论文《贫困地区的县级图书馆应为科技兴农服务》在甘肃省图书馆学会“新世纪图书馆官员”学术研讨会中获二等奖。
简　　介：1992年9月—2009年8月在图书馆工作；2009年9月至今在通渭县文化馆工作，担任副馆长职务。

0763 张调成

性　　别：女
出生年月：1962-10-23
民　　族：汉族
政治面貌：群众
职　　称：副高
学　　历：高中
所在单位：通渭县文化馆
通讯地址：通渭县平襄镇西街2号
成　　就：从事民间戏曲辅导。
简　　介：1976年8月在通渭县秦剧团工作，1997年1月至今在通渭县文化馆工作。

0764 薛庆余

性　　别：男
出生年月：1960-11-02
民　　族：汉族
政治面貌：党员
职　　称：副高
学　　历：大学本科
所在单位：陇西县教体局
通讯地址：陇西县文化广场6号
成　　就：先后在《飞天》《甘肃日报》《开拓文学》《诗刊》等报刊杂志发表散文诗歌，散文两度获《飞天》全国散文诗歌大奖赛优秀奖，诗歌先后入选《飞天六十年庆典诗歌卷》《新时期甘肃文学作品选》《烛影星河》《陇中青年诗选》等。
简　　介：1983年毕业于西北师范大学汉语言文学系，现就职于陇西县教体局。中学高级教师，甘肃省作协会员、定西市作协副主席，政协陇西县第七、八、九届常委。

0765 李鹏越

性　　别：男
出生年月：1946-08-12
民　　族：汉族
政治面貌：党员
职　　称：副高
学　　历：大学本科
所在单位：陇西县文峰中学
通讯地址：陇西县文化广场6号
成　　就：从事中学音乐教学工作。多次荣获县先进工作者。首届全省民族民间文化节先进个人，陇西县音协主席。主要论文：《农村中小学音乐教育事情解析》《音乐欣赏的五个环节》等。创作歌曲《双手托起绿色的天》《梦回故里》《黄芪谣》等。创作歌舞音乐《陇西堂乐舞》。改编歌舞音乐《割麦》《吊辫子》等。改编合唱《打夯歌》《织手巾》等。

0766 李晓玲

性　　别：女
出生年月：1957-09-29
民　　族：汉族
政治面貌：党员
职　　称：副高
学　　历：大学专科
所在单位：陇西县文化馆（退休）
通讯地址：陇西县文化广场6号
成　　就：故事小品《岔路》1984年获陕甘宁故事联讲优秀故事员奖；《桃坪村轶事》1985年获甘肃省第二届故事调讲二等奖；《男妇联》1987年获甘肃省第三届故事调讲二等

奖；《百家抬的婚事》1989 年获甘肃省第四届故事调讲一等奖；《鹿鸣岭》1991 年获甘肃省第五届故事小品调演一等奖；《一瓶酒》1991 年获甘肃省第五届故事小品调演二等奖；1997 年全国文化先进县创建活动中被评为“先进个人”；1998 年获评为全省送文化下乡先进个人；2000 年获评为全区精神文明建设先进工作者；2001 年被评为全县优秀共产党员；2001 年在定西地区中小学生文艺汇演中获最佳编导奖；2004 年被定西市委、市政府授予“精神文明建设先进工作者”称号。

简　　介：1974 年 4 月在昌谷乡插队；1976 年 10 月被分配到广播局担任播音工作；1984 年调陇西县文化馆搞群众文化工作；2003 年 3 月至 2010 年 3 月任陇西县文化馆馆长；2005 年 12 月任副研究馆员。陇西县政协委员、甘肃省曲艺家协会会员、定西市文联舞协副主席、陇西县文联舞蹈家协会主席。

0767 陈欲胜

性　　别：男

出生年月：1964-04-12

民　　族：汉族

政治面貌：民主党派

职　　称：副高

学　　历：大学本科

所在单位：陇西县南安中学

通讯地址：陇西县文化广场 6 号

成　　就：1989 年诗歌《望夫石》在甘肃人民广播电台举办的西部未来作家文学大奖赛中获优秀奖。1998 年至今诗歌《致杜甫》《望夫石》《题贝多芬像》《致普希金》《丁香》《阿兰》陆续发表于《定西日报》。2008 年，诗歌《致杜甫》《致苏轼》入选《历代陇西诗歌选评》。2012 年诗歌《马家山牡丹》在中国诗歌学会举办的“全国牡丹诗歌大奖赛”中获优秀奖并结集《花与城》出版。2013 年，散文《情系柯寨》入选大型文化丛书《魅力陇西》(美文卷)。2013 年组诗《大师的画像》发表于《轨道》诗刊。2013 年诗歌《追梦中国人》在农工党甘肃省委举办的“同心共筑中国梦”征文活动中获二等奖。2014 年，散文《四叶草的悲剧》发表于《甘肃日报》“百花”副刊。

简　　介：现在供职于陇西县南安中学，副高职称。

0768 郑国栋

性　　别：男

出生年月：1963-04-15

民　　族：汉族

政治面貌：党员

职　　称：副高

学　　历：大学本科

所在单位：陇西县渭州学校

通讯地址：陇西县文化广场 6 号

成　　就：现为甘肃省书协会会员，陇西县书协副主席，现任陇西县渭州学校校长。书法作品入选甘肃省第三届书法篆刻展、《羲之书画报》等。参与创建陇西书协。编导的《威远楼放歌》大型配乐诗朗诵晋京演出获魅力校园金奖。在陇西教育电视台创办《大美陇西、文明之光》专题栏目，推出《当代诗书画》《陇西历史文化》《李氏文化》，重点推介了陇西中青年诗书画家，产生了积极影响。

简　　介：中学高级教师，省级骨干教师，曾任陇西二中副校长和陇西教育电视台台长，现任陇西县渭州学校校长。

0769 殷望成

性　　别：男

出生年月：1965-12-10

民　　族：汉族

政治面貌：党员
职　　称：副高
学　　历：大学本科
所在单位：定西市工贸中专
通讯地址：陇西县文化广场 6 号
成　　就：书法作品入展第二届中国书法“兰亭奖”展览、启动当代书坛名家工程——全国千人千作展、当代书坛名家工程——全国五百家书法精品展、第八届全国书法篆刻展、全国第七届中青年书法篆刻展、全国第八届中青年书法篆刻展、全国首届行书展、全国第四届楹联书法展、中国书坛第四届新人作品展、首届敦煌杯全国书法大展。作品连续获甘肃省委、省政府颁发的第五届、第六届敦煌文艺奖，多次在甘肃省书法展中获得一等奖。
简　　介：书法高级讲师。中国书法家协会会员、甘肃省书法家协会教育委员会副主任、甘肃画院和甘肃书法院院聘书法家、定西市书协副主席、陇西县文联副主席、陇西县书协主席。

0770 陈守佳

性　　别：男
出生年月：1956-04-21
民　　族：汉族
政治面貌：群众
职　　称：副高
学　　历：大学专科
所在单位：陇西县紫来学校
通讯地址：陇西县紫来学校
成　　就：2006 年青春中国器乐大赛钢琴手风琴荣获全国双项二等奖；2011 年在甘肃教育发表论文《打开音乐殿堂的金钥匙》；歌曲《春天的小号手》1997 年在九年制义务教育人教版小学音乐课本上发表；一直负责所在单位所有关于音乐方面的教学工作。
简　　介：1977 年 7 月毕业于临洮师范；1977.8—1981.7 在陇西附小任教；1981.8—1985.7 在陇西师范任教；1985.8—1989.7 在陇西一中任教；1989.8—1992.7 在首阳中学任教；1992.8 至今在陇西县紫来学校任教。

0771 史卫东

性　　别：男
出生年月：1964-06-18
民　　族：汉族
政治面貌：党员
职　　称：副高
学　　历：大学本科
所在单位：陇西县教体局
通讯地址：陇西县文化广场 6 号
成　　就：1983 年西北师范大学就读期间开始文学创作，1994 年加入甘肃省作家协会。有作品在《诗刊》《诗歌报》《绿风》《美文》《飞天》等刊物发表，收入《当代中青年抒情诗选》《当代青年散文诗》《灿烂星河西北师范大学校友诗选》《1949—1999 甘肃文学作品选萃诗歌卷》《新时期甘肃文学作品选》等选集中，获《飞天》“陇南春杯”诗歌大赛二等奖、新潮散文诗全国大赛佳作奖、《诗刊》“人民保险杯”全国诗歌大赛优秀奖、第三届路遥青年文学奖诗歌类三等奖等奖项，有个人诗文集《折柳》《落梅》行世。

0772 常孝行

性　　别：男
出生年月：2014-08-06
民　　族：汉族
政治面貌：党员
职　　称：副高
学　　历：大学专科
所在单位：陇西县文化馆（退休）
通讯地址：陇西县文化广场 6 号

成　　就：1972年开始发表文艺作品，戏曲《挑女婿》、大型秦剧《金巴佛》、新编历史剧《风云陇西堂》、话剧小品《一瓶酒》、故事《男妇联》、《鹿鸣岭》、《百家抬的婚事》等13篇作品获省级以上奖励，被中共定西地委授予“优秀知识分子拔尖人才”称号。被甘肃戏剧家协会予以“从事喜剧事业30年以上为社会主义为人民做出了贡献”的嘉奖。
简　　介：曾任陇西县文化馆馆长，定西地区第二届文联副主席，甘肃戏剧家协会理事。

0773 芦兴隆

性　　别：男
出生年月：1962-04-07
民　　族：汉族
政治面貌：党员
职　　称：副高
学　　历：大学专科
所在单位：渭源县安监局
通讯地址：渭源县清源镇新街19号
成　　就：作品《绿色世界》在青岛艺术节获优秀奖；2009年《荷塘秀色》入选省美协举办的建国60周年庆展；2012年《荷香》入选定西精品书画展；2013年作品《夏塘》在北京军事博物馆展出；2014年作品《荷花》入选省美协、省文联举办的定西市首届青年展。
简　　介：渭源安监局干部，自幼酷爱绘画。

0774 侯定东

性　　别：男
出生年月：1966-10-01
民　　族：汉族
政治面貌：党员
职　　称：副高
学　　历：大学专科
所在单位：渭源县文化广播影视局
通讯地址：渭源县清源镇新街19号
成　　就：作品入展2009年华坪金达杯全国书法大展、2010年中国永乐宫第三届国际书画艺术节展、2010年新宏杯全国书画大奖展；作品入选甘肃省第一、二届临帖展；作品参展2008年甘肃省第五届中青展、甘肃省第三届新人展、甘肃省第三届张芝奖、甘肃东部四市书法巡展并获三等奖、甘肃省科技界书画展获二等奖；2010年获甘肃省第二届旭东杯书画大赛二等奖，2011年入展甘肃省首届书法篆刻大展，在市、县多次展出并获一、二、三等奖。
简　　介：1988年毕业于临洮师范，1999年取得中央党校经济管理大专学历。现为渭源县文化广播影视局副局长。并任甘肃省书法家协会会员、渭源县书法家协会副主席、渭水源书画院副院长、定西市渭河国画院秘书长。1995年调入县教育局工作。

0775 于如江

性　　别：男
出生年月：1969-04-01
民　　族：汉族
政治面貌：党员
职　　称：副高
学　　历：大学本科
所在单位：渭源县司法局
通讯地址：渭源县清源镇新街19号
成　　就：2008年入甘肃省迎奥运临帖展；2009年获全国法制宣传暨廉政文化书画展书法三等奖；2011年入甘肃省新人展，入围全国邓石如书法展，入围全国职工展；2011年获甘肃省计划生育书画展书法一等奖；2012年获定西市政法系统核心价值观书画展书法一等奖；2013年入展甘肃省公务员书法展和甘肃省新人展。

简　　介：现就职于渭源县司法局。学习书法20余年，近年来专门研习钟王小楷，2014年于陈海良书法研修班学习二王行草。

0776 刘源

性　　别：男
出生年月：1980-12-10
民　　族：汉族
政治面貌：群众
职　　称：副高
学　　历：大学本科
所在单位：渭源县文化馆
通讯地址：渭源县清源镇新街19号
成　　就：作品扎根于传统，又有强烈的时代气息，经常参加各类展览，现为渭源县文化馆美术专干。
简　　介：毕业于兰州商学院艺术学院。自幼酷爱绘画，近年来致力于工笔花鸟的创作。

0777 贺媛

性　　别：男
出生年月：1988-06-01
民　　族：汉族
政治面貌：群众
职　　称：副高
学　　历：大学本科
所在单位：渭源县会川中学
通讯地址：渭源县清源镇新街19号
成　　就：作品多次被省市收藏界收藏并参加国内各类展览。
简　　介：毕业于石河子大学文学艺术学院，现为渭源县会川中学美术教师，作品多次被省市收藏界收藏并参加国内各类展览。

0778 张国亮

性　　别：男
出生年月：1942-02-01
民　　族：汉族
政治面貌：民主党派
职　　称：副高
学　　历：中专
所在单位：渭水源书画院
通讯地址：渭源县清源镇新街19号
成　　就：2005年10月《虾趣》获省文化厅、文联美协西部风情——甘肃美术家作品展二等奖。2006年8月《幽香鸟语》获甘肃省十一届运动会书画、摄影、集邮、奇石展览铜奖。2007年6月《荷香》获定西市首届“夕阳红”书画大赛一等奖。2009年参加了民盟甘肃、青海、宁夏、吉林、浙江庆祝多党合作60周年美术、书法展，并获优秀奖。《虾趣》《硕果》《幽香鸟语》《荷塘情趣》等入选10多部书画册。2007年6月《虾情》书法，在省民盟十二次代表会议间作为礼品被国家领导人蒋树声（全国人大副委员长）、张敏颖（国家政协副主席）收藏，部分作品被美、韩、日、德、国际友人及港、台同胞收藏。
简　　介：曾担任过县民盟支部主委五届，多届政协常委、委员。现为甘肃省美协书协会员、定西市美协顾问、陇中书画院荣誉画师、渭水源书画院院长。从小就跟陇上书画家张教三、父亲张壁原学习书画、音乐，60年代已有大量作品问世，广泛涉猎山水、花鸟、人物技法，并临习了较多书法资料，多次参加了省、地、县的书画展出，曾多次担任县书画展及歌厅比赛评委。

0779 陈得廉

性　　别：男
出生年月：1930-12-01
民　　族：汉族
政治面貌：群众
职　　称：副高

学　　历：高中
所在单位：渭源县会川镇
通讯地址：渭源县清源镇新街 19 号
成　　就：一生酷爱书法，并临摩各种碑帖，书法艺术上有所提高，特别是在退休后，创办书画服务社积极参加各级书画展，作品在 1992 年日本姬路市展出并被收藏。1994 年以来曾在全国荣获等级奖有 18 次之多，在《全国书画报》《中国书法报》刊登书法作品 10 余次，2010 年在湖南举办第三届中国重阳节老年书画现场创作荣获银奖。个人传及书法作品被载入《当代书画家作品集》《中国国际书画家年鉴》《中国书法家选集》等十几部辞书。2010 年荣获“中国百位书法家”称号，同年 10 月为庆祝建党 89 周年特推出《陈得廉书法作品集》一书，并书写楷书《黄石公素》40 米长卷及《老子道德经》长卷 140 米。
简　　介：中国国学研究会研究员、甘肃省书协会员、定西市书画联谊会顾问、渭水源书画院顾问。

0780 张碧野

性　　别：男
出生年月：1976-03-08
民　　族：汉族
政治面貌：群众
职　　称：副高
学　　历：大学专科
所在单位：渭源县会川学区
通讯地址：渭源县清源镇新街 19 号
成　　就：作品入编《东方潮诗文书画集》《中国首届“八一杯”文学艺术大奖赛作品集》《第三届“艺教杯”全国师生书画摄影大赛作品集》《中国书画精品集》等，作品曾多次参加各类展览。
简　　介：现为渭水源书画院画师、渭河国画院画师、临洮沁园春国画院院士。

0781 张永斌

性　　别：男
出生年月：1966-10-05
民　　族：汉族
政治面貌：群众
职　　称：副高
学　　历：大学专科
所在单位：渭源县莲峰镇
通讯地址：渭源县清源镇新街 19 号
成　　就：作品多次参加省市县举办的美术大展，并获奖及荣誉证书，艺术作品以国画为主，兼善人物、山水、花鸟。
简　　介：1993 年毕业于西北师大美术专业。

0782 康治玺

性　　别：男
出生年月：1978-08-27
民　　族：汉族
政治面貌：群众
职　　称：副高
学　　历：大学本科
所在单位：渭源县新寨中学
通讯地址：渭源县清源镇新街 19 号
成　　就：作品古朴而清新，入选省市县各种展览并获奖，受到业内外人士的一致好评。
简　　介：新寨中学美术教师，自幼喜爱绘画艺术，多年来对宋人工笔花鸟精勤研习。

0783 王鹏

性　　别：男
出生年月：1962-10-01
民　　族：汉族
政治面貌：党员
职　　称：副高
学　　历：中专

所在单位：渭源县文化馆
通讯地址：渭源县清源镇新街 19 号
成　　就：2011 年被评为“渭源县拔尖人才”受到县委、县政府的表彰奖励。2013 年 5 月在中国文化书美领域荣获“中国书美飞天奖杰出贡献人物”称号。国画作品《荒山着绿》在全国美展中获优秀作品奖。作品《旱塬秋色》等作品在省文联、美协主办的美展中展出，《塬北秋早》等作品在市级美展中展出，部分作品获省市级一、二、三等奖。《林荫人家》《首阳之珠》等作品发表于《农民日报》《中国书画报》《美术大观》《飞天》《甘肃日报》等报刊杂志。国画作品《源头春早》被《渭源县志》收录，《塬北秋色》等作品被编入《20 世纪国际美术精作博览》《中国美术、书法界名人名作博览》等大型画册中。个人艺术小传编入《世界美术家传》《中国当代艺术界名人录》《国际人物辞海》等书。2002 年 1 月《甘肃日报》以《笔蘸浓情写乡土》介绍了艺术业绩。
简　　介：号鸟鼠山人，1962 年生于甘肃渭源，现为文化馆馆员。现为甘肃省美协会员、甘肃书画研究院画师、甘肃国画学会会员、陇中画院画师、定西市美协理事、渭源县美协主席、渭水源书画院常务副院长、定西市渭河国画院名誉院长。

0784 程雪峰

性　　别：男
出生年月：1975-02-10
民　　族：汉族
政治面貌：群众
职　　称：副高
学　　历：大学本科
所在单位：渭源县文化馆
通讯地址：渭源县清源镇新街 19 号
成　　就：作品多次在省市级各类展览中获奖，现为甘肃省美术家协会会员。
简　　介：毕业于西安美术学院山水画专业，万鼎先生入室弟子，其作品多次在省市级各类展览中获奖。现为甘肃省美术家协会会员、渭源县文化馆美术专干。

0785 李彦军

性　　别：男
出生年月：1976-10-12
民　　族：汉族
政治面貌：群众
职　　称：副高
学　　历：大学专科
所在单位：渭源县职专
通讯地址：渭源县清源镇新街 19 号
成　　就：作品入选西安美协主办的《走进生活》油画展，油画《千年古屋》被江西婺源写生基地收藏。
简　　介：毕业于兰州师专美术系，并且受到油画家陡剑民先生熏陶；2007 年就读西安美院油画系，师从油画大师张惠民、谢永熙先生；同年作品入选西安美协主办的《走进生活》油画展；油画《千年古屋》被江西婺源写生基地收藏。

0786 邹虎华

性　　别：男
出生年月：1962-10-01
民　　族：汉族
政治面貌：无党派
职　　称：副高
学　　历：大学本科
所在单位：渭源县文化广播影视局
通讯地址：渭源县清源镇新街 19 号
成　　就：创作出歌曲《霸陵情怀》《渭水情调》《腾飞吧渭源》《天井峡放歌》《首阳山怀吟》《飞越定西》，音乐快板《赞渭源》

《计生事业大发展》，群口快板《工运事业谱新章》等优秀作品。1989年10月由中共定西地委宣传部、行署文化处、地区文联主办的庆祝中华人民共和国成立四十周年全区音乐音乐舞蹈调演中，创作歌曲《战士的思念》荣获创作三等奖。1992年1月由定西地委宣传部、文化处、文联主办的全区第三届歌舞大赛中，创作歌曲《党啊我的母亲》荣获演唱一等奖。原创歌曲《霸陵情怀》在甘肃省音乐家协会杂志里被发表。2008年，音乐快板《计生事业大发展》在全市计生系统汇演中获表演一等奖。积极发掘我县民俗民间文化，采集渭源花儿50几首，小曲20几首，同时撰写了《渭源花儿概况》，出版《渭源县民俗民间文化采集》（一）光碟1张，反映我县民俗民间文化的摄影图片20多张。

简　　介：1982年7月毕业于临洮师范音美班，无党派。现为渭源县总工会副主席、甘肃省音乐家协会会员、定西市音乐家协会理事、县音乐家协会主席。渭源县政协第七届委员会委员、渭源县党外知识分子联谊会副理事长。

0787 张建国

性　　别：男

出生年月：1948-03-15

民　　族：汉族

政治面貌：群众

职　　称：副高

学　　历：中专

所在单位：渭源县文化馆退休

通讯地址：渭源县清源镇新街19号

成　　就：1992年毕业于中国书画函授大学，作品在《文艺之窗》《定西报》《陇中文化报》《甘肃电视报》等报纸发表。1995年国画《秋实》在北京展出并获佳作奖，并编入《全国图书馆系统书画摄影作品集》；1998年国画《石榴》在定西地区“群星艺术展”中展出并获三等奖；2002年作品《葡萄》在甘肃省美协举办的“陇中情美术作品展”中展出；2002年6月作品《月季》在“中国科技文化成果博览会书画大展”中展出并获金奖；作品《硕果》在“环保世纪行，情系中华”美术书法摄影大展中展出并获金奖。

简　　介：渭源县文化馆馆员，甘肃省美协会员。出生于书画世家，受其祖父、父亲、伯父的言传身教，自幼酷爱绘画。

0788 王佩锋

性　　别：男

出生年月：1980-08-01

民　　族：汉族

政治面貌：群众

职　　称：副高

学　　历：大学本科

所在单位：渭源职业中专

通讯地址：渭源县清源镇新街19号

成　　就：作品多次在省市县各级展览中入选并获奖，现任渭源职业中专美术教师。

简　　介：毕业于西北师大美术系，主攻写意人物。

0789 龚瑞彬

性　　别：男

出生年月：1970-04-01

民　　族：汉族

政治面貌：群众

职　　称：副高

学　　历：大学本科

所在单位：渭源县莲峰中学

通讯地址：渭源县清源镇新街19号

成　　就：2008年入围中协二届隶书展，2009年参加百年兰大全国书法展，2009年参加和平海西全国书法展，2009年参加了民政部主办的全国双拥书法展。
简　　介：中学美术高级教师，曾获省级农村骨干教师。市级骨干教师。市级教学能手。2006 年加入甘肃省书法家协会。

0790 王志文

性　　别：男
出生年月：1941-01-01
民　　族：汉族
政治面貌：群众
职　　称：副高
学　　历：高中
所在单位：渭源县田家河乡
通讯地址：渭源县清源镇新街 19 号
成　　就：自幼酷爱绘画，作品多次在全国各地展出，并获得首届世纪杯海内外全国书画大赛银奖、保护国土资源书画展优秀奖等。
简　　介：毕业于临洮师范。现为渭河画院创研室副主任、中原书画院画师、西北画院院士、中国国画家协会会员。擅长山水、花鸟。

0791 徐化民

性　　别：男
出生年月：1935-08-01
民　　族：汉族
政治面貌：党员
职　　称：副高
学　　历：大学专科
所在单位：渭源县文联退休
通讯地址：渭源县清源镇新街 19 号
成　　就：1979 年以来，在省内外报刊杂志发表散文、小说、诗词、剧本等文学作品 100 多篇。编著了《莲峰山风土录》《渭水源头》《渭源史话》《渭源县志》等书近 50 万字。2011 年出刊了文学作品集《山情》，其中散文《野花儿赞》《九月面蛋红满山》获定西地区文学创作奖。剧本《关家庄》《渭水盟》获定西地区“五个一工程”奖和创作一等奖。《渭源县志》获甘肃省社科二等奖。1984 年 12 月被评为全省职工读书活动优秀个人。1995 年 6 月荣获全省旅游行业“先进工作者”称号。1995 年 11 月被评为全区第二次文代会以来在文学艺术工作中取得优异成绩的先进个人。2004 年 3 月被甘肃省地方志编纂委员会评为全省地方志先进工作者。1985 年、1994 年、1995 年、2000 年被县委县政府评为先进工作者和《渭源县志》编纂工作中作出显著成绩的先进个人。
简　　介：退休前任曾渭源县文化局副局长、旅游局局长、县文联主席、县志办公室主任等职。为甘肃省作家协会会员、甘肃省书法家协会会员、甘肃省诗词研究会、群众文化学会会员。

0792 蒲志俊

性　　别：男
出生年月：1972-08-01
民　　族：汉族
政治面貌：民主党派
职　　称：副高
学　　历：大学本科
所在单位：渭源县文化馆
通讯地址：渭源县清源镇新街 19 号
成　　就：1996 年在会川文化站举办第一次个人画展；1997 年获“陇上情”全省美展优秀奖；2001 年在渭源霸陵桥公园举办第二次个人画展；2002 年油画作品《雨后郎木寺》入选甘肃省第三届写生展；2004 年在支教地秦祁学区举办第三次个人画展；2011 年在渭源一中举办第四次个人画展；2011 年油画作品《融冬》入展甘肃省纪念中国共产党成立六十周年全省美术作品大展，并集辑出版大展作品集。2008 年油画作品《雪景》入选《中国写生油画作品集》；2005 年作品《会川大桥头》入选甘肃省首届彩画粉画展。作品多次入选市、县美展并获奖。

简　　介：1995年毕业于陇东师范学院美术系；2002年毕业于西北师范大学敦煌艺术学院油画系，甘肃省美协会员。任定西市美协副主席、定西市青年美协理事，定西画院、定西书画院画师，渭源县美协副主席，县政协委员，中共民盟盟员。

0793 史小兵

性　　别：男

出生年月：1981-10-13

民　　族：汉族

政治面貌：群众

职　　称：副高

学　　历：大学本科

所在单位：渭源县图书馆

通讯地址：渭源县清源镇新街19号

成　　就：作品曾入选正立阳光——第二届"希望·圆梦"杯全国书画作品展。2013年就读于杭州何水法美术馆中国花鸟画写生创作班，并在杭州举办展览。

简　　介：2005年毕业于兰州商学院艺术学院，获文学学士学位。师从甘肃省美术家协会副主席马刚与甘肃省书法家协会主席马国俊二位书画家。

0794 朱元林

性　　别：男

出生年月：1981-08-08

民　　族：汉族

政治面貌：群众

职　　称：副高

学　　历：大学专科

所在单位：渭源县文化馆

通讯地址：渭源县清源镇新街19号

成　　就：剪纸作品《奥运福娃》在2007年西风烈·中国剪纸艺术大赛暨第二届定西市剪纸精品战中荣获银奖，作品被定西市人大常委会永久收藏。剪纸作品《民居》在省委宣传部、省文联、省民协、定西市政府举办的关陇地区民间剪纸精品展暨学术论坛活动中荣获优秀奖，并被定西市陇中剪纸艺术馆永久收藏。剪纸作品《绶带牡丹》在渭源县民俗博物馆永久展出。书画作品在省文化厅举办的庆祝建党九十周年全省文化系统美术作品展中荣获优秀奖。2005年开始跟随县内民间剪纸艺人曹凤英、朱雁翎等老前辈学习剪纸艺术，随后创作了一批剪纸作品，主要有：《奥运福娃》《民居》《绶带牡丹》《福寿图》《蝶恋花》《民族少女》等。

简　　介：2002年06月毕业于西北师范大学工艺美术与广告设计专业；2003年05月分配到渭源县文化馆从事群众文化工作；省民协会员，2013年被省文化厅评为全省非物质文化遗产保护先进工作者。

0795 张展英

性　　别：男

出生年月：1961-12-27

民　　族：汉族

政治面貌：群众

职　　称：副高

学　　历：高中

所在单位：甘肃省渭源县莲峰镇

通讯地址：渭源县清源镇新街19号

成　　就：1988年《荷塘翠鸟》入编《冰雪情海内外书画名家精品集》；2003年《竹里秋风应更多》发表于《甘肃日报》；2004年《墨竹》入编《全国梅兰竹菊中国画图录集》；2005年《雪竹》入编《第三届全国中老年书画大赛》；2006年书法、绘画入选甘肃省第十一届运动会书画摄影展；2012年书法荣获全球华人龙年龙字大展金龙奖，书法入展甘肃省百名农民写宪法作品展；2013 年元月绘画入展第四届甘肃省百名艺术家作品展览；书法绘画获全省久鼎杯迎国庆、促三农书画展二等奖。

简　　介：擅长写意花鸟，尤长于竹子，书法工隶书，潜心雕刻。现为中国国画家协会会员、中国农民书画研究会会员、甘肃省书协会员、甘肃省美协会员、甘肃省农民书画研究会会员，甘肃省国画院画师、定西市农民书画研究会副会长、定西市渭河国画院副院长，高级书法艺术师。

0796 徐国军

性　　别：男

出生年月：1974-09-02

民　　族：汉族

政治面貌：党员

职　　称：副高

学　　历：大学本科

所在单位：渭源县工商联

通讯地址：渭源县清源镇新街 19 号

成　　就：2009 年，百年兰大杯全国书法大奖赛入展（由兰州大学，甘肃省书法家协会主办）；2009 年第七届全国法制宣传书画赛三等奖；2009 年甘肃省第三届张芝奖书法展获三等奖（甘肃省文联、甘肃省书法家协会主办）；2010 年首届梨乡水城杯全国书法大赛入展（河北省书法家协会、中共河北省委政策研究室主办；2010 年第八届全国法制宣传书画赛优秀奖；2010 年首届“相逢运河源·和谐新农村”全国书画大赛优秀奖；2010 年全国第三届扇面展入围（中书协主办）；2010 年首届新宏杯全国书画大赛入展（河南书协主办）；2011 年甘肃省首届书法篆刻展入展（甘肃省书协主办）；2011 年庆祝建党 90 周年全国职工书画大赛入展（中华总工会、中书协主办）；2011 年古河州杯书法大赛入展（省文化厅、省书协主办）；2011 年希望圆梦杯全国书法大赛获优秀奖；2012 年首届莲花水城杯全国书法大赛入展；2014 年山东省牡丹杯双年展入展。

简　　介：现为渭源县工商联副主席。

0797 胡富存

性　　别：男

出生年月：1978-04-10

民　　族：汉族

政治面貌：群众

职　　称：副高

学　　历：大学本科

所在单位：渭源县第二中学

通讯地址：渭源县清源镇新街 19 号

成　　就：2003 年草书入选敦煌杯国际书法篆刻展（中国书法家协会主办）；2005 年获全国青年书法大赛铜奖（山西书协主办）；2006 年入选“杜甫陇右诗”书法展（甘肃书协主办）；2006 年入选甘肃省首届农民书法展（甘肃书协主办）；2006 年入选省运会书画展（甘肃省文化厅主办）；2007 年“李氏文化杯”书画大展（甘肃省文化厅主办）；2008 年入选甘肃省第三届书法新人展（甘肃书协主办）；2008 年入选甘肃省第五届青年书法展（甘肃书协主办）；2009 年入选甘肃省第三届张芝奖书法展（甘肃书协主办）；2011 年入选第三届中国西部书法展（中国书法家协会主办）。

简　　介：甘肃书法家协会会员。

0798 王吉成

性　　别：男

出生年月：1955-11-01

民　　族：汉族

政治面貌：群众

职　　称：副高

学　　历：高中
所在单位：渭源县荣城书画社
通讯地址：渭源县清源镇新街 19 号
成　　就：自幼爱好书画，20 世纪 80 年代受文化馆专业老师陈望前启蒙，从颜体楷书《东方画赞》入手，先后临习了褚遂良的《大字阴符经》、欧体《九成宫》、北碑《始平公造像》、《张玄墓志碑》等，后又从米芾行书《蜀素帖》入手，遍涉米书各类手札，再后又临习二王行书手札和《圣教序》《兰亭序》等。1993 年在甘肃省审计系统书画展中获书法二等奖；1997 年在定西市政协举办的庆香港回归书画展中获三等奖；2008 年楷书临作《大字阴经符》入选甘肃书协举办的第二届临帖展；同年行草书作品入选甘肃书协举办的第三届新人新作展；楷书条幅在甘肃书协举办的第五届中青展中获三等奖；2009 年在甘肃省科技界书画展中获二等奖；2010 年获甘肃农民书画展一等奖；2011 年入选甘肃省书协举办的首届书法篆刻大展；2011 年入围中国书协举办的邓石如奖全国书法大赛。
简　　介：甘肃省书法家协会会员，定西市渭河国画院副院长。

0799 刘兴凯

性　　别：男
出生年月：1962-03-06
民　　族：汉族
政治面貌：群众
职　　称：副高
学　　历：高中
所在单位：渭源县莲峰镇政府
通讯地址：渭源县清源镇新街 19 号
成　　就：作品先后 10 多次入选省美协举办的展览，并获三等奖 2 次，作品多次发表于《中国书画报》《甘肃日报》《定西日报》等各类报刊杂志，并入编各类书画集。
简　　介：现为甘肃省美术家协会会员、副高级中国画艺术师、临洮沁园春国画院院士、渭水园书画院副院长。

0800 孙仲义

性　　别：男
出生年月：1942-04-13
民　　族：汉族
政治面貌：群众
职　　称：副高
学　　历：高中
所在单位：渭源县清源镇柯寨村
通讯地址：渭源县清源镇新街 19 号
成　　就：1994 年创作的《牡丹》分别在铜城杯国际书画篆刻大奖赛中获得一等奖，在渭源县庆祝国庆五十周年书画展中获二等奖。2000 年创作的《菊花》在甘肃省第二届群星艺术展中获菊花创作奖。2007 年创作的《写生》入选“风从敦煌来”中国美术写生作品展，并收入甘肃省美术家协会出版的《风从敦煌来》一书。
简　　介：自幼酷爱书画，现为甘肃省美术家协会会员。

0801 姬小平

性　　别：男
出生年月：1972-04-24
民　　族：汉族
政治面貌：党员
职　　称：副高
学　　历：大学本科
所在单位：渭源县文联
通讯地址：渭源县清源镇新街 19 号
成　　就：1999 年入展北京大学和日本别府大学校际师生书法交流展并获优秀奖；2002 年入选首都师范大学中国书法文化研究所师

生作品集——《学苑积跬》；2004年入展甘肃省第四届中青年书法篆刻作品展；2005年入展丝绸之路——甘肃省首届书画作品大赛并获书法成人组一等奖；2006年入展甘肃省首届临帖展并获提名奖；2007年入展首届甘肃书法作品晋京展；2007年入展全国第九届书法篆刻作品展；2008年入选《书法》杂志2008年中国书坛中青年百强榜提名；2010年入选"谢氏杯"《书法》杂志第三届（2010年）中国书坛中青年"百强榜"。

简　　介：首都师范大学中国书法文化研究所书法硕士研究生结业。中国书协会员、甘肃省青年书协常务理事、定西市青年书协副主席、定西市书协理事、定西市画院画师、渭源县文联主席。1989年开始学习书法；1997—1999年就读于北京大学政治学专业，课余师从陈玉龙、杨辛、葛英会、杨重光、张辛和高译诸教授学习书法，时任北京大学学生书画学会副会长；2000—2002年就读首都师大中国书法文化研究所研究生课程班，师从欧阳中石、刘守安、张同印、叶培贵、甘中流和解小青诸教授学习书法。

0802 朱雁翎

性　　别：男

出生年月：1951-11-25

民　　族：汉族

政治面貌：党员

职　　称：副高

学　　历：高中

所在单位：渭源县文化馆

通讯地址：渭源县清源镇新街19号

成　　就：2008年，剪纸"毛泽东肖像"在西风烈·中国剪纸艺术大赛中荣获铜奖。2008年，在第二届定西市剪纸精品展中荣获银奖。被授予"定西市十大剪纸传承人"称号，被县文化出版旅游局授予渭源县民间艺术剪纸传承人。2010年剪纸作品在全县首届"最美夕阳情、书画伴人生"老年人书画展中荣获优秀奖。2011年剪纸作品在全省文化系统纪念中国共产党成立90周年作品展中荣获优秀奖。2013年被评为全市非物质文化遗产保护优秀传承人。

简　　介：中华文化促进会剪纸艺术委员会会员，定西市民协副主席，渭源县民协主席，从事剪纸艺术10年。

0803 乔彩凤

性　　别：女

出生年月：1976-01-03

民　　族：汉族

政治面貌：党员

职　　称：副高

学　　历：大学本科

所在单位：渭源县广播影视中心

通讯地址：渭源县宣传部

成　　就：撰写的多篇散文、诗歌发表在《丝绸之路》《定西日报》《渭水源》杂志，编导摄制的电视文艺专题《渐行渐远的风景——水磨房》《日渐式微的民间艺术——皮影戏》《活态的非物质文化遗产——会川本庙庙会》《渭水源头过大年》《多彩渭源》《藏羌古风舞动的旋律》等专题播出后收到良好的反响，此栏目《走进渭河源》也由此获得2012年度定西市政府第二届新闻奖电视优秀节目类二等奖、2013年度全省广播影视优秀节目县级电视节目评选栏目类一等奖。并编辑出版了寇倐茜先生所写的历史文化大散文《大渭河》和散文集《无助的孤独》。

简　　介：自1995年11月至今，一直从事渭源县广播电视的新闻宣传工作，开设电视专栏，编导摄制一些有影响力又体现本土地域特色的历史文化类专题节目并取得了较好成绩，同时也撰写了一些文化艺术类的散文、诗歌，发表在有关刊物上。

0804 刘存来

性　　别：男
出生年月：1966-03-12
民　　族：汉族
政治面貌：党员
职　　称：副高
学　　历：大学本科
所在单位：兰州市老干局
通讯地址：渭源县清源镇新街 19 号
成　　就：2001 年国画作品在甘肃省临洮师范学校建校 85 周年校友书画作品展览中获优秀奖；2008 年国画作品《春满乾坤》入选庆祝改革开放三十周年、喜迎奥运——甘肃美术作品大展；2008 年国画作品在2008——中国·定西马铃薯大会书画笔会中获三等奖；2008 年国画作品在定西市人大常委会迎奥运书画艺术作品展中获优秀奖；2008 年国画《馨香飘远》在中国文联书画艺术交流中心、广东省政协办公厅、中原书画院举办的“走进广东”友和杯第六届海峡两岸书画大展中获佳作奖；2009 年 7 月国画作品《神州春韵》入选甘肃省美协主办的中国天水伏羲文化旅游节甘肃东部四市美术书法巡展，并获二等奖；2009 年 8 月国画作品《神舟春韵》入选甘肃省文化厅主办的第四届甘肃省群星艺术节美术、书法、摄影展；2010 年 10 月作品《春满神州》在甘肃省定西市文化馆专业人员书画交流展中获优秀奖。多篇论文及文学作品发表于《语文报》《中学语文》《少年文摘报》等杂志。
简　　介：曾担任渭源县教育局教研室副主任，渭源县文化广播影视局副局长，兼县文化馆馆长。任甘肃省美协会员、渭源县美协副主席、渭水源书画院副院长、甘肃省陇中画院画师。先后毕业于甘肃省临洮师范学校普通班、定西教育学院和兰州大学中文系；1985—2001 年在张家滩学校、莲峰中学教学；2001—2005 年在渭源县教育局教研室工作；2005—2011 年在渭源县文化广播影视局、县文化馆工作。

0805 杨世文

性　　别：男
出生年月：1936-07-08
民　　族：汉族
政治面貌：群众
职　　称：副高
学　　历：高中
所在单位：渭源县清源镇高家堡
通讯地址：渭源县清源镇新街 19 号
成　　就：作品《重把陇原细装点》《陇上水乡》分别入选第四、五届当代中国山水画展，获创新奖，并入编大型画集；作品《陇原高秋》入编中国书画典藏大型文献，并被编委会收藏；作品《天涯共明月》入选第四届王子杯海峡两岸书画大展，被授予“新世纪中国书画四百强”荣誉称号；作品《幽幽素蕊放清香》入选中韩书画名家作品交流展并获荣誉金奖。
简　　介：副高级中国画艺术师，擅长写意山水，兼攻写意花鸟，现为中国国画院院士、北京京华兰亭书画名誉院长、甘肃省美术家协会会员，临洮沁园春国画院常务副院长。

0806 张映红

性　　别：男
出生年月：1972-03-21
民　　族：汉族
政治面貌：群众
职　　称：副高
学　　历：大学本科
所在单位：渭源县第二中学

通讯地址：渭源县清源镇新街 19 号

成　　就：2009 年作品《初秋》入选庆祝中华人民共和国成立 60 周年——甘肃美术作品大展；2009 年作品《山水》入选第四届甘肃省群星艺术节美术、书法、摄影展。

简　　介：1992 年毕业于临洮师范普师班。

0807 马步斗

性　　别：男

出生年月：1944 年

民　　族：回族

政治面貌：群众

职　　称：副高

学　　历：大学本科

所在单位：岷县文联

通讯地址：岷县新民街 56 号

成　　就：1987 年 1 月出版第一部长篇小说《大梁沟传奇》（21 万字，甘肃人民出版社出版），该书的出版填补了定西市长篇小说创作的空白，并在第三次文学评奖中获优秀作品奖，是在全国范围内由回族作家描写本民族人民生活的第一部长篇小说，荣获 1986—1987 年度全国少数民族省（区）文艺读物优秀读书一等奖。1999 年 9 月出版第三部长篇小说《太平寨》（甘肃敦煌文艺出版社出版），该书获敦煌文艺二等奖，甘肃省优秀图书奖，并被选用为宁夏大学中文系回族选修课教材，被甘肃文联遴选为甘肃 50 年来 10 部优秀作品之一。2002 年 4 月出版长篇报告文学《大黑百姓俱欢颜》（广州人民出版社出版）。2005 年加入中国作家协会。2007 年 3 月作家出版社出版长篇历史小说《花海药情》（同年 9 月再版）。2008 年出版第四部长篇小说《米州天下》（80 多万字）。马步斗已有 6 部 300 余万字的文学力作出版发行。作品分获全国少数民族文艺读物优秀图书一等奖、甘肃省优秀长篇小说奖、敦煌文艺奖、黄河文学奖、甘肃省作协长篇小说铜奔马奖等。

0808 贾石璧

性　　别：男

出生年月：1980 年 2 月

民　　族：汉族

政治面貌：群众

职　　称：副高

学　　历：高中

所在单位：岷县瑞昭轩画廊

通讯地址：岷县新民街 56 号

成　　就：甘肃省第三届新人新作展获奖（甘肃书协）；甘肃省第三届农民书画展三等奖（甘肃书协等）；甘肃省首届书法篆刻展获奖提名（甘肃书协）；首届全国手卷展优秀奖（《书法导报》社）；入展第十届全国书法篆刻展（中国书协）、第三届全国行草书大展（中国书协）、全国第二届青年书法篆刻展（中国书协）、“百年兰大”全国书法大展（兰州大学）、甘肃省第五届中青年书法家作品展（甘肃书协）、甘肃省第三届张芝奖书法展（甘肃书协）；入选第三届中国书坛中青年百强榜（《书法》杂志社）；获定西市书法家提名（定西市书协）。

简　　介：中国书法家协会会员、甘肃农民书画研究会常务理事、定西市书协理事、定西市青年书画经营家协会副会长、岷县书画家协会理事。

0809 索丽娟

性　　别：女

出生年月：1974 年

民　　族：汉族

政治面貌：党员

职　　称：副高

学　　历：大学本科

所在单位：岷县文化馆
通讯地址：岷县新民街 56 号
成　　就：2008 年 5 月参加了甘肃暨全国第五届音乐课评选活动获得三等奖；2008 年 4 月在全市体育艺术安全国防教育论文评选中获二等奖；2008 年 8 月在定西市第三届声乐、器乐大赛中获个人三等奖、辅导二等奖、优秀组织奖；2011 年 12 月获敦煌文艺民族声乐大赛三等奖；2012 年 4 月获第八届青春中国才艺大赛声乐一等奖。
简　　介：1994 年 8 月参加工作；2005 年 11 月取得小学高级教师职称；2008 年元月由岷县东关小学调岷县文化馆工作；2009 年转换为中级馆员职称；2010 年元月受聘为岷县文化馆群众艺术工作者；2013 年 12 月取得副研究馆员职称；2014 年 5 月受聘为岷县文化馆副研究馆员。

0810 白凌

性　　别：男
出生年月：1983-08-01
民　　族：汉族
政治面貌：党员
职　　称：副高
学　　历：大学本科
所在单位：岷县美术馆
通讯地址：岷县岷州西路
成　　就：2007 年被西安美术学院评为中共优秀党员；2007 出版《白凌山水画写生》集；2009 年在岷县瑞昭轩举办白凌中国山水画展；2010 年出版《中国当代水墨名家白凌中国山水画集》；2004 年中国画作品《春晓》入选甘肃首届丝绸之路大赛。2007 年中国画作品《高原牧归》《苍山无语共峥嵘》入选陕西纪念改革开放 30 周年美术作品展。2007 年《叶落时分》获西安美术学院毕业创作优秀奖。2013 年《园博一景》参加北京百名画家园博园展。2014 年《苗寨》参加中国国家画院百名画家进泉州展。2014 年《迎春》入展"重温经典"娄东太仓全国美展。2015 年参加漓江画派走进荔浦写生作品展。
简　　介：西安美术学院国画专业毕业，现为中国国家画院黄格胜工作室画家。为甘肃省美术家协会员、北京市丰台区美术家协会会员、定西市美术家协会理事、副秘书长，定西市青联委员、定西市青年美术家协会理事、岷县美术馆副馆长、岷州书画院副院长、岷县美术家协会副主席。

0811 林万里

性　　别：男
出生年月：1985-01-19
民　　族：汉族
政治面貌：群众
职　　称：副高
学　　历：大学本科
所在单位：岷县文化馆
通讯地址：岷县新民街 56 号
成　　就：第七届敦煌文艺奖二等奖（甘肃省委、省政府）；第三届马家窑文艺奖二等奖（定西市委、市政府）；定西市第二届德艺双馨文艺工作者（定西市委组织部、宣传部）；甘肃省第二届张芝奖书法展三等奖（甘肃书协）；甘肃省第五届中青展获奖提名（甘肃书协）；浙江省第三届青年书法选拔赛铜奖（浙江省青年书协）；甘肃省第二届青少年书法展青年组二等奖（甘肃书协）；首届岷州文艺奖一等奖（岷县县委、县政府）。其他书法活动有：甘肃省第二届青年书法家提名展（甘肃省青联、共青团甘肃省委主办）；甘肃省中青年百家作品展（甘肃省文化厅、甘肃画院主办）；定西市书法家提名展（定西市委市政府主办）；"秋水长天"甘肃青年书法名家走进天水作品展（甘肃省青年书协主办）；全国名家走进定西师专作品展（定西师专主办）；2011 年《书法导报》经典精临张旭专版；2012 年《书法导报》经典精临王献之专版；2013 年《书法导报》经典精临杨凝式专版；2014 年《书法导报》经典精临怀素专版。

简　　介：毕业于中国美院书法专业。现为中国书协会员、甘肃省青年书协理事、甘肃省书协草书委员、定西市书协副主席、市县两级拔尖人才、岷县书协主席、岷县文化馆副馆长。

0812 张润平

性　　别：男

出生年月：1962 年

民　　族：汉族

政治面貌：党员

职　　称：副高

学　　历：大学专科

所在单位：岷县文广局

通讯地址：岷县新民街 56 号

成　　就：目前出版专著：中国社会科学出版社 2012 年出版《西天佛子源流录文献与初步研究》、甘肃文化出版社 2012 年出版《岷县历史文化与民俗散论》，编著：甘肃人民出版社 2008 年出版《人文岷州》、中国文史出版社 2010 年出版《洮砚文化》、甘肃文化出版社 2010 年出版《岷县史话》等。在《民族研究》《中国藏学》《西羌文化》《中国司法》等国家级核心期刊等发表论文 30 多篇。受甘肃省广播影视局专题部邀请为学术顾问，参与制作国家文化部信息共享工程影视项目 15 集大型纪录片《甘肃花儿民歌》。受宁夏黄河录像出版社邀请，参与制作大型系列纪录片《中国花儿集萃》。

简　　介：岷县文广局干部，甘肃高校人文社科重点研究基地·甘肃省民族师范学院河洮岷文化研究中心特聘研究员、客座教授。西羌文化特邀研究员、定西市特邀文史研究员、中国民俗学会理事、关陇民俗学会副理事长、甘肃省民俗学会理事、定西市民间文艺家协会副主席、国际亚细亚民俗学会会员、中国民间文艺家协会会员、中国民间文艺家协会花儿文化专业委员会委员。

0813 涛声

性　　别：男

出生年月：1965

民　　族：汉族

政治面貌：群众

职　　称：副高

学　　历：大学本科

所在单位：岷县和平九年制学校

通讯地址：岷县新民街 56 号

成　　就：中短篇小说集《远山白云》（2000 年，中国文联出版社）。长篇小说《七八个星天外》（2003 年，作家出版社）。长篇小说《落幕的悲情》（2005 年，作家出版社）。中短篇小说集《唱花儿》（2012 年，作家出版社）。在《青年文学》《长江文艺》《天津文学》《飞天》《延河》《朔方》等刊物发表过多篇小说。《七八个星天外》获定西市第一届“五个一工程”奖。《落幕的悲情》获定西市第一届马家窑文艺奖。短篇小说《酸刺坡上的牧羊人》获第三届甘肃省黄河文学奖。中篇小说《女校长》获定西市第三届马家窑文艺奖。担任电影《说好不流泪》编剧、制片人。担任电影《县长》编剧、制片人（2015 年 7 月拍摄）。

简　　介：中国作家协会会员，甘肃省定西市作家协会副主席。

0814 王兰芳

性　　别：女

出生年月：1965-12-01
民　　族：汉族
政治面貌：党员
职　　称：副高
学　　历：高中
所在单位：岷县岷州演艺有限责任公司
通讯地址：岷县岷州西路
成　　就：参加工作后只要担任秦腔正、小旦演员和歌唱等演出工作，多次被评为单位优秀演员，2001 年参加定西市声乐器乐大奖赛获得通俗组一等奖。2002 年 7 月参加中国青少年艺术新人选拔大赛定西赛区二等奖，同时参加该大赛甘肃省赛区比赛获得优秀奖，同年参加甘肃省首届小戏调演活动，参演的眉户小戏《新小姑贤》获得二等奖。
简　　介：1983 年 5 月分配到岷县秦剧团工作至今；2011 年 4 月 26 日由岷县文广局发文安排管理并负责秦剧团日常事务；2012 年 5 月秦剧团改制后，被文广局任命为岷县岷州演艺有限责任公司经理。

0815 包孝祖

性　　别：男
出生年月：1964-01-19
民　　族：汉族
政治面貌：群众
职　　称：副高
学　　历：大学本科
所在单位：岷县县志办公室编辑
通讯地址：岷县新民街 56 号
成　　就：书法作品多次参加全国书画名家邀请展、国际书法大展等重要展事并获奖；书法理论与评论文章多篇发表、连载于专业报刊并两次入选全国书学讨论会；连续两届获甘肃书法“张芝奖”二等奖。编著出版有《岷县书法作品集》（甘肃人民出版社，2008）；《岷县史话》（甘肃文化出版社，2009）等。
简　　介：长期涉猎文学、金石书画、哲学、美学、历史、民俗文化、艺术评论等。被誉为甘肃当代“乡村诗歌”的代表诗人之一。是岷县第一位中国书法家协会会员。现主要从事陇右史地研究、西北民族研究、地方史研究。为《岷县志（1986—2011）》副主编。

0816 闫守忠

性　　别：男
出生年月：1968-03-01
民　　族：回族
政治面貌：党员
职　　称：副高
学　　历：高中
所在单位：岷县广播电视台
通讯地址：岷县岷州西路
成　　就：在各级各类媒体共发表广播电视新闻稿件 1500 多条（篇），其中 30 多条（篇）在中央、省、市各类媒体刊播并获奖。钟爱诗歌，业余创作的作品散见于《诗刊》《中国诗歌》《飞天》《青海湖》《回族文学》《山东文学》《黄河诗报》《散文诗》《朔风》《六盘山》《天涯诗刊》《中国青年诗选》《甘肃日报》等报刊杂志和部分年度选本。出版有诗集《缤纷四季》（2010 年 5 月作家出版社）、《想起你已是春天》（2012 年 4 月中国文联出版社）。

0817 王钧

性　　别：男
出生年月：1958
民　　族：汉族
政治面貌：党员
职　　称：副高
学　　历：高中
所在单位：岷县美术馆

通讯地址：岷县新民街 56 号
简　　介：现岷县美术馆馆长（原岷县文化馆馆长）。为甘肃省美术协会会员，政协岷县四、五、六、七、九届委员，市美协副主席、岷州书画院院长、原岷县书画协会主席。

0818 包容冰

性　　别：男
出生年月：1963
民　　族：汉族
政治面貌：民主党派
职　　称：副高
学　　历：大学专科
所在单位：岷县政协
通讯地址：岷县新民街 56 号
成　　就：1989 年开始先后在《朔方》《飞天》《诗刊》《诗歌月刊》《中国诗人》《诗潮》《扬子江诗刊》《中国文学》《延安文学》《诗选刊》《诗探索》《中国诗歌》《文学港》《绿洲》《西北军事文学》《星星》诗刊以及台湾《葡萄园》等刊物发表作品多首（篇）。出版诗集《我的马啃光带露的青草》《空门独语》（上下卷）《内心放射的光芒》（上下卷）等。作品入选《中国朦胧诗纯情诗多解辞典》《星光烛影》《新时期甘肃文学作品选》《飞天六十年典藏·诗歌卷》《中国 2012 年度诗歌精选》《中国年度优秀诗歌 2013 年卷》《当代精美短诗百首赏析》《新世纪好诗选》《2014 年中国诗歌精选》等。曾获全国大赛奖 20 多次及甘肃第四届黄河文学奖、定西市第二届马家窑文艺奖等。
简　　介：中国民主建国会民建岷县总支副主委，岷县政协文史委专干。中国作家协会会员、岷县作家协会主席、《岷州文学》主编。《新时期甘肃文学作品选》副总编、《新时期甘肃文学作品选·诗歌卷》主编。

0819 包晓钟

性　　别：男
出生年月：1968-03-03
民　　族：汉族
政治面貌：民主党派
职　　称：副高
学　　历：大学本科
所在单位：岷县美术馆
通讯地址：岷县新民街 56 号
成　　就：2000 年参加中国美术家协会主办的“民纪风情”中国画展；2002 年参加甘肃、青海、宁夏、内蒙、新疆五地中国画作品联展；2005 年参加西泠印社首届中国画大展获提名奖；2006 年参加甘肃美术家协会主办的杜甫陇石诗画展获优秀奖；2008 年参加甘肃省写生画展；2009 年获中国美术家协会、中国书法家协会主办的中国（芮城）永乐宫第二届国际书画艺术节优秀奖，入展西泠印社诗书画印展、全国中国画名家学术提名展和甘肃省庆祝建国六十周年美术作品展；2010 年参加东北亚书画作品展获优秀奖；2011 年入展中国美术家协会、中国书法家协会主办的中国（芮城）永乐宫第四届国际书画艺术节；2012 年入展甘肃美术家协会主办的纪念延安文艺座谈会讲话七十周年美术作品展；作品和文章曾发表于《国画家》《当代名家》《美术界》《甘肃美术家》《当代美术》《丝绸之路》等报刊。
简　　介：1987 年 7 月参加工作。为甘肃省美术家协会会员、民盟甘肃画院理事、定西市青年美术家协会副主席、定西市画院画师、岷县美术家协会主席。2007—2008 年就读于中国艺术研究院贾又福山水工作室。政协岷县八届、九届委员，县馆领军人才。

0820 殷瑞东

性　　别：男

出生年月：1976
民　　族：汉族
政治面貌：党员
职　　称：副高
学　　历：大学本科
所在单位：岷县文化广播影视局党组成员
通讯地址：岷县新民街 56 号
成　　就：作品入展：第十届全国书法篆刻展（中国书协）、第二届中国西部书法篆刻展（中国书协）、建党 90 周年全国职工书法展（中国书协）、第四、五届中国中小学生书法节（中国书协）、第三届全国煤矿书法精品展（中国煤矿书协）、西泠印社首届长卷·楹联·扇面书法展（西泠印社）、甘肃省第五届中青展（甘肃书协）、甘肃省首届书法篆刻展（甘肃书协）。第四届浙江省青年书法选拔赛银奖（浙江省青年书协）。三届"梁披云杯"全国书法大展三等奖、获奖提名（书谱社）。第三届全国"康有为奖"书法展优秀奖（中国书协展览部等）。甘肃省首届电视书法大赛三等奖（甘肃省青年书协）。
简　　介：毕业于中国美术学院书法篆刻专业。现为中国书法家协会会员、定西市青年书协副秘书长、陇中画院画师，现任岷县文化广播影视局党组成员。

0821 罗晓军

性　　别：男
出生年月：1967-06-29
民　　族：汉族
政治面貌：党员
职　　称：副高
学　　历：大学本科
所在单位：临洮县文化馆
通讯地址：临洮县洮阳镇背斗巷 11 号
成　　就：1990 年毕业于西北师范大学音乐系。多次在市县音乐比赛中获一、二等奖。从事音乐（声乐、器乐）教学至今 24 年。多次被定西市文化局主办的声乐器乐大赛组委会聘为评委。成功举办多场"罗晓军师生音乐会"。2002 年获中国青少年艺术新人选拔赛定西赛区器乐辅导一等奖。在定西市第二届和第三届定西市声乐器乐大赛中分别荣获辅导一等奖、辅导二等奖。近年来对青年音乐教师的声乐教学取得可喜的成绩，部分教师已成功举办了个人演唱会，得到了社会的好评，如 2012 年"王丽佼独唱音乐会"、2013 年"边宇静独唱音乐会"等。在省级核心刊物《甘肃艺苑》发表学术论文多篇。发表《美好声音获得的第一步——中声区训练》《怎样才能获得美妙的声音——正确运用呼吸来歌唱》等。入选中央民族大学出版社出版的《中国基础教育改革论坛》中的论文，荣获论文一等奖。
简　　介：为甘肃省音乐家协会会员、定西市音乐家协会理事、临洮县音乐家协会主席、临洮县文联副主席，临洮县文化馆副馆长、副研究馆员、副教授。在大型文艺汇演中分别担任过主持人、艺术总监、舞台监督、演员等工作。

0822 张亚平

性　　别：男
出生年月：1960-06-24
民　　族：汉族
政治面貌：群众
职　　称：副高
学　　历：大学本科
所在单位：临洮县美术馆（临洮画院）
通讯地址：临洮县洮阳镇背斗巷 11 号
成　　就：2004 年作品《香风摇荡》入选甘肃省纪念邓小平诞辰 100 周年美术作品展。2005 年作品《日暮秋风》入选建国 56 周年西部风情甘肃美术作品展。2008年作品《荷塘》入选“和谐家园”全国工笔花鸟画展。作品被辽河艺术馆收藏，并入选大型画册。2009年作品《荷塘秋趣》入选庆祝建国60周年甘肃美术作品大展。2009年作品《花鸟》入选兰州市画院主办的庆祝建国60周年美术作品展。2009年作品《荷趣》入选陇东五地市书画展并获二等奖。2009年有5幅花鸟作品入选定西市花鸟画提名展，并出版画册。2010年作品《荷塘清趣》入选定西市在山东菏泽举办的书画交流展，及定西、庆阳书画交流展，2010年作品《荷花系列》参展于定西市文化馆系统美术工作者画展，获三等奖。2011年作品《花鸟》在庆祝中国共产党成立九十周年定西市美术、书法作品展中获一等奖。

简　　介：毕业于西北师大美术系。现为甘肃美术家协会会员、甘肃美术教育研究会会员、定西市美术家协会副主席、定西市青年美协副主席、临洮县美协主席、临洮画院副院长、临洮县美术馆副馆长。

0823 马希柯

性　　别：女

出生年月：1966-02-18

民　　族：回族

政治面貌：群众

职　　称：副高

学　　历：大学本科

所在单位：陇南市文化馆

通讯地址：陇南市武都区下北山文化大厦

成　　就：在全国的少儿声乐比赛中，辅导的学生获1个金奖、1个银奖；在全省的各艺术节中辅导的学生获一等奖6个，二等奖8个，三等奖若干个；她本人也获得国家优秀指导教师奖及优秀园丁奖，得到领导和社会各界的共同好评。

简　　介：1989年西北民族学院艺术系音乐专业毕业，获文学士学位，毕业分配到陇南地区群艺馆从事群众文化艺术辅导工作；2002年担任地区群艺馆音乐舞蹈部副主任；2009年5月经甘肃省艺术专业高级职务评审委员会评审通过评为副研究馆员（副高职称），同年11月被单位聘任为副研究馆员；现任甘肃省青联第八届委员、政协陇南市第一届市政协常委、陇南市文联副主席（兼职），任甘肃省音协理事、市音协主席。

0824 张彩民

性　　别：男

出生年月：1956-12-04

民　　族：汉族

政治面貌：群众

职　　称：副高

学　　历：大学本科

所在单位：陇南师专

通讯地址：成县城关镇陇南路34号

成　　就：曾有教学论文获教育部论文评比三等奖，省级论文评比一等奖，美术作品多幅在各级刊物发表并参展获奖。

简　　介：毕业于西北师范大学美术系，副教授职称。于1978年9月参加工作，曾任教研组长，美术系主任，陇南市第一届人大常委会委员、甘肃省美术协会会员、甘肃省美术教育研究会会员。主授课程中国画、工艺设计等。

0825 李明

性　　别：男

出生年月：1957-09-20

民　　族：汉族

政治面貌：民主党派

职　　称：副高

学　　历：大学专科

所在单位：陇南美术馆
通讯地址：成县工行家属院
成　　就：1989 年在中国美协主办的丝绸之路美术大展中获优秀奖；2002 年参加中国美协主办的“523”讲话发表 60 周年全国美展获优秀奖；1998 年参加中国美协、北京画院主办的画展获优秀奖。
简　　介：甘肃省美协理事、市美协副主席、甘肃画院特聘画家、陇南市美术馆副馆长。

0826 周新美

性　　别：女
出生年月：1967-01-14
民　　族：汉族
政治面貌：党员
职　　称：副高
学　　历：大学本科
所在单位：陇南师专
通讯地址：成县城关镇陇南路 34 号
成　　就：2005 年获第四届“金色彼岸之声”全国新人新作大赛民族唱法银奖；2008 年被甘肃省政府授予园丁奖；第一届陇南市文艺奖银奖获得者；陇南师专中青年骨干教师、优秀教师；多年来教学成果显著，为学校和社会培养了很多优秀艺术人才；同时发表学术论文多篇。
简　　介：1990 年毕业于西北师范大学音乐系，先后在礼县师范和陇南师专工作。曾任音乐系副主任、党总支副书记、理论和声乐教研室主任。长期从事声乐教学和其他音乐类课程教学工作，同时积极参加社会各种文艺演出活动，并多次担任评委。

0827 王瑞

性　　别：男
出生年月：1978-02-19
民　　族：汉族
政治面貌：群众
职　　称：副高
学　　历：大学本科
所在单位：陇南师专
通讯地址：成县城关镇陇南路 34 号
成　　就：2005 年撰写的教育教学论文《高师音乐教学转变观念的案例分析——两节课比较后的思考》获全国第一届大学生艺术展演活动论文评选二等奖。2010 年第六届“青春中国”——全国青少年才艺大赛总决赛中获优秀指导老师奖。2008 年作品《龙昌路之歌》（作曲）获第二届陇南文艺奖音乐类铜奖。自 2006 年以来，在省级学术刊物上发表论文 7 篇，先后多次被学校授予“中青年骨干教师”“优秀教师”“优秀教研室主任”等荣誉称号。
简　　介：甘肃省音协会员、中国音协二胡协会会员、中国音协奥尔夫专业委员会会员等。主要从事音乐教育教学和理论作曲研究，长期担任本系专业课程基本原理、视唱练耳、歌曲分析与创作、即兴伴奏、和声等的教学工作。

0828 赵德祥

性　　别：男
出生年月：1960-05-03
民　　族：汉族
政治面貌：党员
职　　称：副高
学　　历：大学专科
所在单位：陇南市文化馆
通讯地址：陇南市电视台家属楼
成　　就：曾供职于文县文工团、文县广播电视局，参加过第四届中国艺术节，并获得优秀新闻摄影奖。作词作曲并演唱的《洋汤号子》1989 年获甘肃省民族民间音乐歌舞调演一等奖。1997 年至 2002 年在陇南全区优秀广播电视节目评选中连续5年获一等奖，荣获“五连冠”的光荣称号。拍摄的电视专题片《高路入云端》《潮头富民曲》《大山里无人问津的私立学校》在甘肃电视台获二、三等奖。同时拍摄了三部电视专题片，文艺大片《春染陇南》获陇南市首届文艺特等奖。2009年，个人画册《和谐陇南》由中国摄影出版社正式出版，同时入选“中国当代摄影家”。

简　　介：西北师大电教系毕业。陇南市文化馆工作。2009年被评为陇南市领军人才。

0829 梁小明

性　　别：女
出生年月：1973-07-25
民　　族：汉族
政治面貌：群众
职　　称：副高
学　　历：大学本科
所在单位：陇南师专
通讯地址：成县城关镇陇南路34号
成　　就：美术作品《老人》《风景》《西狭夏风》参加省、地美展。发表学术论文10余篇，其中1篇为核心期刊，1篇获得全国第二届大学生艺术展演活动高校艺术教育科研论文三等奖。主持完成校级课题1项。被评为优秀教师、优秀班主任、优秀实习指导教师，获得“第一届中青年骨干教师”称号。
简　　介：毕业于西北师范大学美术教育专业；1995年分配至原成县师范，担任美术系美术基础教研室主任，主要讲授美术基础、外国美术作品欣赏等课程。

0830 王青彦

性　　别：男
出生年月：1957-04-10
民　　族：藏族
政治面貌：民主党派
职　　称：副高
学　　历：大学专科
所在单位：陇南美术馆
通讯地址：武都区城关镇文化大厦六楼
成　　就：2014年9月被特邀参加由国家民委、国务院台办主办的中国一家亲2014海峡两岸各民族中秋联欢暨经贸洽谈活动。作品入选全国第九届书法篆刻作品展，中国书法成立30周年会员优秀作品展，首届全国大字展、小品展，全国第二届草书艺术展，首届敦煌国际书法艺术节书法展，第八回中韩书法邀请展等展事，并赴韩国、日本进行书画展览、交流。
简　　介：民盟盟员、国家级美术师、中国书法家协会会员、甘肃省书法家协会理事、甘肃美协会员、陇南书画院副院长、陇南市书法家协会主席、陇南市领军人才，享受政府津贴。陇南市政协常委，中国书法家协会“书法进万家”先进个人，献礼全国两会全国十大书画家之一。

0831 周光远

性　　别：男
出生年月：1963-01-01
民　　族：汉族
政治面貌：民主党派
职　　称：副高
学　　历：大学本科
所在单位：陇南师专
通讯地址：成县城关镇陇南路34号
成　　就：2000年获第九届全国青年歌手电视大奖赛甘肃赛区民族唱法三等奖；2000年随甘肃广播电视合唱团参加第五届中国国际合唱节获金奖；2001年任陇南师范艺术年级副主任；2001年获第二届中华校园歌曲电视大赛“21世纪校园歌手”称号；2004年参

加首届声乐器乐舞蹈大赛全国总决赛获声乐最佳指导奖；2005 年获陇南市教育系统“优秀班主任”称号；2006 年任陇南师专音乐系副主任兼声乐教研室主任；2008 年被评为陇南师专中青年骨干教师；2009 年获第四届全国校园文艺汇演“魅力校园”指导金奖。多次被陇南师专评为优秀教师、先进个人和师德标兵。

简　　介：1985.9—1987.7 在兰州师专学习；1987.7—1990.8 在成县二中任教，1990.9—1997.4 在白银公司厂坝铅锌矿子弟学校任教；1997.5—1999.8 在成县师范任教；1999.9—2001.6 在西北师范大学学习；2001.8—2003.3 在陇南师范学校任教；2003.4 至今在陇南师专任教。

0832 孙新民

性　　别：男

出生年月：1963-03-20

民　　族：汉族

政治面貌：党员

职　　称：副高

学　　历：大学本科

所在单位：陇南师专

通讯地址：成县城关镇陇南路 34 号

成　　就：2002 年获甘肃省委省政府园丁奖“优秀教师”称号及表彰。2005 年参加教育部第一届大学生艺术展演，获教育部高校艺术类教育论文评比二等奖。2009 年参加第四届全国“魅力校园”及第九届全国校园春节联欢晚会文艺汇演，指导的节目获金奖，本人获优秀指导教师奖。2008 年至 2013 年，作为负责人，主持完成了大型音乐舞蹈史诗《陇南风》《复兴之歌》《长征颂》《池哥昼》的排练和巡回演出工作。论文《新课程理念下音乐教师的知识能力结构》发表于《美与时代》。论文《标题音乐及其演进概要》发表于《艺术教育》。

简　　介：甘肃省音乐家协会会员。1980 年 7 月参加工作；1984 年 9 月—1986 年 7 月，1996 年 9 月—1998 年 7 月先后在兰州师专、西北师大音乐系学习；1986 年 7 月至今先后在成县师范、陇南师范、陇南师专工作，从事音乐教育教学和管理工作；先后担任陇南师专艺体系副主任、艺术系主任、音乐系主任、党总支书记，现为陇南师专音乐系主任。

0833 宋涛

性　　别：男

出生年月：1972-01-20

民　　族：汉族

政治面貌：党员

职　　称：副高

学　　历：大学本科

所在单位：陇南师专

通讯地址：成县城关镇陇南路 34 号

成　　就：自 2010 年以来，在国内学术刊物上发表教学科研论文 6 篇，其中国家级 2 篇、省级 4 篇；参与完成了甘肃省教育厅科研项目“陇南金石的整理与研究”（0721B-02）1 项；2012 年获省教学成果奖省级二等奖（排名第三）。油画作品《陇南村景》《草湾村的春天》《冬日・暖阳》等多次参加省美协主办的展览并获二等奖 2 次，三等奖 1 次。

简　　介：1990 年 9 月就读于西北师范大学美术教育专业，获学士学位；1996 年 6 月在成县师范任美术教师；2010 年 12 月被评为副教授；2014 年 1 月任陇南师专美术系主任。

0834 赵长志

性　　别：男

出生年月：1958-12-25

民　　族：汉族

政治面貌：群众
职　　称：副高
学　　历：大学本科
所在单位：陇南师专
通讯地址：成县城关镇陇南路 34 号
成　　就：作品《暖季》入选全国第八届美展，另有美术作品及论文发表于《人民教育》《飞天》《艺术教育》等刊物。参编甘肃省中师美术通用教材一部。独立完成剪纸、泥塑、根艺三个单元。
简　　介：1976 年参加工作，1998 年毕业于西北师大美术系，美术教育专业本科学历。现为甘肃省美术家协会会员。为陇南师专美术系副教授。

0835 孟小为

性　　别：男
出生年月：1962-02-10
民　　族：汉族
政治面貌：群众
职　　称：副高
学　　历：大学专科
所在单位：甘肃省陇南市成县文化馆
通讯地址：甘肃省陇南师专
成　　就：1982 年作品《老农》参加甘肃大学生美术作品展并发表；1986 年作品《小爱小像》参加“奋进中的甘肃”青年美展并发表；2002 年作品入选外滩艺术开放展外滩艺术馆·上海；2006 年完成记录片《红线》；2006 年作品《麻纸》获“金鹰奖”纪录片二等奖、最佳摄影奖；2011 年作品《望喜》入展云之南纪录影像展；2011 年作品《飞地上的草房》参加日本山形国际纪录电影节；2012 年作品《GO》参加第九届北京独立影像展；2012 年在甘肃陇南师专举办个人作品展“孟小为视像的轨迹”。
简　　介：1982 年天水师范学院美术专业毕业，1988 年深造于中央工艺美院，一直从事油画与纪录片拍摄。油画作品被拍卖或收藏，现主要生活工作在甘肃。

0836 张跃进

性　　别：男
出生年月：1958-02-09
民　　族：汉族
政治面貌：党员
职　　称：副高
学　　历：大学专科
所在单位：成县同谷书画院
通讯地址：甘肃省成县书画院
成　　就：《浅谈中国山水画的虚与实》《简静愉悦的境界——试谈马远踏歌图的艺术特色》《浅谈山水画的情感性》发表于《科学时代》；《张跃进画集》1999 年由天津杨柳表画社出版；1989 年作品《山水》参加在日本东京举行的第十二届国际美术作品展，获表彰奖；1999 年作品《梦回故乡》入展在中国美术馆举办的王文芳师生作品展；2006 年作品《陇山高秋》入选西望敦煌——甘肃省美术作品展；2003 年作品获陇南地区政协首届书画展一等奖；2007 年国画作品《陇山高秋》获首届陇南文艺美术铜奖；2008 年国画作品《春水流香西》荣获第二届陇南文艺美术铜奖；2010 年作品入选亚运当代艺术展。作品先后在《中国艺术报》《国画家》《中国书画报》《甘肃经济日报》等发表 50 余幅作品。
简　　介：1991 年元月毕业于北京画院中国画研修班王文芳工作室。1990 年加入甘肃省美术家协会。2005 年任陇南市美术家协会理事。2004 年当选政协成县第七届委员，2012 年当选政协成县第九届委员。

0837 闫晓霞

性　　别：女

出生年月：1969-12-30

民　　族：汉族

政治面貌：群众

职　　称：副高

学　　历：大学专科

所在单位：成县青少年校外活动中心

通讯地址：成县青少年校外活动中心

成　　就：多次编导大型节会演出。在全县率先研发普及了两套校园千人集体舞，开发了《成州颂》《红川酒歌》《成州迎宾曲》、《公仆》等地方音乐课程资源。开设兴趣特长专业达20余个，10年来举办40期兴趣特长培训班，培训学员3万人次。有400余人通过了中国歌剧舞剧院一至六级考试，有180幅美术作品获中国儿童画研究会金银铜奖，200多篇学生作文获《中国校园文学》一、二、三等奖，有10首童谣被评为全国首届和全省首届优秀歌谣。

简　　介：1987年7月参加工作，现任甘肃省陇南市成县青少年校外活动中心主任，兼成县东街小学副校长。历获陇南市优秀少先队辅导员、甘肃省优秀少先队辅导员、甘肃省优秀教师、园丁奖。政协陇南市第一届、第二、第三届委员，政协成县第八届、九届委员、常委，陇南市第一届团代会代表，陇南市第一届文代会代表，陇南市百名优秀青年。2007年兼任陇南市第一届青联常委。2006年任陇南高等师范专科学校兼职讲师。2004年至今兼任成县少先队总辅导员。1999年至今兼任成县音乐舞蹈协会副理事长。

0838 刘水

性　　别：男

出生年月：1965-08-02

民　　族：汉族

政治面貌：党员

职　　称：副高

学　　历：高中

所在单位：成县沙坝镇

通讯地址：成县沙坝镇杨坝村

成　　就：著有文学作品：《秘密》《碰拜大》《胡杨树》《野马河苍生》《野马河风情》《野马河畔的风》等100余万字的文学作品。《碰拜大》曾被译为俄文。

简　　介：现在系中残联评议委员、中国国家协会会员。

0839 李辉

性　　别：男

出生年月：1958-07-15

民　　族：汉族

政治面貌：群众

职　　称：副高

学　　历：大学专科

所在单位：甘肃成县黄渚厂坝学校

通讯地址：甘肃成县黄渚厂坝学校

成　　就：1991年白银公司厂坝职工汇演独唱优秀奖；1993年成县卡拉OK名族唱法三等奖；1993年成县纪念毛泽东诞辰100周年文艺汇演名族唱法优秀奖；多次以指挥者身份参加厂坝文艺汇演并获得过优秀指挥；2002年所带学生获得电子琴4、5级5人，所教学生考上大学音乐专业有多人，多次作为艺术指导指导学生参加本校文艺演出。

简　　介：1975年12月参加工作，小学高级教师，专科，在“麓山”任教15年。

0840 杨立强

性　　别：男

出生年月：1947-05-01

民　　族：汉族

政治面貌：党员

职　　称：副高
学　　历：高中
所在单位：成县同谷书画院
通讯地址：成县同谷书画院
成　　就：1989年北京出版社出版《杨立强中国画选》。1998年甘肃人民美术出版社出版《杨立强花鸟画集》。2005年人民美术出版社出版其艺术随笔《彼岸无岸》。2010年荣宝斋出版社出版《荣宝斋画谱》（山水部分杨立强绘），同年人民美术出版社出版《中国美术家作品集·杨立强》。
简　　介：中国美协会员、甘肃省美术家协会副主席、陇南地区文联副主席、同谷书画院院长，副研究员。作品多次参加国内外展览并获奖，大量作品被出版发表。

0841 张尊铭

性　　别：男
出生年月：1945-04-01
民　　族：汉族
政治面貌：党员
职　　称：副高
学　　历：大学本科
所在单位：同谷书画院
通讯地址：同谷书画院
成　　就：1975年在文化馆任馆长期间负责组建红川农民业余美术小组，该组在1982年全国农民画展览中成绩卓著，受到省文化厅表彰奖励；1982年申报并争取省文化厅拨专款对现国家级重点文物保护单位《西狭颂》修建保护碑亭，使其得到完美保护；1989年被评为省文化系统先进个人受到省文化厅表彰奖励；1989年为成县杜甫草堂设计圆雕杜甫汉白玉塑像2尊，1991年为成县莲湖公园设计“荷花仙子”圆雕塑像1尊。1975年、1996年先后为甘肃红川酒业有限公司设计注册商标2枚。1995年至2012年书法、中国画作品多次参加全国、省、市各类展览，获得各类奖励或被收藏。
简　　介：1965年7月毕业于成县师范，8月参加工作；1974年7月西北师大美术系毕业留校，后调回成县工作；1975年至2005年历任文化馆馆长、文工队队长、电影公司经理，同谷书画院副院长等职；期间1995年9月至1996年8月在中国书协书法培训中心高研班学习，获评优秀学员。2010年9月至2011年8月在文化部中国艺术研究院中国画院、研究生院研习山水画，获访问学者资格证书。

0842 庞彩芹

性　　别：女
出生年月：1970-01-01
民　　族：汉族
政治面貌：党员
职　　称：副高
学　　历：大学本科
所在单位：徽县文体局
通讯地址：徽县西街
成　　就：《线装的女人》（诗集），中国戏剧出版社2012年出版。

0843 张喜明

性　　别：男
出生年月：1970-01-01
民　　族：汉族
政治面貌：党员
职　　称：副高
学　　历：硕士研究生
所在单位：徽县文体局
通讯地址：陇南市徽县城关镇和平路2号
成　　就：《人生咏叹》（诗词集），大众文艺出版社2012年出版。

0844 黄新梁

性　　别：男

出生年月：1957-01-27

民　　族：汉族

政治面貌：党员

职　　称：副高

学　　历：大学专科

所在单位：甘肃省陇南市徽县文化馆

通讯地址：陇南市徽县城关镇和平路 2 号

成　　就：1985 年根雕《飞天》等 8 件作品代表陇南参加全省艺术作品展览并刊印于《陇苗》《飞天》封三；1986 年创作漫画《农村小学即景》参加全省首届漫画展览；1993 至 1995 年创作国画山水《三滩秀色》《铁山樵歌》等发表于《甘肃工人报》；2004 年《论新时期文化馆改革与发展》获全省文化馆改革征文评比二等奖；2004 年《论民间工艺的保护》获省委宣传部省文化厅 11 月举办的西部文化发展战略研讨会征文评选二等奖；12 月《关于推进农村文化建设的思考》获中国群众文化学会、中国文化报新时期中国农村文化改革与发展论文征文评选二等奖并应邀赴广东省湛江市参加会议；2007 年《略论建设和谐文化在社会发展中的重大意义》获中国群众文化学会全国群众文化征文最高奖。

简　　介：1980 年 1 月调徽县文化馆创建乡镇文化中心、站，兼县城阵地宣传编辑；1985 至 1987 就读文化部吉林函授大学文化馆学、文秘档案专业；1986 年被推荐为陇原文化通讯员；1998 年被评聘为中级馆员；2003 年任徽县文化馆副馆长；2005 年加入甘肃省民间文艺家协会；2005 年被评为全县优秀文艺工作者；2009 年 5 月 15 日被甘肃省文化厅人事厅高级职称评审委员会评为副研究馆员；2010 年加入中国文化管理学会；2013 年被吸收为中国基层党组织建设网记者。

0845 王秋霞

性　　别：女

出生年月：1965-08-01

民　　族：汉族

政治面貌：群众

职　　称：副高

学　　历：大学专科

所在单位：文化馆

通讯地址：陇南市徽县城关镇和平路 2 号

成　　就：2008 年，小品剧本《回家》获甘肃省文化厅颁发的“小戏小品剧本大赛”二等奖。2012 年小剧本《项链》获全省人口艺术节文学类三等奖。

0846 王旭红

性　　别：女

出生年月：1970-01-01

民　　族：汉族

政治面貌：党员

职　　称：副高

学　　历：大学本科

所在单位：徽县文体局

通讯地址：陇南市徽县城关镇和平路 2 号

成　　就：2012 年，短篇小说《七年》获《工人日报》社组织的“相约七夕”征文一等奖。

0847 唐银生

性　　别：男

出生年月：1970-01-01

民　　族：汉族

政治面貌：党员

职　　称：副高

学　　历：大学本科

所在单位：徽县文体局

通讯地址：徽县西街

成　　就：2009 年散文集《心源燧火》由大众文艺出版社出版。2012 年诗文集《栗亭与杜甫》由太白文艺出版社出版。

0848 田雪

性　　别：男
出生年月：1941-07-01
民　　族：汉族
政治面貌：群众
职　　称：副高
学　　历：大学专科
所在单位：徽县文体局
通讯地址：徽县西街
成　　就：1990 年长篇小说《铁血金戈》由甘肃少年儿童出版社出版。甘肃省人民政府于 1991 年为其颁发“第三次文学评奖优秀作品奖”。1991 年国务院星火科技项目办为其颁发国家艺术科学重点研究项目《徽县民间文学三套集成》编辑“先进工作者”证书。1998 年古诗集注《名诗掬画》由中国文联出版社出版。1999 年短篇小说《刀仙》获文化部共和国社会主义文学艺术五十年研讨会征文二等奖。2002 年文史集注《河池流韵》由中国文联出版社出版。2012 年文史集《徽县文史探秘》由中国言实出版社出版。

0849 廖五洲

性　　别：男
出生年月：1970-01-01
民　　族：汉族
政治面貌：党员
职　　称：副高
学　　历：大学本科
所在单位：徽县文体局
通讯地址：陇南市徽县城关镇和平路 2 号
成　　就：2007 年诗集《风在岁月里散步》由作家出版社出版。

0850 剡佳

性　　别：男
出生年月：1965-08-01
民　　族：汉族
政治面貌：党员
职　　称：副高
学　　历：大学本科
所在单位：徽县文体局
通讯地址：陇南市徽县城关镇和平路 2 号
成　　就：2008 年《悟真流韵》由华夏出版社出版。

0851 周耀

性　　别：男
出生年月：1970-01-01
民　　族：汉族
政治面貌：党员
职　　称：副高
学　　历：大学本科
所在单位：徽县文体局
通讯地址：徽县西街
成　　就：2003 年小小说《超常礼品》获第四届“滕王阁杯”全国文学艺术作品大赛优秀奖。2004 年诗词集《春暖神州》由中国文联出版社出版。

0852 刘浩

性　　别：男
出生年月：1969-07-01
民　　族：汉族
政治面貌：党员
职　　称：副高
学　　历：大学本科
所在单位：徽县文体局
通讯地址：陇南市徽县城关镇和平路 2 号
成　　就：2009 年短篇小说《订婚》获得由《飞天》杂志、甘肃日月文化传媒有限公司组织的“祖国在我心中”征文优秀小说奖。2013年小说集《希望》由中国文联出版社出版。

0853 荆秀成

性　　别：男
出生年月：1971-12-01
民　　族：汉族
政治面貌：党员
职　　称：副高
学　　历：大学本科
所在单位：徽县文体局
通讯地址：徽县西街
成　　就：《玫瑰季节》（诗集），中国文献资料出版社，2001年。中国青少年作家代表作品陈列馆、齐长城中国文学馆于2002年为其颁发征文一等奖。《玫瑰青春》（长篇小说），中国广播电视出版社，2003年。《玫瑰心情》（诗文集），中国广播电视出版社，2003年。《神奇的三滩》（诗文集），中国文联出版社，2005年。《银杏之乡——徽县》（旅游文化），中国文联出版社，2007年。《与你牵手》（歌词），《中国电脑音乐报》于2008年为其颁发全国歌词创作银奖。

0854 张喜明

性　　别：男
出生年月：1970-01-01
民　　族：汉族
政治面貌：党员
职　　称：副高
学　　历：硕士研究生
所在单位：徽县文体局
通讯地址：徽县西街
成　　就：《人生咏叹》（诗词集），大众文艺出版社，2012年。

0855 张志明

性　　别：男
出生年月：1970-01-01
民　　族：汉族
政治面貌：群众
职　　称：副高
学　　历：大学专科
所在单位：徽县文体局
通讯地址：陇南市徽县城关镇和平路2号
成　　就：《寄一颗相思豆给你》（散文），福建省群艺馆《芳草地》杂志于1992年为其颁发二等奖。《爱的独白》（散文诗集），轩辕出版社，1997年。《漂泊之魂》（散文诗集），湖南文艺出版社，2000年。《青春行旅》（随笔集），作家出版社，2005年。《生命的盛夏·思想的盛果》（网络文集），红袖等十家知名文学网站于2007年为其颁发2006—2007中国网络文学节散文二等奖。《茶濯的心》（散文诗），湖南省《散文诗》杂志社于2009年为其颁发全国散文诗大赛铜奖。《素·诗》（散文诗集），中国文化出版社，2011年。《时空造影》（散文诗集），河南文艺出版社，2012年。

0856 王新瑛

性　　别：女
出生年月：1970-01-01
民　　族：汉族
政治面貌：党员
职　　称：副高
学　　历：大学本科
所在单位：徽县文体局
通讯地址：陇南市徽县城关镇和平路2号
成　　就：《嫂娘》《铁山漫笔》（散文），《飞天》杂志社于2005—2006年为其颁发散文诗歌大赛优秀奖。《面子》（小小说），湖北人民出版社《成功》杂志于2006年为其颁发文学作品大赛优秀奖。《心雨》(散文集)，中国文联出版社，2007年。《行走的影子》(散文集)，敦煌文艺出版社，2010年。

0857 包红梅

性　　别：女
出生年月：1962-06-15
民　　族：汉族
政治面貌：群众
职　　称：副高
学　　历：大学专科
所在单位：甘肃省陇南市文广新局
通讯地址：甘肃省陇南市西和县文联
成　　就：主要创作戏曲作品有《柳笛怨》《白花曲》《山妹子》《魏孝文帝》，其中《白花曲》获甘肃省剧本评选二等奖、全国梆子戏汇演优秀剧本创作奖。《魏孝文帝》2003年获全国第三届戏剧文学奖。2010年创作新编历史剧《七月七》荣获第六届西北五省区秦腔艺术节优秀剧目奖。
简　　介：1976年10月参加工作，先后在西和县剧团、县志办、县文联工作；1991年9月至1993年7月就读于中国戏曲学院戏剧文学系；1993年7至2002年9月任文联副主席、主席；2002年10月至2011年10月任西和县人民政府副县长；2011年11月至今任陇南市文广新局调研员。

0858 谈龙

性　　别：男
出生年月：1971-03-27
民　　族：汉族
政治面貌：群众
职　　称：副高
学　　历：大学专科
所在单位：康县白云书画院
通讯地址：康县白云书画院
成　　就：在《知音》《深圳青年》《女报》杂志发表过封面摄影作品，康县阳坝梅园沟风光系列摄影作品分别在《光明日报》、人民网、《甘肃风采》、《丝绸之路》发表。因舟曲泥石流系列摄影作品被中国摄影家协会授予“2011年全国抗洪救灾优秀摄影家”称号。
简　　介：中国摄影家协会会员，现任康县白云书画院院长。

0859 燕兆林

性　　别：男
出生年月：1967-09-04
民　　族：汉族
政治面貌：群众
职　　称：副高
学　　历：大学专科
所在单位：康县县委农村工作办公室
通讯地址：康县县委农村工作办公室
成　　就：在《甘肃日报》《北方作家》《陇南文学》《开拓文学》《作家报》等刊物发表诗歌、散文、小说、纪实文学20多篇。2008年获得《我爱中华》得雨杯短诗短文优秀奖、2006年散文《怀念水磨》获第四届燕京杯全国文艺作品大赛一等奖。
简　　介：甘肃省作协会员。现在康县县委农业办公室工作。

0860 樊康琴

性　　别：女
出生年月：1969-07-13
民　　族：汉族
政治面貌：民主党派
职　　称：副高
学　　历：大学专科
所在单位：康县图书馆
通讯地址：康县图书馆

成　　就：发表诗歌、评论和随笔文字约600首（篇）。诗作多次被《知音》《青年博览》《读者》《诗选刊》等转载。入选《中国年度诗歌》《中国诗歌精选》《中国年度诗歌精选》《中国当代诗歌导读》《中国星星五十年诗选》《新世纪诗典》《名家诗歌》等数十种选本。2006年参加中国诗刊社22届青春诗会。2011年春，受《当代诗人》邀请担任该刊特邀主编，主持“名家访谈”栏目。2011秋，作为西北五省区的唯一代表参加在澳门举办的《中西诗歌》创刊十年笔会。著有诗集《樊樊诗选》《1988年的河床》《蝴蝶兰》，诗歌评论集《缪斯的孩子》。

简　　介：九三学社成员。现任康县图书馆馆长。

0861 田文德

性　　别：男

出生年月：1957-12-27

民　　族：汉族

政治面貌：党员

职　　称：副高

学　　历：大学专科

所在单位：康县文联

通讯地址：康县文联

成　　就：甘肃省首届“丝绸之路”书法大赛一等奖。美术大赛“云深不知处”作品优秀奖。纪念红军长征胜利70周年全国书法篆刻展获奖。2005年10月入选河南省书协主办的许慎杯全国书法大赛（举办地为漯河市）。荣获颜真卿奖书法大赛三等奖。甘肃省第二届书法篆刻新人新作展获奖。

简　　介：中国书法家协会会员。截至2012年任康县白云书画院院长。

0862 李正志

性　　别：男

出生年月：1969-10-27

民　　族：汉族

政治面貌：群众

职　　称：副高

学　　历：大学专科

所在单位：康县太石小学

通讯地址：康县县委宣传部报社

成　　就：在《未来导报》《诗歌报月刊》《诗潮》《飞天》《延安文学》《散文诗》《北方作家》《文学港》《小小说月报》等30余家报刊杂志发表各类文学作品360多篇（首）。其中《写在5.12大地震之际》等作品获得陇南市“弘扬抗震救灾精神，加快灾后重建步伐”等文艺奖项，《告别贫困》《错误的花朵：菊》等作品入选陇南市纪念改革开放30年散文征文作品选《心灵的卷轴》及陇南文学作品选诗歌、散文卷等选本。

简　　介：1988年8月参加工作，先后在康县迷坝附中、平洛学区、周家坝中学、太石小学等学校任教。现为康县太石小学高级教师。本人自参加工作以来，在教学岗位上取得了一定的成绩，受到过县级及学校（区）的多次表彰。2010年6月初至今借调康县宣传部办《康县报》，兼编辑《山溪》杂志等。系甘肃省作家协会会员。

0863 侯兴宁

性　　别：男

出生年月：1972-02-01

民　　族：汉族

政治面貌：群众

职　　称：副高

学　　历：大学本科

所在单位：康县一中

通讯地址：康县一中

成　　就：1998年作品在全市师生书画展中获教师组三等奖。2010年作品入展全国楹联书法绘画邀请展。2010年作品在东方之冠——全国书法美术作品展获得荣誉奖。2010年作品在第十届全国中小学美术作品评选活动中获得铜奖。2011年作品参加中国国家画院名家工作室优秀画家作品邀请展。2011年作品参加中国国家画院2010年高研班结业作品展。2012年作品参加陇南市“文化新陇南”书法美术作品展。2012年作品获第五届中国汝官瓷杯书画作品大奖赛优秀作品奖。2012年作品入选“百年西泠·翰墨春秋”西泠印社诗书画印活动获首届康县文艺奖美术作品三等奖。2012年8月论文《我校美术高考现状分析及对策》获全国第四届中小学暨甘肃省中小学艺术教育科研论文报告会暨校长论坛三等奖。2014年国画作品《父亲》入选甘肃省中学教师美术作品展，被评为二等奖。

简　　介：1995年毕业于天水师院美术系；2008年毕业于西北师范大学美术学院；2011年7月结业于文化部中国国家画院——李延声写意人物画高级研修班。现为甘肃省康县第一中学美术教师，中学一级教师。

0864 李碧荣

性　　别：男
出生年月：1952-05-03
民　　族：汉族
政治面貌：党员
职　　称：副高
学　　历：大学专科
所在单位：康县城关中学
通讯地址：康县城关中学
成　　就：摄影作品《务工归来》入选聚焦新农村——甘肃首届建设社会主义新农村主题影展；《康县山城》获得陇南市庆祝新中国成立61周年长安杯摄影大赛一等奖；《托河漂流》获2010年陇南旅游风光大赛银奖；《美丽家园》等5幅作品入选陇南市庆祝新中国成立60周年摄影展；多幅作品被康县邮政局制作为明信片发行。

简　　介：中学高级教师。曾获“县级优秀教师”“市级优秀教师”“全国优秀体育裁判员”等荣誉称号。现为甘肃省摄影家协会会员、甘肃现代摄影学会会员、陇南市摄影家协会会员。

0865 王皓

性　　别：男
出生年月：1967-08-01
民　　族：汉族
政治面貌：党员
职　　称：副高
学　　历：大学专科
所在单位：康县文联
通讯地址：康县文联
成　　就：在省内外文学刊物发表纯文学作品多篇；在中国散文网、天涯·散文天、左岸文学网发表小说、散文作品80多万字。著有长篇小说《脚户》《风波》。在省市学术刊物发表论文12篇。2012年至2014年，完成长篇小说《脚户》创作，并出版。

简　　介：省作家协会会员，中国北茶马古道协会副秘书长，《山溪》《康县文化》杂志编辑。

0866 朱小光

性　　别：男
出生年月：1966-01-27
民　　族：汉族
政治面貌：党员
职　　称：副高
学　　历：大学本科
所在单位：康县工信局
通讯地址：康县工信局

成　　就：1986年开始发表诗作，有作品入选多种诗集，曾获过社科院当代文学研究所、《诗刊》社举办的首届中国当代诗人节屈原杯大赛二等奖；《诗歌报》月刊1993—1994年度临工奖中国当代诗坛跨世纪实力诗人集结铜奖。

简　　介：从事散文随笔、文艺介评。

0867 曾岗

性　　别：男

出生年月：1974-06-27

民　　族：汉族

政治面貌：党员

职　　称：副高

学　　历：大学专科

所在单位：康县县委办

通讯地址：康县县委办

成　　就：在省市刊物发表书画、摄影作品40余幅。参加过省市书画作品展览。

简　　介：甘肃省美术家协会会员。现任康县县委办副主任，接待办主任。参加过省市书画作品展览多次。

0868 杨清军

性　　别：男

出生年月：1966-02-27

民　　族：汉族

政治面貌：群众

职　　称：副高

学　　历：大学专科

所在单位：康县博物馆

通讯地址：康县博物馆

成　　就：2005年工笔画《破碎与永恒》获"西部风情"甘肃省美术作品展优秀奖。2007年工笔画《破碎与永恒》获首届陇南文艺奖铜奖。2007年工笔画《青花瓷韵》获第二届甘肃省专业画院作品联展及陇山、陇水、陇人大型主题展览优秀奖。2008年《老磨房》入选庆祝改革开放三十周年、喜迎奥运——甘肃美术作品大展。2008年《青花瓷韵》获第二届陇南文艺奖美术类银奖。

简　　介：甘肃省美术家协会会员，中国北茶马古道协会秘书长，现任康县博物馆馆长。

0869 袁举忠

性　　别：男

出生年月：1962-12-04

民　　族：汉族

政治面貌：党员

职　　称：副高

学　　历：大学专科

所在单位：康县粮食局

通讯地址：康县粮食局

成　　就：在《粮油市场报》《飞天》《甘肃农民报》《甘肃人口报》《甘肃党建》《甘肃粮食工作》《朝晖》等刊物上发表小说、散文数百篇，诗词数百首，部分作品被编入《全陇诗》《诗海》《光辉旗帜》《百年散文名家》《中国当代散文家力作选》等书籍，获得过国家、省、市、县多项奖励。

简　　介：1984年8月参加工作，曾先后在基层乡镇担任秘书、副镇长、党委副书记、人大主席、乡长等职，2005年调任康县粮食局副局长。并任甘肃省诗词协会会员、陇南市作家协会会员、陇南日报社通讯员、康县诗词协会理事、康县摄影协会会员。

0870 卯风云

性　　别：男

出生年月：1960-03-25

民　　族：汉族

政治面貌：党员

职　　称：副高

学　　历：大学专科

所在单位：康县教育局
通讯地址：康县教育局
成　　就：在省级以上报刊杂志发表的书画作品有《听泉图》《山居图》《雨后燕飞来》《和谐》《家在桥南》《依山而居听流泉》《白云山雨霁》《哭泣的家园》《白云山烟云》等30多幅。
简　　介：2009年1月加入甘肃省美术家协会。现任康县美术家协会副主席。

0871 雍国锋

性　　别：男
出生年月：1964-11-01
民　　族：汉族
政治面貌：党员
职　　称：副高
学　　历：高中
所在单位：康县文化馆
通讯地址：康县文化馆
成　　就：2005年获省书协主办书画大赛书法专业组优秀奖。2008年市抗震救灾书画展中被评为“获奖作品”。2011年入展市人大书画邀请展。
简　　介：现在康县文化馆工作，书法创作员。

0872 王风文

性　　别：男
出生年月：1970-07-27
民　　族：汉族
政治面貌：群众
职　　称：副高
学　　历：高中
所在单位：康县图书馆
通讯地址：康县图书馆
成　　就：主要作品有小说《有一轮太阳》《邂逅在8号座位》《冬训不会结束》等收入儿童文学出版社的《青春独奏》；另有小说《我借春天的手抚摸你》获《小说选刊》2011年优秀短篇小说奖。出版有短、中篇小说集《失去炊烟的村庄》，发表有长篇小说《窑坪往事》。
简　　介：甘肃省作协会员。

0873 黄俊武

性　　别：男
出生年月：1940-10-28
民　　族：汉族
政治面貌：党员
职　　称：副高
学　　历：大学专科
所在单位：原康县教育局（退休）
通讯地址：康县文联
成　　就：先后在《人民日报》和省级报刊杂志上发表各类文章280余篇。主编的《康县志》出版后被评为甘肃省优秀图书，获全省一等奖、全国二等奖。另编著了《康县概览》，参编了《甘肃新县志便览》《全国市县大辞典》等。2000年后，曾在《陇南》、甘肃省文艺月刊《飞天》、四川《雅韵》诗刊、文艺季刊《山溪》等杂志上发表诗作180余首，有100多首诗分别被选入中国文史出版社、中国作家出版社、华夏翰林出版社等国家级出版社出版的《类编诗词大系》《情系海峡、两岸和平诗词联大典》《首届神舟杯诗词联大赛作品集》《中华六十年诗人大典》《中国文学精品典藏》等12部诗词大典和格言专集，并分别获得金奖、银奖，一、二、三等奖和优秀奖。2002年和2009年出版了个人诗词专著《心迹》和《心韵》，2004年编写出版了30多万字的《公德永存》一书。
简　　介：现为甘肃省作协会员、陇南市诗词学会会员、康县诗协副主席。

0874 孙雁

性　　别：女

出生年月：1981-04-08
民　　族：汉族
政治面貌：群众
职　　称：副高
学　　历：大学本科
所在单位：康县文联
通讯地址：康县文联
成　　就：作品《马蹄莲》在2002年纪念毛泽东同志《延安文艺座谈会上的讲话》发表60周年陇南市大型书画展中展出。作品《鸢尾花》在陇南市统战部举办的陇南统一战线纪念建党90周年书画艺术作品展展出，并被收录在出版的作品集中。作品《蝶舞》在陇南市委、市宣传部、市文联举办的“美好新陇南”大型书画展展出。陇南书画院出版画册《陇南书画——孙雁中国画艺术》。《醉红》《清香》《玉簪花》在甘肃省知名优秀文学月刊《飞天》选登。作品《竹雀图》在“凝聚职工力量，同步建成小康”长庆杯甘肃职工学习贯彻党的十八大精神书画展中展出并获优秀奖。作品入展陇南市庆祝“三八”国际劳动妇女节“圆梦乞巧”女性美术、书法、手工艺作品展。作品荣获首届康县文艺奖美术类三等奖。2013年作品参加全市老干部成就展。作品《白纱帘》在《甘肃日报》选登。2014年作品《阳光下》在《陇南文学》选登。
简　　介：毕业于西北师范大学美术系，甘肃省美协会员。现任康县文联副主席。

0875 郭应忠

性　　别：男
出生年月：1960-11-27
民　　族：汉族
政治面貌：群众
职　　称：副高
学　　历：大学专科
所在单位：康县文化馆
通讯地址：康县文化馆
成　　就：2005年获省书协主办的书画大赛书法专业组三等奖。2007年入选省书协主办的西狭书画展。2008年在市抗震救灾书画展中被评为“获奖作品”。2011年入展市人大书画邀请展。2011年书法作品在《书法报》上刊登。
简　　介：甘肃省书法家协会会员，现任康县文联副主席。

0876 辛福国

性　　别：男
出生年月：1974-06-01
民　　族：汉族
政治面貌：民主党派
职　　称：副高
学　　历：大学本科
所在单位：康县旅游局
通讯地址：康县旅游局
成　　就：《乡桥》《山花与旧椅》等部分油画作品在《美术报》《中国旅游报》《未来导报》《陇南日报》等国内各级刊物发表并获奖；2011年编著《情系康县——辛福国油画作品选》；油画作品《希望》获2013年首届康县文艺三等奖；2013年，由中集邮出版发行《科学发展——建设美丽中国辛福国纪念珍藏邮册》，部分反应康县自然风光类、乡村田园类的油画作品经过组委会专家团和国家邮政等部门的严格审核评选，确定为建设“美丽中国”含有国家名片之美誉的“邮票”“中邮好礼卡”“电话卡”在全国发行，共计发行28万张，并颁发了证书。
简　　介：毕业于西北师大，中国民主同盟盟员。任全国名人书画艺术界联合会委员、中华海峡两岸书画艺术家协会会员、中集邮邮品设计艺术顾问、甘肃省美术家协会会员、甘肃省青年美术家协会会员、康县美协副主席。现供职于甘肃省康县旅游局。

0877 石广云

性　　别：男

出生年月：1956-06-12

民　　族：汉族

政治面貌：民主党派

职　　称：副高

学　　历：大学专科

所在单位：临夏州美术馆

通讯地址：临夏市新华街统办楼三楼 320 室

成　　就：《岁痕香艳》（中国画）入选中国美术家协会主办的纪念毛泽东同志“5.23”讲话发表 60 周年全国美展；《岁梢的收获》入选全国首届中国风俗画大展；《走向未来》《古迹重游》（版画）参加中国艺术界名人作品展示会大展获优秀作品奖。《国魂》《华夏颂》《富贵人家》等作品在甘肃省美术展览中分别获一、二、三等奖;《走向未来》、《春回大地》、《巴扎牙乌》（版画）、《水磨欢唱》（山水画）等在甘肃省美术展中分别获优秀作品奖。70 多件美术作品在《甘肃日报》《甘肃文艺报》《甘肃文艺》等报刊杂志上发表。在《庆祝甘肃省文联成立 50 周年书画作品选》刊登美术作品。2006 年在《甘肃文艺》杂志 4 期封底刊登美术作品专版，2007 年 11 月《甘肃省政协委员书画集》《和谐心花》《甘肃民盟书画作品集》专刊刊登其美术作品。

简　　介：1974 年参加工作，1980 年毕业于张掖师专美术系（现河西学院），现为临夏州书画院副研究馆员，临夏州第四批专业技术拔尖人才。甘肃省书画研究院特聘画师、中国国家书画院院聘副院长、中国工艺美术家协会会员、甘肃省美协会会员、临夏州美术家协会副主席、民盟甘肃省委艺术家工作委员会副主任、民盟临夏市委副主委、临夏州、市政协委员。

0878 李海魂

性　　别：男

出生年月：1961-10-09

民　　族：汉族

政治面貌：党员

职　　称：副高

学　　历：大学本科

所在单位：临夏州民族歌舞剧团

通讯地址：临夏市新华街统办楼三楼 320 室

成　　就：歌曲《保安三庄的阿依沙》是一首以保安族花儿音乐为音乐素材创作的民歌，2009 年第 10 期《歌曲》发表，获甘肃省第五届敦煌文艺二等奖，“百首歌曲颂陇原”歌曲创作二等奖，甘肃卫视、甘肃电台播放，并在“花儿，我心中的歌”“西北花儿专辑”中出版，在西北地区大型文艺晚会中多次演唱，2009 年获中国音协歌曲创作二等奖。

简　　介：1983 年毕业于西北民院艺术系，现任临夏州民族歌舞剧团作曲兼指挥，国家二级作曲。系甘肃省音乐家协会会员、临夏州音乐舞蹈家协会副主席兼秘书长。多部音乐作品获省级大奖，创作大型花儿 4 部。主题晚会“山风、古韵、民族情”是 2009 年甘肃省新剧目调演的民族歌舞音乐，获甘肃省文化厅创作一等奖、配器一等奖，整台晚会音乐的民族性、地域性、艺术性突出。

0879 马玉芝

性　　别：女

出生年月：1963-10-15

民　　族：汉族

政治面貌：党员

职　　称：副高

学　　历：大学专科

所在单位：临夏州文化出版局
通讯地址：临夏市新华街统办楼三楼 320 室
成　　就：1998 年参加全国沙湖杯歌手大奖赛荣获独唱三等奖。2003 年参加中国西部花儿邀请赛获独唱铜奖。2005 年参加甘肃省第二届声乐、器乐、舞蹈大赛中获民族唱法二等奖。同年，参加中国西部花儿民族歌曲邀请赛获银奖。2006 年参加第二届中国·青海民族旅游节第二届西北五省区花儿大奖赛荣获金奖。2009 年参加宁夏举办的西北十三省区花儿民歌大赛银奖。2005 年成功发行了由甘肃金典音像公司出版的个人演唱专辑《松鸣花儿》《玉芝情歌》。
简　　介：民族歌舞剧团国家二级声乐演员。现任中国民间文艺家协会会员、甘肃省民协副主席、临夏回族自治州政协委员。2004 年 10 月中国民间文艺家协会授予她“花儿演唱家”的光荣称号。

0880 石兰英

性　　别：女
出生年月：1947-07-08
民　　族：汉族
政治面貌：党员
职　　称：副高
学　　历：大学专科
所在单位：临夏州书画院（退休）
通讯地址：临夏市新华街统办楼三楼 320 室
成　　就：在《甘肃画报》《甘肃日报》《民族报》等各类杂志刊载作品百余幅。《舞狮图》等多幅作品由甘肃人民出版社出版；《五月春风醉》等多幅作品获全国性大展奖项和省、地美展一、二、三等奖。获临夏州精神文明建设“五个一工程”优秀作品奖；《丰收宴席曲》等多幅作品入选《中国青年国画家》《甘肃省美术作品选集》《中国美术家选集》等多部全国及省级美术画集；作品《鸢尾》由甘肃省赴沙特、巴基斯坦等国出访团作为礼品赠与外国领导人。2000 年被临夏州政府评为专业技术拔尖人才，2004 年作品《和平之春》入选甘肃省庆祝建国 55 周年美术展览。2004 年在临夏州书画院举办了个人画展并出版了《美术家石兰英工笔花鸟画集》。2004 年作品《春秋赋》入选甘肃省美术家协会主编的《甘肃美术作品集》。
简　　介：1965 毕业于西北民族学院艺术科，临夏州书画院副研究馆员。现任临夏州政协委员、临夏州美协常务理事、甘肃省美术家协会会员、甘肃省连环画研究会会员、甘肃省中国画学会会员、甘肃省科普创作协会会员。

0881 车铭奋

性　　别：男
出生年月：1972-05-08
民　　族：藏族
政治面貌：民主党派
职　　称：副高
学　　历：大学本科
所在单位：临夏中学
通讯地址：临夏市新华街统办楼三楼 320 室
成　　就：《故园·春秋》入选由甘肃省文联、甘肃省美协主办的庆祝中华人民共和国成立 60 周年——甘肃省美术作品大展，并获得二等奖。同时入编《甘肃省美术作品大展作品集》《车铭奋水粉画集》；2002 年油画《陶殇》入选纪念毛泽东同志《在延安文艺座谈会上的讲话》发表 60 周年全国美术作品展；2003 年油画《石窟遗韵》入选第三届中国油画展；2008 年油画《河州小巷》入选第五届西部大地情中国画、油画展（中国美术家协会主办）；2008 年《车铭奋画集》由北京大众文艺出版社出版；2011 年水粉画《秋草无香》获甘肃省写生展一等奖（甘肃省美术家协会主办）。

简　　介：现为甘肃省美术家协会会员，临夏中学高级美术教师，省、州青年教学能手。2012 年 4 月参加中国美协主办的首届西部少数民族青年美术家高级创作研修班，部分美术作品散见于《美术》《美术报》《美术大观》《中国美术教育》等报刊。

0882 蓝献诚

性　　别：男

出生年月：1970-11-10

民　　族：汉族

政治面貌：民主党派

职　　称：副高

学　　历：大学本科

所在单位：甘肃省临夏中学

通讯地址：临夏市大西关路 4 号

成　　就：课题研究《临夏地区美术新课程实施过程中的思考》在 2013 年全国美术教育及关联学科教师优秀教学论文评选活动中被评定为二等奖。全国首届、第二届“畅想未来”中小学生书画摄影作品大赛活动中荣获全国优秀美术教师奖、全国优秀辅导教师奖及甘肃赛区优秀教师奖。

0883 李萍

性　　别：女

出生年月：1975-06-28

民　　族：汉族

政治面貌：党员

职　　称：副高

学　　历：大学本科

所在单位：临夏州民族日报社

通讯地址：临夏市新华街统办楼三楼 320 室

成　　就：著有散文集《爱有多深》《积石山漫笔》，合集《陌上花香》。另有《沿着风来的方向》《独舞者》由作家出版社出版。

简　　介：1995 年 8 月至今在临夏州民族日报社从事编辑、记者工作，现任编辑部副主任。

0884 王维胜

性　　别：男

出生年月：1964-02-03

民　　族：汉族

政治面貌：党员

职　　称：副高

学　　历：大学专科

所在单位：临夏州招商局

通讯地址：临夏市新华街统办楼三楼 320 室

成　　就：已出版《黄蜡烛》《双城》《打马走过草地》3 部长篇小说，合作出版文化专著《寻古探幽览胜》，传记《胡廷珍传奇》，网络发表的《王维胜揭秘马仲英》受到网民热捧，发表中短篇小说多篇。长篇小说《黄蜡烛》获北方八省一市优秀图书二等奖、临夏州“五个一工程”奖；《双城》获第四届甘肃黄河文学奖；短篇小说《双飞》获《小说选刊》第二届全国小说笔会三等奖；散文《走进临夏砖雕的殿堂》《双城放歌》《五山池下鹿回头》分别获甘肃省旅游美文网络大赛二等奖、三等奖、优秀奖。2014 年出版长篇小说《花儿》。

简　　介：兰州大学汉语言文学大专学历。现为中国散文家协会会员，甘肃省文学院签约作家，甘肃省临夏回族自治州作家协会副主席。

0885 马尊贤

性　　别：男

出生年月：1947-06-30

民　　族：回族

政治面貌：党员

职　　称：副高
学　　历：大学专科
所在单位：临夏州书画院
通讯地址：临夏市新华街统办楼三楼 320 室
成　　就：作品入展第 1—4 届全国回族书画展和全国回族书画精品展并被组委会收藏。2003 年作品获甘肃省纪念毛泽东诞辰 110 周年毛泽东诗词书法展优秀作品奖。2004 年作品获王屋山杯中国名人书画大展优秀奖，并赴韩国参加书画交流活动，作品被韩方收藏。2006 年作品获纪念毛泽东逝世 30 周年毛泽东诗词全国书画大赛银奖。2010 年作品获临夏州首届花儿文学艺术奖一等奖。2011 年作品入展甘黔书法交流展。2013 年作品入展甘肃省名家百人展并被瓜州张芝纪念馆收藏。作品入编由广东省汕头市龙湖区组织出版的《名联颂中华》《名言书法大典》《法治名言书法大典》《格言联墨大观》等典籍。
简　　介：1991 年结业于西安书学院。为中国书法家协会会员、甘肃省书法家协会理事、甘肃省临夏回族自治州第四届书法家协会主席。

0886 王晓黎

性　　别：女
出生年月：1967-11-10
民　　族：汉族
政治面貌：党员
职　　称：副高
学　　历：大学本科
所在单位：临夏州文化馆
通讯地址：临夏市新华街统办楼三楼 320 室
成　　就：书法作品融诗、书、画于一体，多次参加国家级展览及省、州、市级展览，并获奖、入选、被收藏。论文、散文、诗词及书法作品在《中国文艺年志》《书与画》《九州书画报》《甘肃日报》《甘肃电视报》《甘肃文化》《甘肃文艺》《河州》《民族日报》等报刊杂志中刊登发表。艺术成就及佳作入编《当代书画名人名作博览》《跨世纪书画名家精品集萃》《甘肃当代书画艺术典库》《甘肃书画人物志》《临夏回族自治州概括》等。2004 年被临夏州委宣传部授予临夏州第二届精神文明建设“五个一工程”优秀奖。2004 年被临夏州委、州政府授予“临夏州第五批专业技术拔尖人才”。2010 年书法作品荣获临夏州委、州政府颁发的临夏州第一届花儿文学艺术奖二等奖。
简　　介：1991 年毕业于西北师范大学美术系，文学学士。现为临夏州文化馆副馆长、副研究馆员，临夏州书法家协会副主席兼秘书长、临夏州青年联合会副主席、甘肃省书法家协会会员、甘肃省女书法家协会副主席、甘肃省青年书法家协会理事。

0887 王利卫

性　　别：男
出生年月：1964-06-15
民　　族：汉族
政治面貌：党员
职　　称：副高
学　　历：大学专科
所在单位：临夏州粮食局
通讯地址：临夏市新华街统办楼三楼 320 室
成　　就：油画创作《我为祖国献石油——王进喜在玉门》在反映重大革命历史题材活动中具有重要的意义。油画《岁月如歌》得到了领导和专家，同行的普遍认可，并参加了中国美术家协会、甘肃省美术家协会主办的纪念毛泽东《在延安文艺座谈会上的讲话》发表 60 周年全国美术作品展获优秀奖，并于 2002 年 5 月 24 日在《甘肃日报》发表，同时在各地、州、市巡回展出，获得观众好评。《白衣少妇》入选第三届中国油画展。《少女肖像》获甘肃省首届美术金驼奖三等奖。30多年来在省级以上刊物、杂志发表油画作品50余幅。第四届甘肃省美代会代表，2012年荣获第二届甘肃省“中青年德艺双馨文艺工作者”称号。

简　　介：1985年毕业于甘肃省张掖高等师范专科学校美术系（现河西学院）；1986年—1988年进修于西安美术学院；2002年毕业于西北师范大学美术系油画专业，并获学士学位；现为临夏州美协副主席。

0888 任志翔

性　　别：男

出生年月：1946-03-10

民　　族：汉族

政治面貌：党员

职　　称：副高

学　　历：中专

所在单位：临夏州书画院

通讯地址：临夏市新华街统办楼三楼320室

成　　就：从70年代开始从事书法美术创作，书法作品多次参展省、州各类展览，并获奖收藏、入选作品集。1991年两幅隶书作品入展当代中国书画佳作邀请展并由岳阳市博物馆收藏；1996年书法草书入选牡丹杯全国书画篆刻大赛获一等奖。1999年隶书2幅获临夏州首届精神文明建设“五个一工程”优秀作品奖。2000年被评为临夏州第四批专业技术拔尖人才。2000年荣获第四届全国文化系统“先进个人”光荣称号。2005年由甘肃美术家协会、甘肃书法家协会和甘肃电视台公共频道主办的书画天地栏目播出专题片《书法家任志翔的艺术之路》。

简　　介：曾任临夏州书画院院长，州书法家协会主席。现已退休。

0889 高志俊

性　　别：男

出生年月：1968-09-18

民　　族：回族

政治面貌：党员

职　　称：副高

学　　历：大学专科

所在单位：临夏州文联

通讯地址：临夏市新华街统办楼三楼320室

成　　就：从1988年起，在《诗刊》《民族文学》《飞天》《民族作家》《朔方》《回族文学》《黄河文学》《驼铃》等期刊杂志发表诗作数百首。作品曾获甘肃省第四届文学奖，甘肃省少数民族文学铜奔马奖，甘肃省第五届少数民族文学奖，临夏回族自治州第一届花儿文学奖，临夏回族自治州首届、二届精神文明建设“五个一工程”奖等奖励。其创作作品被收入《中国诗人大辞典》《中国当代文艺家辞典》《回族文学概观》《回族对伟大祖国的贡献》《临夏回族自治州大事记》等书籍。诗作入选《中国当代诗库2007年卷》《1949—1999甘肃文学作品选萃·诗歌卷》《甘肃的诗》等诗选集。2004年6月由中国文联出版社出版了其诗集《流淌的歌声》。参与编辑了《临夏散文选》（副主编）《临夏诗歌选》（副主编）《大禹治水的源头——临夏》《中国花儿新论》《中国花儿纵论》《花儿烂漫》等书籍。主编和编辑《河州》杂志20余年，80余期，约800多万字，培养了一大批各民族文艺作者。2012年被甘肃省文联评为全省基层文联先进个人。

简　　介：现任甘肃省临夏回族自治州文联党组成员、副主席、《河州》杂志主编。系中国诗歌学会会员、甘肃省作家协会理事。

0890 马忠贤

性　　别：男
出生年月：1952-08-06
民　　族：回族
政治面貌：党员
职　　称：副高
学　　历：中专
所在单位：临夏州人大
通讯地址：临夏市新华街统办楼三楼 320 室
成　　就：多年来，其影作入选省内外各级各类影展；《柳梅滩秀色》《守望》《云海》《会礼》《花儿盛会》等 10 多幅作品分别发表于《黄河潮》《河陇大地》等多部大型画册中；曾先后担纲主编过《美丽临夏》《甘肃摄影家·临夏专集》等 4 部摄影画册；作品《黄河谣》曾获甘肃敦煌文艺奖；《旱塬小村》获郎静山国际艺术摄影大赛提名奖和国际摄影艺术奖等奖项。
简　　介：曾供职于临夏州文化局、州文学艺术界联合会、州人大机关。现为甘肃省文化促进会常务理事、甘肃省摄影家协会第二、三、四届理事会理事、甘肃现代摄影学会常务理事、临夏回族自治州摄影家协会主席、中国摄影家协会会员。

0891 唐占鸿

性　　别：男
出生年月：1962-09-16
民　　族：汉族
政治面貌：群众
职　　称：省二级工艺美术大师
学　　历：中专
所在单位：临夏市
通讯地址：临夏市新华小区 16 栋 3 单元 702
成　　就：自 1995 年起专门从事葫芦雕刻艺术，2005 年被甘肃省工艺美术协会评选为甘肃省二级工艺美术大师。2011 年被甘肃省工业和信息化委员会被评为省工艺美术大师。主要有作品有：《松下问童子》《童叟图》《画龙点睛》《伯乐相马》《饮中八仙》《竹林七贤》《香山九老秋兴图》《五老图》等。作品中老人智慧恬淡，童子顽皮聪明，神态毕现，雅俗共赏。
简　　介：1982 年毕业于临夏师范学校，师从孔德良先生学习中国画，对山水、人物等绘画语言有深刻认识。1982 年从事美术教学工作。1984 年开始自学雕刻葫芦。1987 年经中国工艺美术大师阮文辉先生的指点，结合自己绘画功底，创作出风格独特的作品。

0892 周子元

性　　别：男
出生年月：1968-03-01
民　　族：汉族
政治面貌：群众
职　　称：副高级葫芦雕刻艺术大师
学　　历：中专
所在单位：太极镇古城路 268 号
通讯地址：刘家峡镇古城新区社保中心
成　　就：1992 年 9 月百余枚雕刻葫芦作品，在首届中国丝绸之路节上被甘肃省丝绸之路研究会作为礼品，赠送 28 个国家和地区的专家、学者。2009 年作品《四季平安》获中国聊城第三届国际葫芦文化节现场制作“银葫芦”奖。2011 年 2 月经甘肃省工艺美术大师评审领导小组批准，被省政府授予“甘肃省工艺美术大师”称号。2012 年，被甘肃省人社厅评为副高级葫芦雕刻艺术师。2014 年 5 月，获临夏书画、观赏石、雕刻葫芦花卉盆景艺术展二等奖。
简　　介：现为甘肃省工艺美术大师、副高级葫芦雕刻艺术师、甘肃省工艺美术百花奖评委、甘肃省工艺美术协会会员、临夏州葫芦雕刻艺术协会副会长。其代表作有：大型山水雕刻葫芦《黄河三峡》，人物微雕《八十七神仙卷》《山水画卷》，烙画葫芦《永靖傩舞》《敦煌飞天》《伟人肖像》等。

0893 卫圣伍

性　　别：男
出生年月：1968-07-09
民　　族：汉族
政治面貌：党员
职　　称：古典建筑工程师
学　　历：高中
所在单位：永靖县太极镇大川村 2 社
通讯地址：刘家峡镇古城新区社保中心
成　　就：承接制作过大川村镇鲁寺山门龙汇山迎宾楼门，彩绘过三塬城隍庙古城太清宫太极岛八角亭，永靖河南古典一条街，太极镇彩门等。工作之余学习书画，参加省内外书画展，并多次获奖，作品被多种报刊登载，多家单位和个人收藏。2012—2014 年在永靖县新农村建设中，为了美化乡村，宣传党的政策，构建和谐社会，在大川村绘制了大型国画，二十四孝图。在 2008 年奥运会期间国画《风雪归途》获得全国青少年书画大赛青年组一等奖，中华名人书画大赛中获二等奖。
简　　介：中国国际工艺美术师协会会员、甘肃省农民书画研究院会员、甘肃省副高级工艺美术师、临夏州美协会员、永靖县美协会员。自幼喜欢书画篆刻，现在主要从事书画工艺美术制作：古建筑彩绘、石雕、玉雕、木雕等，获得古建筑壁饰制作技师职称，古典建筑工程师助理职称。2008 年成立了“永靖县圣伍古典彩绘装饰公司”任董事长兼总经理。

0894 孔令祖

性　　别：男
出生年月：1963-01-01
民　　族：汉族
政治面貌：群众
职　　称：副高级美术艺术师
学　　历：高中
所在单位：川南路四处家属院
通讯地址：刘家峡镇古城新区社保中心
成　　就：2005 年被东方书画艺术研究院授予“全国优秀书画家”称号；2005 年被东方书画艺术百科全书编辑委员会、《书画辅导》编辑部、东方书画艺术研究会、中华国际出版社评定入选《中国书画家全集》并获金奖，同时授予“全国百杰书画家”称号；2005 年在首届“昆仑魂”全国书画大赛中荣获优秀奖；2005 年获新神采杯全国书画大赛优秀奖；2005 年在第五届黄山杯中国当代书法美术大赛中获金奖。作品入编《中国当代书画家精品集》；2005 年荣获新星杯国际华人书画作品大展赛美术金奖；2006 年在纪念建党八十五周年首届和谐杯全国诗书画作品大展赛中获一等奖，并被授予“首批全国文化和谐使者”荣誉称号；2006 年在中华人民共和国文化部、中国硬笔书法家协会、中国书画研究院举办的第二届金鼎杯全国书法美术大展赛中荣获金奖。
简　　介：现为永靖县政协委员、副高级美术艺术师、中国书画家协会理事、中国书画研究院研究员、甘肃省美术家协会会员、临夏州美术家协会会员、永靖县美术家协会副主席、《中国书画家》杂志社专业画家。

0895 马麟

性　　别：男
出生年月：1965-08-10
民　　族：回族
政治面貌：党员
职　　称：副高

学　　历：大学本科
所在单位：甘南民族师范学院
通讯地址：甘南州文联
成　　就：首届中国书画艺术华表奖大展银奖，庆祝建党90周年甘肃省青年美展获一等奖，第二届甘肃省少数民族书画展二等奖，书法作品获全国明星杯书画大赛铜奖，第二届甘肃省科技界书画展三等奖，作品入选全国龙字书法篆刻大赛。

0896 张大勇

性　　别：男
出生年月：1976-11-25
民　　族：汉族
政治面貌：党员
职　　称：副高
学　　历：大学本科
所在单位：甘南州日报社
通讯地址：甘南州文联
成　　就：作品散见于《甘南日报》《甘肃日报》《兰州晚报》《格桑花》等州内外刊物，获多种奖励。
简　　介：现任《甘南日报》社副总编。

0897 李城

性　　别：男
出生年月：1959-09-30
民　　族：汉族
政治面貌：党员
职　　称：副高
学　　历：大学本科
所在单位：甘南州文联
通讯地址：甘南州文联
成　　就：业余专著文学，著有散文集《屋檐上的甘南》《行走在天堂边缘》，中篇小说集《叩响秘境之门》和长篇小说《最后的伏藏》《麻娘娘》。部分散文作品被转载。
简　　介：现任甘南州文联副主席。

0898 牧风

性　　别：男
出生年月：1970-10-07
民　　族：藏族
政治面貌：党员
职　　称：副高
学　　历：大学本科
所在单位：甘南州文广新局副局长
通讯地址：甘南州文联
成　　就：已在《诗刊》《星星诗刊》《诗神》《诗歌月刊》等报刊发表作品多篇（首）。曾获甘肃省第五届少数民族文学奖、第四届格桑花文学奖、建国60周年甘南州文艺成就奖等奖项。
简　　介：甘肃省作家协会会员。现任州文广新局副局长。

0899 云丹龙珠

性　　别：男
出生年月：1952-10-08
民　　族：藏族
政治面貌：党员
职　　称：副高
学　　历：大学本科
所在单位：甘南州文化出版新局局长
通讯地址：甘南州文联
成　　就：作品散见于《甘肃日报》《甘南报》《格桑花》等报刊。
简　　介：1968年10月参加工作。曾任甘南州教育局局长、文化出版局局长，现已退休。

0900 索代

性　　别：男
出生年月：1949-10-05

民　　族：藏族
政治面貌：党员
职　　称：副高
学　　历：大学本科
所在单位：夏河县志办
通讯地址：甘南州文联
成　　就：从事文学创作和《格萨尔王传》研究多年。文学作品获甘肃省少数民族奖等，出版有《〈格萨尔王传〉论略》《藏族文化史纲》等多部藏学专著。
简　　介：中国少数民族作家学会会员、甘肃作家协会会员。1982 年毕业于西北民院少语系。

0901 郭路

性　　别：男
出生年月：1971-11-16
民　　族：藏族
政治面貌：党员
职　　称：副高
学　　历：大学本科
所在单位：甘南州州政府
通讯地址：甘南州文联
成　　就：在省级以上媒体上发表新闻作品千余篇。文学作品散见于《西部文学》《甘肃民族研究》《甘肃日报》《格桑花》等报刊，作品入选多种文集。主编《欢腾的朝水节》《雪域彩虹》等电视专题片。

0902 赵梅

性　　别：女
出生年月：1980-11-05
民　　族：汉族
政治面貌：党员
职　　称：副高
学　　历：大学本科
所在单位：甘南日报
通讯地址：甘南州文联
成　　就：现为甘肃日报记者，从事多年新闻采访工作，参与了汶川大地震、神七发射、奥运圣火传递、舟曲 8.8 特大山洪泥石流灾后重建等重大新闻事件的报道。先后出版了《青春使命——80 后女记者汶川大地震亲历回访录》等纪实文学。

0903 王小忠

性　　别：男
出生年月：1980-03-14
民　　族：藏族
政治面貌：党员
职　　称：副高
学　　历：大学本科
所在单位：甘南州文联
通讯地址：甘南州文联
成　　就：散文、小说、诗歌见于《大家》《诗刊》《散文》《青年文学》《民族文学》《山花》等多家刊物，作品入选《中国年度诗歌》《散文精选集》《中国微型小说排行榜》《中国少数民族文学 2011 年度选・小说卷》《华文青年诗人获奖作品集》等多种选本。著有诗集两部，散文集 1 部。
简　　介：中国作协会员。

0904 王力

性　　别：男
出生年月：1974-10-18
民　　族：汉族
政治面貌：党员
职　　称：副高
学　　历：大学本科
所在单位：甘南州日报社
通讯地址：甘南州文联
成　　就：现为《甘南日报》副刊编辑。作品散见于《中国诗人》《青年作家》《诗歌月刊》《格桑花》等。2012年获州文联主办的金坐标杯甘南诗歌大赛一等奖。

0905 草原河

性　　别：男
出生年月：1972-05-05
民　　族：藏族
政治面貌：党员
职　　称：副高
学　　历：大学本科
所在单位：合作市旅游局局长
通讯地址：甘南州文联
成　　就：作品散见于《西藏文学》《格桑花》《甘南日报》等报刊。现任合作市旅游局局长。

0906 马胜杰

性　　别：男
出生年月：1982-11-17
民　　族：汉族
政治面貌：党员
职　　称：副高
学　　历：大学本科
所在单位：合作藏族中学
通讯地址：甘南州文联
成　　就：2005年10月出版了美学小册子《走向美学的边缘》。有诗歌《梅红樱粉》等在《北地风》刊载；短篇小说《偷窥》《山魂》《头上掉了虱子》等在《剑南文学》《格桑花》《甘南日报》上刊载。2011年1月由内蒙古人民出版社出版长篇小说《土崩瓦解》。

0907 拉木栋智

性　　别：男
出生年月：1971-12-02
民　　族：藏族
政治面貌：党员
职　　称：副高
学　　历：大学本科
所在单位：甘南州教育局
通讯地址：甘南州文联
成　　就：1992年开始文学创作，曾在《诗刊》《甘肃广播电视报》《格桑花》《甘南日报》等处发表诗歌、中短篇小说数十篇（首）。
简　　介：甘南州第十三届政协委员、甘南州作协会员。

0908 乔大林

性　　别：男
出生年月：1970-10-16
民　　族：藏族
政治面貌：党员
职　　称：副高
学　　历：大学本科
所在单位：甘南州民族师范学院
通讯地址：甘南州文联
成　　就：2011年参加首届陇原风华美术作品展，2012年参加甘肃省青年美展获三等奖，2013年参加甘南州建州60周年美术展览，2013年参加全国“朝圣敦煌”美术作品展览。

0909 桑骥鉴赞

性　　别：男
出生年月：1964-12-03
民　　族：藏族
政治面貌：党员
职　　称：副高
学　　历：大学本科
所在单位：甘南州
通讯地址：甘南州文联
成　　就：从事文学创作20年，出版小说集《暗香疏影——桑骥鉴赞小说选》。

0910 杜曼·叶尔江

性　　别：男
出生年月：1967-08-03
民　　族：裕固族
政治面貌：党员
职　　称：副高
学　　历：大学本科
所在单位：甘肃民族师范学院
通讯地址：甘南州文联
成　　就：中国少数民族作家学会会员，甘肃省作家协会会员。在省内外文学刊物上发表诗歌近200首。2010年8月出版诗集《腾格里苍狼》（大众文艺出版社）。

0911 贡老

性　　别：男
出生年月：1958-11-21
民　　族：藏族
政治面貌：党员
职　　称：副高
学　　历：大学本科
所在单位：甘南州藏语言文字工作委员会
通讯地址：甘南州文联
成　　就：小说《黄河边的小鸟》获五省区藏族文学创作二等奖。小说《赛欧草原上的风波》获首届甘肃文学作品一等奖。小说《发生在家乡的故事》获全国首届岗坚杯文学一等奖等，至今已获得10余个文学创作奖项。

0912 王劼

性　　别：男
出生年月：1975-05-18
民　　族：汉族
政治面貌：党员
职　　称：副高
学　　历：大学本科
所在单位：甘南师范学校
通讯地址：甘南州文联
成　　就：2000年绘画作品《工笔人物》入选甘肃省首届写生画展。2001年绘画作品《葡萄熟了》入选庆祝中国共产党成立80周年美术作品展。2001年绘画作品《工笔人物》荣获新千年书画大赛创作奖。2005年绘画作品《高原魂》入选甘肃画院成立15周年首届甘肃省专业画院作品联展。2004年绘画作品《高原魂》荣获全省职工美术、书法、摄影展三等奖。

0913 彭天祥

性　　别：男
出生年月：1956-12-26
民　　族：汉族
政治面貌：党员
职　　称：副高
学　　历：大学专科
所在单位：甘南州合作市国税局
通讯地址：甘南州文联
成　　就：1989年书法作品获甘肃省税务系统首届书画展三等奖；2004年书法作品在建国55周年书画大赛中获银奖；2007年书法作品入选《中华民族和谐杯书画大赛作品集》；2008年书法作品入选《第三届中国榜书大展作品集》；2012年书法作品入选《中国当代书画名人档案》。
简　　介：2001年至今在甘南州合作市国税局工作，任纪检组长。1999年毕业于甘肃省委党校经济管理专业（函授），甘南州书法家协会理事。

0914 扎西才让

性　　别：男
出生年月：1972-11-15
民　　族：藏族
政治面貌：党员

职　　称：副高
学　　历：大学本科
所在单位：甘南州文联
通讯地址：甘南州文联
成　　就：已在《诗刊》《民族文学》《诗歌报月刊》《诗选刊》《星星诗刊》《西藏文学》等国内报刊杂志上发表诗歌、小说、散文近40万字。曾获诗神杯全国诗歌奖、甘肃省少数民族文学创作铜奔马奖、甘肃省第四届敦煌文艺奖、甘肃省第五届少数民族文学奖、《飞天》十年文学奖、《西藏文学》年度作品奖。
简　　介：甘肃省作协会员。

0915 后俊

性　　别：男
出生年月：1968-04-18
民　　族：藏族
政治面貌：党员
职　　称：副高
学　　历：大学专科
所在单位：中共甘南州委
通讯地址：甘南州文联
成　　就：喜欢文学、书法和摄影。摄影作品散见于《甘南发展》《甘南日报》《格桑花》《甘南青年》等报刊。

0916 嘎代才让

性　　别：男
出生年月：1981-09-10
民　　族：藏族
政治面貌：党员
职　　称：副高
学　　历：大学本科
所在单位：甘南州文联《达赛尔》编辑部
通讯地址：甘南州文联
成　　就：作品被译为英、蒙、维等语种发表。为民间写作、80后诗歌运动、西藏第三代诗人重要代表。

0917 阿丁（陈秉衡）

性　　别：男
出生年月：1940-05-07
民　　族：汉族
政治面貌：党员
职　　称：副高
学　　历：中专
所在单位：已退休
通讯地址：甘南州文联
成　　就：1957年毕业于卓尼师范，甘肃省书法家协会理事，甘肃省美协会员，书法美术作品多篇，兼文学创作。

0918 白华英

性　　别：男
出生年月：1940-10-07
民　　族：藏族
政治面貌：党员
职　　称：副高
学　　历：大学本科
所在单位：甘南编译局局长
通讯地址：甘南州文联
成　　就：作品获甘肃省文学期刊联合评奖优秀作品奖、甘肃省少数民族文学奖。著有诗集《雪夜独歌》。
简　　介：从西北民族学院毕业后，长期在甘南州工作，曾任甘南编译局局长等职。

0919 马旭

性　　别：男
出生年月：1963-10-23
民　　族：汉族
政治面貌：党员
职　　称：副高

学　　历：大学本科
所在单位：甘南州政府研究室
通讯地址：甘南州文联
成　　就：先后在《世界文艺》《中国文学》等发表文学作品400多篇（首），作品分别被收入《中国实力作家作品概览》《中国文艺家辞典》。并在《中国国家地理杂志》《中国藏学》《中国方志学》等国家一级学刊发表学术论文14篇。《中华英模大典》《世界名人录》等国内外辞书均有略传。

0920 王学纯

性　　别：男
出生年月：1963-10-16
民　　族：藏族
政治面貌：党员
职　　称：副高
学　　历：大学本科
所在单位：甘肃省卫校
通讯地址：甘南州文联
成　　就：诗歌、散文散见于《飞天》《格桑花》《甘南报》等报刊。
简　　介：毕业于西北民族学院医疗系。

0921 常铭

性　　别：男
出生年月：1953-05-22
民　　族：汉族
政治面貌：党员
职　　称：副高
学　　历：大学专科
所在单位：甘南州旅游局
通讯地址：甘南州文联
成　　就：2008年被省委组织部、省委宣传部、省文联授予"首届甘肃省中青年德艺双馨文艺工作者"称号。2012年出席了中国摄影家协会第八次全国代表大会。
简　　介：现为州文联副主席、中国摄影家协会会员、中国书法家协会会员、甘肃省摄影家协会理事、甘肃省书法家协会理事、甘肃省书法主席团委员、甘南州书法家协会主席、甘南州摄影家协会副主席。

0922 敏彦文

性　　别：男
出生年月：1968-03-04
民　　族：回族
政治面貌：党员
职　　称：副高
学　　历：大学本科
所在单位：甘南州政府《甘南发展》编辑部
通讯地址：甘南州文联
成　　就：1987年开始发表作品，在《诗刊》《星星》《民族文学》《飞天》《绿风》等国内数十家报刊发表散文诗歌和文学评论600多首（篇）。著有诗集《相知的鸟》和散文集《生命的夜露》。作品入选《当代大学生抒情诗选》《第四代诗人诗选》《1949—1999甘肃文学作品选萃》等多种文学选本。

0923 吕静春

性　　别：男
出生年月：1972-12-08
民　　族：汉族
政治面貌：党员
职　　称：副高
学　　历：大学本科
所在单位：甘南师范学校
通讯地址：甘南州文联
成　　就：参加美术活动情况：全国第十届师生优秀美术作品评选活动，获银奖；甘肃省首届丝绸之路书画大赛，获成人组二等奖；甘肃省第五届青年设计展，获二等奖；庆祝甘南州建州50周年美术作品展；庆祝甘南藏族自治州建州60周年美术作品展。

0924 安少龙

性　　别：男
出生年月：1967-11-16
民　　族：汉族
政治面貌：党员
职　　称：副高
学　　历：硕士研究生
所在单位：甘肃民族师范学院
通讯地址：甘南州文联
成　　就：主要从事外国文学、比较文学的教学与研究。文学评论、诗歌等散见于《青年作家》《甘肃文苑》《甘南日报》《格桑花》等报刊。

0925 嘎玛道吉

性　　别：男
出生年月：1958-06-20
民　　族：藏族
政治面貌：党员
职　　称：副高
学　　历：大学本科
所在单位：甘南州歌舞团
通讯地址：甘南州文联
成　　就：曾经参与了第一届至第五届甘肃·甘南香巴拉旅游艺术节的发起、策划和主要组织工作。1999年为州歌舞团大型歌舞诗《扎西德杰》撰写了全场解说词。1999年与甘肃电视台文艺部合作，撰制散文诗画片《家乡的鹰》及州、市三部旅游文化专题片。2000年，为州上策划出版甘南州文化风情宣传光盘《香巴拉情韵》（4张套集），本人亦在创作歌曲中为合作市、玛曲县、迭部县、夏河县创作了4首地方专题歌词。2001年为夏河县拉卜楞旅游文化节创作了主题歌曲《相约拉卜楞》。2003年应四川电视台邀请，参与撰写大型电视片《雪域的春天》解说词，获得成功。2004年为夏河县文化宣传光盘专辑《阳光下的家乡》撰写主题歌《阳光下的家乡》。2003年参与州上对外宣传光盘《美丽的甘南草原》的组稿工作，并撰写解说词。2004年参与全州大型文化光盘《香巴拉在呼唤》的主创活动，并撰写解说词。2005年至2006年被州委、州政府聘为甘南州主题电视剧评审委员会委员，参与评审《情归曼荼罗》《我的香巴拉》等两本电视剧脚本。

0926 完玛央金

性　　别：女
出生年月：1962-10-17
民　　族：藏族
政治面貌：党员
职　　称：副高
学　　历：大学本科
所在单位：甘南州文联
通讯地址：甘南州文联
成　　就：《格桑花》执行主编。州文联副主席，甘肃省十二次党代会代表，政协甘南州十三届委员会常委，中国少数民族文学学会会员，甘肃作协会员。1982年起发表诗歌、散文作品，入选《她们的抒情诗》《中国当代女诗人诗选》《西部的抒情》《藏族当代诗人诗选》等专集，著有诗集《日影·星星》《完玛央金诗选》和散文集《触摸紫色的草穗》。

0927 杜娟

性　　别：女
出生年月：1965-10-07
民　　族：汉族
政治面貌：党员
职　　称：副高
学　　历：大学本科
所在单位：甘南州合作市档案局

通讯地址：甘南州文联

成　　就：在《诗刊》《星星》《诗选刊》《诗潮》《绿风》《西藏文学》《飞天》《散文诗》等刊物发表文学作品300多篇（首）。作品入选《2007当代诗歌精选》《甘肃的诗》等文集。出版诗集《苏鲁梅朵》。

0928 葛·嘉洋益喜

性　　别：男

出生年月：1946-05-16

民　　族：藏族

政治面貌：党员

职　　称：副高

学　　历：大学本科

所在单位：甘南州农林局

通讯地址：甘南州文联

成　　就：在《诗刊》《民族文学》等报刊发表文学作品多篇（首）。已出版《献给圣地的歌》《葛·嘉洋益喜诗文选集》《诱惑的高原》《雪域情韵》等诗文集。

0929 贡卜扎西

性　　别：男

出生年月：1938-07-20

民　　族：藏族

政治面貌：党员

职　　称：副高

学　　历：大学专科

所在单位：甘南州人大（已退休）

通讯地址：甘南州文联

成　　就：1958年开始发表作品。作品有连环画及电影脚本、小说、诗、散文、电视剧本、话剧本、摄影等。作品曾多次在省内外获奖。由他与胡耀华共同创作的话剧本《白雨》获第一届中国少数民族题材剧本金奖。

简　　介：1957年毕业于西北民族学院语文系藏文班；1962年毕业于中央民族学院政治系哲学研究生班。曾任西北民族学院教师、报道员（记者），甘肃省委统战部处长，甘南州委副书记兼合作民族师专书记。

0930 褚文英

性　　别：男

出生年月：1952-07-19

民　　族：汉族

政治面貌：党员

职　　称：副高

学　　历：大学专科

所在单位：甘南州日报社

通讯地址：甘南州文联

成　　就：书画作品曾获全国各族青年书画影展一等奖、甘肃大学生画展二等奖、甘肃省青年书画影展书法二等奖、中华侨乡杯书画楹联大赛国画三等奖、“奋进中的甘肃”全省青年书画影展国画一等奖、“东峰碑林”全国书法大赛佳作奖、“龙年”全国钢笔书法大赛优胜奖、四我杯全国书画篆刻大展书法优秀奖、国际金鹅奖书画大赛书法佳鹅奖、大马杯国际书画篆刻大赛书法二等奖、敦煌杯国际书法大奖赛优秀奖。

0931 王朝霞

性　　别：女

出生年月：1972-11-26

民　　族：汉族

政治面貌：党员

职　　称：副高

学　　历：大学专科

所在单位：甘南州委外宣办

通讯地址：甘南州文联

成　　就：《中国甘南网》记者、编辑。甘南州作协会员。有文字刊发于《山西青年》《济宁日报》《山东文学》《思维与智慧》等杂志报刊。《芹菜老妈，我爱你》一文被收入安徽少儿出版社出版的《美丽心灵故事读本》。新闻作品曾获多种奖项。

0932 马麒

性　　别：男
出生年月：1966-07-09
民　　族：回族
政治面貌：党员
职　　称：副高
学　　历：大学本科
所在单位：甘南师范学校
通讯地址：甘南州文联
成　　就：多年来先后在甘南州各类大型活动中组织举办过书画展览、手工展览、服饰展览等活动。现任甘南师范学校高级讲师、美术教研组组长，甘肃省美术教育研究会理事，甘肃省艺术等级测试委员会甘南测试点艺术组组长。

0933 贡保甲

性　　别：男
出生年月：1953-10-09
民　　族：藏族
政治面貌：党员
职　　称：副高
学　　历：大学本科
所在单位：甘肃省民委
通讯地址：甘南州文联
成　　就：1981年开始发表诗作，主要有《祖国颂》《通往北京的大路》《黄河源头的歌》《阿尼玛卿雪山的抒怀》《远行的驮牛》，其中《远行的驮牛》选入《中国现代千家短诗萃》一书。中国少数民族作家学会会员。

0934 奂俊昌

性　　别：男
出生年月：1946-12-12
民　　族：汉族
政治面貌：群众
职　　称：副高
学　　历：大学专科
所在单位：文化馆
通讯地址：舟曲县峰迭新区人社大厦
成　　就：创作文艺作品600余篇，其中书法作品入选海内外赛展30多次，曾获得银奖，二、三等奖多次，两次入选中日书画联谊大赛，在日本姬路、神户展出。书法流见于公园、会馆、酒店大厅及中外友人厅室，部分作品被收藏，1999年获甘南州文学艺术成就奖。
简　　介：现为中国书画联谊会会员，甘肃省书法家协会会员，甘肃省音乐家协会会员，舟曲县文化馆副研究馆员，2010年退休。

0935 张宝明

性　　别：男
出生年月：1961-02-15
民　　族：汉族
政治面貌：党员
职　　称：副高
学　　历：大学专科
所在单位：舟曲县文化馆
通讯地址：舟曲县峰迭新区人社大厦
成　　就：张宝明从事摄影书画创作30多年，200余幅作品发表于《民族画报》《中国摄影家作品集》等各级刊物上，120余幅作品入选国内外展览、画册、书籍，90多幅作品荣获国家和省、州奖项。编辑出版了《情系拉尕·爱注舟曲》画册、《洪撼龙江》画册及“多彩的舟曲文化”丛书，荣获格萨尔文艺奖、2010年全国抗灾救灾优秀摄影家等数十个奖项。《甘肃日报》和《中国文化报》对张宝明同志作过报道。
简　　介：现为舟曲县文化馆馆长、副研究

馆员、中国摄影家协会会员、中国民俗摄影家协会会员、省摄影家协会会员。

0936 刘明

性　　别：男
出生年月：1955-10-05
民　　族：汉族
政治面貌：群众
职　　称：副高
学　　历：中专
所在单位：文化馆
通讯地址：舟曲县峰迭新区人社大厦
成　　就：多年从事教育及文化事业，爱好书法艺术，创作文艺作品100余篇，其作品曾多次在全国书法大赛中获奖并入编《中华当代书画名家优秀作品集》《1949—2009年中国书画60年名人作品经典》《全国书法美术优秀作品集》《中国当代书画名家》等，被授予"中国资深画家""中国书画艺术中心高级创研员"等称号。
简　　介：多年从事教育及文化事业，爱好书法艺术，以贴为师，临池不辍。

0937 杨和平

性　　别：男
出生年月：1953-06-09
民　　族：藏族
政治面貌：党员
职　　称：副高
学　　历：大学本科
所在单位：临潭县文化馆
通讯地址：甘肃省临潭县城关镇南大街3号
成　　就：油画、摄影作品在全国及全省、州专业展览中多次展出并获奖，作品及个人信息被录入《中国当代美术家人名录》《全省文化馆美术书法摄影作品集》《当代敦煌》等刊物书籍当中。早期与甘肃省著名画家陡剑岷联合创作的油画洮州八景，现分别珍藏于临潭县四大班子。
简　　介：毕业于西北师大美术系油画专业。现为中国美术家协会甘肃分会会员、甘肃省群众文化学会会员、甘肃省油画学会会员、甘南州美术摄影协会理事。

0938 彭世华

性　　别：男
出生年月：1972-04-13
民　　族：汉族
政治面貌：党员
职　　称：副高
学　　历：大学专科
所在单位：临潭县宗教局
通讯地址：甘肃省临潭县城关镇南大街3号
成　　就：主要作品有诗歌《甘南草原》《人到中年》等。
简　　介：毕业于甘南师范学校，在校期间开始创作诗歌和散文作品，部分已发表。

0939 郭建忠

性　　别：男
出生年月：1950-12-06
民　　族：汉族
政治面貌：群众
职　　称：副高
学　　历：大学本科
所在单位：甘肃省公路局
通讯地址：甘肃省临潭县城关镇南大街3号
成　　就：草书作品获中国交通职工首届书画展一等奖；隶书作品获中国交通系统书画展三等奖；鸭绿江杯全国书法大赛铜奖；首届中国书法、美术家艺术精品展银奖。被授予"跨世纪艺术人才""世界书画艺术名人""国际银奖艺术家"等称号。
简　　介：中国人才研究会艺术家学部委员

会委员、中国艺术研究院研究员、世界艺术家联合会理事、中国书法协会会员、甘肃省书法家协会会员。

0940 马廷义

性　　别：男
出生年月：1963-07-15
民　　族：回族
政治面貌：党员
职　　称：副高
学　　历：大学本科
所在单位：临潭县县志办
通讯地址：甘肃省临潭县城关镇南大街3号
成　　就：曾参编《临潭县志》，现任临潭县志办主任。精学阿拉伯语，翻译了伊斯兰哲学名著《人类——起始与归宿》《玄机与真光》《麦克图巴特·书信集》等。
简　　介：毕业于西北民族学院汉语系。曾参编《临潭县志》，现任临潭县志办主任。

0941 唐佐智

性　　别：男
出生年月：1958-10-07
民　　族：藏族
政治面貌：群众
职　　称：副高
学　　历：大学本科
所在单位：临潭二中
通讯地址：甘肃省临潭县城关镇南大街3号
成　　就：参编《临潭县志》（第一部副主编）《中共临潭县组织史》《洮州民俗大观》《洮州花儿集锦》《冶力关景点荟萃》《甘肃路谱》等地方志书和专业志书。书法作品曾参加过省内外书展，并发表于省内外诸多报刊上。现为甘肃省书法家协会会员，甘肃省诗词学会会员，并有个人诗集即将出版。
简　　介：1975年参加工作，曾为临潭二中语文老师。

0942 敏生贵

性　　别：男
出生年月：1956-02-14
民　　族：回族
政治面貌：群众
职　　称：副高
学　　历：大学专科
所在单位：临潭县城关五校
通讯地址：甘肃省临潭县城关镇南大街3号
成　　就：2007年摄影作品《天池冶海》获甘肃省社科院旅游研究中心珍藏奖；获甘肃省摄影家协会、甘肃省国际艺术摄影交流协会等多家专业机构联办的摄影大奖赛一等奖；《鹤鸣湖秋色》等作品获该展入选奖，并印制为纪念邮票发行。
简　　介：1972年参加工作，系中国民俗摄影家协会会员，长期探索摄影艺术。

0943 赵大庆

性　　别：男
出生年月：1963-09-17
民　　族：藏族
政治面貌：党员
职　　称：副高
学　　历：高中
所在单位：临潭县文化馆
通讯地址：甘肃省临潭县城关镇南大街3号
成　　就：书画作品多次参加省、州、县专业展览，并刊登于多种报刊，2006年入选甘肃省文化厅群星奖书画展。
简　　介：1981年4月参加工作。现任临潭县文化馆馆长、临潭县博物馆馆长。长期致力于洮州民俗、文博及非物质文化遗产的考察、研究与保护，并多次成功举办本县书画展、摄影展、民俗展等各类专业展览。

0944 王小忠

性　　别：男
出生年月：1980-08-10
民　　族：汉族
政治面貌：党员
职　　称：副高
学　　历：大学专科
所在单位：临潭县城关学区
通讯地址：甘肃省临潭县城关镇南大街3号
成　　就：作品《甘南草原3章》获2005年全国首届校园文学大赛教师组银奖；《甘南草原6章》入选《2006年全国最佳散文诗选》。
简　　介：先后在多种报刊发表作品400余篇。

0945 牛建忠

性　　别：男
出生年月：1974-09-02
民　　族：藏族
政治面貌：党员
职　　称：副高
学　　历：大学专科
所在单位：临潭县人民法院
通讯地址：甘肃省临潭县城关镇南大街3号
成　　就：2004年行草书作品入选首届甘南州职工书画联谊会书画展；2005年入选第二届洮州风情旅游节书画展并被县博物馆收藏；2007年获首届中国巴林石杯全国书法作品展优秀奖。
简　　介：供职于临潭县人民法院。现为中国书画艺术家协会会员。

0946 薛兴

性　　别：男
出生年月：1972-08-08
民　　族：藏族
政治面貌：党员
职　　称：副高
学　　历：大学本科
所在单位：临潭县安监局
通讯地址：甘肃省临潭县城关镇南大街3号
成　　就：代表作品有诗歌《灰鸽子》《孤独的探戈》《白云飘过》。其作品曾在州内外发表400余篇。长期从事新闻与宣传工作，在工作之余创作了大量的散文和诗歌。《洮州文学》编委。
简　　介：现任甘南州青年诗歌协会副会长。

0947 李桂梅

性　　别：女
出生年月：1981-08-04
民　　族：藏族
政治面貌：党员
职　　称：副高
学　　历：大学本科
所在单位：临潭县教育局
通讯地址：甘肃省临潭县城关镇南大街3号
成　　就：作品国画《红盖头》获甘肃省第三届群星艺术节铜奖，并由甘肃省文化厅选送参加全国书画展；国画《秋韵》被兰州教育学院收藏；国画《卓玛》被西北师大收藏。
简　　介：2002年毕业于甘南师范美术班；2004年毕业于兰州教育学院美术系；2006年毕业于西北师大美术系。

0948 夏世龙

性　　别：男
出生年月：1969-09-22
民　　族：汉族
政治面貌：群众
职　　称：副高
学　　历：大学专科
所在单位：临潭县城关五校

通讯地址：甘肃省临潭县城关镇南大街 3 号
成　　就：国画作品《中国古代科学家》荣获 1991 年甘肃省中等师范学校学生美术作品展览二等奖，并入选同年度全国中等师范学校学生美术作品展。书法作品入展首届全国小精品书画展、甘肃省书协第二届新人新作展、甘肃省首届书法篆刻展、西雁杯全国书法展、大河墨韵甘肃省青年书法家优秀作品展。书法作品获奖甘肃省首届人社杯书画摄影展书法三等奖、甘肃省首届人口文化节书法作品展二等奖、甘南州首届农行杯书法展一等奖、甘南州 2010 年书画大展书法一等奖。
简　　介：1991 年毕业于甘南师范学校。同年 8 月参加工作任小学教师。2002 年因病退休。痴迷于写字画画，钟情于古典文化。现为甘肃省书法家协会会员、甘肃省青年书法家协会理事、甘南州青年书协副主席、临潭县文联书画协会副主席。2013 年 8 月创办甘南广雅文化艺术有限公司。

0949 敏奇才

性　　别：男
出生年月：1973-11-01
民　　族：回族
政治面貌：党员
职　　称：副高
学　　历：大学专科
所在单位：临潭县文联
通讯地址：甘肃省临潭县城关镇南大街 3 号
成　　就：发表的作品曾在《民族文学》《飞天》《回族文学》《散文》《光明日报》《甘肃日报》等报刊杂志发表小说散文 60 多万字，作品入选多种选集，获多种奖励。
简　　介：1995 年毕业于西北民族大学汉语系，甘肃省作家协会会员。现任临潭县文联主席兼作协主席。

0950 王虎

性　　别：男
出生年月：1947-03-31
民　　族：汉族
政治面貌：群众
职　　称：副高
学　　历：大学专科
所在单位：临潭县志办
通讯地址：甘肃省临潭县城关镇南大街 3 号
成　　就：2003 年获得河北省承德市长城文化艺术院长城杯全国书法大赛银奖；2005 年 9 月应《中国文汇报》社之邀出席中华魂——庆祝中华人民共和国成立 56 周年全国书画名家国庆联谊会。
简　　介：甘肃省书法协会会员，现为临潭县文学艺术界联合会会员。

0951 陈旭光

性　　别：男
出生年月：1963-04-07
民　　族：藏族
政治面貌：党员
职　　称：副高
学　　历：大学专科
所在单位：临潭文化馆
通讯地址：甘肃省临潭县城关镇南大街 3 号
成　　就：1994 年国画《趣》获全州书画展二等奖，并获西北师大第五届“民族文化艺术月联展”一等奖；1999 年书法获全省文化系统职工书画展三等奖，国画获得该展二等奖。

0952 张美丽

性　　别：女
出生年月：1960-12-04
民　　族：汉族
政治面貌：群众

职　　称：副高
学　　历：高中
所在单位：临潭县文化馆
通讯地址：甘肃省临潭县城关镇南大街 3 号
成　　就：1987 年获得省文化厅秦腔大赛表演艺术奖，1993 年在省秦腔协会举办的幸野杯大赛中获三等奖，1995 年在临潭县举办的业余歌手大赛中获二等奖。
简　　介：秦剧演员，最早在临潭县秦剧团，后调入临潭县文化馆工作。

0953 丁国华

性　　别：男
出生年月：1956-06-18
民　　族：汉族
政治面貌：群众
职　　称：副高
学　　历：中专
所在单位：临潭县国土局
通讯地址：甘肃省临潭县城关镇南大街 3 号
成　　就：书法作品 1994 年获国庆全县书画展二等奖；1997 年行草书刊登于《格桑花》；2005 年行草书入展第二届洮州风情旅游节书画展；行草书《李白——把酒问月》入展甘南州总工会职工书画展。
简　　介：1980 年参加工作，现供职于临潭县国土局。

0954 唐亚琼

性　　别：女
出生年月：1984-07-08
民　　族：汉族
政治面貌：党员
职　　称：副高
学　　历：大学本科
所在单位：临潭县宣传部
通讯地址：甘肃省临潭县城关镇南大街 3 号
成　　就：主要作品有《巴掌上的爱》《掌心的麦粒》《毛衣》，散见于《诗刊》《飞天》《民族文学》《中国诗歌》等。在甘南的女性作家群里，唐亚琼是一个独具才情、个性鲜明的诗人。她近年来的创作已经成为甘南诗歌一个重要的现象，引起了越来越广泛的关注。她的诗歌文本所呈现出来的生命意识、感情世界等，是对甘南地域文学色彩的一种补充，也是对甘南文化资源的某种新的开掘。

0955 党化昌

性　　别：男
出生年月：1978-10-30
民　　族：藏族
政治面貌：党员
职　　称：副高
学　　历：大学专科
所在单位：临潭县宣传部
通讯地址：甘肃省临潭县城关镇南大街 3 号
成　　就：在《诗刊》《民族文学》《青年文学》《诗选刊》《飞天》《星星诗刊》《诗歌月刊》《青年作家》等全国省地级以上刊物发表文艺作品近 1000 件左右。著有诗集《一个人的路途》，散文集《岁月留痕》，散文诗集《六个人的青藏》。作品入选《新世纪十年诗歌蓝本》《甘肃的诗》《2011 年度中国少数民族文学年选》《2011 年度散文诗》等多个年度权威选本。2005 年获全国好诗大奖赛三等奖；2006 年获《河州》杂志年度优秀作品奖；2007 年获全国十佳散文诗人奖；2009 年获甘肃省第五届少数民族文学奖；2009 年获纪念建国六十周年全国散文诗大赛优秀作品；2012 年获“大美甘南”诗歌大赛三等奖；2012 年获第五届中国散文诗天马奖；2013 年获羲之诗画大赛一等奖。
简　　介：现工作于临潭县宣传部。

0956 黎英俊

性　　别：男

出生年月：1958-10-07

民　　族：汉族

政治面貌：群众

职　　称：副高

学　　历：大学专科

所在单位：冶力关镇

通讯地址：甘肃省临潭县城关镇南大街 3 号

成　　就：2005 年书法作品入展在兰州举办的甘南州书画展，部分作品刊登于《神州诗书画报》；2006 年三幅书法作品入编《2006 年中国书画艺术家年鉴》。

简　　介：1979 年参加工作，现任冶力关镇人大主席。字晶如，号白石山人、翰墨斋主等，系中国书画艺术家协会会员。擅诗词，著有《高楼残梦》小集。

0957 加华加

性　　别：男

出生年月：1980-06-17

民　　族：藏族

政治面貌：党员

职　　称：副高

学　　历：大学本科

所在单位：甘南州碌曲县藏族中学

通讯地址：甘南州文联

成　　就：在《章恰尔》《达赛尔》《藏族文学艺术》《岗坚梅朵》《青海藏文报》《西藏日报》等报刊杂志上发表 50 余篇（首）文学作品。个人诗集《源流》于 2008 年由甘肃民族出版社出版。

0958 勒格加

性　　别：男

出生年月：1963-08-20

民　　族：藏族

政治面貌：党员

职　　称：副高

学　　历：大学专科

所在单位：玛曲县民歌弹唱协会

通讯地址：玛曲县住宅小区

成　　就：创作的歌曲《阿香姥姥》1986 年在全国民间音乐舞蹈比赛中荣获词曲创作一等奖、独唱三等奖。1986 年在甘南藏族自治州第二届格桑花文艺工作评比中其演唱的歌曲《阿香姥姥》荣获格桑花文艺奖。1987 年在甘肃省民间音乐舞蹈调演中演唱的歌曲《阿香姥姥》荣获表演创作一等奖。1993 年在阿坝州建州四十周年大庆文艺演出中荣获演唱特等奖。2002 年在第一届中国玛曲格萨尔文化旅游节开幕式大型文艺表演中担任艺术总监。2008 年获得二级演员职称。2011 年飞天电子音像出版社出版发行《河曲卓格尼玛婚宴》。2012 年珠江音像出版社出版发行《天来之音·原生态民歌精选》。

简　　介：1984 年 3 月—1988 年 2 月在玛曲县文工队（文化馆）工作；1988 年 3 月—1988 年 7 月在甘肃省艺术学校进修；1988 年 8 月—1990 年 2 月在玛曲县文化馆文工队工作；1990 年 3 月—1994 年 7 月在夏河县拉卜楞民族歌舞团工作；1994 年 8 月—1995 年 4 月在玛曲县藏族歌舞团工作；1995 年 5 月—1996 年 12 月被借调到兰州军区战斗歌舞团工作；1997 年元月—1997 年 11 月在玛曲县歌舞团工作；1997 年 12 月—2003 年 3 月在玛曲县藏族歌舞团担任团长；2006 年 12 月—2009 年 7 月在玛曲县文体旅游局任副局长兼县歌舞团团长；2009 年 8 月至今任玛曲县民歌弹唱协会会长。

0959 桑吉扎西

性　　别：男

出生年月：1968-06-10

民　　族：藏族
政治面貌：党员
职　　称：副高
学　　历：大学专科
所在单位：玛曲县牛角琴文化演艺公司
通讯地址：玛曲县牛角琴文化演艺公司
成　　就：2000年《母亲传授的歌》《草原赞歌》在甘南州举办的西凉杯本土歌曲比赛中获创作一、二等奖。2008年《黄河首曲恋歌》在大众音乐家协会、中国音乐文学联合会等单位举办的中国杯新创作歌曲、歌词音乐论文暨演唱活动中获词曲一等奖。2009曲目《卓格尼玛》在大众音乐家协会、中国音乐文学联合会等单位举办的中国杯共和国60周年优秀词曲乐手展示大奖赛中获词曲金奖。2011年《献给阿妈的歌》在中国少数民族音乐学会举办的庆祝建党90周年征歌暨感动中国·全国第六届新创词曲大赛中荣获二等奖。2008年先后被玛曲县委、县政府授予"文艺创作先进个人"荣誉称号；被甘南州委、甘南州政府授予"甘南州优秀人才"荣誉称号。

0960 李护春

性　　别：男
出生年月：1980-06-04
民　　族：汉族
政治面貌：群众
职　　称：小学一级教师
学　　历：本科
所在单位：武山县马力镇北顺学校
通讯地址：武山县马力镇北顺学校
成　　就：喜欢文学创作，有作品在《天水日报》与《天水晚报》上发表。长年致力于地方文史的研究，编写《武山县马力镇北顺九年制学校校史》。热衷于书法、秦腔表演艺术。
简　　介：2003年9月参加工作以来一直在马力镇北顺学校任教，现为小学一级教师，工作勤勤恳恳，兢兢业业。业余时间坚持挖掘和考证整理地方文史资料，挖掘整理当地的非物质文化遗产，并积极申报。在每年春节积极参与村里的秦腔表演。经常练习颜体书法，现在已经有一定的水平，在当地的书画展中展出。对民间传统文化有特殊的感情，经常与从事这些工作的人交流学习，笔耕不辍。

0961 姜有成

性　　别：男
出生年月：1944-05-14
民　　族：汉族
政治面貌：党员
职　　称：副高
学　　历：大学专科
所在单位：原武威二中
通讯地址：武威二中家属院5号楼231室
成　　就：2000年从原武威二中校长的岗位上退休后，利用自己的特长爱好和广泛的社会影响力，动员、组织社区的离退休老党员和居民组建了靶场社区德艺康中老年艺术团，以大家喜闻乐见的文化艺术活动宣传党的方针政策和国家的法律法规，以丰富多彩的文化娱乐活动影响、教育、鼓舞群众。他组织带领德艺康艺术团成员，十年如一日，坚持每周一、三、五在社区小广场演出。先后多次荣获省、市、区各项民间文化大赛二、三等奖。

0962 李军

性　　别：男
出生年月：1960-04-19
民　　族：汉族
政治面貌：党员

职　　称：副高
学　　历：大学本科
所在单位：民勤县文化馆
通讯地址：民勤县文化中心大楼
成　　就：艺术摄影作品多次获省、市影展大奖。
简　　介：1976年1月至1978年12月在民勤县石羊河林业总场下乡锻炼；1979年1月至1981年12月在某部队服役；1982年3月至1983年6月在民勤县供销社工作；1983年7月至1986年6月在甘肃省供销学校学习；1986年7月至1989年12月在民勤县供销社工作；1990年1月至现在，在民勤县文化馆专业从事摄影工作。现为新华社特约摄影师、甘肃省摄影家协会会员、武威市摄影家协会副主席、民勤县摄影家协会主席。

0963 王三福

性　　别：男
出生年月：1949-05-23
民　　族：汉族
政治面貌：群众
职　　称：副高级书法师
学　　历：大学本科
所在单位：武威市古浪县文体局
通讯地址：武威市古浪县昌松路文体局大楼
成　　就：自幼酷爱书法，其书法气势雄健，奔放洒脱，是“三自”精神的反映。2006年甘肃省人事厅、文化厅授予副高级书法师职称。
简　　介：第八届甘肃省人大代表。自幼酷爱书法，临池不辍。1995年在中国书画函授大学学习（3年），毕业后又在该校研修班学习5年。书法从二王、欧、颜、褚入门，专攻楷、草书。小楷深得二王《灵飞经》精髓，草书有张芝、二王、怀素神韵。先后在全国书法展赛中获得银奖两次，金奖3次。80年代末，曾带领贫困山区农民自发性投资开发搬迁，带动古浪山区贫困农民下山入川脱贫致富，建立“自强、自立、自信”地方三自精神，受到省、市、县表彰。

0964 李占忠

性　　别：男
出生年月：1950-12-08
民　　族：回族
政治面貌：党员
职　　称：副高
学　　历：大学专科
所在单位：天祝县县志办
通讯地址：天祝县人社局
成　　就：对非物质文化的挖掘、抢救一直孜孜不倦、从未间断。整理了近百万字的文字资料，拍摄了数百张照片，这些都是极其珍贵的资料。为第一部《天祝县志》撰写了汉族和土族的民俗和民间文学部分；为《甘肃民俗综览》撰写了10万字的天祝民俗资料；领衔编著了以非物质文化遗产为主要内容的《天祝土族》《天祝花儿选》《甘肃土族传统文化与古籍文存》等专著；与此同时，还在《天祝文史》《青海文史》《中国土族》《民族报》《地震知识》等报刊上发表了大量非遗方面的文章。目前，又主持《天祝非物质文化遗产》一书的编写工作。
简　　介：甘肃省作家协会会员、甘肃省民间文艺家协会会员、武威市民间文艺家协会副主席。

0965 李惠兰

性　　别：女
出生年月：1965-11-25
民　　族：汉族
政治面貌：党员
职　　称：副高

学　　历：大学专科
所在单位：安定区书协
通讯地址：安定区公园路统办楼
成　　就：书法作品 1997 年入选 97——中国香港回归书法大展；1998 年入选甘肃省第三届中青年书法篆刻展；1999 年入选国庆 50 周年甘肃省书法大展并收编入册；2000 年入选甘肃省首届妇女书法展获优秀奖；2003 年入选首届羲之奖全国书法篆刻大赛获青年组优秀奖；同年入选甘肃省张芝奖书法作品展；2004 年入选甘肃省第四届中青年书法作品展；2005 年入选第五届中国书坛新人新作展并收编入册；2006 年入选《敦煌风——甘肃书法作品集》，6 月入选全国龙字书法篆刻展；2007 年入展守望敦煌——甘肃书法晋京展，作品被中国美术馆收藏；2011 年作品入选全国职工书法作品展；2012 年入选首届张芝奖全国书法大展；2012 年作品荣获定西市扇面精品展一等奖。
简　　介：现为中国书法家协会会员、甘肃省书法家协会会员、省青年书协理事、定西市书协副秘书长。

0966 庞永泉

性　　别：男
出生年月：1975-07-08
民　　族：汉族
政治面貌：民族党派
职　　称：副高
学　　历：大学本科
所在单位：定西市画院
通讯地址：安定区公园路统办楼
成　　就：《天井幽谷》获第七届当代中国山水画展三百家奖；《秋旅石沟岩》获“正立阳光”第二届希望圆梦杯全国书画展优秀奖；《幽居山水间》获甘肃省第四届百名艺术家作品展优秀奖；《天井人家》入选庆祝改革开放三十周年喜迎奥运甘肃美术作品展；《陇山语境》获日照农民艺术节书画展佳作奖；《春望家山》入选“美丽甘肃”甘肃美术写生作品展；其国画作品多幅刊登于《中国艺术》《神州诗书画报》等刊物。
简　　介：国家二级美术师。甘肃省美术家协会会员、定西市美术家协会副秘书长、北京金大都画院画家、定西市画院画师。

0967 阎志笃

性　　别：男
出生年月：1960-12-13
民　　族：汉族
政治面貌：群众
职　　称：副高
学　　历：中专
所在单位：定西市画院
通讯地址：安定区公园路统办楼
成　　就：2008 年 7 月获定西市迎奥运书法作品一等奖（定西书画院）；2011 年 11 月获定西市廉政建设书法作品展二等奖（区文化馆）；2010 年 12 月获甘肃省电视书法大赛优秀奖；2012 年 9 月获百名农民写宪法优秀奖（兰州美术馆）；2012 年 9 月获山东日照农民书法展佳作奖；获西柏坡杯全国书法大赛特别优秀奖；2009 年获第三届甘肃书法张芝奖艺术奖。
简　　介：结业于天津市神州书画进修学院。现为甘肃省书法家协会会员、甘肃省硬笔协会会员、定西市书协理事、定西文化馆特聘馆员、定西市书画院特聘书画师。

0968 苗丽

性　　别：女
出生年月：1968-09-03
民　　族：汉族
政治面貌：党员

职　　称：副高
学　　历：高中
所在单位：定西市秦剧团
通讯地址：甘肃省定西市秦剧团
成　　就：主要折子戏有《挡马》《打焦赞》《杀生》等，同时在《龙凤呈祥》《下河东》《游西湖》等大型剧目中担任主要角色。1989 年，定西地区青年演员大奖赛《挡马》一剧获表演一等奖。1990 年，陕西省秦腔戏曲大赛《挡马》一剧获表演一等奖。1991 年，陕西省青年演员大奖赛《打焦赞》一剧获表演二等奖。2001 年，甘肃省第一届红梅奖大赛《打焦赞》一剧获表演三等奖。2006 年，甘肃省第二届红梅奖大赛《杀生》一剧获表演一等奖。2007 获定西市泛剧创排先进个人。
简　　介：陕西省岐山县人。14 岁入岐山县剧团学戏，1985 年考入定西市戏曲训练班。1988 年毕业后留定西市秦剧团工作，主工刀马旦兼正小旦。其天赋条件优越，功底扎实，文武兼备，在舞台上塑造了许多鲜活的不同性格的人物形象。现为甘肃省剧协会员，定西市剧协会员。国家二级演员。

0969 刘居荣

性　　别：男
出生年月：1965-05-09
民　　族：汉族
政治面貌：群众
职　　称：副高
学　　历：高中
所在单位：安定区称钩文化站
通讯地址：安定区公园路统办楼
成　　就：1981 年起，在中国作家网、《中国文学》、《飞天》、《甘肃日报》等媒体发表小说、诗歌、散文等各类文学作品 400 余篇（首）。1997 年创办杏花文学社主编民间文学刊物《杏花》。作品《岁月·文学·人生》等分别收入《飞天 60 年典藏·纪事卷》《当代定西人》《陇中青年诗选》《漳县文史》等书。2010 年 10 月，被安定区文化馆聘为名誉馆员。同年 12 月，参加定西市第二次文学艺术界联合会代表大会。
简　　介：甘肃省作协会员、省民间文艺家协会会员。1993 年 9 月至 1996 年 7 月在金昌一中教书；1996 年 9 月至 1999 年 7 月在定西县庆丰学校教书；1999 年 7 月至 2005 年 6 月在安定区称钩文化站工作，获得市级以上的奖励。

0970 王维东

性　　别：男
出生年月：1970-04-01
民　　族：汉族
政治面貌：党员
职　　称：副高
学　　历：大学本科
所在单位：迭部县文化馆
通讯地址：迭部县人社局
成　　就：在《诗神》《飞天》《诗刊》《诗歌月刊》《西藏文学》《扬子江诗刊》《绿风》等刊物发表作品 300 多篇（首）；作品入选《中国诗库 2007 卷》《2008 中国年度诗歌》《新时期甘肃诗选》等多种选本；出版诗集《在每一个早晨》；1992 年 6 月，诗歌《高山下，那一朵花环》获得《甘南报》“小草”优秀文学作品奖；1993 年 12 月，诗歌《秋天》获得人民保险杯全国诗歌大奖赛优秀奖；1996 年 12 月，获得《甘南报》小草文学优秀作者奖；1997 年 9 月，诗歌《自白》（外二首）获得 1997 诗神杯全国新诗大赛优秀作品奖；2001 年 6 月，获得第三届格桑花文学奖；2008 年 1 月，诗歌《幻语》获得绿风首届名广杯诗歌大奖赛三等奖；2008 年 8 月，诗歌《从心开始》获得第四届格桑花文学奖三等奖；2009 年 10 月获得新中国成立 60 周年甘南州文学艺术成就奖；2010 年 4 月，歌曲《天堂迭部》（作词）获得“美丽甘南”歌曲征集大赛优秀奖；2010 年 12 月，参与主编的《迭部史话》获得甘肃省地方志优秀成果一等奖。

后 记

在甘肃进行全面性的文化资源普查属于首次，将普查成果汇编成大型的文化资源名录在国内也属于前列。《甘肃省文化资源名录》是按照《甘肃省文化提升行动协调推进领导小组工作方案》和《甘肃省文化资源普查和分类分级评估工作实施方案》要求推出的重要成果。经过甘肃省文化资源普查和分类分级评估工作领导小组办公室组织40多名专家学者，在甘肃省文化资源普查平台数据库基础上，历时两年精心编排，终于完成书稿，这是参与全省文化资源普查的所有工作人员集体智慧的结晶。

甘肃省委原常委、省委宣传部原部长连辑，甘肃省委常委、省委组织部部长梁言顺，甘肃省委常委、省委宣传部部长陈青，先后领导和部署了本名录的编辑出版工作。省委宣传部原副部长、省社科院原院长范鹏研究员协调推进了本名录的编写。甘肃省社科院院长王福生研究员组织实施了本名录的策划设计、内容编排、审定并最终定稿。甘肃省社科院副院长马廷旭研究员负责了审稿、统稿和出版发行事宜。刘玉顺同志全程负责了书稿编排工作。

在《甘肃省文化资源名录》面世之际，感谢甘肃省文化提升行动协调推进领导小组各位领导的大力支持与关心，感谢参与普查工作的各市（州）县（区）、有关省直厅局的鼎力相助，感谢参与普查的专家学者和基层工作人员的辛勤付出，感谢中国书籍出版社为本名录的出版所做的努力，感谢所有关心关注本名录的人们。《甘肃省文化资源名录》是从盘清全省文化资源家底的角度入手，收录范围极其宽泛，有部分内容还存在缺项，有的资源没有资源简介，有的资源缺图片等等，给该书的出版留下了遗憾（该套丛书普查数据截至2012年12月31日）。同时，由于我们的水平有限，可能还有错讹疏漏之处，恳请读者随时批评指正，以便在将来进一步完善和修订。

甘肃省社会科学院

2017年7月

甘肃省文化资源名录

总书目

第 一 卷　可移动文物 Ⅰ（金银器、铜器）
第 二 卷　可移动文物 Ⅱ（铜器）
第 三 卷　可移动文物 Ⅲ（铜器、铁器）
第 四 卷　可移动文物 Ⅳ（陶泥器）
第 五 卷　可移动文物 Ⅴ（陶泥器）
第 六 卷　可移动文物 Ⅵ（陶泥器）
第 七 卷　可移动文物 Ⅶ（陶泥器）
第 八 卷　可移动文物 Ⅷ（陶泥器）
第 九 卷　可移动文物 Ⅸ（砖瓦、瓷器）
第 十 卷　可移动文物 Ⅹ（瓷器）
第十一卷　可移动文物 Ⅺ（宝、玉石器，石器、石刻）
第十二卷　可移动文物 Ⅻ（纺织品、皮革、漆木竹器、珐琅器、玻璃器、骨角牙器、文具乐器法器、绘画）
第十三卷　可移动文物 XⅢ（书法、拓片、玺印、货币、雕塑、造像）
第十四卷　可移动文物 XⅣ（文献图书、徽章、证件、票据、邮品、度量衡器、交通运输工具、武器装备、航天装备、古脊椎动物化石、人类化石、其他 ）
第十五卷　不可移动文物 Ⅰ（古墓葬、古遗址）
第十六卷　不可移动文物 Ⅱ（古建筑、石窟寺及石刻、其他）
第十七卷　红色文化（故居、旧址、纪念地、纪念设施、烈士墓、其他）
第十八卷　历史事件与人物 Ⅰ（历史事件、历史人物）
第十九卷　历史事件与人物 Ⅱ（历史人物）
第二十卷　历史文献 Ⅰ（古籍）
第二十一卷　历史文献 Ⅱ（古籍、志书、档案、其他）
第二十二卷　非物质文化遗产 Ⅰ（民间文学、民间音乐、民间舞蹈、民间戏剧、曲艺）
第二十三卷　非物质文化遗产 Ⅱ（民间杂技、游艺传统体育与竞技、民间美术、民间技艺）
第二十四卷　非物质文化遗产 Ⅲ（民间技艺、民间医药、民间信仰、岁时节令、生产商贸习俗、消费习俗、民间知识、人生礼俗）
第二十五卷　建筑、自然景观文化（建筑文化、自然景观文化）

甘肃省文化资源名录
总书目

第二十六卷　文学艺术Ⅰ（文学、艺术）

第二十七卷　文学艺术Ⅱ（艺术）

第二十八卷　饮食文化（酒、茶、饮料、特色饮食、饮食器皿）

第二十九卷　节庆、赛事、文化之乡（节庆、赛事、文化之乡）

第 三 十 卷　地名文化Ⅰ（特色自然地理地名、市州、市县区、乡镇街道、村、社区）

第三十一卷　地名文化Ⅱ（村、社区）

第三十二卷　地名文化Ⅲ（村、社区）

第三十三卷　地名文化Ⅳ（村、社区）

第三十四卷　地名文化Ⅴ（村、社区）

第三十五卷　地名文化Ⅵ（村、社区）

第三十六卷　文化产业、传媒Ⅰ（新闻出版发行服务、广播电视电影服务、文化用品的生产、文化产品生产的辅助生产）

第三十七卷　文化产业、传媒Ⅱ（文化艺术服务、文化信息传输服务、文化休闲娱乐服务、工艺美术品的生产）

第三十八卷　文化产业、传媒Ⅲ（文化创意和艺术服务、文化专用设备的生产、传媒）

第三十九卷　社科研究Ⅰ（机构和团体、著作类、研究报告、学术活动、社科刊物、获奖成果）

第 四 十 卷　社科研究Ⅱ（论文）

第四十一卷　社科研究Ⅲ（论文）

第四十二卷　文化类高等教育、文化艺术机构团体Ⅰ（文化类高等教育、文化艺术机构、文艺团体、文艺表演团体、文艺场馆）

第四十三卷　文化类高等教育、文化艺术机构团体Ⅱ（群众文化艺术馆）

第四十四卷　文化人才Ⅰ（社科人才）

第四十五卷　文化人才Ⅱ（社科人才）

第四十六卷　文化人才Ⅲ（图书情报人才、档案人才、文博人才、新闻人才、出版人才、文艺人才）

第四十七卷　文化人才Ⅳ（体育人才、网络文化人才、动漫人才、民间文化人才）

第四十八卷　宗教文化、民族语言文字Ⅰ（教职人员、宗教经卷）

第四十九卷　宗教文化、民族语言文字Ⅱ（宗教活动场所）

第 五 十 卷　宗教文化、民族语言文字Ⅲ（宗教活动场所、民族语言文字）